AF802113

Public-private-Partnership im kommunalen Bereich

Regensburger Beiträge zum Staats- und Verwaltungsrecht

Herausgegeben von Gerrit Manssen

Band 24

PL ACADEMIC RESEARCH

Gerrit Manssen / Antje Himmelreich /
Elenca Gricenko (Hrsg.)

Public-private-Partnership im kommunalen Bereich

Deutsche und russische Erfahrungen

PL ACADEMIC RESEARCH

Bibliografische Information der Deutschen Nationalbibliothek
Die Deutsche Nationalbibliothek verzeichnet diese Publikation in der Deutschen Nationalbibliografie; detaillierte bibliografische Daten sind im Internet über http://dnb.d-nb.de abrufbar.

Das diesem Band zugrunde liegende Vorhaben wurde mit Mitteln des Bundesministeriums für Bildung und Forschung unter dem Förderkennzeichen RUS 11/J28 gefördert.
Die Verantwortung für den Inhalt dieser Veröffentlichung liegt bei den Autoren.

Deutsch-Russisches Jahr der Bildung, Wissenschaft und Innovation 2011/12
Российско-Германский год образования, науки и инноваций 2011/12

Bundesministerium für Bildung und Forschung

ISSN 1860-319X
ISBN 978-3-631-62661-0 (Print)
E-ISBN 978-3-653-02203-2 (E-Book)
DOI 10.3726/978-3-653-02203-2

© Peter Lang GmbH
Internationaler Verlag der Wissenschaften
Frankfurt am Main 2015
Alle Rechte vorbehalten.
PL Academic Research ist ein Imprint der Peter Lang GmbH.

Peter Lang – Frankfurt am Main · Bern · Bruxelles · New York · Oxford · Warszawa · Wien

Das Werk einschließlich aller seiner Teile ist urheberrechtlich geschützt. Jede Verwertung außerhalb der engen Grenzen des Urheberrechtsgesetzes ist ohne Zustimmung des Verlages unzulässig und strafbar. Das gilt insbesondere für Vervielfältigungen, Übersetzungen, Mikroverfilmungen und die Einspeicherung und Verarbeitung in elektronischen Systemen.

Diese Publikation wurde begutachtet.

www.peterlang.com

Vorwort

In vielen Staaten, auch in Deutschland und der Russischen Föderation, ist die finanzielle Belastungsfähigkeit der öffentlichen Haushalte an ihre Grenzen gelangt. Die Erneuerung der vorhandenen Infrastruktur oder die Schaffung von neuen Infrastruktureinrichtungen ist ebenso wie die innovative Entwicklung von Gebieten oft nur durch die Aktivierung privaten Kapitals möglich. Die dazu erforderliche Einbindung Privater in die Erfüllung öffentlicher Aufgaben (überwiegend als Public-private-Partnership – PPP bezeichnet) ist eines der aktuellsten und wichtigsten Themen des Staats-, Verwaltungs- und Wirtschaftsrechts der Gegenwart. Sie wird in Russland oft als „staatlich-private Partnerschaft" bezeichnet. Die russischen Autoren dieses Bandes verwenden hingegen zumeist den Begriff „öffentlich-private Partnerschaft". Grund hierfür ist die grundlegende Differenzierung der Begriffe „öffentliche Gewalt" und „staatliche Gewalt" in der russischen Rechtsordnung, also die Unterscheidung zwischen den öffentlichen Subjekten als dem Staat einerseits und den Kommunen andererseits, die sich in der organisatorischen Abtrennung der örtlichen Selbstverwaltung vom System der Organe der staatlichen Gewalt ausdrückt. Im vorliegenden Band geht es nicht nur, aber im Schwerpunkt um die Einbindung Privater in die öffentliche Aufgabenerfüllung der Kommunen als ein besonders relevanter Anwendungsfall der allgemeinen „Public-private-Partnership".

Das vorliegende Buch beruht auf Materialien von zwei deutsch-russischen wissenschaftlichen Konferenzen „Public-private-Partnership im kommunalen Bereich: Rechtliche Voraussetzungen der Einbindung Privater in die Erfüllung öffentlicher Aufgaben" (23.–25. November 2011 in Sankt Petersburg) und „Public-private-Partnership im kommunalen Bereich: Durchführung, Finanzierung, Kontrolle" (11.–13. April 2012 in Regensburg). Die Konferenzen wurden im Rahmen des Deutsch-Russischen Jahres der Bildung, Wissenschaft und Innovation (2011/2012) auf der Grundlage einer Kooperation zwischen der Universität Regensburg, der Staatlichen Universität Sankt Petersburg und dem Institut für Ostrecht München mit Unterstützung des Bundesministeriums für Bildung und Forschung und der Regensburger Universitäts-Stiftung Hans Vielberth organisiert. Bei den Beiträgen von Gricenko, Popondopulo und Kustova handelt es sich um die wissenschaftlichen Ergebnisse von Untersuchungen, die im Rahmen der wissenschaftlichen Forschungsarbeit der Staatlichen Universität Sankt Petersburg erfolgten und aus Mitteln des föderalen Haushalts der Russischen Föderation (Forschungsthemen: „Spezielle Territorien der innovativen

Entwicklung: Ausländische Erfahrungen und Perspektiven der Einführung in Russland" [Chiffre NIR: 14.38.173.2011, 2011–2013] und „Erarbeitung eines Konzepts der rechtlichen Regelung der Public-private-Partnership für Russland und die Mitgliedstaaten der Gemeinschaft Unabhängiger Staaten" [Chiffre NIR: 14.38.678.2013, 2013–2014]) finanziert wurden.

Der Sammelband beschäftigt sich mit der öffentlichen Aufgabenerfüllung unter Einbindung von Privaten aus zwei speziellen Aspekten. Zum einen verfolgt er eine rechtsvergleichende Perspektive. Behandelt werden die Probleme der Public-private-Partnership in Deutschland und Russland. In beiden Ländern wurden und werden in verschiedensten Bereichen PPP-Projekte realisiert oder geplant. Der Vergleich gerade dieser beiden Länder ist insbesondere deshalb reizvoll, weil in Russland die Rechtsfigur der Public-private-Partnership weiter an Bedeutung zu gewinnen scheint, während in Deutschland mittlerweile eine gewisse Ernüchterung und Zurückhaltung bzw. sogar eine Rückbesinnung auf die staatliche Aufgabenerfüllung in den „klassischen" Formen festzustellen ist. Auch der rechtsdogmatische Bewältigungsprozess verläuft ganz unterschiedlich. In Deutschland werden mehr und mehr die verfassungsrechtlichen Prinzipien betont. Man sorgt sich um die grundsätzliche staatliche Verantwortung für die Aufgabenerfüllung, immer mehr werden auch haushaltsrechtliche und finanzpolitische Einwände gegen PPP-Projekte erhoben. In Russland werden eher die Chancen einer Übertragung öffentlicher Befugnisse auf Private gesehen. Während in Russland das Privatrecht der Diskussion die Richtung gibt, ist es in Deutschland eher das öffentliche und insbesondere das Verfassungsrecht.

Zum zweiten legt der Sammelband einen Schwerpunkt auf den kommunalen Bereich der Umsetzung von PPP-Projekten. Die Kommunen sind zunächst maßgeblich zuständig, die Einrichtungen der Daseinsvorsorge bereit zu stellen, um die es bei PPP-Projekten meistens geht. Die Kommunen sind beim Abschluss von PPP-Verträgen zudem im besonderen Maße auf rechtlichen Schutz angewiesen, insbesondere wenn sie Projekte unter Mithilfe von internationalen Konzernen und Finanzinvestoren verwirklichen wollen. Zwischen ihnen und solchen großen Konzernen besteht oft kein Verhandlungsgleichgewicht. Sie müssen deshalb von der Rechtsordnung geschützt werden.

Das vorliegende Buch beschäftigt sich zunächst mit der rechtlichen Zulässigkeit der Übertragung öffentlicher Aufgaben auf Private. Im Vordergrund steht dabei das Verfassungsrecht, das in beiden Ländern die Einbindung Privater erlaubt, aber auch Grenzen aufzeigt, um die grundsätzliche staatliche Gewährleistungsverantwortung zu sichern (Kap. 1, §§ 1–3: Beiträge von Steiner, Gricenko und Kramer). In Deutschland wird zudem verstärkt die Frage gestellt, ob nicht die in der Verfassung enthaltene Garantie der kommunalen Selbstverwaltung die Privatisierung von gewissen kommunalen Aufgaben verbietet (siehe hierzu den Beitrag von Greim: Kap. 1, § 4).

Das zweite Kapitel beschäftigt sich mit der Public-private-Partnership zunächst als Begriff, behandelt dann aber auch ihre Bedeutung und ihren teilweise einfachgesetzlich ausgeprägten Rechtsrahmen. Deutlich wird insbesondere in den eher zurückhaltenden Beiträgen von Manssen (Kap. 2, § 1) und Scheel (Kap. 2, § 4) einerseits und in den optimistischen Beiträgen von Popondopulo (Kap. 2, § 2) und Levin (Kap. 2, § 3) sowie Kirsanov (Kap. 2, § 6) andererseits, wie unterschiedlich Chancen und Risiken von PPP-Projekten eingeschätzt werden. Trotz unterschiedlicher Thesen machen die Beiträge deutlich, dass es nötig ist, Vor- und Nachteile von PPP-Projekten gründlich abzuwägen und nicht auf eine ideologische Fixierung „für" oder „gegen" PPP-Projekte zu verfallen. Gerade PPP-Projekte der Kommunen müssen deshalb von der Rechtsaufsicht intensiv und kritisch begleitet werden. Die Funktion der deutschen Rechtsaufsicht stellt insbesondere Papsthart (Kap. 2, § 5) dar.

Bezüglich der Rechtsformen zur Durchführung von PPP-Projekten nimmt der öffentlich-rechtliche Vertrag eine zentrale Stellung ein. Mit dem Inhalt, den Arten und den Besonderheiten des öffentlich-rechtlichen Vertrags in Deutschland und Russland sowie der Rechtsnatur der in Russland verbreiteten Konzessionsvereinbarungen beschäftigen sich die Beiträge von Baller, Vasilieva, Derbin, erneut Popondopulo und Gorodov (Kap. 3, §§ 1–5). In Deutschland existieren in den Verwaltungsverfahrensgesetzen gesetzliche Regelungen des öffentlich-rechtlichen Vertrags, die vor allem vor dem Hintergrund der Absicherung der Gesetzesbindung der Verwaltung zu verstehen sind. Sie sind jedoch möglicherweise unnötig kompliziert und auch in Deutschland gegenüber dem zwischen Hoheitsträgern und Privaten ebenfalls zulässigen privatrechtlichen Vertrag deutlich von nachrangiger Bedeutung. In Russland ist die Diskussion um die Vertragsform mangels eines Verwaltungsverfahrensgesetzes und einer institutionell selbstständigen Verwaltungsgerichtsbarkeit stark von der Frage dominiert, inwieweit privatrechtliche Vorstellungen über Vertragsfreiheit auch bei PPP-Projekten zugrunde zu legen sind. Weiterhin werden im dritten Kapitel noch einige Sonderprobleme behandelt. Dazu gehören die Absicherung von PPP-Projekten unter dem Aspekt des internationalen Investitionsschutzes (Kap. 3, § 6: Beitrag von Aliyev), die Verwendung von Formen der interkommunalen Zusammenarbeit für die Entwicklung der Public-private-Partnership (Kap. 3, § 7: Beitrag von Sivickij), die Public private-Partnership im Bereich innovativer Tätigkeit (Kap. 3, § 8: Beitrag erneut von Gorodov) und die Schaffung sog. Business-Improvement-Districts (Kap. 3, § 9:

Beitrag von Graf), ein besonders eindringliches Beispiel der Übertragung eigentlich hoheitlicher Aufgaben auf Private.

Mit der Frage der Wirtschaftlichkeit und Effektivität von PPP-Projekten befassen sich die Kapitel 4 und 5 des Bandes. Zunächst werden das Vergaberecht und der Aspekt der Transparenz bei der Auftragsvergabe behandelt (Kap. 4, §§ 1–3: Beiträge von Lehmberg, Wagner und Bäuml). Letztlich kann nur durch ein rechtsstaatlich geordnetes Vergabeverfahren sichergestellt werden, dass derjenige Private mit der staatlichen oder kommunalen Aufgabenerfüllung betraut wird, der die Aufgabe am wirtschaftlichsten erfüllen kann. Sonderprobleme in diesem Zusammenhang sind haushaltsrechtliche Fragen von Zuwendungen der öffentlichen Hand an Private (Kap. 5, § 1: Beitrag von Kustova) und der Schutz sowohl privater als auch öffentlicher Vermögensinteressen (Kap. 5, § 2: Beitrag von Kurbatova).

Damit ist jedoch die Grundfrage noch nicht beantwortet, die bereits am Anfang des Buches im Beitrag von Manssen (Kap. 2, § 1) gestellt wurde: Lohnen sich PPP-Projekte für die öffentliche Hand überhaupt, oder handelt es sich um eine neue Spielart der Kreditaufnahme bzw. eine Verschwendung von Haushaltsmitteln? Deutlich für die verstärkte Realisierung von PPP-Projekten plädieren Oberndörfer und Held (Kap. 5, § 3), indirekt auch Friedrich (Kap. 5, § 5), der ein neues Finanzierungsmodell für Kommunen vorstellt, den sog. Bürgerkredit. Deutlich die Gegenposition vertreten Daminger und Grasser (Kap. 5, § 4) aus der Sicht der finanziell sehr leistungsfähigen Stadt Regensburg.

Ein besonderer Dank gebührt den Mitarbeiterinnen und Mitarbeitern der Juristischen Fakultät der Staatlichen Universität Sankt Petersburg und des Lehrstuhls für Öffentliches Recht (Professor Manssen) der Fakultät für Rechtswissenschaft der Universität Regensburg für die maßgebliche Organisation der Konferenzen in Sankt Petersburg und Regensburg. Ein großer Dank gilt schließlich dem Bundesministerium für Forschung und Bildung für dessen großzügige Finanzierung des Sammelbandes im Rahmen des Deutsch-Russischen Jahres der Bildung, Wissenschaft und Innovation.

Der vorliegende Band ist (mit kleineren redaktionellen Anpassungen) auch in russischer Sprache beim Verlag infotropic media erschienen (http://infotropic.ru/, ISBN 978-5-9998-0190-6).

Regensburg/Sankt Petersburg, im August 2014
Gerrit Manssen, Antje Himmelreich, Elena Gricenko

Inhaltsverzeichnis

1. Kapitel:
Rechtliche Zulässigkeit der Übertragung öffentlicher Aufgaben an Private

Udo Steiner

§ 1. Öffentliche Aufgabenerfüllung durch Private aus der Sicht des deutschen Verfassungsrechts

I. Private als Staatsaufgabenhelfer: Frühe Entdeckung und später „Boom"

1. Zur Verwaltungsgeschichte in Deutschland und Europa gehört schon seit langem die Inanspruchnahme Privater für die öffentlichen – und gemeint sind damit staatliche und kommunale – Aufgaben. Man beauftragte Private schon in früheren Jahrhunderten mit Aufgaben der Steuereinziehung im südeuropäischen Raum („Publicanus") oder betraute Forstpersonal in schlesischen Wäldern mit den Befugnissen von Hilfspolizisten.[1] In den 1960er und 1970er Jahren muss sich die Verwaltungsrechtsliteratur noch, will sie Beispiele für die Übertragung von staatlichen Aufgaben und Hoheitsrechten auf Private – in Deutschland „Beleihung" genannt – vorzeigen, mit den Ingenieuren der Technischen Überwachungsvereine bei der Kontrolle von Kraftfahrzeugen auf ihre Ordnungsmäßigkeit und bei Fahrerlaubnisprüfungen, mit Flugzeug- und Schiffsführern oder Prüfingenieuren für Baustatik begnügen.[2] Als ich mich in dieser Zeit über das Thema „Öffentliche Verwaltung durch Private" habilitierte[3], ließ mich *Ulrich Scheuner*, Altmeister der deutschen Staatsrechtswissenschaft, wissen, es sei schon erstaunlich, dass man so viel wissenschaftliche Aufmerksamkeit einer solch „fossilen Rechtsfigur" zuwenden wolle. Das motiviert natürlich. Es sind dann in Deutschland die 1990er Jahre, in denen die Beleihung aus ihrer eher exotischen Rolle zu einem voll akzeptierten Modell für die Nutzung privater Kompetenz, privater Organisation und privater Ressourcen bei der Erfüllung von Verwaltungsaufgaben aufsteigt. In der Regensburger Dissertation von *Gerrit Stadler*[4] mit dem Stand von 2002 über das Thema „Die Beleihung in der neueren Gesetzgebung" sind bereits drei Dutzend unumstrittener Fälle von „Beleihung" aufgelistet und weitere 14 gesetzliche Regelungen, in denen zumindest

---

1 Dazu *Steiner*, Öffentliche Verwaltung durch Private, 1975, S. 10 ff.

2 Siehe zu diesen und anderen Beispielen *Stober*, in: Wolff/Bachof/Stober, VerwR, Bd. 3, 5. Aufl. 2004, § 90 Rn. 6 ff.

3 Vgl. Fn. 1.

4 *Stadler*, Die Beleihung in der neueren Bundesgesetzgebung, 2002.

der „Verdacht“ auf Übertragung von Staatsaufgaben und Hoheitsrechten auf Private – Unternehmen, Verbände, Agenturen, beruflich qualifizierte Einzelpersonen – bestand.

2. Über alle diese Jahrzehnte hinweg aber haben sich auch andere rechtliche Formen der öffentlichen Aufgabenerfüllung durch Private entwickelt und durchgesetzt. Man kannte und kennt den „Verwaltungshelfer“. Er assistiert – ohne eigenständigen Anteil an staatlicher Rechtsmacht – der Verwaltung bei der Erfüllung ihrer Aufgaben. Der Schülerlotse, selbstloser Staatshelfer, nicht Staatsdiener, hat es lange Zeit übernommen, für diesen Typ von Verwaltungshilfe im wissenschaftlichen Schrifttum zu stehen.[5] Inzwischen hat der Begriff aber eine Art Beförderung erfahren: Verwaltungshelfer sollen alle diejenigen Privaten sein, die in selbstständiger Stellung „Teilbeiträge“ zur Erfüllung von Verwaltungsaufgaben leisten, z. B. als Verfahrenshelfer bei der Gestaltung und Abwicklung verwaltungsrechtlich komplexer Verfahren, im Recht der Bauleitplanung beispielsweise (§ 4b BauGB), oder als Vollzugshelfer.[6] Man will diese Variante der Mitwirkung Privater an der Erfüllung von Verwaltungsaufgaben mit „funktionaler Privatisierung“[7] kennzeichnen, mit einem Begriff, der allerdings nicht sofort bestimmte Sachverhalte assoziiert. Aber begrifflich ist in diesem Zusammenhang ohnehin wenig gewiss. So werden dem Typus „selbstständiger Verwaltungshelfer“ auch die Betreiber bzw. Betriebsführer öffentlicher Infrastrukturen, von Fernstraßen beispielsweise, zugeordnet, aber auch die in Politik und Wissenschaft mit der Aura besonderer Modernität verbundene „Öffentlich-Private Partnerschaft“ (PPP).[8] Auch der mit dem Lohnsteuereinzug betraute Arbeitgeber, Gegenstand vieler rechtswissenschaftlicher Untersuchungen[9], soll ein selbstständiger Verwaltungshelfer sein, und auch sein jüngerer Bruder, das Telekommunikationsunternehmen, arbeitet für die Verwaltung, wenn es Daten von Bürgern über Kommunikationsverbindungen speichert („Vorratsdatenspeicherung“)[10], alles übrigens Dienstleistungen ohne staatliches

---

5 Dazu *Steiner* (Fn. 1), S. 247 ff.

6 Siehe dazu *Burgi*, Funktionale Privatisierung und Verwaltungshilfe, 1999, S. 151 ff.; zur Figur des Verwaltungsmittlers auch *Brüning*, NWVBl. 1997, 286.

7 *Burgi* (Fn. 6), S. 146 ff. Siehe zu den definitorischen Fragen *Ferdinand Kirchhof*, in: FS Rengeling, 2008, S. 127.

8 Siehe dazu *Burgi* (Fn. 6), S. 77 f., 98 f.

9 Siehe z. B. *Gregor Kirchhof*, Die Erfüllungspflichten des Arbeitgebers im Lohnsteuerverfahren, 2005; *Drüen*, Die Indienstnahme Privater für den Vollzug von Steuergesetzen, 2012. Zur Frage der Unentgeltlichkeit der Bearbeitung steuerrechtlicher Freistellungsaufträge von Kunden siehe BVerfG, NJW 2000, 3635.

10 *Braun*, KuR 2009, 386.

Entgelt. Früher wies man solche Sachverhalte der sog. Indienstnahme Privater für die Erfüllung öffentlicher Aufgaben zu.[11]

3. Von einer „Renaissance" des Beliehenen seit den 1990er Jahren ist die Rede[12], aber es ist eigentlich keine Wiedergeburt, sondern ein nicht erwarteter quantitativer und qualitativer Aufstieg aus dem Halbdunkel der Verwaltungsorganisation zu einer Rechtsfigur von praktischer Bedeutung.[13] Ihren Grund hat diese Entwicklung vor allem in einem Phänomen, das alle entwickelten Staaten der Welt kennen: die Entgrenzung der Staatsaufgaben und ein dadurch überforderter Staat als Folge. Staatsaufgaben ordnungsgemäß, zuverlässig, zeitnah und kompetent zu erledigen, geht an nicht wenigen Stellen über die organisatorischen, finanziellen und politischen Möglichkeiten des modernen Staatsapparates hinaus. Man nutzt deshalb private Ressourcen. Es geht nicht – anders als bei der noch zu besprechenden sog. Aufgabenprivatisierung – um Entstaatlichung von Aufgaben, sondern um eine Verstärkung der öffentlichen Leistungskraft, es geht also um pragmatische Lösungen, nicht um die auch außerhalb von Deutschland weltanschaulich ausgetragene Frage, ob der Staat oder ob der Unternehmer der bessere Dienstleister ist. Breit und vielfältig sind heute die Arbeitsfelder, auf denen Private an der Erledigung von Verwaltungsaufgaben verantwortlich mitwirken oder mitwirken sollen: Im kommunalen Bereich sind es beispielsweise die Arbeitsfelder der Abfallentsorgung[14], der Verkehrsüberwachung[15] oder des „polizeilichen" Streifendienstes[16]. In Kontroll- und Prüffunktionen werden vielfach Private anstelle staatlicher Stellen eingewiesen: Kontrollen im ökologischen Landbau[17], aber auch die sog. Akkreditierung von Studiengängen an den Hochschulen durch Akkreditierungsagenturen[18] (von vielen Hochschulangehörigen als moderne Ergänzung der Plagen der Johannes-Apokalypse empfunden).

---

11 Siehe *Steiner* (Fn. 1), S. 184 ff.; *Manssen*, in: v. Mangoldt/Klein/Starck, Grundgesetz, Kommentar, 6. Aufl. 2010, Art. 12 Rn. 202.

12 Siehe *Kämmerer*, in: Begegnungen im Recht, hrsg. v. Bucerius Law School, 2011, S. 195.

13 Siehe auch noch *Steiner*, in: FS R. Schmidt, 2006, S. 293.

14 Siehe § 17 Abs. 3 Satz 1 und § 18 Abs. 2 KrW-/AbfG.

15 Dazu eingehend *Stober/Braun*, Verkehrssicherheitspartnerschaften, 2012; vgl. auch schon *Steiner*, DAR 1996, 272; *Ronellenfitsch*, DAR 1997, 147; *Rebler*, SVR, 2011, 1; *Grupp*, Privatisierung von Verkehrsampeln, in: FS Steiner, 2009, S. 253.

16 *Krölls*, NVwZ 1999, 233; vgl. auch *Hammer*, DÖV 2000, 613. Allgemein *Brüning*, Der Private bei der Erledigung kommunaler Aufgaben, 1997.

17 Siehe zum Einsatz des Beliehenen im Umweltrecht z. B. *Peine*, DÖV 1997, 353, 360 ff.

18 Siehe die Nachweise bei *Schmidt am Busch*, DÖV 2007, 533, 534; zu Verifizierungsaufgaben im Emissionshandel vgl. BGH, NVwZ 2012, 381, 382 ff.

Private können förmliche Verwaltungsbescheide erlassen, die rechtsbehelfsfähig sind: Sportverbände beispielsweise bei der Vergabe von staatlichen Subventionen an Mitgliedsvereine[19], aber auch konzessionierte Unternehmen des Straßenbaus bei der Erhebung von Mautgebühren[20]. Private sollen die Rolle von Sparkassenträgern übernehmen (sog. Berliner Sparkassenmodell)[21], werden aber auch – ganz gegen ihren Willen – von den Juristen in Amtsträgerrollen hineingedrängt, wie neuerdings die Vertragsärzte bei der Verschreibung von Arzneimitteln.[22] Sogar in der Justiz sind Private politisch erwünscht: Strafvollzug und Maßregelvollzug sowie Gerichtsvollzieher sind Beispiele. Hat man noch im 19. Jahrhundert – wie schon erwähnt – Forstbeamte in die schlesischen Wälder als Hilfspolizisten geschickt, wird jetzt diskutiert, ob wir private Sicherheitskräfte für den Einsatz in internationalen Krisengebieten, z. B. zum Schutz deutscher Handelsschiffe gegen Piraten im Golf von Aden, mit Hoheitsgewalt beleihen[23], von „Lizenz zum Töten" wird gesprochen, ähnlich den sog. Luftsicherheitsassistenten („Luftsheriffs") nach der Erfahrung des 11. September 2001 auf der Grundlage des Luftsicherheitsgesetzes.

II. Aufgaben- und Organisationsprivatisierung als Wege der Optimierung öffentlich bedeutsamer Leistungen

1. Die 1990er Jahre sind in Deutschland aber auch politisch strapaziöse Jahre einer massiven Entstaatlichung großer Dienstleistungsbereiche, also einer „Aufgabenprivatisierung", allen voran die Entlassung der Post-, Telekommunikations- und Eisenbahndienstleistungen in den unternehmerisch und erwerbswirtschaftlich orientierten Bereich und gleichzeitig in den vor allem europäisch gewünschten Wettbewerb.[24] Das Grundgesetz wird in diesen Jahren zu diesem Zweck geändert (Art. 87e, Art. 87f). Auch diese Entwicklung gehört in den Kontext der öffentlichen Aufgabenerfüllung durch Private. Denn diese

---

19 Grundlage ist § 44 Abs. 3 BHO. Siehe dazu *Rossi*, in: Gröpl (Hrsg.), BHO/LHO, 2011, § 44 Rn. 131 ff. Vgl. auch *Weisel*, Das Verhältnis von Privatisierung und Beleihung, 2003.

20 Siehe dazu *Grupp*, in: Marschall, FStrG, Kommentar, 6. Aufl. 2012, § 1 Rn. 4.

21 Siehe dazu z. B. *Schorner*, Privatisierung kommunaler Sparkassen, 2008, S. 190 ff.

22 Siehe die Vorlage des 3. Strafsenats an den Großen Senat für Strafsachen nach § 132 Abs. 4 GVG vom 5.5.2011, NZS 2012, 236.

23 Siehe *Brinktrine*, in: Der Schutz vor Piraterie, 2010, S. 39; *Salomon/Pesch*, ZRP 2012, 1.

24 Dazu statt vieler *Burgi*, in: Isensee/Kirchhof (Hrsg.), HdbStR Bd. IV, 3. Aufl. 2006, § 75; *Maurer*, in: FS Steiner, 2009, S. 528; *Rittner/Dreher*, Europäisches und deutsches Wirtschaftsrecht, 3. Aufl. 2008, § 7 Rn. 68 ff.

Aufgabenbereiche werden zwar Wirtschaftsunternehmen in privatrechtlicher Rechtsform anvertraut. Zugleich ist aber der Bund als Gesamtstaat gehalten, den Gemeinwohlbezug dieser Dienstleistungen zu garantieren, vor allem flächendeckende angemessene und ausreichende Post- und Verkehrsleistungen. Nur mit dieser Maßgabe stimmten damals die Länder der Umwandlung der Hoheitsbetriebe Post und Bahn in Wirtschaftsunternehmen zu. Spätestens seitdem ist der Rechtsbegriff der Gewährleistungspflicht in der deutschen juristischen Diskussion angekommen. Manche sprechen sogar von einem Gewährleistungsstaat.[25] Gemeint ist der Staat, der die Aufgabe nicht selbst erfüllt, sondern die Aufgabe erfüllen lässt, gleichzeitig aber mit geeigneten juristischen Mitteln Qualität und Quantität der privaten Aufgabenerledigung sichert. Anschaulicher kann man sagen: Der Staat will weniger rudern, möglichst nur mehr steuern.[26] Er steuert durch Regulierung.[27] Verantworten muss der Staat in Deutschland immer alles, und es fehlt auch im Zusammenhang mit der Entstaatlichung von Aufgaben nicht an begrifflicher Phantasie: Auffang-, Beobachtungs-, Beratungs-, Erfolgs-, Einstands-, Letzt-, Durchführungs-, Regulierungs-, Überwachungs-, Organisations- und Vorbereitungsverantwortung.

2. Die Gemeinden sind unterdessen schon lange auf dem Weg einer exzessiven Organisationsprivatisierung.[28] Sie gründen Kapitalgesellschaften, Aktiengesellschaften und vor allem GmbHs (wegen ihrer flexiblen Gesellschaftsverfassung) und lassen durch diese Gesellschaften zahlreiche kommunale Aufgaben erledigen: Energieversorgung, Wohnungsbau, Kultur.[29] Einige deutsche Großstädte sollen über hundert Tochter- und Enkelgesellschaften aufweisen. Man ist in die große Welt der Konzernstrukturen aufgebrochen. Die von diesen Gesellschaften wahrgenommenen Aufgaben bleiben kommunale Aufgaben. Aber sie werden eben wahrgenommen in den Formen des Privatrechts, nutzen dessen flexiblere Organisations- und Personaloptionen. Das Haushalts- und Kommunalrecht sorgt allerdings dafür, dass die Verantwortung für die Aufgabenerledigung soweit als möglich bei den demokratisch gewählten Gemeindeorganen verbleibt.

---

25 Dazu statt vieler *Voßkuhle*, VVDStRL 62, 2003, S. 266, 284 ff.; *Franzius*, in: Der Staat Bd. 42, 2003, S. 493.

26 Dazu grundlegend *Schmidt-Preuß* und *Di Fabio*, in: VVDStRL 56, 1997, S. 160 ff.

27 Dazu konzentriert *Laubinger*, VBlBW 2010, 306.

28 Dazu z. B. *Franz*, Gewinnerzielung durch kommunale Daseinsvorsorge, 2005, S. 207 f.; *Schmidt-Aßmann/Röhl*, in: Schmidt-Aßmann/Schoch, Besonderes Verwaltungsrecht, 14. Aufl. 2008, S. 100.

29 Siehe dazu *Witte*, in: der städtetag 1994, 524; *Brüning*, NVWBl. 1997, 286.

Ein umfassender Abschied von der Politik findet nicht statt.[30] Auch hier kann man von einer kommunalen Gewährleistungsverantwortung sprechen. Neu ist die Idee der Organisationsprivatisierung als Versuch einer Entpolitisierung der Aufgabenerfüllung in Deutschland nicht. Das Goethe-Institut als weltweiter deutscher Kulturträger war von Anfang an ein eingetragener Verein. Auch die deutschen Gesellschaften mit Aufgaben der technischen, wirtschaftlichen und juristischen Zusammenarbeit mit anderen Ländern arbeiten zwar auf privatrechtlicher Basis, aber ihre Mitarbeiter sind Amtsträger im Sinne des § 11 Abs. 1 Nr. 2 lit. c StGB und daher strafrechtlich wie Beamte verantwortlich.[31]

III. Verfassungsrechtliche Aspekte der Erledigung von öffentlichen Aufgaben durch Private

1. Die 56 Väter und vier Mütter des deutschen Grundgesetzes hatten 1949 natürlich andere Themen als die Einbeziehung Privater in die Verwaltung von Bund und Ländern. Es hat gleichwohl nie ernsthafte Zweifel gegeben, dass die Einweisung von Privaten in die Rolle von Quasi-Behörden oder Quasi-Verwaltungsträgern in der organisationsrechtlichen Vorstellungswelt des Grundgesetzes einen legitimen Platz hat. Das Grundgesetz nimmt übrigens 1994 selbst eine gleichermaßen spektakuläre wie kuriose Beleihung vor: Die privaten Nachfolgeunternehmen der ehemaligen Deutschen Bundespost, also auch die Telekom AG, üben Dienstherrenbefugnisse aus (Art. 143b Abs. 3 Satz 2 GG). Bisher ging man davon aus, dass die berufliche Lebenszeitbeziehung zwischen dem Beamten und seinem Dienstherrn – in Art. 33 Abs. 4 GG „Dienst- und Treueverhältnis" genannt – einen öffentlich-rechtlich gewandeten Dienstherrn voraussetzt.[32] Atypisch und absolut unkonventionell ist es übrigens auch, dass Tausende von Beamten von der Deutschen Telekom als Dienstherrn beurlaubt werden, um Aufgaben in deren privatrechtlichen Tochter- und Enkelgesellschaften auf der Grundlage von Arbeitsverträgen wahrzunehmen.[33] Abschied

30 Siehe z. B. Art. 92 ff. BayGO.

31 Siehe BGH, NJW 1998, 1874.

32 Dazu *Badura*, in: Bonner Kommentar, Art. 143b Rn. 26 (Bearbeitung September 2004); *Gersdorf*, in: v. Mangoldt u. a. (Fn. 11), Bd. 3, 4. Aufl. 2001, Art. 143b Abs. 3 Rn. 22 (jeweils zum sog. Beleihungsmodell).

33 Der Gesetzgeber hat in § 4 des Postpersonalrechtsgesetzes (PostPersRG) vom 14.9.1994 (BGBl. I, S. 2325, 2353) eine spezielle Rechtsgrundlage für den Personaltransfer geschaffen, die Deutsche Telekom AG bedient sich jedoch rechtswidrigerweise des § 13 der Sonderurlaubsverordnung des Bundes (SUrlV).

vom Prinzipiellen kann man solche Phänomene nennen, aber es ist eben der nicht ganz reibungslose Übergang vom Staatsvorbehalt zum Marktauftritt. Die Aufgabe der Flugsicherung – Stichwort Fluglotsen – ist in Art. 87d GG übrigens eine hoheitliche Aufgabe geblieben, aber man hat sie Angestellten anvertraut.[34] Die Erfahrung dieser Reform ist: Geht der oft ungeliebte Beamte, kommt der nicht weniger ungeliebte Streik.

2. Die Beleihung steht auf festen verfassungsrechtlichen Füßen. Kernpunkt der Diskussion war von Anfang an die Anvertrauung der Ausübung hoheitsrechtlicher Befugnisse an Nichtbeamte.[35] Denn das Grundgesetz stellt in Art. 33 Abs. 4 GG klar, dass die Ausübung hoheitsrechtlicher Befugnisse „als ständige Aufgabe in der Regel Angehörigen des öffentlichen Dienstes zu übertragen" ist, „die in einem öffentlich-rechtlichen Dienstverhältnis stehen", also in einem Beamtenverhältnis. Damit kann der beliehene Private nicht dienen, und er soll es ja auch nicht. In diesen Tagen hat nun das BVerfG in einem Urteil vom 18. Januar 2012[36] – unter Berücksichtigung einer intensiven Diskussion im Schrifttum – Grundsätze zur Auslegung des Art. 33 Abs. 4 GG im Zusammenhang mit der Beleihung privatrechtlicher Gesellschaften mit Aufgaben des sog. strafrechtlichen Maßregelvollzugs aufgestellt. Es geht dabei um die freiheitsentziehende Unterbringung nichtschuldfähiger Straftäter in einem psychiatrischen Krankenhaus (§ 63 i. V. m. § 61 Nr. 1 StGB) und um Eingriffe in die Grundrechte des in geschlossenen Räumen Untergebrachten durch Anwendung von körperlicher Gewalt, insbesondere bei der Vornahme eines gewaltsamen Einschlusses durch nichtverbeamtete Pflegekräfte in Fällen aggressiver Ausbrüche der Patienten. Der Fall liegt eher im Grenzbereich einer zulässigen Beleihung, gehört der Maßregelvollzug doch zum Kernbereich hoheitlicher staatlicher Tätigkeit (wie das BVerfG sagt). Allerdings befinden sich die Anteile der (Kapital-)Gesellschaften, die im konkreten Fall Träger von Einrichtungen des Maßregelvollzuges waren und sind, vollständig in der Hand eines Landeswohlfahrtverbandes, der den Status einer juristischen Person des öffentlichen Rechts hat.

Das Urteil des BVerfG ist aber für die Rechtsdogmatik der Beleihung von großem Interesse, weil die Aufgaben des Maßregelvollzugs nicht durch Beamte wahrgenommen werden. Klargestellt ist in der sehr ausführlichen, auffällig dicht mit Zitaten besetzten Entscheidung (möglicherweise eine Nebenfolge der

34 Dazu *Uerpmann-Wittzack*, in: FS Steiner, 2009, S. 872.

35 Siehe dazu *Steiner* (Fn. 1), S. 259 ff.; eingehend *Strauß*, Funktionsvorbehalt und Berufsbeamtentum, 2000, S. 199 ff.; vgl. auch *Manssen*, ZBR 1999, 253.

36 BVerfG, Urt. vom 18.1.2012, NJW 2012, 1563. Zur Privatisierung im Strafrecht siehe allgemein *Saliger*, in: Begegnungen im Recht (Fn. 12), S. 215.

Guttenberg-Erfahrung), dass der Beamtenvorbehalt des Art. 33 Abs. 4 GG Geltung auch für den Fall der Übertragung von Aufgaben auf Private im Wege der Beleihung hat. Abweichungen vom Grundsatz des Beamtenvorbehalts bedürfen – so das Gericht – eines besonderen sachlichen Grundes. Dessen Vorliegen liege allerdings im Einschätzungsspielraum des Gesetzgebers. Dies ist schon jetzt Standard von Praxis und Wissenschaft. Auch für die Beleihung wird der Grundsatz der staatlichen Gewährleistungsverantwortung für die ordnungsgemäße Aufgabenerfüllung bemüht. Noch zu analysieren wird sein, welcher abgeleiteten Legitimation die mit der Ausübung öffentlicher Gewalt beliehenen Privaten und deren Mitarbeiter bedürfen. Jedenfalls darf der Beliehene und seine Aufgabenerfüllung nicht aus dem Bereich der parlamentarischen Verantwortung herausgenommen werden. Andererseits ist es eine legitime Vorstellung, dass der Beliehene sein Personal selbstverantwortlich aussucht.[37]

3. Der Staat, der Private einseitig zur Verwaltungshilfe verpflichten will, einen Arbeitgeber beispielsweise zum Abzug von Steuern- und Sozialversicherungsabgaben und zu deren Weiterleitung an die zuständigen öffentlichen Stellen, kann dies nur durch Gesetz oder aufgrund eines Gesetzes tun. Will der Staat beleihen, gilt der sog. institutionelle Gesetzesvorbehalt.[38] Es bedarf einer besonderen gesetzlichen Legitimation, wenn öffentlich-rechtliche Kompetenzen außerhalb des staatsinstitutionellen Bereichs verlagert werden. Es entstehen eben Quasi-Behörden oder vielleicht sogar Quasi-Verwaltungsträger in privatrechtlichem Gewand.

4. Ist der Private beliehen, so ist er dem Staat gegenüber nicht Träger von Grundrechten. Weder das Grundrecht der Berufsfreiheit (Art. 12 Abs. 1 GG) noch der verfassungsrechtliche Eigentumsschutz (Art. 14 GG) begründen ein Grundrecht an der ihm übertragenen Staatsaufgabe. Der Beliehene ist grundrechtsverpflichtet (Art. 1 Abs. 3 GG), nicht aber in Bezug auf die ihm übertragene Aufgabe grundrechtsberechtigt.[39] Er unterliegt grundsätzlich einer umfassenden Staatsaufsicht und nicht nur, wie sonst Rechtssubjekte des Privatrechts, einer Rechtskontrolle des Staates nach Maßgabe des Gesetzes.[40] Ist der Private nur in die Rolle des Verwaltungshelfers eingewiesen, bleibt er allerdings im Bereich des Grundrechtsschutzes.

---

37 Dazu auch *Steiner* (Fn. 1), S. 277 ff.

38 Zum sog. institutionellen Gesetzesvorbehalt siehe allgemein *Burmeister*, Herkunft, Inhalt und Stellung des institutionellen Gesetzesvorbehalts, 1991.

39 Dazu *Steiner*, in: FS Koja, 1998, S. 613 f.; *ders.*, in: FS R. Schmidt (Fn. 13), S. 302 f.

40 Siehe dazu *Stadler* (Fn. 4), S. 192 ff.; *Steiner*, in: FS R. Schmidt (Fn. 13), S. 299.

Beiden – dem Beliehenen wie dem Verwaltungshelfer – steht das Grundgesetz allerdings nicht zur Seite, wenn die Frage zu beantworten ist, ob der, der dem Staat mit eigenem Sach- und Personalaufwand eine Aufgabe ganz oder teilweise abnimmt, Ersatz seiner Aufwendungen geltend machen kann. Im Gesetz oder im Vertrag über die Beleihung oder Verwaltungshilfe muss eine solche Regelung vorgesehen sein. Allenfalls kommt eine entsprechende Anwendung des § 670 BGB in Betracht. Man könnte sie darauf stützen, dass das öffentlich-rechtliche Innenverhältnis zwischen dem Staat und dem Privaten als eine Art verwaltungsrechtliches Auftrags- und Treuhandverhältnis oder als verwaltungsrechtliches Schuldverhältnis mit auftragsähnlicher Struktur qualifiziert werden kann. Hier ist freilich alles noch offen.[41]

IV. Die öffentlich-private Partnerschaft (PPP)

Es ist vor Beginn einer wissenschaftlichen Tagung, die sich mit zahlreichen und vor allem den wichtigen Aspekten der PPP im kommunalen Bereich befasst, angenehm zu wissen, dass noch vieles in Bezug auf das Phänomen PPP rechtlich und auch praktisch unklar ist. Das Thema ist längst noch nicht abgeerntet. Nur die Beleihung hat inzwischen eine ausreichend juristische Reife im Gesamtspektrum der staatlich-gesellschaftlichen Kooperation erreicht. Bereits die begriffliche Bestimmung der PPP bleibt im Dunkeln. Die gehaltvolle Dissertation von *Georg Andreas Gebhardt*[42] über „Zweckzuweisungen als Barriere für Public Private Partnership (PPP)" von 2009 benötigt nach Auseinandersetzung mit dem Schrifttum 64 Druckseiten, um festzustellen, dass PPP die Kooperation zwischen einer Person des öffentlichen Sektors und einer solchen des privaten Sektors in Erfüllung einer öffentlichen Aufgabe ist. Genaueres können oder wollen aber auch die anderen Autoren nicht sagen. Vielleicht ist dies auch gar nicht notwendig. Es geht zuerst um ein politisch-praktisches Phänomen. Staat und Private steuern und rudern gemeinsam. Es wird nicht einfach sein zu bestimmen, welche Rechtsqualität die Aufgabe hat, die partnerschaftlich wahrgenommen wird, spannend besonders dann, wenn die Kooperation über die staatlichen und kommunalen Kompetenzräume hinaus erfolgt. Vieles spricht für eine individuelle Diagnose (auch bei der rechtlichen Einordnung der komplexen Kooperationsverträge). Andererseits muss die Rechtsqualität-Frage

---

41 Zu den Entgelt und Vergütungsfragen siehe *Steiner*, in: FS Koja (Fn. 39), S. 603, 610 ff.; *ders.*, in: FS R. Schmidt (Fn. 13), S. 300 f.; *Stadler* (Fn. 4), S. 188 ff.

42 *Gebhardt*, Zweckzuweisungen als Barriere für Public Private Partnership (PPP), 2009, S. 84.

möglicherweise beantwortet werden, im Schadensfall wegen der Frage der Amtshaftung nach Art. 34 GG i. V. m. § 839 BGB, zudem im Falle der Begehung von Straftaten im Amt (§§ 331 ff. StGB), die an den Amtsträgerbegriff des § 11 Abs. 1 Nr. 2 lit. c StGB anknüpfen.

Basiert die PPP auf einer vertraglichen Rechtsbeziehung, ist sie also kein Rechtsinstitut oder auch nur eine Rechtsfigur, so stehen allgemeine Regeln für deren Gestaltung nicht zur Verfügung. Was rechtens ist, bestimmen der jeweilige Vertrag und dessen Auslegung und die vereins- oder gesellschaftsrechtliche Konstruktion des Aufgabenträgers, in dem sich beide Seiten zusammenfinden.[43] Natürlich nimmt der öffentliche Partner seine Grundrechtsbindung mit in die gemeinsame Kooperation. Das kann für bestimmte Gegenstände dieser Kooperation auch wichtig sein, z. B. die Bindung an die kulturellen Freiheitsrechte des Art. 5 Abs. 3 GG bei PPP im Bereich von Kunst, Kultur und Wissenschaft.[44] Eine interessante Frage könnte sich auch verfassungsrechtlich ergeben, wenn zu entscheiden ist, ob zugunsten der Vorhaben von öffentlich-privaten Aufgabenträgern enteignet werden soll und dann auch enteignet werden kann (Art. 14 Abs. 3 GG). Ob der Gesetzgeber allerdings schon gefordert ist, was gefordert wird, einen Allgemeinen Teil der PPP auf Bundes-, Landes- und Gemeindeebene durch Bundes- und Landesgesetze zu kodifizieren[45], darf man anzweifeln. Es gibt zu bedenken, dass die beratende Anwaltschaft den Wünschen nach einem PPP-Mustervertrag für unerfüllbar hält.[46]

V. Perspektiven

Am Ende der Erfahrung der letzten beiden Jahrzehnte mit Beleihung, Verwaltungshilfe, PPP sowie Aufgaben- und Organisationsprivatisierung steht wohl die ordnungspolitische Erkenntnis, dass es auf die Aufgabe ankommt, wenn es zu entscheiden gilt, ob sie der Staat – unmittelbar oder mittelbar – selbst erledigt, sie ganz oder teilweise Privaten anvertraut oder sich mit Privaten zu einer

---

43 Zur Vertragsgestaltung bei PPP siehe z. B. *Horn/Peters*, BB 2005, 2421. Aus der Praxis: Weber/Schäfer/Hausmann (Hrsg.), Public Private Partnership, 2006; *Brüggemann*, Öffentlich-Private Partnerschaften (ÖPP) im kommunalen Bereich, 2010.

44 Dazu *Schrallhammer*, Public Private Partnership im Bereich Kunst und Kultur, 2006, S. 129 ff.

45 Siehe aber bereits das Gesetz zur Beschleunigung der Umsetzung von Öffentlich Privaten Partnerschaften und zur Verbesserung gesetzlicher Rahmenbedingungen für Öffentlich Private Partnerschaften vom 1.9.2005, BGBl. I, S. 2676.

46 Siehe *Horn/Peters*, BB 2005, 2421, 2427.

gemeinsamen Trägerschaft zusammenfindet. Bereichsspezifisch, also konkret, ist die Organisationsfrage zu entscheiden. Eine pragmatische Sicht ist angezeigt. Manchmal gewinnt und manchmal verliert das Gemeinwohl, wenn sich der Staat Privater zur Erfüllung seiner Aufgaben bedient. Weltanschauung ist gut, weniger Weltanschauung meist aber besser, auch bei unserem Thema.

Elena Gricenko

§ 2. Verfassungsrechtliche Grundlagen der Übertragung staatlicher und kommunaler Aufgaben an Private im russischen Recht

I. Einführung

Wie können die Effektivität und Effizienz der Erfüllung öffentlicher Aufgaben erhöht werden, welches sind die Grenzen der Ermächtigung eines öffentlich-rechtlichen Subjekts (eines Staates, einer Kommune) bei der Auswahl der Organisationsformen der Aufgabenerfüllung, welche staatlichen und kommunalen Aufgaben können an den privaten Sektor zur Erfüllung ohne Beeinträchtigung ihrer Ergebnisorientiertheit übertragen werden. All dies sind Fragen, mit denen ein öffentlich-rechtliches Subjekt in jedem rechtlichen und politischen System früher oder später konfrontiert wird.

Die in Russland durchgeführte Verwaltungsreform eröffnete eine neue Sichtweise auf das System der staatlichen und kommunalen Verwaltung sowie die Mittel zur Bewertung seiner Effektivität, indem sie auf die Notwendigkeit einer Prüfung der Verwaltungsfunktionen im Kontext der Erbringung öffentlicher Dienstleistungen für eine Person, einen Bürger oder die ganze Bevölkerung hinwies. Eine Person (ein Bürger) wird auf der einen Seite zum Kunden der Verwaltung, zum Verbraucher einer öffentlichen Dienstleistung. Auf der anderen Seite wird von seiner eigenen aktiven Teilnahme an den verschiedenen Formen der Erbringung öffentlicher Dienstleistungen über die Mechanismen der Selbstorganisation und Selbstregulierung ausgegangen. Der „Dienstleistungscharakter" der Verwaltungsaufgaben, der Akzent auf deren Ergebnisse, die Bereitstellung eines öffentlichen Gutes (einer öffentlichen Dienstleistung) sowie die doppelte Rolle der Bevölkerung einerseits als Verbraucher von öffentlichen Gütern und andererseits als an den Verwaltungsprozessen Beteiligter, der einen wesentlichen Teil der öffentlichen Angelegenheiten selbstständig und in eigener Verantwortung entscheidet, manifestiert sich besonders deutlich auf der kommunalen Ebene der öffentlichen Gewalt, die auf der Grundlage der örtlichen Selbstverwaltung organisiert ist. Es ist daher auch kein Zufall, dass eine Verwaltungsreform, die Implementierung von Prinzipien der neuen öffentlichen Verwaltung (*New Public Management*) sowie die Formen der Zusammenarbeit zwischen dem öffentlichen und dem privaten Sektor, darunter auch mittels der Instrumente der

Public-private-Partnership (PPP), in den meisten europäischen Ländern auf der kommunalen Ebene der öffentlichen Gewalt begannen.

Obwohl die russische Verwaltungsreform, im Gegensatz zu einer Reihe anderer europäischer Länder, „von oben" erfolgt, durchdringt sie alle Ebenen der öffentlichen Gewalt und bestimmt zu einem erheblichen Teil den Charakter der gegenwärtigen Phase der kommunalen Reform in der Russischen Föderation. Im Zuge der Verwaltungs- und Kommunalreform steht Russland vor der Notwendigkeit, viele ziemlich universelle Probleme zu lösen, welche auch bereits in den Staaten aufgetreten sind und immer noch auftreten, die auf der Suche nach den effektivsten Wegen zur Erfüllung von Verwaltungsaufgaben bzw. zur Bereitstellung von öffentlichen Dienstleistungen für die Bevölkerung sind. Folgende dieser universellen Probleme, die in unterschiedlichen rechtlichen und politischen Systemen auf verschiedene Weise gelöst werden, sind von besonderer Bedeutung: die Rechtsnatur öffentlicher, staatlicher und kommunaler Aufgaben, die Differenzierung der kommunalen Aufgaben, das Verhältnis zwischen den Aufgaben der kommunalen Subjekte, die Funktionen und Befugnisse ihrer Organe, die Identifizierung der Verfassungsgrundsätze und der zulässigen Grenzen der Auferlegung öffentlicher Funktionen auf private Subjekte und der Übertragung öffentlicher Befugnisse an diese, die Wahl der Mittel und der organisationsrechtlichen Formen der Erfüllung öffentlicher und kommunaler Aufgaben.

In diesem Beitrag sollen die oben genannten Fragen im russischen Verfassungs- bzw. Verwaltungsrecht untersucht und die Wege zur Lösung der Probleme identifiziert werden, welche im Prozess der Auferlegung öffentlicher Funktionen auf Private oder bei der Verwendung privatrechtlicher Formen der Aufgabenerfüllung durch ein öffentliches Subjekt auftreten. Die Betrachtung der genannten Fragen in vergleichender Perspektive unter Berücksichtigung der Modelle, die in der Praxis der europäischen demokratischen Staaten entwickelt wurden, scheint besonders aktuell zu sein. Die zu diesem Zweck vorgenommene Anknüpfung an die Erfahrungen in Deutschland, dem Land, das in historischer, rechtlicher und politischer Hinsicht Russland am nächsten steht, ist umso mehr gerechtfertigt. Die Rede ist dabei nicht von einem blinden Kopieren erfolgreicher ausländischer Beispiele. Die Aufgabe eines derartigen Vergleichs besteht in dem Versuch, die Probleme, vor denen Russland steht, gründlich und von allen Seiten zu betrachten und einen eigenen Weg für deren Lösung zu finden.

In diesem Zusammenhang werden im folgenden Beitrag zunächst Fragen bezüglich der Begrifflichkeiten von öffentlichen Aufgaben, Funktionen und Befugnissen in der russischen Verfassungs- und Verwaltungsrechtslehre betrachtet

(II.). Anschließend werden die verfassungsrechtlichen Grundlagen ihrer Übertragung (III.-IV.) und die praktischen Probleme der Übertragung hoheitlicher Befugnisse (V.) thematisiert. Ferner werden die Formen der Beteiligung privater Subjekte an der Erfüllung kommunaler Aufgaben unterschieden (VI.) und einige Schlussfolgerungen aus rechtsvergleichender Perspektive gezogen (VII.).[1]

II. Begriff der öffentlichen Aufgaben und deren Übertragung

Öffentliche Aufgaben als Aufgaben, welche im öffentlichen Interesse erfüllt werden,[2] stellen in erster Linie die Zuständigkeitsbereiche der öffentlich-rechtlichen Subjekte (des Staates, eines staatlichen bzw. kommunalen Subjekts) dar, welche zum Erreichen des Gemeinwohls gebildet werden und handeln. Was aber

---

1 Im Beitrag wurden die wissenschaftlichen Ergebnisse von Untersuchungen verwendet, die im Rahmen der wissenschaftlichen Forschungsarbeit der Staatlichen Universität Sankt Petersburg erfolgten und aus Mitteln des föderalen Haushalts der Russischen Föderation finanziert wurden (Forschungsthemen: „Spezielle Territorien der innovativen Entwicklung: Ausländische Erfahrungen und Perspektiven der Einführung in Russland [Chiffre NIR: 14.38.173.2011, 2011–2013] und „Erarbeitung eines Konzepts der rechtlichen Regelung der Public-private-Partnership für Russland und die Mitgliedstaaten der Gemeinschaft Unabhängiger Staaten" [Chiffre NIR: 14.38.678.2013, 2013–2014]). Zum Abschnitt VI. siehe auch: *Гриценко Е.В.* Конституционные основы и правовые формы привлечения частных субъектов к решению муниципальных задач в России в сравнительной перспективе (*Gricenko E.V.*, Verfassungsrechtliche Grundlagen und rechtliche Formen der Beteiligung privater Subjekte an der Erfüllung kommunaler Aufgaben in Russland aus vergleichender Perspektive), Закон (Zakon) 2013, Nr. 2, S. 113–128.

2 Zum rechtlichen Inhalt der Kategorie „öffentliches Interesse" siehe näher *Васильева С.В.*, Обеспечение публичных интересов в частно-государственном партнерстве (*Vasil'eva S.V.*, Sicherung der öffentlichen Interessen in einer privatstaatlichen Partnerschaft), Экономические и социальные аспекты российского конституционализма: Труды кафедры конституционного и муниципального права (под ред. Е.К. Глушко, М.А. Краснова). Вып. 4. – М.: ТЕИС (Wirtschaftliche und soziale Aspekte des russischen Konstitutionalismus: Schriften des Lehrstuhls für Verfassungs- und Kommunalrecht [Hrsg. E.K. Gluško/M.A. Krasnov], Ausgabe 4, Moskau: TEIS), 2009, S. 102–106. Zu den Merkmalen der „Öffentlichkeit" im Hinblick auf die Charakterisierung von Aufgaben des Verwaltungshandelns siehe *Гриценко Е.В.*, Местное самоуправление в системе публичного управления федеративного государства: Значение опыта ФРГ для России, Иркутск: Изд-во ИГЭА (*Gricenko E.V.*, Örtliche Selbstverwaltung im System der öffentlichen Verwaltung eines föderativen Staates: Die Bedeutung der Erfahrung der BRD für Russland, Irkutsk: Verlag IGÈA), 2001, S. 34.

die anderen Teilnehmer des freien Markts – die Subjekte des Privatrechts – betrifft, so wird deren Beteiligung an der Erfüllung öffentlicher Aufgaben zwar auch nicht ausgeschlossen, aber sie erfolgt im Einklang mit den Zielen ihrer Bildung und setzt die Notwendigkeit einer Verbindung privater und öffentlicher Interessen voraus.

Die Kategorie der Aufgaben öffentlicher Subjekte ist in der russischen Rechtswissenschaft nicht ausreichend ausgearbeitet. Einerseits werden die „Aufgaben" im Verwaltungsrecht traditionell als ein Element der Zuständigkeit eines Organs der Exekutive neben seinen Funktionen und Befugnissen betrachtet.[3] In diesem Sinne unterscheiden sich die Aufgaben ihrer Rechtsnatur nach nur wenig von den Funktionen und Befugnissen, indem sie nur eine allgemeinere Formulierung der Funktionen darstellen.[4] Auf der anderen Seite werden unter den Aufgaben öffentlicher Subjekte die sozial bedeutsamen Tätigkeitsbereiche verstanden, welche in der Verfassung der Russischen Föderation (im Folgenden: „VerfRF") sowohl als Gegenstände, die in die Zuständigkeit der Russischen Föderation und ihrer Subjekte fallen (Art. 5 Pkt. 3, Art. 11 Pkt. 3, Art. 71, Art. 72 Pkt. 1, Art. 73, Art. 76, Art. 77 Pkt. 2 VerfRF), als auch als Angelegenheiten von örtlicher Bedeutung, mit deren Entscheidung sich die territorial organisierte Bevölkerung auf der Grundlage der örtlichen Selbstverwaltung im Rahmen der Kommunen befasst (Art. 130 Pkt. 1 VerfRF), bezeichnet werden.

Der Begriff der Übertragung oder der Delegation öffentlicher Aufgaben, Funktionen und Befugnisse kann auch nicht als in der russischen Lehre und Praxis schon fest etabliert betrachtet werden. Weiterhin aktuell bleibt die Frage betreffend das Verhältnis zwischen „Übertragung" (*peredača*) und „Abgrenzung"

---

3 Siehe *Пронина В.С.*, Государственные комитеты в системе центральных органов управления: автореф. дис. доктора юрид. наук (*Pronina V.S.*, Staatliche Ausschüsse im System der zentralen Verwaltungsorgane: Autoreferat der Dissertation zur Erlangung eines Dr. jur.), Moskau 1974, S. 14; *Игнатюк Н.А.*, Компетенция федеральных министерств Российской Федерации: Монография, М.: Юридический дом «Юстицинформ» (*Ignatjuk N.A.*, Die Zuständigkeit der föderalen Ministerien der Russischen Föderation: Monographie, Moskau: Juridičeskij dom „Justicinform"), 2003, S. 100.

4 Siehe z. B. die Ordnung über das Justizministerium der Russischen Föderation, bestätigt durch Erlass des Präsidenten der Russischen Föderation Nr. 1313 vom 13.10.2004 „Fragen betreffend das Justizministerium der Russischen Föderation" (in der Fassung vom 15.2.2012), Sobranie zakonodatel'stva Rossijskoj Federacii (im Folgenden: „SZ RF") 2004, Nr. 42, Pos. 4108; Verordnung der Regierung von Sankt Petersburg Nr. 43 vom 18.11.2003 „Über die Administration des Gouverneurs von Sankt Petersburg", Vestnik Administracii Sankt-Peterburga 2003, Nr. 12.

(*razgraničenie*) und zwischen „Verteilung“ (*raspredelenie*) und „Umverteilung“ (*pereraspredelenie*) von Aufgaben, Funktionen und Befugnissen sowie die „Beteiligung“ (*učastie*) von anderen Subjekten an der Erfüllung öffentlicher Aufgaben. Es scheint, dass die Übertragung im Gegensatz zu anderen verwandten Phänomenen mit dem Ausschluss einzelner Elemente aus der Zuständigkeit des „übertragenden“ öffentlichen Subjekts zusammenhängt, während es jedoch weiterhin im jeweiligen öffentlichen Bereich subsidiär verantwortlich bleibt und seine Garantiefunktion behält.

In diesem Zusammenhang ist angesichts der unterschiedlichen Herangehensweise an das Verständnis öffentlicher Aufgaben der Vorbehalt erforderlich, dass im Kontext der „Übertragung“ oder der „Delegation“ nur von den Aufgaben als Teil der Zuständigkeit der öffentlichen Subjekte, d. h. von der Übertragung ihrer Funktionen und Befugnisse an andere Subjekte gesprochen werden kann. Staatliche und kommunale Aufgaben als Gegenstände der staatlichen Zuständigkeit und Angelegenheiten von örtlicher Bedeutung dürfen für sich genommen an private Subjekte weder übertragen noch delegiert werden, obwohl private Subjekte an der Erfüllung öffentlicher Aufgaben beteiligt werden können. Auf die Unzulässigkeit der Übertragung bzw. Umverteilung öffentlicher Aufgaben als Gegenstände der Zuständigkeit des Staates bzw. eines Subjekts der Russischen Föderation als der wesentlichen Elemente des verfassungsrechtlichen Status eines öffentlichen Subjekts hat das Verfassungsgericht der Russischen Föderation wiederholt hingewiesen.[5]

Durch ein ähnliches, wenn auch weniger strenges Regime unterscheiden sich die Angelegenheiten von örtlicher Bedeutung im Zuständigkeitsbereich der Kommunen, *die nur einen bestimmten Bereich der Verwaltungs- und der wirtschaftlichen Aufgaben darstellen und durch die Kommunen in den Bereichen der unmittelbaren Daseinsvorsoge der Bevölkerung entschieden werden.*[6] Deren

---

5 Siehe z. B. Ziffer 10 Abs. 6 der Entscheidungsgründe des Urteils des Verfassungsgerichts der Russischen Föderation Nr. 10-P vom 7.6.2000 „In der Rechtssache betreffend die Überprüfung der Verfassungsmäßigkeit einzelner Bestimmungen der Verfassung der Republik Altai und des Föderalen Gesetzes ‚Über die allgemeinen Grundsätze der Organisation der gesetzgebenden (repräsentativen) und der exekutiven Organe der staatlichen Gewalt der Subjekte der Russischen Föderation‘“, Vestnik Konstitutionnogo suda Rossijskoj Federacii (im Folgenden: „VKS RF“) 2000, Nr. 5.

6 In Art. 2 des Föderalen Gesetzes Nr. 131-FZ vom 6.10.2003 „Über die allgemeinen Grundsätze der Organisation der örtlichen Selbstverwaltung in der Russischen Föderation“ (im Folgenden: „ÖrtlSelbstVwG“, SZ RF 2003, Nr. 40, Pos. 3822) werden die Angelegenheiten von örtlicher Bedeutung als *Fragen der unmittelbaren Daseinsvorsorge der Bevölkerung* definiert.

Verzeichnis wird nicht verfassungsrechtlich, sondern einfachgesetzlich festgelegt und kann nach dem Willen des Gesetzgebers geändert werden. Darüber hinaus gibt es keine klare Grenze zwischen den Angelegenheiten von örtlicher Bedeutung und den Befugnissen der Organe der örtlichen Selbstverwaltung. Die Offenheit gegenüber Veränderungen in diesen Fragen ist nicht nur wegen ihres hinreichend konkreten Charakters, sondern auch durch die objektiven Voraussetzungen der sozialen, wirtschaftlichen und informationellen Entwicklung der Gesellschaft, die Notwendigkeit einer Neuverteilung von Zuständigkeitsbereichen zwischen den verschiedenen Ebenen der öffentlichen Verwaltung sowie den Übergang einer Reihe von Fragen in den nichtstaatlichen Bereich der Selbstregulierung bedingt. Der zuletzt genannte Prozess ist teilweise mit der in der deutschen Lehre bekannten *materiellen Privatisierung oder Aufgabenprivatisierung* zu vergleichen.[7] Gleichzeitig handelt es sich auch in diesem Fall nicht um die Übertragung oder die Delegation öffentlicher Aufgaben, sondern um deren gesetzgeberische Neuverteilung.

Somit ist unter der Übertragung (der Delegation) von Aufgaben eines öffentlichen Subjekts die durch Gesetz, aufgrund eines Gesetzes oder in den gesetzlich vorgesehenen Fällen durch Vertrag (Vereinbarung) vollzogene Auferlegung der zur Zuständigkeit eines rechtlich selbstständigen öffentlichen Subjekts gehörenden Funktionen und Befugnisse an ein anderes, gesetzlich als solches anerkanntes Subjekt zu verstehen, das öffentlich- oder privatrechtliche Rechtsfähigkeit besitzt. Dabei wird die Aufgabe (Funktion, Befugnis) aus der Zuständigkeit des „übertragenden" öffentlichen Subjekts ausgeschlossen, während es die Verantwortlichkeit in dem entsprechenden öffentlichen Bereich in einem größeren oder kleineren Umfang behält.

III. Verfassungsrechtliche Grundlagen der Übertragung von Funktionen und Befugnissen von einem öffentlichen Subjekt auf ein anderes Subjekt

In der VerfRF wurde die „Übertragung von Befugnissen" als ein Weg zur Erfüllung der Aufgaben eines öffentlichen Subjekts durch ein anderes Subjekt unmittelbar verankert. Gemäß Art. 78 Pkt. 2 und 3 VerfRF ist die gegenseitige Delegation der Ausübung eines Teils ihrer Befugnisse durch die föderalen Or-

7 Siehe z. B. *Ipsen*, Allgemeines Verwaltungsrecht, Köln u. a.: Carl Heymanns Verlag, 2000, S. 84. Zur Frage der öffentlichen Aufgabenprivatisierung im deutschen Verwaltungsrecht siehe näher die Beiträge von *Steiner, Kramer* und *Greim* in diesem Buch (Kap. 1, §§ 1, 3, 4).

gane der Exekutive und die Organe der Exekutive der Subjekte der Russischen Föderation untereinander auf der Grundlage einer Vereinbarung zulässig. Die Vereinbarungen über die Delegation sind eine Art der öffentlich-rechtlichen Kompetenzvereinbarungen. Die Grundsätze und das Verfahren ihres Abschlusses sowie ihr subsidiärer Charakter in Bezug auf das Gesetz als rechtliche Form der Übertragung der Ausübung eines Teils der Befugnisse werden in Art. 26.8 des Föderalen Gesetzes „Über die allgemeinen Grundsätze der Organisation der gesetzgebenden (repräsentativen) und der exekutiven Organe der staatlichen Gewalt der Subjekte der Russischen Föderation"[8] (im Folgenden: „StOrgFSG") eröffnet. Die speziellen föderalen Gesetze treten als die wichtigste rechtliche Form der Übertragung von Befugnissen der Russischen Föderation an die Subjekte der Russischen Föderation in Erscheinung. Besondere Anforderungen hinsichtlich des Inhalts dieser Gesetze sind in Art. 26.3 Pkt. 7 StOrgFSG vorgesehen. Die Übertragung von Befugnissen in den Wechselbeziehungen zwischen der staatlichen und der kommunalen Ebene wird dadurch realisiert, dass die Organe der örtlichen Selbstverwaltung mit einzelnen staatlichen Befugnissen (Zuständigkeiten) ausgestattet werden. Die Ausstattung mit Befugnissen erfolgt durch die föderalen Gesetze und (oder) die Gesetze der Subjekte der Russischen Föderation (Art. 132 Pkt. 2 VerfRF, Kapitel 4 ÖrtlSelbstVwG, Art. 26.3 Pkt. 6 StOrgFSG). Darüber hinaus wird als Rechtsform der Delegation einzelner Befugnisse im kommunalen Bereich zwischen den kommunalen Kreisen und den Siedlungen auch eine Vereinbarung verwendet (Art. 15 Pkt. 4 ÖrtlSelbstVwG).[9]

Von der Übertragung (der Delegation) von Befugnissen im System der öffentlichen Gewaltverhältnisse ist die Verteilung von Kompetenzen innerhalb des Systems der Organe der staatlichen Gewalt oder innerhalb des Systems der Organe der örtlichen Selbstverwaltung zu unterscheiden.[10] Diese ist teilweise mit

---

8 Föderales Gesetz Nr. 184-FZ vom 6.10.1999 „Über die allgemeinen Grundsätze der Organisation der gesetzgebenden (repräsentativen) und der exekutiven Organe der staatlichen Gewalt der Subjekte der Russischen Föderation" (in der Fassung der Föderalen Gesetze Nr. 95-FZ vom 4.7.2003 und Nr. 258-FZ vom 29.12.2006), SZ RF 1999, Nr. 42, Pos. 5005.

9 Zur Übertragung von Befugnissen von einem öffentlichen Subjekt an ein anderes Subjekt im russischen Verfassungsrecht *Гриценко Е.В.*, Разграничение и передача в системе публичных отношений (*Gricenko E.V.*, Abgrenzung und Übertragung im System der öffentlichen Verhältnisse), Сравнительное конституционное обозрение (Vergleichende Verfassungsrundschau) 2009, Nr. 2, S. 72–91.

10 Zur Kategorie der Verteilung der Zuständigkeit innerhalb des Systems der föderalen Organe der Exekutive *Сосновский С.А.*, Правовые проблемы распределения компетенции федеральных органов исполнительной власти: автореф. дисс.

dem deutschen Begriff der *„unmittelbaren staatlichen (öffentlichen) Verwaltung“* vergleichbar, da die Verwaltung unmittelbar von einer öffentlich-rechtlichen Körperschaft (Staat, Kommune), die durch ihre Organe vertreten ist, wahrgenommen wird. Doch im Gegensatz zum deutschen Recht, nach dem es sich bei der öffentlich-rechtlichen Körperschaft um eine juristische Person des öffentlichen Rechts handelt, deren Organe keine eigene Rechtsfähigkeit besitzen, wird in der russischen Gesetzgebung die Konstruktion der juristischen Person des öffentlichen Rechts[11] bisher nicht anerkannt und den Organen der öffentlich-rechtlichen Subjekte oftmals der Status einer juristischen Person verliehen. Zugleich können diese nicht von dem öffentlichen Subjekt getrennt werden und in diesem Sinne als rechtlich selbstständige Subjekte auftreten. Dementsprechend kann nicht von einer Übertragung von Aufgaben, Funktionen und Befugnissen eines öffentlichen Subjekts auf dessen Organe infolge ihrer Ausstattung mit den entsprechenden Kompetenzen gesprochen werden. Der Staat und die Kommunen besitzen selbst alle notwendigen Merkmale öffentlich-rechtlicher Subjekte und sind mit einer öffentlichen und einer ihr untergeordneten speziellen zivilrechtlichen Rechtsfähigkeit ausgestattet (Art. 125 des Zivilgesetzbuchs der Russischen Föderation, im Folgenden: „ZGB“). Dagegen werden deren Organe, denen der Status juristischer Personen als staatliche Einrichtungen verliehen wird, ausschließlich zur Wahrnehmung von Verwaltungsfunktionen eines öffentlichen Subjekts

канд. юрид. наук (*Sosnovskij S.A.*, Rechtliche Probleme der Verteilung der Zuständigkeit der föderalen Organe der Exekutive: Autoreferat der Dissertation zur Erlangung eines Dr. jur.), Sankt Petersburg 2011, S. 8–10.

11 Ungeachtet dessen, dass in letzter Zeit in der russischen verwaltungsrechtlichen Literatur das Konzept der juristischen Person des öffentlichen Rechts sehr aktiv entwickelt wird, kann es angesichts einer Vielzahl verschiedener Ansätze und des Fehlens eines klaren Konzepts vorerst noch nicht als vollständig ausgebildet angesehen werden. Siehe z. B. *Баренбойм П.Д., Лафитский В.И., Терещенко Л.К.*, Юридические лица публичного права в доктрине и практике России и зарубежных стран (под ред. В.П. Мозолина, А.В. Турбанова) (*Barenbojm P.D./Lafitskij V.I./Tereščenko L.K.*, Juristische Personen des öffentlichen Rechts in der Lehre und Praxis in Russland und im Ausland [Hrsg. V.P. Mozolin/A.V. Turbanov]), Moskau 2011; *Чиркин В.Е.*, Юридическое лицо публичного права (*Čirkin V.E.*, Die juristische Person des öffentlichen Rechts), Moskau 2007; *Винницкий А.В.*, О необходимости законодательного закрепления института юридических лиц публичного права (*Vinnickij A.V.*, Über die Notwendigkeit der legislativen Verankerung des Instituts der juristischen Personen des öffentlichen Rechts), Журнал российского права (Zeitschrift des russischen Rechts) 2011, Nr. 5 u. a. All dies erschwert die Akzeptanz dieser Konstruktion in der Gesetzgebung.

gebildet und treten (oder zumindest müssen sie das) in den Außenbeziehungen, darunter auch im Zivilrechtsverkehr, ausschließlich im Namen des öffentlichen Subjekts und zur Erfüllung seiner Aufgaben bzw. zur Ausübung seiner Befugnisse auf.[12] Die Verleihung des Status einer juristischen Person an ein Organ ist kein zwingendes Merkmal und darf keinen Einfluss auf dessen Status als Verwaltungsorgan haben, das Befugnisse zur Erfüllung von Aufgaben eines öffentlichen Subjekts ausübt. In diesem Zusammenhang scheint die Verleihung des Status einer juristischen Person an die Organe als nicht zweckmäßig und verstößt gegen die Logik der Rechtsfähigkeit eines öffentlichen Subjekts. In ihrer Untersuchung des Status der Organe der örtlichen Selbstverwaltung weisen *E. Markwart* und *S. Isupova* zu Recht darauf hin, dass es dabei zu einer Kollision zwischen der sich aus Art. 125 ZGB ergebenden vertretenden Funktion eines Organs der örtlichen Selbstverwaltung und dessen eigenständigem Status einer juristischen Person kommt.[13] Diese Situation führt zur Auswechslung eines öffentlichen Subjekts durch seine Organe.

Die Situation wird noch komplizierter im Zusammenhang mit der aktiven Verbreitung der mittelbaren Formen öffentlicher Verwaltung in der russischen Praxis, eines Systems staatlicher und kommunaler Einrichtungen, die von den Subjekten, von welchen sie „zur Ausübung der gesetzlich vorgesehenen *Befugnisse* (kursiv hervorgehoben durch die Autorin) der Organe der staatlichen Gewalt bzw. der örtlichen Selbstverwaltung" in den verschiedenen Bereichen der Daseinsvorsorge im Wege der Erbringung von Werk- und Dienstleistungen gebildet werden, rechtlich selbstständig sind.[14] Trotz der Erwähnung der „Befugnisse" handelt es sich in diesem Fall offensichtlich in erster Linie um eine nichthoheitliche soziale und wirtschaftliche Versorgungstätigkeit. Davon zeugt

12 Siehe z. B. Art. 44 Pkt. 2 ÖrtlSelbstVwG.

13 *Маркварт Э., Исупова С.*, Актуальные аспекты управления муниципальным имуществом: Практические рекомендации (*Markwart E./Isupova S.*, Aktuelle Aspekte der Verwaltung kommunalen Vermögens: Praktische Empfehlungen), Moskau: Ost-Euro GmbH, 2011, S. 19.

14 Siehe Art. 2 Pkt. 1 des Föderalen Gesetzes Nr. 174-FZ vom 3.11.2006 „Über autonome Einrichtungen" (in der Fassung vom 6.11.2011), SZ RF 2006, Nr. 45, Pos. 4626 (Begriff einer autonomen Einrichtungen); Art. 9.2 Pkt. 1 des Föderalen Gesetzes Nr. 7-FZ vom 12.1.1996 „Über nichtkommerzielle Organisationen" (im Folgenden: „NKO-Gesetz", in der Fassung des Föderalen Gesetzes Nr. 83-FZ vom 8.5.2010), SZ RF 1996, Nr. 3, Pos. 145 (Begriff einer haushaltsplangebundenen Einrichtung); Art. 6 des Haushaltsgesetzbuchs der Russischen Föderation Nr. 145-FZ vom 31.7.1998 (im Folgenden: „HaushaltsGB", in der Fassung des Föderalen Gesetzes Nr. 83-FZ vom 8.5.2010), SZ RF 1998, Nr. 31, Pos. 3823 (Begriff einer staatlichen Einrichtung).

auch der Verweis auf die Art und Weise der Ausübung der „Befugnisse" im Wege der Erbringung von Werk- und Dienstleistungen. Die Einrichtungen üben diese Tätigkeit auf der Grundlage eines Verwaltungsakts, eines staatlichen oder kommunalen Auftrags aus. Somit nutzt das öffentliche Subjekt ein verwaltungsrechtliches Mittel, um rechtlich selbstständige Subjekte, bei denen es sich um von ihm geschaffene Einrichtungen handelt,[15] an der Erfüllung öffentlicher Aufgaben zu beteiligen. In diesem Fall geht es nicht um die Übertragung (die Delegation) von Befugnissen, da die Einrichtungen sich nicht mit Tätigkeiten befassen, die den Kern der Kompetenz eines öffentlichen Subjekts ausmachen. Das öffentliche Subjekt ist nur dazu berufen, die Tätigkeit dieser Einrichtungen zur Erbringung von Werk- oder Dienstleistungen zu organisieren und zu koordinieren. In diesem Zusammenhang scheint die durch den Gesetzgeber verwendete Formulierung, die auf die Ausübung von Befugnissen der Organe der staatlichen Gewalt bzw. der örtlichen Selbstverwaltung durch die Einrichtungen hinweist, nicht ganz korrekt zu sein.

Anders ist es, wenn ein öffentliches Subjekt einzelne Organisations-, Verfügungs- und sonstige vollziehende Verwaltungsbefugnisse, die einen Teil seiner Zuständigkeit ausmachen, auf sonstige nichthoheitliche Subjekte, einschließlich nachgeordneter Einrichtungen, überträgt.[16] Dieser Prozess wird im deutschen Verwaltungsrecht als *„funktionale Privatisierung"* oder *„Erfüllungsprivatisierung"* bezeichnet.[17] In der russischen Literatur wird für seine Bezeichnung der aus der amerikanischen Wirtschaftsliteratur übernommene Begriff „Outsourcing"

---

15 Wobei gerade die Organe der öffentlichen Subjekte die Befugnisse eines Gründers selbstständiger juristischer Personen ausüben, bei denen es sich um ihnen nachgeordnete (staatliche, autonome oder haushaltsplangebundene) Einrichtungen handelt, und sonstige staatliche oder kommunale Organisationen bilden.

16 Wie z. B. staatliche Einrichtungen, die für die Durchführung der staatlichen Kontrolle (Aufsicht) über die Einhaltung der Vorgaben technischer Regelwerke zuständig sind (Art. 2, 21, 26, 32 des Föderalen Gesetzes Nr. 184-FZ vom 27.12.2002 „Über die technische Regulierung" [in der Fassung vom 6.12.2011], SZ RF 2002, Nr. 52 [Teilband 1], Pos. 5140), oder staatliche Einrichtungen, die einem föderalen Organ der Exekutive nachgeordnet und für das Katasterwesen und die Führung des staatlichen Immobilienkatasters zuständig sind: gemäß Art. 3 Pkt. 2 des Föderalen Gesetzes Nr. 221-FZ vom 24.7.2007 in der Fassung vom 8.12.2011 „Über das staatliche Immobilienkataster" (SZ RF 2007, Nr. 31, Pos. 4017) sind die diesem Organ nachgeordneten staatlichen haushaltsplangebundenen Einrichtungen berechtigt, die in dem Gesetz vorgesehenen Befugnisse eines Organs des Katasterwesens (mit einigen Ausnahmen) auf der Grundlage von Beschlüssen dieses Organs wahrzunehmen.

17 Siehe z. B. *Ipsen*, Allgemeines Verwaltungsrecht, S. 83.

von öffentlichen Funktionen sowie von Leitungs- und Verwaltungsprozessen verwendet.[18]

Im Folgenden sollen die verfassungsrechtlichen Grundlagen und Grenzen einer derartigen Übertragung in der Russischen Föderation untersucht werden.

IV. Verfassungsgrundsätze und -grenzen der Übertragung hoheitlicher Befugnisse eines öffentlichen Subjekts auf andere Einrichtungen

Die Übertragung hoheitlicher Befugnisse öffentlicher Subjekte auf andere, rechtlich selbstständige Subjekte ist nicht unmittelbar in der Verfassung verankert. Allerdings darf auch diese Form der Erfüllung öffentlicher Aufgaben infolge der Geltung des Grundsatzes der Demokratie und der Proklamation des Rechts sowohl der Bürger als auch ihrer Vereinigungen auf *Beteiligung* an der Verwaltung der Angelegenheiten des Staates, einschließlich der örtlichen Selbstverwaltung, nicht ausgeschlossen werden (Art. 32 Pkt. 1 VerfRF).

Das Verfassungsgericht der Russischen Föderation, das die Frage der verfassungsrechtlichen Grundlagen für die Übertragung einzelner Verwaltungs- und Kontrollbefugnisse der Organe der Exekutive (hoheitlicher Organisations- und Kontrollbefugnisse) an nichtstaatliche Organisationen am Beispiel der Selbstregulierungsorganisationen der Insolvenzverwalter zu überprüfen hatte, begründet die Zulässigkeit der Übertragung einzelner hoheitlicher Befugnisse an nichtstaatliche Einrichtungen, insbesondere an Selbstregulierungsorganisationen, auch durch die Geltung der Grundsätze der Freiheit der Arbeit und der wirtschaftlichen Betätigung.[19] Jedoch zeugen die genannten Verfassungsbestimmungen

---

18 Siehe z. B. *Филатова А.В.*, Аутсорсинг административно-управленческих процессов (*Filatova A. V.*, Outsourcing von Leitungs- und Verwaltungsprozessen), Предпринимательское право (Unternehmensrecht) 2009, Nr. 1.

19 In Ziffer 2 der Entscheidungsgründe des Urteils des Verfassungsgerichts der Russischen Föderation in der Rechtssache betreffend die Insolvenzverwalter wies das Gericht auf Folgendes hin: „Bürger, deren Arbeit frei ist, sind berechtigt, sich an der Verwaltung der Angelegenheiten des Staates, darunter auch im wirtschaftlichen Bereich, auf der Grundlage der Selbstorganisation, der Selbstverwaltung und der Selbstregulierung unmittelbar zu beteiligen“; „Der Verfassungsgrundsatz des demokratischen Rechtsstaates und die durch die Verfassung der Russischen Föderation garantierte Freiheit der wirtschaftlichen Betätigung setzen die Entwicklung der für die Herausbildung der Zivilgesellschaft erforderlichen Grundlagen der Selbstverwaltung und Autonomie im wirtschaftlichen Bereich voraus, was sich in der Bildung von Selbstregulierungsorganisationen und entsprechend in der staatlichen Unterstützung

eher von der verfassungsrechtlichen Forderung nach einer obligatorischen Beteiligung von privaten Subjekten an der Erfüllung öffentlicher sozialer und wirtschaftlicher Aufgaben sowie der Zulässigkeit ihrer Beteiligung an der Ausübung der eingeräumten Verwaltungsfunktionen und nicht von der Übertragung hoheitlicher Befugnisse.

Im Allgemeinen kann in der Rechtsprechung des Verfassungsgerichts das Fehlen eines klaren Verständnisses bei der Unterscheidung zwischen den verfassungsrechtlichen Grundlagen der Übertragung hoheitlicher Befugnisse auf private Subjekte auf der einen Seite und deren Beteiligung an der Umsetzung öffentlicher Aufgaben und nichthoheitlicher Funktionen auf der anderen Seite festgestellt werden. Wie es scheint, ist diese Unbestimmtheit durch das Fehlen eines klaren Konzepts der Übertragung von Aufgaben, Funktionen und Befugnissen sowie durch eine mangelhafte Ausarbeitung der Fragen betreffend die Rechtsnatur der Übertragung hoheitlicher Befugnisse und der diese begleitenden Sicherungs- und Gewährleistungsfunktionen an private Subjekte sowie die Inhalte der dabei entstehenden Verhältnisse bedingt. Eine solche Situation liegt vor, wenn es um die Befreiung des Staates von Aufgaben und Funktionen geht, die auch außerhalb des staatlichen Sektors unter Verwendung der Mechanismen der Selbstregulierung (Privatisierung von Aufgaben) effektiv erfüllt werden könnten. Wie das Verfassungsgericht festgestellt hat, ist dies eine Wiederspiegelung des bürgerschaftlichen Engagements, der Selbstverwaltung und der Autonomie von Institutionen der Zivilgesellschaft, die durch die Regierung unterstützt und gefördert werden.[20] Dieser Prozess wird durch die Änderung des Charakters der Aufgabe, nicht jedoch des Status des privaten Subjekts begleitet. Es ist eine ganz andere Sache, wenn infolge der Übertragung hoheitlicher Befugnisse den entsprechenden Organisationen ein besonderer öffentlich-rechtlicher Status verliehen wird. Allerdings spricht das Verfassungsgericht der Russischen Föderation bei der Untersuchung der Übertragung von Aufgaben, Funktionen und Befugnissen auf die Selbstregulierungsorganisationen der Insolvenzverwalter vom öffentlich-rechtlichen Status dieser Organisationen ohne jegliche Differenzierung

und Förderung des bürgerschaftlichen Engagements in diesem Bereich äußert." (Urteil des Verfassungsgerichts der Russischen Föderation Nr. 12-P vom 19.12.2005 in der Rechtssache betreffend die Überprüfung der Verfassungsmäßigkeit von Art. 20 Pkt. 1 Abs. 8 des Föderalen Gesetzes „Über die Insolvenz [Zahlungsunfähigkeit]" im Zusammenhang mit der Beschwerde des Bürgers A. G. Mežencev, VKS RF 2006, Nr. 1).

20 Ziffer 2 Abs. 6 der Entscheidungsgründe des Urteils des Verfassungsgerichts der Russischen Föderation in der Rechtssache betreffend die Insolvenzverwalter.

der Übertragung von Befugnissen und anderen Varianten der Beteiligung privater Subjekte an der Erfüllung öffentlicher Aufgaben.[21] Eine solche Differenzierung scheint jedoch nach hier vertretener Auffassung erforderlich zu sein.

Da die Ausübung hoheitlicher Befugnisse ein Eingreifen in den Bereich der Ausübung von Rechten und Freiheiten der Bürger und ihrer Vereinigungen voraussetzt, ergeben sich aus der Verfassung *besondere Bedingungen* und *hinreichend strenge Grenzen für die Delegation hoheitlicher Befugnisse an private Subjekte.* Diese Anforderungen sind durch die besondere soziale Bestimmung eines öffentlichen Subjekts als Garant für die Rechte und Freiheiten vorherbestimmt, was sich wiederum aus dem Grundsatz der Rechtsstaatlichkeit ergibt. Es lassen sich folgende Parameter ausmachen, die den Mechanismus der Übertragung hoheitlicher Befugnisse auszeichnen:

- die Übertragung erfolgt im Rahmen eines öffentlich-rechtlichen Verhältnisses;
- die Übertragung der Befugnisse erfolgt auf gesetzlicher Grundlage und als rechtliche Form der Übertragung treten das Gesetz und die auf seiner Grundlage erlassenen Rechtsvorschriften auf (auf kommunaler Ebene entsprechend die Satzung einer Kommune, der Beschluss eines Vertretungsorgans oder ein Vertrag oder eine Vereinbarung);

21 Wie das Verfassungsgericht in Bezug auf die Organisationen der Insolvenzverwalter hinweist, „ist der föderale Gesetzgeber berechtigt, autonome öffentlich-rechtliche Subjekte, die Selbstregulierungsorganisationen der Insolvenzverwalter, welche zur Wahrnehmung der Funktion der Selbstregulierung in diesem Bereich der gesellschaftlichen Verhältnisse im Interesse der Gesellschaft, der Gläubiger und der Schuldner berufen sind, mit einer Reihe von öffentlichen Normsetzungs-, Vollzugs-, Verfügungs- und Kontrollbefugnissen auszustatten". Dabei weist das Gericht auf den *öffentlich-rechtlichen Status* nicht nur der Insolvenzverwalter selbst, sondern auch der Selbstregulierungsorganisationen der Insolvenzverwalter hin, indem es deren doppelte Rechtsnatur als nichtkommerzielle Organisationen und als *autonome öffentlich-rechtliche Vereinigungen* anmerkt (Ziffer 2 Abs. 4 der Entscheidungsgründe des Urteils des Verfassungsgerichts der Russischen Föderation in der Rechtssache betreffend die Insolvenzverwalter; siehe auch Ziffer 3 und Ziffer 3.3 der Entscheidungsgründe dieses Urteils). Dieser Logik folgte das Gericht schon früher bei der Charakterisierung von selbstregulierenden Berufsvereinigungen, den Notarkammern, indem es auf die „öffentliche Bestimmung" der zuletzt Genannten hinwies (Ziffer 2 der Entscheidungsgründe des Urteils des Verfassungsgerichts der Russischen Föderation Nr. 15-P vom 19.5.1998 „in der Rechtssache betreffend die Überprüfung der Verfassungsmäßigkeit einzelner Bestimmungen der Art. 2, 12, 17, 24 und 34 der Grundlagen der Gesetzgebung der Russischen Föderation über das Notariat", VKS RF 1998, Nr. 5).

- die zu übertragenden Befugnisse besitzen keinen ausschließlichen und umfassenden Charakter und fallen nicht in die ausschließliche Zuständigkeit der Organe der staatlichen Gewalt bzw. der Organe der örtlichen Selbstverwaltung, sondern es handelt sich nur um einzelne hoheitliche Organisations- und Kontrollbefugnisse mit Verwaltungs- bzw. Vollzugscharakter;
- rechtlich selbstständigen Subjekten wird ein zusätzlicher öffentlich-rechtlicher Status im Umfang der übertragenen Befugnisse verliehen. Dabei sollte berücksichtigt werden, dass die rechtliche Organisationsform, in der eine Organisation geschaffen wird, mit diesem zusätzlichen öffentlich-rechtlichen Status vereinbar ist. Hieraus ergibt sich die Forderung nach der Wahl einer angemessenen rechtlichen Organisationsform der Organisation, auf welche die Befugnisse der öffentlichen Gewalt übertragen werden;
- auf die übertragenen Befugnisse findet ein besonderes Verfahren ihrer finanziellen Sicherstellung Anwendung;
- die Tätigkeit der Bürger und ihrer Vereinigungen bei der Ausübung dieser Befugnisse darf in keinem Fall die subsidiäre Verantwortlichkeit des öffentlichen Subjekts (des Staates, einer Kommune) für deren Ausübung und seine Garantiefunktion ausschließen und setzt eine staatliche oder entsprechend eine kommunale Kontrolle über die übertragenen Befugnisse voraus. Wie das Verfassungsgericht der Russischen Föderation im Zusammenhang mit der Prüfung der Frage betreffend die Bevollmächtigung der Selbstregulierungsorganisationen der Insolvenzverwalter durch den Staat angemerkt hat, unterliegt „die jeweilige Tätigkeit der Bürger in jedem Fall der Kontrolle des Staates, der ausgehend vom Ausgleich der verfassungsrechtlich geschützten Werte die rechtlichen Grundlagen und das Verfahren für ihre Ausübung festlegt, um die Möglichkeit einer Verletzung der Rechte sowohl der Mitglieder der Selbstregulierungsorganisationen als auch anderer Personen auszuschließen".[22] Dabei verzichtet der Staat nicht auf seine verfassungsrechtliche Befugnis zur Festlegung der rechtlichen Grundlagen für einen einheitlichen Markt, vor allem in den Fällen, in denen die Vertreter bestimmter Berufe mit öffentlich-rechtlichen Funktionen ausgestattet und die von ihnen gegründeten Selbstregulierungsorganisationen berechtigt werden, für ihre Mitglieder verbindliche Regeln der beruflichen Tätigkeit auszuarbeiten und festzulegen. Der Staat behält dabei die „verfassungsrechtliche Befugnis, auf den Inhalt der durch die Selbstregulierungsorganisationen verabschiedeten

22 Ziffer 2 Abs. 5 der Entscheidungsgründe des Urteils des Verfassungsgerichts der Russischen Föderation in der Rechtssache betreffend die Insolvenzverwalter.

Rechtsvorschriften sowohl durch eine gerichtliche Normenkontrolle als auch auf sonstige Art und Weise Einfluss zu nehmen";[23]

- Rechtsvorschriften der zuständigen Organe und Organisationen, die im Rahmen der übertragenen Befugnisse erlassen werden, werden von der Verfassung den Akten öffentlicher Subjekte gleichgestellt und unterliegen hinsichtlich ihrer Übereinstimmung mit höherrangigen Rechtsvorschriften der Überprüfung im Rahmen eines Normenkontrollverfahrens: Gemäß Art. 120 Pkt. 2 VerfRF hat ein Gericht, nachdem es bei der Überprüfung einer Rechtssache festgestellt hat, dass ein Akt eines staatlichen *oder eines anderen Organs* (kursiv hervorgehoben durch die Autorin) nicht mit dem Gesetz übereinstimmt, eine Entscheidung gemäß dem Gesetz zu treffen. Rechtssachen betreffend die Anfechtung von Akten und Handlungen der mit öffentlichen Befugnissen ausgestatteten Organisationen gehören zu der Kategorie von Streitigkeiten, die im Rahmen von Verwaltungsverfahren (Streitigkeiten, die sich aus öffentlich-rechtlichen Verhältnissen ergeben) verhandelt werden.[24]

Daher muss die Frage nach der Zulässigkeit der Übertragung hoheitlicher Befugnisse und Funktionen öffentlicher Subjekte an den privaten Bereich unter Berücksichtigung der oben genannten Grundsätze und Kriterien, die mit der Verfassungs- und Rechtmäßigkeit der Übertragung im Zusammenhang stehen, entschieden werden. Darüber hinaus sollten Überlegungen hinsichtlich der

---

23 Ebenda, Ziffer 2 Abs. 7.

24 Kap. 24 der Arbitrageprozessordnung in der Fassung des Gesetzes Nr. 228-FZ vom 27.7.2010 (SZ RF 2010, Nr. 31, Pos. 4197). Ungeachtet dessen, dass in Kap. 25 der Zivilprozessordnung unmittelbar nur das Verfahren der Anfechtung von Entscheidungen und Handlungen bzw. der Untätigkeit von Amtspersonen und Organen der staatlichen Gewalt sowie der örtlichen Selbstverwaltung verankert ist, hat das Oberste Gericht der Russischen Föderation in Ziffer 5 des Beschlusses des Plenums vom 10.2.2009 „Über die gerichtliche Praxis der Behandlung von Rechtssachen betreffend die Anfechtung von Entscheidungen und Handlungen bzw. der Untätigkeit von Organen der staatlichen Gewalt, Organen der örtlichen Selbstverwaltung, Amtspersonen sowie staatlichen und kommunalen Angestellten" erläutert, dass in dem genannten Verfahren auch die Entscheidungen und Handlungen bzw. die Untätigkeit von Personen und Organisationen angefochten werden können, „die zwar weder Organe der staatlichen Gewalt noch Organe der örtlichen Selbstverwaltung sind, aber mit hoheitlichen Befugnissen im Bereich der staatlichen Verwaltung oder mit Verfügungsbefugnissen im Bereich der örtlichen Selbstverwaltung ausgestattet sind und Beschlüsse fassen, welche für die von diesen Beschlüssen betroffenen Personen verbindlich sind" (Bjulleten' Verchovnogo Suda Rossijskoj Federacii 2009, Nr. 4).

Zweckmäßigkeit der Übertragung sowie der Effektivität und Wirtschaftlichkeit der Erfüllung öffentlicher Aufgaben angestellt werden, obwohl diese nur eine bewertende und sekundäre Rolle spielen und davon abhängen, ob die Übertragung von Befugnissen an den privaten Sektor grundsätzlich zulässig ist.

Dabei stellt sich die Frage, ob die oben genannten Anforderungen bei der Übertragung einzelner öffentlicher Hoheitsbefugnisse auf private Subjekte erfüllt werden. Um diese Frage beantworten zu können, sollen im Folgenden einzelne Beispiele solcher Übertragungen in der russischen Gesetzgebung und Praxis betrachtet werden.

V. Probleme bei der Umsetzung der Verfassungsgrundsätze im Rahmen der Übertragung von Befugnissen in der Praxis

In der russischen Gesetzgebung und Praxis gibt es nicht wenige Beispiele für die Übertragung hoheitlicher Befugnisse auf andere rechtlich selbstständige Subjekte. Dies gilt auch für den kommunalen Bereich. Als Beispiel können die bereits erwähnten Fälle der Auferlegung einzelner hoheitlicher Befugnisse im Zusammenhang mit der Entscheidung von Angelegenheiten von örtlicher Bedeutung auf Organisationen, die den Status von Selbstregulierungsorganisationen erwerben, durch föderales Gesetzes angeführt werden.[25] Allerdings sind damit die Fälle der Übertragung von Befugnissen im kommunalen Bereich nicht erschöpft. Die föderale Gesetzgebung sieht auch andere Varianten hierfür vor.

1. Die Verleihung des Status eines Mehrfunktionszentrums zur Erbringung kommunaler Dienstleistungen (im Folgenden: „Mehrfunktionszentrum") an eine russische Organisation unabhängig von ihrer rechtlichen Organisationsform, welche den durch föderales Gesetz gestellten Anforderungen entspricht, sowie die Übertragung der Befugnisse eines Mehrfunktionszentrums zur Vornahme von Verwaltungsverfahren und zur Verwirklichung der interbehördlichen Zusammenarbeit bei der Erbringung kommunaler Dienstleistungen nach dem Ein-Schalter-Prinzip an diese Organisationen (Stand des Gesetzes vor den Änderungen durch Föderales Gesetz Nr. 359-FZ vom 21. Dezember 2013).[26]

---

25 Siehe z. B. Art. 24 und 25 des Föderalen Gesetzes Nr. 190-FZ vom 27.7.2010 „Über die Wärmeversorgung" (SZ RF 2010, Nr. 31, Pos. 4159), nach denen den Selbstregulierungsorganisationen die Befugnisse zur Genehmigung von Regeln und Standards im Bereich der Wärmeversorgung auferlegt werden.

26 Art. 2 Pkt. 5, Art. 15 und 16 des Föderalen Gesetzes Nr. 210-FZ vom 27.7.2010 „Über das Verfahren der Erbringung staatlicher und kommunaler Dienstleistungen" (im Folgenden: „DienstleistungsG"), SZ RF 2010 Nr. 31, Pos. 4179.

Ihrem Wesen nach sind die Mehrfunktionszentren Vermittler zwischen den hoheitlichen Subjekten und den Bürgern und werden zur Optimierung von Verwaltungsprozessen bzw. Verwaltungsverfahren gebildet, um bestimmte Organisations- und Verfügungsfunktionen wahrzunehmen. Dabei wird auch die Übertragung anderer hoheitlicher Befugnisse auf ein Mehrfunktionszentrum nicht ausgeschlossen, wenn dies in der Vereinbarung über die Zusammenarbeit mit den Organen der Exekutive vorgesehen ist. Zugleich konnte die Vereinbarung über die interbehördliche Zusammenarbeit nicht als angemessene Rechtsform für die Übertragung hoheitlicher Befugnisse angesehen werden, zumal das Gesetz keine strengen Anforderungen in Bezug auf die Wahl der rechtlichen Organisationsform eines Mehrfunktionszentrums festlegte. Erst mit dem Änderungsgesetz Nr. 359-FZ vom 21. Dezember 2013[27] sind diese Anforderungen eingeführt worden.[28]

2. Die Übertragung einzelner hoheitlicher Befugnisse von Organen der örtlichen Selbstverwaltung an die Organe der territorialen gesellschaftlichen Selbstverwaltung als besondere Form einer nichtkommerziellen Organisation:[29] Obwohl die Organe der territorialen gesellschaftlichen Selbstverwaltung durch die Gesetzgebung als nichthoheitliche, gesellschaftliche Formen der Umsetzung „eigener Initiativen zu Angelegenheiten von örtlicher Bedeutung" durch die Bürger an ihrem Wohnsitz betrachtet werden, wird die Übertragung einzelner

27 SZ RF 2013, Nr. 51, Pos. 6679.

28 Die Mehrfunktionszentren werden nunmehr nur in den Organisationsformen der staatlichen oder kommunalen Einrichtungen geschaffen (Art. 2 Pkt. 5, Art. 15 DienstleistungsG in der Fassung des Änderungsgesetzes Nr. 359-FZ vom 21.12.2013).

29 Die Frage der rechtlichen Organisationsform der Organe der territorialen gesellschaftlichen Selbstverwaltung ist umstritten. Es bleibt unklar, ob die Organe der territorialen gesellschaftlichen Selbstverwaltung als eine selbstständige besondere rechtliche Organisationsform einer nichtkommerziellen Organisation betrachtet werden können oder ob es sich um eine Untergattung einer gesellschaftlichen Vereinigung handelt, die das Organ der gesellschaftlichen Selbstverwaltung ist. Einerseits enthält das NKO-Gesetz kein abschließendes Verzeichnis der rechtlichen Organisationsformen nichtkommerzieller Organisationen und erlaubt es, diese durch andere föderale Gesetze festzulegen (wie z. B. im vorliegenden Fall durch das ÖrtlSelbstVwG; vgl. Art. 2 Pkt. 3 NKO-Gesetz). Andererseits besitzt ein Organ der territorialen gesellschaftlichen Selbstverwaltung die Merkmale eines Organs der gesellschaftlichen Selbstverwaltung als einer besonderen Art einer gesellschaftlichen Vereinigung (vgl. Art. 12 des Föderalen Gesetzes Nr. 82-FZ vom 19.5.1995 „Über gesellschaftliche Vereinigungen" (in der Fassung des Föderalen Gesetzes vom 1.7.2011), SZ RF 1995, Nr. 21, Pos. 1930).

öffentlicher Hoheitsbefugnisse an diese nicht ausgeschlossen, wenn dies durch die Satzung der Kommune und (oder) die Rechtsvorschriften eines Vertretungsorgans sowie durch einen Vertrag zwischen den Organen der territorialen gesellschaftlichen Selbstverwaltung und den Organen der örtlichen Selbstverwaltung vorgesehen ist.[30] Die Unklarheit in der Regelung der Rechtsformen für die zulässige Übertragung hoheitlicher Befugnisse auf die Organe der territorialen gesellschaftlichen Selbstverwaltung führt zu schwerwiegenden Verzerrungen in der Praxis, wenn die Organe der territorialen gesellschaftlichen Selbstverwaltung für die Bewohner verbindliche Beschlüsse über zweckgebundene Beiträge fassen, während es keine angemessene Rechtsgrundlage dafür gibt.[31]

3. Die „Übertragung" von Befugnissen zur Entscheidung von Angelegenheiten von örtlicher Bedeutung auf Wirtschaftssubjekte: Bei der Betrachtung der erwähnten Beispiele ist es von Beginn an erforderlich, die Symbolhaftigkeit und mangelnde Korrektheit der Verwendung des Begriffs der „Übertragung von Befugnissen" in den genannten Fällen zu beachten. Nicht jede gesetzliche Erwähnung der Auferlegung von Befugnissen auf eine andere Organisation entspricht den Merkmalen der Übertragung von Befugnissen. So wird z. B. in Art. 51 Pkt. 4 ÖrtlSelbstVwG die Übertragung einzelner *Befugnisse* zur Entscheidung von Angelegenheiten von örtlicher Bedeutung an Wirtschaftssubjekte vorgesehen, die durch die Kommunen gegründet werden und an denen die Kommunen beteiligt sind. Obwohl der Gesetzgeber auf die Möglichkeit der Auferlegung von *Befugnissen* zur Entscheidung von Angelegenheiten von örtlicher Bedeutung auf Wirtschaftssubjekte, die sowohl nichtkommerzielle als auch kommerzielle Organisationen sein können, hingewiesen hat, widerspricht die Anwendung dieser Bestimmung teilweise den oben genannten Grundsätzen und Kriterien der Übertragung von Befugnissen. In diesem Zusammenhang sind bei deren Auslegung und Anwendung die oben aufgezählten verfassungsrechtlichen Einschränkungen zu berücksichtigen, die durch die Geltung der Grundsätze eines demokratischen Rechtsstaates und durch die besondere soziale Bestimmung eines öffentlich-rechtlichen Subjekts bedingt sind. Darüber hinaus gewinnt in

30 Art. 27 Pkt. 8 Nr. 3, Pkt. 11 ÖrtlSelbstVwG.

31 Siehe z. B. *Тепляков С.*, Молчи и плати (*Tepljakov S.*, Schweige und zahle), Алтайская правда (Altajskaja pravda) vom 7.4.2010 (verfügbar unter: http://www.doc22.ru/information/remark/987-2010-04-08-03-02-37); Соблюдение социальных прав граждан: он-лайн конференция прокурора Алтайского края 22 марта 2011 г. (Wahrung der sozialen Rechte der Bürger: Online-Konferenz des Staatsanwalts der Region Altai vom 22.3.2011) (verfügbar unter: http://www.altairegion22.ru/public_reception/on-line-topics/10814/).

diesem Fall der verfassungsrechtliche Grundsatz des Wettbewerbsschutzes entscheidend an Bedeutung, der von einer grundsätzlichen Unvereinbarkeit des Status eines Wirtschaftssubjekts und eines hoheitlichen Subjekts ausgeht.[32] Auch wenn sich die Wirtschaftssubjekte bei der Entscheidung von Angelegenheiten von örtlicher Bedeutung beteiligen, tun sie dies als Teilnehmer des Zivilrechtsverkehrs, indem sie die ihnen zur Verfügung stehenden zivilrechtlichen Mittel bei der Erbringung von Werk- und Dienstleistungen im sozialen, wirtschaftlichen oder kulturellen Bereich einsetzen. Wie oben bei der Untersuchung des Status staatlicher und kommunaler Einrichtungen bereits angemerkt wurde, wäre es in diesem Fall kaum richtig, von einer „Übertragung von Befugnissen" zu sprechen. Vielmehr sollte über *die Beteiligung anderer, rechtlich selbstständiger Subjekte an der Erfüllung kommunaler Aufgaben wirtschaftlicher sowie sozialer und kultureller Art* gesprochen werden. Die Art und Weise der Beteiligung kommerzieller und nichtkommerzieller Organisationen wird dabei durch die Besonderheiten ihres Status vorherbestimmt.

Grundsätzlich wird in den durch Gesetz vorgesehenen Fällen die Übertragung hoheitlicher Befugnisse auf rechtlich selbstständige Organisationen und die in diesem Zusammenhang stehende Verleihung eines öffentlich-rechtlichen Status an diese Organisationen nicht ausgeschlossen. Hier wäre es angebracht, eine Parallele zu den oben angeführten Beispielen der durch einige föderale Gesetze festgelegten Zulässigkeit der Übertragung hoheitlicher Befugnisse der Organe der Exekutive an staatliche Einrichtungen zu ziehen. Allerdings ist das öffentliche Subjekt bei der Durchführung einer solchen Übertragung durch die Forderung nach der Wahl einer adäquaten Rechtsform der Organisation gebunden, der derartige Befugnisse auferlegt werden. Es kann sich dabei offensichtlich nur um nichtkommerzielle Organisationen handeln.

Zugleich gibt es in der Praxis nicht wenige Fälle, in denen den durch die Kommunen gegründeten kommerziellen Organisationen, die kommunale Unternehmen sind, u. a. auch einige Vollzugs- und Verfügungsbefugnisse der Organe der örtlichen Selbstverwaltung, einschließlich übertragener staatlicher Befugnisse, auferlegt werden. Als Rechtsgrundlage für eine solche „Übertragung" dient der Beschluss eines bevollmächtigten Organs (in der Regel des Leiters der Verwaltung) über die Gründung eines Wirtschaftssubjekts und dessen Satzung. So organisiert z. B. gemäß der Satzung des kommunalen Einheitsunternehmens (*municipal'noe unitarnoe predprijatie*) „Verwaltung für Wohnungswirtschaft"

32 Art. 15 Pkt. 3 des Föderalen Gesetzes Nr. 135-FZ vom 26.7.2006 „Über den Schutz des Wettbewerbs", SZ RF 2006, Nr. 31 (Teilband 1), Pos. 3434.

(„*Upravlenie žiliščnogo chozjajstvo*") des Stadtkreises (*gorodskoj okrug*) der Stadt Ufa dieses nicht nur die Gewährung von Dienstleistungen im Bereich der Wohnungs- und Kommunalwirtschaft (*žiliščno-kommunal'noe chozjajstvo*) und der Gestaltung von Außenanlagen, sondern auch die Ausarbeitung von Haushaltsansätzen (*normativy zatrat*) für die Einrichtungen der Wohnungs- und Kommunalwirtschaft zur Erbringung von Dienstleistungen in diesem Bereich und nimmt die Anmeldung von Bürgern vor, die in dem Wohnungsbestand wohnen.[33] Dabei werden als Unternehmenszwecke sowohl die Erwirtschaftung von Gewinnen als auch die Befriedigung gesellschaftlicher Bedürfnisse genannt (Ziffer 2.1 der Satzung). Gleichzeitig sind jedoch die dem Unternehmen übertragenen Vollzugs- und Verfügungsbefugnisse der Verwaltungsbehörden nicht mit dem Zweck der Erwirtschaftung von Gewinnen vereinbar. Daher kann diese Variante der „Übertragung von Befugnissen" und deren Umsetzung über die rechtliche Organisationsform eines kommunalen Einheitsunternehmens nicht als angemessen angesehen werden. In der Rechtsprechung der Arbitragegerichte gibt es bereits Fälle, in denen die Auferlegung einer Reihe von Hoheitsfunktionen auf kommunale Einheitsunternehmen für rechtswidrig erklärt wurde.[34]

4. Die Übertragung von Angelegenheiten von örtlicher Bedeutung und der für ihre Entscheidung erforderlichen Befugnisse auf die Verwaltungsgesellschaften *von Sonderwirtschaftszonen*[35] *und von speziellen Territorien der innovativen Entwicklung*:

---

33 Ziffer 2.2.1, 2.2.2 der Satzung des kommunalen Einheitsunternehmens „Verwaltung für Wohnungswirtschaft" des Stadtkreises der Stadt Ufa (verfügbar unter: http://www.ufacity.info/document/11163.html).

34 Im Beschluss des Präsidiums des Obersten Arbitragegerichts der Russischen Föderation Nr. 11390/09 in der Rechtssache Nr. A32–23959/2008–4/402 wurde die Auferlegung einer Reihe öffentlicher Funktionen auf das kommunale Einheitsunternehmen „Städtisches Zentrum für Boden- und Vermögensverhältnisse" durch die Stadtverwaltung Soči, darunter auch die Vorbereitung von Beschlüssen der Stadtverwaltung über die Zuweisung und den Entzug von Grundstücken sowie die Vorbereitung und Erteilung von Boden- und Katasterauskünften, für rechtswidrig erklärt. In der verwaltungsrechtlichen Literatur wird diese Entscheidung des Oberen Arbitragegerichts der Russischen Föderation als „Präzedenzfall" bezeichnet. Siehe *Давыдов К.В.*, Административные регламенты федеральных органов исполнительной власти Российской Федерации: вопросы теории: монография (под ред. Ю.Н. Старилова) (*Davydov K.V.*, Verwaltungsvorschriften der föderalen Organe der Exekutive der Russischen Föderation: Theoretische Fragen: Monographie [Hrsg. Ju. N. Starilov]), Moskau: NOTA BENE, 2010, § 4.2.

35 Siehe hierzu den Beitrag von *Gorodov* in diesem Band (Kap. 3, § 8).

a) Gemäß Art. 7 Pkt. 2, Art. 8, 8.1 und 8.2 des Föderalen Gesetzes „Über die Sonderwirtschaftszonen“[36] (im Folgenden: „SWZ-Gesetz“) ist die Übertragung von Befugnissen zur Verwaltung einer Sonderwirtschaftszone auf private Subjekte – sog. Verwaltungsgesellschaften – auf der Grundlage einer *Vereinbarung über die Verwaltung einer Sonderwirtschaftszone* zulässig, die zwischen dem von der Regierung der Russischen Föderation bevollmächtigten föderalen Organ der Exekutive und der Verwaltungsgesellschaft geschlossen wird. Die Verwaltungsgesellschaft ist ihrer Organisationsform nach eine offene Aktiengesellschaft, deren Anteile zu 100 % von der Russischen Föderation gehalten werden, oder ein von dieser Aktiengesellschaft zum Zweck der Verwaltung einer Sonderwirtschaftszone gegründetes Wirtschaftsunternehmen. Zu den nach der Vereinbarung übertragenen Zuständigkeiten gehören u. a. die traditionell „kommunalen“ Befugnisse zur Sicherstellung der Errichtung von Infrastrukturobjekten der Sonderwirtschaftszone sowie zur Erarbeitung eines Bebauungsplans (*proekt planirovki*) für die Sonderwirtschaftszone. Eine Vereinbarung über die Verwaltung einer Sonderwirtschaftszone kann auch andere Bestimmungen über die Delegation von Befugnissen an die Verwaltungsgesellschaft enthalten. Somit handelt es sich bei dieser Vereinbarung um eine besondere Art eines öffentlichrechtlichen Kompetenzvertrags. Ein Problem dabei bleibt jedoch nach hier vertretener Ansicht die Verletzung von Garantien der örtlichen Selbstverwaltung. Für den Abschluss der Vereinbarung im Namen eines öffentlichen Subjekts ist ein von der Regierung der Russischen Föderation bevollmächtigtes Organ – zurzeit ist dies das Ministerium für wirtschaftliche Entwicklung der Russischen Föderation (im Folgenden: bevollmächtigtes föderales Verwaltungsorgan) – zuständig, das in der Vereinbarung die Delegation öffentlicher Funktionen vornimmt, ohne irgendwelche Garantien für die Beteiligung der kommunalen Subjekte an diesem Prozess sicherzustellen. Dies geschieht ungeachtet dessen, dass Gegenstand der Vereinbarung u. a. die Umsetzung von Angelegenheiten von örtlicher Bedeutung auf dem Territorium einer Sonderwirtschaftszone durch die Verwaltungsgesellschaft ist.

Die Kommunen, und zwar nur in Person ihrer Verwaltungsorgane, beteiligen sich gemeinsam mit den Vollzugs- und Verfügungsorganen der betroffenen Subjekte der Russischen Föderation lediglich in der Phase der Stellung des Antrags bei dem bevollmächtigten föderalen Verwaltungsorgan auf Errichtung

---

36 Föderales Gesetz Nr. 116-FZ vom 22.7.2005 „Über die Sonderwirtschaftszonen in der Russischen Föderation“ (in der Fassung des Föderalen Gesetzes Nr. 365-FZ vom 30.11.2011), SZ RF 2005, Nr. 30 (Teilband 2), Pos. 3127.

einer Sonderwirtschaftszone auf dem entsprechenden Territorium. Aufgrund der Entscheidung über die Errichtung einer Sonderwirtschaftszone, die von der Regierung der Russischen Föderation getroffen wird, schließen die betroffenen Kommunen und Föderationssubjekte mit der Regierung der Russischen Föderation eine *Vereinbarung über die Errichtung einer Sonderwirtschaftszone* (Art. 6 SWZ-Gesetz). In dieser Vereinbarung werden dem bevollmächtigten föderalen Verwaltungsorgan der Sonderwirtschaftszone die Befugnisse der Organe der Kommune zur Verwaltung bzw. Verfügung über Grundstücke und andere Immobilien auf dem Territorium der Sonderwirtschaftszone übertragen sowie ein Komplex von Maßnahmen zur Erarbeitung eines Perspektivplans für die Entwicklung des Territoriums der Sonderwirtschaftszone und das Verfahren ihrer Finanzierung, darunter aus Mitteln des kommunalen Haushalts, geplant (Art. 6 Pkt. 4 und 4.1. SWZ-Gesetz). Fraglich ist, ob die Vereinbarung über die Errichtung einer Sonderwirtschaftszone als ausreichende Rechtsgrundlage für die nachfolgende Übertragung (Subdelegation) eines umfangreichen Bereichs von Befugnissen zur Entscheidung von Angelegenheiten von örtlicher Bedeutung von einem Verwaltungsorgan der Sonderwirtschaftszone auf die Verwaltungsgesellschaft dienen kann. Nach hier vertretener Auffassung ist dies nicht der Fall.

Erstens zeichnet sich eine Vereinbarung über die Errichtung einer Sonderwirtschaftszone zwischen öffentlichen Subjekten als eine besondere Art eines öffentlich-rechtlichen Kompetenz- und Kooperationsvertrags durch einen komplexen Charakter aus: Auf der einen Seite enthält die Vereinbarung Bestimmungen über die Delegation von Befugnissen, auf der anderen Seite unterscheidet sich diese Vereinbarung nach den Merkmalen von einem Vertrag über eine gemeinsame Tätigkeit bzw. eine Zusammenarbeit öffentlicher Subjekte (in Bezug auf die Bestimmungen über die Abstimmung von Maßnahmen zur Erarbeitung eines komplexen Entwicklungsplans sowie die gemeinsame Finanzierung von Maßnahmen zur Entwicklung der Infrastruktur). Zweitens entsprechen die durch die Vereinbarung über die Errichtung einer Sonderwirtschaftszone delegierten Befugnisse kommunaler Organe zum großen Teil nicht den kommunalen Befugnissen, welche durch die Vereinbarung über die Errichtung einer Sonderwirtschaftszone an die Verwaltungsgesellschaft delegiert werden. Drittens bleibt unklar, auf welche Art und Weise die Finanzierung und die Kontrolle über die Ausübung der übertragenen Befugnisse sichergestellt werden, insbesondere inwieweit das die Aufgabe des Aufsichtsrates der Sonderwirtschaftszone wird, dessen Zusammensetzung in der Vereinbarung über die Errichtung der Sonderwirtschaftszone festgelegt werden soll.

Noch eine selbstständige Art der Vereinbarungen im Rahmen der Sonderwirtschaftszonen sind die *Vereinbarungen über die Ausübung einer* für die errichtete Sonderwirtschaftszone bestimmten, öffentlich bedeutsamen *Tätigkeit* auf dem Territorium der Sonderwirtschaftszone durch den Residenten. Die Vereinbarungen sind zwischen dem bevollmächtigten föderalen Verwaltungsorgan, der Verwaltungsgesellschaft und einem Residenten der Sonderwirtschaftszone abzuschließen. Die Kommunen sind weder Partei einer solchen Vereinbarung noch sind sie an deren Abschluss beteiligt, obwohl Gegenstand der Vereinbarung auch eine Bestimmung über die Pacht nicht nur staatlichen, sondern auch kommunalen Vermögens sein kann (Art. 12 und 13 SWZ-Gesetz). Auch wenn die Befugnisse zur Verwaltung und Verfügung über kommunales Vermögen durch die Vereinbarung über die Errichtung einer Sonderwirtschaftszone an das Verwaltungsorgan der Sonderwirtschaftszone übertragen wurden, würde die Beteiligung der Kommunen an den Vereinbarungen mit den Residenten der Sonderwirtschaftszone zu einer umfassenderen Berücksichtigung der Interessen der ansässigen Bevölkerung bei der Bestimmung der Schwerpunkte der Entwicklung des Territoriums sowie zur Einhaltung der verfassungsrechtlichen Grundsätze eines demokratischen Staates und der örtlichen Selbstverwaltung beitragen. Das Problem der Gewährleistung dieser Grundsätze wird durch die Forderung ergänzt, eine innere Übereinstimmung der föderalen Gesetze zu erreichen, was sich aus dem Grundsatz der Rechtsstaatlichkeit ergibt. Allerdings mangelt es an einer solchen Übereinstimmung zwischen dem SWG-Gesetz und dem ÖrtlSelbstVwG: Das ÖrtlSelbstVwG sieht keinerlei Bestimmungen in Bezug auf die Besonderheiten der Ausübung der örtlichen Selbstverwaltung in den Sonderwirtschaftszonen vor.

b) Noch mehr Fragen im Zusammenhang mit der Einhaltung der verfassungsrechtlichen Grundsätze und Kriterien für die Übertragung hoheitlicher Befugnisse an private Subjekte entstehen bei der Untersuchung der rechtlichen Grundlagen der Organisation spezieller Territorien der innovativen Entwicklung neuen Typs, insbesondere von „Skolkovo". Gemäß dem Föderalen Gesetz „Über das Innovationszentrum ‚Skolkovo'"[37] (im Folgenden: „Skolkovo-Gesetz") nimmt die Verwaltungsgesellschaft des Zentrums aufgrund Gesetzes eine Vielzahl von Hoheitsfunktionen wahr, indem sie die Befugnisse sowohl der Organe der staatlichen Gewalt als auch der Organe der örtlichen Selbstverwaltung (Art. 3–5, 8, 12–17, 20 Skolkovo-Gesetz) sowie gleichzeitig durch

---

37 Föderales Gesetz Nr. 244-FZ vom 28.9.2010 „Über das Innovationszentrum ‚Skolkovo'", SZ RF 2010, Nr. 40, Pos. 4970.

die Führung einer wirtschaftlichen Tätigkeit, einschließlich der Gründung von Wirtschaftsgesellschaften (Art. 2 Nr. 6 und 7 Skolkovo-Gesetz), auch die Funktion eines Wirtschaftssubjets ausübt, ohne jedoch das Ziel der Erwirtschaftung von Gewinnen zu verfolgen. Die Funktionen der Verwaltungsgesellschaft wurden der in einer privatrechtlichen Form organisierten nichtkommerziellen Organisation „Fonds zur Entwicklung des Zentrums zur Förderung und Kommerzialisierung neuer Technologien“ auferlegt. Als Rechtsform der Übertragung der öffentlichen Hoheitsbefugnisse von der Verwaltungsgesellschaft auf den Fonds dient das Mandat des Innovationszentrums „Skolkovo“[38] zur Wahrnehmung der Funktionen der Verwaltungsgesellschaft. Die Bestimmung des rechtlichen Status dieses Dokuments ist jedoch recht schwierig. Auf der einen Seite wurde das Mandat von dem Fonds als nichtkommerzielle Organisation am 11. Oktober 2010 selbst erlassen.[39] Auf der anderen Seite wurde es durch einen Beschluss der Kommission zur Modernisierung und technologischen Entwicklung der russischen Wirtschaft beim Präsidenten der Russischen Föderation, d. h. durch ein beratendes Gremium beim Präsidenten der Russischen Föderation, am 26. Oktober 2010 bestätigt.[40] Nach dessen Bestätigung ist das Mandat in Kraft getreten. Gemäß Art. 2 Nr. 5 Skolkovo-Gesetz wird das Verfahren zur Bestimmung der russischen juristischen Person, der die Funktionen zur Umsetzung des Projekts auferlegt werden, d. h. der Verwaltungsgesellschaft, durch den Präsidenten der Russischen Föderation festgelegt. Selbst wenn man es als zulässig anerkennen würde, dass eine so wichtige Frage der untergesetzlichen Regelung überlassen werden kann, was an sich schon aufgrund der Grundsätze des Rechtsstaates und des Vorrangs des Gesetzes als äußerst fragwürdig erscheint, wäre es sehr schwierig, die Ansicht zu vertreten, dass das in Art. 2 Nr. 5 Skolkovo-Gesetz erwähnte „Verfahren“ in angemessener Art und Weise festgelegt wurde.

Zurzeit (Stand: 1. Januar 2014) wurde nach der durch Erlass des Präsidenten der Russischen Föderation Nr. 878 vom 18. Juni 2012 bestätigten Ordnung „Über den Rat beim Präsidenten der Russischen Föderation zur

---

38 Der Text des Mandats ist verfügbar unter: http://www.sk.ru/Model/Documents/MandatSkolkovo.aspx.

39 Siehe unter: http://www.i-russia.ru/media/files/41d332a0bf3771e31b47.doc.

40 Siehe das Interview mit *I.A. Drozdov*, Direktor für Rechtsfragen des Fonds zur Entwicklung des Zentrums zur Förderung und Kommerzialisierung neuer Technologien („Fonds Skolkovo“) vom 17.3.2011: Rechtsstatus der Beteiligten des Innovationszentrums „Skolkovo“, verfügbar auf der Rechtsdatenbank „Konsul'tantPljus 2011“.

Wirtschaftsmodernisierung und innovativen Entwicklung Russlands“[41] dem Präsidium des Rates das Recht eingeräumt, „die juristische Person zu bestimmen, der die Umsetzung des Projekts zur Errichtung eines territorial getrennten Komplexes zur Entwicklung der Forschung sowie zur Förderung und Kommerzialisierung ihrer Ergebnisse auferlegt wird“ (Ziffer 9 „e“ der Ordnung). Außerdem hat das Präsidium des Rates weitere Rechte erhalten, die ebenfalls mit dem Erlass von nach außen wirkenden hoheitlichen Akten verbunden sind. Das steht im Widerspruch zur Rechtsnatur des Rates als eines Koordinierungs- und Beratungsgremiums beim Präsidenten der Russischen Föderation.

Die Verwaltungsgesellschaft des Zentrums wird Eigentümer des gesamten Vermögens, das zur Erreichung der öffentlich bedeutsamen Ziele des Projekts erforderlich ist, sowie der gesamten Infrastruktur auf dem Territorium des Zentrums, einschließlich der Grundstücke. Der Verwaltungsgesellschaft werden traditionell kommunale Aufgaben der unmittelbaren Daseinsvorsorge auf dem Territorium des Zentrums, die Durchführung der Stadtplanung sowie die Aufstellung von Regeln für das Gemeinschaftsleben auf dem Territorium des Zentrums in den verschiedensten Bereichen auferlegt, deren Verletzung den Rechtsfolgen eines Verstoßes gegen das Gesetz gleichgestellt wird (Art. 18 Pkt. 1 Skolkovo-Gesetz). Schließlich ist die im Skolkovo-Gesetz aufgeführte Liste von Funktionen der Verwaltungsgesellschaft nicht abschließend. Auch die Festlegung anderer Funktionen durch Beschlüsse des Präsidenten der Russischen Föderation und die Satzung der nichtkommerziellen Organisation – des „Fonds zur Entwicklung des Zentrums zur Förderung und Kommerzialisierung neuer Technologien“ (Art. 8 Pkt. 2 Nr. 5 Skolkovo-Gesetz) – sind zulässig. Bei einer wörtlichen Auslegung des Gesetzes kann es sich auch auf andere öffentliche Hoheitsbefugnisse beziehen, die schon nicht mehr durch Gesetz, sondern durch die genannten Dokumente festgelegt werden.

Die öffentlich-rechtlichen Aufgaben, Funktionen und Befugnisse überwiegen bei einer Verwaltungsgesellschaft eindeutig gegenüber ihren wirtschaftlichen Funktionen. Dem Fonds als Verwaltungsgesellschaft wird ein öffentlich-rechtlicher Status verliehen, und er tritt faktisch als öffentlich-rechtliches Subjekt auf dem entsprechenden Territorium auf, das praktisch alle öffentlich-rechtlichen Funktionen im Kontext der Hauptaufgabe – der Sicherstellung der innovativen Entwicklung – wahrnimmt. Zur Überwindung der Diskrepanz zwischen der

41 SZ RF 2012, Nr. 26, Pos. 3499. Der Rat ist der Nachfolger der oben erwähnten Kommission beim Präsidenten der Russischen Föderation zur Modernisierung und technologischen Entwicklung der russischen Wirtschaft.

zivilrechtlichen Rechtsfähigkeit des Fonds und seinem öffentlich-rechtlichen Status als Verwaltungsgesellschaft wird in der Literatur vorgeschlagen, ihn als juristische Person des öffentlichen Rechts anzuerkennen.[42] Allerdings kann dieser Umstand auf keinen Fall die Notwendigkeit aufheben, die verfassungsrechtlichen Grundsätze der Übertragung öffentlicher Hoheitsbefugnisse sowie öffentlicher Funktionen und Aufgaben auf andere Subjekte, ungeachtet ihrer rechtlichen Organisationsform, einzuhalten.

Trotz der Versuche des Gesetzgebers, eine bestimmte Transparenz der Tätigkeit der Verwaltungsgesellschaft zu gewährleisten, z. B. durch die Festlegung der Pflicht, einen Jahresbericht der Verwaltungsgesellschaft im Internet zu veröffentlichen (Art. 8 Pkt. 10 Skolkovo-Gesetz), sowie durch einige Vorschriften über die staatliche Kontrolle der Verwaltungsgesellschaft (vgl. Art. 8 Pkt. 1, Art. 14 Pkt. 1 und 7, Art. 17 Pkt. 6–8 Skolkovo-Gesetz), wird all dies den Mangel an demokratischer Legitimität sowohl der Verwaltungsgesellschaft selbst als auch der Übertragung öffentlicher Hoheitsbefugnisse an diese kaum ausgleichen können. Darunter „leiden" nicht nur die verfassungsrechtlichen Grundsätze der Demokratie und Volkssouveränität, sondern auch die Grundsätze der Anerkennung der Rechte und Freiheiten des Menschen und Bürgers als des höchsten Guts, der Anerkennung und Selbstständigkeit der örtlichen Selbstverwaltung,[43] des Wettbewerbsschutzes, des föderativen Staatsaufbaus sowie der Rechtsstaatlichkeit.

VI. Formen der Beteiligung privater Subjekte an der Erfüllung kommunaler sozialer und wirtschaftlicher Aufgaben

Von der „*Übertragung öffentlicher Hoheitsbefugnisse auf Private*" ist die „*Beteiligung Privater an der Erfüllung öffentlicher sozialer und wirtschaftlicher Aufgaben*" durch die Anwendung verschiedener öffentlich- und privatrechtlicher Formen der Kooperation und Zusammenarbeit öffentlicher und privater Subjekte zu

---

42 *Винницкий А.В.*, О судьбе госкорпораций и других публичных юридических лиц в контексте совершенствования гражданского законодательства (*Vinnickij A.V.*, Über das Schicksal der Staatskorporationen und anderer öffentlicher juristischer Personen im Kontext der Weiterentwicklung der Zivilgesetzgebung), Право и политика (Recht und Politik) 2011, Nr. 3, S. 370 f.

43 Der Hinweis in Art. 82.2 ÖrtlSelbstVwG darauf, dass auf dem Territorium des Innovationszentrums „Skolkovo" die örtliche Selbstverwaltung unter den durch das Skolkovo-Gesetz vorgesehenen Besonderheiten ausgeübt wird, löst das Problem nicht, denn das Recht auf Ausübung der örtlichen Selbstverwaltung wird in Skolkovo überhaupt nicht umgesetzt.

unterscheiden. Die Beteiligung privater Subjekte an der Umsetzung öffentlicher Aufgaben sozialer und wirtschaftlicher Art hat im Vergleich zur Übertragung hoheitlicher Befugnisse eine noch breitere verfassungsrechtliche Grundlage, da sie sich aus der Freiheit der wirtschaftlichen Betätigung und dem verfassungsrechtlichen Gebot der Unterstützung des Wettbewerbs (Art. 8 Pkt. 1 VerfRF) sowie aus den verfassungsrechtlichen Garantien der sozialen und wirtschaftlichen Rechte (Art. 34–37, 39–41, 43 und 44 VerfRF), dem Sozialstaatsprinzip und vor allem aus der Forderung nach der „Schaffung der Bedingungen" für die freie Entwicklung eines jeden (Art. 7 Pkt. 1 VerfRF) ableitet.

Dementsprechend setzt die Beteiligung privater Subjekte an der Erbringung kommunaler Dienstleistungen eine noch größere Freiheit bei der Wahl der *Rechtsformen der Zusammenarbeit* zwischen einer durch ihre Organe vertretenen Kommune und anderen Subjekten voraus. Diese Wahl ist jedoch abhängig von der Art des Subjekts, das sich an der Erbringung der kommunalen Dienstleistungen beteiligt (eine kommunale oder nichtkommunale, eine kommerzielle oder nichtkommerzielle Organisation), der Art der kommunalen Dienstleistung selbst und den Funktionen, aufgrund derer sie erbracht werden. Dabei sollten auch diejenigen Bereiche einer öffentlich bedeutsamen Tätigkeit berücksichtigt und ermittelt werden, in denen die kommunalen Aufgaben gleichzeitig zum Interessenbereich sonstiger Wirtschaftssubjekte, die Teilnehmer des Zivilrechtsverkehrs sind, gehören und in denen Möglichkeiten für die Kooperation und Bündelung von Kräften, u. a. auch für die Public-private-Partnership bestehen. Die Public-private-Partnership stellt trotz ihrer unterschiedlichen Beurteilung in der russischen juristischen Literatur eine Form der Kooperation zwischen einem öffentlichen und einem privaten Subjekt dar, die nicht mit den verschiedenen Formen der Übertragung öffentlicher Funktionen und Befugnisse an den privaten Sektor vermischt werden darf.[44] Es ist jedoch nicht ausgeschlossen, dass im Rahmen der Public-private-Partnership die Frage der Übertragung öffentlicher Funktionen und Befugnisse auf Private entsteht. In diesen Fällen sollten die öffentlich-rechtlichen Formen der Public-private-Partnership unter Vorbehalt der oben genannten Grundsätze der Übertragung verwendet werden.

Sofern ein begründetes öffentliches Interesse vorliegt, das mit der Beibehaltung der Erbringung einer öffentlichen Dienstleistung im Bereich des administrativen Einflusses eines öffentlichen Subjekts in Verbindung steht, kann eine Kommune das

---

44 In der russischen Literatur wird diese Abgrenzung häufig nicht vorgenommen und als ein Merkmal der privat-staatlichen Partnerschaft auch die Übertragung (die Delegation) staatlicher Funktionen (Befugnisse) an eine Person des Privatrechts genannt (vgl. *Vasil'eva S.V.*, a. a. O., S. 101).

Recht auf Ausübung einer wirtschaftlichen Tätigkeit über die von ihr gegründeten untergeordneten kommunalen Einrichtungen wahrnehmen, die auf der Grundlage eines Verwaltungsakts in Form eines kommunalen Auftrags handeln. Die Verwendung dieser verwaltungsrechtlichen Mittel bei der Erfüllung kommunaler wirtschaftlicher Aufgaben wirft nicht wenige Fragen in Bezug auf die Zulässigkeit von Ausnahmen von den Grundsätzen der Freiheit der wirtschaftlichen Betätigung und der Unterstützung des Wettbewerbs auf. In diesem Zusammenhang sollte die Anwendung solcher Formen nicht alternativlos sein. Sie kann in den Fällen gerechtfertigt sein, in denen eine Aufgabe unter Verwendung von Instrumenten des freien Markts weder effizienter noch wirtschaftlicher erfüllt werden kann.

Die Einführung marktwirtschaftlicher rechtlicher Organisationsformen in die wirtschaftliche Tätigkeit der Kommunen kann durch die Umwandlung kommunaler Unternehmen in offene Aktiengesellschaften oder Gesellschaften mit beschränkter Haftung erfolgen. Eine solche Umwandlung wird in der Gesetzgebung als ein Verfahren der Privatisierung kommunalen Vermögens definiert.[45] Dieses Verfahren ist auch im deutschen Verwaltungsrecht als *formelle* oder *Organisationsprivatisierung* bekannt, wenn eine öffentliche Aufgabe weiterhin durch ein öffentliches, aber in privatrechtlicher Form organisiertes Subjekt wahrgenommen wird, wobei sich sämtliche Grundsätze der Freiheit der wirtschaftlichen Betätigung auf diese Formen erstrecken (in Deutschland hat die Organisationsprivatisierung vor allem in den Bereichen der Daseinsvorsorge, d. h. bei der Strom-, Gas-, Wasser- und Wärmeversorgung, eine lange Tradition[46]).

Schließlich kommt in der Reihe der wirtschaftlichen Kooperationsformen zur Umsetzung von kommunalen Aufgaben der Zusammenarbeit mit anderen Kommunen eine selbstständige Bedeutung zu (Bündelung von Ressourcen und finanziellen Mitteln): eine „öffentlich-öffentliche Partnerschaft" über vertragliche und institutionelle Formen.[47]

Um die angemessenste Art und Weise der Erfüllung kommunaler Aufgaben wirtschaftlicher Art – sei es die eigene Wirtschaftstätigkeit der Kommune oder die Beteiligung anderer Subjekte an der Erfüllung kommunaler Aufgaben – zu bestimmen, ist es wichtig, folgende Grundsätze zu berücksichtigen:

- die Notwendigkeit, ein durch die Geltung des Grundsatzes der Freiheit der wirtschaftlichen Betätigung und des Gebots der Unterstützung des Wettbewerbs

---

45 Kap. 7 des Föderalen Gesetzes Nr. 178-FZ vom 21.12.2001 „Über die Privatisierung staatlichen und kommunalen Vermögens", SZ RF 2002, Nr. 4, Pos. 251.

46 *Ipsen*, Allgemeines Verwaltungsrecht, S. 81.

47 Siehe hierzu näher den Beitrag von *Sivickij* in diesem Band (Kap. 3, § 7).

bedingtes Wettbewerbsumfeld im wirtschaftlichen und sozialen Bereich zu schaffen;
- eine möglichst umfassende und qualitativ hochwertige Erbringung kommunaler Dienstleistungen und das Erreichen öffentlich bedeutsamer Ziele;
- eine soziale, wirtschaftliche und administrative Effektivität und Wirtschaftlichkeit bei der Erfüllung öffentlicher Aufgaben;
- die subsidiäre Rolle eines hoheitlichen Subjekts im wirtschaftlichen Bereich, die durch die Geltung des Grundsatzes des Wettbewerbsschutzes und die Unvereinbarkeit von hoheitlichen und wirtschaftlichen Funktionen bedingt ist.

Die Beteiligung anderer privater Subjekte an der Erfüllung kommunaler Aufgaben und der Erbringung kommunaler Dienstleistungen kann sowohl durch öffentlich- als auch durch privatrechtliche Formen erfolgen. Anders als in Deutschland fehlen in der russischen Lehre und Gesetzgebung jedoch bis heute ausgearbeitete Kriterien zur Differenzierung von privat- und öffentlich-rechtlichen Formen der Beteiligung privater Subjekte an der Erfüllung öffentlicher Aufgaben. Aber auch das Spektrum dieser Formen selbst ist noch nicht ausgereift und hat noch Entwicklungspotenzial. All dies behindert seinerseits die Umsetzung des Grundsatzes der Freiheit des öffentlichen Subjekts bei der Wahl der für die Erreichung der aufgeführten öffentlich bedeutsamen Ziele geeignetsten Rechtsform der Beteiligung privater Subjekte an der Erbringung öffentlicher Dienstleistungen sowie der Zusammenarbeit mit ihnen im Zusammenhang mit der Ausübung dieser öffentlich bedeutsamen Tätigkeit. Dabei ist festzustellen, dass diese Situation in vielerlei Hinsicht auch dadurch vorherbestimmt ist, dass es in Russland kein allgemeines Verwaltungsrecht bzw. kein Rahmengesetz über das Verwaltungsverfahren gibt, in welchem einheitliche grundlegende Grundsätze und Bedingungen der Verwendung der verschiedenen Formen des Verwaltungshandelns definiert werden könnten.

Von den Formen der Zusammenarbeit zwischen den Kommunen bzw. ihren Organen und privaten Subjekten im Zusammenhang mit der Organisation der Erbringung von Dienstleistungen für die Bevölkerung in den Bereichen der unmittelbaren Daseinsvorsorge, die in der Gesetzgebung einen allgemeinen Niederschlag gefunden haben, können folgende Grundarten dieser Formen hervorgehoben werden:

1. Koordinierungs- und Beratungsformen

Dazu gehören u. a. die Koordinierungs- und Beratungsformen, wie z. B. die Zusammenarbeit im Informationsbereich (vgl. das Recht der Organe der örtlichen Selbstverwaltung, Informationen von den Einrichtungen der Wasserversorgung und Abwasserentsorgung anzufordern, und die Pflicht dieser Einrichtungen, diese Informationen zur Verfügung zu stellen[48]) und die Abstimmung von Plänen und Programmen (vgl. die Abstimmung der Investitionsprogramme der Einrichtungen der Wasserversorgung und Abwasserentsorgung durch die Organe der örtlichen Selbstverwaltung gemäß Art. 6 Pkt. 1 Nr. 6 Gesetz über die Wasserversorgung und Abwasserentsorgung).

2. Vertragliche Formen

Bei den vertraglichen Formen handelt es sich in erster Linie um verschiedene Arten von Verträgen, welche durch kommunale Subjekte, vertreten durch ihre Organe, mit kommerziellen und nichtkommerziellen Organisationen, die keine kommunalen Einrichtungen sind, im Zusammenhang mit deren Beteiligung an der Erfüllung kommunaler Aufgaben geschlossen werden. Dazu gehören z. B. folgende Verträge:

a) Beschaffungsverträge für den kommunalen Bedarf (Art. 17 Pkt. 1 Nr. 3 ÖrtlSelbstVwG, Föderales Gesetz Nr. 44-FZ vom 5. April 2013 „Über das Vertragssystem im Bereich der Beschaffung von Waren, Werk- und Dienstleistungen für die Sicherstellung des staatlichen und kommunalen Bedarfs" (im Folgenden: „BeschaffungsvertragssystemG"[49]): Es geht dabei um den Abschluss kommunaler Verträge zur Lieferung von Waren und zur Erbringung von Werk- oder Dienstleistungen;
b) Verträge über die Übertragung der Nutzung kommunalen Vermögens auf natürliche und juristische Personen (Pacht-, Leasing- und Treuhandverträge gemäß der Zivilgesetzgebung[50]);
c) Investitionsverträge (gemäß dem Föderalen Gesetz „Über die Investitionstätigkeit in der Russischen Föderation in Form von Kapitalanlagen"[51]);

48 Art. 6 Pkt. 4 des Föderalen Gesetzes Nr. 416-FZ vom 7.12.2011 „Über die Wasserversorgung und Abwasserentsorgung", SZ RF 2011, Nr. 50, Pos. 7358 (im Folgenden: „Gesetz über die Wasserversorgung und Abwasserentsorgung").

49 SZ RF 2013, Nr. 14, Pos. 1652. Das BeschaffungsvertragssystemG trat grundsätzlich am 1.1.2014 in Kraft und ersetzte das Föderale Gesetz Nr. 94-FZ vom 21.7.2005 „Über die Vergabe von Aufträgen für die Lieferung von Waren und die Erbringung von Werk- und Dienstleistungen für den staatlichen und kommunalen Bedarf", SZ RF 2005, Nr. 30 (Teilband 1), Pos. 3105.

50 Kap. 34 §§ 1, 4–6, Kap. 36, Kap. 53 ZGB.

51 Föderales Gesetz Nr. 39-FZ vom 25.2.1999 „Über die Investitionstätigkeit in der Russischen Föderation in Form von Kapitalanlagen" (in der Fassung des Föderalen Gesetzes Nr. 39-FZ vom 12.12.2011), SZ RF 1999, Nr. 9, Pos. 1096.

d) Konzessionsvereinbarungen (gemäß dem Föderalen Gesetz „Über Konzessionsvereinbarungen“[52]);
e) Vereinbarungen zwischen den bevollmächtigten Organen der örtlichen Selbstverwaltung und den Einrichtungen der Wasserversorgung und Abwasserentsorgung über die Bedingungen für die Ausübung einer der Regulierung unterliegenden Tätigkeit im Bereich der Wasserversorgung und Abwasserentsorgung (gemäß Art. 6 Pkt. 1 Nr. 9, Art. 36 Pkt. 3 Gesetz über die Wasserversorgung und Abwasserentsorgung[53]): zum Gegenstand der Vereinbarung gehört u. a. die Abstimmung des Investitionsprogramms der für die Wasserversorgung zuständigen Einrichtung;
f) Verträge über die Entwicklung eines bebauten Gebiets, die zwischen dem zuständigen Organ der örtlichen Selbstverwaltung und einem privaten Subjekt, dem Auktionsgewinner, mit dem Zweck der Einbeziehung des Privaten bei der Erarbeitung der Bebauungsdokumentation sowie der Erschließung des Gebiets abgeschlossen werden, wobei das kommunale Subjekt sich verpflichtet, alle notwendigen Verwaltungsentscheidungen zu treffen (Art. 46.2 des Städtebaugesetzbuchs der Russischen Föderation [im Folgenden: „StädtebauGB“])[54];
g) Verträge über die Gewährung von Haushaltsmitteln an Organe der territorialen gesellschaftlichen Selbstverwaltung im Zusammenhang mit der Ausübung einer wirtschaftlichen Tätigkeit zur Gestaltung von Außenanlagen sowie sonstiger unternehmerischer Tätigkeit zur Befriedigung sozialer Bedürfnisse der Daseinsvorsorge der Bürger durch diese Organe (Art. 27 Pkt. 8 Nr. 3 ÖrtlSelbstVwG). Dieses Vertragsbeispiel kann seinen Hauptmerkmalen nach als eine Art der durch die Haushaltsgesetzgebung vorgesehenen Vereinbarung über die Gewährung von Zuwendungen an nichtkommerzielle Organisationen betrachtet werden, die weder zu den staatlichen noch zu den kommunalen Einrichtungen gehören und kommunale Dienstleistungen gemäß den Verträgen (Vereinbarungen) über die Erbringung von Dienstleistungen durch eine natürliche und (oder) juristische Person erbringen (Art. 69.1 Abs. 4, Art. 78 HaushaltsGB);

52 Föderales Gesetz Nr. 115-FZ vom 21.7.2005 „Über Konzessionsvereinbarungen“ (in der Fassung vom 19.7.2011), SZ RF 2005, Nr. 30 (Teilband 2), Pos. 3126. Siehe hierzu näher die Beiträge von *Popondopulo* und *Gorodov* in diesem Band (Kap. 3, §§ 4, 5).

53 Zur Rechtsnatur und den Besonderheiten derartiger Vereinbarungen siehe den Beitrag von *Derbin* in diesem Band (Kap. 3, § 3).

54 Siehe näher dazu den Beitrag von *Vasilieva* in diesem Band (Kap. 3, § 2).

h) Verträge über die Public-private-Partnership als spezielle Arten von Vereinbarungen über die Zusammenarbeit zwischen einem öffentlichen Subjekt und einem privaten Partner mit dem Ziel, sozial bedeutsame Projekte im kommunalen Bereich umzusetzen. Derartige Verträge haben bisher noch keine Verbreitung im Rahmen der kommunal-privaten Partnerschaften erfahren und werden nur in einigen Gesetzen der Subjekte der Russischen Föderation über die Beteiligung an staatlich-privaten Partnerschaften erwähnt. Zum Beispiel geht es im Gesetz von Sankt Petersburg „Über die Beteiligung von Sankt Petersburg an staatlich-privaten Partnerschaften"[55] neben Konzessionsvereinbarungen auch um andere Vereinbarungen, welche verschiedene Formen der Beteiligung der Stadt an Public-private-Partnerships vorsehen (Art. 4 Pkt. 1 Nr. 2 des Gesetzes). Das Gesetz des Leningrader Gebiets „Über die Beteiligung des Leningrader Gebiets an staatlich-privaten Partnerschaften"[56] bezeichnet diese Vereinbarungen unmittelbar als *Vereinbarungen über die staatlich-private Partnerschaft* (Art. 4 Pkt. 1 des Gesetzes). Zugleich ist jedoch die Einführung einer neuen, in der föderalen Zivilgesetzgebung nicht vorgesehenen Art von Vereinbarung in die regionalen Gesetze recht problematisch, da dieser Bereich der rechtlichen Regelung zur ausschließlichen Zuständigkeit der Föderation gehört.[57] Selbst wenn davon auszugehen ist, dass die Verträge über die Public-private-Partnership eine besondere Art eines öffentlich-rechtlichen bzw. eines administrativen Vertrags

55 Gesetz von Sankt Petersburg Nr. 627–100 vom 25.12.2006 „Über die Beteiligung von Sankt Petersburg an staatlich-privaten Partnerschaften" (Sankt-Peterburgskie vedomosti Nr. 244 vom 28.12.2006). Dabei ist die Besonderheit von Sankt Petersburg als einer Stadt von föderaler Bedeutung zu beachten, welche ein Subjekt der Russischen Föderation und keine Kommune ist, bei der die für die anderen Subjekte der Russischen Föderation traditionell kommunalen Aufgaben als städtische staatliche Aufgaben gelten (wie z. B. die Instandhaltung der kommunalen Infrastruktur). In diesem Zusammenhang erfolgt auch die Erfüllung dieser „staatlichen" Aufgaben unter Verwendung der Instrumente der staatlich-privaten Partnerschaft.

56 Gesetz des Leningrader Gebiets Nr. 78-oz vom 14.10.2011 „Über die Beteiligung des Leningrader Gebiets an staatlich-privaten Partnerschaften" (Vesti Nr. 199 vom 20.10.2011).

57 Im Gegensatz zum Gesetz von Sankt Petersburg über die staatlich-private Partnerschaft weist das Gesetz des Leningrader Gebiets über die staatlich-private Partnerschaft unmittelbar auf die zivilrechtliche Natur der Verhältnisse im Bereich der staatlich-privaten Partnerschaft hin: „Die Rechtsgrundlage des vorliegenden regionalen Gesetzes bildet die Zivilgesetzgebung der Russischen Föderation und die in Übereinstimmung mit dieser erlassenen Gesetze und sonstigen Rechtsvorschriften" (vgl. Art. 1 des Gesetzes des Leningrader Gebiets).

darstellen und im Rahmen der gemeinsamen Zuständigkeit verankert sind, ist deren Regelung auf der Ebene der Subjekte nur auf der Grundlage und zur Fortentwicklung der föderalen Regelung möglich.[58]

Die oben unter a) bis d) aufgezählten Verträge werden von der herrschenden Auffassung als zivilrechtliche Verträge beurteilt, die durch die Vorschriften des Zivilrechts geregelt werden. Zugleich fällt die Beurteilung der Investitions- und Konzessionsvereinbarungen als zivilrechtliche Formen der Vertragsverhältnisse zwischen einem öffentlichen und einem privaten Subjekt bei weitem nicht eindeutig aus.[59] Was aber die Vereinbarungen über die Bedingungen für die Ausübung einer der Regulierung unterliegenden Tätigkeit im Bereich der Wasserversorgung und Abwasserentsorgung sowie die Verträge über die Entwicklung eines bebauten Gebiets und die Vereinbarungen über die Gewährung von Zuwendungen betrifft, so sind diese Verträge nach Auffassung der Autoren dieses Bandes ihrer Rechtsnatur nach als öffentlich-rechtliche Verträge zu qualifizieren.[60] Die Verwendung einer vertraglichen Form (im Gegensatz zu einer Vereinbarung über die Gewährung von Zuwendungen an untergeordnete kommunale Einrichtungen im Zusammenhang mit der Erfüllung kommunaler Aufgaben durch diese) zur Abstimmung des Verfahrens und der Bedingungen für die Gewährung von Zuwendungen als eine Form der gemeinsamen Finanzierung, der Erstattung von Ausgaben oder der Unterstützung einer sozial bedeutsamen Tätigkeit eines privaten Subjekts scheint durch die öffentlich-rechtliche

---

58 In diesem Zusammenhang ist es bemerkenswert, dass das Ministerium für wirtschaftliche Entwicklung einen Entwurf eines Föderalen Gesetzes „Über die staatlich-private Partnerschaft" vorbereitet und am 22.6.2012 zur Diskussion gestellt hat (verfügbar unter: http://www.economy.gov.ru/minec/about/structure/depregulatinginfluence/doc20120622_015). Aufgrund der Ergebnisse der Diskussion über diesen Entwurf wurde von der Regierung der Russischen Föderation im März 2013 der Entwurf des Föderalen Gesetzes „Über die Grundlagen der staatlich-privaten Partnerschaft in der Russischen Föderation" zur Beratung in die Staatsduma eingebracht und am 26.4.2013 in erster Lesung angenommen (Gesetzentwurf Nr. 238827-6). Dem Entwurf liegt das Konzept eines breiten Verständnisses der Formen der staatlich-privaten Partnerschaft zugrunde, einschließlich einer Vereinbarung über die staatlich-private Partnerschaft als selbstständige Vertragsart.

59 Vgl. die Beiträge von *Popondopulo* und *Gorodov* in diesem Band (Kap. 3, §§ 4, 5). Zur Rechtsnatur eines Investitionsvertrags siehe *Басыров И.И.*, Природа инвестиционного договора (контракта) (*Basyrov I.I.*, Die Rechtsnatur des Investitionsvertrags (Kontrakts), Юрист (Jurist) 2009, Nr. 3.

60 Siehe die Untersuchungen in diesem Band von *Vasilieva* (Kap. 3, § 2), *Kustova* (Kap. 5, § 1) und *Derbin* (Kap. 3, § 3).

Form der Zusammenarbeit zwischen einem öffentlichen und einem privaten Subjekt gerechtfertigt zu sein.

3. Institutionelle Formen

Institutionelle Formen der Beteiligung privater Subjekte an der Erfüllung kommunaler Aufgaben und der Zusammenarbeit mit anderen Wirtschaftssubjekten im Zusammenhang mit der Wahrnehmung öffentlicher Aufgaben finden ihren Ausdruck in der Beteiligung von Kommunen gemeinsam mit anderen öffentlichen oder privaten Subjekten an der Gründung sowohl von Wirtschaftsgesellschaften (Art. 51 Pkt. 4, Art. 8 Pkt. 4 ÖrtlSelbstVwG) als auch von interkommunalen nichtkommerziellen Organisationen in der Form autonomer nichtkommerzieller Organisationen und Fonds (Art. 69 ÖrtlSelbstVwG).

Einen besonderen Platz unter den oben genannten Beratungs-, vertraglichen und institutionellen Formen der Zusammenarbeit zwischen öffentlichen und privaten Subjekten nehmen die Formen der Public-private-Partnership ein. Es handelt sich dabei um eine besondere Form der Partnerschaft zwischen dem öffentlichen und dem privaten Sektor sowie um *die auf einem Vertrag beruhenden Formen der gemeinsamen Tätigkeit eines öffentlichen und eines privaten Subjekts mit einer Verteilung der gegenseitigen Pflichten und Risiken*. Diese Formen sind durch folgende Merkmale gekennzeichnet:

- die gemeinsame Wahrnehmung einer öffentlichen Aufgabe im öffentlichen Interesse durch ein öffentliches und ein privates Subjekt;
- das Vorhandensein eines gegenseitigen Interesses;
- gegenseitige Verpflichtungen;
- eine Verteilung der Risiken;
- das Verhältnis gestaltet sich in Bezug auf ein Objekt des öffentlichen Eigentums (ein Objekt von öffentlicher Bedeutung) oder die gemeinsame Ausübung einer öffentlich bedeutsamen Tätigkeit.

Dementsprechend können nur die unter c) bis h) aufgezählten vertraglichen Formen der Beteiligung privater Subjekte an der Erbringung öffentlicher Dienstleistungen den Merkmalen einer Public-private-Partnership entsprechen. Es ist bemerkenswert, dass im Rahmen einer Public-private-Partnership je nach Art und Inhalt des abzuschließenden Vertrags sowohl zivilrechtliche als auch öffentlich-rechtliche Formen verwendet werden können: zivilrechtliche Schuldverhältnisse oder öffentlich-rechtliche Verhältnisse, die u. a. im Zusammenhang mit der Übertragung (der Delegation) von öffentlichen Befugnissen oder Funktionen auf ein privates Subjekt stehen.

VII. Fazit: Verfassungsrechtliche Grundlagen der Übertragung kommunaler Aufgaben in Russland in vergleichender Perspektive

Bei einer vergleichenden Betrachtung der verfassungsrechtlichen Grundlagen und der gesetzgebenden Praxis bezüglich der Übertragung kommunaler Aufgaben an private Subjekte in der Russischen Föderation und in Deutschland können trotz der Ähnlichkeit der grundlegenden verfassungsrechtlichen Grundsätze der Organisation der öffentlichen Gewalt und der Wechselbeziehungen zwischen dem Staat, den kommunalen Subjekten und verschiedenen Institutionen der Zivilgesellschaft nicht wenige Unterschiede festgestellt werden, u. a. folgende:

1. Im russischen Recht werden die öffentlichen Aufgaben des Staates oder der Kommune vor allem als Gegenstandsfelder ihrer Tätigkeit verstanden und von den Funktionen und Befugnissen der öffentlichen Subjekte als Teil ihrer Zuständigkeit abgegrenzt. Dabei fehlt es in Russland im Gegensatz zur deutschen Verwaltungsrechtslehre an einer klaren Differenzierung zwischen der negativen und positiven öffentlichen Verwaltung. Dementsprechend haben die zwei verschiedenen „Regime" der Wahrnehmung öffentlicher Funktionen nicht die erforderliche Ausarbeitung in der Rechtslehre erfahren: Das Regime der Übertragung öffentlicher Hoheitsbefugnisse an private Subjekte und das Regime der Beteiligung privater Subjekte an der Erfüllung sozialer und wirtschaftlicher Aufgaben sowie der Erbringung öffentlicher Dienstleistungen. Dies führt in der Praxis zu Verzerrungen und zu einer Verletzung der verfassungsrechtlichen Grundsätze.

2. Eine Differenzierung der Subjekte in öffentliche und private wurde im russischen Recht nicht konsequent vorgenommen. Das Fehlen der Konstruktion einer juristischen Person des öffentlichen Rechts ist ebenso wie die rein zivilrechtliche Regelung öffentlich-rechtlicher Formen wirtschaftlicher Tätigkeit nicht geeignet, zu deren Entwicklung und einer angemessenen Berücksichtigung der Besonderheiten ihres Status beizutragen. Die Anerkennung einer eigenen zivilrechtlichen Rechtsfähigkeit der Organe der staatlichen Gewalt und der örtlichen Selbstverwaltung führt zu einer ungerechtfertigten Verwirrung bei der Bestimmung des geeigneten Subjekts der sich entwickelnden Rechtsverhältnisse. In diesem Zusammenhang sind die deutsche Lehre von der juristischen Person des öffentlichen Rechts sowie die Theorie der unmittelbaren und mittelbaren staatlichen Verwaltung für die russische Verwaltungsrechtswissenschaft zweifellos von Interesse.

3. Die Formen der Zusammenarbeit zwischen öffentlichen und privaten Subjekten (einschließlich im Rahmen der Public-private-Partnership) werden

in Übereinstimmung mit der herrschenden Auffassung als rein zivilrechtlich und nicht als öffentlich-rechtlich beurteilt. Es gibt nur wenige Arten solcher öffentlich-rechtlichen Formen und die vorhandenen Formen sind inhaltlich nicht ausgearbeitet. All dies lässt es nicht zu, die Idee der Freiheit des öffentlichen Subjekts bei der Wahl der Rechtsform der Beteiligung privater Subjekte an der Erfüllung öffentlicher Aufgaben in vollem Umfang umzusetzen. Diese Wahl sollte von zwei Kriterien abhängig gemacht werden: der grundsätzlichen Zulässigkeit der Übertragung einer Aufgabe auf den privaten Sektor unter Einhaltung der verfassungsrechtlichen Grundsätze sowie der Effektivität und Wirtschaftlichkeit der Erreichung eines bestimmten sozial bedeutsamen Zwecks.

Urs Kramer

§ 3. Rechtliche Zulässigkeit der Übertragung staatlicher und kommunaler Aufgaben im deutschen Recht

I. Einleitung und Begriffsbestimmungen

Die Frage nach der rechtlichen – und dabei vor allem, aber eben nicht nur verfassungsrechtlichen – Zulässigkeit der Übertragung öffentlicher Aufgaben auf Private spiegelt letztlich auch die Angst vor einer „Flucht des Staates ins Privatrecht“ wider.

Zunächst ist insoweit festzustellen, dass der Staat im Bereich der *Eingriffsverwaltung* (z. B. beim Vorgehen gegen einen Störer im Gefahrenabwehrrecht) selbst tätig werden muss und zwar durch öffentlich-rechtliche Handlungsalternativen, in der Regel also durch Verwaltungsakte. Greift nämlich der Staat mit seinem Handeln hoheitlich in Rechte der Bürger ein, so vermag er das grundsätzlich nur selbst durch seine Organe. Private dürfen mit dieser Aufgabe, die unter Umständen auch den Einsatz der beim Staat monopolisierten Gewalt erforderlich macht, nicht betraut werden. Ausnahmen sind insoweit der Beliehene und der Verwaltungshelfer, die dann aber insoweit zu einem „Teil“ des Staates werden.[1]

Im Rahmen der *Leistungsverwaltung* (etwa bei der Erfüllung von Aufgaben im Bereich der sog. Daseinsvorsorge) hat der Staat dagegen, wie nachfolgend im Einzelnen noch näher auszuführen sein wird, ein Wahlrecht: Er kann seine Aufgaben entweder selbst auf öffentlich- oder privatrechtlicher Grundlage oder aber durch Dritte erfüllen (lassen). Nur hier besteht also die Gefahr einer „Flucht des Staates ins Privatrecht“. Dabei müssen jedoch verschiedene Stufen auf dem Weg vom klassischen öffentlich-rechtlichen Handeln hin zum Privatrecht und zu privaten Akteuren unterschieden und auf ihre verfassungsrechtliche Zulässigkeit untersucht werden: Der Staat kann eben neben dem altbekannten Handeln auf der Grundlage des Öffentlichen Rechts (etwa der Gewährung eines Zuschusses durch einen Leistungsbescheid als Verwaltungsakt) seine Aufgaben selbst durch privatrechtliches Handeln wahrnehmen (indem er beispielsweise einen privatrechtlichen Darlehensvertrag mit dem Zuschussempfänger abschließt). Er kann seine

1 Vgl. *Mayen*, DÖV 2001, 110; *Sodan/Ziekow*, Grundkurs Öffentliches Recht, 4. Aufl., 2010, § 60 Rn. 29–32; *Detterbeck*, Allgemeines Verwaltungsrecht, 9. Aufl., 2011, § 5 Rn. 192–194.

Aufgaben auch in Privatrechtsform erfüllen und dazu ein privatrechtliches Rechtssubjekt, das ihm „gehört“ (wie etwa eine Bank), schaffen. Er kann jedoch auch noch einen Schritt weiter gehen und bei der Aufgabenerfüllung Private einbeziehen, mit denen er sogar gemeinsam ein sog. gemischtwirtschaftliches Unternehmen gründet. Letztlich darf er eine Aufgabe aus dem Bereich der Leistungsverwaltung auch nahezu gänzlich auf einen Privaten übertragen. Zur Verdeutlichung und Präzisierung sind an dieser Stelle zunächst verschiedene Begrifflichkeiten zu klären:

1. Von „*Verwaltungsprivatrecht*“ spricht man, wenn der Staat seine Aufgaben zwar selbst erfüllt, sich hierbei aber privatrechtlicher Handlungsformen bedient. Als Ausgangspunkt kann dazu auf den schon erwähnten Grundsatz der Wahlfreiheit der Verwaltung zurückgegriffen werden. Er besagt noch einmal, dass die Verwaltung, sofern sie Leistungen an die Bürger gewährt, die Freiheit hat, zwischen öffentlich-rechtlichen und privatrechtlichen Handlungsmöglichkeiten zu wählen. So kann sich der Staat bei der Leistungserbringung durch ihn selbst sowohl öffentlich-rechtlicher (z. B. des Verwaltungsaktes) als auch privatrechtlicher Handlungsalternativen (etwa eines privatrechtlichen Vertrags) bedienen. Wählt er dagegen von vornherein eine privatrechtliche Rechtsform zur Leistungs*erbringung* (z. B. beim Betrieb einer kommunalen Halle durch die „Stadthallen GmbH“), so ist er auch im folgenden Rechtsverhältnis mit dem Leistungsempfänger (etwa bei der Vermietung der Halle für ein Konzert) auf die Handlungsalternativen des Privatrechts beschränkt.

Jedoch besteht hierbei die Gefahr, dass sich der Staat durch die Wahl der wegen der dort herrschenden Privatautonomie grundsätzlich freieren Privatrechtsalternativen seinen öffentlich-rechtlichen und insbesondere auch seinen verfassungsrechtlichen Pflichten zu entziehen versucht, was für den Bürger wiederum nachteilig wäre. In diesem Zusammenhang wird dann nach deutschem Verständnis die sog. Zweistufentheorie relevant, wonach die Ebene des „Ob“ von der Ebene des „Wie“ der Leistungserbringung zu unterscheiden ist: Beim „Ob“ geht es um die Frage, in welcher (Rechts-)Form und durch wen der Staat seine (Leistungs-) Aufgabe erfüllt. Die zweite Stufe des „Wie“ betrachtet die Ausgestaltung des Rechtsverhältnisses, die wiederum von der ersten Stufe abhängig ist (siehe oben). Auf der Ebene des „Ob“ bleiben die staatlichen Bindungen etwa an die Grundrechte in jedem Fall bestehen – der Staat kann ihnen mithin nicht entfliehen; es gilt weiterhin Öffentliches Recht –,[2] während er auf der Ebene des „Wie“ frei wie ein Privater ist.

---

2 Verstöße gegen diese Bindung beim „Ob“ sind demgemäß immer öffentlich-rechtlicher Natur und deswegen vor den Verwaltungsgerichten geltend zu machen. Vgl. dazu *Detterbeck* (Fn. 1), § 30 Rn. 1326.

2. Eng verknüpft mit dem Begriff des „Verwaltungsprivatrechts“ ist auch der Terminus der „*Privatisierung*“. Er umschreibt eine Vielzahl von Sachverhalten. Die Kategorisierung der verschiedenen Gestaltungen mag im Einzelnen recht umstritten sein. Klassischerweise wird aber zwischen der Organisations- oder formellen Privatisierung, der Aufgabenübertragung (oder materiellen Privatisierung), der Vermögensprivatisierung, der funktionellen Privatisierung (oder „Contracting out“ bzw. „Outsourcing“) und schließlich der Finanzierungsprivatisierung unterschieden, wobei sich die verschiedenen Formen oft auch noch überschneiden:[3]

- Bei der *formellen Privatisierung* (Organisationsprivatisierung) entscheidet sich der öffentliche Aufgabenträger dafür, die ihm obliegenden Aufgaben nicht nur wie ursprünglich beim Verwaltungsprivatrecht (siehe oben) in privatrechtlicher Form, sondern durch ein privatrechtliches „Subjekt“ zu erfüllen. Er gründet hierfür Eigengesellschaften meist in Form einer Gesellschaft mit beschränkter Haftung oder einer Aktiengesellschaft. Als Beispiel ist die Umwandlung von Stadtwerken zu nennen, die bisher ein städtischer Eigenbetrieb waren und nun als „Stadtwerke-GmbH“ geführt werden. Die formelle Privatisierung fällt nach dem oben Gesagten noch unter den Begriff des Verwaltungsprivatrechts.
- Die *materielle Privatisierung* (Aufgabenübertragung) umfasst demgegenüber die Übertragung einer öffentlichen Aufgabe auf einen privaten Dritten, der diese eigenverantwortlich erfüllt. Der Staat zieht sich hier mithin aus der Aufgabenerfüllung zurück.
- Unter einer *Vermögensprivatisierung* versteht man die (teilweise) Übertragung staatlichen Eigentums auf Private. Hierzu zählt insbesondere der Verkauf öffentlicher Unternehmen bzw. der Beteiligungen an solchen an private Akteure. Diese Form geht meist mit einer der anderen einher.
- Bei der *funktionellen Privatisierung* (oder „Contracting out“ bzw. „Outsourcing“) verbleibt im Unterschied zur materiellen Privatisierung die Verantwortung für die Aufgabenzuständigkeit beim öffentlichen Aufgabenträger, wobei Private als Erfüllungsgehilfen in die Erfüllung eingeschaltet werden. Ihre Einbindung erfolgt meist auf vertraglicher Grundlage. Als Beispiel kann die Beauftragung von Entsorgungsunternehmen zum Transport von Hausmüll herangezogen werden. Zumeist werden auch Public-Private-Partnership-Modelle

3 Vgl. für bestimmte Formen überblicksartig *Ziekow*, Öffentliches Wirtschaftsrecht, 2007, § 8 Rn. 2 ff.; *Ruthig/Storr*, Öffentliches Wirtschaftsrecht, 3. Aufl., 2011, § 7 Rn. 625 ff.

hier eingeordnet, sei es das Betriebsführer-, Betreiber-, Konzessions- oder das (in vielfältiger Form denkbare) Kooperationsmodell.
- Die *Finanzierungsprivatisierung* schließlich spielt angesichts der angespannten Haushaltslage von Bund, Ländern und Kommunen eine wichtige Rolle. Hier übernehmen Private die Finanzierung der Erfüllung öffentlicher Aufgaben. Als Beispiel kann auf die Leasingfinanzierung von Straßenbaumaßnahmen oder von Straßenbahnen verwiesen werden.

3. Neben dem „Verwaltungsprivatrecht" und der „Privatisierung" bedarf auch die *„öffentliche Aufgabe"* einer Begriffsklärung: Sie liegt im öffentlichen Interesse und ist am Allgemeinwohl ausgerichtet. Ein Hauptanwendungsfall ist in dem hier vornehmlich betrachteten Bereich der Leistungsverwaltung die sog. Daseinsvorsorge.[4] Grundsätzlich können öffentliche Aufgaben sowohl vom Staat als auch von Privaten erfüllt werden. Öffentliche Aufgaben sind damit nicht zwingend *Staatsaufgaben*. Allerdings sind umgekehrt alle Staatsaufgaben begriffsnotwendig immer öffentliche Aufgaben. Das *Bundesverfassungsgericht (BVerfG)* versteht in seiner Rechtsprechung unter Staatsaufgaben diejenigen, die der Staat selbst – in der Form von Verwaltungsaufgaben mithin durch eigene Behörden – wahrnimmt.[5] Öffentliche Aufgaben sind demgegenüber solche, an deren Erfüllung die Allgemeinheit interessiert ist, wobei sie auch durch andere Aufgabenträger als den Staat wahrgenommen werden können.[6] In Betracht kommen dafür sowohl verselbstständigte Funktionseinheiten unter staatlichem Einfluss, wie Körperschaften oder Anstalten des öffentlichen Rechts, als auch juristische Personen des Privatrechts oder natürliche Personen.

Im Folgenden soll nun anhand zweier Beispielsfälle die (verfassungs-)rechtliche Zulässigkeit der Übertragung einer solchen öffentlichen Aufgabe der Daseinsvorsorge auf Private näher erläutert werden. Das Hauptaugenmerk liegt dabei auf der Schulhausbewirtschaftung. Ein „Seitenblick" soll aber auch auf die Privatisierung eines bislang kommunalen Weihnachtsmarktes geworfen werden.

---

4 *Wolff/Bachof/Stober/Kluth*, Verwaltungsrecht I, 12. Aufl., 2007, § 4 Rn. 16 f.
5 *BVerfG*, NVwZ 2002, 335 ff.; *Korioth*, in: *Maunz/Dürig*, Grundgesetz, Loseblatt, Stand: 2011, Art. 30 Rn. 14.
6 *Korioth*, in: *Maunz/Dürig* (Fn. 5), Art. 30 Rn. 14.

II. Sachverhaltsschilderung

Der Landkreis Passau[7] plant, die kostenintensive Unterhaltung seiner Schulgebäude durch den Abschluss eines Dienstbesorgungsvertrags auf ein privates Unternehmen zu übertragen. Mangels Bindung des privaten Investors an das öffentliche Dienstrecht soll dieser die Aufgabe deutlich kostengünstiger und effizienter wahrnehmen können als der Landkreis.

Im zweiten Fall soll der bislang von der Stadt Passau[8] veranstaltete Weihnachtsmarkt komplett auf einen privaten Betreiber übertragen werden.

III. Problemaufriss

Vorrangig geht es nachfolgend, wie erwähnt, um die Schulgebäude; der Weihnachtsmarkt scheint nur an einer Stelle mit seiner abweichenden rechtlichen Beurteilung nochmals auf. Während sich bei ihm die Stadt der entsprechenden Aufgabe komplett entledigen, sie also materiell privatisieren will, wird im zuerst genannten Fall der Landkreis durch Art. 4 Abs. 1 Bayerisches Gesetz über das Erziehungs- und Unterrichtswesen (BayEUG) verpflichtet, die Schulgebäude zu errichten, auszustatten, zu unterhalten, zu verwalten und zu bewirtschaften. Daher ist fraglich, ob die Übertragung dieser Tätigkeiten auf ein privatrechtliches Unternehmen überhaupt und bejahendenfalls in welchem Umfang möglich ist. Sofern man die Zulässigkeit der Aufgabenübertragung bejaht, ist dann auch noch zu fragen, welche Anforderungen an die Ausgestaltung des Rechtsverhältnisses zwischen dem Landkreis und dem privaten Unternehmen zu stellen sind. Es bietet sich daher eine nach dem Gedanken der schon erwähnten Zweistufentheorie differenzierte Betrachtung zunächst des „Ob" und dann des „Wie" an.

IV. Zulässigkeit des „Ob"

Zunächst ist also zu untersuchen, ob die Privatisierung der Schulhausbewirtschaftung überhaupt zulässig ist. Eine völlig eindeutige und explizite Antwort findet sich dazu in keinem deutschen Gesetzbuch. Grenzen für die Zulässigkeit des hier geplanten Vorhabens könnten sich aber aus allgemeinen Rechtsgrundsätzen ergeben. Dabei hat sich als Konsens der Gerichte und der Gelehrten eine

---

7 Im Originalfall handelte es sich um den hessischen Landkreis Offenbach. Zur Vereinfachung wird der Fall hier aber nach Bayern „verlegt" und neben der Bundesverfassung in einfachrechtlicher Hinsicht auf das bayerische Recht abgestellt.

8 Auch hier ging es im Original um einen hessischen Fall, der in der Stadt Offenbach „spielte": *BVerwG*, NVwZ 2009, 1305 ff.

Unterscheidung nach der Art des staatlichen Handelns herausgebildet: Wie schon eingangs erwähnt, stellt sich die Lage bei der sog. Leistungsverwaltung anders als bei der Eingriffsverwaltung dar. Bei Ersterer erbringt der Staat zur Erfüllung einer ihm obliegenden Aufgabe Leistungen gegenüber dem Bürger. Hierzu zählen z. B. die Eröffnung und der Betrieb von öffentlichen Einrichtungen wie Schwimmbädern, aber eben auch von Schulen.

Als Ausgangspunkt kann dabei auf den Grundsatz der schon oben erläuterten Wahlfreiheit der Verwaltung zurückgegriffen werden. Zur Wiederholung: Er besagt, dass die Verwaltung, sofern sie Leistungen an die Bürger erbringt, die Möglichkeit hat, zwischen öffentlich-rechtlichen und privatrechtlichen Handlungsalternativen zu wählen.

Vorliegend will der Landkreis Passau allerdings nicht selbst in Privatrechtsform handeln, sondern die Aufgabe möglichst komplett auf Private übertragen. An Stelle einer formellen (Organisations-)Privatisierung strebt er also eine materielle bzw. funktionelle Privatisierung an. Nach heute ganz herrschender Auffassung geht in diesem Bereich das Wahlrecht der Verwaltung so weit, dass sie nicht nur grundsätzlich frei darüber entscheiden kann, wie (zivil- oder öffentlich-rechtlich), sondern auch mit wessen Hilfe (selbst oder durch Dritte nach der Privatisierung der Tätigkeit) sie ihre entsprechenden bisherigen Aufgaben erfüllt. Die Verwaltung darf sich, wie noch zu zeigen sein wird, nur nicht völlig der Aufgabe entledigen. Auch wenn sich der Staat aus der jeweiligen Erfüllung zurückzieht, bleibt er nämlich für die Gewährleistung dem Bürger, insbesondere im Hinblick auf dessen Grundrechte, verantwortlich. Vorliegend könnte aber die Gefahr einer völligen Aufgabenentledigung im Raum stehen, wenn der Landkreis sein Eigentum und damit seine Trägerschaft im wörtlichen Sinn an den Schulen aufgäbe. Behält er – wie hier – hingegen sein Eigentum, bestehen insoweit, gestützt auf diese Wahlfreiheit der Verwaltung, keine Bedenken. Ähnlich liegt der Fall im Übrigen auch bei der Schülerbeförderung (zumeist mit Schulbussen), die als Aufgabe der Schulträger und damit auch des Landkreises bereits seit Langem von privaten Unternehmen erfüllt wird.[9]

Diese sog. Wahlfreiheit z. B. der Kommunen und Landkreise im Bereich der Leistungsverwaltung ist jedoch auch nicht schrankenlos. Gerade hinsichtlich der Beteiligung Privater gilt es vielmehr, die allgemeinen (verfassungs-)rechtlichen Privatisierungsgrenzen zu beachten, die daher nun näher untersucht werden.

9 Vgl. dazu § 1 Bayerische Verordnung über die Schülerbeförderung in der Fassung der Bekanntmachung vom 8.9.1994 (GVBl. S. 953), zuletzt geändert durch Gesetz vom 23.7.2010 (GVBl. S. 334).

Dazu bedarf es eines Blickes in die verschiedenen in Betracht kommenden Rechtsquellen, gestuft nach der sog. Normenpyramide abwärts vom höchsten Rang.

1. Zunächst ist festzuhalten, dass das immer mehr an Bedeutung gewinnende *Europäische Unionsrecht*, das einen Anwendungsvorrang vor dem nationalen (Verfassungs-)Recht genießt, keine Aussage zu der hier interessierenden Frage des „Ob" einer Privatisierung kommunaler Aufgaben der Leistungsverwaltung trifft. Das ist auch folgerichtig, dient es doch vornehmlich nur dem Schutz bzw. der Schaffung des freien Wettbewerbes im Binnenmarkt in Europa (vgl. etwa Art. 26 Abs. 1 und 2 Vertrag über die Arbeitsweise der Europäischen Union). Insoweit zwingt es sogar eher zur Öffnung bislang vom Staat beherrschter „Märkte", wie zuletzt etwa bei den Notaren deutlich geworden ist.[10]

2. Daher sind etwaige Schranken der Privatisierung vornehmlich im nationalen Verfassungsrecht zu suchen. Zu nennen ist hier bei einem Blick in das deutsche Grundgesetz (GG) insbesondere das *staatliche Gewaltmonopol* als Ausfluss des Rechtsstaatsprinzips nach Art. 20 Abs. 3 GG. Es besagt, dass allein der Staat dazu befugt ist, Anordnungen mit Befehl und Zwang durchzusetzen. Aufgaben, die dem staatlichen Gewaltmonopol unterliegen, also insbesondere die Tätigkeit von Polizei, Militär und Justiz, können daher nicht auf Private übertragen werden.[11] Das deckt sich im Übrigen mit der obigen Aussage, dass im Bereich der insoweit zumeist betroffenen Eingriffsverwaltung grundsätzlich keine „Privatisierung" (gleich welcher Art) in Betracht kommt. Bei der Leistungsverwaltung geht es aber meist nicht um die Anwendung staatlichen Zwanges, sodass diese „Schranke" hier in aller Regel nicht einschlägig ist.

3. Gleiches gilt auch für den *Funktionsvorbehalt des Berufsbeamtentums* nach Art. 33 Abs. 4 GG. Danach ist die Ausübung hoheitsrechtlicher Befugnisse als ständige Aufgabe in der Regel Angehörigen des öffentlichen Dienstes zu übertragen, die in einem öffentlich-rechtlichen Dienst- und Treueverhältnis stehen. Art. 33 Abs. 4 GG enthält aber keine Bestimmungen dahingehend, dass ansonsten eine bestimmte Tätigkeit (wie hier die Schulgebäudebewirtschaftung) nur von Beamten wahrgenommen werden darf. Auch insoweit geht es also nicht um die Ausübung hoheitlicher Befugnisse im Sinn der genannten GG-Norm. Diese Verfassungsvorgabe stellt somit in unserem Fall ebenfalls keine relevante Privatisierungsgrenze dar.

---

10 Vgl. *EUGH*, NJW 2011, 2941 ff.; *Schmidt/Pinkel*, NJW 2011, 2928 ff.

11 *Detterbeck* (Fn. 1), Rn. 900.

4. Das *Sozialstaatsprinzip* des Art. 20 Abs. 1 GG, das heißt: die verfassungsrechtlich niedergelegte Entscheidung für den Sozialstaat, stellt grundsätzlich auch eine Privatisierungsschranke dar. Der Gesetzgeber ist daraus verpflichtet, beim Normerlass soziale Gesichtspunkte zu berücksichtigen. Solche werden hier aber nicht berührt, sodass das Sozialstaatsprinzip der Privatisierung der Schulgebäudeunterhaltung ebenfalls nicht entgegensteht.

5. Das Gleiche gilt für das in Art. 20a GG normierte *Umweltschutzstaatsziel*, denn die Privatisierung der Schulhausbewirtschaftung hat keinen Einfluss auf die natürlichen Lebensgrundlagen und die Tiere, die durch dieses Staatsziel geschützt werden sollen.

6. Das Grundgesetz macht in den Art. 83 ff. GG Vorgaben zur *Ausgestaltung der staatlichen Verwaltung*. Zum Teil handelt es sich bei den dort geregelten Materien dann um sog. obligatorische Staatsaufgaben, bei denen die Verfassung den Staat dazu verpflichtet, sich der Aufgabe anzunehmen.[12] Allerdings begründen sie meist nur eine „Gewährleistungsverantwortung" (so etwa heute Art. 87e Abs. 4 GG für das Schienennetz und den Schienenpersonenfernverkehr). Noch „strenger" ist die Inpflichtnahme des Staates durch die Art. 83 ff. GG nur bei den für die Selbstorganisation des Staates unerlässlichen Materien wie der Justiz, dem Militär oder dem Währungs- und Maßwesen.[13] In unserem Beispiel geht es demgegenüber nicht um die Frage, ob der Bund oder die Länder für eine bestimmte Aufgabe zuständig sind, sondern darum, ob der Landkreis seine eigene Aufgabe einem Privaten übertragen darf. Das wird von den genannten Verfassungsartikeln jedoch gar nicht geregelt, sodass ihr Anwendungsbereich schon nicht eröffnet ist.

7. Schließlich ist auch das *Haushaltsverfassungsrecht* in Art. 109 ff. GG nicht erkennbar berührt: Es geht hier nicht um Fragen der Haushaltstrennung zwischen Bund und Ländern oder um andere Grundsätze der Haushaltswirtschaft. Insbesondere ist nicht ersichtlich, dass eine öffentlich-rechtliche Aufgabenerfüllung durch Mitarbeiter des Kreises billiger als durch Private zu erfüllen und deshalb einzig mit dem Grundsatz der Wirtschaftlichkeit und Ordnungsmäßigkeit der Haushaltsführung zu vereinbaren wäre.

---

12 Nach *Peine*, DÖV 1997, 353 (355), hindern die Art. 83 ff. GG daher oft eine Privatisierung von Verwaltungsaufgaben, da sie Verwaltungsmonopole verfassungsrechtlich verbürgen. Allerdings wurden die einschlägigen GG-Normen in Bezug auf bestimmte Bereiche wie z. B. die Eisenbahn, Post oder Telekommunikation im Vorfeld von deren Privatisierung eben geändert (vgl. z. B. Art. 87e und 87f GG), was auch für weitere derzeit noch vom Staat allein erfüllte Aufgaben denkbar ist.

13 Vgl. auch dazu *Peine*, DÖV 1997, 353 (355).

Alle diese genannten Vorgaben finden im Übrigen für die bayerische Landes- und Kommunalverwaltung auch noch ihre weitgehenden Entsprechungen in der Bayerischen Verfassung (BV). Sie richten sich vor allem gegen die schon erwähnte und oft befürchtete völlige Flucht der Verwaltung ins Privatrecht.

8. Art. 28 Abs. 2 Satz 2 GG bzw. der entsprechende Art. 10 BV bestimmen schließlich, dass neben den Gemeinden auch die Gemeindeverbände (dazu gehören auch die Landkreise) im Rahmen ihres gesetzlichen Aufgabenbereiches nach Maßgabe der Gesetze ein *Recht auf Selbstverwaltung* haben. Das bedeutet, dass der Landkreis, sofern er sich an die gesetzlichen Vorgaben hält, alle örtlichen Angelegenheiten in eigener Verantwortung wahrnehmen darf.

Die Literatur und die Rechtsprechung sind über die Zulässigkeit einer materiellen Privatisierung im Rahmen der kommunalen Selbstverwaltung bei genuinen Aufgaben der Kommunen geteilter Meinung: Das *Bundesverwaltungsgericht (BVerwG)* hat im Fall der geplanten materiellen[14] Privatisierung des kommunalen Weihnachtsmarktes gegen die Zulässigkeit derselben entschieden. Aus der bundesverfassungsrechtlichen Garantie der kommunalen Selbstverwaltung folge, dass sich eine Gemeinde im Interesse einer wirksamen Wahrnehmung der Aufgaben in Bezug auf die Angelegenheiten der örtlichen Gemeinschaft nicht ihrer gemeinwohlorientierten Handlungsspielräume begeben dürfe. Eine materielle Privatisierung eines kulturell, sozial und traditionsmäßig bedeutsamen Weihnachtsmarktes, der bisher in alleiniger kommunaler Verantwortung betrieben wurde, widerspreche diesem verfassungsrechtlichen Ziel. Eine Gemeinde könne sich nicht ihrer hierfür bestehenden Aufgabenverantwortung entziehen. Ihr obliege vielmehr auch die Sicherung und Wahrung ihres Aufgabenbereiches, um eine wirkungsvolle Selbstverwaltung und Wahrnehmung der Angelegenheiten der örtlichen Gemeinschaft zu gewährleisten.[15] Das Recht der kommunalen Selbstverwaltung wird im konkreten Fall damit dann aber auch zu einer entsprechenden Pflicht.

Dagegen wird in der Literatur eingewandt, im Rahmen des kommunalen Selbstverwaltungs*rechts* bleibe es grundsätzlich den Gemeinden und insbesondere auch den Gemeindeverbänden vorbehalten, darüber zu entscheiden, welche Aufgaben sie wahrnähmen. Daraus müsse aber auch folgen, dass es der Gemeinde bzw. dem Gemeindeverband freistehe, eine bislang erfüllte Aufgabe

---

14 Gegen die Einordnung als solche *Winkler*, JZ 2009, 1169 (1171), der hier von einem Fall der bloßen funktionellen Privatisierung ausgeht.

15 *BVerwG*, NVwZ 2009, 1305 ff., mit zustimmender Anmerkung von *Katz*, NVwZ 2010, 405 ff.

nicht mehr zu erfüllen oder durch einen anderen erfüllen zu lassen. Deshalb sei die materielle Privatisierung grundsätzlich zulässig.[16]

Letztlich schützen nach der auch hier vertretenen Auffassung die Vorschriften des Grundgesetzes über die kommunale Selbstverwaltung die Kommunen vor einer Entziehung oder Beschränkung ihrer eigenen Aufgaben. Sie bewahren jedoch weder private Unternehmen vor wirtschaftlichen Aktivitäten der Kommunen auch und gerade im Wettbewerb, noch verpflichten sie die Gemeinden und Landkreise zur „eigenhändigen" Erfüllung bestimmter Aufgaben.[17] Jedenfalls handelt es sich aber zumindest bei der Schulhausbewirtschaftung nicht um eine Aufgabe, die unter sozialen und traditionellen Gesichtspunkten nur vom Landkreis selbst erbracht werden kann. Daher greift in unserer Konstellation auch die Garantie der kommunalen Selbstverwaltung nicht als spezielle verfassungsrechtliche Schranke der Privatisierung ein. Folgt man hingegen dem *BVerwG*, ist das zumindest beim (kommunalen) Weihnachtsmarkt anders.[18]

9. Damit kann als *Zwischenergebnis* festgehalten werden, dass der Privatisierung der Schulgebäudebewirtschaftung keine verfassungsrechtlichen Schranken entgegenstehen. Dagegen wäre beispielsweise die vollständige Verlagerung der Planung, des Aus- und Neubaus sowie der Unterhaltung und Finanzierung des Bundeswasserstraßennetzes auf ein privates Unternehmen unzulässig, da den Bund insofern eine speziell normierte verfassungsrechtliche Vollzugspflicht aus Art. 89 Abs. 2 Satz 1 GG (das ist damit ein weiteres Verwaltungsmonopol in dem oben unter 6. zu Art. 83 ff. GG erläuterten Sinn) trifft. Die daraus erwachsenden Pflichten muss der Bund deshalb stets durch eigene Behörden wahrnehmen. An einer solchen zwingenden Staatsaufgabe fehlt es in unserem Beispielsfall für den Landkreis jedoch gerade.

Insgesamt ist beim „Ob" mithin festzuhalten, dass (nur) der kommunale Weihnachtsmarkt mit der Sichtweise des *BVerwG* bezüglich seiner „Privatisierbarkeit" zumindest „auf der Kippe" steht.

V. Zulässigkeit des „Wie"

Insgesamt verlagert sich damit das Problem auf die zweite Ebene des „Wie". Hier ist somit zu klären, ob und bejahendenfalls welche Vorgaben der jeweils pflichtige

---

16 *Ehlers*, DVBl. 2009, 1456 f.; *Schoch*, DVBl. 2009, 1533 ff.; *Winkler*, JZ 2009, 1169 ff.

17 Das *BVerwG* (Fn. 15) hat das, wie oben schon angesprochen wurde, allerdings anders gesehen.

18 Näher zur Zulässigkeit der Privatisierung eines kommunalen Weihnachtsmarktes siehe *Greim* in diesem Band (Kap. 1, § 4).

Verwaltungsträger zu beachten und zu erfüllen hat, wenn er die Erfüllung einer Aufgabe ganz oder zumindest zum Teil einem privaten Unternehmen überlässt. Im konkreten Fall ist dann überdies noch zu untersuchen, ob der Landkreis Passau diese Voraussetzungen bei der geplanten privaten Schulgebäudebewirtschaftung erfüllt.

Dabei geht der Blick nun über das eigentliche Verfassungsrecht hinaus und richtet sich auch noch auf das allgemeine Verwaltungsrecht. Diesbezüglich gilt die in jahrzehntelanger Rechtsprechung mittlerweile gefestigte und schon wiederholt erwähnte Maxime, dass auch bei einer grundsätzlich zulässigen Übertragung der Aufgabenerfüllung auf private Dritte der jeweilige Verwaltungsträger nicht gänzlich von seiner Aufgabe frei wird, sondern insoweit weiterhin verpflichtet bleibt. Die (hier kommunale) Verantwortung besteht mithin unter veränderten Organisations- und Verantwortungsstrukturen fort; die jeweilige öffentliche Körperschaft bleibt vielfältig verpflichtet, sodass insoweit tatsächlich trotz der grundsätzlich „erlaubten“ Privatisierung keine Flucht in das freiere Privatrecht möglich ist.

Um dieser fortbestehenden staatlichen Verantwortung Genüge zu tun und so seiner Aufgabe (im konkreten Fall der des Schulträgers nach Art. 133 Abs. 1 Satz 1 BV, 3 Abs. 1, 4 Abs. 1 BayEUG, 8 Abs. 1 Bayerisches Schulfinanzierungsgesetz) weiterhin gerecht werden zu können, muss der Landkreis die nötigen Einflussmöglichkeiten auf das mit der Erfüllung der jeweiligen Aufgabe betraute private Unternehmen behalten. Das kann insbesondere durch eine vertragliche Regelung zwischen dem Landkreis und dem privaten Unternehmen geschehen. Eine noch stärkere „Absicherung“ ist hingegen nicht nötig.

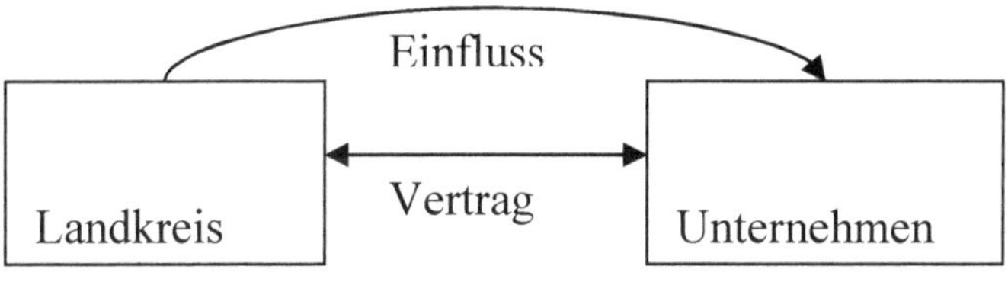

1. In diesem Vertrag müssen die vom Unternehmen als „Erfüllungsgehilfen“ zu beachtenden *Pflichten* ebenso wie die insoweit bestehenden *Kontrollbefugnisse des Landkreises* geregelt sein. Zudem ist festzulegen, wer in welchem Umfang bei etwaigen Schäden haftet oder inwieweit das Unternehmen bei einer mangelhaften Erfüllung seiner Pflichten Schadensersatz zu leisten hat. Außerdem muss natürlich die Vergütung des Unternehmens für seine Tätigkeit vereinbart werden. In diesem Zusammenhang sind aber auch Klauseln erforderlich, die eine Anpassung, das heißt: in der Regel eine Herabsetzung der Vergütung, vorsehen,

wenn die Pflichten nicht erfüllt werden. Notwendig ist überdies die Festlegung eines Kündigungsrechtes, durch dessen Ausübung einer der beiden Vertragspartner das Rechtsverhältnis beenden kann. Sofern z. B. zur Aufgabenerfüllung staatliche Sachmittel auf das private Unternehmen übertragen wurden, kann zusätzlich sogar ein Rückfallrecht, aufgrund dessen diese Sachmittel wieder an den Landkreis zurück zu übertragen sind, festgelegt werden.

Hierbei ist anzumerken, dass diese „Absicherung" letztlich auch der von Verfassungs wegen gewollten demokratischen Kontrollmöglichkeit des Volkes über die Verwaltungstätigkeit durch die Kommunalwahlen dient:[19] Nur wenn die Kommune sich eine solche Einflussmöglichkeit vorbehält, kann der Souverän selbst, vermittelt über das demokratische Instrument der Wahl, die Erfüllung der öffentlichen Aufgaben kontrollieren und nötigenfalls intervenieren.[20]

2. Hinsichtlich der Vorgaben des *Kommunalrechts* ist überdies zu beachten, dass der Kreistag dem Vertrag mit dem letztlich ausgewählten Unternehmen zustimmen bzw. den Kreisausschuss oder den Landrat zu dem entsprechenden Vertragsschluss ermächtigen muss.[21]

3. Ein weiterer Punkt, der im Zusammenhang mit dem „Wie" der Privatisierung zu beachten ist, sind die Vorgaben des *Vergaberechts*. Einschlägig sind insoweit die §§ 97 ff. Gesetz gegen Wettbewerbsbeschränkungen (GWB). Danach müssen öffentliche Auftraggeber, hier also der Landkreis, ein transparentes und offenes Vergabeverfahren durchführen, wenn sie Verträge, die Waren, Bau- und Dienstleistungen zum Gegenstand haben und einen gewissen Umfang erreichen, mit einem privaten Unternehmen abschließen möchten. Jedoch zöge selbst ein Aufdecken von Fehlern in diesem Bereich allenfalls die Aufhebung der konkreten Vergabeentscheidung, nicht aber den Stopp des gesamten Projektes nach sich, sodass auf diese Vorgaben hier nicht näher eingegangen wird.

4. Zu untersuchen ist nunmehr noch, ob bzw. wann das geplante Vorhaben aus anderen, im übrigen *Zivilrecht* wurzelnden Gründen, die zum Teil bereits oben angedeutet wurden, angreifbar ist. Auf der Hand liegen insofern beispielsweise die bei einer materiellen Sichtweise dem Zivilrecht zuzuordnenden

---

19 Vgl. *Stober*, NJW 2008, 2301 (2305); zu Legitimationsfragen auch *BerlVerfGH*, NVwZ 2000, 794 ff.

20 S. *Schmehl*, JuS 2001, 233 (234).

21 Das folgt daraus, dass es sich bei der Entscheidung über den Vertragsschluss um eine der ausschließlichen Zuständigkeiten des Kreistages (vgl. Art. 30 Abs. 1 Nr. 13, 20, 21 Bayerische Landkreisordnung [LKrO]), jedenfalls aber um kein in die Zuständigkeit des Landrates fallendes Geschäft der „allgemeinen Verwaltung" im Sinn des Art. 34 Abs. 1 Satz 1 Nr. 1 LKrO handelt.

Befürchtungen, dass es künftig Konflikte bei der Raumnutzung in den dann privat bewirtschafteten Schulen geben könnte. So ist es etwa denkbar, dass von dem privaten Unternehmen wegen der Mitbenutzung durch andere Gruppen eine neutrale Gestaltung der Räume an Stelle der Gestaltung nach pädagogischen Gesichtspunkten gewünscht wird. Auch Ganztagesschulangebote könnten gefährdet sein, wenn andere lukrative Vermietungsmöglichkeiten der hierfür benötigten Räume in Betracht kommen. Gleiches gilt für Elternabende, Schulkonferenzen und andere Schulveranstaltungen wie Theateraufführungen. Gegebenenfalls muss hierfür dann sogar Miete bezahlt werden. Und schließlich erschwert die mit einer Fremdnutzung der Schulgebäude verbundene Abnutzung der Geräte (wie z. B. der Kopierer oder PC) möglicherweise den Schulalltag. Hier muss der Vertrag mit dem künftigen „Schulgebäude-Unterhalter" entsprechende Regelungen treffen, damit die Aufgabe des Schulträgers weiterhin ausreichend erfüllt werden kann. Es dürfen also keine Unklarheiten zwischen den Beteiligten dahingehend bestehen, durch wen die Gebäude wann und in welchem Umfang benutzt werden dürfen. Auch wer für etwaige Schäden oder Abnutzungserscheinungen aufzukommen hat, muss festgelegt sein.

Schließlich ist noch die Frage nach den Änderungs- und Kündigungsmöglichkeiten des Vertrags mit dem privaten Betreiber zu klären, die insbesondere dann aktuell wird, wenn das Projekt z. B. entgegen den Erwartungen des Landkreises nicht erfolgreich abläuft. Für solche Fälle – insbesondere wenn dadurch die ausreichende Schulversorgung des Landkreises gefährdet werden sollte – bedarf es an sich der Möglichkeit zur flexiblen Reaktion auf Fehler durch schnelle Kündigungsmöglichkeiten. Diesem Petitum steht aber auf der anderen Seite das berechtigte Interesse des privaten Unternehmens an möglichst großer Investitionssicherheit entgegen, die nur über lange Vertragslaufzeiten erzielt wird. Insofern bedarf es einer ausgleichenden und abwägenden Regelung im Vertrag mit dem privaten Unternehmen.

Ein nicht diesen Vorgaben genügender Vertrag ist aus der Warte des Öffentlichen Rechts zwar rechtswidrig, nach den an den Vertrag selbst bei seiner öffentlich-rechtlichen Natur zu stellenden Anforderungen, die sich letztlich vor allem aus dem Zivilrecht ergeben (vgl. § 59 Abs. 1 Verwaltungsverfahrensgesetz), allerdings zumeist nicht nichtig.

VI. Privatisierungsfolgen: „Gelebte Verantwortung"

Letztlich scheitert eine Privatisierung damit kaum am Widerspruch zu (verfassungs-)rechtlichen Vorgaben. Die Garantenstellung des Staates in Bezug auf (Grund-)Rechte Dritter und auf die Erfüllung der öffentlichen Aufgaben verlagert sich vielmehr auf das Privatisierungsfolgenrecht. Bereits während des Privatisierungsprozesses (siehe dazu schon oben V. bei der Frage nach dem „Wie“) und auch noch nach dessen Abschluss hat der Staat dafür zu sorgen, dass er seinen Gewährleistungspflichten nachkommen kann. Dazu dienen verschiedene Mechanismen der Regulierung, das heißt; der Einwirkung und Kontrolle. Zwar hat der Staat demnach die Leistungserbringung durch den Privaten zu überwachen. Allerdings ist er hierbei wiederum durch das Verhältnismäßigkeitsprinzip begrenzt.

Unabhängig von dem Fall der Schulhausbewirtschaftung bleibt damit festzuhalten, dass den Staat, sofern er seine Aufgaben privatisiert, trotzdem noch eine Art „Gewährleistungspflicht“ trifft. Er muss deshalb sicherstellen, dass die Aufgabe, die hinsichtlich der „Auffangverantwortung“ zumindest insofern weiterhin bei ihm verbleibt, sicher und ordnungsgemäß unter Berücksichtigung des Allgemeinwohls erfüllt wird.[22] Letztlich obliegen dem Staat nach der Privatisierung damit fast genauso viele Aufgaben wie vor der Privatisierung. Jene bedeutet gerade keinen Rückzug des Staates, sondern eine „Staatsaufgabenmetamorphose“: Wenn der Staat die Erfüllung bestimmter Aufgaben Privaten überlässt, trifft ihn statt der Erfüllungs- eben eine Gewährleistungspflicht. Nach der Privatisierung muss er insbesondere weiterhin die Grundrechte garantieren. Das hat er durch entsprechende Einwirkungs- und Kontrollmechanismen sicherzustellen.[23] Das gilt umso stärker, je mehr es sich um eine obligatorische Staatsaufgabe im oben beschriebenen Sinn handelt.

VII. Exkurs: Grundrechtsbindung gemischtwirtschaftlicher Unternehmen

Eine Folge der Privatisierung ist, wie gerade gezeigt wurde, dass der Staat bei der Übertragung staatlicher Aufgaben auf Private die Gewährleistung von Grundrechten sicherstellen muss, indem er durch die konkrete Ausgestaltung der Privatisierungsmaßnahme dafür Sorge trägt, dass er auf die Privaten einwirken und sie kontrollieren kann. Etwas anders gestaltet sich diese Grundrechtsproblematik, wenn keine vollständige materielle Privatisierung erfolgt, sondern entweder nur Teile eines öffentlichen Unternehmens (materiell) privatisiert werden oder sich öffentliche und private Akteure institutionalisiert zusammenschließen, das heißt: wenn ein sog. gemischtwirtschaftliches Unternehmen entsteht. Hierbei

22 *Detterbeck* (Fn. 1), Rn. 902.
23 *Tiemann*, Privatisierung öffentlicher Unternehmen in Deutschland und Frankreich, 2009, S. 301 f.

war lange umstritten, ob nur der Staat selbst die Grundrechte beachten muss und diese Bindung – wie bei der vollständigen materiellen Privatisierung – über die Einwirkungsmöglichkeiten auf die private Aufgabenwahrnehmung sicherzustellen hat oder ob das gemischtwirtschaftliche Unternehmen selbst an die Grundrechte gebunden ist.

In einem unlängst ergangenen Urteil[24] hat das *BVerfG* entschieden, dass nicht nur zu 100 % im Eigentum der öffentlichen Hand stehende, sondern auch gemischtwirtschaftliche Unternehmen in Privatrechtsform gemäß Art. 1 Abs. 3 GG unmittelbar an Grundrechte gebunden sind, wenn sie von der öffentlichen Hand beherrscht werden.

Gegenstand des Urteils war eine Verfassungsbeschwerde gegen zuvor ergangene zivilgerichtliche Entscheidungen, die ein gegen die Beschwerdeführerin erlassenes Demonstrationsverbot der nur noch im mehrheitlichen Staatseigentum stehenden, also gemischtwirtschaftlichen Flughafenbetreiberin *Fraport AG* auf dem Frankfurter Flughafengelände für rechtmäßig erachtet hatten.[25] Das *BVerfG* begründete seine gegensätzliche Entscheidung damit, dass die *Fraport AG* wegen ihrer Beherrschung durch öffentliche Anteilseigner genau wie ein Unternehmen, das im Alleineigentum des Staates steht, als ein Träger hoheitlicher Gewalt zu qualifizieren sei. Der Staat solle sich durch die Wahl der Privatrechtsform im Rahmen seines Handelns nicht der Grundrechtsbindung entziehen, das heißt: ins Privatrecht fliehen können.[26] Der Vollständigkeit halber sei angemerkt, dass die unmittelbare Grundrechtsbindung des Unternehmens nach Auffassung des *BVerfG* im konkreten Fall aber trotzdem nicht dazu führt, dass dem Bürger zur Wahrnehmung seiner Meinungsäußerungsfreiheit aus Art. 5 Abs. 1 Satz 1 GG oder seines Versammlungsrechts aus Art. 8 Abs. 1 GG ein generelles Zutrittsrecht zu beliebigen Orten gewährt wird. Ein solches bestehe, so das *BVerfG*, vielmehr nur an denjenigen Orten, die das Unternehmen für einen allgemein öffentlichen Verkehr zugänglich gemacht habe und an denen eine Stätte kommunikativen Verkehrs entstanden sei.[27] Der Frankfurter Flughafen umfasse neben den flugspezifischen und abgegrenzten Bereichen, wie dem Sicherheitsbereich und der

24 *BVerfG*, NJW 2011, 1201 ff.; dazu *Muckel*, JA 2011, 557 ff.; *Weber*, VR 2011, 178 ff.; *Enders*, JZ 2011, 577 ff.

25 S. nur *BGH*, NJW 2006, 1054 ff., mit Anmerkung *Fischer-Lescano/Maurer*, NJW 2006, 1393 ff.; *Röthel*, LMK 2006, 1, 73 f. Nach bisheriger Lesart war das nur ein Fall der mittelbaren Drittwirkung der Grundrechte im Zivilrecht; vgl. statt vieler *Pieroth/Schlink*, Grundrechte – Staatsrecht II, 27. Aufl., Rn. 196 ff.

26 *BVerfG*, NJW 2011, 1201 (1202).

27 *BVerfG*, NJW 2011, 1201 (1204).

Gepäckausgabe, auch Orte, die zum Konsumieren, Flanieren und damit auch zum Kommunizieren ausgestaltet seien (gleichsam eine „Erlebnis- und Konsumwelt mit Fluganschluss"). Daher stelle er insoweit eine Stätte kommunikativen Verkehrs dar, und die Beschwerdeführerin sei berechtigt, dort von ihrer Meinungsäußerungs- und Versammlungsfreiheit Gebrauch zu machen.[28]

Damit hat nun auch das *BVerfG* im Streit um die Grundrechts*bindung* gemischtwirtschaftlicher Unternehmen Position bezogen. Bislang hatte es lediglich deren Grundrechts*berechtigung* verneint, sofern die juristische Person des Privatrechts im Bereich der Daseinsvorsorge tätig wird oder sonstige öffentliche Aufgaben wahrnimmt.[29] Dabei hatte es aber immer offen gelassen, ob die Grundrechtsberechtigung auch dann nicht besteht, wenn die wahrgenommenen Aufgaben des Unternehmens nicht mehr im öffentlichen Bereich liegen.[30]

Das *BVerwG* hatte dagegen schon früher entschieden, dass ein ehemals staatliches Unternehmen auch dann grundrechtsverpflichtet bleibt, wenn es in ein Unternehmen umgewandelt wird, an dem der Staat nur noch die Anteilsmehrheit hält.[31]

In der Literatur herrschte zu dieser Frage bislang Uneinigkeit. Als „gemeinsamer Nenner" konnte lediglich festgehalten werden, dass zumindest die *öffentlichen Anteilseigner* des gemischtwirtschaftlichen Unternehmens an Grundrechte gebunden sind, wenn es um die Erfüllung hoheitlicher Aufgaben (also das Verwaltungsprivatrecht; dazu schon oben I. 1.) geht.[32] Das ergebe sich aus Art. 1 Abs. 3 GG, wonach jedes Handeln der Exekutive den Grundrechten unterworfen ist (hier fällt dann wieder das Stichwort: „keine Flucht ins Privatrecht").[33]

Daraus wird sodann zum Teil gefolgert, der Bürger habe in Zugangs- bzw. Zulassungsstreitigkeiten nur einen Anspruch gegen den öffentlichen

---

28 *BVerfG*, NJW 2011, 1201 (1205), dort auch zu der Einordnung als „Versammlung unter freiem Himmel" im Sinn von Art. 8 Abs. 2 GG; dem zustimmend *Enders*, JZ 2011, 577 (579).

29 *BVerfG*, NJW 1990, 1783 ff.; *BVerfG*, NVwZ 2009, 1282 ff. Unklar insoweit jedoch in Bezug auf die 100 % bundeseigene Deutsche Bahn Netz AG *OLG Schleswig*, NVwZ-RR 2011, 523 (524): „Grundrechtsschutz der DB Netz AG".

30 *BVerfG*, NVwZ 2009, 1282 (1283). Der *BGH* (NJW 2006, 1054) hatte die Frage, ob die unmittelbare Grundrechtsbindung eine Wahrnehmung öffentlicher Aufgaben voraussetzt, im vorliegenden Fall ebenfalls mangels Entscheidungserheblichkeit unbeantwortet gelassen.

31 *BVerwG*, NVwZ 1998, 1083 (1084), für die Deutsche Post AG.

32 Allgemeine Meinung: anstatt aller nur *Herdegen*, in: *Maunz/Dürig* (Fn. 5), Art. 1 Abs. 3 Rn. 95.

33 S. dazu nur *Manssen*, Staatsrecht II, 8. Aufl., 2011, § 5 Rn. 97.

Anteilseigner, auf das Unternehmen einzuwirken, aber keinen aus den Grundrechten, insbesondere aus Art. 3 Abs. 1 GG, folgenden Zulassungsanspruch direkt gegen das Unternehmen.[34] Die bloße staatliche Kontrolle über ein solches Unternehmen soll demnach noch nicht zu dessen Grundrechtsbindung führen.[35]

Für eine weitergehende Grundrechtsbindung des Unternehmens selbst über die der öffentlichen Anteilseigner hinaus wird jedoch auf der anderen Seite angeführt, eine solche Aufspaltung auf zwei Stufen sei praktisch kaum möglich.[36] Das *BVerfG* griff dieses Argument in seiner jüngsten Entscheidung auf und wies darauf hin, der Einwirkungsanspruch stelle keinen hinreichend effektiven Weg zur Geltendmachung von Grundrechten dar.[37] Stimmen in der Literatur hatten sich deshalb auch schon zuvor dafür ausgesprochen, ein gemischtwirtschaftliches Unternehmen ebenso zu behandeln wie ein privatrechtliches Unternehmen im Alleineigentum des Staates.[38] Dafür spreche auch die Überlegung, dass die Beherrschung und damit die Lenkung des Unternehmens durch staatliche Anteilseigner die wirtschaftliche Freiheitsentfaltung Privater in den Hintergrund drängten.[39]

VIII. Zusammenfassung und Fazit

Schlussendlich kann damit gesagt werden, dass eine Privatisierung kommunaler Aufgaben wie der Schulgebäudebewirtschaftung grundsätzlich zulässig ist. Indes muss auf eine vertragliche Gestaltung zwischen der Gemeinde bzw. dem Landkreis und dem Privaten geachtet werden, die klare Regelungen über die Zuständigkeiten, Rechte und Pflichten der Beteiligten trifft. Das ist umso wichtiger, als trotz der hier grundsätzlich möglichen Privatisierung die durch den Privaten übernommene Aufgabe dennoch eine – wenn auch inhaltlich gewandelte – staatliche bleibt. Deshalb ist die Kommune (und ebenso der Staat insgesamt) gegenüber den Bürgern auch weiterhin zur ordnungsgemäßen Erbringung der Aufgabe verpflichtet.[40] Sie muss diese im Vorfeld und im Verlauf der Privatisierung sicherstellen und kann nötigenfalls sogar darauf verklagt werden, wenngleich

---

34 Vgl. nur *Hufen*, Verwaltungsprozessrecht, 8. Aufl., 2011, § 11 Rn. 34.

35 *Herdegen*, in: *Maunz/Dürig* (Fn. 5), Art. 1 Abs. 3 Rn. 96.

36 *Wolff/Bachof/Stober/Kluth* (Fn. 4), § 92 Rn. 98.

37 *BVerfG*, NJW 2011, 1201 (1203).

38 *Hillgruber*, in: *Epping/Hillgruber*, BeckOK GG, Stand: 2011, Art. 1 Rn. 70.

39 So *Möstl*, Grundrechtsbindung öffentlicher Wirtschaftstätigkeit, 1998, S. 138.

40 *Maurer*, Allgemeines Verwaltungsrecht, 18. Aufl., 2011, § 23 Rn. 62.

die Wahrung der Grundrechte vom Bürger nach der jüngsten Entwicklung der verfassungsgerichtlichen Rechtsprechung zumindest gegenüber einem (etwa im Zuge der Privatisierung gebildeten) gemischtwirtschaftlichen Unternehmen auch direkt eingefordert und eingeklagt werden kann.

Jeanine Greim

§ 4. Grenzen der Privatisierbarkeit von kommunalen Aufgaben im deutschen Recht

I. Die Offenbach-Entscheidung des BVerwG

Die Privatisierbarkeit kommunaler Aufgaben ist ein Thema, das nach wie vor im Fokus von Rechtspolitik und Rechtswissenschaft steht. Angeheizt wird die Diskussion in rechtspolitischer Hinsicht durch die Finanz- und Schuldenkrise, in Bezug auf die rechtlichen Schranken durch ein kontrovers diskutiertes Urteil des Bundesverwaltungsgerichts (BVerwG)[1] vom Mai 2009, die sog. Offenbach-Entscheidung.[2] In der Literatur als „rechtsdogmatische Bombe“[3] bezeichnet, hat dieses Urteil in der Tat eine heftig geführte Debatte um die rechtlichen Grenzen der materiellen Privatisierung kommunaler Aufgaben entfacht.[4]

Das BVerwG hatte über die Zulässigkeit der Privatisierung des Offenbacher Weihnachtsmarktes zu befinden.[5] Geklagt hatte ein Marktbeschicker mit einem Grillstand, der wiederholt bei der Vergabe von Standplätzen nicht zum Zug gekommen war, nachdem sich die Stadt Offenbach vom Betrieb des Weihnachtsmarktes nach Jahrzehnten zurückgezogen hatte. 1997 übertrug die Stadt die Ausrichtung und Veranstaltung des Weihnachtsmarktes vertraglich für zwei Jahre auf eine private Interessengemeinschaft, die die Organisation und Durchführung des Marktes wiederum an eine private Veranstaltungs-GmbH weiterleitete. In dem von der Stadt geschlossenen Vertrag war hinsichtlich des Umfangs der Übertragung geregelt, dass der Betreiber in eigener Verantwortung die Auswahl der Marktbeschicker, die Marktordnung, die Werbung und Marktdurchführung übernimmt. Das BVerwG meldete bezüglich dieser Privatisierungskonstellation Bedenken hinsichtlich einer Aushöhlung der kommunalen Selbstverwaltungsgarantie (Art. 28 Abs. 2 GG) an. In Umsetzung des BVerwG-Urteils befand der

1 *BVerwG*, Urt. vom 27.5.2009, NVwZ 2009, 1305 ff.

2 Vgl. *Stein*, DVBl. 2010, 563 (563 f.).

3 *Lange*, LKRZ 2010, 201 (201).

4 Kritisch z. B. *Ehlers*, DVBl. 2009, 1456 f.; *Donhauser*, NVwZ 2010, 931 (933 f.); *Kahl/Weißenberger*, LKRZ 2010, 81 ff.; *Ruge*, Der Landkreis 2009, 639 f.; *Schoch*, DVBl. 2009, 1533 ff.; die Entscheidung eher begrüßend z. B. *Katz*, NVwZ 2010, 405 ff.; *Schönleiter*, GewArch 2009, 486 f.; teilweise zustimmend *Winkler*, JZ 2009, 1169 ff.

5 Eine gute Sachverhaltszusammenfassung findet sich bei *Postier*, juris Praxis Report zu *BVerwG* – 8 C 10/08.

Hessische Verwaltungsgerichtshof, dass die Gemeinden keine materielle Privatisierung bisher in kommunaler Regie veranstalteter traditionsbildender Weihnachtsmärkte in der Weise vornehmen dürfen, dass sie sich der Letztentscheidung über die Zulassung von Marktbeschickern begeben.[6]

II. Privatisierungsformen

In der Offenbach-Entscheidung setzt das BVerwG der *materiellen Privatisierung* freiwilliger Selbstverwaltungsaufgaben der Gemeinden – soweit ersichtlich – erstmals verfassungsrechtliche Grenzen.[7] Die materielle Privatisierung, auch Aufgabenprivatisierung genannt, stellt die weitestgehende Form der Privatisierung dar.[8] Sie zeichnet sich dadurch aus, dass eine Aufgabenverlagerung auf den privaten Sektor stattfindet. Der Staat zieht sich (ganz oder teilweise) zurück und überlässt die Aufgabe dem Markt, also privaten Wirtschaftssubjekten.[9] Die materielle Privatisierung unterscheidet sich dadurch von der Organisationsprivatisierung (formelle Privatisierung) und der funktionalen Privatisierung, bei denen die Aufgabe als solche in staatlicher Zuständigkeit verbleibt.[10] Bei der *Organisationsprivatisierung* bedient sich der Staat zur Aufgabenerledigung der Organisationsformen des Privatrechts (GmbH oder AG) und nimmt die Aufgabe mit privatrechtlichen Mitteln wahr.[11] Im Fall der *funktionalen Privatisierung* wird die Wahrnehmung der Aufgabe auf einen Privaten übertragen, der als Verwaltungshelfer bzw. bei der Wahrnehmung von Hoheitsaufgaben als Beliehener für den Staat tätig wird.[12] Auf Vertragsbasis basierende PPP-Projekte sind in der Regel im Bereich der funktionalen Privatisierung angesiedelt.[13] Da die Stadt Offenbach die Durchführung des Weihnachtsmarktes vollständig auf Private ausgegliedert hatte, lag ein Fall der materiellen Privatisierung vor.

---

6 *VGH Hessen*, Urt. vom 4.3.2010, LKRZ 2010, 184 ff.

7 *Ehlers*, DVBl. 2009, 1456 (1456); siehe auch *Donhauser*, NVwZ 2010, 931 (933).

8 *Gersdorf*, JZ 2008, 831 (831); *Stein*, DVBl. 2010, 563 (566).

9 *Schoch*, Jura 2008, 672 (676); siehe auch *Stein*, DVBl. 2010, 563 (566).

10 *Schoch*, Jura 2008, 672 (676).

11 *Schoch*, Jura 2008, 672 (676).

12 *Gersdorf*, JZ 2008, 831 (832); *Stein*, DVBl. 2010, 563 (566).

13 *Gersdorf*, JZ 2008, 831 (833).

III. Meinungsstand vor der Offenbach-Entscheidung zu Privatisierungsschranken

Das Urteil des BVerwG steht im Widerspruch zur überwiegenden Literaturansicht, die sich zu den rechtlichen Grenzen der Privatisierung kommunaler Aufgaben herausgebildet hatte. Die rechtlichen Vorgaben für Privatisierungsschranken sind dürftig. So wurde der Verfassung bislang – von einigen kleineren Bereichsausnahmen abgesehen – weder ein generelles Verbot noch ein Gebot zur Privatisierung entnommen.[14] Verfassungsrechtliche Vorgaben können jedoch beim Privatisierungsfolgenrecht eine bedeutende Rolle spielen.[15] Auch das Unionsrecht verbietet mitgliedstaatliche Privatisierungen grundsätzlich nicht; es übt auch keinen direkten Privatisierungszwang aus,[16] jedoch lösen die Grundfreiheiten und das europäische Wettbewerbsrecht Privatisierungsimpulse aus.[17]

In Bezug auf die Zulässigkeit der Privatisierung kommunaler Tätigkeiten wird traditionell nach Aufgabengebieten differenziert. In den Bereichen, in denen die Gebietskörperschaften weisungsgebunden staatliche Aufgaben wahrnehmen, wird eine gänzliche Aufgabenverlagerung in den privaten Sektor ohne ausdrückliche gesetzliche Ermächtigung als unzulässig angesehen.[18] Auch bei der Erfüllung von Selbstverwaltungsangelegenheiten im Bereich der Eingriffsverwaltung scheidet eine materielle Privatisierung hoheitlicher Maßnahmen aus.[19] Die kommunale Leistungsverwaltung ist dagegen nach ganz überwiegender Ansicht nicht per se privatisierungsfest.[20] Diese Position steht im Einklang mit der Rechtsprechung des Bundesverfassungsgerichts, das ausgehend von den Beispielen der Wasserversorgung, der Abfallwirtschaft und der Energieversorgung entschieden hat, dass Aufgaben im Bereich der Daseinsvorsorge nicht allein deshalb zwingend unmittelbar vom Staat erledigt werden müssen, weil sie von wesentlicher Bedeutung für das Allgemeinwohl sind.[21] Lediglich bei kommunalen Pflichtaufgaben wie der Abwasserbeseitigung und Abfallentsorgung,

---

14 *Schoch*, DVBl. 2009, 1533 (1536).

15 Siehe dazu *Gersdorf*, JZ 2008, 831 (831 ff.); *Stein*, DVBl. 2010, 563 (567 f.); *Sterzel*, in: Blanke/Fedder (Hrsg.), Privatisierung, 2. Aufl. 2010, Teil 2 Rn. 311 ff.

16 *Schoch*, Jura 2008, 672 (678).

17 *Kahl/Weißenberger*, Jura 2009, 194 (195); siehe auch *Sterzel*, in: Blanke/Fedder (Hrsg.), Privatisierung, 2. Aufl. 2010, Teil 2 Rn. 266.

18 *Kahl/Weißenberger*, Jura 2009, 194 (199); siehe auch *Stein*, DVBl. 2010, 563 (567).

19 *Kahl/Weißenberger*, Jura 2009, 194 (199).

20 *Kahl/Weißenberger*, Jura 2009, 194 (199); *Schoch*, DVBl. 2009, 1533 (1537).

21 *BVerfG*, Beschl. vom 5.12.2002, DVBl. 2003, 923 (926) m. w. N.; *Schoch*, DVBl. 2009, 1533 (1537).

die den Gemeinden durch Gesetz ausdrücklich zugewiesen sind, scheidet eine materielle Privatisierung aus, sofern sie nicht ausdrücklich gesetzlich zugelassen ist.[22] Jedoch stehen den Gemeinden die formelle und funktionale Privatisierung zur Verfügung, die die Aufgabenverantwortlichkeit der Gemeinde unberührt lassen.[23] Bei der Erfüllung von freiwilligen Aufgaben, die gerade auch im Kultur- und Freizeitbereich eine Rolle spielen (z. B. Bereitstellung von Schwimmbädern, Theatern, Museen), wurden grundsätzlich alle Privatisierungsformen als zulässig angesehen.[24] Versuche, eine materielle Privatisierungsschranke für lebenswichtige Bereiche der Daseinsvorsorge einzuziehen, erfolgten vor allem unter Rückgriff auf das Sozialstaatsprinzip (Art. 20 Abs. 1 GG) und staatliche Schutzpflichten aus Art. 2 Abs. 2 S. 1 GG.[25] Die Offenbach-Entscheidung belebt die Diskussion in der Literatur neu, was die materielle Privatisierbarkeit freiwilliger Selbstverwaltungsaufgaben im kulturellen – also nicht wirtschaftlichen – Bereich anbelangt.

IV. Die Argumentationsstruktur des BVerwG

Das BVerwG leitet in der Offenbach-Entscheidung eine Privatisierungsschranke aus dem verfassungsrechtlich garantierten Selbstverwaltungsrecht der Gemeinden in Art. 28 Abs. 2 S. 1 GG her. Dieses schütze die Gemeinden nicht nur vor Eingriffen durch Bund und Länder in den Kernbestand ihres Aufgabenbereichs. Vielmehr ergebe sich aus Art. 28 Abs. 2 S. 1 GG auch eine Bindung der Gemeinde hinsichtlich der Aufrechterhaltung dieses Aufgabenbestandes und damit auch die Pflicht, diesen zu wahren und zu sichern, wenn er in den Angelegenheiten der örtlichen Gemeinschaft wurzelt.[26] Um ein Unterlaufen des ihr anvertrauten Aufgabenbereichs zu verhindern, müsse sich die Gemeinde grundsätzlich zumindest Einwirkungs- und Steuerungsmöglichkeiten vorbehalten, wenn sie Angelegenheiten des örtlichen Wirkungskreises anderen übertragen will.[27]

Des Weiteren differenziert das BVerwG bei seiner Argumentation zwischen der wirtschaftlichen Betätigung der Gemeinde und dem Betrieb von öffentlichen

22 *Schoch*, Jura 2008, 672 (681); *Stein*, DVBl. 2010, 563 (569); *Sterzel*, in: Blanke/Fedder (Hrsg.), Privatisierung, 2. Aufl. 2010, Teil 2 Rn. 303.

23 *Kahl/Weißenberger*, LKRZ 2010, 81 (82); *Stein*, DVBl. 2010, 563 (569).

24 *Kahl/Weißenberger*, Jura 2009, 194 (199).

25 *Kahl/Weißenberger*, Jura 2009, 194 (199); *Schoch*, DVBl. 2009, 1533 (1537); *Sterzel*, in: Blanke/Fedder (Hrsg.), Privatisierung, 2. Aufl. 2010, Teil 2 Rn. 273.

26 *BVerwG*, Urt. vom 27.5.2009, NVwZ 2009, 1305 (1306) Rn. 27.

27 *BVerwG*, Urt. vom 27.5.2009, NVwZ 2009, 1305 (1307) Rn. 29.

Einrichtungen mit kulturellem, sozialem und traditionsbildendem Hintergrund, die schon lange Zeit in der bisherigen kommunalen Alleinverantwortung lagen.[28] Bei einer wirtschaftlichen Betätigung könne von vornherein zweifelhaft sein, ob es sich um eine Angelegenheit der örtlichen Gemeinschaft handelt, die das Zusammenleben und -wohnen der Menschen in der politischen Gemeinschaft betrifft. Daher ist das BVerwG im wirtschaftlichen Bereich privatisierungsfreundlicher. Bei dem streitgegenständlichen Weihnachtsmarkt seien die wirtschaftlichen Belange zu vernachlässigen.[29] Das BVerwG betont die sozialen und kulturellen Aspekte des Marktes, wie das örtliche Zusammengehörigkeitsgefühl unter den Gemeindebürgern, die Wahrung von Tradition sowie religiösen, historischen und ortsbezogenen Gebräuchen.[30] Das Gericht argumentiert, je länger die kommunale Verantwortung für derart geprägte öffentliche Einrichtungen andauere, umso mehr sei die Gemeinde zu einer wirksamen Wahrnehmung dieser Angelegenheiten der örtlichen Gemeinschaft verpflichtet.[31] Es folgert aus dem Gebot der Sicherung und Wahrung des Aufgabenbestandes der Gemeinden, dass eine vollständige Übertragung von Aufgaben besonderer sozialer, kultureller und traditioneller Prägung wie ein Weihnachtsmarkt an Dritte unzulässig ist. In welcher Weise sich die Gemeinde ihren Einflussbereich auf die Wahrnehmung für derartige Angelegenheiten des örtlichen Wirkungskreises vorbehält, liegt nach dem BVerwG in ihrem Ermessen. Dabei stehen ihr die Formen der formellen und funktionalen Privatisierung zur Verfügung.[32]

Auch wirtschaftliche Betrachtungen scheinen bei der Entscheidung des BVerwG eine Rolle gespielt zu haben. Es weist darauf hin, dass bei einer privaten Veranstaltung von Weihnachtsmärkten mit einer erhöhten Gewinnerzielung von privaten Veranstaltern zu rechnen ist und deshalb die Standvergütungen von den Marktbeschickern erhöht und auf die Besucher umgelegt werden. Ein erhöhtes Preisniveau schließe aber gerade sozial schwächere Gemeindeeinwohner vom Marktgeschehen aus, erschwere die gesellschaftliche Kommunikation im örtlichen Bereich und trage zur Kommerzialisierung des gesamten kommunalen Lebens bei.[33] Die Gefahr einer unfairen und befangenen Auswahl der

28 *BVerwG*, Urt. vom 27.5.2009, NVwZ 2009, 1305 (1307) Rn. 30.
29 *BVerwG*, Urt. vom 27.5.2009, NVwZ 2009, 1305 (1307) Rn. 34.
30 *BVerwG*, Urt. vom 27.5.2009, NVwZ 2009, 1305 (1307) Rn. 35.
31 *BVerwG*, Urt. vom 27.5.2009, NVwZ 2009, 1305 (1307) Rn. 30.
32 *BVerwG*, Urt. vom 27.5.2009, NVwZ 2009, 1305 (1307) Rn. 31.
33 *BVerwG*, Urt. vom 27.5.2009, NVwZ 2009, 1305 (1307) Rn. 37.

Marktbeschicker führt das BVerwG ebenfalls als Argument gegen die Verlagerung der Veranstaltung des Weihnachtsmarktes auf Private an.[34]

V. Die berechtigte Kritik der Literatur

Das Urteil des BVerwG hat in der Literatur wenig Zustimmung und eine Welle der Kritik hervorgerufen.

1. Umdeutung des Selbstverwaltungsrechts zur Selbstverwaltungspflicht

Dem BVerwG wird vorgeworfen, das verfassungsrechtlich verankerte Selbstverwaltungsrecht in eine *Selbstverwaltungspflicht* umgekehrt[35] und damit den Inhalt des Art. 28 Abs. 2 S. 1 GG „auf den Kopf gestellt" zu haben.[36] Das BVerwG setzt die als Abwehrrecht gedachte kommunale Selbstverwaltungsgarantie als Instrument zum Schutz der Gemeinde vor sich selbst ein.[37] Die Kritik gipfelt in dem Vorwurf, das Selbstverwaltungsrecht werde von einer Norm der Sicherung kommunaler Freiheit zu einer Norm kommunaler Unfreiheit „pervertiert".[38] Das vom BVerwG aus Art. 28 Abs. 2 S. 1 GG entnommene Gebot zur Sicherung und Wahrung des Aufgabenbestandes verwandle die Norm in eine „kommunale Aufgabenzementierungsklausel".[39]

Art. 28 Abs. 2 S. 1 GG garantiert den Gemeinden *das Recht*, alle Angelegenheiten der örtlichen Gemeinschaft im Rahmen der Gesetze in eigener Verantwortung zu regeln. Von seiner Ausgestaltung als institutionelle Garantie her intendiert er gerade den Schutz der Gemeinden vor dem Entzug ihrer originären Aufgaben bzw. vor staatlichen Aufgabenzuweisungen und vor dem Diktat des Staates bei der Aufgabenerfüllung.[40] Zum Wesensgehalt der gemeindlichen Selbstverwaltung gehört gerade kein gegenständlich bestimmter oder nach feststehenden Merkmalen bestimmbarer Aufgabenkatalog.[41] Sofern sich aus dem Unionsrecht, dem Verfassungsrecht und dem einfachen Gesetzesrecht nichts anderes ergibt, können die Gemeinden prinzipiell frei über das „Ob", „Wann" und

34 *BVerwG*, Urt. vom 27.5.2009, NVwZ 2009, 1305 (1308) Rn. 38.
35 *Kahl/Weißenberger*, LKRZ 2010, 81 (83); *Schoch*, DVBl. 2009, 1533 (1535).
36 *Schoch*, DVBl. 2009, 1533 (1534).
37 *Schoch*, DVBl. 2009, 1533 (1536).
38 *Kahl/Weißenberger*, LKRZ 2010, 81 (84).
39 *Kahl/Weißenberger*, LKRZ 2010, 81 (83).
40 *Kahl/Weißenberger*, LKRZ 2010, 81 (83).
41 *BVerfG*, Beschl. vom 23.11.1988, BVerfGE 79, 127 (146).

„Wie" der Aufgabenwahrnehmung entscheiden.[42] Die Kritiker der Entscheidung argumentieren, dass die Gemeinde eine wahrgenommene Aufgabe wieder aufgeben dürfe und damit erst recht zur Verlagerung in den privaten Sektor befugt sei.[43] Nimmt man die vom BVerwG aufgestellte Selbstverwaltungspflicht ernst und denkt sie konsequent zu Ende, würde aus ihr nicht nur ein Privatisierungsverbot, sondern auch ein Übernahmegebot folgen. Die Gemeinde könnte nicht mehr frei darüber entscheiden, ob sie eine neue Aufgabe übernehmen will.[44]

Selbst wenn man aus der Kompetenznorm des Art. 28 Abs. 2 S. 1 GG wie bei den Grundrechten ein *Untermaßverbot* herleiten möchte – ein Ansatz, der schon vor der Offenbach-Entscheidung des BVerwG vereinzelt in der Literatur[45] aufgegriffen wurde –, könnte dieses eine Aufgabenprivatisierung nur hinsichtlich des Kernbereichs kommunaler Selbstverwaltung von Verfassung wegen ausschließen.[46] Subsumtionsfähige Maßstäbe, wann der Kernbereich kommunaler Selbstverwaltung im konkreten Fall betroffen ist, lassen sich den Ausführungen des BVerwG nicht entnehmen.[47] Erfasst sein dürften kommunale Pflichtaufgaben[48] sowie ein gänzlicher Pauschalverzicht auf die Wahrnehmung aller kommunalen Selbstverwaltungsaufgaben.[49] Darunter einen generellen Verzicht der Gemeinden auf die Schaffung oder Beibehaltung öffentlicher Einrichtungen zu fassen, wäre ebenfalls diskussionswürdig,[50] die Erstreckung des Kernbereichs auf die Veranstaltung eines kommunalen Weihnachtsmarktes schießt dabei jedoch – wie zu Recht kritisiert wird – eindeutig über das Ziel hinaus.[51]

Auch aus dem Sozialstaatsprinzip und den grundrechtlichen Schutzpflichten lässt sich keine Privatisierungsschranke herleiten. Wie bereits erwähnt, findet diese bei freiwilligen kommunalen Aufgaben allenfalls bei für die Bevölkerung

---

42 *Ehlers*, DVBl. 2009, 1456 (1456); *Schoch*, DVBl. 2009, 1533 (1535); siehe auch *Ruge*, Der Landkreis 2009, 639 (640).

43 *Ehlers*, DVBl. 2009, 1456 (1456); *Ruge*, Der Landkreis 2009, 639 (640); *Schoch*, DVBl. 2009, 1533 (1535).

44 *Müller*, Gemeindehaushalt 2010, 268 (271).

45 *Kaddelbach*, NJW 1997, 1114 (1118); *Tomerius/Breitkreuz*, DVBl. 2003, 426 ff.; *Gromoll*, Rechtliche Grenzen der Privatisierung öffentlicher Aufgaben, 1982, S. 226 ff.

46 *Ehlers*, DVBl. 2009, 1456 (1456); *Donhauser*, NVwZ 2010, 931 (933); *Kahl/Weißenberger*, LKRZ 2010, 81 (84); siehe auch *Krausnick*, VerwArch 2011, 359 (380 f.), der eine Evidenzkontrolle vorschlägt.

47 *Kahl/Weißenberger*, LKRZ 2010, 81 (84).

48 *Donhauser*, NVwZ 2010, 931 (934).

49 *Ruge*, Der Landkreis 2009, 639 (640).

50 *Ehlers*, DVBl. 2009, 1456 (1456).

51 *Ehlers*, DVBl. 2009, 1456 (1457); *Kahl/Weißenberger*, LKRZ 2010, 81 (84).

lebenswichtigen Bereichen der Daseinsvorsorge Anwendung, nicht jedoch bei der Durchführung von Vergnügungsveranstaltungen.[52] Traditionelle kommunale Weihnachtsmärkte genießen nach der Entscheidung des BVerwG einen überzogenen Schutz vor Privatisierung. Überspitzt gesagt dürfen die Gemeinden die Versorgung der Bevölkerung z. B. mit Brot, Elektrizität, Gas, Wasser oder Bank- und Verkehrsdienstleistungen allein der Privatwirtschaft überlassen,[53] nicht aber die Versorgung mit Glühwein und Würstchen auf dem Weihnachtsmarkt den freien Kräften des Marktes preisgeben.

2. Widersprüche zum einfachen Gesetzesrecht (und Verfassungsrecht)

Die Entscheidung des BVerwG produziert auch Widersprüche zum einfachen Gesetzesrecht.

Nach den einschlägigen gesetzlichen Bestimmungen in den Gemeindeordnungen schaffen die Gemeinden *in den Grenzen ihrer Leistungsfähigkeit* die für die Einwohner *erforderlichen* wirtschaftlichen, sozialen und kulturellen öffentlichen Einrichtungen.[54] Den Gemeinden steht somit ein weiter Entscheidungsspielraum zu, sodass die Kommunalgesetze keine unbedingte Pflicht zur Durchführung kultureller und sozialer Veranstaltungen wie Weihnachtsmärkte enthalten.[55] Die Entscheidung des BVerwG ebnet die Unterschiede zwischen freiwilligen Selbstverwaltungsaufgaben und gesetzlich bestimmten Pflichtaufgaben ein.[56] Durch die Offenbach-Entscheidung kommt zu den pflichtigen und freiwilligen Selbstverwaltungsangelegenheiten eine dritte Kategorie hinzu, die der „faktischen Pflichtaufgaben kraft gemeindlicher Übung".[57]

Die vom Gericht vorgenommene Differenzierung zwischen der einer materiellen Privatisierung zugänglichen wirtschaftlichen Betätigung der Gemeinde auf der einen und den schützenswerten öffentlichen Einrichtungen mit kulturellem, sozialem und traditionsmäßigem Hintergrund auf der anderen Seite vermag ebenfalls nicht zu überzeugen.[58] Vielmehr gibt es im Bereich der kulturellen

52 *Kahl/Weißenberger*, LKRZ 2010, 81 (84).

53 *Ehlers*, DVBl. 2009, 1456 (1456).

54 *Schoch*, DVBl. 2009, 1533 (1537) m. w. N. in Fn. 58; *Kahl/Weißenberger*, LKRZ 2010, 81 (83).

55 *Schoch*, DVBl. 2009, 1533 (1537 f.).

56 *Ehlers*, DVBl. 2009, 1456 (1457).

57 *Krausnick*, VerwArch 2011, 359 (380).

58 *Ehlers*, DVBl. 2009, 1456 (1457); *Donhauser*, NVwZ 2010, 931 (934); *Kahl/Weißenberger*, LKRZ 2010, 81 (85); *Ruge*, Der Landkreis 2009, 639 (640); *Schoch*, DVBl. 2009, 1533 (1538).

Daseinsvorsorge Verknüpfungen mit der wirtschaftlichen, mit Gewinnerzielungsabsicht betriebenen Betätigung der Gemeinde.[59] Die Behauptung des BVerwG, dass bei der Veranstaltung eines kommunalen Weihnachtsmarktes keine wirtschaftliche Betätigung der Gemeinde vorliegt, ist schlichtweg falsch. Dies beweist eine einfache Subsumtion unter den Begriff der wirtschaftlichen Betätigung. Diese umfasst den Betrieb von Unternehmen, die als Hersteller, Anbieter oder Verteiler von Gütern oder Dienstleistungen am Markt tätig werden, sofern die Leistungen ihrer Art nach auch von einem Privaten mit der Absicht der Gewinnerzielung erbracht werden können.[60] Unter diese Definition lassen sich viele Bereiche der kulturellen Daseinsvorsorge fassen – zwar keine defizitären Museen, jedoch Weihnachtsmärkte, die vielerorts von Privaten betrieben werden und trotz Wirtschaftskrise boomen.[61] Zudem haben aufgrund der Abgrenzungsschwierigkeiten einige Länder wie Bayern in ihren Gemeindeordnungen die Differenzierung zwischen wirtschaftlicher und nichtwirtschaftlicher Aktivität der Gemeinden gänzlich aufgegeben,[62] wodurch in jedem Fall die Vorgaben des kommunalen Wirtschaftsrechts zu beachten sind.[63] In Ländern, deren Gemeindeordnung eine echte Subsidiaritätsklausel enthält, muss die Gemeinde zur Rechtfertigung einer eigenen Aufgabenwahrnehmung nachweisen, dass sie den Zweck besser und wirtschaftlicher als ein Privater erfüllen kann und gerät dadurch in Widerspruch zu den Vorgaben des BVerwG.[64] Zu diesem Problem kommt man nach der Rechtsprechung des BVerwG gar nicht mehr, da danach bereits die Zuordnung zum Gemeindewirtschaftsrecht ausscheidet.

In jedem Fall unterliegen die Gemeinden dem kommunalen Haushaltsrecht, das ihnen die Pflicht zur sparsamen und wirtschaftlichen Haushaltsführung auferlegt.[65] Kann ein Privater eine freiwillige Aufgabe genauso gut wie die Gemeinde erfüllen und eine Aufgabenübertragung zur Entlastung des angespannten kommunalen Haushalts führen, kann diese aus haushaltsrechtlichen Gründen

---

59 *Ruge*, Der Landkreis 2009, 639 (640).

60 *Ehlers*, DVBl. 2009, 1456 (1457).

61 *Ehlers*, DVBl. 2009, 1456 (1457); *Kahl/Weißenberger*, LKRZ 2010, 81 (85); siehe auch *Krausnick*, VerwArch 2011, 359 (380).

62 *Ehlers*, DVBl. 2009, 1456 (1457); *Donhauser*, NVwZ 2010, 931 (934); *Kahl/Weißenberger*, LKRZ 2010, 81 (85); *Ruge*, Der Landkreis 2009, 639 (640); *Schoch*, DVBl. 2009, 1533 (1538).

63 *Kahl/Weißenberger*, LKRZ 2010, 81 (85); *Schoch*, DVBl. 2009, 1533 (1538).

64 *Schoch*, DVBl. 2009, 1533 (1538); siehe auch *Donhauser*, NVwZ 2010, 931 (934).

65 *Kahl/Weißenberger*, LKRZ 2010, 81 (86); siehe auch *Ehlers*, DVBl. 2009, 1456 (1457).

geboten sein.[66] Bayern hat sogar eine „Privatisierungsklausel" in der Gemeindeordnung geschaffen (vgl. Art. 61 Abs. 2 S. 2 BayGO), wonach Aufgaben in geeigneten Fällen daraufhin untersucht werden sollen, ob und in welchem Umfang sie durch nichtkommunale Stellen, insbesondere durch private Dritte oder unter Heranziehung Dritter, mindestens ebenso gut erledigt werden können.[67] Die Rechtsprechung des BVerwG dagegen führt zu einer Versteinerung des kommunalen Aufgabenbestandes.[68] Je länger eine Gemeinde eine Aufgabe wahrnimmt, desto mehr verpflichtet sie sich danach selbst. Sollte sich die vom BVerwG vorgezeichnete Linie fortsetzen, dürfte dies faktisch auf ein Verbot für die materielle Privatisierung, wenn nicht sogar Schließung, chronisch defizitärer Kultureinrichtungen hinauslaufen, wenn diese über eine lange Tradition verfügen.[69] Die „gemeindliche Übung" kann die Gemeinde daher genauso teuer zu stehen kommen wie die betriebliche Übung den Arbeitgeber. Flexibilität ausgeschlossen – und das in Zeiten knapper Kassen, in denen die Bekämpfung der Verschuldung kommunaler Haushalte einen festen Platz auf der politischen Agenda einnimmt. Die Entscheidung des BVerwG verkleinert damit den Spielraum der Gemeinde bei der Haushaltskonsolidierung.[70] Teilweise wird die Entscheidung des BVerwG, was die Festschreibung des Aufgabenbestandes anbelangt, nicht in dieser Absolutheit gesehen. Es wird argumentiert, dass die Selbstverwaltungsgarantie in ihrer verpflichtenden Zielrichtung der Abwägung mit anderen Belangen zugänglich sei, was das BVerwG dadurch zum Ausdruck bringe, dass es lediglich von der Pflicht der Gemeinde zur „grundsätzlichen" Sicherung und Wahrung ihres Aufgabenbestandes spricht. Daher käme es nicht zu einer Zementierung der gemeindlichen Einrichtungen, sondern nur zu einer besonderen Begründungspflicht der Gemeinde beim Rückzug aus einer Aufgabe.[71] Diese Ansicht findet leider keine Stütze in den Urteilsgründen – nicht einmal zwischen den Zeilen.

Die Entscheidung des BVerwG sieht sich zudem einem gewissen Widerspruch zum in nahezu allen Bundesländern eingeführten, sogar verfassungsrechtlich verankerten Konnexitätsprinzip ausgesetzt, wonach den Gemeinden

---

66 *Kahl/Weißenberger*, LKRZ 2010, 81 (86).

67 Darauf weisen *Kahl/Weißenberger*, Jura 2009, 194 (199), und *Donhauser*, NVwZ 2010, 931 (934), hin.

68 *Ehlers*, DVBl. 2009, 1456 (1457); *Ruge*, Der Landkreis 2009, 639 (640) spricht von einer „Perpetuierung bestehender Aufgaben".

69 *Donhauser*, NVwZ 2010, 931 (934).

70 *Donhauser*, NVwZ 2010, 931 (934).

71 *Stein*, DVBl. 2010, 563 (569); siehe auch *Ruge*, Der Landkreis 2009, 639 (640).

durch den Gesetzgeber keine neuen Aufgaben übertragen werden dürfen, ohne für einen entsprechenden finanziellen Ausgleich zu sorgen.[72] Würde man die Durchführung eines kommunalen Weihnachtsmarktes qua Gesetz zur Pflichtaufgabe erheben, müsste der Gesetzgeber eine entsprechende finanzielle Kompensation zur Verfügung stellen. Gegen eine gerichtliche Aufgabenzuweisung bietet das Konnexitätsprinzip keinen Schutz, da von dieser Seite keine Belastung der kommunalen Haushalte befürchtet wurde.[73]

3. Fehlende Praxistauglichkeit der Offenbach-Kriterien

Die vom BVerwG in der Offenbach-Entscheidung aufgestellten Kriterien sind nicht nur juristisch bedenklich, sondern auch praktisch kaum handhabbar. In dem Urteil finden sich keine genauen Anhaltspunkte, welche freiwilligen Aufgaben zukünftig einem materiellen Privatisierungsverbot unterliegen sollen.[74] Die Übernahme der Aufgabe für einen gewissen Zeitraum stellt dabei einen wichtigen Faktor dar. Wo aber ist die zeitliche Grenze zu ziehen? Reicht eine zweimalige Veranstaltung eines Weihnachtsmarktes aus oder muss die Gemeinde diesen über ein Jahrzehnt durchführen?[75] Kann sich die Gemeinde dieser Bindung entziehen, indem sie die Aufgabe unter Vorbehalt ausübt? Man denke nur – in Anlehnung an die betriebliche Übung im Arbeitsrecht – an das kommunale Schwimmbad, an dessen Eingang eine Tafel mit der Aufschrift hängt, dass die Gemeinde sich die jederzeitige Schließung oder Privatisierung vorbehält! Das zeitliche Argument übersieht auch, dass die Lebensverhältnisse in einer Gemeinde einem ständigen Wandel unterliegen.[76] So muss die Gemeinde ihre freiwilligen Aufgaben ständig neu definieren,[77] wenn sie ihren Einwohnern gerecht werden will. Was nützt der völlig überalterten Gemeinde im Bayerischen Wald ein jahrelang betriebenes Jugendzentrum? Stattdessen muss sie auf altersgerechte Infrastruktur und Tourismus setzen. Sollte sich die Offenbach-Rechtsprechung verfestigen, ist zu befürchten, dass die Gemeinden in Zukunft „vor der Schaffung öffentlicher Einrichtungen nach dem Motto ‚Die Geister, die ich rief …‘ ganz zurückschrecken“ werden.[78]

---

72 *Kahl/Weißenberger*, LKRZ 2010, 81 (86).
73 *Kahl/Weißenberger*, LKRZ 2010, 81 (86).
74 *Kahl/Weißenberger*, LKRZ 2010, 81 (84).
75 *Kahl/Weißenberger*, LKRZ 2010, 81 (84).
76 *Müller*, Gemeindehaushalt 2010, 268 (271).
77 *Müller*, Gemeindehaushalt 2010, 268 (272).
78 *Krausnick*, VerwArch 2011, 359 (380).

Uferlos ist auch das zweite Kriterium, mit dem das BVerwG einer Auslagerung der Weihnachtsmarktveranstaltung in den privaten Sektor entgegentritt, nämlich der Kultur-, Sozial- und Traditionsaspekt. Welche Veranstaltungen sind als „kulturell", „sozial", „traditionell" oder gar „traditionsbildend" anzusehen?[79] Stellt man mit dem BVerwG auf den Kontakt der Bürger untereinander, auf das Kommunikationselement ab, kann man so gut wie jede kulturelle Veranstaltung in einer Gemeinde darunter fassen: den Betrieb gemeindlicher Theater und Museen genauso wie die Veranstaltung von Konzertwochen, Festspielen, Bürger-, Wein- und Bierfesten sowie Ostermärkten.[80] Bereits jetzt wird das Merkmal von den Befürwortern der Entscheidung in einer – wie es scheint – mehr emotional als mit juristischen Argumenten geführten Debatte völlig überdehnt, wenn ausgehend von der Privatisierung eines Weihnachtsmarktes Überlegungen zu einer *menschenwürdigen* Teilhabe am gesellschaftlichen, kulturellen und politischen Leben angestellt werden.[81]

4. Fazit

Materielle Privatisierungen im Bereich der kommunalen wirtschaftlichen Betätigung sind im Rahmen der bestehenden rechtlichen Grenzen auch nach dem Urteil des BVerwG unverändert möglich. Sie bleiben durch die Offenbach-Entscheidung unberührt.[82] Die Gemeindeverwaltung, Gemeinderatsmitglieder und deren juristische Berater sind jedoch nicht zu beneiden, wenn es darum geht, zukünftige materielle Privatisierungsentscheidungen im kulturellen und sozialen Bereich zu treffen und zu bewerten. Die Vorgaben des BVerwG und zugleich die kommunalrechtlichen Anforderungen zu erfüllen, wird zur Quadratur des Kreises. Es bleibt daher zu hoffen, dass es sich bei der Offenbach-Entscheidung um eine nicht verallgemeinerungsfähige Einzelfallentscheidung handelt, die den Besonderheiten des streitgegenständlichen Weihnachtsmarktes geschuldet war.[83]

VI. Gewährleistungsverantwortung als Auffangnetz

Trotz aller berechtigter Kritik an der Offenbach-Entscheidung ist das Grundanliegen des Gerichts, die Gemeinden an die Verantwortung für ihre Bürgerschaft

---

79 *Kahl/Weißenberger*, LKRZ 2010, 81 (85).
80 *Kahl/Weißenberger*, LKRZ 2010, 81 (85).
81 *Katz*, NVwZ 2010, 405 ff.
82 *Ruge*, Der Landkreis 2009, 639 (640).
83 Von einer nicht verallgemeinerungsfähigen Einzelfallentscheidung gehen aus: *Donhauser*, NVwZ 2010, 931 (934); *Ruge*, Der Landkreis 2009, 639 (640).

zu erinnern und die zum Teil problematischen Privatisierungsfolgen für den Einzelnen aufzuzeigen, zu respektieren. Die gefundene Lösung ist jedoch zu restriktiv, geht einseitig zu Lasten der in Art. 28 Abs. 2 S. 1 GG den Gemeinden garantierten Selbstverwaltung und aufgrund der mangelnden Flexibilität eventuell auch zu Lasten der Bürgerschaft, sofern sich diese Rechtsprechungstendenz verfestigen sollte.

Ein Befürworter der Offenbach-Entscheidung schreibt über das Urteil, dass das BVerwG zu Recht kein generelles „Privatisierungsverbot" statuiert habe, sondern primär Gemeinwohlsicherung im Sinne eines *Gewährleistungsverantwortungskonzepts* verlangt.[84] Dem ist so leider nicht zuzustimmen. Der zentrale Gedanke der Gewährleistungsverantwortung klingt zwar auch in den Urteilsgründen an, wird aber nicht konsequent verfolgt. So führt das Gericht aus: „Aus dem Gebot der Sicherung und Wahrung des Aufgabenbestandes der Gemeinden ergibt sich, dass eine vollständige Übertragung von Aufgaben besonderer sozialer, kultureller und traditioneller Prägung wie ein Weihnachtsmarkt an Dritte nicht zulässig ist. In welcher Weise die Gemeinde ihren Einflussbereich auf die Wahrnehmung für derartige Angelegenheiten des örtlichen Wirkungskreises sich vorbehält, etwa durch eine funktionale oder formelle Privatisierung ist dabei eine Frage ihres Ermessens."[85] Das BVerwG scheint also davon auszugehen, dass Gewährleistungsverantwortung und materielle Privatisierung sich gegenseitig ausschließen.

Diese Annahme ist schlichtweg falsch. Funktionale und materielle Privatisierung lassen die staatliche Verantwortung nicht entfallen. Vielmehr werden die Aufgaben zwischen Staat und Gesellschaft lediglich neu verteilt.[86] Die Letztverantwortung des Staates für das Gemeinwohl ist unverrückbar und unprivatisierbar.[87] So korrespondiert mit der materiellen Privatisierung regelmäßig eine Verpflichtung des Staates zur Gewährleistung der Gemeinwohlverträglichkeit der Aufgabenerledigung durch den Privaten.[88] Bei allen Privatisierungsformen trifft den Staat eine Privatisierungsfolgenverantwortung, die unterschiedliche Formen annehmen kann.[89] Unter Gewährleistungsverantwortung versteht man dabei das Recht und die Pflicht des Staates, im Rahmen der gesetzlichen Vorgaben darauf hinzuwirken, dass öffentliche Aufgaben von Privaten im Rahmen

84 *Katz*, NVwZ 2010, 405 (408).
85 *BVerwG*, Urt. vom 27.5.2009, NVwZ 2009, 1305 (1307) Rn. 31.
86 *Gersdorf*, JZ 2008, 831 (833); siehe auch *Schoch*, Jura 2008, 672 (683).
87 *Isensee*, in: Handbuch des Staatsrechts IV, 2006, § 71 Rn. 110 ff., § 73 Rn. 17 f., 27 ff.
88 *Gersdorf*, JZ 2008, 831 (831).
89 *Sterzel*, in: Blanke/Fedder (Hrsg.), Privatisierung, 2. Aufl. 2010, Teil 2 Rn. 311 ff.

einer gemeinwohlorientierten Regulierung wahrgenommen werden.[90] Die Gewährleistungsverantwortung ist zum Teil explizit verfassungsrechtlich verankert. Man denke nur auf Bundesebene an die Regelungen zum Postwesen und zur Telekommunikation, die ein Musterbeispiel für das Leitbild vom Gewährleistungsstaat abgeben.[91] Die Dienstleistungen werden als privatwirtschaftliche Tätigkeiten durch die aus dem Sondervermögen Deutsche Bundespost hervorgegangenen Unternehmen und durch andere private Anbieter erbracht (Art. 87f Abs. 2 S. 1 GG), während dem Bund die Verpflichtung obliegt, flächendeckend eine angemessene und ausreichende Versorgung mit den entsprechenden Dienstleistungen zu gewähren (Art. 87f Abs. 1 GG).[92] Außerhalb der Anwendungsfelder bereichsspezifischer Gewährleistungsgarantien der Verfassung lassen sich staatliche Gewährleistungsverpflichtungen vor allem aus den grundrechtlichen Schutzpflichten, dem Demokratie-, Rechts- und Sozialstaatsprinzip und der Selbstverwaltungsgarantie des Art. 28 Abs. 2 GG ableiten.[93] Diese verfassungsrechtlichen Vorgaben spielen auch bei der Privatisierung staatlicher Daseinsvorsorge eine Rolle.

Die Gewährleistungsverantwortung äußert sich unterschiedlich je nach Privatisierungsform. Bei der Organisationsprivatisierung bleibt es bei der staatlichen Erfüllungsverantwortung. Es ändert sich nur die Organisationsform der Aufgabenerledigung mit der Folge, dass sich der Staat die notwendigen Einwirkungs- und Kontrollbefugnisse über die von ihm geschaffenen Privatrechtssubjekte (z. B. GmbH) vorbehalten muss.[94] Im Fall einer funktionalen Privatisierung obliegt der Gemeinde eine Leitungs- und Kontrollverantwortung.[95] Sie muss sich vor allem gegenüber dem Privatrechtssubjekt, auf das sie die Aufgabe delegiert, Kontrollbefugnisse einräumen lassen und Haftungsregelungen sowie Anpassungs- und Kündigungsmöglichkeiten vereinbaren, die es ihr erlauben, ihre Pflichten gegenüber den Bürgern sachgerecht zu erfüllen.[96] Die Aufgabenprivatisierung

---

90 Vgl. *Möstl*, in: Maunz/Dürig, GG, Art. 87f Rn. 73 (Stand: Oktober 2010); *Schoch*, NVwZ 2008, 241 (244).

91 *Schoch*, NVwZ 2008, 241 (243).

92 *Schoch*, NVwZ 2008, 241 (243).

93 *Gersdorf*, JZ 2008, 831 (836); *Glöckner*, Kommunale Infrastrukturverantwortung und Konzessionsmodelle, S. 59 ff.; *Schoch*, NVwZ 2008, 241 (244); *Sterzel*, in: Blanke/Fedder (Hrsg.), Privatisierung, 2. Aufl. 2010, Teil 2 Rn. 178.

94 *Schoch*, Jura 2008, 672 (683).

95 *Schoch*, Jura 2008, 672 (683); *Sterzel*, in: Blanke/Fedder (Hrsg.), Privatisierung, 2. Aufl. 2010, Teil 2 Rn. 312.

96 *Sterzel*, in: Blanke/Fedder (Hrsg.), Privatisierung, 2. Aufl. 2010, Teil 2 Rn. 312.

zeichnet sich häufig durch eine starke Regulierung aus, wie wir sie vom Telekommunikationssektor her kennen.[97] Auf kommunaler Ebene äußert sie sich als Garantenstellung bzw. Überwachungs- und Einstandsverantwortung, die darauf abzielt, auch nach der Übertragung der Aufgabenerfüllung auf einen Privaten ein ausreichendes Niveau der sozialen und kulturellen infrastrukturellen Grundversorgung im Interesse des Gemeinwohls sicherzustellen.[98] Ob der Offenbacher Weichnachtsmarkt wirklich ein im Rahmen der staatlichen Gewährleistungsverantwortung zu schützendes Rechtsgut darstellt, mag dahinstehen. Das BVerwG hat eine hohe Schutzbedürftigkeit über Art. 28 Abs. 2 S. 1 GG bejaht. Um diese umzusetzen hätte es jedoch nicht zur „Keule" des materiellen Privatisierungsverbots greifen müssen, sondern hätte sich Gedanken über alternative Wege zur Sicherung des kommunalen Einflusses machen müssen. Vertragliche Regelungen in Form von Regulierungszielen, Kontrollrechten und -pflichten sowie Rückholoptionen sind nicht nur bei der funktionalen Privatisierung, sondern auch im Rahmen einer die materielle Privatisierung begleitenden staatlichen Gewährleistungsverwaltung denkbar.[99] Über diese Instrumente könnte man auch einer völlig einseitigen Standvergabe auf dem Weihnachtsmarkt oder völlig überhöhten Standmieten entgegentreten. Gegenüber den Gemeinden würden sie im Vergleich zu einem materiellen Privatisierungsverbot einen deutlich geringeren Eingriff in die Selbstverwaltungsgarantie darstellen. Entnimmt man Art. 28 Abs. 2 S. 1 GG Selbstverwaltungsgarantie und -pflicht zugleich, muss man beide in einen verhältnismäßigen Ausgleich bringen. Davon ist das BVerwG in seiner Offenbach-Entscheidung leider weit entfernt.

97 *Schoch*, Jura 2008, 672 (683).
98 *Sterzel*, in: Blanke/Fedder (Hrsg.), Privatisierung, 2. Aufl. 2010, Teil 2 Rn. 311.
99 *Gersdorf*, JZ 2008, 831 (833); *Katz*, NVwZ 2010, 405 (408).

2. Kapitel:
Public-private-Partnership – Begriff, Bedeutung und rechtlicher Rahmen

Gerrit Manssen

§ 1. Public-private-Partnership – Die Karriere eines Rechtsinstituts

I. Einleitung

Was ist eigentlich „Public-private-Partnership (PPP)“? Am Beginn einer rechtsvergleichenden Tagung zu einem interessant klingenden englischen Fachbegriff sollte eine Definition dessen stehen, was damit eigentlich gemeint ist. Die Suche in der Literatur nach einer eingängigen Begriffsbestimmung ist aber eher ernüchternd. Oft wird in wissenschaftlichen Erörterungen vorsichtshalber gleich darauf verzichtet, eine Definition zu versuchen.[1] Findet man Ansätze einer Begriffsbestimmung, kommt oft nicht mehr heraus als eine Übersetzung vom Englischen ins Deutsche. „PPP“ sei die Kooperation von öffentlicher Hand, also Staat oder Kommunen, mit Privaten. Dann werden vereinzelte Elemente angefügt, vor allem, dass es um die gemeinsame Erfüllung einer öffentlichen Aufgabe gehen soll, dass die Zusammenarbeit auf Dauer angelegt sei und dass die Ressourcen von Privaten genutzt werden sollen.[2]

Der Staat ist dazu da, öffentliche Aufgaben zu erfüllen. Einen anderen Zweck hat er nicht. Bei allem was der Staat tut, geht es um öffentliche Aufgabenerfüllung. Dass er sich dazu der Hilfe Privater bedient, ist gesicherte Erkenntnis der Dogmatik des allgemeinen Verwaltungsrechts:

- Der moderne Staat schließt schon immer private Arbeitsverträge. In Deutschland gibt es vor allem bei den Kommunen viele Bedienstete, die keine Beamten, sondern Angestellte sind.
- Der Staat bedient sich zur Erfüllung öffentlicher Aufgaben sog. Verwaltungshelfer. Ein Beispiel aus dem Standardrepertoire der deutschen Juristenausbildung ist das Abschleppen von Kraftfahrzeugen durch einen beauftragten

1 Siehe jüngst den Beitrag von *Shirvani*, DÖV 2011, 865 ff. Auch der Sammelband von Meyer-Hofmann/Riemenschneider/Weihrauch (Hrsg.), Public Private Partnership, Gestaltung von Leistungsbeschreibungen, Finanzierung, Ausschreibung und Verträgen in der Praxis, 2005, verzichtet auf eine ausdrückliche Definition dessen, worum es in den Beiträgen von über 20 Autoren überhaupt geht. Ähnlich *Ziekow/Windoffer*, Public Private Partnership, Struktur und Erfolgsbedingungen von Kooperationsarenen, 2008.

2 Siehe beispielsweise *Kühling/Schreiner*, ZJS 2011, 112 (113).

privaten Unternehmer.[3] Dies macht im Regelfall nicht die Polizei selbst, vielmehr wird ein Privater in die Aufgabenerledigung einbezogen.
- Der Staat beleiht Private mit öffentlichen Aufgaben, er schafft auf gesetzlicher Grundlage sog. Beliehene wie beispielsweise den Prüfer bei einer technischen Überwachungsorganisation.[4]
- Schließlich ist der Staat jedenfalls nach deutschem Verständnis auch Privatrechtssubjekt. Er schließt also wie ein Privater Verträge etwa bei Beschaffungsgeschäften.[5]
- Der Staat kann mit Privaten Verträge abschließen, die dem öffentlichen Recht unterliegen, weil sie einen Gegenstand haben, der zum öffentlichen Recht gehört (§§ 54 ff. VwVfG).
- Der Staat kann weiterhin private Gesellschaften gründen, die ihm alleine gehören (sog. publifizierte Unternehmen), oder er kann an solchen Gesellschaften Private beteiligen. Er kann sogar an öffentlich-rechtlichen Subjekten Private beteiligen. So darf in Bayern ein Privater gegebenenfalls Mitglied eines Zweckverbandes, einer Körperschaft des öffentlichen Rechts, sein (Art. 17 Abs. 2 Satz 2 Gesetz über die kommunale Zusammenarbeit).

In allen genannten Beispielen geht es um ein Zusammenwirken von öffentlicher Hand mit einem privaten Rechtssubjekt zur Erfüllung öffentlicher Aufgaben. Die Zusammenarbeit ist meist auf Dauer angelegt. Die Einschaltung des Privaten spart dem Staat finanzielle Aufwendungen.

So ist das deutsche Verständnis des Zusammenspiels von öffentlicher Hand und Privaten weitgehend liberal. Gemacht werden kann, was sinnvoll erscheint, soweit die notwendigen rechtsstaatlichen Sicherungen beachtet werden. Von „PPP“ wird allerdings erst dann gesprochen, wenn die Projekte eine gewisse Dimension erreichen. Erst dann haben sie es wohl verdient, mit dem Anglizismus geadelt zu werden, was ja immer eine besondere Bedeutung und Modernität ausdrücken soll (der Begriff geht angeblich auf den früheren amerikanischen Präsidenten Jimmy Carter zurück).[6]

---

3 Vgl. dazu *Heckmann*, in: Becker/Heckmann/Kempen/Manssen, Öffentliches Recht in Bayern, 5. Auflage 2011, III Rn. 543 ff.

4 Siehe dazu grundlegend die Habilitationsschrift des Regensburger Bundesverfassungsrichters *Udo Steiner*, Öffentliche Verwaltung durch Private, 1975.

5 Allgemein zur Privatrechtsfähigkeit des Staates *Manssen*, Privatrechtsgestaltung durch Hoheitsakt, 1994, S. 68 ff.

6 *Barnekov, Timothy/Boyle, Robin/Rich, Daniel*, Privatism and Urban Policy in Britain and the United States, Oxford 1989, S. 69; *Julia Schrallhammer*, Public Private Partnership im Bereich Kunst und Kultur, Dissertation, Regensburg, 2006, S. 99.

Wichtige Beispiele für PPP-Projekte aus Deutschland sind:[7]

- Die Erhebung der Autobahnmaut für Kraftfahrzeuge durch das Unternehmen „Toll Collect".
- Der Ausbau von Autobahnen durch Private gegen eine Überlassung der Mauteinnahmen (sog. A-Modell im Fernstraßenbau).[8]
- Die private Finanzierung und der Betrieb von Fernstraßen (etwa der sog. Warnow-Querung in Rostock, sog. F-Modell).[9]
- Die Sanierung von öffentlichen Schulen durch Private.[10]
- Sog. Sale-and-lease-back-Geschäfte, also der Verkauf von öffentlichem Eigentum, dessen Instandsetzung durch Private und ein anschließendes Leasing durch die öffentliche Hand.[11]
- Cross-border-Verträge, also grenzüberschreitende Finanzierungsgeschäfte mit privaten Investoren.[12]

Versucht man, sich anhand der genannten Beispiele dem Begriff der „PPP" phänomenologisch zu nähern, so scheint der Schlager „Money makes the world go round" die Sachlage treffend zu charakterisieren. Es soll etwas realisiert werden, was die öffentliche Hand nicht oder erst später bezahlen könnte. „PPP" ist damit ein wenig ein Spiegel unserer nationalen und internationalen Wirtschaftsordnung. Der Staat ist „arm", obwohl er theoretisch grundsätzlich unbegrenzt Steuern erheben könnte. Die privaten Investoren sind hingegen „reich" oder jedenfalls hinreichend liquide, um die Finanzierung einer eigentlich staatlichen Aufgabe sicherzustellen.

Ein zweites typusprägendes Merkmal von PPP-Projekten ist der Transfer von privater Kompetenz auf das gemeinsame Projekt. Das Unternehmen „Toll Collect" erhebt in Deutschland Autobahnmaut für Lastkraftwagen, nicht mit einer Vignette, also einem System aus dem letzten Jahrhundert, und auch nicht mit

---

7 Siehe im Übrigen auch Deutsches Institut für Urbanistik (Hrsg.), PPP-Projekte in Deutschland 2009, Erfahrungen, Verbreitung, Perspektiven, Stand: November 2009.

8 Vgl. dazu die Regensburger Dissertation von *Anja Rösch*, Das A-Modell im Bundesautobahnbau, 2007.

9 Siehe auch dazu *Rösch*, a. a. O., S. 46 ff.

10 Zahlreiche Beispiele in Bayerischer Bauindustrieverband e. V. München (Hrsg.), PPP – Erfolgreiche kommunale PPP-Projekte in Bayern, abrufbar unter: http://www.bauindustrie-bayern.de/fileadmin/docs_pub/akppp/bbiv/BBIV_PPP_BestPractice.pdf.

11 Vgl. dazu *Friederike Müller*, Kommunalrechtliche Grenzen beim Sale-and-leaseback, 2009.

12 Dazu jüngst OVG Münster, Beschl. vom 3.5.2010 – 13a F 31/09, NVwZ 2010, 1044 ff.

der Errichtung von Straßensperren wie in Frankreich, sondern durch ein automatisches, satellitengestütztes elektronisches Erfassungssystem. Die Einführung eines solchen Systems hätte die organisatorischen Fähigkeiten der öffentlichen Hand überstiegen. Deshalb wurde das Projekt ausgeschrieben und der Zuschlag an das Unternehmen „Toll Collect" vergeben, an dem die Deutsche Telekom und Daimler zu etwa gleichen Anteilen beteiligt sind.[13]

Beide geschilderten Merkmale, der besondere Finanzierungsaufwand und die Inanspruchnahme privaten Know-hows, führen aber ebenfalls nicht zu einer trennscharfen Abgrenzung der „PPP" von anderen Rechtsformen der Einschaltung Privater. Denn um die Inanspruchnahme von vorhandenem und möglicherweise bei der öffentlichen Hand nicht genügend vorhandenem Wissen und Können geht es bei den klassischen Formen der Beleihung Privater oder der Verwaltungshilfe auch. Natürlich könnte der Staat selbst einen technischen Überwachungsverein gründen, der alle zwei oder drei Jahre Kraftfahrzeuge oder andere technische Anlagen auf ihre Sicherheit prüft. Aber lohnen würde sich dies nicht. Es ist effizienter auf vorhandene Strukturen in der Privatwirtschaft zurückzugreifen.

So bleibt der Versuch, den Begriff „PPP" zu definieren oder zu beschreiben, letztlich unbefriedigend. Aber vielleicht tröstet es, wenn man daran erinnert, dass „PPP" ein vor allem verwaltungsrechtliches Problemfeld ist. Der Begriff der „Verwaltung" ist auch nur schwer oder sogar gar nicht definierbar. Verwaltung sei, was nicht Gesetzgebung und nicht Rechtsprechung ist, so ein gängiger Erklärungsversuch.[14] Dem Verwaltungsrecht als Wissenschaft hat dieses Definitionsproblem nicht geschadet. So wird die Beschäftigung mit dem Phänomen „PPP" nicht deshalb fruchtlos, weil eine genaue Abgrenzung zu verwandten Erscheinungen nicht möglich ist. Denn der Kern eines Problems ist meistens interessanter als seine Randerscheinungen. Deshalb lässt sich „PPP" als komplexe Gestaltung der Einschaltung Privater in die Erfüllung öffentlicher Aufgaben beschreiben. Mittel hierfür sind die klassischen Instrumente des allgemeinen Verwaltungsrechts, also privatrechtliche oder öffentlich-rechtliche Verträge, die Gründung von Gesellschaften oder die Übertragung von Aufgaben auf gesetzlicher Grundlage. „PPP" ist keine eigenständige dogmatische Kategorie, sondern

---

13 Die Toll Collect GmbH ist ein gemeinsames Tochterunternehmen der Daimler Financial Services AG (45 %), der Deutschen Telekom AG (45 %) und der französischen Cofiroute S.A. (10 %); Quelle: http://www.toll-collect.de/faq/tcrdifr004-1_unternehmen.jsp.

14 Vgl. statt vieler *Manssen*, Allgemeines Verwaltungsrecht, 2005, S. 26.

eine phänomenologische Umschreibung. Sie kann auf die jeweiligen Lehren des allgemeinen Verwaltungsrechts zurückgeführt werden.

II. Grundsätzliche Problemfelder bei PPP-Projekten

In Partnerschaften können Konflikte auftreten. Die Rolle des Rechts besteht darin, für solche Konflikte Regeln aufzustellen. Welches sind bei PPP-Projekten die hauptsächlichen Konfliktfelder?

1. Verhandlungsungleichgewicht

Grundlage des Privatrechts ist die Vertragsfreiheit. Jeder hat grundsätzlich das Recht, selbstbestimmt zu entscheiden, mit wem er zu welchen Bedingungen welchen Vertrag schließen will. Dies funktioniert so lange, wie beide Partner in etwa „gleich stark" sind und gleich gut informiert sein können. Es muss also ein strukturelles Verhandlungsgleichgewicht bestehen.[15] Dann kann man vermuten, dass der Vertrag einen angemessenen Interessenausgleich herbeiführt.

Bei PPP-Projekten kann ein solches Verhandlungsgleichgewicht in zweifacher Weise in Frage gestellt werden. Zunächst: Kann ein Privater mit dem Staat als gleichberechtigter Partner einen Vertrag schließen? Hat nicht der Staat aufgrund seiner Hoheitsbefugnisse letztlich die Möglichkeit, seinen Willen auch ohne Vertrag durchzusetzen? Andererseits, wenn der Staat nicht genügend Know-how oder genügend Finanzmittel hat, um eine Aufgabe zu erfüllen: Muss er nicht gegen einen Verkauf von Hoheitsrechten dem privaten Investor Anreize zum Vertragsschluss bieten? Sind nicht die dem privaten Vertrag zugrunde liegenden Vorstellungen über Vertragsgerechtigkeit im Verhältnis zum Staat grundsätzlich problematisch?

Diese Einwände sind nicht neu. Sie sind ein klassisches Thema des Rechts der öffentlich-rechtlichen Verträge (§§ 54 ff. VwVfG).[16] In Deutschland finden sich entsprechende Regelungen in den Verwaltungsverfahrensgesetzen. Diese haben zwar vor allem den sog. verwaltungsaktersetzenden öffentlich-rechtlichen Vertrag vor Augen (Beispiel: statt durch Verwaltungsakt wird eine Baugenehmigung für ein Bauvorhaben durch Vertrag erteilt), doch sind die grundsätzlichen Fragen keine anderen als bei PPP-Projekten. Es muss sowohl verhindert werden, dass der Staat den Bürger übervorteilt, indem er Gegenleistungen für

15 BVerfG, NJW 1994, 36 ff.

16 Siehe erneut statt vieler *Manssen*, Allgemeines Verwaltungsrecht, 2005, S. 92 ff. Vgl. dazu auch den Beitrag von *Baller* in diesem Band (Kap. 3, § 1).

eine Genehmigung verlangt, die er auch ohne solche Gegenleistungen erteilen müsste. Andererseits ist es traditionell eine besondere Sorge des deutschen Verwaltungsrechts, dass jemand eine Hoheitsleistung „kaufen“ könnte. Die vorhandenen Regelungen zum öffentlich-rechtlichen Vertrag müssen deshalb daraufhin hinterfragt werden, inwieweit sie zur Steuerung von PPP-Vorhaben tauglich sind.

Die Erfahrungen mit dem öffentlich-rechtlichen Vertrag in Deutschland sind nicht nur positiv. Der Gesetzgeber hat es teilweise zu gut gemeint, zu viele Sicherungen und Voraussetzungen aufgestellt. Dies führt dazu, dass vor Gericht über die Wirksamkeit öffentlich-rechtlicher Verträge lange gestritten werden kann. Ein guter Anwalt schafft es schnell, einen Fehler zu finden, wenn sein Mandant nicht mehr an den Vertrag gebunden sein möchte. Deshalb „funktionieren“ öffentlich-rechtliche Verträge in Deutschland dort, wo die Beteiligten wissen, dass sie sich besser nicht streiten sollten und dies auch nicht tun. Dies ist vor allem im Baurecht zu beobachten. Wer mit einer Kommune städtebauliche Verträge zum Beispiel über ein Einkaufszentrum, ein neues Wohngebiet oder ein anderes Infrastrukturprojekt schließen will, sollte besser nicht vor Gericht ziehen, wenn es zu Meinungsverschiedenheiten um die Vertragsauslegung kommt. Er bekommt sonst nie wieder einen öffentlich-rechtlichen Vertrag oder ein Projekt angeboten oder bei der nächsten Baugenehmigung, die er benötigt, erhält er nicht die Ausnahmen oder Befreiungen, die er sich wünscht. Wirkliche Rechtssicherheit schafft das deutsche Verwaltungsverfahrensgesetz mit seinen Regelungen über den öffentlich-rechtlichen Vertrag insoweit nicht, obwohl es für Verträge im Bereich des Städtebaurechts sogar noch Sonderregelungen gibt (§ 11 BauGB), die ihren Abschluss erleichtern sollten.[17] In der deutschen Literatur finden sich beim Thema „PPP“ daher vor allem auch Vorschläge zur Änderung des Rechts der öffentlich-rechtlichen Verträge.[18] Weniger komplizierte Regelungen über mögliche Fehler- und Nichtigkeitsfolgen könnten dieses Instrument für die Realisierung von PPP-Projekten interessanter machen. Man kann nur hoffen, dass der deutsche Gesetzgeber insoweit tätig wird. Ansonsten sollte der Exportvizeweltmeister Deutschland beim Rechtsexport

---

17 Vgl. zu § 11 BauGB *Grziwotz*, KommJur 2009, 293 ff.; ders., MittBayNot 2010, 356 ff.

18 Z. B. *Schuppert*, Grundzüge eines zu entwickelnden Verwaltungskooperationsrechts – Regelungsbedarf und Handlungsoptionen eines Rechtsrahmens für Public Private Partnership, Wissenschaftliches Gutachten im Auftrag des Bundesministeriums des Inneren, Berlin 2001; Ziekow, Verankerung verwaltungsrechtlicher Kooperationsverhältnisse (Public Private Partnership) im Verwaltungsverfahrensgesetz, Wissenschaftliches Gutachten im Auftrag des Bundesministeriums des Inneren, Berlin 2001.

seinen öffentlich-rechtlichen Vertrag besser für sich behalten, auch wenn die grundsätzliche Idee der Möglichkeit eines Vertragsschlusses zwischen öffentlicher Hand und Privaten gut und richtig ist.

2. Schutz der Kommunen im Besonderen

Im kommunalen Bereich besteht ein besonderes Bedürfnis, notwendige Infrastrukturvorhaben mithilfe von Privaten zu realisieren. Gerade für Kommunen ist aber auch ein besonderes Schutzbedürfnis festzustellen. Es muss klar sein, wer der „Koch“ und wer der „Kellner“ ist. Übersetzt für den Bereich der „PPP“ bedeutet dies: Die Kommune muss der Koch sein und bleiben, sie hat die Verantwortung für die Erfüllung der öffentlichen Aufgabe, der Private kann nur als Kellner beschäftigt werden. Was auf den Tisch der Gäste kommt, muss der Koch bestimmen, auch wie das Gericht zubereitet wird. Gerade im Verhältnis zu internationalen Finanzinvestoren oder anderen Profitmaximierern funktioniert dies vielfach nicht.

Es sollen an dieser Stelle zwei prominente Beispiele genannt werden, an denen die Problematik deutlich wird. Das erste betrifft sog. Cross-Border-Geschäfte.[19] Vereinfacht gesprochen geht es darum, dass eine deutsche Kommune Infrastruktureinrichtungen (z. B. Schulen, Rathäuser, Abwassersysteme) an einen Investor in den USA verkauft und sofort wieder zurückmietet oder zurückleast.

Ein paar wenige Beispiele:[20]

- Ende 1998 wurden in Nürnberg für 17 Mio. DM 66 U-Bahnen und Straßenbahnen an ein amerikanisches Finanzinstitut verkauft und zurückgemietet, ein Jahr später auch Kanalnetz und Klärwerk.
- In Düsseldorf sind die Abwasseranlagen im Wert von einer Mrd. Dollar durch einen CBL-Vertrag betroffen.
- Für 21 Mio. Euro wurden Mitte 2002 in Gelsenkirchen das Kanalnetz verkauft, Ende 2002 31 Schulen und andere öffentliche Gebäude.
- In Mannheim wurden 2003 die Kläranlage und weite Teile des städtischen Abwasserkanalnetzes an die US-Versicherung John Hancock (2004 vom Versicherungsunternehmen Manulife Financial übernommen) vermietet. Der Anlagewert betrug 742 Mio. Euro; die Stadt Mannheim kassierte 21 Mio. Euro, die einfädelnden Finanzdienstleister über 30 Mio. Euro.

---

19 Siehe dazu auch oben unter I.

20 Zahlreiche Beispiele abrufbar unter: http://de.wikipedia.org/wiki/Cross-Border-Leasing#Deutschland.

Für den Investor entstehen in den USA Steuervorteile, die – so die Theorie – zum Teil den deutschen Kommunen zugutekommen sollten. In der Praxis sind die Kommunen jedoch erheblichen Risiken ausgesetzt. Die Verträge sind kompliziert und unübersichtlich. Der Gerichtsstand ist meist in den USA. Niemand weiß, wie die dortigen Gerichte mit solchen Verträgen umgehen, deren Hauptzweck die Steuervermeidung in den USA ist. Da die amerikanische Steuerverwaltung solche Steuersparmodelle nicht mehr anerkennen will, müssen die deutschen Kommunen damit rechnen, dass die amerikanischen Investoren nach Exit-Lösungen suchen (also: Vertrag kündigen, Prozess riskieren, gegebenenfalls einen Vergleich anstreben). Oft müssen bzw. mussten die Kommunen zudem erhebliche finanzielle Risiken eingehen, die sie mangels geschulten Personals kaum überblicken konnten. So hatten deutsche Kommunen teilweise Geldbeträge bei Lehman Brothers Inc. zu hinterlegen und gerieten so in den Strudel der Pleite dieses Instituts. Solche Geschäfte muss der Gesetzgeber den Kommunen schlicht verbieten, der bayerische Gesetzgeber hat dies mittlerweile getan (Art. 61 Abs. 3 Bayerische Gemeindeordnung).

Eine besondere Abart von kommunalen PPP-Projekten ist die Durchführung von Sportgroßveranstaltungen. Die Bewerberstädte um Olympische Spiele müssen sich gegenüber dem IOC bereit erklären, einen sog. Host-City-Vertrag zu unterschreiben.[21] Darin werden vollkommen einseitig alle Risiken auf einen Vertragspartner übergewälzt, nämlich auf die Bewerberstadt. Das IOC hat alle Rechte, die durchführende Stadt alle Pflichten. Darum wäre der Vertrag nach deutschem Kommunalrecht auch nichtig.[22] Dies wollte anlässlich der Bewerbung von München um die Winterspiele 2018 zwar niemand wissen oder hören, nicht die Stadt, nicht die Aufsichtsbehörde und nicht die Bundes- oder Landesregierung. Aber das Ergebnis war rechtlich eindeutig: Der sog. Host-City-Vertrag des IOC ist nach deutschem Recht sittenwidrig, kommunalrechtswidrig und verfassungswidrig. Aus rechtsstaatlicher Sicht kann man nur froh sein, dass München den Zuschlag für die Winterspiele 2018 nicht bekommen hat. Eine erneute Bewerbung einer deutschen Stadt um Olympische Spiele sollte erst erfolgen, wenn die Gesetzgeber die entsprechenden gesetzlichen Voraussetzungen geschaffen haben und wenn das IOC von seinen völlig einseitigen Vertragsvorgaben Abstand nimmt.[23]

---

21 Ausführlicher die vom Verfasser erstellte Zusammenfassung eines Rechtsgutachtens zu diesen Fragen, siehe *Manssen*, SpuRt 2011, 178 ff.

22 Ausführlicher *Manssen*, SpuRt 2011, 178 ff.

23 Ausführlicher *Manssen*, SpuRt 2011, 178 ff.

Das IOC ist aber nur ein besonders prominentes Beispiel, wenn es um die Übervorteilung vor allem von Kommunen bei der Durchführung von Sportgroßveranstaltungen geht. So meldeten Zeitungen in Deutschland im September 2011, dass der Münchener Oberbürgermeister Christian Ude gegenüber der UEFA – im Übrigen ohne die nötige Zustimmung des Stadtrates – die Verpflichtung übernommen habe, etwa eine Mio. Euro für die Organisation des Champions League Endspiels in München zu zahlen.[24] Die kommunalrechtliche Logik dieses Vorgangs erschließt sich einer rechtsstaatlichen Betrachtung nicht. Wieso zahlt eine deutsche Kommune an einen internationalen Sportverband dafür, dass der Sportverband seine eigene Veranstaltung, nämlich das Endspiel um die Champions League, organisiert? Das Beispiel zeigt, dass dringend gesetzliche Regelungen nötig sind, um die Kommunen vor internationalen Profitoptimierern, zu denen nicht nur IOC, FIFA und UEFA gehören, in Schutz zu nehmen.

3. Vor- und Nachteile von PPP-Projekten

Die Diskussion, ob Private billiger und effizienter Aufgaben wahrnehmen können als der Staat, ist so alt wie die Privatisierungsdebatte selbst. Schon in den siebziger Jahren des letzten Jahrhunderts hat man darüber gestritten, ob die Reinigung öffentlicher Gebäude besser durch beim Hoheitsträger angestellte Putzfrauen oder durch private Reinigungsfirmen durchgeführt werden kann. Die privaten Reinigungsfirmen haben sich flächendeckend durchgesetzt. Sie sind billiger und effizienter, aus zwei Gründen: Sie können schlechte Mitarbeiter besser entlassen als der öffentliche Dienst und sie können geringere Gehälter zahlen oder auf Teilzeitbeschäftigte und 400-Euro-Jobber zurückgreifen. Im Gesundheitswesen, vor allem in den Krankenhäusern, haben ebenfalls schon lange die privaten Anbieter den Markt erobert. Die kommunalen Häuser konnten vielfach erforderliche Investitionen nicht tätigen oder sie wurden aus finanziellen Gründen verkauft. Die Privatwirtschaft ist in vielen Fällen effizienter als der öffentliche Dienst, der frühere Systemwettbewerb zwischen Marktwirtschaft und Planwirtschaft hat dies deutlich bewiesen.

Diese Beispiele sollten aber nicht zu der Annahme verleiten, die Einschaltung Privater in die öffentliche Aufgabenerfüllung sei immer finanziell gut und vorteilhaft. Manchmal ist sie es auch nicht, jedenfalls nicht für die öffentliche Hand. PPP-Projekte können gegenüber einer staatlichen Aufgabenerfüllung durchaus

24 Vgl. *Melanie Staudinger*, Champions-League-Finale in München – Wenn die Uefa zur Kasse bittet, Artikel in der SZ vom 5.10.2011, abrufbar unter: http://www.sueddeutsche.de/muenchen/champions-league-finale-in-muenchen-teure-party-1.1155133.

teurer sein.[25] Ein gutes Beispiel hierfür ist der Bau von Straßen mit privater Finanzierung. Beim sog. A-Modell erhält der Betreiber für mehrere Jahrzehnte die Mauteinnahmen.[26] Er finanziert den Bau und refinanziert sich bei den Benutzern. Hieran will er verdienen. Die Mauteinnahmen, die er einnimmt, müssen prognostisch höher sein als die Bau-, Finanzierungs- und Verwaltungskosten für den Ausbau und Betrieb. Dies bedeutet: Für den Staatshaushalt wäre es in solchen Fällen auf Dauer gerechnet oft billiger, die Straße selbst zu bauen. Durch Ausschreibung erhält auch der Staat – jedenfalls im Normalfall – die wirtschaftlich günstigsten Konditionen. Dass die Privaten beim Autobahnbau erhebliche Einsparungs- oder Innovationspotentiale erschließen können, ist nicht ersichtlich. Auf dem Kapitalmarkt kann sich die Bundesrepublik Deutschland oder ein Land bzw. eine Kommune in aller Regel billiger refinanzieren als jedes Bauunternehmen. Für den Steuerzahler ist also die neue Autobahn auf die gesamte Laufzeit solcher Verträge gerechnet in der Regel teurer, wenn sie als PPP-Projekt realisiert wird.

Die These, „PPP" sei oft teurer als eine Erledigung durch die Verwaltung in klassischer Form, wird durch Erfahrungen der Stadt Regensburg bestätigt. Bisher gibt es jedenfalls nach Auskunft der Stadtverwaltung keine PPP-Projekte unter Beteiligung der Stadt Regensburg.[27] Die Stadt stehe – vor allem durch die Gewerbesteuereinnahmen – finanziell gut da, sie könne Projekte selbst durchführen. Wenn man es richtig rechne, lohne sich „PPP" für die Stadt nicht.[28] Dies bestätigt den beschriebenen Anfangsverdacht: Oft müssen die Kommunen auf PPP-Konstruktionen deshalb zurückgreifen, weil derartige Finanzierungsengpässe bestehen, dass ansonsten die Aufgabenerfüllung unterbleiben müsste. Oder die Übertragung auf Private erfolgt nicht aus rationalen öffentlichen Interessen, sondern aus reiner Ideologie.

Entscheidet sich die öffentliche Hand nach Abwägung aller Umstände dafür, dass sie ein PPP-Projekt realisieren möchte, sollte sie unbedingt sicherstellen, dass sie dafür nicht mehr Geld ausgibt, als dies unbedingt nötig ist. Da solche

---

25 Vgl. zur Wirtschaftlichkeitsuntersuchung von PPP-Modellen *Kanthak/Lenzen*, in: Meyer-Hofmann u. a. (Hrsg.), oben Fn. 1, S. 267 ff.

26 Ausführlicher erneut *Rösch*, a. a. O.

27 So jedenfalls die Planungsreferentin der Stadt Regensburg, Christine Schimpfermann, in einem Telefongespräch mit dem Verfasser.

28 Siehe hierzu auch den Beitrag von *Daminger* und *Grasser* in diesem Band (Kap. 5, § 4).

Projekte keine marktgängige Ware sind, sollten sie möglichst ausgeschrieben werden (§§ 97 ff. GWB).[29]

III. Ausblick

Das Thema „Public Private Partnership" ist nicht nur deshalb interessant, weil es so schön englisch und damit international klingt. Hinter ihm verbergen sich vielfältige rechtliche Fragen. Die deutsche Dogmatik des Verwaltungsrechts hat im Bereich „PPP" zurzeit noch einige offene Fragen. Vor einer einseitigen PPP-Euphorie ist genauso zu warnen wie vor der Vorstellung, die Einbindung Privater in die Erfüllung öffentlicher Aufgaben sei grundsätzlich abzulehnen. Gerade der rechtsvergleichende Diskurs bietet die Möglichkeit, festzustellen, welche sinnvollen Anwendungsfelder es für PPP-Projekte gibt.

29 Ausführlicher dazu *Grühn*, in: Meyer-Hofmann u. a. (Hrsg.), oben Fn. 1, S. 172 ff.

Vladimir Popondopulo

§ 2. Public-private-Partnership – Bedeutung, Begriff und rechtlicher Rahmen in Russland*

I. Bedeutung der Public-private-Partnership

Die Untersuchung der Probleme der Public-private-Partnership (im Folgenden: „PPP") stellt sich als sehr aktuell dar, da diese Form der Kooperation zwischen Staat und Wirtschaft gegenwärtig in der Praxis sehr nachgefragt ist.

Die objektive Notwendigkeit, neue Objekte sozialer Infrastruktur zu errichten und bestehende Objekte zu sanieren und zu modernisieren, erfordert große Investitionen und kann nicht allein aus dem Haushalt getragen werden. Die PPP ist ein wirksamer Weg zur Lösung dieses Problems.

Im Ausland wurden bereits Erfahrungen mit der Umsetzung von PPP gesammelt, u. a. auch im sozialen Bereich. In Russland ist die PPP zwar auch seit langem bekannt,[1] aber noch unterentwickelt. So wurden schon zu Beginn des letzten Jahrhunderts in der Zeit der sog. „Neuen Ökonomischen Politik" der bolschewistischen Regierung Konzessionsvereinbarungen mit ausländischen Unternehmen abgeschlossen.

Im Post-Reform-Russland wurde zuerst auf das öffentlich-rechtliche Lizenzverfahren zur Regelung der Verhältnisse zwischen dem Staat und privaten Investoren gesetzt, was sich besonders deutlich im Bereich des Naturschutzes äußerte. Doch unter den Bedingungen der russischen Realität, in der immer noch die Trägheit des für die Kommando- bzw. Befehlswirtschaft typischen Denkens wirkt, wird die Entwicklung von Investitionsbeziehungen durch ein Lizenzsystem gebremst. Allmählich wird auf den Lizenzansatz verzichtet und zur Regelung der Beziehungen zwischen Wirtschaft und Staat auf der Grundlage

---

* Im Beitrag wurden die wissenschaftlichen Ergebnisse von Untersuchungen verwendet, die im Rahmen der wissenschaftlichen Forschungsarbeit der Staatlichen Universität Sankt Petersburg erfolgten und aus Mitteln des föderalen Haushalts der Russischen Föderation finanziert wurden (Forschungsthema „Erarbeitung eines Konzepts der rechtlichen Regelung der Public-private-Partnership für Russland und die Mitgliedstaaten der Gemeinschaft Unabhängiger Staaten" [Chiffre NIR: 14.38.678.2013, 2013–2014]).

1 Siehe *Бернштейн И.Н.*, Очерки концессионного права СССР (*Bernštejn I.N.*, Skizzen zum Konzessionsrecht der UdSSR), Moskau 1930.

von Verträgen sowie zur Selbstregulierung im Bereich des Unternehmertums übergegangen.[2]

Dementsprechend wurden Gesetze über die Pacht staatlichen Vermögens[3], über die Vergabe von Aufträgen für den staatlichen und kommunalen Bedarf[4], über Produktionsteilungsvereinbarungen[5] und eine Reihe weiterer Gesetze erlassen, welche die Beziehungen zwischen dem Staat und privaten Investoren zur Erreichung eines bestimmten gesellschaftlich bzw. sozial bedeutsamen Ergebnisses regeln. Dazu gehören u. a. der effiziente Betrieb des gepachteten staatlichen bzw. kommunalen Vermögens, die Errichtung von Infrastrukturobjekten für den staatlichen und kommunalen Bedarf und die Ausbeutung von Bodenschätzen.

Schließlich wurde nach vielen Jahren der Diskussion das Föderale Gesetz Nr. 115-FZ vom 21. Juli 2005 „Über Konzessionsvereinbarungen"[6] (im Folgenden: „KonzG") verabschiedet. Die Verabschiedung dieses Gesetzes eröffnete die Möglichkeit, privaten Investoren staatliche oder kommunale Infrastrukturobjekte zwecks ihrer Modernisierung oder ihres Betriebs zur Nutzung oder zum Besitz zu überlassen. Angesichts des Zustands der russischen Straßen, Häfen, Gasleitungen, kommunalen Wirtschaftsobjekte und vieler anderer Infrastrukturobjekte kann die Bedeutung der Verabschiedung des Gesetzes über Konzessionsvereinbarungen und dessen praktischer Umsetzung nicht hoch genug eingeschätzt werden.

Gegenwärtig wurden in Russland bereits einige PPP-Projekte umgesetzt, z. B. das Straßenbauprojekt „Zapadnyj skorostnoj diametr" („*Westliche Schnellstraße*")

---

2 Siehe *Сосна С.А.*, Концессионные соглашения. Теория и практика (*Sosna S.A.*, Konzessionsvereinbarungen. Theorie und Praxis), Moskau 2002, S. 26.

3 Siehe die Grundlagen der Gesetzgebung der UdSSR und der Unionsrepubliken über die Pacht vom 23.11.1989, Vedomosti SSSR 1989, Nr. 25, Pos. 481; seit dem 1.3.1996 im Zusammenhang mit dem Inkrafttreten des Zweiten Teils des Zivilgesetzbuchs der Russischen Föderation außer Kraft getreten.

4 Siehe z. B. die Föderalen Gesetze Nr. 60-FZ vom 13.12.1994 „Über die Lieferung von Produkten für den föderalen staatlichen Bedarf", SZ RF 1994, Nr. 34, Pos. 3540, Nr. 94-FZ vom 21.7.2005 „Über die Vergabe von Aufträgen für die Lieferung von Waren und die Erbringung von Werk- und Dienstleistungen für den staatlichen und kommunalen Bedarf", SZ RF 2005, Nr. 30 (Teilband 1), Pos. 3105, und Nr. 44-FZ vom 5.4.2013 „Über das Vertragssystem im Bereich der Beschaffung von Waren, Werk- und Dienstleistungen für die Sicherstellung des staatlichen und kommunalen Bedarfs", SZ RF 2013, Nr. 14, Pos. 1652.

5 Siehe das Föderale Gesetz Nr. 225-FZ vom 30.12.1995 „Über Produktionsteilungsvereinbarungen", SZ RF 1996, Nr. 1, Pos. 18.

6 SZ RF 2005, Nr. 30 (Teilband 2), Pos. 3126.

in Sankt Petersburg oder das Projekt „Puschkin-Bibliothek“, dessen Ziel der Bestandsaufbau ländlicher Bibliotheken ist. In verschiedenen Vorbereitungs- und Durchführungsphasen befinden sich in Sankt Petersburg u. a. Projekte für den Bau der U-Bahn im südlichen Teil der Stadt, das Projekt des Orlovskij-Tunnels unter dem Fluss Neva, das Projekt eines Werks zur Herstellung von Blutplasmapräparaten und viele andere.

Die Bedeutung von PPP äußert sich auch darin, dass ihre Instrumentalisierung die Einsparung von Haushaltsmitteln durch die Heranziehung erheblicher privater Investitionen zur Errichtung und Instandhaltung verschiedener Objekte der öffentlichen Infrastruktur (Straßen, kommunale Wirtschaftsobjekte, Stadien, Theater et cetera) ermöglicht, die Einführung technischer, in der Wirtschaft vorhandener Innovationen erlaubt und vor allem den Staat von der Wahrnehmung ihm wesensfremder Funktionen, d. h. von der unmittelbaren Beteiligung am Produktionsprozess entbindet, indem sie seine Rolle auf öffentliche Organisations- und Kontrollfunktionen konzentriert.

In Russland gibt es bisher kein spezialisiertes föderales Gesetz über die PPP, aber in einigen Subjekten der Russischen Föderation sind solche Gesetze inzwischen verabschiedet worden, wie das Gesetz von Sankt Petersburg vom 25. Dezember 2006 „Über die Beteiligung von Sankt Petersburg an staatlich-privaten Partnerschaften“, das Gesetz des Tomsker Gebiets vom 16. Oktober 2006 „Über die Grundlagen der staatlich-privaten Partnerschaft im Tomsker Gebiet“ u. s. w.

Die Frage darüber, was die PPP ist, und ob es notwendig ist, ein entsprechendes föderales Gesetz zu verabschieden und darin Begriffe, Inhalte, Prinzipien, Subjekte, Objekte und Arten von PPP festzuhalten, ist diskussionswürdig.

Nach hier vertretener Auffassung ist der Vorschlag bezüglich der Verabschiedung eines spezialisierten föderalen Gesetzes über die PPP nur auf den ersten Blick attraktiv, weil es schwer fällt, sich ein Gesetz vorzustellen, das alle Formen der PPP mit einem hinreichenden Maß an Ausführlichkeit der gesetzlichen Regelung erfassen würde. Es geht um die verschiedensten Formen der Zusammenarbeit zwischen Staat und Wirtschaft: Konzessionsvereinbarungen, Produktionsteilungsvereinbarungen, Pachtverträge mit Investitionsbedingungen, Treuhandverträge, Gründung von Wirtschaftsgesellschaften mit gemischter staatlich-privater Beteiligung, Sonderwirtschaftszonen, Venture Capital Fonds und andere Formen. Dabei wird von den Anhängern der Idee der Verabschiedung eines PPP-Gesetzes vorgeschlagen, darin nicht nur eine allgemeine PPP-Definition, sondern auch die Anforderungen an die verschiedensten Objekte und Subjekte von PPP, die Rechtsformen ihrer Umsetzung (es ist ein offenes Verzeichnis von PPP-Formen zu erwarten), die Mittel der staatlichen Regelung von PPP und die Ausschreibungsverfahren für die Auswahl des privaten Partners zu verankern.

II. Rechtlicher Rahmen und Begriff der Public-private-Partnership

Die PPP kann in einer Vielzahl von Rechtsformen umgesetzt werden. Mit anderen Worten existiert ein ziemlich breites Spektrum an rechtlichen Konstruktionen, welche die Umsetzung dieser Partnerschaft zwischen dem Staat und einem privaten Investor ermöglichen. Dies können, wie oben bereits erwähnt, ein Bauauftrag für den staatlichen oder kommunalen Bedarf, die treuhänderische Verwaltung staatlichen oder kommunalen Vermögens, eine Produktionsteilungsvereinbarung, eine Konzessionsvereinbarung und eine Reihe anderer Rechtsformen sein.

Die genannten Rechtsformen unterscheiden sich deutlich voneinander; eigentlich handelt es sich ihrer Natur nach um unterschiedliche zivilrechtliche Verträge. Zum Beispiel wird einem Pächter eines staatlichen Vermögensgegenstands dieser zeitweilig zum Besitz und zur Nutzung oder zur zeitweiligen Nutzung übergeben (Art. 606 des Zivilgesetzbuchs der Russischen Föderation, im Folgenden: „ZGB"), einem Konzessionär wird dagegen nicht der Vermögensgegenstand als solches, sondern nur das Recht zum Besitz und zur Nutzung (Betrieb) des Gegenstands der Konzessionsvereinbarung zur Ausübung einer bestimmten Tätigkeit übergeben (Art. 3 Pkt. 1 KonzG).

Somit stellt die PPP nicht eine, sondern viele, ihrer Natur nach unterschiedliche Formen der Zusammenarbeit zwischen Staat (bzw. einer Kommune) und Wirtschaft dar. Als ein recht abstrakter Sammelbegriff kann die PPP-Definition zwar von einem gewissen wissenschaftlichen Wert sein, aber wohl kaum eine gesetzliche Verankerung beanspruchen.[7] Dennoch ist in der juristischen Literatur

---

7 In der wirtschaftswissenschaftlichen Literatur wird zu Recht darauf hingewiesen, dass sich gegenwärtig noch keine einheitliche Definition und somit auch kein einheitliches Verständnis der PPP selbst in den Ländern gebildet haben, in denen sich diese recht erfolgreich entwickelt. Dabei macht die Vielfalt von Arten, Formen und Anwendungsbereichen der PPP sie zu einem universellen Mechanismus zur Lösung einer ganzen Reihe langfristiger Aufgaben, angefangen von der Schaffung und Entwicklung der Infrastruktur bis hin zur Lösung von Aufgaben der Investitions- und Innovationspolitik. Siehe z. B. *Татаркин А.И./Романова О.А./Лаврикова Ю.Г.*, Теоретические основы государственно-частного партнерства (*Tatarkin A.I./Romanova O.A./ Lavrikova Ju.G.*, Theoretische Grundlagen der Public-private-Partnership), Бизнес. Менеджмент. Право (Business, Management. Recht) 2009, Nr. 1, S. 21; *Цыганов*

der Vorschlag bezüglich einer Verankerung des PPP-Begriffs im Gesetz über die PPP ziemlich verbreitet.

Zum Beispiel weist *A. V. Belickaja* zu Recht darauf hin, dass die PPP eine Art *gemischte Investitionstätigkeit* ist, die neben solchen Arten wie öffentlichen und privaten Investitionen ausdrücklich angeführt wird. Sie schlägt vor, die folgende PPP-Definition im Gesetz über die PPP zu verankern: „Public-private-Partnership ist die für einen bestimmten Zeitraum rechtlich ausgestaltete, auf einer Vereinigung von Beiträgen bzw. Verteilung von Risiken begründete Zusammenarbeit zwischen einem öffentlichen und einem privaten Partner zur Lösung staatlicher und gesellschaftlich bedeutsamer Aufgaben im Wege der Umsetzung von Investitionsprojekten in Bezug auf sich im öffentlichen Interesse bzw. unter öffentlicher Kontrolle befindende Objekte.“[8]

Nach hier vertretener Auffassung ist diese Definition des PPP-Begriffs zu allgemein gefasst und berücksichtigt nicht die Besonderheiten der verschiedenen PPP-Formen. Darüber hinaus bedarf sie einer Überprüfung unter dem Gesichtspunkt ihrer Eignung für die Beschreibung aller Formen bzw. Arten von PPP. Zum Beispiel ist das in der oben genannten PPP-Definition enthaltene Merkmal der „Vereinigung von Beiträgen bzw. Verteilung von Risiken“ nicht charakteristisch für die Definition einer Sonderwirtschaftszone, die zweifelsohne eine Form der PPP ist.

Ein Gesetz über die PPP, sofern es verabschiedet werden sollte, kann daher nur sehr allgemeine Fragen im Zusammenhang mit der Zusammenarbeit zwischen Staat und Wirtschaft und der Kofinanzierung sozial wichtiger Infrastrukturobjekte regeln. Dazu gehören die Grundsätze der PPP, ein exemplarisches Verzeichnis der PPP-Formen sowie einige andere allgemeine Fragen. In diesem Fall müssten neben dem allgemeinen PPP-Gesetz auch spezialisierte, der jeweiligen PPP-Form gewidmete Gesetze verabschiedet werden, z. B. über Investitionen, Investmentfonds, Sonderwirtschaftszonen, Konzessionsvereinbarungen, Produktionsteilungsvereinbarungen, die Pacht staatlichen Vermögens,

---

С.И., Партнерство государства и иностранных частных инвесторов (*Cyganov S.I.*, Partnerschaft zwischen Staat und privaten ausländischen Investoren), ebenda, S. 51.

8 *Белицкая А.В.*, Правовой механизм осуществления государственно-частного партнерства в социальной сфере (*Belickaja A.V.*, Rechtlicher Mechanismus der Verwirklichung von Public-private-Partnership im sozialen Bereich), Российский ежегодник предпринимательского (коммерческого) права (Russisches Jahrbuch für Unternehmens- und Handelsrecht) 2011, Nr. 5, под ред. В.Ф. Попондопуло (Hrsg. V.F. Popondopulo), Sankt Petersburg 2012, S. 197.

das Leasing et cetera. Jede dieser Formen unterscheidet sich durch wesentliche Merkmale, die in einem allgemeinen PPP-Gesetz aufgrund seines begrenzten Umfangs nur mit großen Schwierigkeiten wiedergegeben werden können.

III. Konzessionsvereinbarung als eine Form der Public-private-Partnership

In der Praxis anderer Länder wird für die Umsetzung von PPP-Projekten gewöhnlich die Rechtsform einer Konzessionsvereinbarung verwendet, weil dadurch eine direkte Beziehung zwischen dem privaten Partner der PPP (z. B. einer Gesellschaft, die in eine Straße investiert hat und diese betreibt) und dem Endnutzer (den Nutzern der in Umsetzung der PPP gebauten Straße) hergestellt wird. Der private Partner, der die entsprechende Dienstleistung für die Verbraucher erbringt, tritt quasi an die Stelle des öffentlichen Partners der PPP, der seinerseits den privaten Partner der PPP kontrolliert. Ein Konzessionär betreibt den Konzessionsgegenstand und bezieht sein Entgelt in Form von Gebühren direkt von den Nutzern des Gegenstands.

Der Begriff „Konzession" (aus dem Lateinischen *concessio*) bedeutet eine Abtretung von Rechten oder eine Genehmigung. Aufgrund einer Konzessionsvereinbarung wird auch ein bestimmtes Recht abgetreten: Eine Partei (der Konzessionär) verpflichtet sich, eine bestimmte Immobilie (das Objekt der Konzessionsvereinbarung) auf eigene Kosten zu errichten und (oder) zu sanieren, wobei das Eigentum an dieser Immobilie der anderen Partei (dem Konzedenten) gehört bzw. gehören wird. Der Konzessionär verpflichtet sich, seine Tätigkeit unter Nutzung (Betrieb) des Objekts der Konzessionsvereinbarung auszuüben, der Konzedent verpflichtet sich, dem Konzessionär für einen in dieser Vereinbarung festgelegten Zeitraum die Rechte zum Besitz und zur Nutzung des Objekts der Konzessionsvereinbarung zur Ausübung der genannten Tätigkeit zu gewähren (Art. 3 Pkt. 1 KonzG).

Im Rahmen einer Konzessionsvereinbarung tritt als Konzedent die öffentliche Hand auf (die Russische Föderation, ein Subjekt der Russischen Föderation oder eine Kommune), die durch ein bevollmächtigtes Organ dem Konzessionär (einem privaten Investor) zur Ausübung ihres Eigentumsrechts auf befristeter und entgeltlicher Grundlage das ausschließliche Recht zur Ausübung einer unternehmerischen Tätigkeit an solchen im staatlichen oder kommunalen Eigentum stehenden Objekten überträgt, welche großer Investitionen für die Errichtung bzw. Modernisierung sowie den späteren Betrieb bedürfen. Die Bedingungen für die Übergabe des Objekts der Konzessionsvereinbarung an den Konzessionär, der Umfang der Investitionen durch den Konzessionär sowie die dem Konzessionär gewährten Vergünstigungen werden durch die Konzessionsvereinbarung bestimmt. Es wird angenommen, dass die Erlöse des Konzessionärs aus dem Betrieb des Objekts der Konzessionsvereinbarung während der Laufzeit der Konzession ausreichend sind, um nicht nur die Investitionen zu decken, sondern auch den geplanten Gewinn zu erwirtschaften.

In der russischen Rechtswissenschaft bleibt die Frage nach der Rechtsnatur einer Konzessionsvereinbarung umstritten.[9] Nicht zuletzt hängt dieser Streit mit den Unterschieden zusammen, die zwischen der römisch-germanischen und der angelsächsischen Rechtsordnung bestehen.

In der römisch-germanischen Rechtsordnung, vor allem in Frankreich, gehört eine Konzessionsvereinbarung zum Bereich des öffentlichen Rechts und wird als verwaltungsrechtlicher Vertrag definiert. Zum Beispiel beschreibt der bekannte französische Verwaltungsrechtler *Georges Vedel* die Konzession als Mittel der öffentlichen Gewalt zur Ausübung ihrer Befugnisse mittels Beauftragung eines Privaten (des Konzessionärs) „mit der Sorge um die Verwaltung eines öffentlichen Dienstes unter der Kontrolle seitens des auftraggebenden Organs unter der Bedingung der Zahlung eines Entgelts, welches vom Konzessionär von den Kunden des öffentlichen Dienstes erhoben wird."[10] Nach dieser Auffassung

---

9 Siehe *Доронина Н.Г.*, К вопросу о правовой природе концессионных соглашений (*Doronina N.G.*, Zur Frage der Rechtsnatur von Konzessionsvereinbarungen), Право и экономики (Recht und Wirtschaft) 1997, Nr. 1; *Сосна С.А.*, Концессионные соглашения. Теория и практика (*Sosna S.A.*, Konzessionsvereinbarungen. Theorie und Praxis), Moskau 2002; *Русинова А.*, Концессия как форма привлечения инвестиций в российскую экономику (*Rusinova A.*, Die Konzession als Form für die Beschaffung von Investitionen in die russische Wirtschaft), Кодекс-info (Kodeks-info) 2003, Nr. 5–6; *Минскова М./Ревзина О.*, Правовые аспекты развития частно-государственного партнерства в России (*Minskova M./Revzina O.*, Rechtliche Aspekte der Entwicklung der privat-staatlichen Partnerschaft in Russland), Коллегия (Kollegija) 2005, Nr. 8; *Рыженков А.Я./Черноморец А.Е.*, Рецензия на кн.: *Сосна С.А.*, Концессионные соглашения. Теория и практика, М. 2002 (*Ryženkov A.Ja./Černomorec A.E.*, Rezension des Buches von *S.A. Sosna*, Konzessionsvereinbarungen. Theorie und Praxis, Moskau 2002), Новая правовая мысль (Neues rechtliches Denken) 2005, Nr. 5; *Макарова О.А.*, Новое в законодательстве (*Makarova O.A.*, Neues in der Gesetzgebung), Территория бизнеса (Territorija biznesa) 2005, Nr. 2; *Попондопуло В.Ф.*, Концессионное соглашение – правовая форма государственно частного партнерства (*Popondopulo V.F.*, Konzessionsvereinbarung als eine Rechtsform der Public-private-Partnership), Правоведение (Rechtswissenschaft) 2007, Nr. 6.

10 *Ведель Ж.*, Административное право Франции (*Vedel' Ž.*, Verwaltungsrecht Frankreichs), Moskau 1973, S. 487.

gilt nicht der Vertrag selbst als Rechtsgrundlage für den Erwerb von Konzessionsrechten durch den Investor, sondern der hoheitliche Akt des Staates (in Form einer speziellen Genehmigung), durch den dem Konzessionär das dem Staat gehörende Recht „geschenkt“ wird.[11]

Als Einwand gegen den angeführten Standpunkt kann sofort darauf hingewiesen werden, dass die Natur eines Rechtsverhältnisses nicht durch den Grund seiner Entstehung definiert werden kann. Die Natur eines Rechtsverhältnisses wird durch seinen Inhalt bestimmt. In diesem Fall vertreten die Organe der öffentlichen Gewalt den Staat als Eigentümer, sodass die Ausübung der Befugnisse durch die Organe der öffentlichen Gewalt nichts anderes bedeutet als die Ausübung der Eigentümerbefugnisse durch den Staat. Demnach ist eine Konzessionsvereinbarung ein zivilrechtlicher Vertrag.

In der angelsächsischen Rechtsordnung, in der nicht zwischen privatem und öffentlichem Recht unterschieden wird, gehört eine Konzessionsvereinbarung zum Bereich des Vertragsrechts. Infolgedessen entstehen keine Probleme bei der Bestimmung der Rechtsnatur einer Konzessionsvereinbarung.

Einige Autoren definieren eine Konzessionsvereinbarung als heterogene, gemischte Vertragsart, die öffentliche und private Grundlagen in sich vereint.[12] Nach *O. A. Makarova* definiert das russische KonzG die Konzessionsvereinbarung als einen gemischten Vertrag; ein Vertrag gelte jedoch dann als gemischt, wenn er gesetzlich nicht vorgesehen ist. Da die Konzessionsvereinbarung gesetzlich vorgesehen ist, sei sie nicht als gemischt im Sinne von Art. 421 Pkt. 3 ZGB anzusehen. Daher habe der Gesetzgeber nach Auffassung von *O. A. Makarova* bei der Definition der Konzessionsvereinbarung als einen gemischten Vertrag etwas anderes gemeint, nämlich, dass sie sowohl öffentliche als auch private Grundlagen in sich vereint.[13]

Diese Auffassung ist jedoch ebenfalls nicht überzeugend. Das KonzG sieht vor, dass „die Konzessionsvereinbarung ein Vertrag ist, der Elemente verschiedener Verträge enthält, die durch föderale Gesetze vorgesehen sind“, und dass

---

11 *Сосна С.А.*, Концессионные договоры с иностранными инвесторами, Правовое регулирование иностранных инвестиций в России, отв. ред. А.Г. Светланов (*Sosna S.A.*, Konzessionsverträge mit ausländischen Investoren, in: A.G. Svetlanov (Hrsg.), Rechtliche Regelung ausländischer Investitionen in Russland), Moskau 1995, S. 66.

12 *Богатырев А.Г.*, Инвестиционное право (*Bogatyrev A.G.*, Investitionsrecht), Moskau 1992, S. 67–81.

13 *Макарова О.А.*, Новое в законодательстве (*Makarova O.A.*, Neues in der Gesetzgebung), S. 27.

„auf die Rechtsverhältnisse zwischen den Parteien einer Konzessionsvereinbarung *die zivilrechtlichen Regelungen* (Kursivsetzung durch den Autor) zu den jeweiligen in der Konzessionsvereinbarung enthaltenen Vertragstypen Anwendung finden, soweit sich nichts anderes aus diesem föderalen Gesetz oder dem Wesen der Konzessionsvereinbarung ergibt" (Art. 3 Pkt. 2 KonzG).

Mit anderen Worten wurde die Konzessionsvereinbarung vom russischen Gesetzgeber als *privatrechtlicher Vertrag* eingeordnet, der Elemente verschiedener zivilrechtlicher Verträge enthält, sodass es sich um einen gemischten zivilrechtlichen Vertrag handelt (Art. 421 Pkt. 3 ZGB). Wie jeder andere Vertrag ist die Konzessionsvereinbarung das Ergebnis eines übereinstimmenden Willens beider Parteien in den Grenzen der Vertragsfreiheit, die durch das Gesetz und das Wesen der Vereinbarung bestimmt werden. In diesem Fall geht es um die Aufnahme von Bedingungen in eine Konzessionsvereinbarung, die durch einen Akt der öffentlichen Gewalt festgelegt werden, der auf dem Willen des Eigentümers (des Staates oder einer Kommune) beruht.

Nach Ansicht von *S. A. Sosna* trägt „die Konzessionsvereinbarung eine Reihe ‚angeborener' öffentlich-rechtlicher Merkmale (Eigenschaften) in sich, die in der Regel nicht in zivilrechtlichen Verhältnissen enthalten sind". Deswegen sei eine Konzessionsvereinbarung „als ein Vertrag zu betrachten, der sich an einen zivilrechtlichen Vertrag anlehnt und an ihn angrenzt, aber nicht mit ihm identisch ist."[14] Nach hier vertretener Ansicht klärt eine solche Auffassung jedoch keineswegs die Rechtsnatur einer Konzessionsvereinbarung.

A. Ja. Ryženkov und *A. E. Černomorec* haben völlig Recht mit ihrer Kritik an der Auffassung von *S. A. Sosna*, indem sie schreiben: „Wenn eine Konzessionsvereinbarung (…) auf der Grundlage eines Akts eines staatlichen Organs oder eines Organs der örtlichen Selbstverwaltung geschlossen wird, bedeutet dies noch lange nicht, dass sie nicht zivilrechtlich, sondern verwaltungsrechtlich ist."[15] Dem kann nur hinzugefügt werden, dass nicht der Grund für die Entstehung eines Rechtsverhältnisses seine Rechtsnatur bestimmt, sondern dessen Inhalt, d. h. die subjektiven Rechte und Pflichten.

Leider führen die genannten Autoren weiter aus: „In einer Konzessionsvereinbarung muss natürlich (…) ein Gleichgewicht zwischen den öffentlichen Interessen (…) des Konzedenten und den privaten Interessen des Konzessionärs

---

14 *Сосна С.А.*, Концессионные соглашения (*Sosna S.A.*, Konzessionsvereinbarungen), S. 46–48.

15 *Рыженков А.Я./Черноморец А.Е.*, Рецензия на кн.: *Сосна С.А.*, Концессионные соглашения (*Ryženkov A.Ja./Černomorec A.E.*, Rezension des Buches von *S.A. Sosna*, Konzessionsvereinbarungen), S. 53.

gewahrt werden, was diese in der Tat zu einem hybriden Vertrag macht. Diese Anforderung ist ein immanentes Merkmal einer Konzessionsvereinbarung als eines öffentlich-privaten Vertrags des Zivilrechts."[16] Nach hier vertretener Auffassung liegt darin die gleiche offensichtliche Verwechselung der Gründe für die Entstehung eines konzessionsrechtlichen Verhältnisses mit dessen Inhalt vor. Öffentlich-private Rechtsverhältnisse gibt es von Natur aus nicht.

Insgesamt besteht das Hauptargument der Gegner der privatrechtlichen Rechtsnatur von Konzessionsvereinbarungen darin, dass daran der Staat, vertreten durch die bevollmächtigten öffentlichen Organe, teilnimmt.

Nach hier vertretener Ansicht ändert die Beteiligung eines öffentlichen Organs an einer Konzessionsvereinbarung, wie übrigens auch an anderen sog. öffentlichen Verträgen, nichts an deren privatrechtlicher Natur, da nach der öffentlich-rechtlichen Entscheidung über die Beteiligung an einer Konzessionsvereinbarung, d. h. über die Bestimmung der Bedingungen für die Beteiligung an der Vereinbarung, das öffentliche Organ die Vereinbarung abschließt und sich an dieser auf der *gleichen Grundlage* wie der private Investor beteiligt.[17] Dies ergibt sich auch aus den Anforderungen von Kapitel 5 ZGB an die Beteiligung des Staates an den durch die Zivilgesetzgebung geregelten Rechtsverhältnissen.

Die Entscheidung des Staates, sich an einer Konzessionsvereinbarung zu beteiligen, ist nur einer der rechtlichen Faktoren in einer komplexen rechtlichen Struktur, die Grundlage für die Entstehung einer zivilrechtlichen Konzessionsverpflichtung sind. Ein anderer rechtlicher Faktor in der genannten komplexen rechtlichen Struktur, der Grundlage für die Entstehung einer zivilrechtlichen Konzessionsverpflichtung ist, ist die Konzessionsvereinbarung selbst, die ein *zivilrechtlicher Vertrag* ist.[18] Zunächst macht ein bevollmächtigtes, im Namen des Staates oder einer Kommune auftretendes öffentliches Organ von seiner

---

16 Ebenda.

17 In der wirtschaftswissenschaftlichen Literatur wird darauf hingewiesen, dass der Grundsatz der Gleichheit der Partner die kennzeichnende Schlüsseleigenschaft der PPP ist. Siehe z. B. *Татаркин А.И./Романова О.А./Лаврикова Ю.Г.* (*Tatarkin A.I./Romanova O.A./Lavrikova Ju.G.*), a. a. O., S. 21; *Попов А.А.*, Государственно-частное партнерство при освоении ресурсов недр Восточной Сибири (*Popov A.A.*, Public-private-Partnership bei der Erschließung von Vorräten von Bodenschätzen in Ostsibirien), Бизнес. Менеджмент. Право (Business. Management. Recht) 2009, Nr. 1, S. 34.

18 Diese Auffassung wurde vom Autor bereits früher vertreten, siehe *Попондопуло В.Ф.*, Правовой режим предпринимательства (*Popondopulo V.F.*, Rechtliche Regelung des Unternehmertums), Sankt Petersburg 1994, S. 167.

hoheitlichen Kompetenz Gebrauch und erlässt einen Verwaltungsakt über den Abschluss einer Konzessionsvereinbarung. Danach macht dasselbe bevollmächtigte, mit den Rechten einer juristischen Person ausgestattete Organ von seiner zivilrechtlichen (und indirekt auch staatlichen oder kommunalen) Rechtsfähigkeit Gebrauch und beteiligt sich an einem Zivilrechtsverhältnis, das auf einer Konzessionsvereinbarung beruht.

Das Konzept der öffentlich-rechtlichen Natur einer Konzessionsvereinbarung hält der Kritik in Anbetracht der Prinzipien, auf denen das Konzessionsrecht beruht, nicht stand. Dazu gehören:

- das Prinzip der Freiwilligkeit in Bezug auf den Abschluss einer Konzessionsvereinbarung durch einen privaten Investor und die Eingehung eines Konzessionsverhältnisses. Dies äußert sich vor allem darin, dass ein privater Investor selbst eine solche Entscheidung trifft und die mit der Eingehung eines Rechtsverhältnisses mit dem Staat oder einer Kommune verbundenen Risiken trägt. Niemand, auch nicht der Staat, kann einen privaten Investor zwingen, ein Konzessionsverhältnis einzugehen. Das Motiv ist allein das Eigeninteresse des privaten Investors;
- das Prinzip der Unzulässigkeit einer einseitigen Änderung der Bedingungen einer Konzessionsvereinbarung, das die Rechte und gesetzlichen Interessen der privaten Investoren im Verhältnis zu dem öffentlichen Organ garantiert und die verwaltungsrechtliche Natur ihres Rechtsverhältnisses ausschließt.

Die angeführten Grundsätze bestimmen die privatrechtliche Natur des Rechtsverhältnisses, das zwischen dem Staat bzw. einer Kommune und einem privaten Investor durch den Abschluss einer Konzessionsvereinbarung entsteht. Dieses Rechtsverhältnis kann nicht den öffentlich-rechtlichen Rechtsverhältnissen zugeordnet werden, weder nach dem Gegenstand der rechtlichen Regelung, da es sich um ein vermögensrechtliches Verhältnis handelt, in dem auf der einen Seite der private Investor steht, der Unternehmer ist, und auf der anderen Seite der Staat oder die Kommune ein klar definiertes Vermögensinteresse hat und nach Erträgen strebt, noch nach dem Verfahren der rechtlichen Regelung, das mit hoheitlichen Anordnungen, die den privaten Investor einseitig verpflichten, nichts gemeinsam hat.

Die Schlussfolgerung zur Rechtsnatur einer Konzessionsvereinbarung hat nicht nur theoretische, sondern auch *praktische Bedeutung*. Geht man von der privatrechtlichen Rechtsnatur einer Konzessionsvereinbarung aus, ist in der entsprechenden Gesetzgebung das Prinzip der Gleichheit der Parteien von Konzessionsverpflichtungen – des Konzessionärs und des Konzedenten – zu wahren. Nicht zufällig sind die Verfechter der öffentlich-rechtlichen Natur der PPP der

Auffassung, dass es im Rahmen der PPP *keine Gleichheit der Partner* gibt, da ein öffentliches Organ stets seine Politik durchsetzen kann. Sie vergleichen das Verhältnis zwischen einem öffentlichen Organ und einem privaten Investor mit dem Verhältnis zwischen „einem Koch und einem Kellner“.[19]

Nach hier vertretener Ansicht kann, solange – zumindest in Russland – davon ausgegangen wird, dass ein privater Investor der Dienstbote des Staates oder einer Kommune mit deren bürokratischem Apparat ist, der oft seine eigenen egoistischen wirtschaftlichen Interessen verfolgt, aus der PPP nichts Vernünftiges werden.

IV. Fazit

Die PPP kann in vielen verschiedenen Formen in Erscheinung treten. Eine praktische Bedeutung für die rechtliche Regelung haben nicht so sehr die allgemeinen Bestimmungen der PPP, sondern vielmehr die Besonderheiten dieser oder jener konkreten Form der PPP.

Notwendig wird auch sein, die geltende Investitions-, Steuer- und sonstige Gesetzgebung, die allgemeine Bedingungen für die Umsetzung der PPP enthält, zu verbessern, anstatt noch ein allgemeines Gesetz zu erlassen, das keine direkte Wirkung hat.

In jedem Fall sollte der Grundsatz der Gleichberechtigung der Parteien einer Public-private-Partnership sowie die Garantie der Rechte des privaten Investors als der schwächeren Partei einer Public-private-Partnership gesetzlich verankert werden. Nur ein solcher Ansatz wird die Gewähr für ein attraktives Investitionsklima und eine auf Innovationen beruhende Entwicklung bieten.

19 Diesen Vergleich zog *Gerrit Manssen* im Vortrag „Public-private-Partnership – Die Karriere eines Rechtsinstituts“, den er auf der Deutsch-Russischen Tagung „PPP im kommunalen Bereich: Rechtliche Voraussetzungen zur Einbindung Privater in die Erfüllung öffentlicher Aufgaben“ im Rahmen des „Deutsch-Russischen Jahres der Bildung, Wissenschaft und Innovation“ am 23.11.2011 an der Juristischen Fakultät der Staatlichen Universität Sankt Petersburg gehalten hat.

Ilja Levin

§ 3. Rechtsformen der Public-private-Partnership in Deutschland und Russland: Eine vergleichende Bestandsaufnahme

I. Einführung und Definition der Public-private-Partnership

Das Institut der Public-private-Partnership beherrscht die Diskussion um die neuen Formen der staatlichen Aufgabenerfüllung sowohl im deutschen als auch im russischen Rechtskreis. Dabei darf nicht verkannt werden, dass die deutsche Debatte eine ältere ist und auf der Grundlage eines gut funktionierenden allgemeinen Verwaltungsrechts geführt wird. Die Auseinandersetzung mit Public-private-Partnership in Russland steht hingegen erst am Anfang. Umso wichtiger wird daher die rechtsvergleichende Perspektive, die die Grundlage des vorliegenden Beitrags darstellt.

Bevor allerdings im Einzelnen auf die unterschiedlichen Rechtsformen der Zusammenarbeit eingegangen wird, empfiehlt sich die Darstellung einer Definition der Public-private-Partnership. Erst auf der Grundlage einer trennscharfen Definition kann eine adäquate Auseinandersetzung mit der Public-private-Partnership erfolgen.[1]

Das Beschaffungsinstrument Public-private-Partnership verdankt seinen Aufstieg dem katastrophalen Zustand der Staatsfinanzen in Großbritannien in den 1970er und 1980er Jahren. Aufgrund der damals vorherrschenden Knappheit des staatlichen Haushalts sowie der Notwendigkeit umfangreicher Investitionen in die Nachkriegsinfrastruktur war die Regierung unter Margaret Thatcher auf die Hinzuziehung privater Investoren angewiesen. Der Auftrieb, den die Public-private-Partnership seit Ende der 1970er Jahre erfährt, kam zunächst aus der Stadtentwicklungspolitik. Die dafür geschaffenen Entwicklungsagenturen (z. B. *Scottish Development Agency*) boten den institutionellen Rahmen für die öffentlich-private Kooperation. Die Umsetzung ge-

1 Bei einer Sitzung des Konsultativen Rats „Internationale Investitionen" hob der Regierungschef der Russischen Föderation, *Vladimir Putin*, hervor, dass er ernsthafte Fortschritte von der Nutzung von PPP-Instrumenten erwarte. Dabei soll der Fokus im Bereich der sozialen Infrastruktur liegen.

meinschaftlicher Initiativen sollte mithilfe staatlicher Anschubfinanzierungen gefördert werden.[2]

Der einschlägigen Literatur sind zahlreiche PPP-Definitionen zu entnehmen. Diese unterscheiden sich nicht nur im Hinblick auf ihre „Tiefe", sondern – jedenfalls was die russische Literatur angeht – ebenfalls im Hinblick auf ihre Qualität erheblich.[3] Würde man den Versuch unternehmen, aus dieser Definitionsfülle juristisch brauchbare Merkmale herauszuarbeiten, so ließe sich Public-private-Partnership anhand folgender Kriterien bestimmen:

- Gemeinwohlorientierung des Vorhabens

Dabei kann an dieser Stelle auf eine präzise Definition des Gemeinwohls[4] verzichtet werden; betrachtet man die bereits in Kooperation mit privaten Akteuren verwirklichten Projekte, so stammt eine Mehrzahl dieser aus dem Bereich der Daseinsvorsorge, die – jedenfalls die Bundesrepublik betreffend – unzweifelhaft unter den Begriff des Gemeinwohls subsumiert werden kann.

- Projektbeteiligte sind der Staat und ein Privater

Gewisse Schwierigkeiten entstehen bei der Bestimmung einer staatlichen Stelle. Als Jurist ist man dabei geneigt, auf die juristische Form des Akteurs abzustellen. Freilich kann ein solcher Formalismus nicht überzeugen. Maßgebend ist vielmehr die Ausstattung der konkreten juristischen Person mit Hoheitsbefugnissen. Ein bloßer „Etikettenwechsel" kann und darf den Staat nicht von seinen öffentlich-rechtlichen und besonders von seinen verfassungsrechtlichen Bindungen (zu denken wäre primär an die Grundrechtsbindung der staatlichen Gewalt) befreien.

- Partnerschaftliche Natur der Zusammenarbeit

Der Begriff der partnerschaftlichen Zusammenarbeit wird durch das Zusammenlegen von finanziellen, personellen sowie technischen (Know-how) Ressourcen beider Partner ausgefüllt. Auf diese Weise erhoffen sich die Beteiligten

---

2 Siehe dazu *Heinze*, in: Blanke/von Bandemer/Nullmeier/Wewer (Hrsg.), Handbuch zur Verwaltungsreform, S. 20.

3 Siehe als Vergleichsmaßstab *Savankova*, Realizacija proektov gosudarstvenno-častnogo partnerstva: zarubežnyj opyt i rossijskaja praktika (Durchführung von PPP-Projekten: ausländische Erfahrungen und russische Praxis), S. 19.

4 Siehe dazu *Isensee*, in: ders./Kirchhof (Hrsg.), Handbuch des Staatsrechts, Bd. IV, 3. Aufl., 2006, § 71 Rn. 2; aus dem russischen Verwaltungsrecht vgl. nur *Alekseev*, Administrativno-pravovoe regulirovanie predprinimatel'skoj dejatel'nosti (Verwaltungsrechtliche Regulierung der unternehmerischen Tätigkeit), S. 100, wobei er sich in seinen Ausführungen primär auf die Exekutive bezieht.

Synergieeffekte und damit die Steigerung der Qualität und Wirtschaftlichkeit des Projekts.[5]

- Langfristigkeit des Projekts

Dabei verbietet sich im Hinblick auf das Innovationspotential sowie auf den Flexibilisierungsbedarf jede starre Festlegung einer (Mindest-)Projektlaufzeit. Darüber hinaus wäre eine Public-private-Partnership ebenfalls dann anzunehmen, wenn für die kooperative Aufgabenerfüllung durch die entsprechenden Akteure am Anfang kein Endzeitpunkt festgelegt worden wäre. Maßgebend wäre ausschließlich die Möglichkeit, dauerhaft auf dem Lebenszyklusansatz herrührende Synergieeffekte zu generieren sowie das Erreichen des Projektziels zu gewährleisten.[6]

II. Bundesrepublik Deutschland

Betrachtet man die mannigfachen Modelle, so kann zwischen vertraglichen und institutionellen Partnerschaften unterschieden werden. Zwar lässt sich gegen diese Differenzierung zu Recht einwenden, jede Institution wird aufgrund eines Vertrags errichtet, sodass die Kategorie „institutionelle Partnerschaften" keine Daseinsberechtigung beanspruchen darf. Dennoch soll an der Unterscheidung festgehalten werden, denn zwischen den bestehenden Modellen existieren erhebliche Unterschiede, u. a. im Hinblick auf die Ausübung staatlicher Kontrolle. Ein Zusammenlegen beider Kooperationsformen würde diesem Umstand nicht gerecht werden und zur Vermischung verschiedener Operationsmodi führen.

1. Vertragliche Modelle

Schaut man sich die Partnerschaften auf vertraglicher Basis an, so sind die Modelle aus dem Bereich Straßenbau von besonderem Interesse. Dabei kann zwischen A- und F-Modellen differenziert werden.

---

5 *Roggencamp*, Public Private Partnership, S. 29; *Budäus/Grüning*, Public Private Partnership – Konzeption und Probleme eines Instruments zur Verwaltungsreform aus Sicht der Public Choice-Theorie, in: ders./Eichhorn (Hrsg.), Public Private Partnership – Neue Formen öffentlicher Aufgabenerfüllung, S. 25, 54.

6 *Roggencamp*, Public Private Partnership, S. 30 m. w. N.

a) F-Modell

Das F-Modell[7] ist normativ im Gesetz über den Bau und die Finanzierung von Bundesfernstraßen durch Private (FStrPrivFinG) aus dem Jahr 1994 verankert.

In Anbetracht der offensichtlichen Knappheit des staatlichen Haushalts sowie aufgrund der Notwendigkeit von Infrastrukturinvestitionen entschloss sich der Gesetzgeber dazu, dem privaten Sektor die Aufgaben im Zusammenhang mit der Errichtung und dem Betrieb von Bundesstraßen zu übertragen. Das Gesetz findet Anwendung auf die Errichtung von Brücken, Tunneln, Gebirgspässen sowie Bundesfernstraßen.

Der Private verpflichtet sich, sämtliche Planungsleistungen auszuführen, das Objekt auf eigene Kosten zu errichten sowie während der Betriebsphase die Maut zu erheben. Das Eigentum am Objekt verbleibt beim Staat, der sich daneben verpflichtet, das für die Realisierung des Vorhabens notwendige Bauland zu enteignen. Im Übrigen übernimmt er die subsidiäre Haftung für die im Zusammenhang mit der Errichtung des Vorhabens entstehenden Forderungen. Der Private kann die getätigten Investitionen entweder mithilfe öffentlich-rechtlich ausgestalteter Gebühren oder durch privatrechtliche Entgelte refinanzieren. Die Mauthöhe kann sich entweder an der Streckenlänge, am Kfz-Typ oder auch an der Häufigkeit der Benutzung orientieren. Die Einzelheiten der Berechnung werden durch eine Rechtsverordnung festgelegt, zu deren Erlass gemäß § 4 FStrPrivFinG das Bundesministerium für Verkehr, Bau und Stadtentwicklung ermächtigt wird und die der Zustimmung des Bundesrates bedarf. Soll die Mautgebühr als privatrechtliches Entgelt erhoben werden, so bedarf die Höhe der Mautgebühr der Genehmigung der zuständigen obersten Landesstraßenbaubehörde (§ 6 Abs. 1 FStrPrivFinG).

Das Zustandekommen eines PPP-Projekts auf der Grundlage des F-Modells kann in folgende Schritte gegliedert werden:

- Bedarfsermittlung und -feststellung;
- Durchführung eines Vergabeverfahrens nach Maßgabe der §§ 97 ff. GWB, § 6 Vergabeverordnung (VgV);
- Auswahl eines geeigneten Bieters;
- Abschluss einer entsprechenden Vereinbarung.

---

7 Siehe dazu ausführlich *Beckers*, Die Realisierung von Projekten nach dem PPP-Ansatz bei Bundesfernstraßen, S. 157 ff.; *Drömann/Tegtbauer*, NVwZ 2004, 296.

Einer besonderen Klärung bedarf die in der Wissenschaft äußerst umstrittene Frage nach der Rechtsnatur der Vereinbarung im Rahmen des F-Modells.[8]

Einer Ansicht nach soll der Vertrag dem zivilrechtlichen Regime unterworfen werden, denn der Sache nach handele es sich um einen zivilrechtlichen Werkvertrag i. S. v. § 631 BGB. Außerdem finde – wenigstens *de jure* – keine Eigentumsübertragung statt, sodass ein Rückgriff auf das öffentliche Recht nicht geboten sei.[9]

Andere Stimmen in der Literatur verweisen auf die im Rahmen des F-Modells stattfindende Übertragung der Mauterhebungsaufgabe auf den Privaten und sehen darin eine Übertragung hoheitlicher Befugnisse, sodass die Rechtsnatur der Vereinbarung vielmehr als öffentlich-rechtlich einzustufen sei. Überdies stelle das F-Modell eine vollständig neuartige Beschaffungsart dar, die in den bisher bestehenden Kanon der Fiskalverwaltung und einer damit verbundenen Möglichkeit der privatrechtlichen Aufgabenerfüllung nicht eingeordnet werden könne.[10]

Sachgerecht erscheint jedoch eine differenzierte Betrachtung. Statt die gesamte Vereinbarung einem bestimmten Rechtsregime zu unterwerfen, sollte vielmehr im Streitfall die konkrete zur Debatte stehende Bestimmung unter die Lupe genommen und der Frage nachgegangen werden, ob diese dem öffentlichen oder dem bürgerlichen Recht angehört.

Werden die Regelungsinteressen der Parteien betrachtet, so können neben den bereits bestehenden zwingenden gesetzlichen Vorgaben exakte Prämissen für die zukünftige Vertragsgestaltung herausgearbeitet werden.

Seitens des Privaten besteht ein nicht zu unterschätzendes Interesse an einer gerechten Teilung der Projektrisiken. Vornehmlich stehen das wirtschaftliche Risiko der unterbleibenden Nachfrage nach dem Infrastrukturobjekt und damit die Gefahr des Mautausfalls im Mittelpunkt der Verhandlungen. Dies kann zum Stocken von Vertragsverhandlungen führen.

Dagegen ist der öffentliche Partner explizit an der Sicherung bestimmter Qualitätsstandards interessiert. Ferner soll im Hinblick auf die Mauthöhe eine

---

8 Siehe dazu *Roth*, NVwZ 2003, 1056 (1059).

9 *Reidt/Stickler*, BauR 1997, 365 f.; *Immenga/Mestmäcker*, GWB, 3. Aufl. (2001), § 98 GWB Rn. 123.

10 Hinsichtlich des A-Modells Bundesministerium für Verkehr, Bau- und Wohnungswesen (BMVBW), Abteilung Straßenbau, Straßenverkehr (Hrsg.): Gutachten zur Erarbeitung der Muster eines Konzessionsvertrages und Regelungen für die Ausschreibung/Vergabe von Konzessionen für das Betreibermodell für den mehrstreifigen Autobahnausbau (A-Modell), Teil IV, S. 72 ff.

gemeinwohlverträgliche vertragliche Lösung entwickelt werden. Schließlich sind effektive Instrumente staatlicher Kontrolle, einschließlich der Möglichkeit der Verwaltungsvollstreckung sowie des Selbstvornahmerechts, vertraglich zu verankern.

Auf der Grundlage des F-Modells wurden bereits zwei wichtige Infrastrukturvorhaben realisiert, auf die an dieser Stelle kurz einzugehen ist.

Zum einen errichtete ein französisch-österreichisches Konsortium in Rostock die Warnowquerung, einen der längsten Tunnel in Europa (790 Meter). Bereits 23 Mio. Nutzer[11] fuhren durch den Tunnel. Die Errichtungskosten betrugen 220 Mio. Euro, die größtenteils durch ein Bankenkonsortium sowie die Kreditanstalt für Wiederaufbau (KfW) und die Europäische Investitionsbank (EIB) finanziert wurden. Außerdem wurden 8 % der Kosten direkt durch die Europäische Union im Rahmen der TEN-Förderung (Trans-European-Network) mittels eines Zuschusses beigesteuert.[12]

Zum anderen bediente man sich des F-Modells beim Herrentunnel-Projekt. Die Unterführung sollte eine Verkehrsverbindung zwischen Lübeck und Travemünde herstellen. Der im Jahr 2005 in Betrieb genommene Tunnel mit einer Gesamtlänge von 2.125 Metern wird von ca. 21.000 Menschen täglich benutzt. Die Errichtungskosten betrugen 175 Mio. Euro und wurden teilweise aus dem Bundeshaushalt subventioniert, zum Teil aber auch aus Mitteln des privaten Konsortiums (HOCHTIEF PPP Solutions GmbH und BILFINGER BERGER Project Investments Corporate Services GmbH).[13] Die Laufzeit des F-Modells beträgt ausweislich der Vereinbarung 30 Jahre.

Somit ist das F-Modell in der Praxis für den privaten Sektor besonders attraktiv. Die Realisierung weiterer Projekte ist zu erwarten.

b) A-Modell

Eine weitere Möglichkeit partnerschaftlicher Verwirklichung von Infrastrukturvorhaben bietet das neuerdings im Bundesfernstraßenmautgesetz (BFStrMG)[14]

---

11 Stand Mai 2010, siehe: http://www.warnowtunnel.de/dertunnel.html (zuletzt abgerufen am 28.2.2012).

12 Eigene Angaben der Betreibergesellschaft Warnowquerung GmbH & Co. KG unter: http://www.warnowtunnel.de/dertunnel.html (zuletzt abgerufen am 28.2.2012).

13 Eigene Angaben der Betreibergesellschaft Herrentunnel Lübeck GmbH & Co. KG unter: http://www.herrentunnel.de/index.php/article/detail/1104 (zuletzt abgerufen am 28.2.2012).

14 Bis zum 19.7.2011 war das A-Modell im Autobahnmautgesetz für schwere Nutzfahrzeuge (ABMG) geregelt.

geregelte A-Modell. Auf der Grundlage dieses vertraglichen Modells werden sechs Projekte realisiert, sechs weitere befinden sich in der Planungs- bzw. Ausschreibungsphase.[15]

Im Rahmen des A-Modells übernimmt der Private die Verpflichtung, bei den bestehenden Bundesautobahnen mit vordringlichem Ausbaubedarf den fünften und sechsten Fahrstreifen zu bauen sowie die errichteten Fahrstreifen nach festgelegten Qualitätsstandards zu betreiben. Die Finanzierungslast liegt grundsätzlich beim privaten Partner, wobei die Möglichkeit einer staatlichen Anschubfinanzierung nicht *per se* ausgeschlossen wird. Die Refinanzierung getätigter Investitionen erfolgt durch die auf die Konzessionsstrecke anfallende Lkw-Maut, die sich unter Umständen am Verkehrsaufkommen orientieren kann (verkehrsmengenabhängige Vergütung). Der Staat erhebt die Maut und leitet diese an den Privaten weiter. Die Regelvertragslaufzeit eines A-Modells beträgt 30 Jahre, nach deren Ablauf der Private verpflichtet ist, den Abschnitt in einem vertraglich festgelegten Zustand an den Staat zu übergeben.[16]

Wie beim F-Modell ist bisher die Rechtsnatur der Parteienvereinbarung unklar. Ebenfalls offen ist die Vergabepflichtigkeit der Hinzuziehung von Subunternehmern. Auf diese Fragen kann an dieser Stelle aufgrund der überblicksartigen Natur des Beitrags jedoch nicht eingegangen werden.[17]

2. Institutionelle Modelle

Untersucht man die institutionellen Partnerschaften, so empfiehlt sich der Blick auf die kommunale Ebene, denn zum einen übernehmen die Gemeinden und Kreise einen Großteil der Aufgaben im Bereich der Daseinsvorsorge, sodass sie in erster Linie auf der Seite des Staates bei der Verwirklichung eines PPP-Projekts auftreten. Zum anderen sind es ausgerechnet die Gemeinden, die in Anbetracht knapper Staatskassen intensiv nach Modellen der Zusammenarbeit mit dem privaten Sektor suchen.[18]

---

15 Stand November 2011. Siehe die Darstellung einzelner Projekte unter: http://www.oepp-plattform.de/verkehr/verkehr-oepp-modelle/-modell/ (zuletzt abgerufen am 28.2.2012).

16 Sehr informativ in diesem Zusammenhang *Bundesministerium für Verkehr, Bau und Stadtentwicklung*, Öffentlich-Private-Partnerschaften – Am Beispiel des Bundesfernstraßenbaus, S. 10.

17 Eine übersichtliche Darstellung auftretender Probleme erfolgt bei *Roth*, NVwZ 2003, 1056.

18 Das Deutsche Institut für Urbanistik (Difu) kam in einer im Jahr 2001 abgeschlossenen Studie zu dem Ergebnis, dass der kommunale Investitionsbedarf im Jahrzehnt

Zwecks eines besseren Verständnisses für die institutionellen Modelle ist einleitend kurz auf die Eigenbeschaffungsmöglichkeit einer Gemeinde einzugehen.

a) Eigenbeschaffung

Die Kommune ist grundsätzlich frei bei der Organisation von im Zusammenhang mit der Erfüllung eigener Aufgaben stehenden Beschaffungen. Einschränkungen dieser Freiheit ergeben sich lediglich aus dem Gebot der Wirtschaftlichkeit sowie – im tatsächlichen Bereich – aus dem Zustand des eigenen Finanzhaushalts.[19] Entschließt sich die Gemeinde zur Eigenregie, so wird sie sich in der Regel der öffentlich-rechtlichen Organisationsstrukturen (Körperschaft, Anstalt, Stiftung) bedienen. Eine Hinzuziehung privaten Kapitals (Geldmittel, Know-how) findet – außer bei der Errichtung im Wege des gewöhnlichen öffentlichen Auftrags – nicht statt.

b) Konzentration auf Kernaufgaben

Da die Gemeinden Entscheidungsfreiheit im Hinblick auf die Frage haben, ob sie sämtliche Aufgaben selbst erfüllen, können sie sich selbstredend auf die eigenständige Erfüllung einer bestimmten Anzahl an Kernaufgaben konzentrieren und gleichzeitig die Verantwortung für die verbleibenden Aufgaben einer separaten juristischen Person übertragen. Diese würde unter einer Gewinnmaximierungslogik agieren und dementsprechend auf die Organisationsformen des Zivilrechts zurückgreifen. Aufgrund dieser Verselbstständigung befürchtet der Staat den Kontrollverlust über die selbstständige Einheit sowie das Eintreten bestimmter Gemeinwohleinbußen. Um dennoch das mit der Aufgabe verbundene Gemeinwohl zu erreichen, wird der Versuch unternommen, auf bestimmte öffentlich-rechtliche Instrumente zurückzugreifen.[20]

2000 bis 2009 rund 1.300 Mrd. DM (665 Mrd. Euro) beträgt. Diese Zahl wurde später korrigiert. Für die Jahre 2006 bis 2020 ergibt die Schätzung des Instituts einen kommunalen Investitionsbedarf in Höhe von 704 Mrd. Euro in Preisen von 2000. Siehe dazu Reidenbach (Hrsg.), Der kommunale Investitionsbedarf in Deutschland 2006 bis 2020 (Endbericht-Kurzfassung), S. 12.

19 Siehe dazu nur *Dreier*, Grundgesetz-Kommentar, Art. 28 Rn. 142.

20 In diesem Zusammenhang fallen Schlagwörter wie „Kontextsteuerung" oder „regulierte Selbstregulierung". Siehe dazu *Schulze-Fielitz*, in: Hoffmann-Riem/Schmidt-Aßmann/Voßkuhle, Grundlagen des Verwaltungsrechts, Bd. I, § 12 Rn. 118 ff.

c) *Hybride institutionelle Modelle*

Der Inhalt des Kombinationsansatzes besteht in der Verbindung der Vorteile beider Rechtsregime. Zu den wesentlichen Elementen, denen man sich aus dem bürgerlichen Recht bedient, gehören[21]:

- Verwendung der Formen der juristischen Personen aus dem Zivilrecht (AG, GmbH);
- Veräußerung von Anteilen an Private als Instrument der Fremdfinanzierung;
- Sicherstellung der Anwendbarkeit des HGB und eine daraus folgende Bilanzierungspflicht.

Dadurch soll ein hohes Niveau an Transparenz bei der Verwendung von Haushaltsmitteln hergestellt werden.

Aus dem Instrumentarium des öffentlichen Rechts werden im Rahmen der institutionellen Partnerschaften folgende verwendet:

- Einsatz von Beamten in kommunalen Unternehmen;
- Unterwerfung der Tätigkeit der juristischen Personen unter das Landesrecht, sodass Kommunalaufsicht ermöglicht wird;
- Beleihung mit hoheitlichen Befugnissen, in deren Folge eine Verwaltungsvollstreckung ermöglicht wird;
- subsidiäre Haftung der Gebietskörperschaft für sämtliche Forderungen gegen die selbstständige juristische Einheit.

d) *Regulative Instrumente*

Im Kontext der Untersuchung der institutionellen Partnerschaften sei daran erinnert, dass ein Formwechsel auf der Seite des Staates diesen nicht von seinen öffentlich-rechtlichen Bindungen befreien darf. Folglich vermag es kaum zu überraschen, dass die Tätigkeit selbstständiger juristischer Einheiten umfassend reguliert werden muss. Anderenfalls ist mit erheblichen Kontrollverlusten und Gefahren für das Gemeinwohl zu rechnen.

---

21 Siehe dazu die ausführliche Darstellung von *Häußermann*, Die Steuerung der kommunalen Eigengesellschaft, S. 91 ff. Mit einer überzeugenden Abhandlung zur demokratischen Legitimation *Gersdorf*, Öffentliche Unternehmen im Spannungsfeld zwischen Demokratie- und Wirtschaftlichkeitsprinzip, S. 267 ff. Erkenntnisreich ist ebenfalls das kürzlich ergangene Urteil zum Hessischen Maßregelvollzug *BVerfG*, Urteil vom 18.1.2012 – AZ: 2 BvR 133/10.

Die Regulierungsmittel können im Wesentlichen in sachliche und personelle untergliedert werden. Zur ersten Gruppe gehören:

- ein im Gesellschaftsvertrag vorgesehenes Weisungsrecht der Gemeinde gegenüber der Geschäftsführung;
- Abstimmungsvorbehalte bei wichtigen unternehmerischen Entscheidungen (Änderung des Gesellschaftszwecks, Erwerb bzw. Veräußerung von Grundstücken oder Unternehmensanteilen);
- effektive Instrumente des Risikomanagements;
- Bilanzkontrollrechte;
- Ablehnungsrecht bei Subunternehmern;
- Kompetenz des Aufsichtsrats in Tarifregulierungsfragen.

Unter personellen Regulierungsmitteln sind die unterschiedlichen Maßnahmen auf der Ebene des Aufsichtsrats bzw. der Geschäftsführung zu verstehen, die auf das Erreichen der bereits dargestellten Prämissen gerichtet sind. Darunter fallen beispielsweise:

- Besetzung von Gesellschaftsgremien mit Experten bzw. Beamten, die die Interessen der Kommune im Aufsichtsrat wahren;
- Personalpolitik auf der Ebene der Geschäftsführung, einschließlich des im Gesellschaftsvertrag vorgesehenen Kündigungsrechts für Unternehmensmanager.

Im Hinblick auf die institutionellen Partnerschaften ist somit eine Dominanz des Kombinationsansatzes festzustellen. Mithilfe verschiedener Instrumente soll eine Balance zwischen dem Gewinnstreben privater Investoren einerseits sowie den Gemeinwohlbelangen andererseits sichergestellt werden.

III. Russische Föderation

Bei der Untersuchung der Public-private-Partnership im russischen Recht kann zwischen der normativen Verankerung auf föderaler Ebene sowie den Gesetzen der Föderationssubjekte unterschieden werden. Um die Befürchtungen vieler Investoren besser nachvollziehen zu können, wird ein kleiner Exkurs in die Geschichte der Zusammenarbeit zwischen dem Staat und Privaten vorweggestellt.

1. Geschichte der Public-private-Partnership in der Russischen Föderation

Die Niederlage im Krimkrieg 1856 offenbarte die Schwäche des nationalen Verkehrssystems. Die Errichtung neuer Eisenbahnstrecken stand seitdem auf der wirtschaftspolitischen Agenda. Im Jahr 1859 wurde die erste Eisenbahnstrecke zwischen Moskau und Saratow mit Mitteln eines privaten Investors (*Pavel von der Wiese*) errichtet. Sieben Jahre später erhielt *von der Wiese* eine zweite Konzession; die Finanzierung wurde über das Börsenkapital in Russland und Großbritannien akquiriert.[22]

Die Oktoberrevolution setzte den vormals blühenden Konzessionsgeschäften ein Ende. Die Pause dauerte jedoch nicht lange. Nach dem Ende des Bürgerkriegs entschloss sich die sowjetische Regierung einen neuen Kurs in der Wirtschaftspolitik (*Novaja ėkonomičeskaja politika*) zu nehmen und u. a. die Verwendung gewisser Marktinstrumente sowie die Zusammenarbeit mit ausländischen Unternehmen zuzulassen.[23] Das Dekret des Rats der Volkskommissare der RSFSR „Über allgemeine Prinzipen der wirtschaftlichen und rechtlichen Konditionen für Konzessionen" (*Ob obščich principach ėkonomičeskich i juridičeskich uslovijach koncessii*) von 1920 schuf die Grundlage für die Zusammenarbeit zwischen dem Staat und privaten ausländischen Investoren. Die staatliche Seite wurde durch das speziell dafür errichtete Komitee (*Glavnyj Koncessionnyj komitet*) vertreten. In den Jahren 1921–1928 wurden insgesamt 178 Konzessionsvereinbarungen abgeschlossen. Mit dem Ende der Neuen Wirtschaftspolitik im Jahr 1930 wurden bis auf wenige Ausnahmen im Rohstoffsektor auch die letzten Konzessionsvorhaben beendet.

2. Föderale Ebene

Der Zerfall der Sowjetunion und die Transformation zur Marktwirtschaft führten zu einer Renaissance der Debatte um die Beteiligung privater Investoren an der Erfüllung öffentlicher Aufgaben. Die ersten Vorarbeiten zu einem Konzessionsgesetz wurden bereits im Jahr 1992 eingebracht.

Nach 13 Jahren Arbeit ist das Föderale Gesetz Nr. 115-FZ vom 21. Juli 2005 „Über Konzessionsvereinbarungen" (im Folgenden: „KonzG") in Kraft

---

22 *Chardina*, Gosudarstvenno-častnoe partnerstvo v transformiruščemsja rossijskom obščestve (političeskij aspekt) (Staatlich-private Partnerschaft in der russischen Transformationsgesellschaft [politische Aspekte]), S. 97.

23 *Ball*, Russia's Last Capitalists: The Nepmen, 1921–1929; zur rechtlichen Ausgestaltung siehe *Isaev*, Istorija gosudarstva i prava Rossii (Geschichte von Staat und Recht), Kap. 71. *Lenin* auf dem XI. Parteitag der KPR (B): „Neobchodimo delo postavit' tak, čtoby obyčnyj chod kapitalističeskogo chozjajstva i kapitalističeskogo oborota byl vozmožen, ibo ėto nužno narodu, bez ėtogo žit' nel'zja" (Es ist notwendig, den Gang der Dinge so zu organisieren, dass der gewöhnliche kapitalistische Warentausch ermöglicht wird, denn das Volk braucht das; ohne dies kann man nicht leben).

getreten.[24] Dieses regelt ausschließlich das „Build-Operate-Transfer-Modell" (BOT), das – eventuell der Rechtsgeschichte geschuldet – als Konzession bezeichnet wird. Die Projekte können in den Bereichen Verkehrsinfrastruktur, soziale Infrastruktur sowie in der Wohnungs- und Kommunalwirtschaft (Wasser-, Wärme-, Elektrizitäts- und Gasleitungen, Kläranlagen, Abfallbeseitigung) verwirklicht werden. Entsprechend dem typischen BOT-Modell (Art. 3 Pkt. 1 KonzG) verpflichtet sich der Private zur Errichtung bzw. Sanierung des Objekts, deren Finanzierung sowie zum Betrieb des Objekts innerhalb einer vertraglich bestimmten Zeit. Der Staat wird Eigentümer des zu errichtenden Objekts und tritt lediglich die Besitz- und Nutzungsrechte an den privaten Investor ab.

Im Hinblick auf die geltende Gesetzgebung sieht das Gesetz die grundsätzliche Anwendung des Zivilrechts vor. Ausnahmen von dieser Regel werden durch das KonzG geregelt (vgl. u. a. Art. 8 Pkt. 2 Nr. 3 KonzG) oder ergeben sich aus dem Wesen der Konzessionsvereinbarung (Art. 3 Pkt. 2 Satz 2 KonzG).

Die positive Seite des KonzG ist in der Schaffung einer rechtlichen Infrastruktur zu sehen, was sich seinerseits positiv auf das Investitionsklima auswirkt, indem politische Risiken reduziert werden. Ferner werden private Mittel in diejenigen Wirtschaftszweige investiert, die zwar nicht privatisiert werden dürfen, aber dennoch auf das zusätzliche Kapital angewiesen sind.

Negativ fallen zum einen systematische Defizite des KonzG auf. Das für den Abschluss der Vereinbarung notwendige Vergabeverfahren weicht erheblich von demjenigen ab, das für die Vergabe von Mitteln aus dem Investitionsfonds der Russischen Föderation vorgesehen ist. Ferner sind dem Gesetz keine Steuerprivilegien zu entnehmen, was sich nachteilig auf die private Investitionsbereitschaft auswirkt.

Zum anderen können auch normative Mängel ausgemacht werden. Das Gesetz sieht z. B. den Austausch des Partners ausschließlich nach der Fertigstellung des Konzessionsobjekts vor. Ein vernünftiger Grund für eine solche Einschränkung der staatlichen Einflussmöglichkeiten ist weder genannt, noch bei einer genaueren Betrachtung der entsprechenden Regelungen ersichtlich. Außerdem sah das Gesetz früher eine 30 % Anlagepflicht für die Teilnahme am Vergabeverfahren vor, die eine abschreckende Wirkung auf mögliche Investoren haben könnte.[25] Schließlich darf das Konzessionsobjekt bei einer Fremdfinanzierung

---

24 Zu einer Übersetzung siehe *Kalinina*, in: Breidenbach (Hrsg.), Handbuch für Wirtschaft und Recht in Osteuropa, Band 3, RUS 830 (Loseblattsammlung, Stand: Dezember 2008). Siehe auch *Eggert/Rousinova*, WiRO 2006, 289 ff.; *Ratschkov/Kalinina*, WiRO 2009, 142 ff.

25 Art. 27 a. F. KonzG.

nicht als Sicherheit verwendet werden, was den Investoren ebenfalls nicht imponieren dürfte.

Folglich bleibt festzuhalten, dass trotz positiver Impulse dem KonzG erhebliche normative und systematische Mängel anhaften. Daher ist es nicht überraschend, dass bisher kein einziges Projekt auf der Grundlage des Gesetzes realisiert wurde. Projekte, an denen die Russische Föderation als Auftraggeber auftritt, werden nicht dem Rechtsregime des KonzG unterworfen.[26]

3. Ebene der Föderationssubjekte

In über 40 Föderationssubjekten sind Regelungen bezüglich der Zusammenarbeit zwischen dem Staat und Privaten vorhanden.[27] Diese unterscheiden sich teilweise erheblich voneinander, nicht nur im Hinblick auf die Regelungsdichte, sondern auch hinsichtlich der Regelungsqualität. Eine genauere Analyse regionaler Gesetze offenbart oft ihren deklaratorischen Charakter. Sie sind nichts anderes als eine unreflektierte Reaktion auf aktuelle politische Trends. Infolgedessen können jene Gesetze nicht als Element notwendiger rechtlicher Infrastruktur qualifiziert werden, sodass regionale Administrationen keinen privaten Partner für eigene Projekte gewinnen können.

Eine andere Beurteilung gebietet sich im Hinblick auf das Gesetz „Über die Beteiligung von Sankt Petersburg an staatlich-privaten Partnerschaften“, das 2006 in Kraft getreten ist und damit eine gewisse Vorreiterrolle in der russischen PPP-Debatte genießt.

Das Gesetz findet auf Projekte in der Transport- und Kommunikationsinfrastruktur, im Bereich der Wohnungs- und Kommunalwirtschaft (Wasser-, Wärme-, Elektrizitäts- und Gasleitungen, Kläranlagen, Abfallbeseitigung) sowie auf soziale Infrastrukturprojekte Anwendung.

Normativ verankert sind folgende PPP-Modelle:

- Konzessionen;
- BOT/BOOT;
- ROOT/ROT;
- GOCO (Government-Owned, Contractor-Operated).

---

26 Zu denken wäre dabei in erster Linie an die Errichtung der Fernstraße Moskau – Sankt Petersburg.

27 Siehe die Projekthomepage unter: www.ppp-russland.de (zuletzt abgerufen am 11.3.2012).

Diese Regelungsdichte entspricht den durchschnittlichen internationalen Anforderungen an die Ausgestaltung der rechtlichen Infrastruktur.

Art. 7 des Gesetzes stellt konkrete Anforderungen an die Ausgestaltung einer PPP-Vereinbarung. Hervorzuheben sind dabei:

- Kerndaten des Projekts (inklusive der Benchmarks des Vorhabens);
- Fristen und Verfahren der Überlassung des Objekts an die Stadt;
- Abstimmungspflicht bezüglich der Subunternehmer;
- Betrieb des Objekts durch den Privaten sowie Übertragung von Überlassungspflichten auf die öffentliche Körperschaft;
- Umfang sowie Inhalt staatlicher Finanzierung;
- Möglichkeit der Verwendung des Objekts als Sicherheit bei Fremdfinanzierung;
- Betriebsgebühren (wenn die Stadt Eigentümerin des Objekts ist);
- Modalitäten staatlicher Aufsicht (inklusive Vollstreckung fälliger Forderungen);
- Kompensations- und Garantieverpflichtungen;
- Modalitäten der Vertragsauflösung.

Die aufgeführten Bestimmungen – zu betonen sind dabei die Abstimmungspflicht, die Festlegung von Betriebsgebühren sowie Kompensations- und Garantieverpflichtungen – stellen die bereits im Rahmen der institutionellen Partnerschaften diskutierte Balance zwischen dem öffentlichen und dem Zivilrecht dar. Durch die Möglichkeit der Verpfändung des Objekts im Rahmen der Fremdfinanzierung wird die bereits angesprochene Schwäche des föderalen KonzG behoben.

Insgesamt ist das Gesetz – insbesondere im Vergleich zu anderen regionalen Gesetzen – gut gelungen und erhöht damit die Attraktivität der Stadt für private Investoren. Dies wird namentlich bei der Betrachtung bereits realisierter Projekte deutlich. Auf ein solches ist an dieser Stelle kurz einzugehen.

Die Errichtung einer Müllverarbeitungsfabrik in Levašovo bei Sankt Petersburg[28] gehört zu den neueren PPP-Vorhaben in einer recht jungen Geschichte der alternativen Beschaffung in Russland. Die Anlage soll insgesamt bis zu 460.000 Tonnen Müll pro Jahr verarbeiten. Auf der Seite des Privaten tritt das griechische Konsortium Helector-Aktor, ein Tochterunternehmen des Ellaktor Konzerns, auf. Die Parteien verwenden ein BOOT-Modell. In den ersten 25 Jahren übernimmt der Private die Errichtung, Finanzierung sowie den Betrieb. Anschließend ist das Objekt an die Stadt zurück zu übereignen. Der Private darf die

28 Siehe dazu auch die mediale Darstellung unter: http://www.bn.ru/news/2011/11/02/87268.html (zuletzt abgerufen am 1.3.2012).

Anlage noch weitere fünf Jahre betreiben. Die Fertigstellung der Fabrik ist für 2015 zu erwarten. Die Gesamtkosten belaufen sich auf ca. 300 Mio. Euro, von denen der Private 73 Mio. Euro aus eigenen Mitteln sowie weitere 30 Mio. Euro durch Fremdfinanzierung akquiriert.

IV. Zusammenfassung

Betrachtet man die Rechtsformen der Zusammenarbeit des Staates mit privaten Akteuren, kann zwischen Vertragsmodellen und institutionellen Partnerschaften unterschieden werden. Entschließt sich der Staat für eine partnerschaftliche Zusammenarbeit mit Privaten, bleibt er nach wie vor an das öffentliche Recht und dabei insbesondere an die Grundrechte gebunden.

Vergleicht man die PPP-Märkte in Deutschland und Russland, so ist der russische bislang nur schwach entwickelt. Die mangelnde Modellvielfalt auf föderaler Ebene schränkt die Möglichkeiten für die Schaffung neuer Projekte erheblich ein. Auf der Ebene der Föderationssubjekte herrschen unterschiedliche Verhältnisse. Einerseits sind dort ebenfalls zahlreiche Gesetze vorhanden, die den PPP-Markt nur ungenügend fördern können und lediglich als deklaratorische Bekundungen des politischen Willens zu verstehen sind. Andererseits belegt das Petersburger Gesetz die These, dass mithilfe eines gut strukturierten, an praktischen Bedürfnissen orientierten Gesetzes die Entwicklung alternativer Beschaffungsmodelle vorangetrieben werden kann. Jenes Gesetz sollte die Grundlage weiterer Reformen auf diesem Gebiet bilden.

Philipp-Christian Scheel

§ 4. PPP-Projekte in Deutschland unter Beteiligung von Kommunen

Die folgenden Ausführungen sollen einen kurzen Einblick in die Aspekte anwaltlicher Beratung bei PPP-Projekten geben. Einiges davon gilt für viele, insbesondere vergaberechtliche Mandate. Anderes wiederum gilt für Fragen von PPP-Projekten im Besonderen.

Ich möchte mich hierbei insbesondere auf solche Aspekte beschränken, die sich in den frühen Phasen des Projekts ergeben. PPP-Projekte sind so unterschiedlich und die zugrunde liegenden Verträge häufig so individuell angepasst, dass allgemeingültige Aussagen über den Ablauf eines auf 25 Jahre angelegten PPP-Projekts kaum möglich sind.

I. Die Ausgangslage

1. Typische Projekte

Die in Deutschland auf kommunaler Ebene typischerweise realisierten PPP-Projekte sind die Sanierung und der Betrieb von Schulen, Schwimmbädern und Verwaltungsgebäuden. Derartige Projekte hat man auch immer vor Augen, wenn von PPP die Rede ist.

Ebenso verbreitet und bei der Beratung auf kommunaler Ebene häufig zu finden ist die sog. institutionalisierte PPP. Gemeint ist damit die Bildung gemischtwirtschaftlicher Unternehmen, also Unternehmen mit privater Beteiligung.

2. Die Kommune

Auf Seiten einer Kommune muss man sich über die Akteure bei einem PPP-Projekt im Klaren sein. Dies ist zum einen nicht abstrakt die Kommune. Vielmehr muss man auch in strategischer Hinsicht zwischen der Verwaltung und der Kommunalpolitik unterscheiden.

Die Kommunalpolitik, also die „Kommunalparlamente“ wie ein Gemeinderat oder eine Stadtverordnetenversammlung, bestehen in der Regel nicht aus hauptberuflichen Politikern. Die Politiker sind ehrenamtlich tätig und haben daher auch nur begrenzte Möglichkeiten, sich in komplexe Materien einzuarbeiten.

Darüber hinaus finden sich gerade auf kommunaler Ebene nicht nur die bekannten Parteien. Auch rein kommunale Wählergemeinschaften sind stark in der Kommunalpolitik vertreten. Deren Verhalten lässt sich nicht sicher vorhersagen, viel hängt dabei von ihren wortführenden Persönlichkeiten ab.

a) Die Verwaltung

Auch innerhalb der Verwaltung lohnt bei der Beratungsstrategie ein genauer Blick. Nicht selten gibt es bereits in der Verwaltung Kritiker von PPP-Projekten. Da die wesentliche inhaltliche Vorbereitung eines solchen Projekts aber von der Verwaltungsseite gesteuert wird, bestehen hier zahlreiche Gefahren für Reibungsverluste.

Es kommt daher durchaus vor, dass ein PPP-Projekt zunächst gut anläuft, dann aber in der Verwaltung so zäh behandelt wird, dass das Projekt eingestellt wird oder sich so lange verzögert, dass es letztlich nicht umgesetzt wird.

Eine besondere Herausforderung für die Verwaltung ist immer der Wirtschaftlichkeitsvergleich zwischen konventioneller Beschaffung und einem PPP-Projekt. Der für einen Vergleich üblicherweise herangezogene sog. Public Sector Comparator (PSC) hat sich dabei als sehr fehleranfällig erwiesen. Wie sich aus einem aktuellen Bericht der Rechnungshöfe des Bundes und der Länder ergibt[1], dürfte bei fast allen PPP-Projekten eine erhebliche methodische Unsicherheit bei der Berechnung bestehen.

Der PSC bietet allerdings auch Möglichkeiten, den Prozess bewusst zu steuern und durch einen künstlich hoch gerechneten PSC die PPP-Variante als wirtschaftlicher darzustellen. Umgekehrt lässt sich auf diese Weise ein PPP-Projekt genauso bereits im Vorfeld als unwirtschaftlich verhindern.

b) Die Kommunalpolitik

Ob Verwaltung und Kommunalpolitik an einem Strang ziehen, ist von Kommune zu Kommune unterschiedlich. Die Frage nach einem PPP-Projekt hat dabei häufig die Natur einer Glaubensfrage. Schon in einem frühen Stadium wird politisch gegen eine drohende „Privatisierung" argumentiert.

Oft werden aber auch berechtigte Bedenken erhoben, insbesondere was die Wirtschaftlichkeit des Projekts angeht. Eine gewisse Skepsis gegenüber langfristigen Verträgen rührt in Deutschland auch daher, dass man erst vor wenigen

---

1 *Die Präsidentinnen und Präsidenten der Rechnungshöfe des Bundes und der Länder* (Hrsg.), Gemeinsamer Erfahrungsbericht zur Wirtschaftlichkeit von ÖPP-Projekten, 14.9.2011, S. 27.

Jahren häufig schlechte Erfahrungen mit sog. Cross-Border-Leasing-Verträgen machen musste und die Kommunalpolitik langfristigen Verträgen gegenüber daher sehr skeptisch ist.

c) Die Presse

Jedes Projekt, das sich finanziell erheblich auf die Kommune auswirken kann, wird früher oder später in die Lokalpresse kommen. Eine vertiefte Einarbeitung in die komplexe Materie ist den Pressevertretern – wie den Kommunalpolitikern – aber oft (jedenfalls zeitlich) nicht möglich.

Darüber hinaus ist gerade in der Lokalpresse eine Tendenz zu beobachten, bei Vergabeverfahren im Allgemeinen und PPP-Projekten im Besonderen grundsätzlich einen Skandal zu wittern. Die Presse schlägt sich dabei nicht selten auf die Seite eines vermeintlich zu unrecht unterlegenen Bieters oder meint Ansätze von Korruption oder (behördlicher) Inkompetenz zu erkennen. Auf Seiten der Verwaltung steht die Presse bei politischen Vergabeverfahren und/oder PPP-Projekten eigentlich nie.

Eine neutrale Berichterstattung ist bei finanziell wichtigen und politisch sensiblen PPP-Projekten daher das Optimum für eine Kommune. Das setzt allerdings auch eine offene Kommunikation der Kommune mit der Presse voraus.

d) Die Nutzer

Es empfiehlt sich, die Nutzer gerade bei Schulen und Verwaltungsgebäuden von vornherein in das Projekt einzubeziehen.

Den Nutzern sollte auch deutlich gemacht werden, welche Vorteile und Leistungen sie während der Betriebsphase des PPP-Projekts realistischerweise erwarten können. Ansonsten besteht die Gefahr, dass Wunsch und Wirklichkeit so weit auseinander fallen, dass das PPP-Projekt während der Betriebsphase einen erheblichen Imageschaden erleidet. Das wiederum kann andere Kommunen davon abhalten, selbst ein PPP-Projekt zu erwägen. Jedenfalls lassen sich schlechte Erfahrungen der Nutzer eines laufenden Projekts sehr gut in der politischen Argumentation gegen ein neues Projekt benutzen.

e) Die Berater

Bei PPP-Projekten ist es fast unvermeidlich, externe Berater einzubeziehen, insbesondere für die wirtschaftlichen oder juristischen Aspekte. Nicht selten wird es dabei diesen Beratern überlassen, die PPP-Eignung und den wirtschaftlichen

Vorteil der PPP-Variante gegenüber einer konventionellen Beschaffung zu bewerten.

Diese Beratung durch Externe sollte von der Kommune offen kommuniziert werden. Entsteht hier der Eindruck von „Mauschelei", wird dies dem gesamten Verfahren als Makel anhaften. Die Presse wird dies dankbar aufgreifen und die interessierten Kreise werden es auch politisch ausschlachten.

f) Die potentiellen Bieter

Es kommt auch vor, dass insbesondere größere Initiatoren von PPP-Projekten bewusst nach Standorten für ein Projekt suchen (Verwaltungsgebäude/Schwimmbad). Sie treten dann an die Kommune heran, um das Projekt zu verwirklichen.

Die Schwierigkeit liegt darin, dass die Kommune aufgrund des Vergaberechts nicht einfach den Auftrag erteilen kann. Das Unternehmen hatte also eine gute Idee, muss sich die Realisierung aber im Wettbewerb mit anderen erst erkämpfen.

Wenn die Verwaltung der Kommune großes Interesse an dem Projekt hat, kommt es allerdings durchaus vor, dass durch entsprechende Vorbereitung des Projekts das Vergabeverfahren auf einen bestimmten Bieter gesteuert werden kann.

Eine solche Praxis wäre allerdings als eine unzulässige Umgehung des Vergaberechts zu beurteilen. Möglich bleibt aber aus anwaltlicher Sicht, die Kommune zu möglichen vergaberechtlichen Ausnahmetatbeständen detailliert zu beraten und auf mögliche Risiken hinzuweisen.[2]

II. Einzelfragen

1. Aufwand für Kommunen

Für die meisten, insbesondere kleineren Kommunen ist es bereits eine große Hürde, ein „normales" Vergabeverfahren durchzuführen. Die zu beachtenden Vorgaben sind unübersichtlich und geprägt von schnellen Entwicklungen der Rechtsprechung. Ein PPP-Projekt stellt in dieser Hinsicht noch einmal besondere Anforderungen.

---

2 In diesem Zusammenhang bleibt abzuwarten, welchen Einfluss die aktuelle Rechtsprechung des *OLG Düsseldorf* (15.6.2010, Verg 10/10; 3.3.2010, Verg 46/09; 17.2.2010, Verg 24/09) haben wird. Das *OLG Düsseldorf* eröffnet Auftraggebern bei der Festlegung ihres Beschaffungsbedarfs einen sehr weiten Spielraum, vgl. dazu *Scheel*, Bayerische Staatszeitung Nr. 21 (17.5.2011), S. 18.

Bereits die wirtschaftliche und rechtliche Beratung im Vorfeld kann die Kommunen erhebliche Summen kosten. Darüber hinaus erfordert ein PPP-Projekt einen hohen Personaleinsatz und auch eine jahrelange Begleitung des Projekts.

Die Zurückhaltung gegenüber der PPP hat sich deutlich in den vergangenen Krisenjahren gezeigt. Die deutsche Regierung hat der Krise durch Konjunkturprogramme entgegengesteuert. Insbesondere mit Mitteln des „Konjunkturpakets II" war damit für Kommunen eine einfachere Finanzierungsmöglichkeit für Investitionen eröffnet. Darauf haben zahlreiche Kommunen eher den Fokus gelegt als auf vergleichsweise komplexe PPP-Projekte.

Seit 2010 ist daher ein Rückgang der PPP-Projekte zu verzeichnen, der auch jetzt noch nicht wieder ausgeglichen ist. Insgesamt liegt Deutschland hinter der europäischen Entwicklung.

2. Öffentlich-Öffentliche Zusammenarbeit

Entsteht bei einer Kommune ein Bedarf, drehen sich die ersten Fragen daher oft nicht um die PPP, sondern darum, ob man Ausschreibungspflichten nicht doch ganz vermeiden könne.

In diesem Zusammenhang kommt es dann zu verschiedenen Formen öffentlich-öffentlicher Zusammenarbeit, beispielsweise durch die Gründung einer Abfallentsorgungs-GmbH mit anderen Kommunen.

Weit verbreitet sind Fragen zur „ausschreibungsfreien" sog. Inhouse-Vergabe. Darüber hinaus hat der *EuGH* durch seine Entscheidung in der Sache *Stadtreinigung Hamburg*[3] eine Freistellung kommunaler Kooperationen ins Spiel gebracht, die seit dem auch immer wieder als Gestaltungsvariante nachgefragt wird. Die vergaberechtlichen Fragen, die sich dabei ergeben, sind allerdings noch nicht abschließend geklärt und gerade mitten in der Diskussion. Die EU-Kommission hat zu den vergaberechtlichen Aspekten solcher öffentlich-öffentlichen Kooperationen erst kürzlich ein Arbeitsdokument veröffentlicht.[4]

Zusammengefasst lässt sich in Deutschland derzeit eine gewisse Tendenz zu „weniger privat - mehr öffentlich" feststellen.

---

3 *EuGH*, 9.6.2009, C-480/06.

4 *Europäische Kommission*, Arbeitsdokument der Kommissionsdienststellen über die Anwendung des EU-Vergaberechts im Fall von Beziehungen zwischen öffentlichen Auftraggebern (öffentlich-öffentliche Zusammenarbeit) vom 4.10.2011, SEK (2011), 1169.

3. Alternative: „klassische" Auftragsvergabe/ABC-Ausschreibungen

Eine Variante der Beschaffung, die nicht in das aktuelle PPP-Schema passt, ist die Herauslösung einzelner Phasen aus dem PPP-Kontext.

Konkret geht es darum, beispielsweise die Planung und die Errichtung eines Bauwerks „klassisch" zu vergeben, den Betrieb des Gebäudes dann aber selbst zu übernehmen. Im Bereich des privaten gewerblichen Mietrechts ist insbesondere bei großen Mietern eine entsprechende Tendenz zu beobachten.

In diesem Zusammenhang gewinnt auch das Modell der sog. ABC-Ausschreibungen (wieder) an Interesse. Bei diesen ABC-Ausschreibungen – auch „Thüringer Modell" genannt – wird ein Los A „konventioneller Bau", ein Los B „Finanzierung" und ein Los C „Bauen und Finanzieren aus einer Hand" ausgeschrieben. Diese Lose werden dabei parallel ausgeschrieben. Der Auftraggeber hat daher verschiedene Kombinationsmöglichkeiten, die er beauftragen kann.

Eigentlich ist dies eher ein Modell der PPP-Projekte der „ersten Generation". Bei der „zweiten Generation" spielt der Lebenszyklusansatz einschließlich Betriebsphase die wesentliche Rolle. Mit diesem Lebenszyklusansatz ist eine ABC-Ausschreibung nicht unbedingt in Einklang zu bringen.

Die Rechnungshöfe des Bundes und der Länder sehen in solchen ABC-Ausschreibungen aber eine wirtschaftliche Vergabevariante auf verlässlicher Grundlage.[5]

Auf Bieterseite haben namhafte Unternehmen bereits verlauten lassen, dass sie sich an ABC-Vergaben nicht beteiligen würden. Das erklärt sich daraus, dass für diese Unternehmen der wirtschaftliche Gewinn in der Betriebsphase und nicht in der Errichtung eines Gebäudes liegt.

4. „Bankenexklusivität"

Ein besonderes Problem stellt sich in der Praxis hinsichtlich der Finanzierung: Die Zahl der Banken, die für eine Finanzierung auf Bieterseite stehen, ist faktisch beschränkt. PPP-Projekte gehören nicht (mehr) zum Angebot vieler Banken, sodass sich für die Finanzierungsseite eines PPP-Projekts nur wenige Institute interessieren.

Das ist deswegen kritisch, da damit ein und dieselbe Bank für verschiedene Bieter tätig sein kann. Dabei bekommt die Bank auch das Angebot eines Bieters – zumindest wesentliche Teile davon – auf den Tisch. Das birgt grundsätzlich

---

5 *Die Präsidentinnen und Präsidenten der Rechnungshöfe des Bundes und der Länder* (Hrsg.), Gemeinsamer Erfahrungsbericht zur Wirtschaftlichkeit von ÖPP-Projekten, 14.9.2011, S. 23.

die Gefahr, dass die Bank Informationen über das Angebot weitergeben könnte, wenn sie auch von einem Konkurrenten angefragt wird.

Von den Gerichten entschieden ist diese Konstellation noch nicht. In der Praxis wird vorgeschlagen, das Bankgeheimnis zwischen dem Bieter und der Bank für diese Fälle zusätzlich in einer Vereinbarung zu konkretisieren.[6]

III. Fazit

Das Potential für PPP-Projekte lässt sich in Deutschland noch als hoch einschätzen. Gleichzeitig gibt es aber eine deutliche Skepsis gegenüber den wirtschaftlichen Vorteilen von PPP. Es bleibt daher abzuwarten, welche Auswirkungen der Bericht der Rechnungshöfe auf die PPP-Kultur in Deutschland haben wird.

---

6 Vgl. *ÖPP Deutschland AG* (Hrsg.), Auswirkungen der Finanzmarktkrise auf Öffentlich-Private Partnerschaften, insbesondere im Hochbau, ÖPP-Schriftenreihe Band 1 2010, Anlage 10 „Workshop Bankenexklusivität“ und Anlage 11.

Stefan Papsthart

§ 5. Die Zusammenarbeit von Kommunen mit Privaten aus der Perspektive der Rechtsaufsicht

Der folgende Beitrag soll – nach einer Skizzierung des Systems der Kommunalaufsicht in Bayern (unter I.) – anhand dreier Beispiele veranschaulichen, wie sich kommunal-private Partnerschaften rechtsaufsichtlich darstellen (unter II.) und schließt mit einer Zusammenfassung der dabei maßgeblichen Grundsätze (unter III.).

I.

Zunächst also ein kurzer Überblick über die Stellung der Kommunen im Staatsgefüge und die Funktion der staatlichen Kommunalaufsicht.

1. Die Bundesrepublik Deutschland ist ein Gesamtstaat, gegliedert in Länder (unter ihnen der Freistaat Bayern); dort wiederum finden sich – als „ursprüngliche Gebietskörperschaften des öffentlichen Rechts" (vgl. Art. 11 Abs. 2 Satz 1 Bayerische Verfassung (BV)) – Gemeinden, außerdem – räumlich umgreifender – „Gemeindeverbände" im Sinne von Art. 28 Abs. 2 Satz 2 Grundgesetz (GG), d. h. Landkreise, in Bayern darüber hinaus auch Bezirke (siehe Art. 10 BV). Gemeinden, Landkreise und Bezirke lassen sich unter dem Oberbegriff „Kommunen" zusammenfassen.

2. Die Kommunen haben gesetzlich bestimmte eigene, auf ihr jeweiliges Gebiet bezogene Kompetenzen; der Staat erkennt ihnen dafür ein in der Verfassung verankertes Recht auf Selbstverwaltung zu (Art. 28 Abs. 2 GG sowie Art. 10 Abs. 1 und Art. 11 Abs. 2 BV). Notwendiges Korrelat dieses Selbstverwaltungsrechts der Kommunen als Teil der staatlichen Ordnung ist die staatliche Aufsicht über sie.[1]

3. Was ist darunter zu verstehen? Kommunalaufsicht bedeutet, dass der Staat Gemeinden und Gemeindeverbände bei der Erfüllung ihrer Aufgaben verständnisvoll berät, fördert und schützt sowie die Entschlusskraft und die Selbstverantwortung der Kommunalorgane stärkt (siehe Art. 108 Bayerische Gemeindeordnung (GO), Art. 94 Bayerische Landkreisordnung (LkrO), Art. 90

---

1 BVerfG, Urteil vom 23.1.1957, Az.: 2 BvF 3/56 [unter C IV 2 b], BVerfGE 6, S. 104/118, sowie Beschluss vom 21.6.1988, Az.: 2 BvR 602, 974/83 [unter C II 2 a], BVerfGE 78, S. 331/341.

Bayerische Bezirksordnung (BezO)) und die Erfüllung ihrer originären (d. h. zum sog. eigenen Wirkungskreis zählenden) gesetzlich festgelegten und öffentlich-rechtlich übernommenen Aufgaben und Verpflichtungen ebenso wie die Gesetzmäßigkeit ihrer Verwaltungstätigkeit überwacht (siehe Art. 109 Abs. 1 GO und auch Art. 83 Abs. 4 BV, Art. 95 Abs. 1 LKrO, Art. 91 Abs. 1 BezO). Bei Aufgaben des übertragenen Wirkungskreises, die das Gesetz den Kommunen zur Besorgung namens des Staates oder anderer Körperschaften des öffentlichen Rechts zuweist, haben staatliche Aufsichtsbehörden zudem eine – wenn auch eingeschränkte – Weisungsbefugnis gegenüber den Kommunen und die Möglichkeit, auf deren Ermessensausübung – wenngleich in begrenztem Maße – einzuwirken (siehe Art. 8, 109 Abs. 2 sowie Art. 116 Abs. 1 Satz 2 GO und auch Art. 83 Abs. 4 Satz 3 BV, Art. 6, 95 Abs. 2 und Art. 102 Abs. 1 Satz 2 LKrO, Art. 6, 91 Abs. 2 und Art. 98 Abs. 1 Satz 2 BezO).

Relativ weit gefasst ist der Aufgabenkreis der Gemeinden; nach Art. 6 Abs. 1 GO steht ihnen „in ihrem Gebiet die Erfüllung aller öffentlichen Aufgaben zu. Ausnahmen bedürfen eines Gesetzes". Als Beispiele sind hier die örtliche Wasserversorgung (Art. 57 Abs. 2 GO) und Abwasserentsorgung (Art. 34 Bayerisches Wassergesetz), aber auch der Bau und Unterhalt von Volksschulgebäuden (Art. 8 Abs. 1 Bayerisches Schulfinanzierungsgesetz [BaySchFG]) oder von Ortsstraßen (Art. 47 Abs. 1 Bayerisches Straßen- und Wegegesetz [BayStrWG]) zu nennen; siehe im Übrigen den ausführlichen, gleichwohl nur beispielhaften Katalog in Art. 83 Abs. 1 BV.

Die Aufgaben der Gemeindeverbände, d. h. der Landkreise und Bezirke, sind diesen speziell durch Gesetz zugewiesen (vgl. Art. 28 Abs. 2 Satz 2 GG, Art. 10 Abs. 2 und 3 BV). So müssen sich die Landkreise innerhalb ihres Kreisgebiets etwa um die akut-stationäre Krankenversorgung (Art. 51 Abs. 3 Satz 1 Nr. 1 LKrO), den Bau und Unterhalt von Gebäuden weiterführender Schulen (Art. 8 Abs. 1 Nrn. 2 und 3 BaySchFG) und von Kreisstraßen (Art. 41 Satz 1 Nr. 2 BayStrWG) kümmern; ferner um die Abfallentsorgung (Art. 3 Abs. 1 Bayerisches Abfallwirtschaftsgesetz). Kreisfreie Gemeinden nehmen für ihr Gebiet auch die Landkreisaufgaben wahr (Art. 9 Abs. 1 Satz 2 GO). Die Bezirke schließlich sind für ihr jeweiliges (mehrere Landkreise/kreisfreie Gemeinden umfassendes) Gebiet zuständig, beispielsweise für die stationär-psychiatrische Versorgung (Art. 48 Abs. 3 Nr. 1 BezO) und die institutionelle wie materielle Eingliederungshilfe für behinderte Menschen (Art. 48 Abs. 3 Nr. 2 BezO, Art. 81 f. Bayerisches Gesetz zur Ausführung der Sozialgesetze).

Aufgaben können auch im Wege interkommunaler Kooperation nach den Bestimmungen des Bayerischen Gesetzes über die kommunale Zusammenarbeit (KommZG) erledigt werden (zu Schulverbänden für Volksschulen siehe speziell Art. 9 BaySchFG).

4. Zuständige Kommunalaufsichtsbehörden sind

- für kreisangehörige Gemeinden die auf Landkreisebene eingerichteten (staatlichen) Landratsämter (Art. 110 Satz 1 GO, Art. 37 Abs. 1 Satz 2 LKrO),
- für kreisfreie Gemeinden und Landkreise die auf Bezirksebene angesiedelten (Bezirks-) Regierungen (Art. 110 Satz 2 GO und Art. 96 Satz 1 LKrO) und
- für die Bezirke das Bayerische Staatsministerium des Innern (Art. 92 BezO).

5. Wie findet Kommunalaufsicht praktisch statt?
Entweder

a. in präventiver Weise durch gesetzlich angeordneten Genehmigungsvorbehalt zum Beispiel
   aa) betreffend den *Gesamt*betrag der im kommunalen Haushalt vorgesehenen
      (1) Kreditaufnahmen (Art. 71 Abs. 2 GO, Art. 65 Abs. 2 LKrO, Art. 63 Abs. 2 BezO) und
      (2) Verpflichtungsermächtigungen bei kreditfinanzierter Finanzplanung (Art. 67 Abs. 4 GO, Art. 61 Abs. 4 LKrO, Art. 59 Abs. 4 BezO)

   oder

   bb) betreffend den Abschluss kreditähnlicher Rechtsgeschäfte, Gewährleistungen und Bestellungen von Sicherheiten (Art. 72 GO, Art. 66 LKrO, Art. 64 BezO, soweit diese über den Grenzen der Bayerischen Verordnung über kreditähnliche kommunale Rechtsgeschäfte liegen)

oder

b. – repressiv – durch Einschreiten aufgrund von
   aa) obligatorischen Anzeigen der Kommune zum Beispiel
      (1) des Haushalts ohne Kreditfinanzierung (Art. 65 Abs. 2 GO, Art. 59 Abs. 2 LKrO, Art. 57 Abs. 2 BezO) oder
      (2) der Gründung von oder der Beteiligung an Unternehmen (Art. 96 GO, Art. 84 LKrO, Art. 81a BezO)

   oder infolge von

   bb) Anfragen, Beschwerden, Eingaben und Petitionen (von Mandatsträgern ebenso wie aus der Bevölkerung).

Das aufsichtliche Instrumentarium reicht dabei vom Informations- und Beanstandungsrecht (Art. 111, 112 GO, Art. 97, 98 LKrO, Art. 93, 94 BezO) über das Recht der Ersatzvornahme (Art. 113 GO, Art. 99 LKrO, Art. 95 BezO) bis hin zur Möglichkeit der Bestellung eines Beauftragten (Art. 114 GO, Art. 100 LKrO, Art. 96 BezO).

6. Grafisch lässt sich das System der Kommunalaufsicht in Bayern folgendermaßen darstellen:

Abbildung 1

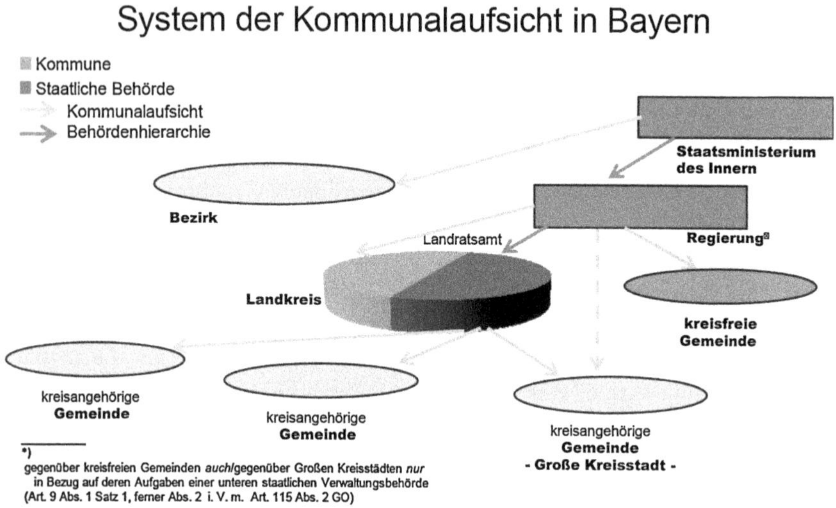

II.

„Public-private-Partnerships" (oder zu Deutsch: öffentlich-private Partnerschaften) sind an sich nichts Neues. Das Recht ist insofern auch durchaus aufgeschlossen (vgl. die übereinstimmende Regelung in Art. 61 Abs. 2 Satz 2 GO, Art. 55 Abs. 2 Satz 2 LKrO, Art. 53 Abs. 2 Satz 2 BezO: „Aufgaben sollen in geeigneten Fällen daraufhin untersucht werden, ob und in welchem Umfang sie durch nichtkommunale Stellen, insbesondere durch private Dritte oder unter Heranziehung privater Dritter, mindestens ebenso gut erledigt werden können."). Schon immer hat sich die öffentliche Hand (z. B. beim Bau von Ämter- und Schulgebäuden oder von Straßen) der Leistungen von privaten Freiberuflern (Architekten, Ingenieuren) und Gewerbetreibenden (Bauunternehmern) bedient. Verhältnismäßig neu indes ist der Ansatz, mit privaten Partnern über den gesamten „Lebenszyklus" eines Investitionsvorhabens – von der Planung über die Errichtung bis hin zum Betrieb und möglicherweise auch zum „Rückbau" einer kommunalen Einrichtung beispielsweise – zu kooperieren und dabei gegebenenfalls auch die Finanzierung mit einzubeziehen, um damit potentielle Synergieeffekte zu generieren und die Projektentwicklung möglichst nachhaltig zu gestalten.

Nach einer Umfrage der Obersten Baubehörde im Bayerischen Staatsministerium des Innern vom August 2011[2] war gerade innerhalb der letzten Jahre ein deutlicher Anstieg solcher PPP-Projekte zu verzeichnen. Besonders häufig finden sich in diesem Zusammenhang Energie-Contracting-Modelle; stärkster Anwendungsbereich ist der Sektor Schulen/Bildungseinrichtungen. Im Folgenden soll daher das Thema Public-private-Partnership aus kommunalaufsichtlicher Perspektive beispielhaft am Bau und Betrieb eines Schulgebäudes (unter 1.) und am Abschluss eines Energiespar-Contractings (unter 2.) beleuchtet werden. Außerdem soll unter diesem Aspekt ein Blick auf die kommunale Gründung von (bzw. Beteiligung an) gemischt-wirtschaftlichen Unternehmen zum Zweck der Energieversorgung geworfen werden (siehe zu 3.).

1. Errichtung und Betrieb eines Schulgebäudes

Die Spezifika einer PPP-Projektierung werden am ehesten im Vergleich zur „konventionellen" Realisierung solcher Vorhaben deutlich. Letztere ist charakterisiert durch eine Abfolge von zwar aufeinander bezogenen, jedoch immer eigens vorgenommenen Einzelschritten: angefangen von der – gegebenenfalls stufenweisen – Planung, über die sich in verschiedenen Gewerken vollziehende Errichtung bis hin zu den einzelnen Maßnahmen des Gebäudeunterhalts. Die Aufträge für alle diese Teilschritte werden jeweils extra nach entsprechender – „inputorientierter" – Leistungsbeschreibung mit definiertem Leistungsverzeichnis vergeben. Die Finanzierung von Planung und Errichtung erfolgt nach Planungs- bzw. Baufortschritt auf der Basis entsprechender Ansätze im *Vermögens*haushalt. Die Kosten des Gebäudeunterhalts sind hingegen im *Verwaltungs*haushalt zu veranschlagen und können, da sie nicht investitionsbezogen sind, auch nicht durch Kredite finanziert werden.

Bei der kommunalaufsichtlichen *Beurteilung des Haushalts* (siehe oben unter I. 5. a) aa) und b) aa) (1)) sind vor allem folgende, auf Art. 61 GO, Art. 55 LKrO, Art. 53 BezO basierende Prinzipien entscheidend:

- Ausgaben nur für Aufgaben!
  Im vorliegenden Fall resultiert die kommunale Aufgabe aus Art. 8 Abs. 1 BaySchFG.
- Bewahrung der dauernden Leistungsfähigkeit!

2 Vgl. http://goo.gl/r6ESYK (zuletzt abgerufen am 31.8.2013).

Dies ist daran geknüpft, dass

- der Haushaltsausgleich des Haushaltsjahres erreicht ist,
- die mittelfristige Ergebnis- und Finanzplanung unter Berücksichtigung eventueller Fehlbeträge ausgeglichen ist,
- Verbindlichkeiten aus Verlustübernahmen für Einrichtungen und Eigenbetriebe sowie für kommunale Anstalten und Eigen- sowie Beteiligungsgesellschaften entweder im Haushalt oder in der mittelfristigen Ergebnis- und Finanzplanung oder aus den Rücklagen gedeckt werden können,
- die Einlösbarkeit von Vorbelastungen künftiger Haushaltsjahre, soweit sie nicht bereits im Haushalt oder in der mittelfristigen Ergebnis- und Finanzplanung veranschlagt sind, als nicht von vornherein unrealistisch anzusehen ist und
- (bei doppischer Buchführung) in der Bilanz ein positives Eigenkapital ausgewiesen ist und voraussichtlich ausgewiesen bleibt.[3]

Erweist sich ein Haushalt demnach als nicht genehmigungsfähig, sind nur unaufschiebbare „Notmaßnahmen“ im Rahmen der vorläufigen Haushaltsführung möglich (Art. 69 GO, Art. 63 LKrO, Art. 61 BezO).

– Beachtung von Wirtschaftlichkeit und Sparsamkeit!
  Neben der schon genannten unbedingten Aufgabenbezogenheit kommunaler Ausgaben müssen diese auch in einem angemessenen Verhältnis zu dem durch sie verfolgten Zweck stehen. Da dies die kommunale Finanzhoheit und somit einen Kernbereich ihrer verfassungsmäßig garantierten Selbstverwaltung betrifft, ist den Kommunen hierbei ein gewisser Einschätzungsspielraum zuzubilligen; lediglich dann, wenn das kommunale Handeln mit den Grundsätzen vernünftigen Wirtschaftens schlechthin unvereinbar ist, besteht Anlass zu aufsichtlichem Einschreiten.[4]

Diese Grundsätze gelten auch bei einer PPP-Realisierung, deren Finanzierung sich ebenfalls in Haushaltsansätzen bzw. Verpflichtungsermächtigungen abbildet. Im Unterschied zur „konventionellen“ Verwirklichung werden hier Planung, Errichtung, Betrieb (im Sinne von Unterhalt, „maintenance“) und gegebenenfalls auch Finanzierung als eine *Gesamt*leistung erbracht, die im Wege einer „outputorientierten“ Funktionalausschreibung mit definiertem Leistungsprogramm vergeben wird.

---

3 Vgl. *Mühlbauer/Stanglmayr/Zwick*, in: Schulz/Wachsmuth/Zwick (Hrsg.), Kommunalverfassungsrecht Bayern, GO-Kommentar, Erl. 3 zu Art. 61.

4 Bayerischer Verwaltungsgerichtshof, Urteil vom 27.5.1992, Az.: 4 B 91.190, BayVBl. 1992, S. 628/630 = NVwZ-RR 1993, S. 373/374 f. = FSt 1992, RdNr. 253 Ziff. 6 = juris Rn. 20–22.

Mit Blick auf das Wirtschaftlichkeitsgebot ist die PPP-Lösung einem *Wirtschaftlichkeitsvergleich* mit einer demgegenüber standardmäßig-„herkömmlichen" Realisierung zu unterziehen.[5]

Dabei ist zu berücksichtigen, dass

- Charakteristikum der „traditionellen" Realisierungsvariante die Aufspaltung des Gesamtvorhabens in einzelne (Teil-)Leistungen ist, welche
  - unter dem Aspekt der jeweils zu beachtenden Gewährleistung, jedoch nicht unbedingt einer darüber hinausgehenden „Nachhaltigkeit" (in puncto Funktionalität und Betriebskosteneinsparung) erbracht werden und
  - auf Seiten der auftraggebenden Kommune koordinatives Gespür voraussetzen, um eventuelle Schnittstellenprobleme zu vermeiden,
- die PPP-Realisierung sich hingegen durch besondere Dauerhaftigkeit in den Vertragsbeziehungen auszeichnet, welche
  - in besonderem Maße Änderungsrisiken (in der Person des Auftragnehmers etwa in Bezug auf dessen Leistungsfähigkeit – wie auf Seiten des Projekts – z. B. hinsichtlich der Fortentwicklung einschlägiger Funktionalitätsstandards –) birgt, was wiederum
  - eine äußerst sorgfältige und vorausschauende Vertragsgestaltung erfordert, die einen entsprechenden Transaktionsaufwand veranlasst.

Im Zusammenhang mit der PPP-Verwirklichung eines Schulbauvorhabens sei noch auf eine mögliche Besonderheit hingewiesen: die *Forfaitierung der Baukosten mit Einredeverzicht*. Dabei verkauft der Investor (= Auftragnehmer) seine Forderungen gegen die Kommune (= Auftraggeber) aus der von ihm erbrachten Bauleistung an die finanzierende Bank. Die Forderungen entsprechen den (letztlich von der auftraggebenden Kommune zu tragenden) Investitionskosten bzw. dem Kapitaldienst für das zur Finanzierung der Investition aufgenommene Fremdkapital. Die Kommune stellt diese Forderungen nach Abschluss der Bau(abschnitts)phase (d. h. nach Abnahme) gegenüber der Bank einredefrei, womit sie sich verpflichtet, auch bei Bauleistungsstörungen an die Bank zu zahlen. Die Bank gewährt dafür im Gegenzug bei der Baukostenfinanzierung aufgrund ihres minimierten Risikos

---

5 § 12 Abs. 2 Bayerische Kommunalhaushaltsverordnung-Doppik – KommHV-Doppik – bzw. § 10 Abs. 2 Bayerische Kommunalhaushaltsverordnung-Kameralistik – KommHV-Kameralistik –, Nr. 3.2.1 der Anlage 1 zur Ministerialbekanntmachung vom 20.3.2001, AllMBl S. 148; siehe hierzu auch den bundeseinheitlichen Leitfaden Wirtschaftlichkeitsuntersuchungen bei PPP-Projekten vom September 2006, http://goo.gl/3fOT69 (zuletzt abgerufen am 31.8.2013).

besonders günstige Kreditkonditionen. Ihr Risiko ist auch dadurch reduziert, dass eine Insolvenz der Kommune schon von Rechts wegen ausscheidet (§ 12 Abs. 1 Nr. 2 Insolvenzordnung i. V. m. Art. 77 GO, Art. 71 LKrO Art. 69 BezO).

Folgende Abbildung soll die hierbei gegebenen Rechtsbeziehungen veranschaulichen:

Abbildung 2

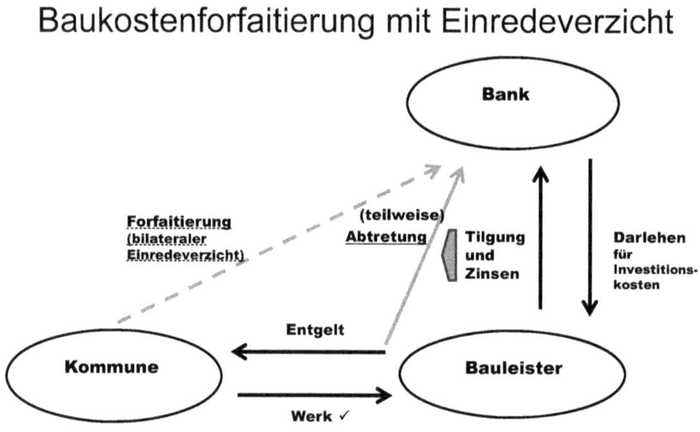

Auf Seiten der Kommune handelt es sich um ein kreditähnliches und somit genehmigungspflichtiges Rechtsgeschäft (siehe oben unter I. 5. a) bb)), bei dessen Beurteilung vor allem auf eine angemessene Risikoverteilung zwischen auftraggebender Kommune, beauftragtem Investor und finanzierender Bank zu achten ist (vgl. Art. 72 Abs. 4 Satz 1 i. V. m. Art. 71 Abs. 2 Satz 2 und Art. 61 Abs. 3 GO, Art. 66 Abs. 4 Satz 1 i. V. m. Art. 65 Abs. 2 Satz 2 und Art. 55 Abs. 3 LKrO, Art. 64 Abs. 4 Satz 1 i. V. m. Art. 63 Abs. 2 Satz 2 und Art. 53 Abs. 3 BezO).

In den Blick zu nehmen sind dabei hauptsächlich

- die (wirtschaftliche) Stabilität des Leistungserbringers,
- die Qualität seiner Leistung und deren (rechtzeitige!) Kontrolle,
- hinzukommende Transaktionskosten und
- mögliche Änderungsrisiken.

2. Abschluss eines Energiespar-Contractings

Vertragsgegenstand ist hierbei die Durchführung von Energiesparmaßnahmen an bestimmten Immobilien einer Kommune zum Zweck der Energieverbrauchs- und Energiekostensenkung und die Übernahme des wirtschaftlichen

Risikos für die Erreichung dieses Ziels. Der Auftragnehmer steht dafür ein, dass die auftraggebende Kommune während eines definierten Zeitraums in einem garantierten Umfang Energiekosten einspart.

Als Grundvergütung für seine Leistungen erhält der Auftragnehmer während der Vertragslaufzeit pro Abrechnungszeitraum einen bestimmten Anteil des garantierten Einsparbetrags. Ihm ist gestattet, wiederum einen fixen Anteil dieser Grundvergütung zur Deckung der ihm vertragsbedingt entstehenden Investitionskosten nach Einbau an ein Finanzierungsunternehmen zu verkaufen. Die auftraggebende Kommune verpflichtet sich, diesem Finanzierungsunternehmen gegenüber zu erklären, dass sie auf Einreden oder Einwendungen – einschließlich Aufrechnung und Zurückbehaltung – gegen die verkauften Forderungen verzichtet.

Es handelt sich – wie schon im Beispiel 1 – um eine Forfaitierung, die als kreditähnliches Rechtsgeschäft einer kommunalaufsichtlichen Genehmigung bedarf.

Maßgeblich für deren Erteilung ist insbesondere, dass

- der Vertragsgegenstand sich im Rahmen der kommunalen Aufgabenerfüllung hält,
- die Forfaitierung erst nach Abschluss der Bauarbeiten (d. h. nach deren Abnahme) erfolgt,
- etwaige Gewährleistungsansprüche gegenüber dem Auftragnehmer nicht berührt werden (der nicht abgetretene Teil der Grundvergütung verbleibt insofern auch zur potenziellen Entgeltkürzung bei Leistungsstörungen) und
- die dauernde Leistungsfähigkeit der Kommune nicht beeinträchtigt wird.

3. Gründung von (bzw. Beteiligung an) einem Unternehmen zur Energieversorgung

Im Zuge der „Energiewende“ – also der Umorientierung in der Energieversorgung: weg von zentralen, atomar oder fossil betriebenen Kraftwerken, hin zu dezentralen Energieerzeugungsanlagen auf möglichst regenerativer Rohstoffbasis – sehen viele Gemeinden, aber auch Landkreise es als sinnvolle Option an, selbst oder zusammen mit anderen – kommunalen wie privaten – Partnern ein Unternehmen zu gründen bzw. sich an einem solchen zu beteiligen, dessen Zweck die Errichtung und der Betrieb einer (oder mehrerer) Energieversorgungsanlage(n) – etwa Photovoltaik-, Biomasse-, Wind- oder Wasserkraftanlagen, gegebenenfalls samt zugehöriger örtlicher Leitungsnetze – ist. Rechtliche Konsequenzen daraus, die auch von kommunalaufsichtlicher Relevanz sind oder zumindest sein können, sollen anhand folgender Übersicht aufgezeigt werden:

Abbildung 3

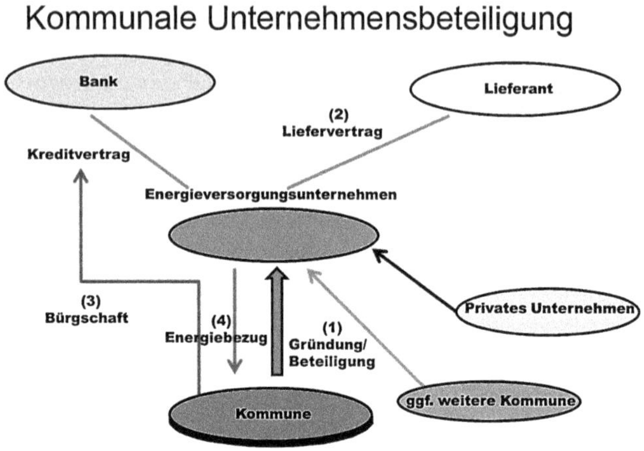

(1) *Kommunale Gründung von bzw. Beteiligung an einem Energieversorgungsunternehmen*

Will eine Kommune ein Unternehmen, gleich welcher Rechtsform, gründen oder sich daran beteiligen, hat sie dies der zuständigen Kommunalaufsichtsbehörde gegenüber anzuzeigen (siehe oben unter I. 4. und 5. b) aa) (2)).

Inhaltlich müssen hierbei vor allem folgende Kriterien erfüllt sein:

- Ein öffentlicher Zweck (insbesondere: eine kommunale Aufgabe) muss dieses Engagement „erfordern" (Art. 87 Abs. 1 Satz 1 Nr. 1 GO, Art. 75 Abs. 1 Satz 1 Nr. 1 LKrO), d. h., dies muss zur Erfüllung eines besonderen und vorrangigen öffentlichen Zwecks vernünftigerweise geboten sein,[6]
- Art und Umfang des Engagements müssen in einem angemessenen Verhältnis zur Leistungsfähigkeit der Kommune und zum voraussichtlichen Bedarf stehen (Art. 87 Abs. 1 Satz 1 Nr. 2 GO, Art. 75 Abs. 1 Satz 1 Nr. 2 LKrO) und
- die Kommune soll bei privatrechtlicher Ausgestaltung adäquate Mitwirkungsrechte erhalten (Art. 92 f. GO, Art. 80 f. LKrO).

Die beiden erstgenannten Voraussetzungen sind gegeben

- bei der Nutzung eigenen, vorrangig originären Aufgaben dienenden Vermögens (Art. 74 [Abs. 2 Satz 1] GO, Art. 68 [Abs. 2 Satz 1] LKrO; wenn z. B. auf dem Dach eines Amts- oder Schulgebäudes Solarzellen angebracht werden), und

6 *Schulz*, in: Schulz/Wachsmuth/Zwick (Hrsg.), Kommunalverfassung Bayern, GO-Kommentar, Erl. 1.3.4 zu Art. 87.

- insoweit, als es um die Deckung des kommunalen Energiebedarfs geht, der sich bezieht auf
  - *eigene* Einrichtungen (Amtsgebäude, Schulen, kommunale Freizeitanlagen et cetera),
  - den *örtlichen* Versorgungsbedarf *allgemein*, jedoch aufgabebedingt *nur bei Gemeinden* (siehe Art. 83 Abs. 1 BV hinsichtlich der Versorgung „mit Licht, Gas, elektrischer Kraft" und Art. 24 Abs. 1 Nr. 3 GO im Hinblick auf die Fernwärmeversorgung).

Eine Kommune kann sich demnach an einem Energieversorgungsunternehmen höchstens in dem Maße beteiligen, welches dem Anteil *ihres* Bedarfs an der Gesamtleistung des Unternehmens entspricht.[7]

Für sie gilt auch das Örtlichkeitsprinzip (Art. 87 Abs. 2 GO, Art. 75 Abs. 2 LKrO) – wiederum bezogen auf ihren Anteil –, zwar nicht hinsichtlich der Energieerzeugung, wohl aber deren Nutzung. Interkommunale Vernetzung ist indes möglich.

Diesen Bindungen unterliegen private Anteilseigner nicht. Kommunalseitig ist bei deren Auswahl, falls sie – ausnahmsweise – (unmittelbaren) Beschaffungscharakter hat, Vergaberecht zu beachten, im Fall einer marktbeherrschenden Stellung der Kommune – die auf dem Gebiet der Energieversorgung allerdings selten anzutreffen sein dürfte – auch Kartellrecht (speziell: das Diskriminierungsverbot gemäß § 20 Gesetz gegen Wettbewerbsbeschränkungen (GWB)).

(2) Liefervertrag des Energieversorgungsunternehmens mit Lieferanten

Wird das Energieversorgungsunternehmen von der öffentlichen Hand (Kommune(n) und/oder Staat) beherrscht, ist bei seinen Beziehungen zu Lieferanten oder sonstigen Leistungserbringern Vergaberecht zu berücksichtigen (siehe §§ 97 ff. [namentlich: 98 Nr. 2 bzw. 4] GWB).

(3) Kommunale Bürgschaft für Kreditverbindlichkeiten des Energieversorgungsunternehmens

Wie der Bauleister im ersten oder der Contractor im zweiten Beispiel kann sich auch das Energieversorgungsunternehmen die besondere Bonität der Kommune zur Erzielung günstiger Kreditkonditionen zunutze machen, indem es seine Kreditverbindlichkeiten durch eine Kommunalbürgschaft besichert.

---

7 Vgl. Nr. 2.7 [Satz 5] der Ministerialvollzugsbekanntmachung zum kommunalen Unternehmensrecht vom 3.3.2002, AllMBl. 2002, S. 57, in der Fassung vom 25.5.2009, AllMBl. 2009, S. 179.

Die Bestellung einer solchen Sicherheit bedarf der kommunalaufsichtlichen Genehmigung (siehe oben unter I. 5. a) bb)). Voraussetzung dafür ist vor allem,

- dass die Kommune diese Bürgschaft „zur Erfüllung ihrer Aufgaben" übernimmt (Art. 71 Abs. 2 Satz 1 GO, Art. 66 Abs. 2 Satz 1 LKrO); dies ist hier schon für ihre Beteiligung am Unternehmen erforderlich (siehe oben zu (1)), und
- dass ihre dauernde Leistungsfähigkeit dadurch nicht gefährdet wird (Art. 72 Abs. 4 Satz 1 i. V. m. Art. 71 Abs. 2 Sätze 2 und 3 GO, Art. 66 Abs. 4 Satz 1 i. V. m. Art. 65 Abs. 2 Sätze 2 und 3 LKrO).

Da die Einräumung einer solchen Sicherheit dem Energieversorgungsunternehmen einen wirtschaftlichen Vorteil verschafft, kann unter Umständen auch europäisches Beihilferecht einschlägig sein (siehe Art. 107 ff. Vertrag über die Arbeitsweise der Europäischen Union (AEUV) mit Folgebestimmungen).

(4) Energiebezug der Kommune vom Energieversorgungsunternehmen

Bei nicht nur marginaler Fremdversorgung oder privatwirtschaftlicher Beteiligung (wie hier) ist diesbezüglich Vergaberecht zu beachten.[8] Unterhalb der vergaberechtlichen Auftragsschwellenwerte gilt es gegebenenfalls noch, die Vorgaben des kommunalen Haushaltsrechts zu berücksichtigen.[9]

III.

Zusammenfassend kann man sagen: die kommunalaufsichtliche Beurteilung von Public-private-Partnerships – seien sie nun synallagmatischer Natur, wie in den Beispielen unter II. 1. und 2., oder korporativer Art, wie im Beispiel unter II. 3. – fokussiert sich auf folgende generelle Grundsätze:

- Kein kommunales Engagement ohne Aufgabe!
- Dauernde Leistungsfähigkeit bewahren!
- Wirtschaftlichkeit und Sparsamkeit beachten!

Werden diese Prinzipien gewahrt, ist der Weg frei für Public-private-Partnership.

8 Siehe hierzu grundlegend: EuGH, Urteil vom 18.11.1999 Rs C-107/98 – Teckal –, Slg. 1999, I-8121, Tz. 50.

9 § 30 KommHV-Doppik bzw. § 31 KommHV-Kameralistik sowie Nrn. 1.2.2 Abs. 2 ff. und 1.2.3 der Ministerialbekanntmachung vom 14.10.2005, AllMBl. 2005, S. 424, in der Fassung vom 20.12.2011, AllMBl. 2012, S. 33.

Sergej Kirsanov

§ 6. Objektive Voraussetzungen für die Anwendung von Public-private-Partnership in Russland aus der Sicht eines Ökonomen

Die Entwicklung von wirksamen Instituten für das Zusammenwirken von Staat und Wirtschaft ist unter den aktuellen wirtschaftlichen und politischen Rahmenbedingungen in Russland einer der wichtigsten Faktoren für eine dynamische und nachhaltige Entwicklung des Landes und den Wachstum des Wohlstands der Bevölkerung, was die Aktualität der Erarbeitung einer qualitativ neuen Methodologie der wirtschaftlichen Beziehungen auf der Grundlage der Partnerschaft zwischen Staat und Wirtschaft bedingt. Die Public-private-Partnership (PPP) ist eine weit verbreitete Form der Beziehungen von Staat und privaten Subjekten, obwohl sie keine klare Definition hat. Überall auf der Welt ist die Public-private-Partnership eine Form der Zusammenarbeit, bei welcher der Staat die Wahrnehmung einzelner öffentlicher Funktionen dem privaten Sektor überträgt, während er vom privaten Sektor bestimmte Investitionen erhält. Im Rahmen der PPP-Projekte beauftragt der Staat die Wirtschaft, ein öffentliches Objekt zu errichten oder zu sanieren und dessen Betrieb mit hoher Qualität über einen langen Zeitraum sicherzustellen. In den meisten Fällen wird eine staatlich-private Partnerschaft als Konzession organisiert. Infolgedessen werden die Worte „PPP" und „Konzession" praktisch als Synonyme verwendet.

Es werden verschiedene Ansichten vertreten, was unter einer staatlich-privaten Partnerschaft zu verstehen ist. Zum gegenwärtigen Zeitpunkt gibt es keine genaue und allgemeinübliche Antwort auf diese Frage, oder besser gesagt, die Antworten sind vielfältig und unterschiedlich. Es ist offensichtlich, dass dem PPP-Begriff ein Zusammenwirken zwischen den beiden Partnern – dem Staat und dem privaten Sektor – immanent ist. In dem Begriff „staatlich-private Partnerschaft" wird auch die Form ihrer gegenseitigen Beziehungen als eine Partnerschaft ins Auge gefasst.

Die Grundlage für den Erfolg des PPP-Konzepts liegt darin, dass sowohl der staatliche als auch der private Sektor ihre eigenen Spezialisierungen und Vorzüge besitzen, wobei sich durch deren Kombination Kooperationen herausbilden und Synergieeffekte entstehen. Damit entsteht die Möglichkeit, in den

Bereichen effizienter zu handeln und bessere Ergebnisse zu erzielen, in denen das Marktversagen oder die Ineffizienz der öffentlichen Verwaltung am sichtbarsten sind. Zu solchen Bereichen gehört in erster Linie die Infrastruktur.

Die Investoren müssen, wenn sie die Möglichkeit zur Teilnahme an einer Ausschreibung für das Recht auf Abschluss einer Konzessionsvereinbarung prüfen, u. a. folgende Arten von Risiken bewerten, welche die jeweiligen Projekte begleiten: rechtliche, finanzielle, politische, marktwirtschaftliche und technische Risiken sowie das Risiko, das Projekt nicht fertig zu stellen. Die Identifizierung und sorgfältige Analyse der Risiken sowie die Suche nach Wegen für deren Minimierung sind für den Erhalt der Finanzierung erforderlich. Die Gläubigerbanken sowie sonstige Sponsoren des Projekts sind nicht dazu bereit, Gelder zur Verfügung zu stellen, wenn es an einem detaillierten Verständnis aller Risiken des Projekts fehlt. Dieser Faktor sollte für die Verwaltungen entscheidend sein, die in ihrer Region Investitionsprojekte entwickeln wollen, da die privaten Investoren bei der Risikobewertung von der Verwaltung ein detailliertes Verständnis aller möglichen Risiken und die Suche nach Wegen zu deren Minimierung sowie eine Methodik der Risikoteilung zwischen allen Parteien einer Konzessionsvereinbarung verlangen werden. Der Ansatz zur Risikobewertung muss von den Vertretern der regionalen Verwaltungen und der örtlichen Selbstverwaltungen für sämtliche Projektrisiken entwickelt werden, aber der Mangel an Flexibilität in den Verhandlungen und teilweise auch an hinreichender Qualifikation der Mitarbeiter der zuständigen Behörden hindern die Parteien daran, die beste und vernünftigste Lösung zu finden.

Die Höhe der Risiken, ein positiver sozialer und wirtschaftlicher Effekt oder negative Auswirkungen für die Gesellschaft als Folge der Übertragung einiger Produktions- und Dienstleistungsarten aus dem Bereich des staatlichen Handelns an den privaten Sektor hängen auch von der Reife der Zivilgesellschaft, dem Entwicklungsstand der öffentlichen Institute und der Existenz einer öffentlichen Kontrolle über die Handlungen des Staatsapparats ab. Staat und Wirtschaft agieren bei der Entwicklung und Umsetzung verschiedener Projekte als gleichberechtigte Partner, verfügen über gleiche Rechte und sind für die Erfüllung der strategischen Entscheidungen gleichermaßen verantwortlich.

In den letzten Jahren ist die aktive Nutzung privaten Kapitals zur Finanzierung der Entwicklung der Infrastruktur eine der Tendenzen der Entwicklung des staatlichen Sektors in der internationalen Praxis. Jährlich werden weltweit PPP-Verträge im Wert von mehr als 100 Mrd. US-Dollar geschlossen. Auf die Entwicklung dieses Prozesses wirken aktiv zwei divergierende Faktoren ein: Der Mangel an staatlichen Ressourcen und die Verfügbarkeit von Ressourcen in der

Wirtschaft.[1] In den Entwicklungsländern ist eine Tendenz zur Erhöhung des Investitionsvolumens auf PPP-Basis zu beobachten, sodass unter den gegebenen Umständen zu dem Schluss gekommen werden kann, dass die Einbeziehung von Unternehmern in Infrastrukturprojekte vielversprechend ist, da die private Wirtschaft über erhebliche finanzielle Ressourcen verfügt und im Vergleich zum Staat flexibler ist, diese zu nutzen, und fähig ist, technische und technologische Innovationen anzuwenden. Allerdings hat sie nicht immer Zugang zu den Bereichen, die entweder traditionell als staatlich gelten oder in denen die mit ihrer Tätigkeit verbundenen Risiken sich als sehr hoch erweisen.

Die Entwicklung der Konzession ist in erster Linie von einer klaren gesetzlichen Abgrenzung derjenigen Objekte, welche ausschließlich im staatlichen Eigentum bleiben sollen, von denjenigen, welche an die Wirtschaft zur Bewirtschaftung, zum Besitz und zur Nutzung übertragen werden, sowie von den Bedingungen ihrer Übertragung abhängig. Dies ist vor allem für die Entwicklung von Infrastrukturobjekten besonders aktuell.

Dabei scheint es sinnvoll zu sein, auf die internationalen Erfahrungen aus der Umsetzung von PPP-Projekten zurückzugreifen. Die PPP hat sich in vielen Ländern nicht nur auf föderaler, sondern auch auf örtlicher Ebene entwickelt. So werden in den USA kommerzielle Strukturen durch die kommunalen Verwaltungen aktiv an der Lösung von Angelegenheiten von örtlicher Bedeutung beteiligt (u. a. Wasserversorgung, Kanalisation, Müllabfuhr, Schulbildung, Betrieb von Parkhäusern bzw. -flächen). Dies erlaubt den örtlichen Verwaltungen, bis zu 50 % der Haushaltsmittel einzusparen.[2]

Die Ineffizienz der kommunalen Verwaltung von Unternehmen der Wasserversorgung, der kritische Zustand der Wasserversorgung in Russland und das Fehlen von Investitionen zwingen dazu, alternative Methoden für die Verwaltung und Finanzierung dieses Sektors zu suchen. Der private Sektor in Russland hat zwar bereits damit begonnen, sich für die Verwaltung von Unternehmen der Wasserversorgung zu interessieren. Zurzeit gibt es jedoch noch keinen rechtlichen Rahmen für die Beteiligung des privaten Sektors an der Verwaltung dieser

1 Национальный доклад «Риски бизнеса в частно-государственном партнерстве» (Nationaler Bericht „Risiken des Business in einer Public-private-Partnership“), Moskau: Ассоциация Менеджеров (Assoziation der Manager), 2007.

2 *Шамбир В.Н.*, Государственно-частное партнерство в муниципалитетах России: сущность, формы и противоречия (*Šambir V.N.*, Public-private-Partnership in russischen Kommunen: Wesen, Formen und Widersprüche), Экономические науки (Wirtschaftswissenschaften) 2009, Nr. 12.

Unternehmen. Zudem fehlt es potenziellen russischen privaten Betreibern an positiven Erfahrungen in der Verwaltung solcher Unternehmen.

Die meisten Arten von Konzessionsvereinbarungen im Bereich der Wasserversorgung haben die Form einer sog. „dezentralen Partnerschaft". Im Gegensatz zum Strom ist das Wasser eine Ware des örtlichen Verbrauchs und die Kosten für dessen Transport sind in wirtschaftlicher Hinsicht auf eine oder mehrere Kommunen beschränkt. Die Leitungsnetze der Wasserversorgung sind integraler Bestandteil der Stadt und geographisch durch den Markt ortsgebunden. Daher trägt die Bereitstellung des Wassers für die Bevölkerung einen ausgeprägten örtlichen wirtschaftlichen und politischen Charakter. Aus diesem Grund können die örtlichen Verwaltungen die Rolle des Verwalters der Konzession und des Partners des privaten Sektors am effektivsten erfüllen. Die Erfahrung zeigt, dass sich nach mehreren größeren, durch den Staat organisierten Konzessionen eine starke Dezentralisierung der delegierten Verwaltung abzeichnet.

Ihrerseits bevorzugen auch die Konzessionäre die Strategie der Integration mit der örtlichen Verwaltung. Wenn ein Unternehmen von einer Betreibergesellschaft übernommen wird, ist diese nicht bestrebt, das ganze vorhandene Personal zu ersetzen. Sie ist im Gegenteil im höchsten Maße bemüht, mit den örtlichen Arbeitskräften zusammenzuarbeiten, das Personal zu schulen und Technologietransfer zu betreiben. So werden in der Praxis der französischen Betreibergesellschaften die meisten Verträge durch örtliche Unternehmen, die in einer internationalen Betreibergesellschaft vereinigt sind, die ihre Erfahrung einbringt und die Rolle des führenden Betreibers erfüllt, sowie ein oder mehrere Unternehmen des Gastlandes, welche die örtliche Expertise einbringen, ausgeführt.

Nach hier vertretener Meinung wurde eine der erfolgreichsten Konzessionen im Bereich der Wasserversorgung und Kanalisation in Buenos Aires realisiert. Die Vereinbarung wurde bereits 1992 unterzeichnet und ist damit heute eine der weltweit längsten Konzessionen. Unter den Bedingungen einer internationalen Ausschreibung sollte der Zuschlag für die Konzession an denjenigen erteilt werden, der die größte Senkung der Tarife vorschlagen würde. Im Ergebnis bekam das Angebot des durch die französische Gesellschaft „Lyonnaise des Eaux-Dumez" angeführten Konsortiums „Aguas Argentinas" (AA) mit einem Vorschlag, die Tarife um 26,9 % zu senken, den Zuschlag. Der Konzessionär investierte jährlich über 200 Mio. US-Dollar in die Modernisierung der Infrastruktur. Die Konzession zur Wasserversorgung erstreckte sich auf ein Gebiet, in dem 70 % der Stadtbevölkerung lebten. Die Konzession im Bereich der Kanalisation erstreckte sich auf ein Gebiet, in dem 58 % der Stadtbevölkerung lebten. In kurzer Zeit wurden neue Leitungsnetze gelegt, neue Verbraucher angeschlossen, wobei die Leistungsparameter qualitativ besser wurden. Die Verbraucher erhielten eine signifikante Senkung der Tarife sowie die Erweiterung des Leitungsnetzes zur Wasserversorgung und Kanalisation.[3]

Ein interessantes Projekt wurde auch in Bolivien umgesetzt. Um die Qualität und Quantität von Wasserversorgung und Abwasserentsorgung zu verbessern, wurde im Jahr 1997 ein Vertrag in Form einer Konzession zur Sicherstellung von Wasserversorgung und Abwasserentsorgung der beiden benachbarten Städte La Paz und Del Alto für einen Zeitraum von 30 Jahren geschlossen. Die Konzession wird durch eine unabhängige staatliche Stelle geregelt, die verpflichtet ist, die Tarife für die gesamte Laufzeit des Vertrags zu genehmigen und die Erfüllung der Verpflichtungen des Konzessionärs zur Erhöhung des Umfangs und der Qualität der Dienstleistungen zu kontrollieren. Der Tarif wurde bezogen auf den Umfang des Wasserverbrauchs berechnet und galt gleichermaßen für Wasser und Abwasser. Die Gesamtinvestition im Laufe von 30 Jahren betrug 370 Mio. US-Dollar.[4]

In der Ukraine wird nicht weniger intensiv als im Ausland die Gesetzgebung betreffend die Konzession entwickelt und normativ abgesichert. Seit 1999 ist das Gesetz der Ukraine „Über Konzessionen"[5] in Kraft, das die Begriffe und rechtlichen Grundlagen zur Regelung der Verhältnisse staatlichen und kommunalen Vermögens im Rahmen der Konzession sowie die Bedingungen und das Verfahren ihrer Umsetzung bestimmt. Dadurch sollen die Effektivität der Nutzung staatlichen und kommunalen Vermögens erhöht und die Bedürfnisse der Bürger der Ukraine nach Waren (Werk- und Dienstleistungen) befriedigt werden.[6]

Besondere Aufmerksamkeit schenkt der Gesetzgeber der Entwicklung von Straßen mithilfe von Konzessionen. So wurde das 1999 verabschiedete Gesetz

---

3 *Свистунов Н.*, Концессии – инструмент активизации международных инвестиционных проектов в России (*Svistunov N.*, Konzessionen als Instrument der Aktivierung internationaler Investitionsprojekte in Russland), Проблемы теории и практики управления (Theoretische und praktische Probleme der Verwaltung) 2004, Nr. 3, S. 78.

4 *Kristin Komives* and *Penelope J. Brook Cowen*, Expanding water and sanitation services to low-income households. The case of the La Paz-El Alto, Public Policy for the Private Sector, Note No. 178, 4. 1998, The World Bank Group: Finance, Private Sector, and Infrastructure Network.

5 Gesetz der Ukraine Nr. 997-VI vom 16.7.1999 „Über Konzessionen", VVRU 1999, Nr. 41, Pos. 372 (mit späteren Änderungen).

6 Siehe: http://pravoved.in.ua/section-law/124-koncensi.html.

der Ukraine „Über Konzessionen für den Bau und den Betrieb von Straßen“ im Jahr 2009 neu gefasst. Dadurch wurde es möglich, den Bau von Straßen durch den Konzedenten zu bezuschussen und ein Entgelt für die Betriebsbereitschaft zu erhalten. Im Jahr 2000 wurde eine neue Fassung des Gesetzes der Ukraine „Über die Finanzierungsquellen des Straßenwesens der Ukraine“ von 1991 verabschiedet. Im Jahr 2003 folgten die Gesetze der Ukraine „Über den Straßenbau in der Ukraine“ und „Über die Sanierung und den entgeltlichen Betrieb der Autobahn Kiew – Odessa“. Zudem wurde im Jahr 2005 ein Straßengesetz der Ukraine verabschiedet, demnach die Einordnung von Straßen in die Kategorie der Mautstraßen auf der Grundlage eines speziellen Gesetzes erfolgt. Die Erhebung einer Maut wird durch Beschluss des Ministerkabinetts der Ukraine eingestellt und wieder aufgenommen. Sie wird dem Staatshaushalt der Ukraine zugeführt. Der Betrieb einer Straße kann durch einen Konzessionär sichergestellt werden.

Im Jahr 2010 wurde das Gesetz der Ukraine „Über die Public-private-Partnership“[7] verabschiedet, welches das Verzeichnis der Funktionen des privaten Partners erweiterte (Planung, Betrieb und Instandhaltung). Zudem wurde vorgesehen, dass PPP-Objekte nicht privatisiert werden dürfen und die Finanzierung aus Haushaltsmitteln erfolgt. Das Gesetz behandelt ferner Fragen betreffend die staatlichen Garantien und legt fest, dass auf die Rechte und Pflichten der Parteien eines PPP-Vertrags während der gesamten Laufzeit des Vertrags die zum Zeitpunkt seines Abschlusses geltende Gesetzgebung der Ukraine anzuwenden ist.

Auf diese Art und Weise hat die PPP in der Ukraine einen zusätzlichen Impuls erfahren. Im Juli 2011 verabschiedete die Verchovna Rada (Parlament der Ukraine) das Gesetz „Über die Besonderheiten der Pacht bzw. Konzession von sich im staatlichen Eigentum befindenden Objekten des Brennstoff- und Energiekomplexes“, das am 5. Oktober 2011 in Kraft getreten ist. Durch das Gesetz sollen die Voraussetzungen für die Sicherung der Entwicklung des Brennstoff- und Energie-Komplexes (u. a. durch die Beteiligung von Investitionen an technischer Neuausrüstung und Modernisierung) geschaffen werden. Gemäß dem Gesetz unterliegen folgende Objekte des Brennstoff- und Energiekomplexes der Verpachtung oder Konzessionierung:

- bei denen die Heranziehung moderner Fertigungstechnologien möglich ist und die einer Modernisierung (technischen Neuausrüstung) der technologischen Prozesse bedürfen;

7 Gesetz der Ukraine Nr. 2404–VI vom 1.7.2010 „Über die Public-private-Partnership“, VVRU 2010, Nr. 40, Pos. 524 (mit späteren Änderungen).

- Kohleflöze und -gruben zur Kohleförderung und -verarbeitung, die keine Perspektiven haben und geschlossen werden sollen;
- nicht fertiggestellte Bauwerke und stillgelegte Objekte, die sich im staatlichen Eigentum befinden und zur weiteren Nutzung für die Ausübung von Tätigkeiten im Bereich der Förderung und Verarbeitung von Stein- und Braunkohle (Lignit) fertiggestellt werden können.

Die im Rahmen der Verpachtung bzw. Konzessionierung von Objekten des Brennstoff- und Energiekomplexes bestehenden Verhältnisse, die durch das oben genannte Gesetz nicht geregelt werden, werden durch das Zivil-, das Wirtschafts- und das Bodengesetzbuch der Ukraine und die Gesetze „Über Konzessionen", „Über die Pacht staatlichen und kommunalen Vermögens" sowie andere Gesetze geregelt.

Es gibt inzwischen erste positive Beispiele für die Umsetzung des genannten Gesetzes. So hat das Unternehmen „DTĖK" („Kraftstoff- und Energiegesellschaft Donbass") die Ausschreibung für die Konzession von „Roven'kiantracit" und „Sverdlovantracit" gewonnen. Der Minister für Energiewirtschaft und Kohleindustrie der Ukraine unterzeichnete im November 2011 die Anordnungen über die Bestätigung der Ergebnisse und der Gewinner der Ausschreibungen für die Konzession an den ungeteilten Vermögenskomplexen der Staatsunternehmen „Roven'kiantracit" und „Sverdlovantracit". Die Ausschreibungskommissionen erteilten den Zuschlag an „DTĖK Roven'kiantracit" und „DTĖK Sverdlovantracit". Mit dem Gewinner der Ausschreibung sollte eine Konzessionsvereinbarung mit einer Laufzeit von 49 Jahren geschlossen werden.[8]

Zur Durchführung des Ausschreibungsverfahrens erließ das Ministerium für Energiewirtschaft und Kohleindustrie der Ukraine am 18. Juli 2011 die Anordnung Nr. 300 „Über die Durchführung der Ausschreibung der Konzession für die Staatsunternehmen ‚Roven'kiantracit' und ‚Sverdlovantracit', die aufgrund des Gesetzes der Ukraine ‚Über Konzessionen' sowie der Verordnungen des Ministerkabinetts der Ukraine Nr. 2293 vom 11. Dezember 1999 ‚Über die Bestätigung des Verzeichnisses der Objekte des staatlichen Eigentums, für die eine Konzession vergeben wird' und Nr. 642 vom 12. April 2000 ‚Über die Bestätigung der Ordnung über die Durchführung der Ausschreibung einer Konzession und den Abschluss von Konzessionsverträgen in Bezug auf solche Objekte des staatlichen und kommunalen Eigentums, für die eine Konzession vergeben wird'". Die Bewertung der Angebote erfolgte anhand von 16 Kriterien im Wege

8 Siehe dazu unter: http://www.rbc.ua/rus/top/show/dtek-pobedila-v-konkurse-na-kontsessiyu-rovenkiantratsit--24112011142400.

der Ermittlung des jeweiligen Gewinners für jedes der Kriterien. Die Gewinner hatten die besten Bedingungen für die Umsetzung der Konzession angeboten, welche den Interessen des Staates und der Entwicklung der Staatsunternehmen selbst am besten entsprachen.

Der Umfang der Kohleförderung bei „Roven'kiantracit" soll z. B. von 7 Mio. Tonnen im Jahr 2012 auf 7,1 Mio. Tonnen im Jahr 2016 und bei „Sverdlovantracit" von 6,75 Mio. Tonnen im Jahr 2012 auf 7,18 Mio. Tonnen im Jahr 2016 gesteigert werden. Nimmt man den Fünfjahreszeitraum, so liegen diese Angebote um 1,15 Mio. bzw. 1,53 Mio. Tonnen höher als beim zweitplatzierten Bieter. Die Kapitalinvestitionen sollen in den Jahren 2012–2016 in „Roven'kiantracit" 2,998 Mrd. UAH und in „Sverdlovantracit" 2,729 Mrd. UAH betragen. Nach dieser Kennziffer lag das Gesamtangebot der Gewinner um 434 Mio. UAH höher und zeichnete sich durch bessere Fristen für die Durchführung der Investitionen als beim Zweitplatzierten aus. Die vierteljährliche Konzessionsabgabe beträgt 17 Mio. UAH für „Roven'kiantracit" und 13 Mio. UAH für „Sverdlovantracit".

Die „DTĖK Roven'kiantracit GmbH" und die „DTĖK Sverdlovantracit GmbH" verpflichten sich zur Beibehaltung der zum Zeitpunkt des Abschlusses des Konzessionsvertrags für die Beschäftigten der staatlichen Unternehmen „Roven'kiantracit" und „Sverdlovantracit" geltenden sozialen Sicherheiten, die durch die geltende Gesetzgebung, den in der Branche geltenden Rahmenkollektivvertrag sowie betriebliche Kollektivverträge vorgesehen sind. Zum Zeitpunkt der Ankündigung der Ausschreibung wurde der Wert des staatlichen Unternehmens „Roven'kiantracit" anhand der Ergebnisse eines unabhängigen Gutachtens mit 310 Mio. US-Dollar, der von „Sverdlovantracit" mit 218 Mio. US-Dollar bewertet.

Durch die Vergabe von Konzessionen an staatlichen Kohleminen ist es möglich, schnell und langfristig Investitionen für vielversprechende Kohlebetriebe zu beschaffen, die besonders dringend einer Entwicklung bedürfen.

Die genannten Beispiele der Konzessionsvereinbarungen überzeugen von der Wirksamkeit dieser Form der Beschaffung von Investitionen. Zugleich ist eine detaillierte Konzipierung der Mechanismen einer staatlichen Regelung erforderlich. Das Fehlen eines angemessenen rechtlichen Rahmens stellt derzeit das größte Hindernis für langfristige Konzessionen dar und kann, im Fall ihres Abschlusses, den Konzessionär zum Raubbau an dem ihm zur Verfügung gestellten Eigentum verleiten.

Einige Erfahrungen aus der staatlich-privaten Partnerschaft gibt es auch im heutigen Russland. Derzeit werden Aktivitäten im Rahmen der staatlich-privaten Partnerschaft sowohl durch die allgemeine Gesetzgebung (Zivilgesetzbuch,

Haushaltsgesetzbuch, Städtebaugesetzbuch, Steuergesetzbuch, Antimonopolgesetzgebung) als auch durch spezielle Gesetze geregelt, zu denen die Föderalen Gesetze „Über Konzessionsvereinbarungen“[9], „Über die Sonderwirtschaftszonen in der Russischen Föderation“[10] und „Über die Vergabe von Aufträgen für die Lieferung von Waren und die Erbringung von Werk- und Dienstleistungen für den staatlichen und kommunalen Bedarf“[11] gehören.

Im Gebiet Kaluga wird ein PPP-Projekt zur Schaffung der notwendigen Infrastruktur von Industrieanlagen für eine Automobilproduktion umgesetzt. Für die Umsetzung des PPP-Projekts wurde zunächst eine Vereinbarung zwischen dem Gebiet Kaluga, dem Wirtschaftsministerium und den Automobilherstellern, darunter auch der Volkswagen AG, geschlossen. Im Rahmen der Vereinbarung wurde die Schaffung der notwendigen Infrastruktur der Industrieanlagen dem Gebiet Kaluga auferlegt, das damit zur ersten Region wurde, die von der „Vnešėkonombank“ („*Außenwirtschaftsbank*“) für zehn Jahre ein Darlehen zur Entwicklung von Industrieparks erhalten hat. Auf der Grundlage einer PPP wurde ein Schema für die Beschaffung und Verteilung von Geldmitteln ausgearbeitet und erfolgreich umgesetzt: Ein Drittel der Geldmittel wurde aus dem regionalen Haushalt zugewiesen, zwei Drittel wurden von der „Vnešėkonombank“ zur Verfügung gestellt.

Um diese Verpflichtungen zu erfüllen, hat die Region die „Korporation zur Entwicklung des Gebiets Kaluga“ gegründet. Auf diese Korporation wurden im Rahmen einer eigens hierfür verabschiedeten Rechtsvorschrift Rechte an Grund und Boden übertragen. Die Korporation beschaffte Kapitalmittel und Fremdgelder, baute die Infrastruktur auf, schloss daran die Nutzer ohne Erhebung einer Anschlussgebühr an und bezieht seitdem die Einnahmen aus dem Betrieb der Infrastruktur. Im Ergebnis der Umsetzung des Projekts nahmen die Industriebetriebe ihren Betrieb auf und dem Haushalt fließen die Steuereinnahmen aus ihrem Betrieb zu. Der Ansatz in Kaluga ermöglichte die Schaffung einer effektiven Logistik für die Autozulieferer: Die Fertigung, Montage und Lagerung der

9 Föderales Gesetz Nr. 115-FZ vom 21.7.2005, SZ RF 2005, Nr. 30 (Teilband 2), Pos. 3126.

10 Föderales Gesetz Nr. 116-FZ vom 22.7.2005, SZ RF 2005, Nr. 30 (Teilband 2), Pos. 3127.

11 Föderales Gesetz Nr. 94-FZ vom 21.7.2005, SZ RF 2005, Nr. 30 (Teilband 1), Pos. 3105. Seit 1.1.2014 durch das Föderale Gesetz Nr. 44-FZ vom 5.4.2013 „Über das Vertragssystem im Bereich der Beschaffung von Waren, Werk- und Dienstleistungen für die Sicherstellung des staatlichen und kommunalen Bedarfs“, SZ RF 2013, Nr. 14, Pos. 1652, ersetzt.

Fahrzeugteile erfolgt innerhalb des Gebiets Kaluga, in dem sich die Werke von Volkswagen, Peugeot-Citroen und Volvo befinden. Die gut entwickelte technische Infrastruktur der Industrieparks in Kaluga macht es möglich, den Kunden die notwendigen Kapazitäten für die Wasserversorgung, Abwasserentsorgung sowie die Gas- und Stromversorgung zur Verfügung zu stellen.

Derzeit befinden sich in den Industrieparks die Fertigungsstätten solcher strategischer Investoren wie Volkswagen, Volvo Truck, Peugeot-Citroen und Mitsubishi. Kürzlich kündigte die Developer Gesellschaft „Espro" den Beginn der Umsetzung eines neuen Projekts, einen sog. „In-Park", an. Im Rahmen der ersten Entwicklungsstufe ist vorgesehen, ein Produktionsgebäude für den ersten Steuerinländer des Projekts – die französische Gesellschaft „Faurecia" – zu errichten. Es ist geplant, auf einem Grundstück von 2,8 Hektar ein Werk mit einer Gesamtfläche von 14.200 Quadratmetern zu bauen. Das geschätzte Investitionsvolumen für das Projekt soll rund neun Mio. Euro betragen. Der geplante Termin für die Inbetriebnahme ist für das II. Quartal 2012 vorgesehen (Stand: Anfang 2012).

Zudem wurde beschlossen, die PPP-Form auch im Wohnungsbau anzuwenden. Die Regierung des Gebiets Kaluga hat beschlossen, zur Befriedigung der Nachfrage an Wohnraum für Fachkräfte Wohnheime und Wohnungen zu bauen, die vermietet werden können. Die Neubauquartiere werden in der Nähe der großen Industrieparks des Gebiets entstehen. Das Ministerium für wirtschaftliche Entwicklung des Gebiets Kaluga hat bereits ein langfristiges Zielprogramm „Wohnraum für Fachkräfte" vorbereitet, das im Ergebnis die Versorgung von ungefähr 13.000 Menschen mit Wohnraum vorsieht. Es ist geplant, Häuser und Wohnheime unter PPP-Bedingungen zu bauen. Die Entwickler des Programms rechnen mit der Beschaffung von Investitionen in Höhe von fast 14 Mrd. Rubel, während das Gebiet Kaluga die Ausgaben für die Erschließung der Grundstücke übernehmen wird. Außerdem behält sich die Region das Recht vor, die Mieten zu überwachen, damit diese nicht zu hoch steigen.[12]

Nehmen wir ein weiteres Beispiel. Es ist geplant, die erste Ausgabe von Obligationen der Offenen Aktiengesellschaft (OAO) „Glavnaja doroga" („*Hauptstraße*") mit einem Volumen von 300 Mio. Rubel zu emittieren. Dies würde für den russischen Markt das Erscheinen eines neuen Finanzierungsinstruments, nämlich von Infrastrukturanleihen bedeuten, welche zur Finanzierung von bestimmten

12 Siehe näher dazu: *Розанова Т.*, В Калужской области развивают индустриальные парки (*Rozanova, T.*, Im Gebiet Kaluga werden Industrieparks entwickelt), Российская Бизнес-газета: Государственно-частное партнерство (Russische Business-Zeitung: Public-private-Partnership) Nr. 811 (29) vom 23.8.2011.

Verkehrsprojekten emittiert werden. In diesem Fall handelt es sich um den Bau eines Abschnitts der Autobahn M1 (Moskau – Minsk). Wenn das Projekt umgesetzt ist, wird es in Russland eine Mautautobahn auf Konzessionsbasis geben. Das Konsortium wurde durch die Betreibergesellschaft „Leader" gebildet, zu deren Aktionären auch die „Gazprombank", „Strojgazkonsalting", „FCC" (Spanien), „Alpine" (Österreich) und „Brisa" (Portugal) gehören. Insgesamt plant die OAO „Glavnaja doroga" vier Tranchen mit einem Gesamtvolumen von 20 Mrd. Rubel zu emittieren. Zu dieser Summe muss noch die Kofinanzierung aus den Haushaltsmitteln addiert werden, welche das Konsortium aus dem Investmentfonds Russlands in Höhe von über elf Mrd. Rubel erhalten soll. Damit werden die Kosten für den Bau von einem Kilometer Straße der insgesamt 18,5 km langen Strecke etwa 1,36 Mrd. Rubel und die Höhe der staatlichen Garantie 8,2 Mrd. Rubel betragen. Hinsichtlich der Laufzeit des Projekts kann die Autobahn alle Ausgaben innerhalb von 20 Jahren decken. Die Gesamtlaufzeit der Konzessionsvereinbarung beträgt 30 Jahre. Der Konzessionär des Projekts „Mautabschnitt der Autobahn Moskau – Sankt Petersburg", die Offene Aktiengesellschaft „Nord-Westliche Konzessionsgesellschaft", plant Ausgaben für die Umsetzung des Projekts in Höhe von 63,4 Mrd. Rubel, wobei die Höhe der staatlichen Garantie 24,5 Mrd. Rubel beträgt.[13]

Das Projekt „Glavnaja doroga" eröffnete in der russischen Geschichte eine „Saison" von Konzessionsvereinbarungen. Die mit der OAO „Glavnaja doroga" geschlossene Vereinbarung war die erste, seitdem wurden inzwischen vier weitere Vereinbarungen unterzeichnet und weitere befinden sich in der Vorbereitungsphase. Als Hauptinitiator für Konzessionen in Russland agiert das Föderale Straßenbauamt, da es sich vor allem um den Bau von Mautstraßen handelt. Aber viel hängt bei der Entwicklung der PPP auch von den regionalen Organen der Staatsgewalt ab, die ebenfalls zu aktiven Teilnehmern dieses Prozesses werden müssen. So können die Lücken der föderalen Gesetzgebung durch die örtliche Gesetzgebung ausgefüllt werden. Dafür gibt es nicht wenige positive Beispiele. Im Jahr 2006 wurde z. B. in Sankt Petersburg das Gesetz „Über die Beteiligung von Sankt Petersburg an staatlich-privaten Partnerschaften"[14] verabschiedet. Damit war Sankt Petersburg eines der ersten Subjekte der Russischen

13 *Фрумкин К.*, Благими намерениями вымощена «Главная дорога» (*Frumkin K.*, Mit guten Vorsätzen wurde die „Hauptstraße" gepflastert), verfügbar unter: http://www.finansmag.ru/95819/.

14 Gesetz von Sankt Petersburg Nr. 627–100 vom 25.12.2006 „Über die Beteiligung von Sankt Petersburg an staatlich-privaten Partnerschaften", verfügbar auf der Rechtsdatenbank „Konsul'tantPljus" unter: www.consultant.ru.

Föderation, die begannen, die PPP bei der Umsetzung von Investitionsprojekten anzuwenden. Das Gesetz von Sankt Petersburg erlaubt es, dank der Erhöhung der Transparenz und dem Fehlen von Einschränkungen hinsichtlich der Formen der Anwendung, private Investitionen in PPP-Projekte zu fördern, u. a. werden durch das Gesetz auch solche Formen vorgesehen, bei denen der Investor Eigentümer des errichteten Objekts ist. Dadurch wird es dem Anleger ermöglicht, Fremdmittel zu besseren Konditionen zu leihen. Auf PPP-Basis werden die für die Stadt wichtigsten Infrastrukturprojekte umgesetzt. Das Gesetz sieht vor, dass die Stadt Sankt Petersburg in den Ausschreibungsunterlagen die Parameter konkreter Projekte definieren kann. Deshalb sind die Bestimmungen des Gesetzes sowohl auf groß angelegte als auch auf kleinere Projekte anwendbar. Darüber hinaus garantiert das Gesetz von Sankt Petersburg im hohen Maße die Rechte des Investors, darunter im Fall der Änderung der Gesetzgebung oder der Entdeckung von bisher unbekannten Belastungen auf einem dem Investor zur Verfügung gestellten Grundstück.[15]

Die Verwaltung von Sankt Petersburg schloss eine Vereinbarung über die Sanierung und Verwaltung des Flughafens Pulkovo mit dem Konzessionär, der GmbH „Vozdušnye vorota Severnoj stolicy" („*Luftpforte der Nördlichen Hauptstadt*"). Das Projekt sieht den Bau eines neuen internationalen Passagierterminals und die Modernisierung des Passagierterminals „Pulkovo-1" vor, in dem Inlandsflüge abgefertigt werden. Darüber hinaus umfasst das Projekt die Entwicklung der Infrastruktur sowie von Geschäfts- und Gewerbeflächen des Flughafens. Bis 2039 soll die Kapazität des Flughafens auf 35 Mio. Passagiere pro Jahr steigen, wodurch Fahrgastzahlen gesteigert sowie neue nationale und internationale Flüge eröffnet werden können. Das Budget des Projekts beträgt 47 Mrd. Rubel.[16]

Die Stadtverwaltung hat ein ähnliches Dokument auch für den Bau des Orlovskij-Tunnels vorbereitet. Einstweilen wurde die Auswertung der Ergebnisse der Ausschreibung für den Bau der Schnellstraßenbahn „Nazemnyj ėxpress" („*Untergrundexpress*") in Sankt Petersburg aufgeschoben und wird nach einem Investor zur Fortsetzung des Projekts „Zapadnyj skorostnoj diameter" („*Westliche Schnellstraße*"), einem über 200 Mrd. Rubel teuren Projekt, gesucht.[17] Es ist auch der Bau einer Müllverarbeitungsanlage in der Ortschaft Levašovo geplant,

---

15 Siehe hierzu näher den Beitrag von *Levin* in diesem Band (Kap. 2, § 3).

16 Siehe: http:/www.pulkovoairport.ru/about_pulkovo/northen_capital_gateway/.

17 Siehe die Verordnung der Regierung von Sankt Petersburg Nr. 1344 vom 1.11.2006 „Über den Abschluss der Konzessionsvereinbarung hinsichtlich der Autostraße ‚Westliche Schnellstraße' in Sankt Petersburg" (mit späteren Änderungen).

die zunächst in der Ortschaft Janino gebaut werden sollte. Nach der Aussage des Leiters der Abteilung für die Entwicklung von Investitionsprojekten des Komitees für Stadtentwicklung der Verwaltung von Sankt Petersburg bot das Komitee dieses Projekt einem griechischen Konzern an, zu dem die Unternehmen „Helector SA", „Aktor Concessions SA" und „Aktor S.A." gehören. Sie planen, in den Bau einer Müllverarbeitungsanlage mit einer Verarbeitungstiefe von 70 % mehr als 200 Mio. Euro zu investieren. Die Fertigstellung des Bauvorhabens ist für 2015 geplant. Selbst wenn das griechische Unternehmen auf dieses Projekt verzichtet, soll das Projekt umgesetzt werden. Das betreffende Gebiet wird bereits für eine Müllverarbeitungsanlage vorgehalten. Die Stadt hat 110 Mio. Rubel für die Vorbereitung des Baus einer Müllverarbeitungsanlage in Levašovo bewilligt. Es wurde davon ausgegangen, dass die Arbeiten zur Erschließung des Grundstücks bis zum 30. Juni 2012 abgeschlossen sind. Danach sollte dieses Grundstück an den Investor übergeben werden, der eine Vereinbarung mit der Stadt Sankt Petersburg unterzeichnet hat.[18]

Neben Sankt Petersburg beginnen auch andere Regionen mit der Entwicklung der PPP nach diesem Modell. Nach den uns vorliegenden Informationen haben insgesamt 60 Subjekte der Russischen Föderation einschlägige Gesetze über die Beteiligung an PPP-Projekten erlassen (Stand: Oktober 2013).[19]

Ein Konzessionär zu sein, ist wirklich etwas Beneidenswertes. Er erhält die Möglichkeit, sein Projekt mit einer ziemlich gut geplanten Amortisation der investierten Mittel umzusetzen. Dabei wird ein Teil der Baukosten durch den Staat übernommen. Somit ist der Konzessionär gleichzeitig Investor, der in ein profitables Geschäft investiert, als auch Auftragnehmer, der mit Haushaltsmitteln baut. Während des Baus wird der Konzessionär zum Verfügungsberechtigten über eine mehrere Mrd. umfassende Finanzierung des Staates: Das Projekt „Glavnaja doroga" wird durch den föderalen Haushalt mit mehr als 40 % bezuschusst, das Projekt des Orlovskij-Tunnels im Wert von mehr als 47 Mrd. Rubel soll durch den Investor, die Stadt und die Föderation zu gleichen Teilen finanziert werden. Darüber hinaus haben die Investoren von Mautstraßen noch einen weiteren Vorteil: Sie erhalten staatliche Garantien für die von ihnen emittierten Obligationen und haben somit die Möglichkeit, Geld auf dem Markt zu Zinssätzen zu beschaffen, die sich von den Zinssätzen für Staatsschulden nicht signifikant unterscheiden.

Am Beispiel von Sankt Petersburg wird deutlich, dass in Bezug auf die Fragen der Vergabe einer Konzession an einem Infrastrukturobjekt eine entsprechende

18 Siehe: http://doctorpiter.ru/articles/2544/.

19 Siehe: http://www.pppinrussia.ru.

Verordnung durch das zuständige Organ der Exekutive zu erlassen ist. In dieser Verordnung sind die Amtsträger und die Gesellschaft anzugeben, die für die Durchführung der Ausschreibung zuständig sind. Darüber hinaus sind darin die Zusammensetzung der Ausschreibungskommission, die das wirtschaftlichste Angebot auszuwählen hat, sowie die Ausschreibungsunterlagen festzulegen, die das Ausschreibungsverfahren und den Entwurf einer Konzessionsvereinbarung enthalten.

Im Herbst 2007 wurde durch die Regierung von Sankt Petersburg ein Beschluss über die Schaffung einer Struktur der staatlich-privaten Partnerschaft im System der Stadtverwaltung gefasst. Diese Funktion wurde der Abteilung der staatlich-privaten Partnerschaft im Komitee für Investitionen und strategische Projekte übertragen, die über die größten Erfahrungen und Initiativen sowie moderne Ansätze zur Umsetzung von Investitionsprojekten verfügt. Ferner wurden die Ziele der Abteilung der staatlich-privaten Partnerschaft definiert. Dazu gehören die Schaffung transparenter Systeme zur Abstimmung und Vorbereitung von Projekten, die Verbesserung der Zusammenarbeit zwischen den Behörden der staatlichen Exekutive von Sankt Petersburg und anderen an PPP-Projekten Beteiligten, die Standardisierung der Prozesse zur Auswahl, Vorbereitung und Abstimmung von Projekten, die Organisation von Ausschreibungsverfahren und Verhandlungen mit Investoren sowie die Ausweitung des Anwendungsbereichs von PPP. Gegenwärtig (Stand: Anfang 2014) ist die Abteilung der staatlich-privaten Partnerschaft ein Bestandteil der Rechts- und PPP-Verwaltung in der Struktur des Komitees für Investitionen der Stadt Sankt Petersburg – einer Behörde der Stadtverwaltung, die für Investitionen und PPP zuständig ist.[20] In funktioneller Hinsicht befasst sich die Abteilung derzeit mit der Sicherstellung der Auswahl von PPP-Projekten und ihren Beteiligten auf der Grundlage von Methoden, welche das beste Preis-Qualitäts-Verhältnis und eine effektive Mittelverwendung für die Regierung von Sankt Petersburg gewährleisten.

Viele der potenziellen Investoren, wie z. B. die „Vnešėkonombank“ und die Europäische Bank für Wiederaufbau und Entwicklung (EBWE) geben PPP-Projekten, einschließlich den auf Konzessionsbasis umgesetzten, den Vorrang und halten die Möglichkeiten für die Finanzierung künftiger Infrastrukturprojekte offen. Dieser Umstand sollte von den regionalen und kommunalen Verwaltungen für die Errichtung neuer anspruchsvoller High-Tech-Objekte der

20 Siehe die Ordnung über das Komitee für Investitionen von Sankt Petersburg, bestätigt durch Verordnung der Regierung von Sankt Petersburg Nr. 1042 vom 27.9.2012, verfügbar unter: http://www.gov.spb.ru.

Infrastruktur in den Bereichen Verkehr, Energie, Gesundheit, Sport, Tourismus et cetera ausgenutzt werden. Der Abschluss einer Konzessionsvereinbarung kann in diesen Prozessen eine positive Rolle spielen.

Gegenwärtig leiden die russischen Kommunen unter akutem Mangel an materiellen und finanziellen Mitteln. Bekanntlich tragen nach dem Föderalen Gesetz Nr. 131-FZ vom 6. Oktober 2003 „Über die allgemeinen Prinzipien der Organisation der örtlichen Selbstverwaltung in der Russischen Föderation" die Kommunen die Hauptlast bei der Umsetzung sozialer Projekte. Sie sind u. a. für die Instandhaltung und den Ausbau der sozialen und der Verkehrsinfrastruktur, die Organisation des Wohnungsbaus, die Versorgung der Ortschaften mit Wasser, Gas und Strom sowie andere Angelegenheiten verantwortlich. In der Regel stellt der Mangel an finanziellen Ressourcen das Hauptproblem dar, mit dem die örtlichen Verwaltungen konfrontiert sind.

In diesem Zusammenhang scheint die Beteiligung der Wirtschaft im Rahmen einer Partnerschaft eine vielversprechende Form zur Lösung von Aufgaben der sozialen und wirtschaftlichen Entwicklung einer Kommune zu sein. Darüber hinaus wird dadurch die Wahrscheinlichkeit größer, ausländische Investitionen für die auf örtlicher Ebene durchzuführende Umsetzung von Infrastrukturprojekten sowie von Projekten zur Verbesserung der Stadtentwicklung städtischer Gebiete heranzuziehen, die sichere Gewinne bringen.

Potenzielle Vorteile der Anwendung der staatlich-privaten Partnerschaft auf örtlicher Ebene können sich aus dem Umstand ergeben, dass dieses Format der Wechselbeziehungen zwischen Wirtschaft und territorialer Verwaltung für höhere Effektivität und Zeitersparnis bei der Projektumsetzung und Ausführung von Arbeiten dank der Ausnutzung der Stärken der an der Partnerschaft Beteiligten und der Integration von Wirtschaftssubjekten in das öffentliche Leben einer Kommune durch deren direkte Beteiligung an der Umsetzung sozial bedeutsamer Projekte sowie dank der Verbesserung der Qualität der gelieferten Waren und erbrachten Dienstleistungen durch die Einführung einer strengeren staatlichen und kommunalen Kontrolle sorgen kann. All dies ermöglicht es den örtlichen Verwaltungsbehörden heute, die PPP als einen effektiven Weg zur Lösung vieler Probleme der kommunalen Entwicklung zu betrachten.

Nach dem Gesetz wird eine Konzession nur anhand der Ergebnisse einer Ausschreibung vergeben. Dies setzt sehr hohe Investitionskosten und lange Fristen für deren Vorbereitung durch die Kommune voraus, was für kleinere und mittelgroße Städte unrealistisch ist. Das Eigentum an einem neu errichteten Objekt geht kraft Gesetzes gleich nach seiner Inbetriebnahme an den Konzedenten über. Dies wiederum bedeutet, dass der Konzedent für die Rückzahlung der Investitionen an den Konzessionär Garantien aus dem Haushalt für den Fall gewähren muss, dass die wirtschaftliche Tätigkeit des Konzessionärs aus verschiedenen Gründen vorzeitig beendet wird. Und das ist nicht immer möglich.

Insgesamt sind die staatliche Investitionspolitik, die Tarifregelung und die Haushaltspolitik für die Entwicklung von Konzessionsvereinbarungen vor Ort nicht sonderlich hilfreich. Darüber hinaus bleiben die Risiken bestehen, dass die Konzessionsgesetzgebung nicht mit anderen Rechtszweigen wie der Gesetzgebung über Grund und Boden sowie der Städtebau-, Wasser- und Lizenzgesetzgebung übereinstimmt. Derzeit ist die Einnahmebasis der Kommunen sehr begrenzt und wechselhaft. Daher reichen die Mittel der örtlichen Haushalte für die Gewährung der entsprechenden Garantien oft nicht aus.

All das erklärt, warum gegenwärtig in der Praxis der Abschluss von Konzessionsvereinbarungen in den russischen Kommunen noch äußerst selten ist. Von den Kommunen und den privaten Investoren wird oft versucht, vor Ort über den Abschluss von Verträgen zu verhandeln, die zwar einer Konzessionsvereinbarung ähnlich, aber aus rechtlicher Sicht meistens Pachtverträge mit Verpflichtungen hinsichtlich der Verbesserung des Anlagevermögens sind.

Dem Abschluss von Konzessionsvereinbarungen muss in den Kommunen der Aufbau eines angemessenen Systems für die Verwaltung kommunaler Infrastrukturobjekte vorausgehen. Insbesondere muss es in den Kommunen Struktureinheiten geben, die zur Zusammenarbeit mit dem Konzessionär und zur Vertretung der Interessen des Eigentümers der kommunalen Infrastrukturobjekte im Rahmen der genannten Zusammenarbeit fähig sind. Neben der Verbesserung der Verwaltungsstruktur in den Administrationen der Kommunen ist es notwendig, das System der Tarifgestaltung für Wohnungs- und Kommunaldienstleistungen zu verbessern, denn eben dieses System stellt einen wichtigen Risikofaktor für den Konzessionär dar.

Die russische PPP-Praxis im Wohnungs- und Kommunalkomplex machen heute ca. 30 langfristige Verträge mit einer Laufzeit von 15 bis 50 Jahren aus. Von den größeren Städten ist die Konzession für die Fernwärmeversorgung in Irkutsk zu nennen. Es gibt jedoch praktisch keine Informationen – einschließlich öffentlicher – über irgendwelche nennenswerten Investitionen, die im Rahmen dieser oder ähnlicher Konzessionen herangezogen wurden.[21]

Dies ist vor allem mit den Schwierigkeiten zu erklären, welche die Kommunen bei der Organisation der Zusammenarbeit mit Unternehmen zu überwinden haben. Um eine Konzession vorzubereiten, muss man die Logik der

---

21 Siehe unter: http://www.opec.ru/1241402.html.

Gebietsentwicklung einer Kommune verstehen, in diesem Fall für einen recht langen Zeitraum von mindestens 15 bis 20 Jahren. Die Planung der Gebietsentwicklung erfolgt oft unsystematisch und unzureichend. Zudem ist sie teuer und setzt eine angemessene Qualifikation bei den Kommunen und Investoren voraus, die offensichtlich nicht ausreicht. Daher handelt es sich bei der PPP im kommunalen Bereich zumeist um einmalige Projekte. Dennoch ist die PPP auf örtlicher Ebene in den meisten Fällen die einzige Möglichkeit, zusätzliche finanzielle Mittel zu beschaffen sowie die Qualität und Verfügbarkeit der zu erbringenden Dienstleistungen zu verbessern.

Betrachten wir die positiven Erfahrungen in dem Stadtkreis (*gorodskoj okrug*) Otradnyj im Gebiet Samara aus der Anwendung von Konzessionsvereinbarungen. Im Jahr 2010 wurden dort entsprechende Ausschreibungsunterlagen erstellt und ein Beschluss über die Durchführung einer öffentlichen Ausschreibung für das Recht auf Abschluss einer Konzessionsvereinbarung in Bezug auf Objekte der Wohnungs- und Kommunalwirtschaft in den Bereichen der Fernwärmeversorgung, der Wasserversorgung und der Abwasserentsorgung erlassen. Danach wurde eine Ausschreibung durchgeführt, deren Gewinner die GmbH „KSK der Stadt Otradnyj“ war. Mit ihr wurde eine Konzessionsvereinbarung unterzeichnet, die auf der Grundlage eines von der Regierung der Russischen Föderation bestätigten Musters ausgearbeitet wurde und am 1. September 2011 in Kraft trat.[22]

Gemäß den Bedingungen der Ausschreibung und der Vereinbarung wurden 33 Objekte der Fernwärme- und Wasserversorgung bzw. der Abwasserentsorgung in Konzession übergeben, wobei es sich bei zwölf von ihnen um Leitungsnetze für die Fernwärmeversorgung, die Wasserversorgung und die Abwasserentsorgung handelt. Zusätzlich zu diesen Objekten wurden solche beweglichen Vermögensgegenstände sowie Immobilien in Konzession übergeben, die mit den Objekten der Konzessionsvereinbarung eine Einheit bilden. Auf diese Weise wurde der Konzessionär gemäß der Konzessionsvereinbarung zum zehnjährigen Betrieb von sechs Heizhäusern, fünf Blockheizwerken für die Warmwasserversorgung, 75 km Fernwärmenetzen, Roh- und Reinwasserpumpwerken, Pumpen- und Filterwerken, Kläranlagen, zehn Abwasserpumpwerken sowie von Wasserleitungen mit einer Gesamtlänge von ca. 160 km und von Abwasserleitungen von ca. 85 km berechtigt.

Gemäß den in den Ausschreibungsunterlagen enthaltenen Anforderungen (das waren neben der Sanierung und Modernisierung vor allem eine hohe

22 Vgl.: http://www.otradny.org.

Qualität des Betriebs der Objekte und der Erbringung der kommunalen Dienstleistungen) wurden Maßnahmen für die gesamte zehnjährige Laufzeit der Konzession erarbeitet. Zum Ende dieses Zeitraums ist das Unternehmen verpflichtet, die in den Ausschreibungsunterlagen festgelegten Parameter zu erreichen.

Der bei der Ausarbeitung der Ausschreibungsunterlagen schwierigste Teil war die Erarbeitung der Kriterien für die Bewertung der Tätigkeit des Konzessionärs.

Das erste Kriterium ist der Sollwert des spezifischen Energieverbrauchs für die Erzeugung einer Strom- oder Fernwärmeeinheit. Für die Erzeugung von einer Gigacalorie Fernwärme müssen z. B. 200 kg Einheitsbrennstoff oder 30 kWh Strom verbraucht werden. Gemäß den Bedingungen der Vereinbarung verpflichtet sich die GmbH „KSK der Stadt Otradnyj", zum Ende der Laufzeit der Konzession für die Erzeugung von einer Gigacalorie Fernwärme nicht 200 kg, sondern 180 kg Einheitsbrennstoff, bzw. nicht mehr 30 kWh, sondern 25 kWh Strom zu verbrauchen.

Das zweite Kriterium ist der Verschleiß der Versorgungsleitungen, der jetzt bei 65 bis 75 % liegt. Zum Ende der Laufzeit der Konzession ist der Konzessionär verpflichtet, diesen auf 50 bis 40 % zu reduzieren. Das dritte Kriterium ist die Einhaltung der Fristen für die Sanierung der Objekte innerhalb von einem Jahr bis zu zehn Jahren. Die Kriterien der Konzessionsvereinbarung werden anhand von technischen Parametern bzw. von Arbeiten und Maßnahmen und nicht in Form von Geld oder als Volumen geschaffener Investitionen definiert, da dies unter den Bedingungen der heutigen Wirtschaft für beide Parteien der Vereinbarung schwierig und wenig vorhersehbar wäre. Auch die Höhe der Konzessionsabgabe wurde niedrig gehalten: 500.000 Rubel unter dem Vorbehalt, dass alle frei verfügbaren Mittel sowie die Abschreibungen, die nach den Bedingungen der Konzession beim Konzessionär verbleiben, in das kommunale Vermögen zu investieren sind.

Eine sehr wichtige Komponente einer Konzessionsvereinbarung ist die Organisation der Kontrolle über die Tätigkeit des Konzessionärs. Die Kontrollfunktionen seitens des Konzedenten wurden daher auf zwei Struktureinheiten der Administration der Stadt übertragen, die Verwaltung für die Wohnungs- und Kommunalwirtschaft und das Komitee für die Vermögensverwaltung der Stadt. Der Konzessionär hat einen Zeitplan für die Ausführung der Arbeiten vorgelegt, anhand dessen die Administration der Stadt monatlich die Ergebnisse der Arbeiten zur Sanierung der Objekte der Wohnungs- und Kommunalwirtschaft bewertet. Gemäß den Bedingungen der Konzession wurden z. B. im Jahr 2011 die Phasen und die Leistungsarten ausführlich beschrieben, wobei die Höhe der

Investitionen ungefähr 21,6 Mio. Rubel betrug. Gerade diese Parameter werden kontrolliert.[23]

Leider sind nicht alle Beispiele derart positiv. So wurde ebenfalls in Samara der Juri-Gagarin-Park im Jahr 2010 zu den Bedingungen einer „Konzessionsvereinbarung“ für 45 Jahre an die private Firma „Panorama-Samara“ übergeben, die ehrgeizige Pläne zur Umwandlung des Juri-Gagarin-Parks in eine Art „Disneyland“ ankündigte. Die Vereinbarung wurde durch die Administration des ehemaligen Bürgermeisters, *Viktor Tarchov*, im Ergebnis einer Ausschreibung geschlossen. Die monatliche Konzessionsabgabe sollte mindestens 500.000 Rubel betragen, d. h. 270 Mio. Rubel für die gesamte Laufzeit. Dem Investor wurde ein Grundstück mit einer Fläche von 349.000 qm im Stadtzentrum von Samara zur Verfügung gestellt. Zum Highlight der großangelegten Sanierung des Parks sollte ein Riesenrad mit einem Durchmesser von 80 Metern werden. Allerdings begann die Administration des neuen Bürgermeisters von Samara, *Dmitrij Azarov*, schon im November 2010 damit, diese Vereinbarung anzufechten und die Rückgabe des Vermögens einzufordern. Nach der in den Gerichtsakten dargelegten Version des Bürgermeisters verletzt die Vereinbarung die Vermögensrechte der Kommune. Das Komitee für die Vermögensverwaltung der Stadt unterstützte diese Position vor Gericht. Die Geschlossene Aktiengesellschaft (ZAO) „Panorama-Samara“ vertrat den Standpunkt, dass die neue Administration faktisch eine Revision der Entscheidungen ihrer Vorgängerin betreibt, zumal sie die Ergebnisse der offiziellen Ausschreibung nicht angefochten hat, sondern einfach den Vertrag einseitig aufhebt. Darüber hinaus seien alle Mängel des Vertrags durch Verschulden der Administration entstanden. Allerdings schlossen sich sowohl das Arbitragegericht des Gebiets Samara als auch später die Appellationsinstanz den Argumenten der Stadtverwaltung an, indem sie darauf hinwiesen, dass zum Zeitpunkt des Vertragsabschlusses ein Teil der Gewerberäume im Park dem kommunalen Unternehmen „Parki goroda Samara“ *(„Parkanlagen der Stadt Samara“)* gehörte. Auch das Grundstück befand sich in der unbefristeten Nutzung durch das kommunale Unternehmen. Darüber hinaus hatte die ZAO „Panorama-Samara“ keine Konzessionsabgaben gezahlt. Diese Entscheidungen versuchte der Investor auch in der Kassationsinstanz anzufechten. Allerdings

23 Концессионные соглашения в сфере ЖКХ. Опыт городского округа Отрадный (Konzessionsvereinbarungen im Bereich der Wohnungs- und Kommunalwirtschaft. Erfahrungen des Stadtkreises Otradnyj), verfügbar unter: www.economy.samregion.ru.

hielt das Föderale Arbitragegericht des föderalen Bezirks Privolžskij die Entscheidungen der unteren Gerichte aufrecht.[24]

Nach hier vertretener Ansicht sind für die Entwicklung von PPP-Projekten auf der Ebene der Kommunen eine Reihe von Problemen zu lösen. Vor allem auf föderaler Ebene ist es zweckmäßig, die wirtschaftlichen, institutionellen, rechtlichen und organisatorischen Bedingungen für eine Aktivierung der PPP auf allen Ebenen zu schaffen. In Russland muss noch eine „Vertikale" an Instituten geschaffen werden, welche die Entwicklung der PPP sicherstellen. Dazu gehören nicht nur die Organe der Exekutive, die für PPP-Angelegenheiten (in erster Linie für Konzessionen) zuständig sein sollten, sondern auch finanzwirtschaftliche Institute, welche die Investitionstätigkeit und die Garantien für private Investitionen sicherstellen, unabhängige Organisationen, welche die Projekte begutachten und Beratungsdienstleistungen erbringen, sowie Betreibergesellschaften, Verbände, Vereinigungen und Fonds.

Auf föderaler Ebene sollte der bestehende Rechtsrahmen für PPP-Projekte weiterentwickelt werden. Insbesondere ist die Konzessionsgesetzgebung weiter zu verbessern. Vor allem sind ungerechtfertigte Verbote und Beschränkungen aufzuheben, welche die Attraktivität der Projekte für den Markt schmälern und deren Kosten für den Staat erhöhen, einschließlich des Verbots der Verpfändung von Rechten aus einer Konzessionsvereinbarung bzw. der Abtretung von Rechten während der Bauphase sowie eines erschöpfenden Verzeichnisses von Kriterien für das Ausschreibungsverfahren.

Darüber hinaus ist es notwendig, detaillierte methodische Richtlinien vorzubereiten, welche die Anwendung von PPP-Instrumenten in den Regionen erklären, sowie einheitliche Standards für die Ausschreibungsunterlagen für verschiedene PPP-Formen zu erarbeiten. Die Effektivität von Konzessionsprojekten kann dann wesentlich erhöht werden, wenn die örtlichen Verwaltungen die verschiedenen PPP-Formen (insbesondere die Formen des Konzessionstyps) in lang- und mittelfristige Programme der kommunalen Entwicklung integrieren.

Bei der Umsetzung der PPP in den Kommunen ist es für deren nachhaltige Entwicklung wichtig, örtliche Akteure, insbesondere die kleinen und mittleren Unternehmen zu beteiligen. Derzeit ist die Beteiligung kleiner und mittlerer Unternehmen an der PPP vor allem durch die Größe der Projekte und die Unfähigkeit der Kommunen, finanzielle Verpflichtungen zu übernehmen, begrenzt. Nicht weniger wichtig ist die Tatsache der Dauer der Existenz mittelständischer

24 Siehe unter: www.kommersant.ru/doc/1812496/.

Unternehmen im Vergleich zu Großunternehmen, was bei der Minimierung der Risiken in langfristigen Projekten berücksichtigt wird.

Im Folgenden soll eine Reihe prioritärer Zielrichtungen für die Entwicklung der staatlich-privaten und öffentlich-privaten Partnerschaften in Russland identifiziert werden.

Als eine der Ursachen für die schwache Dynamik der Entwicklung der staatlich-privaten Partnerschaft wird von den Experten das Fehlen nationaler, regionaler und sektoraler Strategien für die soziale und wirtschaftliche Entwicklung angeführt. Die staatlich-private Partnerschaft soll zur Erreichung der durch den Staat definierten strategischen Ziele der sozialen und wirtschaftlichen Entwicklung beitragen. In diesem Fall wird die PPP zu einem der Instrumente, welche die Verwaltungsorgane zur Erhöhung der Effektivität der Ausübung ihrer Funktionen verwenden können.

Die Konzessionsgesetzgebung der Russischen Föderation ist unvollkommen und bedarf erheblicher Korrekturen. Darüber hinaus sind eine Vielzahl untergesetzlicher Rechtsvorschriften zu verabschieden sowie Mechanismen für deren praktische Umsetzung zu erarbeiten. Auch die Tarifregelung, die Besteuerung sowie die Bodengesetzgebung bedürfen einer weiteren Entwicklung.

Die Arbeit mit den im staatlichen Eigentum stehenden Objekten schafft in der Praxis viele verschiedene Hindernisse für die Entwicklung der PPP. Trotz der Tatsache, dass es in der Praxis zwar gelingt, viele dieser Fragen zu entscheiden, würde eine detaillierte gesetzliche Ausarbeitung Zeit und Kosten für die Unternehmen und die Verwaltungsorgane bei der Vorbereitung von PPP-Projekten sparen und infolgedessen die Möglichkeiten für die Anwendung der PPP erweitern.

Ausländische Erfahrungen zeigen, dass eine ungenügende sorgfältige Planung von Projekten durch beide Partner oft die Ursache für das Scheitern der Umsetzung von PPP-Projekten ist. In der Phase der Projektvorbereitung sind klare Erwartungen in Bezug auf das Projekt zu definieren und Konsultationen zwischen den Parteien so früh wie möglich zu beginnen, um den Nutzen aus der Umsetzung des Projekts für den privaten und den staatlichen Sektor zu ermitteln.

Die derzeitige Situation in vielen infrastrukturellen und sozialen Bereichen in Russland ist katastrophal. Es besteht ein erheblicher substantieller Verschleiß. Die meisten Objekte der Infrastruktur im Lande sind veraltet. Deren Instandsetzung und Entwicklung bedürfen eines riesigen Investitionsvolumens. Unter diesen Umständen wird die PPP zur wichtigsten und vielversprechendsten Form der Umsetzung von großen Investitionsprojekten. Die PPP wird immer öfter als einer der wirksamsten Mechanismen zur Erhöhung der Effektivität staatlicher Investitionen durch die Heranziehung des Kapitals und der Verwaltungserfahrung des privaten Sektors betrachtet. Die PPP schafft auch für den privaten Sektor große Möglichkeiten, indem sie ihm den Zugang zu neuen Wirtschaftsbereichen eröffnet, die früher für Unternehmen unzugänglich waren.

Derzeit hängt die Entwicklung von PPP-Formen in den Kommunen von vielen Faktoren ab. Dazu gehören auch die allgemeine soziale und wirtschaftliche Entwicklung einer Kommune sowie die Existenz eines – nicht nur PPP-Fragen unmittelbar betreffenden – Rechtsrahmens, sondern auch solcher Dokumente wie langfristige (strategische Pläne) und mittelfristige Programme der sozialen und wirtschaftlichen Entwicklung auf dem Territorium sowohl einer Region als auch einer Kommune. Großen Einfluss hat auch der subjektive Faktor. Vieles hängt davon ab, ob die regionalen und örtlichen Verwaltungen die PPP als einen effektiven Weg zur Lösung von Problemen einer Kommune betrachten. Das wirtschaftliche Potenzial in der Russischen Föderation ist sehr groß. Deswegen bleibt zu hoffen, dass die PPP in der Form einer Konzession in der Zukunft eine weite Verbreitung in den russischen Kommunen finden wird.

Es bleibt zu hoffen, dass es durch die gemeinsamen Anstrengungen aller interessierten Seiten, u. a. auch mit Unterstützung des für die PPP zuständigen Sachverständigenrats in der Staatsduma, gelingen wird, die Möglichkeiten zur Anwendung von Konzessionen im Interesse des Staates, der Kommunen und der Investoren zu erweitern. Derzeit ist es in Russland auf örtlicher Ebene notwendig, nach vielfältigen Mechanismen, Arten und Bereichen zur Verwirklichung staatlich-privater Wechselbeziehungen in verschiedenen Tätigkeitsbereichen und -arten zu suchen.

3. Kapitel: Rechtsformen zur Durchführung von Public-private-Partnership

Oesten Baller

§ 1. Der öffentlich-rechtliche Vertrag als Grundlage für Public-private-Partnership im deutschen Recht?*

I. Einleitung

In den vergangenen Jahren habe ich häufig einen kritischen Blick auf die Entwicklung des Verwaltungsrechts in Russland geworfen und auch die Lücken in der Rechtsordnung der Russischen Föderation gerade im Bereich des allgemeinen Verwaltungsrechts gerügt.[1] Dieses Mal verschiebt sich aufgrund des Themas die Perspektive und ich werde im Folgenden im Rahmen eines thematischen Berichts einen kritischen Blick auf das deutsche Verwaltungsrecht werfen. Die Themenstellung enthält ein Fragezeichen: Der wesentliche Grund hierfür ist, dass die Suche nach einer eindeutigen rechtlichen Verknüpfung von öffentlich-rechtlichem Vertrag und Public-private-Partnership in der geltenden Rechtsordnung Deutschlands ergebnisoffen ist[2], sodass sich eine These formulieren lässt, dass hier eine zu schließende Lücke im deutschen Recht vorliegt. Es steht zu vermuten, dass es an einem geeigneten kodifizierten verwaltungsverfahrensrechtlichen Instrumentarium fehlt, um im Rahmen von öffentlich-privaten Partnerschaften öffentliche und private Belange und durchaus auch Interessen miteinander zu verknüpfen, im Interesse der Wirtschaftlichkeit, aber auch zur Stärkung der kooperativen und konsensualen Tätigkeit staatlicher und kommunaler Behörden.

Gründe für die angesprochene Lücke beruhen auf einem juristischen Generationenkonflikt oder einem juristischen Kulturkonflikt, die jedoch miteinander verwoben sind. Wenn wir die aufgeworfene Frage unter dem Ge-

* Die Vortragsform wurde im Wesentlichen beibehalten.

1 Vgl. z. B. *Oesten Baller*, Die Qualität der Gesetze aus der Sicht von Normenklarheit und Vollziehbarkeit im Verwaltungsrecht, in: Otto Luchterhandt (Hrsg.), Rechtskultur in Russland, Tradition und Wandel, Berlin 2011, S. 109–132; *ders.*, Reforma mestnogo samoupravlenija v Rossijskoj Federacii i Evropejskie standarty municipal'nogo samoupravlenija (Die Reform der lokalen Selbstverwaltung in der Russischen Föderation und die Europäischen Standards der lokalen Selbstverwaltung), in: Gosudarstvennoe upravlenie v XXI veke: Tradicii i innovacii, Moskau 2007, S. 879–882.

2 Dies beruht zum Teil auf einer – rechtspolitisch bedingten – nicht immer klaren Ausdifferenzierung der Begriffe „öffentlich-rechtlicher Vertrag“ und „verwaltungsrechtlicher Vertrag“, dazu sogleich.

sichtspunkt „Generationenkonflikt" betrachten, so ist zunächst festzuhalten, dass das deutsche allgemeine Verwaltungsverfahrensgesetz mit einem Abschnitt zum öffentlich-rechtlichen Vertrag bereits 35 Jahre alt ist[3], während im Vergleich dazu die Diskussion über die rechtliche Ausgestaltung der PPP noch im jugendlichen Alter ist. Diskussionen über eine Verknüpfung von PPP mit öffentlich-rechtlichen Verträgen begannen etwa vor knapp 15 Jahren,[4] davon wird später die Rede sein. Unter dem Gesichtspunkt „juristischer Kulturkonflikt" sind gleich mehrere Aspekte von Bedeutung. Zum einen war es eine traditionelle Sichtweise[5] deutscher Verwaltungswissenschaft unter Berufung auf das viel zitierte Wort *Otto Mayers*, eines wichtigen Wegbereiters der deutschen Verwaltungsrechtswissenschaft, – der Staat paktiert nicht![6] – den Verwaltungsakt als zentrales Handlungselement der öffentlichen Verwaltung zu erhöhen und einen Vertrag zwischen Staat und Bürger allenfalls in einer dem Verwaltungsakt vergleichbaren Ausgestaltung von Subordination zu billigen, nicht aber als echte Form einer Kooperation von rechtlich Gleichen.[7] Ein weiterer wichtiger Aspekt ist, dass der öffentlich-rechtliche Vertrag ein rechtsdogmatischer Begriff ist, die PPP hingegen ihren begrifflichen Ursprung in den Wirtschaftswissenschaften bzw. Verwaltungswissenschaften hat.[8] Und nicht zuletzt drückt schon der Begriff PPP – Public-private-Partnership – aus,

---

3 Verwaltungsverfahrensgesetz (VwVfG) vom 25.5.1976 (Bundesgesetzblatt = BGBl. I 1253), in der Fassung der Bekanntmachung vom 23.1.2003 (BGBl. I 102). Alle zitierten Gesetze sind in der aktuellen Fassung berücksichtigt.

4 Knapp 20 Jahre nach Inkrafttreten des Verwaltungsverfahrensgesetzes wurde der Beirat Verwaltungsverfahrensrecht beim Bundesministerium des Innern eingesetzt, dessen konstituierende Sitzung am 9.12.1997 in Bonn stattfand, vgl. http://goo.gl/yc8OJ7 (zuletzt abgerufen am 1.2.2013).

5 *Andreas Voßkuhle*, Verwaltungsarchiv = VerwArch 85 (1994), S. 567, 578, spricht pointiert von einer „pathalogieorientierten" Sichtweise.

6 *Otto Mayer*, Zur Lehre vom öffentlichrechtlichen Vertrage, Archiv des öffentlichen Rechts = AöR 3 (1888), S. 3, 42. Allgemein zur traditionellen Sicht und zur historischen Entwicklung *Hartmut Bauer*, Verwaltungsverträge, in: Hoffmann-Riem/Schmidt-Aßmann/Voßkuhle (Hrsg.), Grundlagen des Verwaltungsrecht, Band II: Informationsordnung, Verwaltungsverfahren, Handlungsformen, 2008, S. 1155 (Rn. 1–7); *Rolf Stober*, Verwaltungsrechtliche Verträge, in: Stober/Kluth, Verwaltungsrecht I, 12. Aufl. 2007, S. 626, 629.

7 *Bauer*, a. a. O., Rn. 11, 20 ff., spricht zu Recht von der Normalität kooperativen Verwaltungshandelns und vertraglicher Beziehungen.

8 *Gunnar Folke Schuppert*, Grundzüge eines zu entwickelnden Verwaltungskooperationsrechts. Regelungsbedarf und Handlungsoptionen eines Rechtsrahmens für Public Private Partnership. Rechts- und verwaltungs-wissenschaftliches Gutachten erstellt im Auftrag des Bundesministeriums des Innern, Juni 2001, S. 6 f.

dass wir es hier mit einer Schnittstelle von Privatem und Öffentlichem, von Privatrecht und öffentlichem Recht, zu tun haben, was die Dinge nicht einfacher macht.

II. Rechtlicher Überblick und mögliche Anwendungsfälle

Die erste Fragestellung ist, ob wir im hier interessierenden Zusammenhang vom *öffentlich-rechtlichen* oder vom *verwaltungsrechtlichen Vertrag* sprechen sollen.[9] Zweifelsohne ist das Verwaltungsrecht nur eine Teilmenge des Öffentlichen Rechts insgesamt, das neben dem Verwaltungsrecht (in seiner allgemeinen und seinen besonderen bzw. fachgesetzlichen Ausprägungen) als weitere zentrale Pfeiler das Staats- und Verfassungsrecht sowie das Völkerrecht umfasst. Entsprechend könnte der hier interessierende Vertragstyp als *verwaltungsrechtlicher Vertrag* eine Teilmenge aus der Vielzahl *öffentlich-rechtlicher Verträge* bilden, zu der auch verfassungsrechtliche und völkerrechtliche Verträge, Verwaltungsabkommen und staatskirchenrechtliche Verträge gehören. Freilich würde dies voraussetzen, dass vom Vertragstypus und Vertragsinhalt her alle verwaltungsrechtlichen Verträge dem öffentlichen Recht zuzuordnen sind und entsprechend von privatrechtlichen Verträgen abgrenzbar sind.[10] Definiert man hingegen den Verwaltungsvertrag auf der Grundlage der weitgehend anerkannten Wahlfreiheit der Verwaltung hinsichtlich ihrer Handlungsformen als Vertrag der Verwaltung ungeachtet seiner Rechtsnatur, so hat das zur Folge, dass auch privatrechtliche Verträge der Verwaltung unter bestimmten weiteren Voraussetzungen als Verwaltungsverträge angesehen werden können.[11] *Hartmut Bauer* spricht, offensichtlich vom Common Law und von neuen verwaltungswissenschaftlichen Ansätzen geprägt, vom Charme einer rechtsdogmatischen Annäherung des

9 *Volker Schlette*, Die Verwaltung als Vertragspartner. Empirie und Dogmatik verwaltungsrechtlicher Vereinbarungen zwischen Behörde und Bürger, 2000, S. 18 ff., bildet drei abzugrenzende Begriffe: Öffentlich-rechtlicher Vertrag, verwaltungsrechtlicher Vertrag und Verwaltungsvertrag. Ebenso *Nina Stöcker*, Entwicklung des Verwaltungskooperationsvertrages unter Berücksichtigung des Vergaberechts, 2010, S. 119 ff.

10 So wohl *Stober* (Fn. 6), S. 630.

11 In diesem Sinne *Elke Gurlit*, Verwaltungsrechtlicher Vertrag und andere verwaltungsrechtliche Sonderverbindungen, in: Erichsen/Ehlers (Hrsg.), Allgemeines Verwaltungsrecht, 14. Aufl. 2010, S. 756, 769 f.; *dies.*, Verwaltungsvertrag und Gesetz. Eine vergleichende Untersuchung zum Verhältnis von vertraglicher Bindung und staatlicher Normsetzungsautorität, 2000, S. 20 ff., insbesondere S. 24, *Stöcker* (Fn. 9), S. 120.

öffentlich-rechtlichen und des privatrechtlichen Verwaltungsvertrags.[12] Diese Sichtweise, die im Detail hier nicht hinterfragt wird, würde die weitere Behandlung des Themas erschweren, sodass im Folgenden ausschließlich der Begriff des öffentlich-rechtlichen Vertrags verwendet wird.[13]

Wenn wir nun eruieren, wo und wie öffentlich-rechtliche Verträge im deutschen Recht kodifiziert sind, so beginne ich mit den *drei großen Säulen der öffentlich-rechtlichen Verfahrensgesetzgebung:* Das allgemeine Verwaltungsverfahrensgesetz, das Zehnte Buch des Sozialgesetzbuchs[14] für das Verwaltungsverfahren des gesamten Bereichs der Sozialversicherung und der staatlichen Unterstützungsleistungen und die Abgabenordnung[15] für das Verfahren der Steuererhebung. Das Verwaltungsverfahrensgesetz enthält einen eigenen Teil IV über den öffentlich-rechtlichen Vertrag (§§ 54–62). Beinahe gleichlautend regelt auch das Sozialgesetzbuch im Zehnten Buch über das Verwaltungsverfahren in einem eigenen Abschnitt 4 den Vertrag. Die Abgabenordnung weicht hiervon ab: In der Vorschrift über die Verfahrensbeteiligten taucht der Begriff des öffentlich-rechtlichen Vertrags zwar auf, wird aber im Gesetz nicht näher geregelt. Nach § 78 AO sind mögliche Beteiligte am abgabenrechtlichen Verfahren neben dem Antragsteller und dem Antragsgegner auch diejenigen, mit denen die Finanzbehörde einen öffentlich-rechtlichen Vertrag schließen will oder geschlossen hat.

Die sich nun anschließende Betrachtung der Fachgesetze[16] – anhand ausgewählter Beispiele und ohne Anspruch auf Vollständigkeit – beginnt mit dem

---

12 Siehe Fn. 6, § 36 Rn. 70 f., m. w. N.; vgl. zur Schnittstelle von Verwaltungsverfahren und Neuer Verwaltungswissenschaft auch *Andreas Voßkuhle*, Das Verwaltungsverfahren im Spiegel der Neuen Verwaltungswissenschaft, in: Burgi/Schönenbroicher (Hrsg.), Die Zukunft des Verwaltungsverfahrensrechts, 2010, S. 13–30.

13 So im Ergebnis auch *Jan Ziekow/Thorsten Siegel*, Entwicklung und Perspektiven des Rechts des öffentlich-rechtlichen Vertrages – Teil 1 –, VerwArch 94 (2003), S. 593–608; *Ferdinand O. Kopp/Ulrich Ramsauer*, Verwaltungsverfahrensgesetz: VwVfG, Kommentar, 12. Aufl. 2011, § 54 Rn. 1.

14 Zehntes Buch des Sozialgesetzbuchs – Sozialverwaltungsverfahren und Sozialdatenschutz – (SGB X) vom 18.8.1980 (BGBl. I 1469), in der Fassung der Bekanntmachung vom 18.1.2001 (BGBl. I 130).

15 Abgabenordnung (AO) vom 16.3.1976, in der Fassung der Bekanntmachung vom 1.10.2002 (BGBl. I 3866, 2003 I 61).

16 Vgl. hierzu insbesondere folgende Darstellungen: *Stober* (Fn. 6), S. 630–634; *Schlette* (Fn. 9), S. 263–333; *Gurlit*, Verwaltungsvertrag (Fn. 11), S. 36–62; *Hartmut Maurer*, Allgemeines Verwaltungsrecht, 18. Aufl. 2011, S. 371–376; *Jan Ziekow*, Verankerung verwaltungsrechtlicher Kooperationsverträge (Public Private Partnership)

Sozialrecht, weil hier erstmals der Abschluss öffentlich-rechtlicher Verträge in Deutschland zu einem Massenphänomen wurde. Durch das sog. Hartz IV-Gesetz vom Dezember 2003 wurde das Zweite Buch des Sozialgesetzbuchs (SGB II)[17] verabschiedet. Der dort enthaltene § 15 sieht vor, dass die Arbeitsbehörde, die Agentur für Arbeit, mit jeder erwerbsfähigen leistungsberechtigten Person die für ihre Eingliederung erforderlichen Leistungen vereinbaren soll. Die sog. Eingliederungsvereinbarung ist nach überwiegender Auffassung ein öffentlich-rechtlicher Vertrag.[18]

Das Steuerrecht, das lange als vertragsfeindlich angesehen wurde, hat lediglich in § 224a AO im Bereich der Erbschaft- oder Vermögensteuer in engem Rahmen einen öffentlichen Vertrag zugelassen, wenngleich es in der Praxis der Finanzbehörden, weitgehend durch die Rechtsprechung des obersten Steuergerichts, des Bundesfinanzhofs anerkannt, durchaus nicht ausdrücklich kodifizierte öffentlich-rechtliche Vergleichsverträge gibt.[19] Ansätze zur Kodifizierung findet man hingegen auf der Kompetenzebene der Bundesländer im kommunalen Abgabenrecht. So sieht beispielsweise Art. 3 Abs. 4 Bayerisches Kommunalabgabengesetz (KAG)[20] Vereinbarungen mit einem Steuerschuldner über die Abrechnung, Fälligkeit, Erhebung und Pauschalierung örtlicher Verbrauch- und Aufwandsteuern vor.

Im Bereich des Umwelt- und Naturschutzes hat sich mittlerweile eine Tradition des sog. Vertragsnaturschutzes herausgebildet, der seine Grundlage in § 3 Abs. 3 Bundesnaturschutzgesetz[21] hat. Nach dieser Vorschrift soll bei allen Maßnahmen des Naturschutzes und der Landschaftspflege vorrangig die Option vertraglicher Vereinbarungen umgesetzt werden. Für den Bereich der PPP sind im Bereich der existierenden Kodifizierung vor allem die Regelungen im deutschen Baugesetzbuch[22], das den Städtebau und die Bauleitplanung regelt, von

im Verwaltungsverfahrensgesetz, Wissenschaftliches Gutachten, erstattet für das Bundesministerium des Innern, Juni 2001, S. 62–70.

17 Zweites Buch des Sozialgesetzbuchs – Grundsicherung für Arbeitssuchende – (SGB II) vom 24.12.2003 (BGBl. I 2954), in der Fassung der Bekanntmachung vom 13.5.2011 (BGBl. I 850).

18 *Bauer* (Fn. 6), § 36 Rn. 37–41, mit vielen Nachweisen.

19 Vgl. vor allem *Schlette* (Fn. 9), S. 323 ff. m. w. N.

20 Kommunalabgabengesetz (KAG), in der Fassung der Bekanntmachung vom 4.4.1993, Gesetz- und Verordnungsblatt = GVBl. 1993, S. 264.

21 Gesetz über Naturschutz und Landschaftspflege (Bundesnaturschutzgesetz – BNatSchG) vom 29.7.2009 (BGBl. I 2542).

22 Baugesetzbuch (BauGB) vom 23.6.1960, in der Fassung der Bekanntmachung vom 23.9.2004 (BGBl. I 2414).

Bedeutung.[23] Dies sind insbesondere: Städtebauliche Verträge nach § 11 BauGB, Durchführungsverträge nach § 12 Abs. 1 BauGB, Erschließungsverträge nach § 124 BauGB und Sanierungsverträge nach §§ 157 f. BauGB.

Gegenstand der städtebaulichen Verträge können die Vorbereitung oder die Durchführung vieler städtebaulicher Maßnahmen durch den Vertragspartner sein, wozu die Neuordnung der Grundstücksverhältnisse, die Bodensanierung und sonstige vorbereitende Maßnahmen sowie die Ausarbeitung der städtebaulichen Planungen und die Nutzung von Netzen der Kraftwärmekopplung und von Solaranlagen zur Energieversorgung gehören. Erschließungsverträge, also Verträge mit denen die Schaffung von Erschließungsanlagen auf Dritte übertragen wird, können sämtliche Erschließungsanlagen im Sinne des § 127 Abs. 2 BauGB umfassen, vor allem Straßen, Wege und Plätze, Parkflächen und Grünanlagen. Städtebauliche Sanierungsmaßnahmen, d. h. nach § 136 BauGB Maßnahmen, durch die ein Gebiet zur Behebung städtebaulicher Missstände wesentlich verbessert oder umgestaltet wird, können Gegenstand öffentlich-rechtlicher Sanierungsverträge sein, wobei allerdings der private Vertragspartner als Sanierungsträger nicht selbst als Bauunternehmen tätig oder von einem solchem abhängig sein darf (§ 158 BauGB).

Ein mit dem Städtebaurecht verwandter Anwendungsfall sind Konzessionsverträge zur kommunalen Energieversorgung zwischen Gebietskörperschaften und Energieversorgungsunternehmen. Hierbei geht es um die Nutzung öffentlicher Straßen, Wege und Plätze zum Zweck der Versorgung mit Gas, Wasser und Elektrizität durch Letztere. Im Allgemeinen sind diese Konzessionsverträge jedoch keine öffentlich-rechtlichen, sondern privatrechtliche Verträge. Eine Ausnahme bilden die beiden Stadtstaaten Hamburg und Berlin, bei denen der Konzessionsvertrag dem Wesen nach eine erlaubnispflichtige öffentlich-rechtliche Sondernutzung im Sinne des Straßenrechts beinhaltet.[24] Um bei den Stadtstaaten zu bleiben: Ein interessanter Anwendungsfall von öffentlich-rechtlichem Vertrag und PPP im Bereich der Stadtplanung findet sich in der Hansestadt Hamburg mit dem Konzept der Business Improvement Districts (BID),[25] bei denen in § 3 des Gesetzes zur Stärkung der Einzelhandels- und Dienstleistungszentren (GSED)[26] der Abschluss eines öffentlich-rechtlichen Vertrags vorgesehen ist.

---

23 So auch *Maurer* (Fn. 16), S. 375.

24 Vgl. § 12 Berliner Straßengesetz vom 13.7.1999 (GVBl. 1999, S. 466); vgl. auch *Kopp/Ramsauer* (Fn. 13), § 54 Rn. 40a.

25 Vgl. http://www.hamburg.de/bid-projekte/ (zuletzt abgerufen am 1.2.2013). Vgl. hierzu näher den Beitrag von *Graf* in diesem Band (Kap. 3, § 9).

26 Vom 28.12.2004 (HmbGVBl. 2004, S. 525).

III. Der öffentlich-rechtliche Vertrag im Detail

Die Grundnorm des öffentlich-rechtlichen Vertrags in Deutschland ist § 54 VwVfG.

> **§ 54 VwVfG: Zulässigkeit des öffentlich-rechtlichen Vertrags**
>
> Ein Rechtsverhältnis auf dem Gebiet des öffentlichen Rechts kann durch Vertrag begründet, geändert oder aufgehoben werden (öffentlich-rechtlicher Vertrag), soweit Rechtsvorschriften nicht entgegenstehen. Insbesondere kann die Behörde, anstatt einen Verwaltungsakt zu erlassen, einen öffentlich-rechtlichen Vertrag mit demjenigen schließen, an den sie sonst den Verwaltungsakt richten würde.

In der Legaldefinition des Satzes 1 der Vorschrift sind *drei Voraussetzungen* genannt: Es muss erstens um die Begründung, Änderung oder Aufhebung eines Rechtsverhältnisses gehen; dieses muss zweitens dem Gebiet des öffentlichen Rechts zugeordnet werden können und die Interaktion muss drittens in der Form des Vertrags erfolgen. Die dritte Voraussetzung zeigt das Dilemma der deutschen Kodifizierung: Wenn in Satz 2 geregelt ist, dass der Vertrag insbesondere in den Entscheidungssituationen der öffentlichen Verwaltung in Betracht kommt, in denen auch ein Verwaltungsakt, also ein eher hierarchischer Akt der Verwaltung, erlassen werden kann, dann kann man durchaus zweifeln, was denn genau die Spezialität der vertraglichen Ausgestaltung ist, die nach allgemeinen vertragsrechtlichen Grundsätzen ein gewisses Aushandeln der Bedingungen durch die Vertragspartner beinhaltet. Jedenfalls zeigt die Fokussierung der rechtlichen Regelung auf von Subordination geprägte Rechtsverhältnisse bereits an dieser Stelle einen deutlichen legislativen Handlungsbedarf für den Bereich der PPP auf, die von einem kooperativen und partnerschaftlichen Miteinander ausgeht.[27]

Entscheidend ist die zweite Voraussetzung, dass es sich um ein *Rechtsverhältnis auf dem Gebiet des öffentlichen Rechts* handeln muss, denn dies betrifft die Abgrenzung zum privaten Recht und damit auch die zentrale Zuordnungsfrage für PPP-Verträge, ob es sich nämlich in der Sache um einen öffentlich-rechtlichen oder privatrechtlichen Vertrag handelt. Nach der deutschen Rechtsdogmatik vollzieht sich die *Abgrenzung zum privatrechtlichen Vertrag* nach objektiven Kriterien, wobei hierbei ein lebhafter Theorienstreit fortdauert.[28] Die Abgrenzung kann zunächst nach dem *Inhalt bzw. Vertragsgegenstand* erfolgen. Dazu wäre zu klären, ob es sich um einen öffentlich-rechtlich zu beurteilenden Sachverhalt

27 *Ziekow* (Fn. 16), S. 118 ff.; vgl. allgemein auch *Ziekow/Siegel* (Fn. 13), S. 605.

28 Vgl. *Schlette* (Fn. 9), S. 110–121; *Kopp/Ramsauer* (Fn. 13), § 54, Rn. 27 ff.; *Stöcker* (Fn. 9), S. 126.

handelt. Bei der Erfüllung öffentlicher Aufgaben spricht hierfür zweifelsohne eine Indizwirkung, die allerdings nicht automatisch greift, wenn ein Privater in die Aufgabenerfüllung einbezogen wird. Das Rechtsverhältnis zwischen öffentlicher Verwaltung und privatem Unternehmen ist nämlich häufig in typisch zivilrechtlichen Vertragsformen (Werkvertrag, Dienstleistungsvertrag, Mietvertrag, Kaufvertrag, Gesellschaftsvertrag) eingebunden.[29] Hinzu kommt, dass bei der PPP in der Regel ein komplexes Vertragswerk ausgearbeitet wird, sodass dann zumindest Mischverträge vorliegen. Bei PPP-Verträgen spricht man auch von sog. Typenkombinationsverträgen. Bei letzteren kommt auch der zweite Ansatz der Abgrenzung, der nach dem prägenden *Schwerpunkt des Vertrags* fragt, nicht zu eindeutigen Ergebnissen.[30] Letztendlich hilft dann auch der Grundsatz der einheitlichen Vertragsauslegung nicht weiter. Überwiegend wird deshalb entweder ein privatrechtlicher Vertrag angenommen oder ein echter Mischvertrag mit gleichrangigen öffentlich-rechtlichen und privatrechtlichen Bestandteilen.[31]

Betrachtetet man die *Arten des öffentlich-rechtlichen Vertrags* näher, so lassen sich allgemeine und besondere Vertragstypen unterscheiden, die allerdings nur teilweise als solche kodifiziert sind und sich aus der Auslegung der einschlägigen Vorschriften ergeben. Klassischerweise wird allgemein zwischen dem sog. subordinationsrechtlichen Vertrag zwischen Verwaltung und Bürger und dem koordinationsrechtlichen Vertrag zwischen zwei oder mehreren Verwaltungseinheiten bzw. Gebietskörperschaften unterschieden.[32] Das wesentliche Unterscheidungskriterium dieser beiden Vertragstypen ist neben den unterschiedlichen Vertragsparteien die Frage, ob eine zumindest gedankliche rechtliche Verknüpfung mit einem potentiellen Verwaltungsakt möglich ist oder nicht.[33] Für den subordinationsrechtlichen Verwaltung-Bürger-Vertrag fokussiert § 54 S. 2 VwVfG darauf, dass ein entsprechender Vertrag anstelle eines Verwaltungsaktes geschlossen werden kann, und bringt somit das für den Vertrag typische Verhältnis von Über- und Unterordnung zum Ausdruck. Praktische Anwendung finden solche Verträge zum Beispiel im Bereich des öffentlichen Dienstrechts, aber auch im Bereich des Polizei- und Ordnungsrechts.

29 *Stöcker*, a. a. O., S. 126 ff.; *Schlette*, a. a. O., S. 131–138 (138), spricht sich in diesen Fällen wohl für einen einheitlich öffentlich-rechtlichen Vertrag aus.

30 Zum Prinzip *Kopp/Ramsauer*, a. a. O., Rn. 31 f.; wie hier auch *Gurlit*, Verwaltungsvertrag (Fn. 11), S. 771 f., *Ziekow/Siegel* (Fn. 13), S. 597 f.

31 *Kopp/Ramsauer*, a. a. O., Rn. 30.

32 Vgl. insgesamt hierzu *Kopp/Ramsauer* (Fn. 13), § 54 Rn. 46–51a.

33 *Kopp/Ramsauer*, a. a. O., Rn. 48; anderer Ansicht wohl *Gurlit*, Verwaltungsvertrag (Fn. 11), S. 767.

Der subordinationsrechtliche Vertrag unterliegt auch engeren rechtlichen Bindungen als der kooperationsrechtliche Vertrag. Kooperationsrechtliche Verträge werden in der Praxis zwischen insoweit rechtlich Gleichen, also zwischen Gemeinden, zwischen Gemeinde und Landkreis oder zwischen Bund und Bundesland geschlossen. In Betracht kommt dieser Vertrag beispielsweise bei Gebietsänderungen, bei einer Aufgabenverlagerung, aber auch bei der Gründung von Zweckgemeinschaften und -verbänden zwischen bzw. von Gemeinden. Bei den besonderen Vertragsarten sind der Vergleichsvertrag (§ 55 VwVfG) und der Austauschvertrag (§ 56 VwVfG) geregelt, die beide im Gesetz nur dem subordinationsrechtlichen Vertrag zugeordnet werden, aber auch als kooperationsrechtlicher Vertrag denkbar sind.[34]

Zu den Einzelregelungen des öffentlich-rechtlichen Vertrags können hier nur ein paar Punkte angedeutet werden. So sieht § 57 VwVfG die Schriftform vor. Problematisch aus der Sicht von Kooperationsverträgen ist die Vorschrift des § 58 Abs. 1 VwVfG, wonach ein Vertrag, der in Rechte eines Dritten eingreift, erst wirksam wird, wenn der Dritte schriftlich zustimmt. Dies würde bedeuten, dass auch bei vorübergehenden Rechtseingriffen wie Straßenbauarbeiten erst alle betroffenen Anlieger vor Baubeginn schriftlich zugestimmt haben müssen. § 59 VwVfG regelt in enger Anlehnung an die für Verwaltungsakte geltenden Regelungen, wann ein Vertrag nichtig ist. Hier ist die Nummer 4 zu erwähnen, wonach ein Vertrag nichtig ist, wenn die Behörde sich eine unzulässige Gegenleistung versprechen lässt. Insbesondere die enge Anlehnung der Regelungen an die Vorschriften über den Verwaltungsakt und die deutliche Überbetonung des subordinationsrechtlichen Vertrags wird man als mit einer kooperativen und konsensualen Vertragsgestaltung nicht kompatibel anzusehen haben.

Besondere Voraussetzungen gelten für den Austauschvertrag und für den Vergleichsvertrag. Beim Austauschvertrag muss nach § 56 Abs. 1 VwVfG der Zweck der Gegenleistung, zu der sich der Vertragspartner der Behörde verpflichtet, sowohl im Vertrag festgelegt werden als auch der Erfüllung öffentlicher Aufgaben dienen; weiter muss die Gegenleistung angemessen sein und in einem sachlichen Zusammenhang mit der vertraglichen Leistung der Behörde stehen (sog. Koppelungsverbot). Ein Vergleichsvertrag muss nach § 55 VwVfG vom wechselseitigen Nachgeben der Vertragsparteien geprägt sein und, aus der Sicht der Behörde, zweckmäßig sein, um eine bestehende Ungewissheit zu beseitigen.

34 *Maurer* (Fn. 16); anderer Ansicht *Ramsauer/Kopp* (Fn. 13), § 55 Rn. 10; § 56 Rn. 1.

IV. Reformbestrebungen in Deutschland

Die Reformbestrebungen zur Schaffung von verwaltungsverfahrensrechtlichen Grundlagen für Public-private-Partnerships[35] begannen, wie erwähnt, zeitnah mit der Schaffung eines Beirats Verwaltungsverfahrensrecht beim Bundesinnenministerium 1997[36] und einem Kabinettsbeschluss zum Regierungsprogramm Moderner Staat – Moderne Verwaltung 1999.[37] Der Beirat wurde u. a. auch deswegen gegründet, weil wegen der zunehmenden Zusammenarbeit zwischen Behörden sowie zwischen Behörden und Privaten eine Anpassung der Regelungen über den Verwaltungsvertrag im Verwaltungsverfahrensgesetz als erforderlich angesehen wurde. Noch deutlicher stellte das erwähnte Regierungsprogramm den Zusammenhang zwischen PPP und Verwaltungsverfahrensrecht her, indem ein entsprechendes Leitprojekt vorgestellt wurde[38]:

> „*aa) Rechtliche Regelungen für Public Private Partnership* (Bundesministerium des Innern; geplantes Projektende 2001): Die Bundesregierung wird rechtliche Rahmenbedingungen für kooperative Vertragsverhältnisse schaffen. Der Verwaltung steht für die Kooperation mit Privaten derzeit nur der öffentlich-rechtliche Vertrag in seiner überkommenen Form zur Verfügung. Für eine weiterführende Zusammenarbeit im Sinne des aktivierenden Staates und die Gestaltung einer neuen Verantwortungsteilung ist dies nicht mehr ausreichend. Deshalb werden für die Ausgestaltung von Kooperationsbeziehungen taugliche Vertragstypen und Vertragsklauseln im Verwaltungsverfahrensrecht verankert."

Im Rahmen des ersten Reformansatzes wurden zwei umfangreiche Rechtsgutachten von *Schuppert* und *Ziekow*[39] angefertigt. Die beiden Gutachter sprachen sich, im Ergebnis durchaus vergleichbar, für eine umfassende Reform des Verwaltungsverfahrensgesetzes aus. Mit ihrer sog. *großen Lösung* schlugen sie vor, der Zusammenarbeit mit Privaten einen eigenen Abschnitt im Gesetz zu widmen und ein eigenständiges Verwaltungskooperationsrecht in das Verwaltungsverfahrensgesetz zu integrieren, wobei nicht nur die enge Anbindung an den Verwaltungsakt und den öffentlich-rechtlichen Vertrag, sondern im Ergebnis sogar eine scharfe Trennung von öffentlich-rechtlichen und privatrechtlichen

35 Vgl. hierzu auch *Hartmut Bauer*, Verwaltungswissenschaftliche Impulse für die Fortentwicklung der Lehre vom Verwaltungsvertrag, in: Kluth/Müller/Peilert (Hrsg.), Wirtschaft – Verwaltung – Recht. Festschrift für Rolf Stober, 2008, S. 327 (328 f.).

36 Siehe Fn. 4.

37 http://goo.gl/iI3kDb (zuletzt abgerufen am 1.2.2013).

38 A. a. O., S. 7.

39 Vgl. Fn. 8 bzw. Fn. 16.

Verträgen im neu zu schaffenden Kooperationsvertragsrecht aufgegeben wurde.[40] Der Beirat Verwaltungsverfahrensrecht ist diesen Vorschlägen vor allem wegen der Vermischung zivil- und öffentlichrechtlicher Ansätze und der möglicherweise daraus resultierenden Aufsplitterung des Rechtswegs bei Streitigkeiten zu den Verwaltungsgerichten einerseits und den Zivilgerichten andererseits nicht gefolgt. Vielmehr wurde geschlussfolgert, dass wegen der genannten Probleme eine umfassende bundesrechtliche Regelung von Public-private-Partnership im Verwaltungsverfahrensrecht problematisch sei und einem gesonderten Verwaltungskooperationsgesetz überlassen werden solle.[41] Im Zentrum der vom Beirat präferierten *kleinen Lösung* stand ein Vorschlag zur Einfügung eines neuen § 54a VwVfG: „Kooperationsverträge können auf dem Gebiet des öffentlichen Rechts geschlossen werden, um Private an der Erledigung öffentlicher Aufgaben zu beteiligen".[42]

In der Folge wurden dann aber weder die große noch die kleine Lösung mit den beschriebenen Inhalten umgesetzt. Ein (Bundes-)Gesetz zur Beschleunigung der Umsetzung von Öffentlich Privaten Partnerschaften und zur Verbesserung gesetzlicher Rahmenbedingungen für Öffentlich Private Partnerschaften vom 1. September 2005[43] enthielt schwerpunktmäßig Änderungen zum Wettbewerbsrecht und zum Vergaberecht, jedoch keine Neuerungen oder Kodifizierungen zum öffentlich-rechtlichen Vertrag oder zum Kooperationsvertrag.[44] Vorreiter der Entwicklung des Verwaltungskooperationsrechts war dann das Land Schleswig-Holstein, das mit dem Gesetz über die Zusammenarbeit zwischen Trägern der öffentlichen Verwaltung und Privaten vom 19. Juni 2007[45] eine erste Kodifizierung verabschiedete. Zentrale Regelungen des Gesetzes umfassen folgende Punkte: Zweck, Zulässigkeit und Gegenstände der Zusammenarbeit (§§ 1–3), Anforderungen an private Partner (§ 6), Staatlicher Einfluss und Aufsicht (§§ 7–8) und Nichtigkeitsgründe (§ 9). Insbesondere die letztgenannte Regelung wird den realen Bedingungen eines partnerschaftlichen

40 *Schuppert* (Fn. 8), S. 124–128; *Ziekow* (Fn. 16), S. 198–211.

41 Zu Bericht und Empfehlungen des Beirats siehe Neue Zeitschrift für Verwaltungsrecht = NVwZ 2002, 834.

42 Ebenda, S. 835.

43 BGBl. I 2676

44 Kritik auch bei *Martin Burgi*, Privatisierung öffentlicher Aufgaben – Gestaltungsmöglichkeiten, Grenzen, Regelungsbedarf. Gutachten D für den 67. Deutschen Juristentag, in: Verhandlungen des 67. Deutschen Juristentages. Erfurt 2008, D 111: es fehlt an einer Ordnungsidee.

45 GVOBl. 2007, S. 328.

Vertrags gerecht, weil die Nichtigkeit durch Vertragsänderungen im gegenseitigen Einvernehmen abgewendet werden kann. Kennzeichnend für das Gesetz ist, dass auf eine Rechtsgebietszuordnung der entsprechenden Verträge verzichtet wird. § 2 Abs. 1 des Gesetzes formuliert vielmehr inhaltsoffen:

> (1) Soweit überwiegende öffentliche Interessen oder gesetzliche Vorschriften nicht entgegenstehen, können die Träger der öffentlichen Verwaltung bei der Erledigung der von ihnen wahrgenommenen Aufgaben mit Privaten auf vertraglicher Grundlage zusammenarbeiten. Die Zusammenarbeit kann sich auf unterstützende Tätigkeiten der Privaten ohne Außenwirkung, ihre unmittelbare Einbeziehung in die Erledigung der von den Trägern der öffentlichen Verwaltung wahrgenommenen Aufgaben oder eine Aufgabenübertragung auf die Privaten beziehen.

In jüngster Zeit wird die Diskussion von einer in der Hauptsache von *Martin Burgi* geprägten Gesetzesinitiative in Richtung auf ein eigenes PPP-Gesetz bestimmt, die auf der Grundlage seines Berichts[46] auf dem 67. Deutschen Juristentag in Erfurt 2008 diskutiert wird. Der Vorschlag knüpft zum einen mit der Idee einer übergreifenden Regelung an die große Lösung der beiden Gutachten von 2001[47] an, lehnt allerdings wegen der Komplexität der rechtsgebietsübergreifend zu regelnden Fragen eine Verankerung im Verwaltungsverfahrensrecht ab und plädiert für ein eigenständiges PPP-Gesetz auf Bundes- und Landesebene, mit deutlichem Hinweis auf das schleswig-holsteinische Gesetz von 2007.[48] Wichtige Regelungspunkte im Gesetz sollen nach *Burgi* die Gewährleistungsverantwortung und Wirtschaftlichkeit und eine PPP-spezifische Fehlerfolgenregelung sein, während das Gesetz insgesamt als allgemeines Gesetz vor allem als Scharnier zwischen Fachverwaltungsrecht und Vergaberecht dienen müsse.[49]

Im Gegensatz zur Rechtsentwicklung findet eine spürbare politische und administrative Förderung von Public-private-Partnerships statt. An erster Stelle ist die deutschlandweit agierende ÖPP Deutschland AG – Partnerschaften Deutschland – zu nennen, die die bisherige PPP-Task-Force im Bundesministerium für Verkehr, Bau und Stadtentwicklung ablöste, die zum 28. Februar 2009 ihre Tätigkeit beendete. Die „ÖPP Deutschland AG“, auch „Partnerschaften Deutschland“ genannt, mit Sitz in Berlin ist ein vom Bund in Zusammenarbeit mit der Privatwirtschaft gegründetes neues Kompetenzzentrum, also eine

---

46 *Burgi* (Fn. 44), D 1–117.

47 Vgl. Fn. 8 und Fn. 16.

48 Ebenda, D 111; vgl. auch *Torsten Lämmerzahl*, Die Beteiligung Privater an der Erledigung öffentlicher Aufgaben. Eine Untersuchung ihrer verfassungs- und verwaltungsrechtlichen Möglichkeiten und Grenzen, 2007, S. 230 f.

49 A. a. O., D 112 f.

eigene öffentlich-private Partnerschaft.[50] Die Partnerschaften Deutschland selbst hat sich zum Ziel gesetzt, die bisherigen PPP-Initiativen fortzuentwickeln und weiter zu stärken, um das Potenzial von PPP noch stärker auszuschöpfen und mehr wirtschaftliche PPP-Projekte anzuschieben. Dies soll zum einen durch Beratung der öffentlichen Auftraggeber unterstützt werden und zum anderen durch vertiefte Grundlagenarbeit. Auf der Ebene der Bundesländer gibt es, bei unterschiedlichen Ministerien angesiedelt oder übergreifend, jeweils PPP-Task-Forces. Die ÖPP-Initiative des Landes Nordrhein-Westfalen beispielsweise setzt sich, angesiedelt beim Finanzministerium, für eine Etablierung von Partnerschaften zwischen Öffentlicher Hand und privaten Unternehmen bei der Realisierung von Infrastrukturprojekten ein.[51] Das PPP-Kompetenznetzwerk Niedersachsen ist beim Niedersächsischen Ministerium für Wirtschaft, Arbeit und Verkehr angesiedelt.[52] Interministeriell organisiert ist die ÖPP-Task-Force im Land Sachsen-Anhalt.[53] Alle Task-Forces beraten, informieren und unterstützen bei der Entwicklung von Public-private-Partnerships. Allerdings findet sich an keiner Stelle ihrer Eigendarstellung ein Hinweis auf öffentlich-rechtliche Verträge, was den Rückschluss zulässt, dass diese in der Praxis keine wesentliche Rolle spielen.

V. Fazit

Ein kurzes Fazit fällt, zumindest was die Themenstellung dieses Beitrags betrifft, ernüchternd aus. Es fehlt offensichtlich der politische Wille in Deutschland, öffentlich-rechtliche Verträge allgemein legislativ mit PPP zu verbinden. Der Bogen der Diskussion spannt sich in den letzten zehn Jahren von einer vorgeschlagenen großen Lösung über eine kleine Lösung bis zu keiner Lösung – im Ergebnis. Eine vielleicht nicht ganz überraschende Erkenntnis, weil schon *Burgi* zur Einschätzung kam, „dass das oberste Gestaltungsziel offenbar die Nichtgestaltung, das Bewahren des bestehenden normativen Zustands ist".[54]

---

50 http://www.partnerschaften-deutschland.de/ (zuletzt abgerufen am 1.2.2013).

51 http://www.ppp-nrw.de/ (zuletzt abgerufen am 1.2.2013).

52 http://www.ppp.niedersachsen.de/portal/live.php?navigation_id=12853&_psmand=49 (zuletzt abgerufen am 1.2.2013).

53 http://www.sachsen-anhalt.de/index.php?id=13318 (zuletzt abgerufen am 1.2.2013).

54 *Martin Burgi*, Gesetzgebung im Verwaltungsverfahrensrecht zwischen europäischem Umsetzungsdruck und (fehlendem) nationalen Gestaltungswillen, in: Burgi/Schönenbroicher (Fn. 12), S. 31, 36.

Öffentlich-rechtliche Verträge sind bei klassischer PPP selten, mehr als 90 % der PPP sind in Deutschland privatrechtlich organisiert.[55] Auch in einer aktuellen Studie des Deutschen Instituts für Urbanistik über PPP-Projekte in Deutschland finden sich keine Hinweise auf öffentlich-rechtliche Verträge im Zusammenhang mit PPP.[56] Öffentlich-rechtliche Verträge sind in der deutschen Rechtspraxis eher üblich bei der interkommunalen Zusammenarbeit; denkbar ist eine Anwendung bei Konzessionsverträgen in Berlin und Hamburg sowie insgesamt bei städtebaulichen PPP. Wohin die weiterhin vielfältige akademische Diskussion um das Verwaltungskooperationsrecht in Deutschland führt,[57] ist derzeit ungewiss. Wenig wahrscheinlich ist eine Integration in das Verwaltungsverfahrensrecht und eine deutliche Verknüpfung mit dem öffentlich-rechtlichen Vertrag.

---

55 *Burgi*, a. a. O., S. 36.

56 *Busso Grabow/Stefan Schneider/Antje Seidel-Schulze/Jascha Braun*, PPP-Projekte in Deutschland 2009. Erfahrungen, Verbreitung, Perspektiven. Ergebnisbericht, 2009.

57 Von der Lebendigkeit der Diskussion sprechen insbesondere auch die in den letzten Jahren entstandenen Doktorarbeiten, so z. B. von *Nina Stöcker* (Fn. 9), 2010, und von *Jens Artelt*, Verwaltungskorporationsrecht – Zur Ausgestaltung der Zusammenarbeit von Polizei und Sicherheitswirtschaft, 2009.

Anna Vasilieva

§ 2. Abschluss verwaltungsrechtlicher Verträge mit nichthoheitlichen Subjekten nach russischem Recht

Der Abschluss verwaltungsrechtlicher Verträge zwischen hoheitlichen Subjekten ist unproblematisch, da solche Verträge im geltenden Recht der Russischen Föderation teilweise geregelt sind (auch wenn sie in den Rechtsvorschriften nicht als verwaltungsrechtliche Verträge bezeichnet werden) und im russischen Schrifttum recht umfassend analysiert worden sind.[1] Daher wird im Rahmen des vorliegenden Beitrags die Problematik der verwaltungsrechtlichen Verträge betrachtet, die zwischen der öffentlichen Verwaltung und nichthoheitlichen Subjekten (Bürgern und Organisationen) geschlossen werden. *V. Schlette* weist darauf hin, dass der verwaltungsrechtliche Vertrag als Handlungsform der öffentlichen Verwaltung zwar in den Rechtsordnungen der meisten europäischen Länder existiert (Belgien, Dänemark, England, Finnland, Frankreich, Griechenland, Italien, Niederlande, Österreich, Schweiz und Spanien), aber die Dogmatik der verwaltungsrechtlichen Verträge im deutschen bzw. französischen

---

1 Siehe *Демин А.В.*, Нормативный договор как источник административного права (*Demin A.V.*, Der normative Vertrag als Rechtsquelle des Verwaltungsrechts), Государство и право (Staat und Recht) 1998, Nr. 2, S. 15–21; *Гриценко Е.В.*, Роль нормативных договоров и соглашений в развитии федерализма и местного самоуправления в Российской Федерации (*Gricenko E.V.*, Die Rolle normativer Verträge und Vereinbarungen bei der Entwicklung des Föderalismus und der örtlichen Selbstverwaltung in der Russischen Föderation), Договор в публичном праве: сборник науч. ст. (под ред. Е.В. Гриценко, Е.Г. Бабелюк) (Der Vertrag im öffentlichen Recht: Sammelband [Hrsg. E.V. Gricenko/E.G. Babeljuk]), Moskau 2009, S. 25 (28); *Морозова Л.А.*, Договор в публичном праве: юридическая природа, особенности, классификация (*Morozova L.A.*, Der Vertrag im öffentlichen Recht: Rechtsnatur, Besonderheiten, Klassifikation), Государство и право (Staat und Recht) 2009, Nr. 1, S. 15; *Синдеева И.Ю.*, Административный договор как институт административного права: автореф. дисс. канд. юрид. наук (*Sindeeva I.Ju.*, Der Verwaltungsrechtliche Vertrag als Instrument des Verwaltungsrechts: Autoreferat der Dissertation zur Erlangung eines Dr. jur.), Moskau 2009 u. a.

Verwaltungsrecht am besten entwickelt ist.[2] Deshalb ist die Hinwendung gerade zur deutschen Konstruktion des verwaltungsrechtlichen Vertrags im Hinblick auf den Nutzen für das russische Verwaltungsrecht am zweckmäßigsten und gerade hier kann die rechtsvergleichende Methode sehr nützlich sein.

I. Evolution der russischen Theorie des verwaltungsrechtlichen Vertrags

Bis Mitte der 1960er Jahre gehörte die Problematik des verwaltungsrechtlichen Vertrags in der sowjetischen Verwaltungsrechtswissenschaft zu den kaum untersuchten Problemen, da – wie *C. A. Jampol'skaja* die Situation charakterisierte – „dieses Problem und selbst der Begriff ‚verwaltungsrechtlicher Vertrag' mit einer Art Tabu belegt waren".[3] In der zweiten Hälfte der 1960er Jahre erschienen die ersten Publikationen, in denen verwaltungsrechtliche Verträge als eigenständige Handlungsform der staatlichen Verwaltung explizit erwähnt wurden.[4] Dabei herrschte bis zu den 1980er Jahren die Auffassung vor, das ein verwaltungsrechtlicher Vertrag als Handlungsform der staatlichen Verwaltung unmöglich ist, da „in den Verwaltungsbeziehungen der unmittelbaren ‚Subjekt-Objekt'-Art ein vertragliches Element ausgeschlossen ist".[5] Aber schon in den 1980er Jahren wurde im russischen Schrifttum die Frage nach der Unzulänglichkeit der bestehenden Handlungsformen der staatlichen Verwaltung unter den Bedingungen der Entwicklung der staatlichen Verwaltung und nach der Notwendigkeit gestellt, diese Formen um eine weitere Form – die verwaltungsrechtliche Vereinbarung (Vertrag) – zu ergänzen.[6] In der zweiten Hälfte der 1990er Jahre erschienen

---

2 *Schlette V.*, Die Verwaltung als Vertragspartner. Empirie und Dogmatik verwaltungsrechtlicher Vereinbarungen zwischen Behörde und Bürger, 2000, S. 56–60.

3 *Ямпольская Ц.А.*, О теории административного договора (вместо рецензии) (*Jampol'skaja C.A.*, Über die Theorie des verwaltungsrechtlichen Vertrags [anstelle einer Rezension]), Советское государство и право (Sowjetischer Staat und Recht) 1966, Nr. 10, S. 132.

4 *Ямпольская Ц.А.* (*Jampol'skaja C.A.*), a. a. O., S. 132–136; *Новоселов В.И.*, К вопросу об административных договорах (*Novoselov V.I.*, Zur Frage betreffend die verwaltungsrechtlichen Verträge), Правоведение (Rechtswissenschaft) 1969, Nr. 3, S. 40–45.

5 Советское административное право. Методы и формы государственного управления (Sowjetisches Verwaltungsrecht. Methoden und Formen der staatlichen Verwaltung), Moskau 1977, S. 30.

6 *Хангельдыев Б.Б.*, Организационно-административные соглашения в государственном управлении (*Changel'dyev B.B.*, Organisations- und Verwaltungsvereinbarungen in der staatlichen Verwaltung), Материалы Московского совеща-

die ersten Dissertationen zum verwaltungsrechtlichen Vertrag,[7] die im 21. Jahrhundert überaus zahlreich wurden.[8] Allerdings sind Fragen zu Begriff und Inhalt der verwaltungsrechtlichen Verträge, ihren Arten sowie dem Verfahren des Vertragsabschlusses in der modernen Theorie des Verwaltungsrechts noch kaum untersucht.[9] Grundsätzlich kann man sagen, dass der verwaltungsrechtliche Vertrag als Handlungsform der staatlichen Verwaltung in der wissenschaftlichen

---

ния «Договорные формы управления: постановка проблемы и пути решения» (Materialien der Moskauer Konferenz „Vertragliche Formen der Verwaltung: Fragestellung und Lösungswege"), Moskau 1981, S. 28; *Кикоть В.А.*, О договорных формах управления государственными и общественными делами (*Kikot' V.A.*, Über vertragliche Formen der Verwaltung staatlicher und gesellschaftlicher Angelegenheiten), ebenda, S. 36.

7 *Демин А.В.*, Административные договоры: дисс. канд. юрид. наук (*Demin A.V.*, Verwaltungsrechtliche Verträge: Dissertation zur Erlangung eines Dr. jur.), Ekaterinburg 1996; *Абдурахманов А.А.*, Административный договор и его использование в деятельности органов внутренних дел: дисс. канд. юрид. наук (*Abdurachmanov A.A.*, Der verwaltungsrechtliche Vertrag und seine Verwendung bei der Tätigkeit der Organe für innere Angelegenheiten: Dissertation zur Erlangung eines Dr. jur.), Moskau 1997; *Корецкий А.Д.*, Договор в механизме правового регулирования: автореф. дисс. канд. юрид. наук (*Koreckij A.D.*, Der Vertrag im Mechanismus der rechtlichen Regulierung: Autoreferat der Dissertation zur Erlangung eines Dr. jur.), Rostov am Don 1999.

8 *Курчевская С.В.*, Административный договор: формирование современной теории и основные проблемы: автореф. дисс. канд. юрид. наук (*Kurčevskaja S.V.*, Der verwaltungsrechtliche Vertrag: Formierung einer modernen Theorie und grundlegende Probleme: Autoreferat der Dissertation zur Erlangung eines Dr. jur.), Voronež 2002; *Красильников Т.С.*, Административный договор в сфере образования: дисс. канд. юрид. наук (*Krasil'nikov T.S.*, Der verwaltungsrechtliche Vertrag im Bildungsbereich: Dissertation zur Erlangung eines Dr. jur.), Moskau 2003; *Ротенберг А.С.*, Административный договор: дисс. канд. юрид. наук (*Rotenberg A.S.*, Der verwaltungsrechtliche Vertrag: Dissertation zur Erlangung eines Dr. jur.), Rostov am Don 2006; *Морозов Н.Л.*, Договорные отношения в публично-правовой сфере: автореф. дисс. канд. юрид. наук (*Morozov N.L.*, Vertragsverhältnisse im öffentlich-rechtlichen Bereich: Autoreferat der Dissertation zur Erlangung eines Dr. jur.), Moskau 2006; *Игуменщева И.О.*, Договоры в теории административного права Российской Федерации: дисс. канд. юрид. наук (*Igumenščeva I.O.*, Verträge in der Verwaltungsrechtstheorie der Russischen Föderation: Dissertation zur Erlangung eines Dr. jur.), Čeljabinsk 2008; *Колокольцев А.Н.*, Теоретические концепции административного договора в Российской Федерации: автореф. дисс. канд. юрид. наук (*Kolokol'cev A.N.*, Theoretische Konzeptionen des verwaltungsrechtlichen Vertrags in der Russischen Föderation: Autoreferat der Dissertation zur Erlangung eines Dr. jur.), Tjumen' 2009.

9 *Хангельдыев Б.Б.* (*Changel'dyev B.B.*), a. a. O., S. 30.

Literatur recht positiv bewertet wird und die Notwendigkeit gesehen wird, entweder ein föderales Gesetz „Über verwaltungsrechtliche Verträge“[10] oder ein föderales Gesetz „Über das Verwaltungsverfahren“[11] zu verabschieden, welches den Begriff des verwaltungsrechtlichen Vertrags, das Verfahren des Vertragsabschlusses, die Änderung und Beendigung sowie die Nichtigkeitserklärung und eine Reihe anderer Fragen regeln sollte. Ein derartiger Wandel der Auffassungen in der Verwaltungsrechtswissenschaft – von der Negation des verwaltungsrechtlichen Vertrags bis hin zu seiner vollständigen Billigung – kann durch den aktuellen Stand der Wissenschaft und des russischen Verwaltungsrechts erklärt werden, den *Ju. N. Starilov* als „Überwindung der in der Sowjetzeit etablierten Traditionen, Lehren, Theorien und Auffassungen der Verwaltungsrechtswissen schaftler“[12] sieht.

II. Mangel an Handlungsformen der modernen öffentlichen Verwaltung?

Dennoch bleibt die Frage nach der objektiven Notwendigkeit des verwaltungsrechtlichen Vertrags, der Nachfrage nach ihm und seiner Effektivität im System der öffentlichen Verwaltung offen. Oder könnte man, wenn man den bildlichen Ausdruck von *J. Burmeister* verwendet, die Frage stellen, ob das „Kleid“ des verwaltungsrechtlichen Vertrags für die gegenwärtige russische öffentliche Verwaltung passt oder es „im Schrank hängen“ bleiben sollte, weil der russische Gesetzgeber bzw. Rechtsanwender keinen Bedarf dafür hat?[13] Die Antwort auf diese Frage ist eng mit der Entwicklung des Staates verbunden. Der verwaltungsrechtliche Vertrag, dessen Vorläufer ein mit Zustimmung des Bürgers vollzogener Rechtsakt der staatlichen Verwaltung war, tauchte in den europäischen Ländern in der Phase der Entwicklung des Sozialstaates auf, für den nicht die Einflussnahme des Staates auf die Bürger kennzeichnend ist, sondern ihre

---

10 *Синдеева И.Ю.* (*Sindeeva I.Ju.*), a. a. O., S. 12.

11 *Белов С.А.*, Актуальность и перспективы кодификации административного законодательства в России (*Belov S.A.*, Aktualität und Perspektiven der Kodifikation der verwaltungsrechtlichen Gesetzgebung in Russland), Вестник ВАС РФ (Vestnik VAS RF) 2011, Nr. 12, S. 6–21.

12 *Старилов Ю.Н.*, Административное право – на уровень правового государства (*Starilov Ju.N.*, Das Verwaltungsrecht – Weg zum Rechtsstaat), Voronež 2003, S. 8.

13 *Burmeister J.*, Verträge und Absprachen zwischen der Verwaltung und Privaten, VVDStRL 52, 1993, S. 208.

Zusammenarbeit, in deren Rahmen der Staat für den Bürger öffentliche Dienstleistungen erbringt.[14]

III. Stand der rechtlichen Regelung des verwaltungsrechtlichen Vertrags

Im russischen Verwaltungsrecht fehlen einheitliche Regeln für den Abschluss von verwaltungsrechtlichen Verträgen sowohl auf der Ebene des Gesetzes als auch auf der Ebene der untergesetzlichen Rechtsvorschriften. Gleichzeitig enthalten die rechtlichen Regelungen eine recht große Anzahl von Fällen, in denen als eine Form der Wahrnehmung von Funktionen öffentlicher Verwaltung der Abschluss verschiedener Verträge und Vereinbarungen vorgesehen ist. Hier kann der Auffassung von *L. A. Morozova* beigepflichtet werden, dass „die vertragliche Regelung der öffentlichen Verhältnisse sich in dem Bereich des öffentlichen Rechts fest etabliert hat […]".[15] Das ist nicht immer gerechtfertigt, vor allem in den Fällen, in denen die Verpflichtungen der Parteien durch den Erlass eines Individualakts der staatlichen Verwaltung geregelt werden könnten.

Ein erheblicher Anteil der rechtlichen Regelung erfolgt auf untergesetzlicher Ebene. So werden z. B. das Verfahren für die Vorbereitung und den Abschluss eines Vertrags über die Festlegung von Fangquoten für aquatische biologische Ressourcen und die Form eines Mustervertrags über die Festlegung von Fangquoten für aquatische biologische Ressourcen gemäß Art. 33.1 Pkt. 5 des Föderalen Gesetzes Nr. 166-FZ vom 20. Dezember 2004 „Über den Fischfang und die Erhaltung aquatischer biologischer Ressourcen"[16] durch die Regierung der Russischen Föderation festgelegt. Dieser Zustand kann durch die seit der Sowjetzeit bestehenden Ansätze zur Regelung der Verhältnisse im Bereich der staatlichen Verwaltung erklärt werden, bei denen die Regelung der

---

14 Näher *Андреев Д.*, Административный договор и правовой акт государственного управления (*Andreev D.*, Der verwaltungsrechtliche Vertrag und der Rechtsakt der staatlichen Verwaltung), Договор в публичном праве (Der Vertrag im öffentlichen Recht), S. 146–149; *Васильева А.Ф.*, Государство как поставщик публичных услуг (*Vasil'eva A.F.*, Der Staat als Lieferant öffentlicher Dienstleistungen), Право и политика (Recht und Politik) 2008, Nr. 6, S. 1336–1342; *Burmeister J.*, a. a. O., S. 223.

15 *Морозова Л.А.*, Договор в публичном праве: юридическая природа, особенности, классификация (*Morozova L.A.*, Der Vertrag im öffentlichen Recht: Rechtsnatur, Besonderheiten, Klassifikation), Государство и право (Staat und Recht) 2009, Nr. 1, S. 15.

16 SZ RF 2004, Nr. 52 (Teilband 1), Pos. 5270.

für die staatliche Verwaltung wichtigsten Fragen auf untergesetzlicher Ebene erfolgt.[17]

Nach Ansicht von *L. A. Mickevič* wird durch das Fehlen gesetzlicher Grundlagen für verwaltungsrechtliche Verträge die Suche nach der rechtlichen Regelung der klassischen verwaltungsrechtlichen Verträge im geltenden Rechtssystem wesentlich erschwert.[18] Allerdings ist eine gesetzliche Regelung nicht der einzige Weg zur Entwicklung des verwaltungsrechtlichen Vertrags. Erfahrungen des Verwaltungsrechts in Frankreich, das keine gesetzliche Regelung des verwaltungsrechtlichen Vertrags kennt, zeigen, dass trotzdem ein beträchtlicher Teil der öffentlichen Verwaltung durch verwaltungsrechtliche Verträge geregelt wird, deren Rechtsregime durch die Rechtsprechung gestaltet und perfektioniert wurde.[19] In Deutschland, wo der verwaltungsrechtliche Vertrag in den 1970er Jahren gesetzlich geregelt wurde, hat ebenfalls die Rechtsprechung die entscheidende Rolle bei der Entwicklung der Dogmatik des verwaltungsrechtlichen Vertrags gespielt. Die Rechtsprechung entwickelte sich von der Untersuchung der Fragen nach der Rechtsnatur der von den Verwaltungsbehörden mit nichthoheitlichen Subjekten geschlossenen Verträge bis zur Abhandlung von Fragen der Zulässigkeit eines verwaltungsrechtlichen Vertrags, der Rechtmäßigkeit seiner Inhalte und der Unwirksamkeit in konkreten Fällen, ohne den verwaltungsrechtlichen Vertrag als Handlungsform staatlicher Verwaltung zu systematisieren.[20] *W. Pakeerut* analysiert in seiner Arbeit eine erhebliche Anzahl gerichtlicher Entscheidungen, die auf diese oder jene Weise einen verwaltungsrechtlichen Vertrag betrafen, wobei die Grundsatzentscheidung zum Schicksal des verwaltungsrechtlichen Vertrags als Handlungsform der öffentlichen Verwaltung vom deutschen Bundesverwaltungsgericht im Jahr 1966 getroffen wurde.[21] In dieser Entscheidung hat das Bundesverwaltungsgericht den verwaltungsrechtlichen Vertrag als Handlungsform der öffentlichen

---

17 Zur Anwendung auf verwaltungsrechtliche Verträge siehe *Новоселов В.И.* (*Novoselov V.I.*), a. a. O., S. 44.

18 *Мицкевич Л.А.*, Административные договоры в России и Германии (*Mickevič L.A.*, Verwaltungsrechtliche Verträge in Russland und Deutschland), Договор в публичном праве (Der Vertrag im öffentlichen Recht), S. 187.

19 *Schlette V.*, a. a. O., S. 58.

20 Zu einer ausführlichen Analyse der Entwicklung der Rechtsprechung der deutschen Verwaltungsgerichte vor und nach dem Zweiten Weltkrieg in Bezug auf verwaltungsrechtliche Verträge siehe *Pakeerut W.*, Die Entwicklung der Dogmatik des verwaltungsrechtlichen Vertrages, Berlin 2000, S. 55–60, 106–112.

21 *Pakeerut W.*, a. a. O., S. 111 f.; BVerwGE 23, 213, BayVBl. 1967, 236.

Verwaltung grundsätzlich anerkannt. Dies wurde mit der staatsphilosophischen Überlegung begründet, wonach der verwaltungsrechtliche Vertrag als Handlungsform der öffentlichen Verwaltung eine Äußerung des Fortschritts vom einseitig hoheitlich handelnden Staat zum modernen Rechtsstaat hin sei, in dem der Bürger einen völlig anderen rechtlichen Status habe und nicht als Objekt eines Verwaltungseingriffs betrachtet werden könne.

Leider erkennt die russische Rechtsprechung die Konstruktion des verwaltungsrechtlichen Vertrags bisher nicht an, was dessen Entwicklung wesentlich erschwert und eine erhebliche Diskrepanz zwischen Verwaltungsrechtslehre und Praxis der Rechtsanwendung schafft.

IV. Begriff und Funktionen des verwaltungsrechtlichen Vertrags

1. Begriff des verwaltungsrechtlichen Vertrags

Wie oben bereits erwähnt, enthält die russische Gesetzgebung keine allgemeinen Bestimmungen über den verwaltungsrechtlichen Vertrag, insbesondere fehlt eine Legaldefinition. In der Literatur gibt es Ansätze zur Definition des verwaltungsrechtlichen Vertrags anhand der für ihn charakteristischen Merkmale. Die Zusammenstellung dieser Merkmale unterscheidet sich je nach Verfasser.[22] Allerdings gibt es zwei Schlüsselmerkmale, welche die Bestimmung der Rechtsnatur des verwaltungsrechtlichen Vertrags beeinflussen und in diesem Beitrag bei der Frage nach der Abgrenzung zwischen verwaltungs- und zivilrechtlichen Verträgen behandelt werden: Eine der Parteien des verwaltungsrechtlichen Vertrags ist ein mit öffentlichen bzw. hoheitlichen Befugnissen ausgestattetes Subjekt; Gegenstand des Vertrags ist die Wahrung öffentlicher Interessen im Bereich der öffentlichen Verwaltung.

Eine knappe Definition des verwaltungsrechtlichen Vertrags wurde durch den deutschen Gesetzgeber in § 54 Satz 1 Verwaltungsverfahrensgesetz (VwVfG) gegeben. Demnach ist er ein Vertrag, auf dessen Grundlage im Bereich des öffentlichen Rechts Rechtsverhältnisse entstehen, sich verändern oder enden. In diesem Fall wird der verwaltungsrechtliche Vertrag als *rechtserhebliche Tatsache* für die

---

22 Zu einem Verzeichnis der Merkmale eines verwaltungsrechtlichen Vertrags im russischen Verwaltungsrecht siehe *Мицкевич Л.А.*, Административные договоры в России и Германии (*Mickevič L.A.*, Verwaltungsrechtliche Verträge in Russland und Deutschland), Договор в публичном праве (Der Vertrag im öffentlichen Recht), S. 181–186.

Entstehung, Veränderung oder Beendigung verwaltungsrechtlicher Verhältnisse betrachtet.

2. Funktionen eines verwaltungsrechtlichen Vertrags

Die Bedeutung des verwaltungsrechtlichen Vertrags und seine Rolle bei der Wahrnehmung von Aufgaben der öffentlichen Verwaltung zeigen die Funktionen, die ein verwaltungsrechtlicher Vertrag erfüllen kann. Traditionsgemäß weist die deutsche Verwaltungsrechtslehre auf folgende Vorteile des verwaltungsrechtlichen Vertrags hin:

Erstens kann sich ein nichthoheitliches Subjekt als Vertragspartei an der Gestaltung der Vertragsbedingungen aktiv beteiligen, sodass es seine Interessen besser wahrnehmen kann als im Rahmen der nach § 28 VwVfG vorgesehenen Anhörung beim Erlass eines Verwaltungsakts durch die Behörde.[23] Im russischen System der öffentlichen Verwaltung scheint diese Funktion des verwaltungsrechtlichen Vertrags faktisch nicht zu funktionieren, da auf untergesetzlicher Ebene in der Regel für beide Vertragsparteien verbindliche Musterverträge vorgesehen sind, wodurch der verwaltungsrechtliche Vertrag zum Beitrittsvertrag wird, auf dessen Bedingungen ein nichthoheitliches Subjekt keinen Einfluss nehmen kann.

Zweitens erhöht der Verhandlungsprozess vor dem Abschluss eines verwaltungsrechtlichen Vertrags *die Transparenz und die Akzeptanz* der angenommenen vertraglichen Regelung durch das nichthoheitliche Subjekt.[24]

Drittens eignet sich ein verwaltungsrechtlicher Vertrag nach *W. Krebs* für die Lösung von inhaltlich komplexen und umfangreichen Problemen im Bereich der öffentlichen Verwaltung, d. h. nicht so sehr für eine mikroadministrative Anwendung, bei der in der Regel zweiseitige Rechtsverhältnisse entstehen, sondern vielmehr für die Wahrnehmung von Verwaltungsfunktionen makroadministrativer Art, bei denen am häufigsten multipolare Rechtsverhältnisse entstehen.[25]

Jedoch wird von der deutschen Verwaltungsrechtslehre zu Recht darauf hingewiesen, dass der verwaltungsrechtliche Vertrag die oben genannten Funktionen (Flexibilität, Kooperation, Transparenz und Akzeptanz) nur unter den Bedingungen eines tatsächlichen Verhandlungsprozesses erfüllen kann, der im Rahmen des Subordinationsverhältnisses zwischen Bürger und Staat nur dann

---

23 *Kopp F. O./Ramsauer U.*, Verwaltungsverfahrensgesetz, 7. Aufl., 2000, § 54 Rn. 11.

24 *Kopp F. O./Ramsauer U.*, a. a. O., § 54 Rn. 11.

25 *Krebs W.*, Verträge und Absprachen zwischen der Verwaltung und Privaten, VVDStRL 52, 1993, S. 252.

möglich ist, wenn die stärkere Vertragspartei ihre Position nicht missbraucht. Zudem gibt es eine Reihe anderer *Mängel des verwaltungsrechtlichen Vertrags*, die seine Anwendung in der Praxis erheblich erschweren. Dazu gehören die hohen Risiken eines Ausverkaufs hoheitlicher Befugnisse, die mögliche Verletzung von Rechten Dritter durch den verwaltungsrechtlichen Vertrag sowie eine nachteilige Situation für die schwächere Vertragspartei. Daher steht der verwaltungsrechtliche Vertrag auch in Deutschland, wie *G. Manssen* anmerkt, trotz seiner Anerkennung als eigenständiges rechtliches Instrument immer noch im Schatten seines „großen Bruders“, dem Verwaltungsakt.[26]

V. Verhältnis zwischen verwaltungsrechtlichem und zivilrechtlichem Vertrag

1. Anwendung von Vorschriften des Zivilrechts auf verwaltungsrechtliche Verträge

W. Krebs betrachtet alle Verträge zwischen der öffentlichen Verwaltung und Personen des Privatrechts unabhängig von ihrer (verwaltungs- oder zivilrechtlichen) Rechtsform als „Verwaltungsverträge“.[27] Diesen Gedanken weiterentwickelnd geht er von einer dogmatischen Annäherung des öffentlich-rechtlichen und zivilrechtlichen Vertrags aus. Der zivilrechtliche Vertrag zwischen der öffentlichen Verwaltung und einer Privatperson sei dabei lediglich eine Unterart des verwaltungsrechtlichen Vertrags, da die öffentliche Verwaltung öffentliche Funktionen auch in den Fällen wahrnehme, in denen sie einen zivilrechtlichen statt eines verwaltungsrechtlichen Vertrags abschließe.[28] Allerdings ist zu betonen, dass dieser Ansatz in der deutschen Wissenschaft und Praxis des Verwaltungsrechts nicht vorherrschend ist.

Im deutschen Verwaltungsrecht können die Vorschriften des Zivilrechts auf den verwaltungsrechtlichen Vertrag entsprechend angewendet werden. Diese Möglichkeit sieht § 59 Abs. 1 VwVfG ausdrücklich für die Erklärung eines verwaltungsrechtlichen Vertrags als nichtig vor. Hiernach ist ein öffentlich-rechtlicher Vertrag nichtig, wenn sich die Nichtigkeit aus der entsprechenden Anwendung von Vorschriften des Bürgerlichen Gesetzbuchs (BGB) ergibt. § 62

26 *Манссен Г.*, Публично-правовой договор в Германии (*Manssen G.*, Der öffentlich-rechtliche Vertrag in Deutschland), Договор в публичном праве (Der Vertrag im öffentlichen Recht), S. 166.
27 *Krebs W.*, a. a. O., S. 250.
28 *Krebs W.*, a. a. O., S. 258.

VwVfG normiert als allgemeine Regel, dass ergänzend die Vorschriften des BGB gelten. Somit sieht der deutsche Gesetzgeber ausdrücklich die Möglichkeit einer Gesetzesanalogie vor.[29] Allerdings ändert die Gesetzesanalogie nicht die Rechtsnatur des verwaltungsrechtlichen Vertrags, er wird dadurch nicht zivilrechtlich.

Der russische Gesetzgeber wählte intuitiv den gleichen Weg, indem er in den Spezialgesetzen direkt regelt, dass die Vorschriften des Zivilgesetzbuchs auf Vereinbarungen, die der Rechtsnatur nach den verwaltungsrechtlichen Verträgen zugerechnet werden können, anwendbar sind. Als Beispiel kann die Bestimmung des Art. 33.5 Pkt. 1 des Föderalen Gesetzes Nr. 166-FZ vom 20. Dezember 2004 „Über den Fischfang und die Erhaltung aquatischer biologischer Ressourcen"[30] genannt werden, wonach die vorzeitige Aufhebung oder Änderung eines Vertrags über die Festlegung von Fangquoten für aquatische biologische Ressourcen gemäß der Zivilgesetzgebung erfolgt. Dieser Ansatz wird durch objektive Gründe erklärt, denn im Gegensatz zum Zivilrecht fehlt im Verwaltungsrecht eine allgemeine Vertragsregelung vollständig.

In diesem Fall stellt sich die Frage, warum der verwaltungsrechtliche Vertrag vom zivilrechtlichen Vertrag abgegrenzt werden soll, wenn auf den verwaltungsrechtlichen Vertrag ohnehin die Vorschriften des Zivilrechts anzuwenden sind. Die Frage stellt sich um so mehr, als es, wie *V. I. Novoselov* anmerkt, „zwischen den verwaltungs- und den zivilrechtlichen Verträgen keine intransitiven Grenzen gibt, sondern sie sich in bestimmten Fällen berühren oder sogar gegenseitig verschmelzen".[31]

Im deutschen Verwaltungsrecht ist die Antwort auf diese Frage mehr oder weniger klar: Eine solche Abgrenzung hat eine hohe praktische Relevanz, da der verwaltungsrechtliche Vertrag – trotz der analogen Anwendung von Normen des Zivilrechts – seine Rechtsnatur nicht ändert und weiterhin im Rahmen eines speziellen Rechtsregimes bestehen bleibt.[32] Erstens gelten das Institut des verwaltungsrechtlichen Vertrags, wie auch das Verwaltungsrecht insgesamt, als spezielles Rechtsgebiet für die öffentliche Verwaltung, das besondere Anforderungen an die Tätigkeit der öffentlichen Verwaltung vorsieht und Bestimmungen enthält, die den Schutz der Bürger vor rechtswidrigen Handlungen der öffentlichen Verwaltung gewährleisten. Gerade deshalb hat der deutsche Gesetzgeber für den verwaltungsrechtlichen Vertrag im Vergleich zum zivilrechtlichen Vertrag erhöhte formale und verfahrensrechtliche Anforderungen

29 *Maurer H.*, Allgemeines Verwaltungsrecht, 18. Aufl., München 2011, § 14 Rn. 2.

30 Siehe oben Fn. 16.

31 *Новоселов В.И.* (*Novoselov V.I.*), a. a. O., S. 45.

32 Siehe *Schlette V.*, a. a. O., S. 116 f.

sowie besondere Rechtsfolgen für den Fall der Nichtigkeit eines verwaltungsrechtlichen Vertrags vorgesehen (§§ 57, 58, 59, 62 Satz 1 VwVfG). Zweitens korrespondieren anders als im Zivilrecht die gegenseitigen Rechte und Pflichten (§ 56 VwVfG). Drittens fällt der verwaltungsrechtliche Vertrag gemäß § 40 Abs. 1, Abs. 2 Satz 1 Verwaltungsgerichtsordnung (VwGO) in die Zuständigkeit der Verwaltungsgerichte, was für die nichthoheitliche Vertragspartei wesentliche Vorteile mit sich bringt (beispielsweise andere Regelungen hinsichtlich der Beweislast als im Zivilverfahren et cetera).

2. Kriterien für die Bestimmung der Rechtsnatur des verwaltungsrechtlichen Vertrags

In der Wissenschaft und Praxis des deutschen Verwaltungsrechts erfolgt die Bestimmung der Rechtsnatur des verwaltungsrechtlichen Vertrags nach zwei grundlegenden *Kriterien*: dem Gegenstand und den Vertragsparteien.

Wenn ein Vertrag öffentlich-rechtliche Pflichten oder Rechte, insbesondere Rechte und Pflichten in Subordinationsverhältnissen regelt, wird ein solcher Vertrag als verwaltungsrechtlich qualifiziert (sog. *Gegenstandstheorie*).[33] Ein ähnlicher Ansatz wird im russischen Verwaltungsrecht vertreten. So schlägt *C. A. Jampol'skaja* vor, „bei der Bestimmung der Rechtsnatur eines Vertrags nicht von der Eigenschaft der Parteien, sondern von der Besonderheit des Inhalts und des Gegenstands des Vertrags auszugehen [...].“[34] Der Gegenstand eines Vertrags wird durch eine Analyse seines Inhalts bestimmt. In der deutschen Wissenschaft und Praxis wurden bestimmte Kriterien herausgearbeitet, deren Vorliegen auf die verwaltungsrechtliche Natur eines Vertrags hinweist: 1) der Gegenstand des Vertrags „dient“ der Erfüllung öffentlich-rechtlicher Normen; 2) der Gegenstand des Vertrags enthält die Verpflichtung zum Erlass eines Verwaltungsakts oder zur Vornahme einer anderen hoheitlichen Handlung; 3) der Vertrag basiert auf einer öffentlich-rechtlichen Befugnis bzw. Pflicht des Bürgers.[35] Einige der angeführten Kriterien werden auch in der russischen Verwaltungsrechtslehre hervorgehoben. So weist beispielsweise *B. B. Changel'dyev* darauf hin, dass verwaltungsrechtliche Verträge als Rechtsgrundlage für den Erlass weiterer nachfolgender Verwaltungsentscheidungen durch die Organe der staatlichen

---

33 *Wild K.*, Pflichtenübertragung im Verwaltungsrecht. Unter besonderer Berücksichtigung des § 16 Abs. 2 KrW-/AbfG, 2003, S. 171; *Kopp F. O./Ramsauer U.*, a. a. O., § 54 Rn. 33.

34 *Ямпольская Ц.А.* (*Jampol'skaja C.A.*), a. a. O., S. 134.

35 *Maurer H.*, a. a. O., § 14 Rn. 10 f.; *Kopp F. O./Ramsauer U.*, a. a. O., § 54 Rn. 33.

Verwaltung bzw. als Bedingung für die Entstehung sonstiger verwaltungsrechtlicher oder nichtverwaltungsrechtlicher Vereinbarungen dienen können.[36]

Allerdings ist die Gegenstandstheorie zur Bestimmung der Rechtsnatur eines Vertrags, d. h. dessen Zuordnung zum Rechtsregime des öffentlichen oder privaten Rechts nur dann anwendbar, wenn feststeht, dass eine der Vertragsparteien Träger öffentlicher Gewalt ist.[37] Dies lässt sich dadurch erklären, dass die Handlungsformen der öffentlichen Verwaltung der Wahrnehmung staatlicher Funktionen im öffentlichen Interesse durch den jeweiligen Träger der öffentlichen Gewalt dienen. In der russischen Verwaltungsrechtslehre ist als Unterscheidungsmerkmal zwischen verwaltungsrechtlichen und zivilrechtlichen Verträgen das Vorhandensein eines verbindlichen, mit staatlichen bzw. hoheitlichen Befugnissen ausgestatteten Subjekts anerkannt. So weist *V. I. Novoselov* darauf hin, dass „der Unterschied zwischen verwaltungsrechtlichen und zivilrechtlichen Verträgen darin besteht, dass sich deren Parteien nicht in der gleichen Position befinden, da die Verwaltungsbehörde unabhängig von der Tatsache, dass sie bestimmte Verpflichtungen gegenüber ihrem Kontrahenten wahrnimmt, ihre hoheitlichen Befugnisse behält."[38]

Bei gleichzeitiger Anwendung der Gegenstandstheorie und der Subjektstheorie kann als Beispiel für einen verwaltungsrechtlichen Vertrag aus der russischen Gesetzgebung der in Art. 46.1, 46.2, 46.3 des Städtebaugesetzbuchs der Russischen Föderation[39] (im Folgenden: „StädtebauGB") geregelte Vertrag über die Entwicklung eines bebauten Gebiets erwähnt werden. Die Entscheidung über die Entwicklung eines bebauten Gebiets (Stadtviertel, Ortschaft et cetera) wird durch ein Organ der örtlichen Selbstverwaltung getroffen (Art. 46.1 Pkt. 2 StädtebauGB). Die Entwicklung der bebauten Gebiete erfolgt auf der Grundlage eines Vertrags über die Entwicklung eines bebauten Gebiets (Art. 46.1 Pkt. 7 StädtebauGB). Somit erlässt das hoheitliche Subjekt zunächst einen Rechtsakt, auf dessen Grundlage ein Vertrag geschlossen wird. Vertragsparteien sind das Organ der örtlichen Selbstverwaltung, welches öffentliche Funktionen im Bereich des Städtebaus wahrnimmt, und ein nichthoheitliches Subjekt. Somit kann der Vertrag über die Entwicklung eines bebauten Gebiets unter dem Gesichtspunkt seiner subjektiven Zusammensetzung den verwaltungsrechtlichen Verträgen zugeordnet werden. Die Anwendung der Gegenstandstheorie lässt die gleiche Schlussfolgerung zu. Erstens „dient" der Gegenstand des Vertrags über die Entwicklung

36 *Хангельдыев Б.Б.* (*Changel'dyev B.B.*), a. a. O., S. 29.
37 *Wild K.*, a. a. O., S. 173.
38 *Новоселов В.И.* (*Novoselov V.I.*), a. a. O., S. 42.
39 Föderales Gesetz Nr. 190-FZ vom 29.12.2004, SZ RF 2005, Nr. 1 (Teilband 1), Pos. 16.

eines bebauten Gebiets dem Vollzug öffentlich-rechtlicher (städtebaulicher) Vorschriften. Zweitens enthält der Gegenstand des Vertrags über die Entwicklung eines bebauten Gebiets die Verpflichtung des Organs der örtlichen Selbstverwaltung, einen Verwaltungsakt zu erlassen oder eine andere hoheitliche Handlung vorzunehmen. Zu den Verpflichtungen *eines Organs der örtlichen Selbstverwaltung* aus dem Vertrag über die Entwicklung eines bebauten Gebiets gehören gemäß Art. 46.2 Pkt. 3 Nr. 7–9 StädtebauGB die Verabschiedung des Projektplans des bebauten Gebiets, einschließlich des Vermessungsplans des bebauten Gebiets, die Beschlussfassung über die Enteignung mittels Aufkaufs von Wohnungen in Mehrfamilienhäusern, die für baufällig erklärt und für den Abriss freigegeben wurden, [...] und die Bereitstellung von kommunalen Grundstücken ohne die Durchführung eines Bieterwettbewerbs für die Vertragspartei. Falls die hoheitliche Vertragspartei ihre sich aus dem Vertrag über die Entwicklung eines bebauten Gebiets ergebenden Verpflichtungen nicht erfüllt, werden die Rechte der nichthoheitlichen Vertragspartei dadurch geschützt, dass sie Ansprüche aus dem öffentlich-rechtlichen Verhältnis geltend machen kann, u. a. kann sie verlangen, dass die Entscheidung über die Ablehnung der Erschließung von Grundstücken oder die Untätigkeit der Behörde für rechtswidrig erklärt werden.[40]

VI. Klassifizierung der verwaltungsrechtlichen Verträge

In der deutschen Literatur wird eingeräumt, dass es nicht gelungen ist, im Verwaltungsverfahrensgesetz ein System der verwaltungsrechtlichen Verträge zu etablieren. § 54 VwVfG verankert im Grunde genommen den verwaltungsrechtlichen Subordinationsvertrag, indem geregelt wird, dass anstatt des Erlasses eines Verwaltungsakts ein verwaltungsrechtlicher Vertrag geschlossen werden kann. Je nach der Position der Parteien des verwaltungsrechtlichen Vertrags werden im deutschen Verwaltungsrecht Koordinations- und Subordinationsverträge unterschieden.[41]

Die für das deutsche Verwaltungsrecht charakteristischen Begriffe des Koordinations- und Subordinationsvertrags wurden in der russischen Wissenschaft zwar eingeführt, werden aber weder vom Gesetzgeber noch vom Rechtsanwender anerkannt.[42] Dabei werden den Koordinationsverträgen diejenigen

---

40 Siehe das Urteil des Föderalen Wirtschaftsgerichts des Moskauer Bezirks Nr. KA-A40/5038-11 vom 2.6.2011.

41 *Kopp F. O./Ramsauer U.*, a. a. O., § 54 Rn. 46.

42 *Розенфельд В.Г., Старилов Ю.Н.*, Современные проблемы формирования теории административного договора (*Rozenfel'd V.G./Starilov Ju.N.*, Gegenwärtige

verwaltungsrechtlichen Verträge zugeordnet, die zwischen Behörden geschlossen werden, die in keinem linearen oder funktionalen Subordinationsverhältnis zueinander stehen. Den verwaltungsrechtlichen Subordinationsverträgen werden diejenigen Verträge zugeordnet, die zwischen über- und untergeordneten Subjekten geschlossen werden.[43]

1. Der verwaltungsrechtliche Subordinationsvertrag

Zur Rechtsnatur des verwaltungsrechtlichen Subordinationsvertrags ist in Russland bisher nur eine wissenschaftliche Abhandlung erschienen, die noch dazu dem Subordinationsvertrag im deutschen Verwaltungsrecht gewidmet ist.[44] Der Aussage von *I. I. Maskaeva*, dass „die verwaltungsrechtlichen Subordinationsverträge durch die russischen Verwaltungsrechtler unbegründet außer Acht gelassen werden",[45] ist beizupflichten. Mit anderen Worten ist die Konstruktion des verwaltungsrechtlichen Subordinationsvertrags im russischen Verwaltungsrecht noch nicht entwickelt.

Der Subordinationsvertrag ist ein Vertrag zwischen zwei Parteien, die in einem Über- und Unterordnungsverhältnis zueinander stehen, zwischen der Verwaltung auf der einen Seite und dem Bürger (oder einem anderen Rechtssubjekt, das mit der Verwaltung in einem Über- und Unterordnungsverhältnis steht) auf der anderen Seite.[46] Als Subordinationsverträge im Sinne des § 54 Satz 2 VwVfG gelten alle Verträge, die eine Verwaltungsbehörde mit einem Bürger schließt, anstatt einen Verwaltungsakt zu erlassen.[47]

Probleme bei der Formierung der Theorie des verwaltungsrechtlichen Vertrags), Правовая наука и реформа юридического образования. Сб. науч. трудов. Вып. 3. Публичное право: проблемы современного развития (Rechtswissenschaft und Reform der juristischen Ausbildung, Sammlung wissenschaftlicher Schriften, Ausgabe 3, Öffentliches Recht: Probleme der gegenwärtigen Entwicklung), Voronež 1995, S. 38–40.

43 *Нефедов Б.И., Кожейкин С.И.*, Общетеоретические проблемы административного договора (*Nefedov B.I./Kožejkin S.I.*, Allgemeine theoretische Probleme des verwaltungsrechtlichen Vertrags), Правоведение (Rechtswissenschaft) 2007, Nr. 6, S. 93.

44 *Маскаева И.И.*, Субординационный административно-правовой договор в германском праве (*Maskaeva I.I.*, Der verwaltungsrechtliche Subordinationsvertrag im deutschen Recht), Договор в публичном праве (Der Vertrag im öffentlichen Recht), S. 205–213.

45 *Маскаева И.И.* (*Maskaeva I.I.*), a. a. O., S. 213.

46 Zu einer kritischen Bewertung der Konstruktion des verwaltungsrechtlichen Subordinationsvertrags siehe *Burmeister J.*, a. a. O., S. 212 f., 225–228.

47 *Kopp F. O./Ramsauer U.*, a. a. O., § 54 Rn. 48 f.; *Maurer H.*, a. a. O., § 14 Rn. 12.

Damit könnte ein bedeutender Teil der zwischen den Organen der öffentlichen Gewalt und nichthoheitlichen Subjekten geschlossenen Verträge den Subordinationsverträgen zugeordnet werden, denn in den meisten Fällen sind, wie bereits oben erwähnt, die grundlegenden Bedingungen solcher Verträge normativ festgelegt und das nichthoheitliche Subjekt hat faktisch keine Möglichkeit, auf den Inhalt des von ihm zu schließenden Vertrags Einfluss zu nehmen.

2. Der verwaltungsrechtliche Koordinationsvertrag

Als Koordinationsverträge gelten solche verwaltungsrechtlichen Verträge unabhängig von den Besonderheiten der Vertragsparteien, bei denen in Bezug auf den Vertragsgegenstand kein Subordinationsverhältnis besteht.[48]

Bei der Betrachtung eines verwaltungsrechtlichen Koordinationsvertrags, der zwischen einem Subjekt der öffentlichen Verwaltung und einem nichthoheitlichen Subjekt geschlossen wird, ist *J. Burmeister* darin beizupflichten, dass ein derartiger Vertrag das grundlegende Instrument zur Übertragung von Verwaltungsfunktionen auf Privatrechtssubjekte ist, da die Übertragung von Verwaltungsfunktionen auf Subjekte des Privatrechts durch Erlass eines einseitigen hoheitlichen Akts durch die Auferlegung von Verpflichtungen einen Rechtseingriff darstellt. Wenn gesetzlich vorgesehen ist, dass ein Subjekt der öffentlichen Verwaltung einen Teil seiner Funktionen auf ein Privatrechtssubjekt übertragen kann, ist dies nur mit Zustimmung des Privatrechtssubjekts möglich, sodass der verwaltungsrechtliche Koordinationsvertrag das einzige zulässige Instrument ist.[49]

Im russischen Recht kann als Beispiel eines verwaltungsrechtlichen Koordinationsvertrags die Vereinbarung über die Zusammenarbeit zwischen Mehrfunktionszentren zur Erbringung staatlicher oder kommunaler Dienstleistungen und den föderalen Organen der Exekutive, den Organen der staatlichen außerbudgetären Fonds, den staatlichen Organen der Subjekte der Russischen Föderation sowie den Organen der örtlichen Selbstverwaltung dienen. Die Erbringung bestimmter Arten staatlicher und kommunaler Dienstleistungen[50] erfolgt gemäß dem Föderalen Gesetz Nr. 210-FZ vom 27. Juli 2010 „Über das

48 *Scherzberg A.*, Grundfragen des verwaltungsrechtlichen Vertrages, JuS 1992, S. 208; *Maurer H.*, a. a. O., § 14 Rn. 12; *Kopp F. O./Ramsauer U.*, a. a. O., § 54 Rn. 47.

49 *Burmeister J.*, a. a. O., S. 229 f.

50 Siehe das Verzeichnis der staatlichen Dienstleistungen, deren Erbringung in Mehrfunktionszentren organisiert wird, bestätigt durch Verordnung der Regierung der Russischen Föderation Nr. 797 vom 27.9.2011, SZ RF 2011, Nr. 40, Pos. 5559.

Verfahren der Erbringung staatlicher und kommunaler Dienstleistungen"[51] in Mehrfunktionszentren nach dem „Ein-Schalter"-Prinzip, nach dem sich ein Bürger an ein Zentrum wendet und das Zentrum die Zusammenarbeit mit den Organen, welche die staatlichen oder kommunalen Dienstleistungen erbringen, ohne Beteiligung des Antragstellers entsprechend den Rechtsvorschriften und Vereinbarungen über die Zusammenarbeit sicherstellt. Die Anforderungen an eine solche Vereinbarung sind in Art. 18 des oben genannten Gesetzes sowie in der Verordnung der Regierung der Russischen Föderation Nr. 797 vom 27. September 2011[52] geregelt. Eine Mustervereinbarung ist von der Regierung der Russischen Föderation zu bestätigen. Durch den Abschluss solcher Vereinbarungen überträgt das Subjekt der öffentlichen Verwaltung den Mehrfunktionszentren bestimmte, mit der Erbringung öffentlicher Dienstleistungen im Zusammenhang stehende Verwaltungsfunktionen.

VII. Schlussbemerkung

Wird die am Anfang dieses Beitrags gestellte Frage nach der Eignung des verwaltungsrechtlichen Vertrags für das System der gegenwärtigen russischen öffentlichen Verwaltung wieder aufgegriffen, ist *B. Krebs*[53] beizupflichten, dass der verwaltungsrechtliche Vertrag zwar keine Zauberformel zur Lösung der Probleme der neuen Generation darstellt, jedoch zu deren Lösung in den Bereichen beitragen kann, in denen der Staat ohne die Beteiligung gesellschaftlicher Kräfte nicht in der Lage ist, ihm auferlegte Aufgaben wahrzunehmen. Die in diesem Beitrag aus der russischen Gesetzgebung angeführten Beispiele für verwaltungsrechtliche Verträge (Vertrag über die Entwicklung eines bebauten Gebiets, Vereinbarung über die Zusammenarbeit zwischen einem Mehrfunktionszentrum und einem Subjekt der öffentlichen Verwaltung) scheinen gerade zur Lösung komplexer Verwaltungsaufgaben konzipiert zu sein. In anderen Fällen können die Verwaltungsfunktionen mithilfe der klassischen einseitigen hoheitlichen Entscheidungen erfolgreich wahrgenommen werden.

---

51 SZ RF 2010, Nr. 31, Pos. 4179.

52 SZ RF 2011, Nr. 40, Pos. 5559.

53 *Krebs W.*, a. a. O., S. 255.

Oleg Derbin

§ 3. Öffentliche Vereinbarungen im Bereich der Wasserversorgung und Abwasserentsorgung: Novellen in der russischen Gesetzgebung

Gegenwärtig werden die Reformen der Wohnungs- und Kommunalwirtschaft in der Russischen Föderation durch eine aktive Entwicklung der rechtlichen Regelung der öffentlichen Beziehungen in diesem Bereich begleitet. So wurde im Jahr 2010 das Gesetz „Über die Wärmeversorgung“[1] verabschiedet, das die Verhältnisse bei der Erzeugung und dem Verbrauch von Wärmeenergie detailliert regelt. Im Juni 2011 ergingen Änderungen zum Wohnungsgesetzbuch hinsichtlich der Regelung von Fragen der Verwaltung des Wohnungsbestands.[2] Im Mai des gleichen Jahres wurden durch Verordnung der Regierung der Russischen Föderation aktualisierte Regeln für die Bereitstellung kommunaler Dienstleistungen bestätigt.[3] Im Februar 2012 wurden durch Verordnung der Regierung der Russischen Föderation die für den Abschluss von Verträgen über die Versorgung mit kommunalen Ressourcen verbindlichen Regeln bestätigt.[4]

Keine Ausnahme stellt in diesem Zusammenhang auch der Bereich der Wasserversorgung und Abwasserentsorgung dar. Zuletzt wurden in Russland zwei spezialisierte Gesetze zur Regelung der Verhältnisse in diesem Bereich verabschiedet:

---

1 Föderales Gesetz Nr. 190-FZ vom 27.7.2010 „Über die Wärmeversorgung“, SZ RF 2010, Nr. 31, Pos. 4159.

2 Föderales Gesetz Nr. 123-FZ vom 4.6.2011 „Über die Änderung des Wohnungsgesetzbuchs der Russischen Föderation und einzelner Gesetze der Russischen Föderation“, SZ RF 2011, Nr. 23, Pos. 3263.

3 Verordnung der Regierung der Russischen Föderation Nr. 354 vom 6.5.2011 „Über die Erbringung kommunaler Dienstleistungen für die Eigentümer und Nutzer von Räumen in Mehrfamilienhäusern und von Wohngebäuden“, SZ RF 2011, Nr. 22, Pos. 3168.

4 Verordnung der Regierung der Russischen Föderation Nr. 124 vom 14.2.2012 „Über die beim Abschluss von Verträgen über die Versorgung mit kommunalen Ressourcen zur Erbringung kommunaler Dienstleistungen verbindlichen Regeln“, SZ RF 2012, Nr. 8, Pos. 1040.

das Gesetz „Über die Wasserversorgung und Abwasserentsorgung“[5] und das Gesetz „Über die Änderung einzelner Gesetze der Russischen Föderation im Zusammenhang mit der Verabschiedung des Föderalen Gesetzes ‚Über die Wasserversorgung und Abwasserentsorgung‘“[6]. Zum ersten Mal in der Geschichte des russischen Rechts wurden die Rechtsinstitute der Verträge über die Wasserversorgung und Abwasserentsorgung als eigenständige Arten von Schuldverhältnissen eingeführt. Durch die Gesetze werden die mit der Ausübung der Tätigkeit von Einrichtungen der Wasserversorgung und Abwasserentsorgung im Zusammenhang stehenden Fragen, einschließlich ihres vermögensrechtlichen Status, detailliert geregelt. Die Verfasser des Gesetzentwurfs haben auch Korrekturen an den Begrifflichkeiten vorgenommen, die im Bereich der normativen Regelung der Wasserversorgung und Abwasserentsorgung verwendet werden.

Dem Gesetzgeber ist es jedoch nicht vollständig gelungen, den Rahmen der bestehenden Regelung bezüglich der Bestimmung der Rechtsnatur der Verträge über die Wasserversorgung und Abwasserentsorgung zu sprengen. Im Rahmen der in Betracht kommenden Gesetze werden die genannten rechtlichen Konstruktionen immer noch als eine Unterart des Energieversorgungsvertrags (faktisch also als Kaufverträge) betrachtet. Der Umstand, dass diese Verträge eine eigenständige Bezeichnung und ein Verzeichnis der wesentlichen Vertragsbedingungen sowie die Aussicht auf eine Verankerung auf untergesetzlicher Ebene in der jeweiligen typischen Form erhalten haben, ist zwar noch kein Beweis dafür, dass ihnen der Status eigenständiger Arten von Schuldverhältnissen verliehen wird. Er zeugt aber zumindest vom Beginn einer neuen Runde der Diskussion über deren Rechtsnatur.

Eine der bedeutendsten Neuerungen des Gesetzes „Über die Wasserversorgung und Abwasserentsorgung“ ist die Einführung des Instituts der sog. „Vereinbarung über die Bedingungen für die Ausübung einer der Regulierung unterliegenden Tätigkeit im Bereich der Wasserversorgung und Abwasserentsorgung“.

Der Weg dieser Vereinbarung in den Text der neu verabschiedeten Gesetze war recht schwierig, was seinerseits mit der Unklarheit der Rechtsnatur dieses Instituts im Zusammenhang stand.

Der Verfasser dieses Beitrags hatte die Gelegenheit, ganz zu Beginn der Arbeit an den genannten Gesetzen, noch in der Phase der Bestimmung der Konzepte und Schwerpunkte der jeweiligen rechtlichen Regelung, mitzuwirken. Die Idee zur Schaffung einer solchen Vereinbarung entstand aus der Notwendigkeit der

5 Föderales Gesetz Nr. 416-FZ vom 7.12.2011, SZ RF 2011, Nr. 50, Pos. 7358.
6 Föderales Gesetz Nr. 417-FZ vom 7.12.2011, SZ RF 2011, Nr. 50, Pos. 7359.

Gestaltung eines rechtlichen Mechanismus, der die teilweise Anwendung privatrechtlicher Methoden zur Regulierung von ihrem Wesen nach öffentlich-rechtlichen Beziehungen sichert. Eine solche Erstreckung sollte nach Auffassung der Verfasser der Konzeption des Gesetzes den Willen der sich in einem Subordinationsverhältnis in Bezug auf die Bestimmung der optimalen Wege für die Ausübung von Tätigkeiten im Bereich der Wasserversorgung und Abwasserentsorgung befindenden Subjekte koordinieren. Ursprünglich war daran gedacht worden, dass eine solche Vereinbarung den gesamten Komplex der Beziehungen im Rahmen der Tätigkeit einer Einrichtung der Wasserversorgung und Abwasserentsorgung regelt, welche nicht im unmittelbaren Zusammenhang mit der Wasserversorgung und Abwasserentsorgung stehen. Die Vereinbarung sollte insbesondere das Verfahren und die Bedingungen der Beschäftigung bestimmter Arbeitnehmerkategorien dieser Einrichtungen, die Ausübung einer Investitionstätigkeit, die Grundlagen für die Gestaltung der Tarifpolitik im Bereich der Wasserversorgung und Abwasserentsorgung sowie die Bedingungen und Besonderheiten der Heranziehung einer Einrichtung der Wasserversorgung und Abwasserentsorgung zur öffentlich- und privatrechtlichen Verantwortlichkeit regeln. Später wurde jedoch beschlossen, auf einen derart breit angelegten Regelungsgegenstand zugunsten einer Reduzierung auf ausschließlich solche Fragen zu verzichten, welche die Koordination der Tarifregelung betreffen. Gerade diese Auffassung fand ihren Niederschlag in der ersten Fassung des Gesetzentwurfs Nr. 484225-5 „Über die Wasserversorgung und Abwasserentsorgung“ (im Folgenden: „Gesetzentwurf“), die der Staatsduma der Föderationsversammlung der Russischen Föderation im Januar 2011 vorgelegt wurde.[7] Diese rechtliche Konstruktion wurde durch Art. 29 des Gesetzentwurfs geregelt und als Vereinbarung über die Regelung der Tarife bezeichnet. Dieser Artikel des Gesetzentwurfs sah eine trilaterale Vereinbarung zwischen einer Einrichtung der Wasserversorgung und Abwasserentsorgung, einem privaten Investor und einer Behörde vor, welche die Sicherstellung optimaler Bedingungen für die Finanzierung einer Einrichtung der Wasserversorgung und Abwasserentsorgung zum Ziel hat. Gemäß Art. 29 Pkt. 3 des Gesetzentwurfs verpflichteten sich die Einrichtung der Wasserversorgung und Abwasserentsorgung und der private Investor zur Finanzierung der Errichtung und Sanierung von Objekten der Wasserversorgung und Abwasserentsorgung. Die zuständige Behörde übernahm die Verpflichtung zur

7 Der ursprüngliche Text des Gesetzentwurfs sowie die begleitenden Unterlagen sind auf der offiziellen Internetseite der Staatsduma der Föderationsversammlung der Russischen Föderation zugänglich unter: www.duma.gov.ru.

Festlegung des jeweiligen Tarifs für die Einrichtung der Wasserversorgung und Abwasserentsorgung, der die Innovationstätigkeit entsprechend berücksichtigt. Dies spricht zunächst dafür, dass diese Vereinbarung faktisch privatrechtlicher (zivilrechtlicher) Natur ist, da sie die Gewährleistung komfortabler Bedingungen für private Investitionen in die Systeme der Wasserversorgung und Abwasserentsorgung zum Ziel hat, zumal es gemäß Punkt 1 des genannten Artikels des Gesetzentwurfs ausschließlich um die Finanzierung der Errichtung bzw. Sanierung von Objekten ging, die sich nicht im staatlichen bzw. kommunalen Eigentum befinden. Somit würde diese Vereinbarung den Bereich der öffentlichen Regelung bezüglich der Umsetzung der Tarifpolitik zwar betreffen, aber dieser Bereich würde sich ausschließlich auf eine Tätigkeit im Zusammenhang mit der Realisierung privater Investitionen in Objekte beschränken, die nicht zum staatlichen bzw. kommunalen Eigentum gehören. Dies hätte im Rahmen der russischen Realität, in der sich ein großer Teil der Einrichtungen der Wasserversorgung und Abwasserentsorgung im staatlichen oder kommunalen Eigentum befindet, zu keinen positiven Ergebnissen geführt.

Beachtenswert ist auch der Umstand, dass das den ursprünglich eingebrachten Gesetzentwurf begleitende Erläuterungsschreiben einen Hinweis darauf enthielt, dass eine Vereinbarung über die Regelung der Tarife eine ziemlich große Anzahl von Verhältnissen regeln sollte, welche mit der Festlegung von Kennziffern für die Tätigkeit der Einrichtungen der Wasserversorgung und Abwasserentsorgung in Absprache mit den staatlichen Behörden im Zusammenhang stehen, einschließlich von Fragen der Investitionspolitik. Dabei ist offensichtlich, dass die ursprünglich vom Gesetzgeber vorgeschlagene Variante den genannten Anforderungen nicht genügte.

Somit war klar, dass die ursprüngliche Umsetzung des Vorhabens recht weit davon entfernt war, perfekt zu sein, was im Ergebnis umfangreiche Änderungen des Gesetzentwurfs zur Folge hatte.

Im Ergebnis der durchgeführten Arbeit wurde vom Gesetzgeber eine andere als in der ursprünglichen Fassung des Gesetzentwurfs vorgesehene Konstruktion der betrachteten Vereinbarung erarbeitet, die schließlich die Bezeichnung „Vereinbarung über die Bedingungen für die Ausübung einer der Regulierung unterliegenden Tätigkeit im Bereich der Wasserversorgung und Abwasserentsorgung“ erhalten hat. In der endgültigen Fassung des Gesetzes „Über die Wasserversorgung und Abwasserentsorgung“ sind derartige Vereinbarungen in Art. 36 geregelt. Gemäß Punkt 1 des genannten Artikels ist darunter eine Vereinbarung zu verstehen, nach der die für die Kalt- und Warmwasserversorgung und (oder) Abwasserentsorgung zuständige Einrichtung auch für den Betrieb, die Errichtung, Sanierung und Modernisierung von Objekten des Systems der Wasserversorgung und Abwasserentsorgung entsprechend den zweckgebundenen Kennziffern der Tätigkeit dieser Einrichtung sowie den genehmigten Investitions- und Produktionsprogrammen zuständig ist, und die bevollmächtigten Organe der Exekutive eines Subjekts der Russischen Föderation und (oder) die Organe der örtlichen Selbstverwaltung die Voraussetzungen für die Ausübung der jeweiligen Tätigkeit gewährleisten. Sie haben dabei insbesondere auch die langfristigen Parameter der Tarifregelung und die Ausgaben für die Umsetzung der durch die Investitions- und Produktionsprogramme vorgesehenen Maßnahmen, welche gemäß der Vereinbarung durchzuführen sind, in Übereinstimmung mit den Grundlagen der Preisgestaltung im Bereich der Wasserversorgung und Abwasserentsorgung bei der Festlegung der Tarife einer solchen Einrichtung zu berücksichtigen. Mit anderen Worten geht aus der weiten Definition hervor, dass unter einer solchen Vereinbarung ein Akt zu verstehen ist, nach dem sich die Einrichtung der Wasserversorgung und Abwasserentsorgung verpflichtet, bestimmte Kennziffern in Bezug auf ihre Wirtschaftstätigkeit zu erreichen, und sich das öffentliche Subjekt verpflichtet, für diese Einrichtung möglichst komfortable Bedingungen für die Ausübung dieser Tätigkeit zu gewährleisten. Im Gegensatz zur ursprünglichen Version hat die angeführte Konstruktion einen breiteren Regelungsgegenstand, da sie ihre Wirkung faktisch auf alle Verhältnisse erstreckt, welche mit der Festlegung der Tarife für die Tätigkeit einer Einrichtung der Wasserversorgung und Abwasserentsorgung im Zusammenhang stehen, und zwar unabhängig von den Rechten an den Objekten der Wasserversorgung und Abwasserentsorgung und der Rechtsnatur der Investitionen, welche die Finanzierung einer solchen Tätigkeit sicherstellen. Dabei treten die Verhältnisse in den Vordergrund, die mit der Umsetzung einer für die Einrichtungen der Wasserversorgung und Abwasserentsorgung vorteilhaften Tarifpolitik im Zusammenhang stehen, die deren Interessen hinsichtlich der Finanzierung der eigenen Tätigkeit berücksichtigt.

Im Folgenden sollen die wesentlichen Bedingungen dieser Vereinbarung betrachtet werden.

In erster Linie soll die Vereinbarung eine Verpflichtung der Einrichtung der Wasserversorgung und Abwasserentsorgung enthalten, ihre Tätigkeit auf einem solchen Niveau auszuüben, welches die für diese Einrichtung vorgegebenen zweckgebundenen Kennziffern reflektiert. Ein Verzeichnis der zweckgebundenen Kennziffern wird in einer allgemeinen Form durch Art. 39 des Gesetzes „Über die Wasserversorgung und Abwasserentsorgung" festgelegt. Dieses Verzeichnis ist nicht abschließend. Es handelt sich um eine ganze Reihe von

Kennziffern hinsichtlich der Qualität der Wasserversorgung und Abwasserentsorgung, des Grades der Umwelteinwirkungen sowie des Standes der Versorgung der Bevölkerung mit den jeweiligen kommunalen Ressourcen. Faktisch bildet diese Bedingung der Vereinbarung die Grundlage dafür, deren Wirkung auf eine Vielzahl verschiedener gesellschaftlicher Verhältnisse zu erstrecken, die ihrer Rechtsnatur nach nicht heterogen sind. Während es sich im Rahmen der Festlegung der Kennziffern für die Qualität der gegenüber den Kunden erbrachten Dienstleistungen offensichtlich um privatrechtliche Verhältnisse handelt, handelt es sich in dem Fall, in dem sich diese Kennziffern auf den Grad der negativen Umwelteinwirkungen beziehen, um Verhältnisse öffentlich-rechtlicher Art. Vorgreifend wird darauf hingewiesen, dass schon dieser Umstand einen Beweis für die zumindest dualistische (privat- und öffentlich-rechtliche) Rechtsnatur dieser Vereinbarung bietet.

Darüber hinaus übernimmt die Einrichtung der Wasserversorgung und Abwasserentsorgung die Verpflichtung für die ordnungsgemäße Erfüllung des eigenen Investitionsprogramms. Gegenwärtig werden die Anforderungen an ein solches Programm durch das Gesetz „Über die Grundlagen der Tarifregelung für Einrichtungen des kommunalen Sektors“[8] festgelegt. Nach diesem Gesetz ist unter einem solchen Programm eine Konzeption zur Finanzierung der Tätigkeit einer Einrichtung der Wasserversorgung und Abwasserentsorgung in Bezug auf die Errichtung bzw. Sanierung der für die Wasserversorgung und Abwasserentsorgung genutzten Infrastruktur zu verstehen, d. h. für die Umsetzung des betrieblichen Produktionsprogramms, die in der Vereinbarung ebenfalls verpflichtend vorgesehen ist. Dabei ist jedoch zu beachten, dass das Gesetz in diesem Teil einen Widerspruch enthält, der offensichtlich durch die Praxis gelöst werden soll. Nach Art. 2 des genannten Gesetzes ist unter einem Investitionsprogramm das Programm zur Finanzierung der Tätigkeit einer Einrichtung des kommunalen Sektors in Bezug auf die Errichtung bzw. Sanierung der im Rahmen ihrer Tätigkeit betriebenen Objekte zu verstehen. Die Erstellung dieses Programms ist jedoch ausschließlich dann möglich, wenn hinsichtlich der Quellen dieser Finanzierung, welche u. a. im Rahmen dieser Vereinbarung verwirklicht werden, vollständige Klarheit besteht. Daher entsteht ein eigenartiger Teufelskreis: Ein Investitionsprogramm darf bei Vorliegen einer Vereinbarung über die Bedingungen für die Ausübung einer der Regulierung unterliegenden Tätigkeit im Bereich der Wasserversorgung und Abwasserentsorgung erstellt werden, während die Vereinbarung selbst ebenfalls das entsprechende Investitionsprogramm zu

8 Föderales Gesetz Nr. 210-FZ vom 30.12.2004, SZ RF 2005, Nr. 1, Pos. 36.

berücksichtigen hat. Vorliegend wird die Auffassung vertreten, dass der Ausweg aus dieser Situation durch eine klare Trennung zwischen der im Rahmen dieser Vereinbarung durchgeführten Finanzierung und dem Investitionsprogramm zu finden ist. Die Grundlage für eine solche Trennung sollte die Rechtsnatur der jeweiligen Finanzierung bilden. Wird durch ein Investitionsprogramm die Zielrichtung privater Investitionen (Errichtung bzw. Sanierung von Objekten der Wasserversorgung und Abwasserentsorgung auf Kosten der Eigenmittel einer Einrichtung der Wasserversorgung und Abwasserentsorgung sowie sonstiger Mittel privater Investoren) bestimmt, dann ist die im Rahmen dieser Vereinbarung vorgenommene Finanzierung ihrem Grunde nach öffentlich-rechtlicher Natur (Tarifizierung).

Auf den ersten Blick trägt der beschriebene Komplex von Verpflichtungen einen eher deklarativen Charakter, da sich die Verpflichtungen zur ordnungsgemäßen Erfüllung der Pflichten im Bereich der Erbringung von Dienstleistungen der Wasserversorgung und Abwasserentsorgung sowie zur Erfüllung des Produktions- bzw. Investitionsprogramms direkt aus dem zwingenden Charakter der diese Verpflichtungen festlegenden Vorschriften ergeben. Daher scheint ein zusätzlicher Hinweis auf die Notwendigkeit ordnungsgemäßer Tätigkeiten in diesem Rahmen überflüssig zu sein. Allerdings bedingen diese Verpflichtungen u. a. die andere Partei der Vereinbarung – das öffentliche Subjekt – zur Erfüllung ihrer eigenen Verpflichtungen, und zwar der Pflicht zur Festlegung des Tarifs, der die Besonderheiten der Tätigkeit der Einrichtungen der Wasserversorgung und Abwasserentsorgung berücksichtigt.

Somit gestaltet die betrachtete Vereinbarung die Struktur der Schuldverhältnisse, in deren Rahmen die Verpflichtungen der Einrichtungen der Wasserversorgung und Abwasserentsorgung zur ordnungsgemäßen Erfüllung ihrer Pflichten verankert werden, was wiederum durch die Verpflichtung des öffentlichen Subjekts gewährleistet wird, angemessene finanzielle Bedingungen für eine solche Erfüllung durch eine abgestimmte Tarifpolitik vorzusehen.

Darüber hinaus muss die Vereinbarung auch eine Bestimmung betreffend das Verfahren zur Ausübung der Kontrolle über die Erfüllung der durch eine Einrichtung der Wasserversorgung und Abwasserentsorgung übernommenen Verpflichtungen enthalten. Eine solche Bestimmung scheint die Vereinbarung jedoch nur deswegen zu enthalten, um ein „vollständiges Bild" der gesetzlichen Regelung zu schaffen, da die Durchführung entsprechender Überprüfungen ebenfalls durch spezialisierte Rechtsvorschriften geregelt ist.

Eine weitere wesentliche Bestimmung der Vereinbarung betrifft die Verantwortlichkeit der Parteien. Diese sollte jedoch unter Berücksichtigung einer vorläufigen Analyse der Rechtsnatur der Vereinbarung betrachtet werden.

Nach der Idee der Verfasser des Gesetzes „Über die Wasserversorgung und Abwasserentsorgung" sollen auf die im Zusammenhang mit dem Abschluss der Vereinbarung entstehenden Verhältnisse die Vorschriften des Zivilgesetzbuchs der Russischen Föderation (im Folgenden: „ZGB") Anwendung finden (vgl. Art. 36 Pkt. 6 des genannten Gesetzes). Somit wird dadurch faktisch die Rechtsnatur dieser Vereinbarung als privatrechtlich bestimmt, und zwar als eine Unterart eines gewöhnlichen zivilrechtlichen Vertrags.[9] Diese Auffassung scheint jedoch unbegründet zu sein. Die mit der Festlegung der Tarife für die Tätigkeit der Einrichtungen der Wasserversorgung und Abwasserentsorgung im Zusammenhang stehenden Verhältnisse sind offensichtlich öffentlich-rechtlich. Faktisch stellt gerade die Festlegung der Tarife eine Einschränkung der Freiheit des Wirtschaftssubjekts und damit ein Merkmal einer öffentlich-rechtlichen Regelung dar, die auf der besonderen sozialen Bedeutung der von diesen Subjekten ausgeübten Tätigkeit beruht. Die betrachtete Vereinbarung ersetzt natürlich nicht den Akt des Organs der öffentlichen Gewalt betreffend die Festlegung der entsprechenden tariflichen Regelung. Zumindest ist zum gegenwärtigen Zeitpunkt die Aufnahme solcher Änderungen in die geltende russische Gesetzgebung nicht geplant. Die Vereinbarung „verkompliziert" nur den Prozess der Festlegung des jeweiligen Tarifs, indem sie faktisch nicht nur die Tätigkeit einer Einrichtung der Wasserversorgung und Abwasserentsorgung regelt, sondern auch die Tätigkeit des für die Festlegung des jeweiligen Tarifs zuständigen öffentlichen Subjekts. Somit legt diese Vereinbarung faktisch bestimmte Normen für eine Tätigkeit fest, die ihrer Natur nach Gegenstand einer öffentlichen Regelung ist.[10] Deshalb

---

9 Zu erwähnen ist, dass diese Auffassung nicht eindeutig ist. Gemäß Art. 2 Pkt. 3 ZGB findet die Zivilgesetzgebung auf die Regelung öffentlicher Verhältnisse in den Fällen Anwendung, in denen diese Möglichkeit gesetzlich vorgesehen ist. In diesem Fall wird die entsprechende Möglichkeit auf legislativer Ebene festgelegt. Hier wird jedoch die Ansicht vertreten, dass ein solcher, durch ein bestimmtes Verzeichnis der zu regelnden Verhältnisse nicht konkretisierter Hinweis nicht nur von der Erstreckung der privatrechtlichen Regelung auf einige öffentliche Verhältnisse zeugt, sondern auch einen Versuch darstellt, den entsprechenden Verhältnissen einen privatrechtlichen Status zu verleihen.

10 In diesem Zusammenhang ist auf einen recht interessanten Standpunkt hinzuweisen, der von *M. I. Braginskij* und *V. V. Vitrjanskij* im Rahmen einer Untersuchung der Grundlagen des Vertragsrechts geäußert wurde (Vertragsrecht, Erstes Buch: Allgemeine Bestimmungen, 3. Aufl., Moskau: Statut, 2008), demnach ein zivilrechtlicher

ist es wohl kaum möglich, von einer privatrechtlichen Natur dieser Vereinbarung zu sprechen.[11]

Darüber hinaus kann, wie oben schon erwähnt, die Vereinbarung durch Verpflichtungen ergänzt werden, die eindeutig mit der Beteiligung der Einrichtung der Wasserversorgung und Abwasserentsorgung an öffentlichen Verhältnissen im Zusammenhang stehen (z. B. Verhältnisse in Bezug auf den Umweltschutz). Die Tatsache zu bestreiten, dass dieses Verhältnis auf den Schutz eines öffentlichen Interesses gerichtet ist, erscheint mehr als unlogisch.

Somit scheint es vertretbar zu sein, zu dem Schluss zu kommen, dass die betrachtete Vereinbarung öffentlich-rechtlicher Natur ist.

Dabei ist anzumerken, dass dem gegenwärtigen russischen Recht diese Konstruktion einer öffentlichen Vereinbarung als verwaltungsrechtlicher Vertrag bereits bekannt ist, der im Folgenden kurz analysiert werden soll.

In der Rechtsliteratur fehlt derzeit eine klare Definition des Begriffs des verwaltungsrechtlichen Vertrags. Anhand der Gesamtheit der vorhandenen Abhandlungen in diesem Bereich ist es jedoch möglich, eine Reihe von Merkmalen dieser Art von Vereinbarung zu formulieren:

Vertrag sich von einer Rechtsvorschrift durch folgende Merkmale unterscheidet: erstens durch die Quelle seiner Gestaltung (ein zivilrechtlicher Vertrag ist die Frucht eines übereinstimmenden Willens seiner Parteien, eine Rechtsvorschrift ist dagegen das Ergebnis der Tätigkeit eines öffentlichen Organs), zweitens durch den Kreis der Personen, deren Rechte und Pflichten durch die betreffenden Akte geregelt werden können (die Vertragsparteien eines zivilrechtlichen Vertrags, dagegen ein unbestimmter Personenkreis bei Rechtsvorschriften). Dementsprechend werden die genannten Unterschiede im Rahmen der Betrachtung einer öffentlichen Vereinbarung nach hier vertretener Ansicht verwischt. Somit kann man zu der Schlussfolgerung kommen, dass eine öffentliche Vereinbarung ihrer Rechtsnatur nach der Konstruktion einer Rechtsvorschrift außerordentlich nahe kommt und folglich auch der Gegenstand ihrer Regelung eher öffentlich-rechtlicher Natur ist.

11 Hinzuweisen ist darauf, dass sich die Diskussion in Bezug auf die Rechtsnatur der betrachteten Vereinbarung in der Phase der Vorbereitung der genannten Gesetzentwürfe bei deren Beratung in der Staatsduma der Russischen Föderation entwickelte. So wurde insbesondere im Gutachten des Ausschusses der Staatsduma für Bauwesen und bodenrechtliche Verhältnisse hinsichtlich des zu behandelnden Gesetzentwurfs zu Recht darauf hingewiesen, dass die Verhältnisse bezogen auf die Festlegung der Tarife öffentlich-rechtlicher Natur sind, weswegen sich die Frage in Bezug auf die Anwendbarkeit der vertraglichen Regelung stellt.

1. An einem verwaltungsrechtlichen Vertrag muss mindestens ein Subjekt beteiligt sein, das über Verwaltungsbefugnisse in Bezug auf die anderen Parteien des Vertrags verfügt.
2. Das der Regelung durch diesen Vertrag unterliegende Rechtsverhältnis muss verwaltungsrechtlicher Natur sein. Dieses Kriterium wird häufig nicht beachtet, weswegen in einigen Fällen auch solche Rechtsgeschäfte den verwaltungsrechtlichen Verträgen zugeordnet werden, die ihrer Rechtsnatur nach zu den zivilrechtlichen Verträgen gehören (z. B. die Verträge über die Lieferung von Waren und die Erbringung von Werkleistungen für den staatlichen und kommunalen Bedarf).
3. Der Zweck eines verwaltungsrechtlichen Vertrags muss ein öffentlicher sein. Mit anderen Worten besteht der Zweck eines verwaltungsrechtlichen Vertrags immer in der ordnungsgemäßen Erfüllung der Verwaltungsfunktion eines öffentlichen Subjekts entsprechend den diesem Subjekt obliegenden Aufgaben, darunter auch im Rahmen derjenigen Tätigkeiten, welche der „Kontrahent" eines solchen öffentlichen Subjekts ausübt.[12]

Die umstrittene Frage betreffend den Begriff und die Merkmale des verwaltungsrechtlichen Vertrags hängt, wie es scheint, mit dem Umstand zusammen, dass diese rechtliche Konstruktion bis zum gegenwärtigen Zeitpunkt keine breite praktische Anwendung gefunden hat. Bis heute ist die Anwendung von Vereinbarungen, welche nicht auf die Vorschriften der Zivilgesetzgebung bzw. andere Rechtsvorschriften privatrechtlicher Natur gestützt werden, in der Praxis nicht üblich. So ist u. a. das System der Regelung von Verhältnissen im Bereich der Wohnungs- und Kommunalwirtschaft in Russland auf dem vertikalen Prinzip der Unterordnung der Wirtschaftssubjekte unter die Weisungen der Verwaltungsbehörden aufgebaut, wobei die Wirtschaftssubjekte faktisch keine Möglichkeit haben, auf Entscheidungen in Bezug auf deren Übereinstimmung mit der Praxis der entsprechenden wirtschaftlichen Tätigkeit Einfluss zu nehmen.[13]

---

12 Vgl. in diesem Zusammenhang den interessanten Aufsatz von *K. V. Chodakovskij*, Zweck des verwaltungsrechtlichen Vertrags (*Ходаковский К.В.*, Цель административного договора), Verwaltungsrecht und Prozess (Административное право и процесс) 2010, Nr. 4 (zitiert nach der Rechtsdatenbank „KonsultantPljus"), in dem der Verfasser zu dem Schluss kommt, dass sich der Zweck eines verwaltungsrechtlichen Vertrags von den Zielen seiner Parteien unterscheidet. Hier wird die Auffassung vertreten, dass dieses Kriterium zu den wichtigsten Kriterien bei der Abgrenzung eines verwaltungsrechtlichen Vertrags von den im Rahmen der Realisierung privatrechtlicher Verhältnisse geschlossenen Vereinbarungen gehört.

13 Es ist jedoch darauf hinzuweisen, dass die Verwaltungsbehörden in letzter Zeit in der Praxis die Entwürfe verschiedener Rechtsvorschriften, welche die Tätigkeit der

Scheinbar hat die fehlende Nachfrage nach dem Institut des verwaltungsrechtlichen Vertrags auch seine unzureichende theoretische Ausarbeitung zur Folge.[14]

Vieles spricht dafür, dass die hier betrachtete Vereinbarung allen Merkmalen eines verwaltungsrechtlichen Vertrags entspricht: Es liegt sowohl eine entsprechende Zusammensetzung der Vertragsparteien als auch ein Rechtsverhältnis vor, welches wie der Zweck, der mit der Versorgung eines unbegrenzten Personenkreises mit Dienstleistungen der Wasserversorgung und Abwasserentsorgung von guter Qualität im Zusammenhang steht, offensichtlich öffentlich-rechtlicher Natur ist. Doch im vorliegenden Fall erlaubt sich der Gesetzgeber eine inkonsequente Einstellung zur Regelung der betrachteten Vereinbarung.

Dabei geht es in erster Linie um die bereits erwähnte Klausel im Text des Gesetzentwurfs betreffend die Möglichkeit der Anwendung von Vorschriften des ZGB auf die betrachteten Verhältnisse. Diese Norm ist offensichtlich unvollständig und sollte zumindest durch die These ergänzt werden, dass die genannte gesetzliche Regelung nur auf solche Verhältnisse angewendet werden kann, welche zwischen den Parteien einer Vereinbarung über die Ausübung einer regulierten Tätigkeit entstehen (z. B. auf die Verhältnisse im Zusammenhang mit dem Verfahren und den Bedingungen für die Überweisung von Geldmitteln u. s. w.).

Noch ein weiterer recht wichtiger Aspekt im Rahmen der Betrachtung der Konstruktion einer Vereinbarung über die Bedingungen für die Ausübung einer der Regulierung unterliegenden Tätigkeit im Bereich der Wasserversorgung und Abwasserentsorgung ist die Frage nach der Verantwortlichkeit der Parteien der Vereinbarung. Gemäß Art. 36 Pkt. 7 des Gesetzes „Über die Wasserversorgung

---

Wirtschaftssubjekte betreffen, immer aktiver mit den davon betroffenen Wirtschaftssubjekten besprechen. Zugleich ist aber auch anzumerken, dass diese Abstimmung eher beratender Natur ist und kein verbindliches Verfahren darstellt.

14 Diese These gilt jedoch nur bedingt. Die unzureichende theoretische Ausarbeitung des Instituts des verwaltungsrechtlichen Vertrags wird vorliegend nicht im Fehlen entsprechender wissenschaftlicher Werke gesehen (bisher wurde recht viel veröffentlicht), sondern im Mangel an einem einheitlichen Ansatz für die Betrachtung dieses Instituts. Zugleich ist unter den veröffentlichten Werken insbesondere der Aufsatz von *I. Ju. Sindeeva*, Verhältnis von Privatem und Öffentlichem im verwaltungsrechtlichen Vertrag (*Синдеева И.Ю.* Соотношение частного и публичного в административном договоре), Verwaltungs- und Kommunalrecht (Административное и муниципальное право) 2009, Nr. 5 (zitiert nach der Rechtsdatenbank „KonsultantPljus"), zu erwähnen, in dem die Verfasserin eine recht ausführliche Bewertung des verwaltungsrechtlichen Vertrags als eine eigenartige „Symbiose" privater und öffentlicher Elemente vornimmt, indem sie die Geschichte seiner Entstehung seit den Zeiten des klassischen römischen Rechts verfolgt.

und Abwasserentsorgung“ gehört die Bestimmung betreffend die Verantwortlichkeit der Parteien – wie oben erwähnt – zu den wesentlichen Bedingungen der betrachteten Vereinbarung. Sonstige Vorschriften betreffend die Anforderungen an die Bestimmung einer solchen Verantwortlichkeit sind in dem genannten Gesetz nicht enthalten. Angesichts der öffentlich-rechtlichen Natur der betrachteten Vereinbarung wäre die Auffassung logisch, dass eine solche Verantwortlichkeit ausschließlich öffentlich-rechtlicher Natur ist.

Damit ist es denkbar, dass es sich bei dieser Verantwortlichkeit um eine Form der verwaltungsrechtlichen Verantwortlichkeit handeln muss. Nach hier vertretener Auffassung wird es für zulässig erachtet, in die Ordnungswidrigkeitsgesetzgebung eigenständige Tatbestände betreffend die Nichterfüllung der Bedingungen der betrachteten Vereinbarung einzuführen. Die Verantwortlichkeit eines öffentlichen Subjekts würden dabei die Amtsträger der entsprechenden Verwaltungsbehörden tragen. Auf der Seite der anderen Partei dieser Vereinbarung, d. h. einer Einrichtung der Wasserversorgung und Abwasserentsorgung, kann diese Verantwortlichkeit sowohl auf die Funktionsträger der Einrichtung als auch auf die Einrichtung selbst erstreckt werden.

Als Zusammenfassung können folgende Schlussfolgerungen gezogen werden:

1. Die vom Gesetzgeber vorgeschlagene Konstruktion der Vereinbarung über die Bedingungen für die Ausübung einer der Regulierung unterliegenden Tätigkeit im Bereich der Wasserversorgung und Abwasserentsorgung spricht dafür, dass diese Vereinbarung ihrer Rechtsnatur nach eine Unterart des verwaltungsrechtlichen Vertrags ist.
2. Die vom Gesetzgeber vorgeschlagene Konstruktion der Vereinbarung bedarf einer Korrektur in Bezug auf den Ausschluss bzw. die Ergänzung der Vorschrift, welche die Möglichkeit einer Regelung der mit dem Abschluss einer solchen Vereinbarung im Zusammenhang stehenden Verhältnisse durch die Vorschriften der Zivilgesetzgebung vorsieht.
3. Noch zu klären wird die Frage sein, ob die Nichterfüllung bzw. nicht ordnungsgemäße Erfüllung der Bedingungen der Vereinbarung eine Ordnungswidrigkeit darstellt und folglich eine Verantwortlichkeit gemäß der Ordnungswidrigkeitsgesetzgebung festzulegen ist.

Vorliegend wird davon ausgegangen, dass die betrachtete Vereinbarung über ein ziemlich großes Potential verfügt, in ihren Regelungsbereich einen wesentlich größeren Umfang verschiedener Rechtsverhältnisse aufzunehmen, welche im Zusammenhang mit der Ausübung der Tätigkeit einer Einrichtung der Wasserversorgung und Abwasserentsorgung entstehen. In Betracht könnte z. B. die Aufnahme der bereits erwähnten Verhältnisse betreffend den Umweltschutz sowie verschiedener Mechanismen betreffend die Abstimmung der Tätigkeit der Verwaltungsbehörden und der ihnen untergeordneten Einrichtungen der Wasserversorgung und Abwasserentsorgung kommen.

Zum gegenwärtigen Zeitpunkt steht die Arbeit an einer gesetzlichen Regelung im Bereich der Wasserversorgung und Abwasserentsorgung in Russland praktisch erst am Anfang. Derzeit kann behauptet werden, dass im Großen und Ganzen bereits eine solide gesetzliche Basis geschaffen wurde, die geeignet ist, dass auf ihrer Grundlage ein komplexer Mechanismus von Rechtsvorschriften für eine möglichst umfassende und klare Regelung der in Betracht kommenden Verhältnisse weiter aufgebaut wird. Die Regelung der Verhältnisse, die mit dem Abschluss und der Erfüllung einer Vereinbarung über die Bedingungen für die Ausübung einer der Regulierung unterliegenden Tätigkeit im Bereich der Wasserversorgung und Abwasserentsorgung im Zusammenhang stehen, stellen insoweit keine Ausnahme dar.

Vladimir Popondopulo

§ 4. Rechtliche Anforderungen an die Vertragsgestaltung für PPP-Projekte in Russland*

Die vertraglichen Formen der PPP sind recht vielfältig. Das können Verträge für einen Bauauftrag, für die Pacht öffentlichen Vermögens in Verbindung mit Investitionsbedingungen, für die Treuhandschaft hinsichtlich öffentlichen Vermögens, Produktionsteilungsvereinbarungen über Bodenschätze, Konzessionsvereinbarungen u. s. w. sein.

Jede der vertraglichen Formen von PPP unterscheidet sich durch ihre spezifischen Besonderheiten, welche das Verfahren der Vertragsgestaltung sowie die Anforderungen an die Vertragsparteien, den Vertragsgegenstand und den Inhalt der Verträge betreffen. Zugleich zeichnen sich diese Verträge auch durch gemeinsame Merkmale aus, die allen Verträgen dieser Gruppe gemein sind. Dies betrifft das Verfahren für den Abschluss solcher Verträge sowie teilweise auch die Anforderungen an die Vertragsparteien, den Vertragsgegenstand und den Inhalt der Verträge.

Bei der Betrachtung der Anforderungen an die Vertragsgestaltung im PPP-Bereich wird auf einzelne Verträge als Beispiele zurückgegriffen, insbesondere auf die Konzessionsvereinbarung, deren Voraussetzungen durch das Gesetz „Über Konzessionsvereinbarungen“[1] (im Folgenden: „KonzG“) geregelt werden.

---

* Im Beitrag wurden die wissenschaftlichen Ergebnisse von Untersuchungen verwendet, die im Rahmen der wissenschaftlichen Forschungsarbeit der Staatlichen Universität Sankt Petersburg erfolgten und aus Mitteln des föderalen Haushalts der Russischen Föderation finanziert wurden (Forschungsthema „Erarbeitung eines Konzepts der rechtlichen Regelung der Public-private-Partnership für Russland und die Mitgliedstaaten der Gemeinschaft Unabhängiger Staaten“ [Chiffre NIR: 14.38.678.2013, 2013–2014]).

1 Föderales Gesetz Nr. 115-FZ vom 21.7.2005, SZ RF 2005, Nr. 30 (Teilband 2), Pos. 3126.

I. Besonderheiten der Vertragsabschlüsse im Bereich der Public-private-Partnership

Die das Verfahren für Vertragsabschlüsse im PPP-Bereich betreffenden Regelungen dienen der Sicherstellung eines umfassenden und offenen *Wettbewerbs* bei der Wahl eines privaten Partners, der geeignet ist, die durch ein öffentliches Subjekt definierten Vertragsbedingungen zu erfüllen. Auf diese Art und Weise wird ein Ausgleich zwischen den Interessen der privaten und der öffentlichen Partner geschaffen. Die einen erhalten Zugang zu öffentlichen Aufträgen, die anderen können die günstigsten und qualifiziertesten Investoren auswählen.

Zum Beispiel sieht das KonzG die allgemeine Regel vor, dass eine Konzessionsvereinbarung entsprechend den Ergebnissen der Ausschreibung des Rechts auf Abschluss einer Konzessionsvereinbarung verbindlich abzuschließen ist. Dabei geht das Gesetz vom Verbot der Diskriminierung der an der Ausschreibung beteiligten Bieter (Gleichbehandlungsprinzip) sowie vom Grundsatz der Transparenz des auf die Bieter anzuwendenden Auswahlverfahrens (Art. 13 Pkt. 1 KonzG) aus. Die Bedeutung des Verfahrens für den Abschluss einer Konzessionsvereinbarung wird auch dadurch ersichtlich, dass über die Hälfte des Textes des KonzG dem Verfahren für den Abschluss einer Konzessionsvereinbarung (Kapitel 3) gewidmet ist.

Die Verträge im PPP-Bereich werden in der Regel gemäß den Musterverträgen geschlossen, welche die wesentlichen Vertragsbedingungen enthalten. Zum Beispiel werden Konzessionsvereinbarungen, an denen der Staat beteiligt ist, gemäß den von der Regierung der Russischen Föderation bestätigten Musterkonzessionsvereinbarungen geschlossen. Solche Musterkonzessionsvereinbarungen werden in Bezug auf konkrete Objekte einer Konzessionsvereinbarung erarbeitet, wie z. B. Straßen und Ingenieuranlagen für die Verkehrsinfrastruktur, Objekte für den Eisenbahnverkehr, Gasleitungsobjekte, Systeme der kommunalen Versorgungsinfrastruktur, Objekte für Gesundheitswesen, Bildung, Kultur und Sport sowie eine Reihe weiterer Objekte.[2]

Ihrer Rechtsnatur nach kann eine Musterkonzessionsvereinbarung als eine Rechtsvorschrift betrachtet werden, die zusammen mit dem KonzG die Rechtsgrundlage für den Abschluss einer konkreten Konzessionsvereinbarung

2 Als Beispiel eines solchen Objekts einer Konzessionsvereinbarung kann die „Autobahn Moskau – Sankt Petersburg" genannt werden. Die Konzessionsvereinbarung sieht alle wesentlichen Parameter des angeführten Objekts und die Gesamtbaukosten vor, die durch den privaten Investor und den Konzedenten zu gleichen Teilen übernommen werden (Pionerskoe zveno, Rossijskaja gazeta vom 2.3.2007).

bildet.[3] Die Bindung privater Investoren durch Mustervereinbarungen stellt nach hier vertretener Auffassung eher einen Vor- statt einen Nachteil der rechtlichen Regelung von PPP-Verhältnissen dar, da die Verwendung von Musterkonzessionsvereinbarungen eine zusätzliche Garantie für das Verhältnis zwischen den PPP-Parteien darstellt. Sofern jedoch eine Mustervereinbarung Bestimmungen enthalten sollte, welche die Rechte privater Investoren beeinträchtigen (z. B. den Zugang zu Projekten rechtswidrig einschränken, knebelnde Bedingungen enthalten et cetera), sind diese Bestimmungen gerichtlich für unwirksam zu erklären.

Die *Initiative für einen Vertragsabschluss* im PPP-Bereich geht für jedes konkrete Objekt vom Staat oder einer Kommune aus, indem eine Ausschreibung für das Recht auf Abschluss des entsprechenden Vertrags bekannt gemacht und durch die zuständige Behörde beschlossen wird. Eine Ausschreibung für das Recht auf Abschluss eines Vertrags im PPP-Bereich ist in der Regel öffentlich, d. h. die Angebote auf Teilnahme an der Ausschreibung können durch beliebige private Investoren eingereicht werden. Eine geschlossene Ausschreibung findet als Ausnahme dann statt, wenn ein Vertrag in Bezug auf ein Objekt geschlossen wird, das für die Sicherung der nationalen Verteidigungsfähigkeit und der nationalen Sicherheit von strategischer Bedeutung ist. Um die Teilnahme an derartigen Ausschreibungen können sich nur solche Personen bewerben, die ein entsprechendes Angebot erhalten.

Bei einer öffentlichen Ausschreibung sind die Angaben über deren Bedingungen, die Ausschreibungskommission sowie die Ausschreibungsergebnisse auf der offiziellen Internetseite zu veröffentlichen. Die Anforderungen an die Ausschreibungsunterlagen für das Recht auf Abschluss einer Konzessionsvereinbarung sind in Art. 23 KonzG geregelt. Die Ausschreibungsunterlagen sollen insbesondere Angaben über solche Ausschreibungskriterien enthalten, anhand derer die Gebote bewertet und die Gewinner der Ausschreibung bestimmt werden, u. a. die Frist für die Fertigstellung des Objekts, technische und wirtschaftliche Parameter des Objekts, die Höhe der Konzessionsabgabe sowie die Höchstsätze der Tarife für Waren (Werk- oder Dienstleistungen) beim Betrieb des Objekts der Konzessionsvereinbarung durch den Konzessionär.

Die Anmeldungen zur Teilnahme an einer Ausschreibung müssen den in den Ausschreibungsunterlagen festgelegten Anforderungen entsprechen. Zum

3 Als Beispiel kann die durch Verordnung der Regierung der Russischen Föderation Nr. 672 vom 11.11.2006 (SZ RF 2006, Nr. 47, Pos. 4903) bestätigte Musterkonzessionsvereinbarung in Bezug auf Gasleitungsobjekte genannt werden.

Gewinner einer Ausschreibung wird derjenige Bieter erklärt, der die besten Konditionen angeboten hat. Mit ihm wird eine Konzessionsvereinbarung abgeschlossen. Die Ergebnisse der Ausschreibung werden protokolliert. Eine Verletzung des Ausschreibungsverfahrens gilt als Grund für die gerichtliche Anfechtung der Ergebnisse der Ausschreibung.

II. Vertragsparteien

Als eine der Vertragsparteien im PPP-Bereich tritt ein öffentliches Organ (öffentlicher Partner), als die andere ein Unternehmer (privater Partner) auf.[4] Diese Subjekte werden gleichzeitig als Subjekte der Investitionstätigkeit charakterisiert. Die Parteien einer Konzessionsvereinbarung werden z. B. als Konzessionär und Konzedent bezeichnet.

Als *öffentlicher Partner* können je nach der Ebene der Umsetzung des Projekts und der gewählten Rechtsform der PPP die Russische Föderation, ein Subjekt der Russischen Föderation oder eine Kommune auftreten. So werden Produktionsteilungsverträge nur auf föderaler Ebene abgeschlossen, wobei der öffentliche Partner durch die Regierung der Russischen Föderation oder von ihr bevollmächtigte Organe vertreten wird. In anderen Fällen kann der öffentliche Partner sowohl durch bevollmächtigte föderale Organe der Exekutive als auch durch Organe der staatlichen Gewalt der Subjekte der Russischen Föderation oder Organe der örtlichen Selbstverwaltung vertreten werden, z. B. im Fall der Verpachtung öffentlichen Vermögens.

Auf der Seite des öffentlichen Partners kann das Problem der Personenmehrheit auftreten. Das KonzG enthält z. B. keine diesbezüglichen Regelungen, was zu Schwierigkeiten bei der Umsetzung solcher PPP-Projekte führen kann, die mehrere öffentliche Partner berühren wie die Subjekte der Russischen Föderation oder Kommunen. Diesbezüglich ist der Ansicht zuzustimmen, die eine Mehrheit von Personen auf der Seite des öffentlichen Partners für zulässig erachtet.[5]

Als *privater Partner* können Einzelunternehmer sowie russische oder ausländische juristische Person auftreten.[6] Weil der private Partner ein Unternehmer

4 *Белицкая А.В.*, Правовое регулирование государственно-частного партнерства (*Belickaja A.V.*, Rechtliche Regelung der staatlich-privaten Partnerschaft), Moskau 2012, S. 72.

5 *Белицкая А.В.* (*Belickaja A.V.*), a. a. O. (Fn. 4), S. 79.

6 An der Ausschreibung für das Projekt „Autobahn Moskau – Sankt Petersburg" haben z. B. 23 russische und ausländische Großunternehmen teilgenommen. Die Angebote

ist, unterliegt seine Tätigkeit den Anforderungen sowohl der allgemeinen (beispielsweise dem Zivilgesetzbuch) als auch der speziellen Gesetzgebung bezüglich einer konkreten Form der PPP sowie sonstigen Gesetzen, welche die unternehmerische Tätigkeit regeln. Konkrete Anforderungen an den Charakter der Tätigkeit des privaten Partners können durch einen PPP-Vertrag bestimmt werden, z. B. durch einen Pachtvertrag, einen Treuhandvertrag oder eine Konzessionsvereinbarung.

Private Partner können auch durch Wirtschaftsverbände vertreten werden, die ohne Gründung einer juristischen Person handeln, z. B. durch ein Konsortium. Im Namen eines Wirtschaftsverbands wird die Vereinbarung durch eine dazu bevollmächtigte Gesellschaft unterzeichnet, die Mitglied des Konsortiums ist.

Darüber hinaus ist zu berücksichtigen, dass in den durch die russische Gesetzgebung vorgesehen Fällen der private Partner über eine Lizenz zur Ausübung einer bestimmten Art der unternehmerischen Tätigkeit verfügen muss. Diese ist z. B. beim Abschluss von Produktionsteilungsverträgen, Pachtverträgen über Naturobjekte und Verträgen über die treuhänderische Verwaltung von Wertpapieren erforderlich.

III. Vertragsgegenstand im Bereich der Public-private-Partnership

Das Besondere am Vertragsgegenstand im PPP-Bereich liegt darin, dass er unmittelbar staatliche Interessen verfolgt und dass dies im Vertrag als eine der wesentlichen Bedingungen anzugeben ist.

Unter den Gegenständen einer PPP sind verschiedene Arten neu geschaffener oder im Ergebnis der Partnerschaft modernisierter Vermögensgegenstände zu verstehen, einschließlich Werk- und Dienstleistungen, an deren Erfüllung ein unmittelbares öffentliches Interesse besteht.[7]

Im Vertrag ist anzugeben, welcher öffentliche Vermögensgegenstand oder welche öffentliche Dienstleistung das Ergebnis der PPP sein wird und wie der rechtliche Status dieses Vermögensgegenstands oder dieser Dienstleistung während des Betriebs des PPP-Objekts durch den privaten Partner ausgestaltet sein

---

kamen auch von Firmen wie „MLA Lieferasphalt" (Österreich), „Vincida" (Spanien), „Sankt-Peterburgskaja skorostnaja magistral' BV" (Niederlande), GmbH „ZSD ‚Nevskij Meridian'" u. a. (Концессия возвращается [Die Konzession kehrt zurück], Rossijskaja gazeta vom 2.11.2006).

7 *Белицкая А.В.* (*Belickaja A.V.*), a. a. O. (Fn. 4), S. 50.

wird. Zum Beispiel können die Errichtung und der Betrieb einer kommunalen öffentlichen Bibliothek Gegenstand einer PPP sein.

Der Inhalt eines Vertrags im PPP-Bereich kommt in seinen Bedingungen zum Ausdruck, die durch Gesetz, den Willen des öffentlichen Partners sowie die Vereinbarung des öffentlichen und des privaten Partners festgelegt werden. So setzt sich z. B. der Inhalt einer Konzessionsvereinbarung nach dem KonzGz aus ihren wesentlichen Bedingungen sowie sonstigen Bedingungen zusammen, die von den Parteien vereinbart werden können.

Zu den *wesentlichen Bedingungen einer Konzessionsvereinbarung* gehören nach dem KonzG folgende: die Verpflichtung des Konzessionärs zur Errichtung des Objekts der Konzessionsvereinbarung; die Verpflichtung des Konzessionärs zum Betrieb des Objekts der Konzessionsvereinbarung; die Laufzeit der Konzessionsvereinbarung; die Zusammensetzung und Beschreibung des Objekts der Konzessionsvereinbarung; das Verfahren der Vergabe von Grundstücken an den Konzessionär, die für die Umsetzung der PPP erforderlich sind; die Zwecke und die Betriebsdauer des Objekts der Konzessionsvereinbarung; sonstige durch föderale Gesetze vorgesehene wesentliche Bedingungen (Art. 10 Pkt. 1 KonzG).

Zu den *sonstigen Bedingungen*, welche eine Konzessionsvereinbarung enthalten kann, gehören insbesondere folgende: der Umfang der Produktion von Waren (der Erbringung von Werk- oder Dienstleistungen) während des Betriebs des Objekts der Konzessionsvereinbarung; das Verfahren und die Bedingungen für die Tarifgestaltung während des Betriebs des Objekts der Konzessionsvereinbarung; der Umfang der Investitionen bei der Errichtung des Objekts der Konzessionsvereinbarung; der Termin für die Inbetriebnahme des Objekts der Konzessionsvereinbarung; die Verpflichtungen des Konzedenten zur Finanzierung eines Teils der Ausgaben für die Errichtung des Objekts der Konzessionsvereinbarung (Art. 10 Pkt. 2 KonzG).

Im Folgenden sollen einige der Vertragsbedingungen im PPP-Bereich näher betrachtet werden.

1. Keine Übertragung des Eigentums am Objekt der Vereinbarung an den privaten Partner

Der Verbleib des Eigentums am PPP-Objekt beim Staat oder einer Kommune erhöht bekanntermaßen die finanziellen Risiken für den privaten Investor. Andererseits ist dies jedoch eine Garantie dafür, dass der Konzedent seinen Anteil an den Gewinnen aus dem Betrieb des PPP-Objekts durch den privaten Partner erhält.

Nach Ablauf der Vertragslaufzeit kann das PPP-Objekt dem privaten Partner entsprechend den Regeln der Gesetzgebung über die Privatisierung übereignet werden. In diesem Fall ist dem privaten Partner ein gesetzliches Vorkaufsrecht an dem PPP-Objekt einzuräumen.

2. Zweckgebundene Nutzung des Objekts der Vereinbarung

Die zweckgebundene Nutzung des Objekts der Vereinbarung entspricht der Natur einer PPP. Gleichzeitig kann jedoch durch PPP-Vertrag eine Änderung des Nutzungszwecks des PPP-Objekts vorgesehen werden, sofern eine solche Bestimmung gesetzlich nicht ausgeschlossen ist. Beispielsweise erlaubt das KonzG keine Änderung des Nutzungszwecks des Objekts einer Konzessionsvereinbarung (Art. 3 Pkt. 5 KonzG). Anders wird diese Frage in Bezug auf einen Pachtvertrag geregelt, bei dem die Änderung des Nutzungszwecks des Objekts der Pacht von öffentlichem Vermögen durch die Aufnahme entsprechender Bestimmungen in den Vertrag zulässig ist (Art. 615 ZGB).

3. Entgeltlichkeit von PPP-Verhältnissen

Die Entgeltlichkeit ist eine wesentliche Bedingung von Verträgen im PPP-Bereich. Der Konzessionär entrichtet z. B. während des Betriebs des Objekts der Konzessionsvereinbarung eine Konzessionsabgabe an den Konzedenten (Art. 7 KonzG). Ein Pächter von öffentlichem Vermögen ist verpflichtet, den Pachtzins rechtzeitig zu entrichten (Art. 614 ZGB). Der Treuhänder öffentlichen Vermögens hat das Recht auf eine durch den Treuhandvertrag vorgesehene Vergütung sowie auf Erstattung der notwendigen Ausgaben, die ihm während der treuhänderischen Verwaltung des Vermögens entstehen (Art. 1023 ZGB). In einer Produktionsteilungsvereinbarung sind die Bedingungen und das Verfahren der Teilung der hergestellten Erzeugnisse zwischen den Parteien der Vereinbarung zu bestimmen (Art. 2 des Gesetzes über Produktionsteilungsvereinbarungen[8]).

4. Laufzeit von PPP-Verträgen

Die Verträge im PPP-Bereich sind langfristige Verträge. Die Vertragslaufzeit gehört in der Regel zu den wesentlichen Vertragsbedingungen. Die richtige Festlegung der Laufzeit einer PPP ist eine der Grundvoraussetzungen für die erfolgreiche Umsetzung eines PPP-Projekts, da sie der wichtigste Faktor ist, der

8 Föderales Gesetz Nr. 225-FZ vom 30.12.1995 „Über Produktionsteilungsvereinbarungen", SZ RF 1996, Nr. 1, Pos. 18.

die Bedingungen für die Projektfinanzierung und die Tarife für die durch den privaten Partner für die Verbraucher erbrachten Dienstleistungen beeinflusst.[9] Die Laufzeit einer Konzessionsvereinbarung wird z. B. in der Konzessionsvereinbarung unter Berücksichtigung der Dauer für die Errichtung des Objekts der Konzessionsvereinbarung, des Umfangs der Investitionen und der Amortisationsdauer dieser Investitionen sowie sonstiger Verpflichtungen des Konzessionärs aus der Konzessionsvereinbarung festgelegt (Art. 6 KonzG).

5. Vertragsänderung und -aufhebung

Die Langfristigkeit eines Vertrags im PPP-Bereich und die Position des privaten Investors als der schwächeren Vertragspartei werden durch die gesetzliche Bestimmung sichergestellt, dass eine vorzeitige einseitige Vertragsaufhebung im PPP-Bereich *nur* aufgrund einer gerichtlichen Entscheidung möglich ist.

6. Vertragliche Haftung

In den spezialisierten Gesetzen können Bestimmungen über die vertragliche Haftung der Parteien im PPP-Bereich fehlen, z. B. enthält das KonzG keine solchen Bestimmungen. Dabei ist jedoch im Auge zu behalten, dass die entsprechenden Bestimmungen in der *allgemeinen Gesetzgebung* enthalten sind. Eine Vertragspartei kann z. B. im Fall der Nichterfüllung ihrer Pflichten gegenüber der anderen Partei gemäß den allgemeinen Regeln der Zivilgesetzgebung zur Verantwortlichkeit gezogen werden.

7. Garantien der Rechte des privaten Investors

Garantien der Rechte des privaten Investors werden durch die Gesetzgebung festgelegt und durch den PPP-Vertrag verankert. Zu erwähnen sind insbesondere folgende Garantien der Rechte des privaten Investors:

Erstens darf sich der öffentliche Partner bei der Kontrolle der wirtschaftlichen Tätigkeit des privaten Partners nicht in diese einmischen, was als Garantie der Unabhängigkeit des privaten Partners bei der Errichtung eines PPP-Objekts und dessen späteren Betriebs angesehen wird.

Zweitens werden die Rechte des privaten Investors im Fall einer Änderung der Gesetzgebung, welche die Position des privaten Investors verschlechtert,

---

9 *Русинова А.*, Срок концессионного соглашения: значение и методы определения (*Rusinova A.*, Laufzeit einer Konzessionsvereinbarung: Bedeutung und Methoden der Bestimmung), Транспортное право (Transportrecht) 2007, Nr. 1, S. 4–7.

garantiert. So verpflichtet das KonzG den Konzedenten, im Fall von Änderungen der regulierten Tarife, zu denen der Konzessionär Dienstleistungen für die Verbraucher erbringt, die Konzessionsvereinbarung zu ändern, wenn diese Änderungen der Tarife die Position des Konzessionärs im Vergleich zu derjenigen verschlechtert hat, mit der er bei Abschluss der Konzessionsvereinbarung rechnen konnte.

Drittens wird der gerichtliche Schutz der Rechte der privaten Investoren garantiert (Art. 46 der Verfassung der Russischen Föderation). Dabei stellt sich die Frage, ob PPP-Verträge Schiedsklauseln enthalten dürfen. Da im vorliegenden Beitrag von der privatrechtlichen Natur von Verträgen im PPP-Bereich ausgegangen wird, ist die Möglichkeit der Übertragung von Streitigkeiten aus diesen Verträgen in den Zuständigkeitsbereich der Schiedsgerichte, einschließlich der internationalen Schiedsgerichte, durchaus zulässig. Die Gesetze enthalten diesbezüglich keinerlei Einschränkungen. Zugleich ist jedoch zu beachten, dass die Initiative zum Abschluss eines PPP-Vertrags von einer öffentlichen Behörde ausgeht, die der Aufnahme einer Schiedsklausel in den Vertrag möglicherweise nicht zustimmen wird.

IV. Fazit

Abschließend ist zu betonen, dass die rechtlichen Anforderungen an die Gestaltung von Verträgen für PPP-Projekte in Russland durch die föderalen Gesetze über konkrete vertragliche Formen der PPP, die Gesetzgebung der Subjekte der Russischen Föderation sowie untergesetzliche Rechtsvorschriften geregelt werden. In dem durch die genannten Rechtsvorschriften nicht geregelten Bereich können die Anforderungen an die Gestaltung von PPP-Verträgen auch durch Vereinbarung der Parteien einer PPP, den öffentlichen und den privaten Partner, bestimmt werden.

Oleg Gorodov

§ 5. Begriff und Elemente der Konzessionsvereinbarung sowie deren rechtliche Einordnung nach russischem Recht

I. Einleitung

In das Zusammenwirken von öffentlicher Gewalt und Privatunternehmern werden in immer größerem Umfang Elemente gegenseitig vorteilhafter Zusammenarbeit integriert. Eine Form dieser Zusammenarbeit ist die Public-private-Partnership (PPP).[1] Sie umfasst in der Regel verschiedene vertragliche Konstruktionen, deren Rechtnatur in der letzten Zeit von der Rechtswissenschaft aktiv untersucht wird. Zu den am häufigsten diskutierten Vertragskonstruktionen, die für die rechtliche Ausgestaltung der Beziehungen zwischen den Beteiligten einer Public-private-Partnership eingesetzt werden, gehört die Konzessionsvereinbarung, die auf der Ebene der föderalen Gesetzgebung eine ausführliche normative Regelung erhalten hat. Zur Grundlage dieser Vereinbarung wurde das klassische Konzessionsmodell, das in anderen Rechtsordnungen als BOT (*Build, Operate, Transfer* – Bau, Verwaltung, Übergabe) und seine modifizierte Version als ROT (*Rehabilitate, Operate, Transfer* – Renovierung, Verwaltung, Übergabe) bekannt ist. Zum gegenwärtigen Zeitpunkt hat sich noch keine einheitliche Auffassung bezüglich der Rechtsnatur einer Konzessionsvereinbarung, vor allem zur Frage ihrer Einordnung in ein bestimmtes Rechtsgebiet, gebildet. Unter den zeitgenössischen russischen Rechtswissenschaftlern, die – gestützt auf die aktuellen Errungenschaften der russischen Gesetzgebung – versuchen, die Standpunkte der russischen Rechtswissenschaftler zu Beginn des letzten Jahrhunderts[2] gedanklich neu zu verarbeiten,

---

1 In Russland bevorzugt man die öffentlich-private Partnerschaft als staatlich-private Partnerschaft zu bezeichnen, was nach hier vertretener Auffassung falsch ist, denn als Partner können jegliche und nicht nur staatliche öffentliche Subjekte, sondern auch kommunale öffentliche Subjekte (im Folgenden: „Kommunen") auftreten.

2 Siehe z. B. *Бернштейн И.Н.*, Очерк концессионного права СССР (*Bernštejn I.N.*, Skizzen zum Konzessionsrecht der UdSSR), Moskau 1930; *Таль Л.С.*, Концессионные договоры городских общественных управлений (*Tal' L.S.*, Konzessionsverträge städtischer gesellschaftlicher Verwaltungen), Вестник гражданского права (Vestnik graždanskogo prava) 1915, Nr. 1–12; *Носов Е.*, К кризису понятия концессионного договора (*Nosov E.*, Zur Krise des Begriffs des Konzessionsvertrags), Советское право (Sowjetisches Recht) 1926, Nr. 3–4; *Шретер В.Н.*, Концессионное право

werden mindestens drei Auffassungen hinsichtlich des rechtlichen Charakters dieser Vereinbarung vertreten. Die Vertreter der Zivilrechtslehre definieren die Konzessionsvereinbarung als einen zivilrechtlichen Vertrag.[3] Die Vertreter der Verwaltungsrechtslehre gehen von einem verwaltungsrechtlichen Vertrag aus.[4] Eine Zwischenansicht vertreten diejenigen, die die Konzessionsvereinbarung als einen Hybridvertrag betrachten, der zivil- und verwaltungsrechtliche Verhältnisse in sich vereint.[5] Nach einer eher exotischen Auffassung stellt die Konzessionsvereinbarung nichts anderes als einen öffentlich-privaten Vertrag des Zivilrechts dar.[6]

Ohne einen Anspruch auf eine erschöpfende Betrachtung der konzessionsvertraglichen Thematik zu erheben, sollen im Folgenden die positiven Vorschriften der geltenden, die Konzessionsvereinbarung regelnden russischen Gesetzgebung betrachtet und auf dieser Grundlage der hier vertretene Standpunkt hinsichtlich ihrer Einordnung in ein bestimmtes Rechtsgebiet formuliert werden.

II. Begriff und rechtliche Merkmale einer Konzessionsvereinbarung

Nach Art. 3 des Gesetzes „Über Konzessionsvereinbarungen“[7] (im Folgenden: „KonzG“) verpflichtet sich eine Partei (der Konzessionär) aufgrund einer

(*Šreter V.N.*, Konzessionsrecht), Вестник промышленной торговли, транспорта (Vestnik promyšlennoj torgovli, transporta) 1923, Nr. 9–10.

3 *Пoпондопуло В.Ф.*, Концессионное соглашение – правовая форма государственно-частного партнерства (*Popondopulo V.F.*, Die Konzessionsvereinbarung als eine Rechtsform der staatlich-privaten Partnerschaft), Российский ежегодник предпринимательского (коммерческого) права (Russisches Jahrbuch für Unternehmens- und Handelsrecht) 2007, Nr. 1, Sankt Petersburg 2008, S. 109.

4 *Шорохов С.В.*, Концессионное соглашение как форма публичного управления: сравнительно-правовое исследование: автореферат канд. дисс. (*Šorochov S.V.*, Die Konzessionsvereinbarung als Handlungsform der öffentlichen Verwaltung: Eine rechtsvergleichende Untersuchung: Autoreferat der Dissertation zur Erlangung eines Dr. jur.), Moskau, RUDN, 2009.

5 *Доронина Н.Г.*, К вопросу о правовой природе концессионных соглашений (*Doronina N.G.*, Zur Frage der Rechtsnatur von Konzessionsvereinbarungen), Право и экономика (Recht und Wirtschaft) 1997, Nr. 1, S. 53.

6 *Рыженков А.Я.*, *Черноморец А.Е.*, Рецензия на кн.: *Сосна С.А.*, Концессионные соглашения. Теория и практика, М. 2002 (*Ryženkov A.Ja./Černomorec A.E.*, Rezension des Buches von *S.A. Sosna*, Konzessionsvereinbarungen. Theorie und Praxis, Moskau 2002), Новая правовая мысль (Neues rechtliches Denken) 2005, Nr. 5.

7 Föderales Gesetz Nr. 115-FZ vom 21.7.2005, SZ RF 2005, Nr. 30 (Teilband 2), Pos. 3126.

Konzessionsvereinbarung, einen in dieser Vereinbarung bestimmten Vermögensgegenstand (unbewegliches Vermögen bzw. unbewegliches und bewegliches Vermögen, das technisch miteinander verbunden und zur Ausübung der durch die Konzessionsvereinbarung vorgesehenen Tätigkeit bestimmt ist), der im Eigentum der anderen Partei (des Konzedenten) steht oder stehen wird, auf eigene Kosten zu errichten und (oder) zu sanieren und eine Tätigkeit im Zusammenhang mit der Nutzung (den Betrieb) des Objekts der Konzessionsvereinbarung auszuüben. Der Konzedent verpflichtet sich, dem Konzessionär für einen durch diese Vereinbarung festgelegten Zeitraum die Besitz- und Nutzungsrechte an dem Objekt der Konzessionsvereinbarung zur Ausübung der genannten Tätigkeit zu gewähren.

Die Konzessionsvereinbarung ist ein Vertrag, der Elemente verschiedener Verträge enthält, die durch föderale Gesetze vorgesehenen sind. Auf die Rechtsverhältnisse zwischen den Parteien einer Konzessionsvereinbarung *finden die zivilrechtlichen Regelungen zu den jeweiligen in der Konzessionsvereinbarung enthaltenen Vertragstypen Anwendung*, soweit sich nichts anderes aus dem KonzG oder dem Wesen der Konzessionsvereinbarung ergibt.

Die Entscheidung über den Abschluss einer Konzessionsvereinbarung wird durch den Konzedenten getroffen. Dies ist in Bezug auf Objekte einer Konzessionsvereinbarung, die sich im Eigentum der Russischen Föderation befinden, die *Regierung der Russischen Föderation*; in Bezug auf Objekte einer Konzessionsvereinbarung, welche für die Sicherung der nationalen Verteidigungsfähigkeit und der nationalen Sicherheit von strategischer Bedeutung sind, die *Regierung der Russischen Föderation im Auftrag des Präsidenten der Russischen Föderation*; in Bezug auf Objekte einer Konzessionsvereinbarung, die sich im Eigentum eines Subjekts der Russischen Föderation befinden, ein *Organ der Staatsgewalt dieses Subjekts der Russischen Föderation*; in Bezug auf Objekte einer Konzessionsvereinbarung, die sich im Eigentum einer Kommune befinden, ein *Organ der örtlichen Selbstverwaltung*.

Ihren rechtlichen Merkmalen nach ist eine Konzessionsvereinbarung ein konsensualer, entgeltlicher und auf Gegenseitigkeit beruhender Vertrag. Die Konsensualität der Vereinbarung wird durch den Zeitpunkt ihres Abschlusses bestimmt, der an eine Einigung der Parteien über alle wesentlichen Bedingungen des abzuschließenden Vertrags anknüpft. Die Errichtung oder Sanierung eines Vermögensgegenstands erfolgt in Erfüllung einer bereits abgeschlossenen Vereinbarung. Die Entgeltlichkeit der Vereinbarung ergibt sich aus dem Bestehen gegenseitiger Leistungen in Form der dem Konzessionär gewährten Besitz- und Nutzungsrechte an dem Objekt der Konzessionsvereinbarung sowie der Konzessionsabgabe, die durch den Konzessionär an den Konzedenten zu entrichten ist. Die Gegenseitigkeit der Konzessionsvereinbarung ergibt sich aus dem Bestehen subjektiver Rechte und Pflichten sowohl des Konzedenten als auch des Konzessionärs.

Eine Konzessionsvereinbarung weist Ähnlichkeit mit einem Pachtvertrag auf, bei dem der Verpächter sich verpflichtet, dem Pächter einen Vermögensgegenstand gegen ein Entgelt befristet zum Besitz und zur Nutzung oder befristet zur Nutzung zu gewähren. In beiden Fällen sind Gegenstand des Rechtsgeschäfts körperliche Gegenstände (Sachen), die durch eine Vertragspartei zu bestimmten Bedingungen zur Verfügung gestellt werden. Allerdings unterscheiden sich das Rechtsregime einer solchen Überlassung und deren Rechtsfolgen im Rahmen einer Konzessionsvereinbarung wesentlich von denen der Überlassung eines Vermögensgegenstands aufgrund eines Pachtvertrags. Worin bestehen diese Unterschiede? Erstens werden dem Konzessionär die Besitz- und Nutzungsrechte an dem von ihm errichteten bzw. sanierten Objekt der Konzessionsvereinbarung gewährt, während dem Pächter der Vermögensgegenstand in dem Zustand zur Verfügung gestellt wird, der den Vertragsbedingungen und seiner Zweckbestimmung entspricht. Zweitens gelten die Erzeugnisse und Erträge, die der Konzessionär im Ergebnis der Ausübung der durch die Konzessionsvereinbarung vorgesehenen Tätigkeit erwirtschaftet, als Eigentum des Konzessionärs, sofern die Konzessionsvereinbarung nichts anderes vorsieht. Früchte, Erzeugnisse und Erträge, die der Pächter im Ergebnis der Nutzung des gepachteten Vermögensgegenstands vertragsgemäß erwirtschaftet, sind Eigentum des Pächters. Drittens muss das Objekt einer Konzessionsvereinbarung zum Zeitpunkt seiner Übergabe durch den Konzedenten an den Konzessionär frei von Rechten Dritter sein. Dagegen stellt die Verpachtung von Vermögensgegenständen keinen Grund für die Beendigung oder Änderung von Rechten Dritter an ihnen dar.

Die Bezeichnung der Konzessionsvereinbarung weist semantische Gemeinsamkeiten mit einem gewerblichen Konzessionsvertrag auf. Allerdings haben sie nichts miteinander gemeinsam. Letzterer dient als Mittel zur Vermarktung von Waren und Dienstleistungen. Ihm liegt ein rechtliches Monopol in der Ausübung einer Tätigkeit auf dem Vertragsgebiet unter Nutzung einer Gesamtheit von ausschließlichen Rechten an geschützten Ergebnissen geistiger Tätigkeit und Individualisierungsmitteln zugrunde. Dabei setzt das russische, dem Franchising nahestehende, aber sich mit diesem nicht deckende Modell der gewerblichen Konzession die Gewährung des Rechts zur Nutzung einer Gesamtheit von ausschließlichen Rechten voraus, d. h. das Recht an einem Recht.

Als wesentliche Bedingungen einer Konzessionsvereinbarung zählt der Gesetzgeber neben ihrem Gegenstand ausdrücklich die folgenden Bedingungen auf:

- die Verpflichtung des Konzessionärs, das Objekt der Konzessionsvereinbarung zu errichten und (oder) zu sanieren und die Fristen für dessen Errichtung und (oder) Sanierung einzuhalten;
- die Verpflichtung des Konzessionärs, die in der Konzessionsvereinbarung vorgesehene Tätigkeit auszuüben;
- die Laufzeit der Konzessionsvereinbarung;
- die Beschreibung des Objekts der Konzessionsvereinbarung, einschließlich der technischen und wirtschaftlichen Kennziffern;
- die Frist für die Übergabe des Objekts der Konzessionsvereinbarung an den Konzessionär;
- das Verfahren der Vergabe von Grundstücken an den Konzessionär, die zur Ausübung der durch die Konzessionsvereinbarung vorgesehenen Tätigkeit bestimmt sind, und die Frist für den Abschluss von Pachtverträgen (Unterpachtverträgen) über diese Grundstücke mit dem Konzessionär (falls der Abschluss von Pachtverträgen [Unterpachtverträgen] über diese Grundstücke zur Ausübung der durch die Konzessionsvereinbarung vorgesehenen Tätigkeit erforderlich ist);
- die Zwecke und die Dauer der Nutzung (des Betriebs) des Objekts der Konzessionsvereinbarung;
- die Art und Weise der Sicherheiten für die Erfüllung der Verpflichtungen des Konzessionärs aus der Konzessionsvereinbarung (Erteilung einer unwiderruflichen Bankgarantie, Verpfändung der Rechte des Konzessionärs aus einem Bankeinlagenvertrag [Depositenvertrag] zugunsten des Konzedenten, Versicherung des Haftungsrisikos des Konzessionärs für die Verletzung seiner Pflichten aus der Konzessionsvereinbarung), die Höhe und die Frist der zu gewährenden Sicherheiten;
- die Höhe der Konzessionsabgabe, die Form oder die Formen, das Verfahren und die Fristen für deren Entrichtung;
- das Verfahren zur Erstattung der Ausgaben der Parteien für den Fall einer vorzeitigen Aufhebung der Konzessionsvereinbarung;
- sonstige durch föderale Gesetze vorgesehene wesentliche Bedingungen.

Falls bei der Ausübung einer in der Konzessionsvereinbarung vorgesehenen Tätigkeit durch den Konzessionär der Verkauf der hergestellten Waren bzw. die Erbringung von Werk- oder Dienstleistungen durch den Konzessionär zu regulierten Preisen (Tarifen) und (oder) unter Berücksichtigung von festgelegten

Zuschlägen auf die Preise (Tarife) erfolgt, hat die Konzessionsvereinbarung neben den oben genannten Bedingungen auch die Verpflichtung zur Beschaffung von Investitionen in dem Umfang zu enthalten, der gemäß der Verpflichtung des Konzessionärs zur Errichtung und (oder) Sanierung des Objekts der Konzessionsvereinbarung für die gesamte Laufzeit der Konzessionsvereinbarung sicherzustellen ist. Darüber hinaus muss die Konzessionsvereinbarung auch das Verfahren zur Erstattung der Ausgaben des Konzessionärs enthalten, die gemäß der die Regulierung der Preise (Tarife) betreffenden Gesetzgebung der Russischen Föderation zwar zu erstatten sind, aber zum Ende der Laufzeit der Konzessionsvereinbarung nicht erstattet wurden.[8] Dabei wird die Höhe der Sicherheiten für die Erfüllung der Verpflichtungen aus der Konzessionsvereinbarung durch den Konzessionär ausgehend vom Umfang der Investitionen bestimmt, welche vom Konzessionär zu beschaffen sind, um das Investitionsprogramm des Konzessionärs umzusetzen, das in einem durch die Gesetzgebung der Russischen Föderation festgelegten Verfahren genehmigt worden ist. Davon ausgenommen sind Aufwendungen, die gemäß der Konzessionsvereinbarung aus den Haushaltsmitteln des Haushaltssystems der Russischen Föderation und dem Erlös des Konzessionärs, der durch den Verkauf der hergestellten Waren bzw. die Erbringung von Werk- oder Dienstleistungen zu regulierten Preisen (Tarifen) und (oder) unter Berücksichtigung von festgelegten Zuschlägen auf die Preise (Tarife) erwirtschaftet wird, zu finanzieren sind. Eine Konzessionsvereinbarung kann neben den wesentlichen Bedingungen auch sonstige Bedingungen enthalten, die der geltenden Gesetzgebung der Russischen Föderation nicht widersprechen. Dazu gehören insbesondere:

- der Umfang der Produktion von Waren bzw. der Erbringung von Werk- oder Dienstleistungen bei der Ausübung der durch die Konzessionsvereinbarung vorgesehenen Tätigkeit;
- das Verfahren und die Bedingungen der Festlegung und Änderung der Preise (Tarife) für die hergestellten Waren bzw. erbrachten Werk- oder Dienstleistungen, der Zuschläge auf die Preise (Tarife) sowie der langfristigen, mit den Organen der Exekutive bzw. den Organen der örtlichen Selbstverwaltung abgestimmten Parameter zur Regelung der Tätigkeit des Konzessionärs;
- der Umfang der Investitionen in die Errichtung und (oder) Sanierung des Objekts der Konzessionsvereinbarung;

8 Das Fehlen von Parametern für eine langfristige Tarifgestaltung scheint sich besonders im Wohnungs- und Kommunalsektor negativ auf den Umfang der durch den Konzessionär zu beschaffenden Investitionen auszuwirken.

- die Zusammensetzung des Objekts der Konzessionsvereinbarung;
- der Termin für die Inbetriebnahme des errichteten und (oder) sanierten Objekts der Konzessionsvereinbarung mit den durch die Konzessionsvereinbarung festgelegten technischen und wirtschaftlichen Kennziffern;
- die Verpflichtungen des Konzessionärs in Bezug auf den Verkauf der hergestellten Waren bzw. die Erbringung von Werk- oder Dienstleistungen auf dem Binnenmarkt innerhalb des durch die Konzessionsvereinbarung festgelegten Zeitraums.

III. Elemente einer Konzessionsvereinbarung

Zu den Elementen einer Konzessionsvereinbarung gehören deren Parteien, Gegenstand, Preis, Laufzeit sowie Form und Inhalt, einschließlich der Rechte und Pflichten der Parteien.

1. *Parteien einer Konzessionsvereinbarung* im Sinne ihrer gesetzlichen Definition sind der Konzedent und der Konzessionär.

Konzedent kann die Russische Föderation, die durch die Regierung der Russischen Föderation oder ein von ihr bevollmächtigtes föderales Organ der Exekutive vertreten wird, ein Subjekt der Russischen Föderation, das durch ein Organ der Staatsgewalt des Subjekts der Russischen Föderation vertreten wird, oder eine Kommune sein, die durch ein Organ der örtlichen Selbstverwaltung vertreten wird. Die Befugnisse des Konzedenten kann auch eine staatliche Gesellschaft ausüben, die durch die Russische Föderation gemäß dem Gesetz „Über die Staatliche Gesellschaft ‚Russische Kraftfahrzeugstraßen' und über die Änderung einzelner Gesetze der Russischen Föderation"[9] gegründet wurde. Sofern das Objekt einer Konzessionsvereinbarung ein Vermögensgegenstand ist, der einem staatlichen oder kommunalen Einheitsunternehmen aufgrund des Rechts zur Bewirtschaftung gehört, ist ein solches Unternehmen an der Seite des Konzedenten an den Verpflichtungen aus der Konzessionsvereinbarung beteiligt und übt einzelne Befugnisse des Konzedenten zusammen mit sonstigen Personen aus, welche diese entsprechend dem KonzG ausüben dürfen. Die durch ein solches Unternehmen ausgeübten Befugnisse des Konzedenten, einschließlich der Befugnisse zur Übergabe des Objekts der Konzessionsvereinbarung und (oder) eines sonstigen gemäß der Konzessionsvereinbarung durch den Konzedenten an den Konzessionär zu übergebenden Vermögensgegenstands, werden durch die Konzessionsvereinbarung festgelegt. Dabei überträgt ein solches staatliches oder

9 Föderales Gesetz Nr. 145-FZ vom 17.7.2009, SZ RF 2009, Nr. 29, Pos. 3582.

kommunales Einheitsunternehmen dem Konzessionär die Besitz- und Nutzungsrechte an den Immobilien, die zum Bestand des Objekts der Konzessionsvereinbarung und (oder) eines sonstigen gemäß der Konzessionsvereinbarung durch den Konzedenten an den Konzessionär zu übergebenden Vermögensgegenstands gehören, und unterzeichnet die entsprechenden Annahme-Übergabe-Protokolle.

Die geltende Gesetzgebung über die Konzessionsvereinbarungen sieht keine Personenmehrheit auf der Seite des Konzedenten vor, was sich bei solchen Projekten, die durch mehrere öffentliche Partner umgesetzt werden, negativ auswirken könnte.

Als Konzessionär können ein Einzelunternehmer, eine russische oder ausländische juristische Person oder zwei oder mehrere der genannten juristischen Personen auftreten, die ohne Gründung einer juristischen Person aufgrund eines Vertrags über eine einfache Gesellschaft oder eines Vertrags über eine gemeinsame Tätigkeit handeln.

Der Wechsel einer Partei der Konzessionsvereinbarung im Fall der Nicht- oder Schlechterfüllung der Verpflichtungen des Konzessionärs gegenüber dem Gläubiger erfolgt aufgrund einer vom Konzedenten durchgeführten Ausschreibung mit dem Ziel des Parteiwechsels.

Ein Wechsel der Parteien der Konzessionsvereinbarung durch Forderungsabtretung oder Schuldübernahme ist mit Zustimmung des Konzedenten ab der Inbetriebnahme des Objekts der Konzessionsvereinbarung zulässig. Der Konzessionär ist nicht berechtigt, seine Rechte aus der Konzessionsvereinbarung zu verpfänden. Durch diese vom Gesetzgeber festgelegten Beschränkungen wird nach hier vertretener Ansicht das Sicherungspotenzial des Konzessionärs, welches von seinen Gläubigern gefordert werden kann, wesentlich reduziert.

2. *Gegenstand einer Konzessionsvereinbarung* im Sinne der in Art. 4 KonzG enthaltenen Regeln in ihrem systematischen Zusammenhang mit anderen Bestimmungen der Konzessionsgesetzgebung können die Rechte auf Besitz, Nutzung und Verwaltung folgender, einschließlich künftig errichteter Objekte sein:

- Straßen und Ingenieuranlagen für die Verkehrsinfrastruktur, darunter Brücken, Überführungen, Tunnel, Parkplätze bzw. Parkhäuser, Fahrzeugkontrollstellen, Mautstellen;
- Bahnanlagen;
- Leitungsanlagen;
- Hochsee- und Binnenhäfen, einschließlich künstlicher Grundstücke und hydrotechnischer Anlagen von Häfen sowie von Objekten der Produktions- und Versorgungsinfrastruktur von Häfen;

- Hochsee- und Binnenschiffe, Schiffe der kombinierten Hochsee- und Binnenschifffahrt sowie Eisbrecher, hydrographische und Forschungsschiffe, Fähren, Schwimm-und Trockendocks;
- Flughäfen oder Gebäude und (oder) Anlagen, die für das Starten, Landen, Rollen und Abstellen von Flugzeugen bestimmt sind, sowie die zu errichtende und für die Abwicklung des zivilen Luftverkehrs bestimmte Luftfahrtinfrastruktur und Mittel für Dienstleistungen im Bereich des Luftverkehrs, der Navigation und Landung;
- Objekte der betrieblichen und technischen Infrastruktur von Flughäfen;
- hydrotechnische Anlagen;
- Objekte der Produktion, Übertragung und Verteilung von Strom- und Wärmeenergie;
- Systeme der kommunalen Infrastruktur und sonstige Objekte der kommunalen Wirtschaft, einschließlich von Objekten der Wasser-, Wärme-, Gas- und Stromversorgung, der Abwasserentsorgung und -reinigung, der Verarbeitung und Verwertung (Lagerung) von Abfällen, Objekten der Straßenbeleuchtung in städtischen und ländlichen Siedlungen, Objekten der Landschaftspflege sowie sozialen Dienstleistungsobjekten;
- U-Bahnen und andere öffentliche Verkehrsmittel;
- Einrichtungen des Gesundheitswesens, einschließlich Sanatorien und Kureinrichtungen;
- Bildungs-, Kultur- und Sporteinrichtungen, Einrichtungen der Freizeitgestaltung und des Tourismus, sonstige Objekte sozialer und kultureller Bestimmung.

Das zu sanierende Objekt einer Konzessionsvereinbarung muss sich zum Zeitpunkt des Abschlusses der Konzessionsvereinbarung im Eigentum des Konzedenten befinden. Zum Zeitpunkt seiner Übergabe durch den Konzedenten an den Konzessionär muss es frei von Rechten Dritter sein. Für den Fall, dass der Gegenstand einer Konzessionsvereinbarung bestimmte Systeme der kommunalen Infrastruktur und sonstige Objekte der kommunalen Wirtschaft sind, einschließlich von Objekten der Wasser-, Wärme-, Gas- und Stromversorgung, der Abwasserentsorgung und -reinigung, der Verarbeitung und Verwertung (Lagerung) von Abfällen, Objekten der Straßenbeleuchtung in städtischen und ländlichen Siedlungen, Objekten der Landschaftspflege sowie sozialen Dienstleistungsobjekten, können derartige Vermögensgegenstände zum Zeitpunkt des Abschlusses der Konzessionsvereinbarung einem staatlichen oder kommunalen Einheitsunternehmen aufgrund des Rechts zur Bewirtschaftung gehören.

Eine Konzessionsvereinbarung kann vorsehen, dass der Konzedent dem Konzessionär den Besitz und die Nutzung an solchen Vermögensgegenständen einräumt, die im Eigentum des Konzedenten stehen und die eine Einheit mit dem Gegenstand der Konzessionsvereinbarung bilden und (oder) für die allgemeine Nutzung zur Ausübung der durch die Konzessionsvereinbarung vorgesehenen Tätigkeit durch den Konzessionär bestimmt sind. In diesem Fall legt die Konzessionsvereinbarung die Zusammensetzung und Beschreibung dieser Vermögensgegenstände, den Zweck und die Dauer ihrer Nutzung (ihres Betriebs) durch den Konzessionär sowie das Verfahren für die Rückgabe dieser Vermögensgegenstände an den Konzedenten nach Beendigung der Konzessionsvereinbarung fest. Durch eine Konzessionsvereinbarung können zudem Verpflichtungen des Konzessionärs zur Modernisierung der Vermögensgegenstände, zum Ersatz veralteter und substantiell abgenutzter Anlagen durch neue, effizientere Anlagen und zur sonstigen Verbesserung der Parameter und Leistungsmerkmale der Vermögensgegenstände sowie zur Versicherung des Risikos des zufälligen Untergangs und (oder) des zufällig entstandenen Schadens auf eigene Kosten vorgesehen werden.

Bewegliche Vermögensgegenstände, die durch den Konzessionär im Rahmen der durch die Konzessionsvereinbarung vorgesehenen Tätigkeit geschaffen und (oder) erworben wurden und nicht zum Bestand der durch den Konzedenten an den Konzessionär gemäß der Konzessionsvereinbarung zu übergebenden Vermögensgegenstände gehören, sind Eigentum des Konzessionärs, sofern durch die Konzessionsvereinbarung nichts anderes vorgesehen ist. Die durch den Konzessionär mit Zustimmung des Konzedenten bei der Ausübung der durch die Konzessionsvereinbarung vorgesehenen Tätigkeit errichteten Immobilien, die weder zum Objekt der Konzessionsvereinbarung noch zum Bestand der sonstigen durch den Konzedenten an den Konzessionär gemäß der Konzessionsvereinbarung zu übergebenden Vermögensgegenstände gehören, sind Eigentum des Konzessionärs, sofern durch die Konzessionsvereinbarung nichts anderes vorgesehen ist. Die durch den Konzessionär ohne Zustimmung des Konzedenten bei der Ausübung der durch die Konzessionsvereinbarung vorgesehenen Tätigkeit errichteten Immobilien, die weder zum Objekt der Konzessionsvereinbarung noch zum Bestand der sonstigen durch den Konzedenten an den Konzessionär gemäß der Konzessionsvereinbarung zu übergebenden Vermögensgegenstände gehören, sind Eigentum des Konzedenten; der Wert dieser Immobilien wird nicht erstattet.

Die Rechte des Konzessionärs auf Besitz und Nutzung der zum Objekt der Konzessionsvereinbarung gehörenden Immobilie bzw. an der dem Konzessionär überlassenen Immobilie unterliegen der staatlichen Registrierung als Belastung des Eigentums des Konzedenten. Die staatliche Registrierung der Besitz- und Nutzungsrechte des Konzessionärs an dieser Immobilie kann gleichzeitig mit der staatlichen Registrierung des Eigentums des Konzedenten an der Immobilie erfolgen.

Das Objekt einer Konzessionsvereinbarung und sonstige durch den Konzedenten an den Konzessionär gemäß der Konzessionsvereinbarung zu übergebende Vermögensgegenstände werden in der Bilanz des Konzessionärs getrennt von seinem Vermögen wiedergegeben. In Bezug auf diese Objekte bzw. diese Vermögensgegenstände wird durch den Konzessionär im Zusammenhang mit der Erfüllung der Verpflichtungen aus der Konzessionsvereinbarung eigenständig Rechnung gelegt und werden die Abschreibungen dieses Objekts bzw. dieser Vermögensgegenstände vorgenommen.

Die Zwangsvollstreckung wegen Verbindlichkeiten des Konzessionärs in seine Rechte, die sich auf das Objekt der Konzessionsvereinbarung bzw. sonstige durch den Konzedenten an den Konzessionär gemäß der Konzessionsvereinbarung zu übergebende Vermögensgegenstände beziehen, ist unzulässig. Auch eine Änderung der Zweckbestimmung des Objekts der Konzessionsvereinbarung ist unzulässig.

3. Der *Preis einer Konzessionsvereinbarung*, auch Konzessionsabgabe genannt, kann sowohl für die gesamte Dauer der Nutzung (des Betriebs) des Objekts einer Konzessionsvereinbarung als auch für bestimmte Zeiträume dieser Nutzung (dieses Betriebs) entrichtet werden. Die Höhe der Konzessionsabgabe sowie die Form, das Verfahren und die Fristen ihrer Entrichtung werden durch die Konzessionsvereinbarung entsprechend dem Beschluss über den Abschluss der Konzessionsvereinbarung festgelegt.

Im Fall des Verkaufs der hergestellten Waren bzw. der Erbringung von Werk- oder Dienstleistungen durch den Konzessionär zu regulierten Preisen (Tarifen) oder unter Berücksichtigung von festgelegten Zuschlägen auf die Preise (Tarife) sowie in den Fällen, in denen die Bedingungen einer Konzessionsvereinbarung die Übernahme eines Teils der Kosten für die Errichtung und (oder) Sanierung oder die Nutzung (den Betrieb) des Objekts der Konzessionsvereinbarung durch den Konzedenten vorsehen, kann durch die Konzessionsvereinbarung auch von einer Konzessionsabgabe abgesehen werden.

Die Konzessionsabgabe kann in folgenden Formen festgelegt werden:

- als feste Beträge, die periodisch oder einmalig in den Haushalt der entsprechenden Ebene zu zahlen sind;

- als festgelegter Anteil an der Produktion oder den Erträgen, die durch den Konzessionär als Ergebnis der Ausübung seiner durch die Konzessionsvereinbarung vorgesehenen Tätigkeit erwirtschaftet werden;
- als Übertragung des Eigentums an Vermögensgegenständen des Konzessionärs an den Konzedenten.

Die Konzessionsvereinbarung kann auch die Kombination der genannten Formen der Konzessionsabgabe vorsehen.

4. Die *Laufzeit einer Konzessionsvereinbarung* wird durch Vereinbarung der Parteien unter Berücksichtigung der Dauer für die Errichtung und (oder) Sanierung des Objekts der Konzessionsvereinbarung, des Umfangs der Investitionen in die Errichtung und (oder) Sanierung des Objekts der Konzessionsvereinbarung und der Amortisationsdauer dieser Investitionen sowie sonstiger Verpflichtungen des Konzessionärs aus der Konzessionsvereinbarung festgelegt.

5. Eine Konzessionsvereinbarung bedarf der *einfachen Schriftform*. Dies ergibt sich aus den allgemeinen Bestimmungen über die Form von Rechtsgeschäften in Art. 158–163 des Zivilgesetzbuchs der Russischen Föderation sowie den Regelungen in Art. 36 und 37 KonzG. Ferner muss sie den Anforderungen genügen, die von der Regierung der Russischen Föderation in Bezug auf bestimmte Arten von Vermögensgegenständen, die Objekt einer Konzessionsvereinbarung sind, festgelegt werden.[10] Die Verpflichtung zur Verwendung von

---

10 Siehe: Musterkonzessionsvereinbarung in Bezug auf Straßen und Ingenieuranlagen für die Verkehrsinfrastruktur, darunter Brücken, Überführungen, Tunnel, Parkplätze bzw. Parkhäuser, Fahrzeugkontrollstellen und Mautstellen für die Inhaber von Lastkraftwagen, bestätigt durch Verordnung der Regierung der Russischen Föderation Nr. 319 vom 27.5.2006, SZ RF 2006, Nr. 23, Pos. 2511; Musterkonzessionsvereinbarung in Bezug auf Bildungseinrichtungen, bestätigt durch Verordnung der Regierung der Russischen Föderation Nr. 671 vom 11.11.2006, SZ RF 2006, Nr. 47, Pos. 4902; Musterkonzessionsvereinbarung in Bezug auf Leitungsanlagen, bestätigt durch Verordnung der Regierung der Russischen Föderation Nr. 672 vom 11.11.2006, SZ RF 2006, Nr. 47, Pos. 4903; Musterkonzessionsvereinbarung in Bezug auf Objekte der Produktion, Übertragung und Verteilung von Strom- und Wärmeenergie, bestätigt durch Verordnung der Regierung der Russischen Föderation Nr. 673 vom 11.11.2006, SZ RF 2006, Nr. 47, Pos. 4904; Musterkonzessionsvereinbarung in Bezug auf Hochsee- und Binnenhäfen, hydrotechnische Anlagen von Häfen sowie Objekte der Produktions- und Versorgungsinfrastruktur von Häfen, bestätigt durch Verordnung der Regierung der Russischen Föderation Nr. 745 vom 5.12.2006, SZ RF 2006, Nr. 50, Pos. 5349; Musterkonzessionsvereinbarung im Bezug auf Hochsee- und Binnenschiffe, Schiffe der kombinierten Hochsee- und Binnenschifffahrt, Eisbrecher,

Mustervereinbarungen ohne Rücksicht auf die Besonderheiten einzelner Projekte stellt nach hier vertretener Auffassung nicht die beste Lösung des Gesetzgebers dar, weil dadurch die Initiative des Konzessionärs gehemmt wird.

6. Der *Inhalt einer Konzessionsvereinbarung* besteht aus den Rechten und Pflichten des Konzessionärs und des Konzedenten, die durch Art. 8 und 9 KonzG und die Bedingungen der Musterkonzessionsvereinbarungen geregelt werden. So ist der Konzessionär bei der Erfüllung einer Konzessionsvereinbarung berechtigt:

- mit Zustimmung des Konzedenten und nach dem durch die föderalen Gesetze und die Bedingungen der Konzessionsvereinbarung festgelegten Verfahren Dritten das Nutzungsrecht an dem Objekt der Konzessionsvereinbarung und (oder) an einem sonstigen durch den Konzedenten an den Konzessionär gemäß der Konzessionsvereinbarung zu übergebenden Vermögensgegenstand für eine Dauer, welche die Dauer der Nutzung (des Betrieb) des Objekts der Konzessionsvereinbarung nicht überschreitet, unter der Voraussetzung einzuräumen, dass diese Personen die Pflichten des Konzessionärs aus der Kon-

---

hydrographische und Forschungsschiffe, Fähren sowie Schwimm- und Trockendocks, bestätigt durch Verordnung der Regierung der Russischen Föderation Nr. 746 vom 5.12.2006, SZ RF 2006, Nr. 50, Pos. 5350; Musterkonzessionsvereinbarung in Bezug auf hydrotechnische Anlagen, bestätigt durch Verordnung der Regierung der Russischen Föderation Nr. 747 vom 5.12.2006, SZ RF 2006, Nr. 50, Pos. 5351; Musterkonzessionsvereinbarung in Bezug auf Bahnanlagen, bestätigt durch Verordnung der Regierung der Russischen Föderation Nr. 744 vom 5.12.2006, SZ RF 2006, Nr. 50 Pos. 5348; Musterkonzessionsvereinbarung in Bezug auf Systeme der kommunalen Infrastruktur und sonstige Objekte der kommunalen Wirtschaft, einschließlich von Objekten der Wasser-, Wärme-, Gas- und Stromversorgung, der Abwasserentsorgung und -reinigung, der Verarbeitung und Verwertung (Lagerung) von Abfällen, Objekten der Straßenbeleuchtung in städtischen und ländlichen Siedlungen und Objekten der Landschaftspflege, bestätigt durch Verordnung der Regierung der Russischen Föderation Nr. 748 vom 5.12.2006, SZ RF 2006, Nr. 50, Pos. 5352; Musterkonzessionsvereinbarung in Bezug auf Kultur- und Sporteinrichtungen, Einrichtungen der Freizeitgestaltung und des Tourismus und sonstige Objekte sozialer oder kultureller Bestimmung, bestätigt durch Verordnung der Regierung der Russischen Föderation Nr. 90 vom 9.2.2007, SZ RF 2007, Nr. 8, Pos. 1009; Musterkonzessionsvereinbarung in Bezug auf U-Bahnen und andere öffentliche Verkehrsmittel, bestätigt durch Verordnung der Regierung der Russischen Föderation Nr. 791 vom 22.12.2006, SZ RF 2007, Nr. 1 (Teilband 2), Pos. 252; Musterkonzessionsvereinbarung in Bezug auf Einrichtungen des Gesundheitswesens, einschließlich Sanatorien und Kureinrichtungen, bestätigt durch Verordnung der Regierung der Russischen Föderation Nr. 138 vom 14.2.2009, SZ RF 2009, Nr. 9, Pos. 1106.

zessionsvereinbarung erfüllen. Dabei ist der Konzessionär für das Handeln dieser Personen wie für sein eigenes Handeln verantwortlich. Die Beendigung der Konzessionsvereinbarung stellt einen Grund für die Beendigung der Nutzungsrechte Dritter am Objekt der Konzessionsvereinbarung und (oder) an einem sonstigen durch den Konzedenten an den Konzessionär gemäß der Konzessionsvereinbarung zu übergebenden Vermögensgegenstand dar;

- die Konzessionsvereinbarung selbst und (oder) unter Einbeziehung Dritter gemäß den Bedingungen der Konzessionsvereinbarung zu erfüllen. Dabei ist der Konzessionär für das Handeln Dritter wie für seine eigenen Handlungen verantwortlich;
- zur Erfüllung seiner Verpflichtungen aus der Konzessionsvereinbarung die ausschließlichen Rechte an den Ergebnissen geistiger Tätigkeit, die vom Konzessionär auf eigene Kosten bei der Erfüllung der Konzessionsvereinbarung erworben werden, unentgeltlich und nach dem durch die Konzessionsvereinbarung vorgesehenen Verfahren unter Einhaltung der durch diese Konzessionsvereinbarung festgelegten Vertraulichkeitsbedingungen zu nutzen.

Bei der Erfüllung einer Konzessionsvereinbarung ist der Konzessionär verpflichtet:

- das Objekt der Konzessionsvereinbarung innerhalb der durch die Konzessionsvereinbarung festgelegten Fristen zu errichten und (oder) zu sanieren und mit dessen Nutzung (Betrieb) zu beginnen;
- das Objekt der Konzessionsvereinbarung für die Zwecke und nach dem durch die Konzessionsvereinbarung festgelegten Verfahren zu nutzen (zu betreiben);
- die durch die Konzessionsvereinbarung vorgesehene Tätigkeit auszuüben und diese Tätigkeit nicht ohne Zustimmung des Konzedenten einzustellen (zu unterbrechen);
- bei der Ausübung der durch die Konzessionsvereinbarung vorgesehenen Tätigkeit den Verbrauchern die *Möglichkeit des Bezugs der entsprechenden Waren bzw. der Werk- oder Dienstleistungen* sicherzustellen;
- *den Verbrauchern die durch die föderalen Gesetze, die Gesetze eines Subjekts der Russischen Föderation und die Rechtsvorschriften eines Organs der örtlichen Selbstverwaltung festgelegten Vergünstigungen zu gewähren, einschließlich der Vergünstigungen bei der Bezahlung von Waren, Werk- oder Dienstleistungen in den Fällen und gemäß dem Verfahren, die durch die Konzessionsvereinbarung festgelegt sind*;
- das Objekt der Konzessionsvereinbarung in gutem Zustand zu erhalten, auf eigene Kosten laufende Wartungs- und Instandsetzungsarbeiten durchzuführen

und die Ausgaben für die Instandhaltung dieses Objekts zu tragen, sofern durch die Konzessionsvereinbarung nichts anderes festgelegt ist.

Bei der Erfüllung einer Konzessionsvereinbarung *ist der Konzedent berechtigt*, die Einhaltung der Bedingungen der Konzessionsvereinbarung durch den Konzessionär *zu kontrollieren*. Die Kontrolle durch den Konzedenten über die Erfüllung der Bedingungen der Konzessionsvereinbarung erfolgt durch die Vertreter der vom Konzedenten bevollmächtigten Behörden oder juristischen Personen, die aufgrund der Konzessionsvereinbarung das Recht auf ungehinderten Zugang zu dem Objekt der Konzessionsvereinbarung sowie den Unterlagen haben, welche die Ausübung der durch die Konzessionsvereinbarung vorgesehenen Tätigkeit betreffen. Die Vertreter der genannten Behörden oder juristischen Personen sind nicht berechtigt, sich in die wirtschaftliche Tätigkeit des Konzessionärs einzumischen und Informationen offenzulegen, welche durch die Konzessionsvereinbarung als vertrauliche Informationen eingestuft sind oder ein Geschäftsgeheimnis darstellen.

Der Konzedent übt die Kontrolle über die Einhaltung der Bedingungen der Konzessionsvereinbarung durch den Konzessionär aus, einschließlich der Erfüllung der Verpflichtungen hinsichtlich der Einhaltung der Fristen für die Errichtung und (oder) Sanierung des Objekts der Konzessionsvereinbarung, der Übereinstimmung der technischen und wirtschaftlichen Kennziffern des Objekts der Konzessionsvereinbarung mit den durch die Konzessionsvereinbarung festgelegten technischen und wirtschaftlichen Kennziffern, der Ausübung der durch die Konzessionsvereinbarung vorgesehenen Tätigkeit sowie der Nutzung (des Betriebs) des Objekts der Konzessionsvereinbarung gemäß den durch die Konzessionsvereinbarung festgelegten Zwecken.

Der Konzedent ist verpflichtet, dem Konzessionär innerhalb der durch die Konzessionsvereinbarung festgelegten Frist das Objekt der Konzessionsvereinbarung und (oder) einen sonstigen gemäß der Konzessionsvereinbarung durch den Konzedenten an den Konzessionär zu übergebenden Vermögensgegenstand zur Verfügung zu stellen.

Die geltenden Regelungen sehen keine Möglichkeit einer vom Konzedenten unabhängigen technischen Begutachtung eines gemäß der Konzessionsvereinbarung zu errichtenden oder zu sanierenden Objekts vor, worin nach der hier vertretenen Auffassung ein Versäumnis des Gesetzgebers zu sehen ist.

IV. Rechtliche Einordnung einer Konzessionsvereinbarung

Aus dem Genannten können sowohl öffentlich-rechtliche als auch privatrechtliche Merkmale einer Konzessionsvereinbarung bestimmt werden.

Den öffentlich-rechtlichen Merkmalen ist Folgendes zuzuordnen:

- Vorliegen eines einseitigen hoheitlichen Akts eines Organs der öffentlichen Gewalt als notwendige Grundlage für die Entstehung eines vertraglichen Konzessionsverhältnisses;
- Übertragung einzelner Funktionen, einschließlich von Verwaltungsfunktionen, die als Prärogativ eines Organs der öffentlichen Gewalt gelten, an den Konzessionär;
- Verwaltung von öffentlichen Vermögenskomplexen durch den Konzessionär unter administrativer Kontrolle, die durch die Anwendung öffentlich-rechtlicher Methoden ausgeübt wird;
- Vorliegen eines öffentlichen Interesses, was sich u. a. in der Notwendigkeit äußert, die Bedürfnisse der Bevölkerung an Waren und Dienstleistungen zu befriedigen.

Zu den privatrechtlichen Merkmalen einer Konzessionsvereinbarung gehören:

a) direkte Merkmale:
- der Hinweis des Gesetzgebers, dass auf Konzessionsvereinbarungen die zivilrechtlichen Regelungen zu den jeweiligen in der Konzessionsvereinbarung enthaltenen Vertragstypen Anwendung finden;
- der unternehmerische Charakter einer Konzessionsvereinbarung, der durch die Beteiligung eines Unternehmers auf der Seite des Konzessionärs bedingt ist.

b) indirekte Merkmale:
- die Verwendung von grundlegenden Elementen des zivilrechtlichen Konzessionsmodells und der Verzicht auf einzelne Elemente des klassischen öffentlich-rechtlichen Konzessionsmodells in der russischen Rechtslehre bzw. Rechtssetzungspraxis;
- die Möglichkeit der Umsetzung der zivilrechtlichen Rechtsfähigkeit der öffentlichen Hand durch zivilrechtliche Verträge.

Infolge der Überlagerung der genannten Merkmale, die in den normativ verankerten Bedingungen einer Konzessionsvereinbarung sowie den Rechten und Pflichten der Parteien zum Ausdruck kommen, kann eine Konzessionsvereinbarung weder den zivilrechtlichen noch den verwaltungsrechtlichen Verträgen unmittelbar zugeordnet werden. Ihrem Wesen nach stellt eine solche Vereinbarung einen Vertrag besonderer Art dar, der sich durch den rechtlichen

Dualismus der in ihm enthaltenen Bedingungen auszeichnet. Die Zugehörigkeit einer Konzessionsvereinbarung zum Zivil- oder Verwaltungsrecht hat derzeit jedoch keine praktische Bedeutung, weil es in Russland keine spezialisierten Verwaltungsgerichte gibt, die nach deutschem, französischem oder finnischem Vorbild über öffentlich-rechtliche Streitigkeiten entscheiden.

Azar Aliyev

§ 6. Rechtsformen der Anpassung und Stabilisierung von PPP-Projekten

Für alle langfristigen Verträge ist es eine zentrale Frage, ob der Vertrag gleichermaßen stabil und doch an wechselnde äußere Umstände anpassungsfähig ist. Das Problem wird noch verschärft, wenn eine der Vertragsparteien der Staat oder eine Kommune ist, welche die Bedingungen des Vertrags durch den Erlass einer Rechtsvorschrift ändern können. Darüber hinaus kann eine Änderung von Verträgen, die nach einer Ausschreibung geschlossen wurden, faktisch eine Änderung der Ausschreibungsergebnisse nach sich ziehen, was wettbewerbsrechtlich nicht zulässig wäre. Dabei ist ein Totalverbot von Änderungen bei langfristigen Verträgen praktisch unmöglich, weil dadurch die Umsetzung langfristiger und komplexer Projekte gefährdet werden würde. Die oben genannten Probleme sind typisch für Verträge in Bezug auf Projekte im Bereich der Public-private-Partnership (PPP). Diese Verträge werden in der Regel auf der Grundlage einer Ausschreibung geschlossen und regeln ein langfristiges Verhältnis zwischen dem Staat bzw. einem Organ der örtlichen Selbstverwaltung und einem privaten Investor. In diesem Beitrag wird der Versuch unternommen, das Verhältnis zwischen Stabilität und Anpassungsfähigkeit von PPP-Projekten am Beispiel der russischen Konzessionsvereinbarungen zu analysieren.[1] Dabei werden einige Aspekte im Vergleich mit deutschen und europäischen Rechtsinstituten vorgestellt.

I. Rechtsquellen, welche die Stabilisierung und/oder Anpassung von Verträgen vorsehen

Das Prinzip *pacta sunt servanda* ist der Eckpfeiler des russischen Vertragsrechts.[2] Ausnahmen von dieser Regel müssen vom Gesetz vorgesehen sein. So

1 Es werden die Konzessionsvereinbarungen betrachtet, welche durch das Föderale Gesetz Nr. 115-FZ vom 21.7.2005 „Über Konzessionsvereinbarungen" (in der Fassung vom 19.7.2011), SZ RF 2005, Nr. 30 (Teilband 2), Pos. 3126, geregelt sind.

2 Dieser Grundsatz ist in einer Reihe von Artikeln des ZGB verankert (vgl. Art. 425, 309, 310, 450 u. s. w.). Siehe: *Егорова М.А.*, Односторонний отказ от исполнения гражданско-правового договора (*Egorova M.A.*, Einseitige Verweigerung der Erfüllung eines zivilrechtlichen Vertrags), 2. Aufl., Moskau 2010, § 3.3.5; *Скворцов О.Ю.* Комментарий к Гражданскому кодексу Российской Федерации (под ред. А.П.

sieht das allgemeine Schuldrecht im Zivilgesetzbuch der Russischen Föderation (im Folgenden: „ZGB") einerseits die Möglichkeit einer Änderung von Verträgen in folgenden Fällen vor:

- im beiderseitigen Einvernehmen der Parteien, wobei dieses Recht durch Gesetz oder Vertrag eingeschränkt werden kann (Art. 450 Pkt. 1 ZGB);
- im Fall einer wesentlichen Vertragsverletzung (Art. 450 Pkt. 2 Nr. 1 ZGB);
- im Fall einer wesentlichen Änderung der Umstände, von denen die Parteien bei Abschluss des Vertrags ausgingen (Art. 451 ZGB);
- in sonstigen Fällen, die durch Gesetz oder Vertrag vorgesehen sind (Art. 450 Pkt. 2 Nr. 2 ZGB).

Andererseits ist die Stabilität von Investitionsverträgen, zu denen auch Konzessionsvereinbarungen gehören können, im Gesetz „Über die Investitionstätigkeit in der Russischen Föderation in Form von Kapitalanlagen"[3] (im Folgenden: „InvG") und im Gesetz „Über ausländische Investitionen in der Russischen Föderation"[4] (im Folgenden: „AuslInvG") vorgesehen. Diese beiden Gesetze sehen eine sog. Versteinerungsklausel[5] für bestimmte Kategorien von Investitionsverträgen vor (vgl. Art. 15 Pkt. 2 InvG und Art. 9 Pkt. 1 AuslInvG).

Darüber hinaus wird die Stabilität von Verträgen mit Beteiligung ausländischer Investoren durch zahlreiche von der Russischen Föderation geschlossene

---

Сергеева). Часть первая: Учебно-практический комментарий (постатейный) (*Skvorcov O.Ju.*, Kommentar zum Zivilgesetzbuch der Russischen Föderation [Hrsg. A.P. Sergeev], Erster Teil: praktischer Lehrbuchkommentar [nach Artikeln]), Moskau 2010, Art. 425.1.

3 Föderales Gesetz Nr. 39-FZ vom 25.2.1999 „Über die Investitionstätigkeit in der Russischen Föderation in Form von Kapitalanlagen" (in der Fassung vom 12.12.2011), SZ RF 1999, Nr. 9, Pos. 1096.

4 Föderales Gesetz Nr. 160-FZ vom 9.7.1999 „Über ausländische Investitionen in der Russischen Föderation" (in der Fassung vom 6.12.2011), SZ RF 1999, Nr. 28, Pos. 3493.

5 Die „Grandfathering clause" oder auf Deutsch „Versteinerungsklausel" wird von *Hausmann* als Vorbehalt definiert, demzufolge auf einen Investitionsvertrag das von den Parteien vereinbarte nationale Recht angewendet wird, dessen Inhalt zum konkreten Zeitpunkt, nämlich zum Zeitpunkt des Vertragsabschlusses definiert werden soll, siehe *Хаусманн Р.*, Инвестиционные договоры с иностранными инвесторами (*Hausmann R.*, Investitionsverträge mit ausländischen Investoren), Правовые аспекты инвестиционных договоров (под ред. А.Ч. Алиева, С.И. Крупко, А. Трунка) (Rechtliche Aspekte von Investitionsverträgen [Hrsg. A.Č. Aliev, S.I. Krupko, A. Trunk]), Moskau 2012, S. 34.

internationale Investitionsabkommen (IIA)[6] garantiert. Diese Abkommen gewähren ausländischen Investoren die Möglichkeit, sich unmittelbar an internationale Schiedsgerichte zu wenden, wenn nach der Auffassung des Investors der Staat durch seine Handlungen die im Rahmen der IIA übernommenen Verpflichtungen verletzt. Alle durch die Russische Föderation geschlossenen IIAs enthalten Bestimmungen, die den Investor vor Enteignung schützen und ihm eine faire und gleiche Behandlung garantieren.[7] Die Rechtsprechung der internationalen Schiedsgerichte hat wiederholt die vertraglichen Rechte als Schutzgegenstand von IIAs anerkannt.[8] Darüber hinaus enthalten einige durch die Russische Föderation geschlossene IIAs eine sog. Schirmklausel,[9] die den Staat verpflichtet, alle gegenüber einem ausländischen Investor eingegangenen Verpflichtungen einzuhalten. Nach Auffassung einiger Experten und der Schiedsgerichte setzt diese Klausel jede Verletzung eines zwischen dem Staat und einem ausländischen Investor geschlossenen Vertrags einer Verletzung von IIAs gleich und gewährt den Investoren dadurch die Möglichkeit, sich direkt an ein internationales Schiedsgericht zu wenden.[10]

Schließlich enthält das Gesetz „Über Konzessionsvereinbarungen" aus dem Jahr 2005 (im Folgenden: „KonzG") in den Art. 13–20 spezielle Vorschriften, welche die Möglichkeit der Änderung von Konzessionsvereinbarungen regeln.

---

6 In der Literatur ist die Abkürzung DIS (двустороннее инвестиционное соглашение – bilaterale Investitionsvereinbarung) mehr verbreitet, siehe z. B. *Евтеева М.С.*, Международные двусторонние инвестиционные соглашения (*Evteeva M.S.*, Internationale bilaterale Investitionsvereinbarungen), Moskau 2002; *Фархутдинов И.З.*, Международное инвестиционное право (*Farchutdinov I.Z.*, Internationales Investitionsrecht), Moskau 2005. Aber Russland ist auch den multilateralen Abkommen über den Schutz von Investitionen beigetreten (z. B. dem Abkommen vom 12.12.2008 „Über die Förderung und den gegenseitigen Schutz von Investitionen in den Mitgliedstaaten der Eurasischen Wirtschaftsgemeinschaft"). Deswegen wird der Abkürzung IIA Vorrang gegeben.

7 Zum heutigen Zeitpunkt hat Russland ca. 60 IIAs abgeschlossen. Die meisten davon sind einsehbar unter: http://www.uni-kiel.de/investmentlaw/?page_id=167.

8 Siehe z. B. *Impregilo SpA v Argentine Republic*, Final award, ICSID Case No ARB/07/17, IIC 498 (2011), §§ 284–331.

9 Siehe z. B. Art. 2 Pkt. 4 des Abkommens vom 4.11.1993 zwischen der Regierung der Russischen Föderation und der Regierung des Dänischen Königreichs über die Förderung und den gegenseitigen Schutz von Kapitalanlagen, SZ RF 1997, Nr. 14, Pos. 1604.

10 *Noble Ventures Inc v Romania*, Award, ICSID Case No ARB/01/11; IIC 179 (2005), §§ 46–62.

Die oben aufgezählten Rechtsquellen sind auch auf solche Rechtsverhältnisse anwendbar, die auf der Grundlage von Konzessionsvereinbarungen entstehen. In diesem Zusammenhang wird in der Literatur die Frage nach deren möglicher Konkurrenz aufgeworfen.[11]

II. Anpassung von Konzessionsvereinbarungen

1. Möglichkeit der Änderung einer Konzessionsvereinbarung im beiderseitigen Einvernehmen der Parteien

a) Gesetz über Konzessionsvereinbarungen (KonzG)

Grundsätzlich kann eine Konzessionsvereinbarung im beiderseitigen Einvernehmen der Parteien geändert werden (Art. 13 Pkt. 3 KonzG). Doch schon im nächsten Satz hat der Gesetzgeber eine Ausnahme vorgesehen: Änderungen der im Beschluss über den Abschluss einer Konzessionsvereinbarung oder im Vergabeangebot des Konzessionärs enthaltenen Teile einer Vereinbarung sind nur bei Vorliegen einer Genehmigung der Regierung der Russischen Föderation für föderale Konzessionsprojekte, der Organe der staatlichen Gewalt der Subjekte der Russischen Föderation für Konzessionsprojekte der Subjekte der Russischen Föderation oder der Organe der örtlichen Selbstverwaltung für kommunale Konzessionsprojekte zulässig. Da sämtliche in Art. 10 Pkt. 1 und Pkt. 1.1. KonzG angeführten wesentlichen Bedingungen sowie die überwiegende Mehrheit der sonstigen relevanten Bedingungen in den Beschluss über den Abschluss einer Konzessionsvereinbarung (Art. 22 Pkt. 2 Nr. 1 KonzG) bzw. in das Vergabeangebot des Konzessionärs (Art. 30 KonzG) einbezogen werden müssen, ist es offensichtlich, dass trotz der Tatsache, dass die Regelung bezüglich der Einholung einer Genehmigung für die Änderung der Konzessionsvereinbarung als Ausnahme formuliert ist, sie faktisch die Regel ist. Der Gesetzgeber hat auch Ausnahmen von der Ausnahme festgelegt. Eine Änderung der Vertragsbedingungen ist ohne Zustimmung der zuständigen Behörden in den Fällen zulässig, in denen:

- das Investitionsprojekt von nationaler Bedeutung ist und nur der Umfang der Investitionen und technologische Lösungen zur Anwendung effektiverer Ansätze einer Änderung unterliegen. Dabei soll der Umfang der Ausgaben reduziert werden, die Anforderungen an die Qualität des Objekts bleiben dagegen unverändert;

11 Siehe hierzu unter IV. in diesem Beitrag.

- auf Verlangen einer der Parteien eine Konzessionsvereinbarung nur aufgrund einer gerichtlichen Entscheidung geändert werden darf, sofern dies durch das ZGB vorgesehen ist (bei einer Änderung der Umstände kommt Art. 451 ZGB zur Anwendung);
- der Konzessionär bei einer Änderung der Gesetzgebung im Wesentlichen das verliert, was er bei Abschluss der Konzessionsvereinbarung berechtigterweise erwarten konnte (Art. 20 KonzG).

Anzumerken ist dabei, dass Art. 13 Pkt. 3 KonzG am 25. April 2012[12] geändert wurde. In der früheren Fassung war eine Änderung der Bedingungen von Konzessionsvereinbarungen, die in den Beschluss über den Abschluss einer Konzessionsvereinbarung oder in das Vergabeangebot des Konzessionärs einbezogen wurden, generell verboten.

Die Einschränkung des Rechts der Parteien auf Änderung einer Konzessionsvereinbarung hängt damit zusammen, dass Konzessionsvereinbarungen anhand der Ergebnisse einer Ausschreibung geschlossen werden. Eine Änderung der in den Ausschreibungsunterlagen und im Vergabeangebot vorgesehenen Bedingungen der Vereinbarung kann dazu führen, dass die tatsächlichen Ergebnisse der Ausschreibung vernachlässigt werden. Eine derartige Einschränkung der Vertragsfreiheit ist praktisch für alle auf der Grundlage einer Ausschreibung geschlossenen Verträge immanent. So sieht Art. 9 Pkt. 5 des Gesetzes über die staatliche Auftragsvergabe[13] (im Folgenden: „VergabeG“) ein Verbot hinsichtlich der Änderung einer Reihe von Bedingungen staatlicher Verträge und eine begrenzte Anzahl von Ausnahmen von dieser Regel vor. Der russische Gesetzgeber hat für Konzessionsvereinbarungen neben dem durch das VergabeG seit 2005 vorgesehenen System ein gesondertes Verfahren zur Durchführung einer Ausschreibung geschaffen. Es ist offensichtlich, dass Konzessionsvereinbarungen erhebliche Besonderheiten aufweisen. Dennoch scheint eine Abwandlung der im VergabeG enthaltenen Bestimmungen zweckmäßiger zu sein. Somit könnte man dank der bereits etablierten Rechtsprechung bezüglich der zur Vergabe staatlicher Aufträge

12 Siehe das Föderale Gesetz Nr. 38-FZ vom 25.4.2012, SZ RF 2012, Nr. 18, Pos. 2130.

13 Föderales Gesetz Nr. 94-FZ vom 21.7.2005 „Über die Vergabe von Aufträgen für die Lieferung von Waren und die Erbringung von Werk- und Dienstleistungen für den staatlichen und kommunalen Bedarf“ (in der Fassung vom 12.12.2011), SZ RF 2005, Nr. 30 (Teilband 1), Pos. 3105. Durch das am 1.1.2014 an die Stelle des VergabeG 2005 getretene Föderale Gesetz Nr. 44-FZ vom 5.4.2013 „Über das Vertragssystem im Bereich der Beschaffung von Waren, Werk- und Dienstleistungen für die Sicherstellung des staatlichen und kommunalen Bedarfs“, SZ RF 2013, Nr. 14, Pos. 1652, werden die genannten Beschränkungen der Vertragsfreiheit im Wesentlichen beibehalten.

durchgeführten Ausschreibungen ein höheres Maß an rechtlicher Vorhersehbarkeit erreichen. Allerdings ist zu erwarten, dass das Recht auch in diesem Bereich im Zusammenhang mit der einheitlichen Regelung von staatlichen Beschaffungen und staatlichen Aufträgen im Rahmen des Gemeinsamen Wirtschaftsraums (Russland, Kasachstan, Belarus) vereinheitlicht werden wird.[14]

Zum gegenwärtigen Zeitpunkt ist die Änderung einer Konzessionsvereinbarung im beiderseitigen Einvernehmen der Parteien nur mit Zustimmung der entsprechenden Behörde zulässig. Es ist nicht einfach, die Wirksamkeit dieses Mechanismus zum jetzigen Zeitpunkt einzuschätzen, aber es ist auch klar, dass es potenzielle Probleme gibt. Auf der einen Seite ist es nicht leicht, Änderungen in den „kleineren" Konzessionsvereinbarungen auf föderaler Ebene vorzunehmen, da das Einholen einer Zustimmung der Regierung eine längere Zeit in Anspruch nehmen kann. Somit kann das ganze Konzessionsprojekt wegen der Unmöglichkeit, eine unbedeutende, die Ergebnisse der Ausschreibung nicht gefährdende Änderung in der Konzessionsvereinbarung vorzunehmen, gefährdet werden. Auf der anderen Seite sind die Ergebnisse der Ausschreibung bezüglich kommunaler Konzessionsvereinbarungen in Frage gestellt. Die Kommunen werden sich oft Änderungen von Konzessionsvereinbarungen erlauben, wodurch die Kontrollfunktion von Genehmigungen auf null reduziert wird.

Allerdings war auch das bis zum April 2012 geltende System mit dem absoluten Verbot einer Änderung der im Beschluss über die Durchführung einer Ausschreibung und im Vergabeangebot vorgesehenen Bedingungen von Konzessionsvereinbarungen nicht optimal. Das Ergebnis der Anwendung dieses Verbots war, dass auch bei einer geringstmöglichen Änderung einer Konzessionsvereinbarung die Durchführung einer neuen Ausschreibung notwendig war.

b) Erfahrungen der Europäischen Union

Mit dem Problem einer faktischen Änderung von Ausschreibungsergebnissen infolge der Änderung von auf der Grundlage einer Ausschreibung geschlossenen Verträgen sah man sich auch in der Europäischen Union konfrontiert.[15]

---

14 Die ersten Schritte auf diesem Weg wurden schon gemacht. Siehe das Abkommen vom 9.12.2010 „Über staatliche (kommunale) Beschaffungen", SZ RF 2012, Nr. 5, Pos. 540.

15 Das Vergaberecht fällt in die Zuständigkeit der Europäischen Union und wird durch eine Reihe von Rechtsvorschriften geregelt, u. a. durch die Richtlinie 2004/17/EG des Europäischen Parlaments und des Rates vom 31.3.2004 zur Koordinierung der Zuschlagserteilung durch Auftraggeber im Bereich der Wasser-, Energie- und Verkehrsversorgung sowie der Postdienste (ABl. L 134 vom 30.4.2004, S. 1); Richtlinie

Die Rechtsvorschriften der Europäischen Union enthalten zwar keine expliziten Verbote der Änderung von im Ergebnis einer Ausschreibung geschlossenen Vereinbarungen, aber der Europäische Gerichtshof hat in seinen Entscheidungen diese Frage aufgegriffen. In der Entscheidung „Pressetext“[16] wies er darauf hin, dass eine wesentliche Änderung der Vertragsbedingungen unzulässig ist.[17] In diesem Fall kommt es zu einer sog. *de facto* Vergabe, d. h. ein neuer Vertrag wird faktisch ohne Durchführung einer Ausschreibung geschlossen. Bereits in seiner ersten Entscheidung wies der Europäische Gerichtshof auf mehrere Kriterien zur Bestimmung der Wesentlichkeit von Änderungen hin, u. a.:

- wenn die ursprüngliche Ausschreibung zum Abschluss einer Vereinbarung zu den geänderten Bedingungen durchgeführt worden wären, so wären auch die Bedingungen für die Zulassung der Teilnehmer geändert worden;
- wenn der Umfang der zu erbringenden Leistungen wesentlich geändert worden ist;
- wenn eine Vertragsänderung zur Änderung des Interessenausgleichs zugunsten des Auftragnehmers führt, sofern eine derartige Änderung nicht vorhersehbar war.[18]

Somit hat sich die Europäische Union für einen rechtlich schwierigeren Weg entschieden: Die Bestimmung der Zulässigkeit einer Änderung des Vertrags auf der Grundlage des Bewertungskriteriums „Wesentlichkeit der Änderung“. Auf lange Sicht kann dieser Ansatz es jedoch ermöglichen, die im russischen Recht bestehenden Probleme im Bereich der Konzessionsvereinbarungen zu lösen. Auf der einen Seite werden geringfügige Vertragsänderungen zugelassen, die es erlauben, den abgeschlossenen Vertrag zu erhalten und die mit einer neuen Ausschreibung verbundenen hohen Kosten zu vermeiden. Auf der anderen Seite werden Missbräuche ausgeschlossen, die in dem Genehmigungsverfahren zur

---

2004/18/EG des Europäischen Parlaments und des Rates vom 31.3.2004 über die Koordinierung der Verfahren zur Vergabe öffentlicher Bauaufträge, Lieferaufträge und Dienstleistungsaufträge (ABl. L 134 vom 30.4.2004, S. 114); Richtlinie 2007/66/EG des Europäischen Parlaments und des Rates vom 11.12.2007 zur Änderung der Richtlinien 89/665/EWG und 92/13/EWG des Rates im Hinblick auf die Verbesserung der Wirksamkeit der Nachprüfungsverfahren bezüglich der Vergabe öffentlicher Aufträge (ABl. L 335 vom 20.12.2007, S. 31).

16 EuGH vom 19.6.2008 – Rs. C-454/06 – „Pressetext“ – NJW 2008, 3341.

17 Der Geltungsbereich dieser Entscheidung wurde in der Entscheidung des EuGH vom 13.4.2010 – Rs. C-91/08 – „Wall“ – VergabeR 2012, 643, erweitert.

18 *Wagner/Jürschik*, Die Vergaberechtswidrigkeit von Verträgen wegen wesentlicher Vertragsänderung, VergabeR 2012, 401.

Änderung von Verträgen eingebettet sind, das in das KonzG im April 2012 aufgenommen wurde. Was die mit der Einführung des neuen Bewertungskriteriums der „Wesentlichkeit der Änderung" verbundenen Probleme betrifft, so haben die russischen Gerichte wiederholt ihre Fähigkeit bewiesen, klare Mechanismen zur Bestimmung von Bewertungskriterien zu entwickeln.[19] Die deutsche Erfahrung zeigt, dass die nationalen Gerichte innerhalb von kurzer Zeit in Anlehnung an die Entscheidung „Pressetext" zunächst mit einer großen Anzahl von Klagen bezüglich der Unwirksamkeitserklärung von Änderungen konfrontiert waren und diese Praxis zum gegenwärtigen Zeitpunkt in der wissenschaftlichen und praktischen Literatur aktiv aufbereitet wird.[20]

2. Zulässigkeit von Klauseln hinsichtlich der Möglichkeit einer Vertragsänderung

Das KonzG berührt nicht die Frage der Zulässigkeit von Klauseln hinsichtlich der Möglichkeit einer Vertragsänderung.[21] Allerdings gibt es Entscheidungen des Obersten Arbitragegerichts der Russischen Föderation über die Zulässigkeit von Klauseln hinsichtlich der Möglichkeit einer Änderung von Lieferverträgen für den staatlichen Bedarf. Nach Auffassung des Obersten Arbitragegerichts sind weit formulierte Klauseln, die es den Parteien erlauben, die Ausschreibungsbedingungen faktisch zu ändern, unzulässig.[22] Zulässig sind transparente Klauseln, welche eine Vertragsänderung an objektive Faktoren wie Inflation

---

19 Gegenwärtig kann von einer gefestigten Praxis zur Frage der Bestimmung einer wesentlichen Änderung von Umständen gemäß Art. 451 ZGB gesprochen werden. Siehe z. B. *Соменков С.А.*, Прекращение договорных обязательств в связи с существенным изменением обстоятельств (*Somenkov S.A.*, Beendigung von vertraglichen Verpflichtungen im Zusammenhang mit einer wesentlichen Änderung der Umstände), Законы России: опыт, анализ, практика (Russische Gesetze: Erfahrung, Analyse, Praxis) 2010, Nr. 12.

20 *Poschmann*, Vertragsänderung unter dem Blickwinkel des Vergaberechts, Berlin 2010; *Wagner/Jürschik*, Die Vergaberechtswidrigkeit von Verträgen wegen wesentlicher Vertragsänderung, VergabeR 2012, S. 401–409.

21 Das Föderale Arbitragegericht des Nord-Westlichen Bezirks hat eine Klausel über die einseitige Aufhebung einer Konzessionsvereinbarung für zulässig erklärt, allerdings wird die Aufhebung einer Konzessionsvereinbarung durch andere Vorschriften (Art. 13 Pkt. 5 KonzG) geregelt als die Änderung einer Konzessionsvereinbarung; Urteil des Föderalen Arbitragegerichts des Nord-Westlichen Bezirks vom 12.1.2009 in der Rechtssache Nr. A26–3259/2008.

22 Beschluss des Obersten Arbitragegerichts der Russischen Föderation vom 9.2.2009 Nr. 564/09 in der Rechtssache Nr. A59–484/2008-C8.

oder Branchenindexe binden. In diesem Fall ist zwingend, dass die Klauseln in den Ausschreibungsunterlagen vorhanden sind; eine spätere Aufnahme derartiger Klauseln ist unzulässig.[23]

Die Position des Obersten Arbitragegerichts der Russischen Föderation stimmt mit der Position des Europäischen Gerichtshofs bzw. der nationalen Gerichte in Deutschland überein, welche die Wirksamkeit von Klauseln betreffend die Änderung von Vertragsbedingungen im Prinzip anerkennen, soweit diese Klauseln Teil der Ausschreibungsunterlagen waren.[24] Allerdings unterziehen sie diese Klauseln einer detaillierten Analyse. Dabei hat die Praxis einen ganzen Katalog von Kriterien hinsichtlich der Zulässigkeit solcher Klauseln entwickelt, deren Hauptzweck der Schutz des Wettbewerbs und die Unzulässigkeit der faktischen Änderung der Ausschreibungsergebnisse ist.[25] Es ist wichtig anzumerken, dass in Deutschland die meisten Klauseln betreffend die Änderung von Vertragsbedingungen in der VOB/B enthalten sind[26] und deren Wirksamkeit vermutet wird. Bei den VOB (Vergabe- und Vertragsordnung für Bauleistungen) handelt es sich um Standards für den Abschluss öffentlicher Verträge in der Baubranche, welche von einer speziellen Abteilung für staatliche Bauaufträge beim Bundesministerium für Verkehr, Bau und Stadtentwicklung festgelegt werden.[27] Der Teil B dieser Standards enthält einen Muster-Bauvertrag, der die Grundlage für den Abschluss von öffentlichen Bauverträgen bildet.[28]

3. Zulässigkeit von Optionen

In den im Bereich der Erbringung kommunaler Dienstleistungen geschlossenen Verträgen sind Optionsklauseln weit verbreitet, d. h. Klauseln, welche es dem Auftraggeber erlauben, einzelne Vertragsbedingungen im bestimmten Rahmen zu ändern. Typischerweise enthalten die Optionen die Möglichkeit einer Verlängerung

---

23 Beschluss des Obersten Arbitragegerichts der Russischen Föderation vom 29.9.2011 Nr. 11874/11 in der Rechtssache Nr. A66–8139/2010.

24 EuGH vom 29.4.2004 Rs. C-454/06 (Succhi di frutta), Slg. 2004, I-03801, Rn. 118; EuGH vom 19.6.2008 - Rs. C-454/06 - „Pressetext" - NJW 2008, 3341, Rn. 68 f.; *Poschmann*, Vertragsänderung unter dem Blickwinkel des Vergaberechts, Berlin 2010, S. 124.

25 *Poschmann*, ebenda, S. 124.

26 http://goo.gl/cbBGhc.

27 Für den Dienstleistungsbereich gilt die der VOB analoge VOL (Vergabe- und Vertragsordnung für Leistungen), http://goo.gl/CzQQuh.

28 Dieser Mustervertrag orientiert sich an den von FIDIC entwickelten internationalen Standards für Bauleistungen, http://fidic.org/.

der Vertragslaufzeit oder einer Erhöhung des Umfangs der zu liefernden Waren bzw. zu erbringenden Dienstleistungen. Auch wenn sich die Zulässigkeit derartiger Optionen in Russland noch nicht im Fokus der juristischen Aufmerksamkeit befindet, so ist in Deutschland die Zulässigkeit solcher Optionen Gegenstand sowohl gerichtlicher Streitigkeiten als auch wissenschaftlicher Untersuchungen. Grundsätzlich sind Optionen in den auf der Grundlage von Ausschreibungsergebnissen geschlossenen Verträgen zwar zulässig. Allerdings muss eine Option dabei vielen von der Rechtsprechung und der Wissenschaft entwickelten Anforderungen genügen. So sind z. B. Optionen unzulässig, deren Umsetzung nicht geplant ist und die für die Erreichung anderer Ziele angegeben sind (z. B. um kleinere Unternehmen von der Ausschreibung auszuschließen[29]). Eine Option zur Verlängerung der Vertragslaufzeit muss begründet sein und darf keine Verlängerung des Vertrags um mehr als vier Jahre vorsehen. Wenn die Option eine Erhöhung des Umfangs der zu liefernden Waren bzw. zu erbringenden Dienstleistungen vorsieht, darf diese Erhöhung 40 % des Grundumfangs nicht überschreiten.[30] Und natürlich müssen alle Optionen Teil der Ausschreibungsunterlagen sein.

Das Institut der Optionen ist eines der wichtigsten Instrumente, um die Vertragsbedingungen an sich verändernde Umstände effektiv und transparent anzupassen. Es ist deshalb zu erwarten, dass die rechtsanwendende Praxis in Russland in der nächsten Zeit mit der Frage der Aufnahme von Optionen in Konzessionsvereinbarungen konfrontiert werden wird.

4. Änderungen einer Konzessionsvereinbarung auf Initiative des Konzessionärs

Angesichts des langfristigen Charakters von Konzessionsvereinbarungen und der stärkeren Position des Konzedenten, der durch die Änderung der Rechtsvorschriften die Bedingungen einer Konzessionsvereinbarung faktisch ändern kann, hat der Gesetzgeber im KonzG spezielle Gründe für die Änderung einer Konzessionsvereinbarung vorgesehen (Art. 20 KonzG). Diese Änderungen können nur durch den Konzessionär initiiert werden.

a) Das Recht, die Änderung einer Konzessionsvereinbarung zu verlangen?

Die in den Ausschreibungsbedingungen und im Vergabeangebot festgelegten Bedingungen einer Konzessionsvereinbarung können ohne die in Art. 13 Pkt. 3

29 *Poschmann*, Vertragsänderung unter dem Blickwinkel des Vergaberechts, 2010, S. 226.

30 *Poschmann*, ebenda, S. 228.

KonzG geforderte Absprache mit einem Organ der Exekutive geändert werden, wenn die Rechtsvorschriften der Russischen Föderation, der Subjekte der Russischen Föderation oder der Organe der örtlichen Selbstverwaltung dem Konzessionär in einem erheblichen Maße das vorenthalten, was er bei Abschluss der Konzessionsvereinbarung berechtigterweise erwarten konnte (Art. 20 Pkt. 1 KonzG). Die Parteien können eine Konzessionsvereinbarung nicht ändern, wenn technische Regelungen geändert werden oder die Änderungen in einer Rechtsvorschrift solche Verhältnisse betreffen, die den Schutz von Bodenschätzen, der Umwelt oder der Gesundheit der Bürger berühren (Art. 20 Pkt. 2 KonzG).

Nach dem Wortlaut des Artikels kann nicht genau bestimmt werden, ob der Konzessionär berechtigt ist, Änderungen in der Konzessionsvereinbarung zu verlangen. Einerseits „ändern die Parteien einer Konzessionsvereinbarung die Bedingungen einer Konzessionsvereinbarung, um die Vermögensinteressen des Konzessionärs, die zum Zeitpunkt der Unterzeichnung der Konzessionsvereinbarung bestanden, sicherzustellen", d. h. die Verwendung der Formulierung „ändern" spricht für eine zwingende Wirkung der Vorschrift. Vergleicht man jedoch diese Formulierung mit Punkt 3 dieses Artikels, der dem Konzessionär ausdrücklich das Recht gewährt, die Änderung der Konzessionsvereinbarung für den Fall der Aufnahme der in Punkt 1 genannten Änderungen in die Konzessionsvereinbarung zu verlangen, in deren Rahmen der Konzessionär Waren und Dienstleistungen zu regulierten Preisen (Tarifen) liefert, dann wird deutlich, dass Punkt 1 keine zwingende Wirkung hat. Mit anderen Worten gewährt Punkt 3 dem Konzessionär einen Anspruch und unterscheidet sich somit von Punkt 1, der nur die Möglichkeit gewährt, die Konzessionsvereinbarung im beiderseitigen Einvernehmen der Parteien zu ändern. Dadurch wird die Notwendigkeit der Einholung einer Zustimmung seitens der zuständigen staatlichen oder kommunalen Behörde für die entsprechende Änderung aufgehoben. Gemäß Punkt 3 bezieht sich der Anspruch auch auf die Änderung technischer Regelungen und von Vorschriften im Bereich des Schutzes von Bodenschätzen, der Umwelt und der Gesundheit der Bürger.

b) … in einem erheblichen Maße vorenthalten …

Änderungen von Konzessionsvereinbarungen im Zusammenhang mit einer Änderung der Gesetzgebung sind nur zulässig, wenn die aufgrund der Änderung einer Rechtsvorschrift erlittenen Verluste erheblich sind. Das Kriterium der Erheblichkeit der Verluste beruht auf der Grundlage der Bestimmung einer wesentlichen Veränderung der Umstände (Art. 451 Pkt. 1 ZGB) sowie einer wesentlichen Vertragsverletzung (Art. 450 Pkt. 2 ZGB). Die bestehende

Rechtsprechung zu den oben genannten Vorschriften schafft eine rechtliche Berechenbarkeit für die Rechtsanwender. Allerdings sollte die Möglichkeit einer Modifikation des Begriffs der „Erheblichkeit" durch die Gerichte bei der Auslegung von Art. 20 KonzG nicht ausgeschlossen werden.

c) Zweck der Änderungen einer Konzessionsvereinbarung

Zweck der durch Art. 20 Pkt. 1 und 3 KonzG vorgesehenen Änderungen ist die Wiederherstellung des Interessenausgleichs, der zum Zeitpunkt des Vertragsabschlusses existierte. Dieser Zweck unterscheidet sich wesentlich von dem in Art. 450 ZGB definierten Zweck, der auf die Erreichung einer gerechten Kostenverteilung zwischen den Parteien gerichtet ist. Für den Fall, dass die Vorschrift vom Konzedenten selbst erlassen wird, sind die Ergebnisse praktisch identisch. Wird jedoch z. B. eine Vorschrift der föderalen Gesetzgebung geändert und ist der Konzedent ein Organ der örtlichen Selbstverwaltung, ist die Anwendung des KonzG für den Konzessionär deutlich günstiger als die Anwendung des ZGB. Somit ersetzen die in Art. 20 KonzG vorgesehenen Vorschriften nur teilweise die Vorschriften des ZGB zu den wesentlich veränderten Umständen.

d) Änderung langfristiger Parameter für die Festlegung von Preisen bzw. Tarifen

Ein Konzessionär ist berechtigt, die Änderung einer Konzessionsvereinbarung zu verlangen, wenn die in der Konzessionsvereinbarung vorgesehenen langfristigen Parameter schlechter sind als die nach den geltenden Rechtsvorschriften anzuwendenden Parameter (Art. 20 Pkt. 4 KonzG). Die langfristigen Parameter werden zwar in der Regel durch untergesetzliche Rechtsvorschriften festgelegt.[31] Mit Zustimmung des zuständigen Organs der Exekutive können jedoch bei der Durchführung einer Ausschreibung bezüglich des Abschlusses einer Konzessionsvereinbarung in die Ausschreibungsunterlagen auch für den Investor günstigere langfristige Parameter aufgenommen werden (Art. 22 Pkt. 1 KonzG). Wenn allerdings die in den untergesetzlichen Rechtsvorschriften festgelegten Parameter derart geändert werden, dass sie für den Konzessionär günstiger sind als die

31 Siehe z. B. die Anordnung des Föderalen Dienstes für Tarife der Russischen Föderation Nr. 231-e vom 26.6.2008 (in der Fassung vom 21.6.2011) „Über die Bestätigung der Methodischen Richtlinien zur Regelung der Tarife von Einrichtungen, die Dienstleistungen zur Übertragung von Strom erbringen, unter Anwendung der Methode des Anlagekapitalertrags" (registriert beim Justizministerium der Russischen Föderation am 7.7.2008 unter Nr. 11931), Rossijskaja gazeta Nr. 148 vom 11.7.2008.

in der Konzessionsvereinbarung vorgesehenen Parameter, ist der Konzessionär berechtigt, eine Änderung der Konzessionsvereinbarung zu verlangen.

5. Verhältnis zwischen Art. 20 KonzG und Art. 451 ZGB

Somit hat der Gesetzgeber im Rahmen des KonzG dem Konzessionär zusätzliche, durch das ZGB nicht vorgesehene Rechte gewährt. Allerdings ist der Anwendungsbereich der in Art. 20 KonzG dem Konzessionär gewährten Rechte auf die Fälle der Änderung der Gesetzgebung beschränkt. Bei der Änderung aller anderen Umstände können sich die Konzessionäre nur auf das ZGB stützen, welches das Recht vorsieht, die Beendigung oder Änderung des Vertrags im Fall einer wesentlichen Änderung der Umstände zu verlangen (Art. 451 ZGB). In diesem Zusammenhang ist anzumerken, dass eine Konzessionsvereinbarung auch im Fall einer wesentlichen Änderung der Umstände nur mit Zustimmung des entsprechenden Organs der Exekutive bzw. der örtlichen Selbstverwaltung geändert werden kann. Allerdings kann der Konzessionär die Beendigung oder Änderung der Konzessionsvereinbarung im gerichtlichen Verfahren verlangen. Dabei ist zu beachten, dass gemäß Art. 451 Pkt. 4 ZGB bei einer wesentlichen Änderung der Umstände der Vertrag grundsätzlich zu beenden ist. Eine Änderung des Vertrags ist nur in Ausnahmefällen möglich, insbesondere wenn die Beendigung des Vertrags dem öffentlichen Interesse widerspricht oder der Schaden infolge der Beendigung des Vertrags die Kosten für seine Erfüllung zu den veränderten Bedingungen deutlich übersteigt. Es ist zu erwarten, dass Konzessionsvereinbarungen aufgrund der Langfristigkeit, erheblicher Investitionen und des öffentlichen Interesses an der Erfüllung des Vertrags in den meisten Fällen in den Anwendungsbereich dieser Ausnahmen fallen werden.

III. Stabilisierung der Vertragsverhältnisse

1. Garantien der Stabilität der Gesetzgebung in den Investitionsgesetzen

Zusätzlich zu den durch das ZGB und das KonzG gewährten Rechten kann der Konzessionär die ihm durch die Investitionsgesetze gewährten Rechte wahrnehmen.[32] Sowohl das AuslInvG als auch das InvG sehen eine sog. Versteinerungsklausel vor, welche die Anwendung der zum Zeitpunkt des Vertragsabschlusses geltenden Gesetze auf die Verträge vorschreibt und die Anwendung

32 *Фархутдинов И.З.*, Международное инвестиционное право (*Farchutdinov I.Z.*, Internationales Investitionsrecht), Moskau 2005, S. 251–257.

neuer Rechtsnormen ausschließt, während die durch das KonzG vorgesehenen Instrumente auf die Anpassung der Konzessionsvereinbarung gerichtet sind. Jedoch wird der Anwendungsbereich der „Versteinerungsklausel" durch beide Gesetze deutlich eingeschränkt.

2. Gesetz über die Investitionstätigkeit (InvG)

So sieht Art. 15 Pkt. 2 InvG die Anwendung der „Versteinerungsklausel" während der Amortisationsdauer eines vorrangigen Investitionsprojekts, aber nicht länger als für sieben Jahre vor. Dies ist für die meisten Konzessionsvereinbarungen eine kurze Zeit, da deren Amortisationsdauer in der Regel bedeutend länger ist. Außerdem sind aus dem Anwendungsbereich der „Versteinerungsklausel" die Verbrauchsteuer, die Mehrwertsteuer und die Beiträge in den Rentenfonds sowie solche Änderungen in der Gesetzgebung ausgeschlossen, die zum Schutz der Grundlagen der Verfassungsordnung, der Moral, der Gesundheit, der Rechte und der gesetzmäßigen Interessen anderer Personen sowie zur Sicherung der nationalen Landesverteidigung und der Sicherheit des Staates verabschiedet wurden.

Das größte Problem liegt jedoch darin, dass die Kriterien für die Feststellung vorrangiger Investitionsprojekte durch die Regierung festzulegen sind (Art. 1 Abs. 6 InvG), die jedoch nur für wenige Branchen entsprechende Rechtsvorschriften erlassen hat.[33]

Darüber hinaus hat die Regierung das Verfahren der Registrierung vorrangiger Investitionsprojekte, die Kriterien für die Bewertung nachteiliger Änderungen u. s. w. festzulegen. Somit ist die gesetzlich vorgesehene „Versteinerungsklausel" zum derzeitigen Zeitpunkt faktisch nicht anwendbar. Allerdings zeigt die Rechtsprechung, dass das Nichterlassen einer durch Gesetz oder Erlass des Präsidenten der Russischen Föderation vorgesehenen untergesetzlichen Rechtsvorschrift kein Grund für die Nichtanwendung des Gesetzes oder des Erlasses des Präsidenten ist.[34] Man kann nur darüber spekulieren, ob die Gerichte die

---

33 Vgl. u. a. die Verordnung der Regierung der Russischen Föderation Nr. 419 vom 30.6.2007 (in der Fassung vom 4.2.2011) „Über vorrangige Investitionsprojekte im Bereich der Nutzbarmachung von Wäldern" (zusammen mit der „Ordnung über die Vorbereitung und Genehmigung des Verzeichnisses vorrangiger Investitionsprojekte im Bereich der Nutzbarmachung von Wäldern"), SZ RF 2007, Nr. 30, Pos. 3935.

34 Urteil des Föderalen Arbitragegerichts des Fernöstlichen Bezirks vom 13.3.2001 in der Rechtssache Nr. F03-A04/01-1/306.

Anwendbarkeit der durch föderales Gesetz vorgesehenen „Versteinerungsklausel" trotz des Fehlens untergesetzlicher Rechtsvorschriften anerkennen werden.

3. Gesetz über ausländische Investitionen (AuslInvG)

Ein wenig anders sieht die Situation bei der in Art. 9 AuslInvG vorgesehenen „Versteinerungsklausel" aus. Erstens definiert das AuslInvG die vorrangigen Investitionsprojekte klar als Projekte, deren Umfang mindestens eine Mrd. Rubel beträgt oder an denen der Anteil eines ausländischen Investors mindestens 100 Mio. Rubel beträgt. Darüber hinaus sieht der zweite Absatz von Art. 9 Pkt. 1 AuslInvG ungeachtet dessen, dass nach Art. 9 Pkt. 1 Abs. 1 AuslInvG die „Versteinerungsklausel" auf vorrangige Investitionsprojekte anwendbar ist, die Anwendung der „Versteinerungsklausel" auch auf Investitionsprojekte mit einer Beteiligung von 25 % eines ausländischen Investors vor. Damit ist unklar, ob beide Kriterien kumulativ anzuwenden sind[35] oder die Möglichkeit besteht, die „Versteinerungsklausel" auf alle Investitionsprojekte mit einer Beteiligung von 25 % eines ausländischen Investors anzuwenden.[36] Die Rechtsprechung hält eine Anwendung der „Versteinerungsklausel" auf Projekte mit Beteiligung eines ausländischen Investors unabhängig von deren Qualifikation als vorrangig für möglich.[37]

Das deutsche Recht kennt keine gesetzlich verankerte allgemeine „Versteinerungsklausel". Anzumerken ist, dass die Legitimität derartiger Stabilisierungsinstrumente, die nach Auffassung einiger Autoren dem „Demokratie"-Prinzip widersprechen, infrage gestellt wird, da dadurch dem nachfolgenden Parlament faktisch die Möglichkeit genommen wird, das Recht in Bezug auf bestimmte Rechtsverhältnisse zu ändern.

---

35 *Попондопуло В.Ф.*, Формы осуществления предпринимательской деятельности на территории России (*Popondopulo V.F.*, Formen der Ausübung einer unternehmerischen Tätigkeit auf russischem Territorium), Предпринимательское право (Unternehmensrecht) 2005, Nr. 4; *Кузнеченкова В.Е.*, Налоговые льготы как элемент правового статуса иностранных юридических лиц (*Kuznečenkova V.E.*, Steuerliche Vorteile als Element der Rechtsstellung ausländischer juristischer Personen), Внешнеторговое право (Außenhandelsrecht) 2004, Nr. 2 (3).

36 *Засыпкин Д.Ю.*, Гарантии прав концессионера (*Zasypkin D.Ju.*, Garantien der Rechte des Konzessionärs), Юрист (Jurist), 2010, Nr. 8.

37 Обзор практики разрешения арбитражными судами споров, связанных с защитой иностранных инвесторов (Übersicht zur Praxis der Entscheidung von Streitigkeiten im Zusammenhang mit dem Schutz ausländischer Investoren durch die Arbitragegerichte), Хозяйство и право (Wirtschaft und Recht) 2001, Nr. 4.

IV. Verhältnis zwischen der Stabilisierung der Gesetzgebung in den Investitionsgesetzen und dem im KonzG verankerten Recht auf Anpassung einer Konzessionsvereinbarung

In den Investitionsgesetzen wird ein völlig anderer Mechanismus zum Schutz der Interessen der Investoren, einschließlich derer der Konzessionäre, gegen Änderungen in der Gesetzgebung als im KonzG vorgesehen. Während das KonzG, das einen Mechanismus zur Anpassung einer Konzessionsvereinbarung an die geänderte Gesetzgebung vorsieht, im Bereich des Privatrechts gilt, gelten die Investitionsgesetze, die das auf die Investitionsverträge, einschließlich der Konzessionsvereinbarungen anwendbare Recht einfrieren, im Bereich des öffentlichen Rechts.[38] Von diesem Standpunkt aus gesehen scheint die in der Literatur geführte Diskussion über die Konkurrenz zwischen der „Versteinerungsklausel" der Investitionsgesetze und den im KonzG vorgesehenen Anpassungsmechanismen überflüssig zu sein. Angesichts der unterschiedlichen Rechtsnatur dieser Mechanismen kann darauf geschlossen werden, dass sie nicht miteinander konkurrieren. Der Konzessionär kann sie sowohl einzeln als auch beide gleichzeitig in Anspruch nehmen.[39]

---

38 In der Literatur wird auf die Beschränktheit der kollisionsrechtlichen Bedeutung der „Versteinerungsklausel" hingewiesen, da sich der Hinweis auf das anzuwendende Recht nur auf das geltende Recht erstreckt. Siehe *Хаусманн Р.*, Инвестиционные договоры с иностранными инвесторами (*Hausmann R.*, Investitionsverträge mit ausländischen Investoren), Правовые аспекты инвестиционных договоров (под ред. А.Ч. Алиева, С.И. Крупко, А. Трунка) (Rechtliche Aspekte von Investitionsverträgen [Hrsg. A.Č. Aliev, S.I. Krupko, A. Trunk]), Moskau 2012, S. 35. Allerdings sprechen die Autoren in diesen Fällen von „Versteinerungsklauseln", die in Verträgen und nicht in Gesetzen verankert sind.

39 Das Vorliegen paralleler öffentlich- und privatrechtlicher Instrumente zum Schutz der Interessen stellt ein verbreitetes Phänomen im russischen Recht dar. So kann z. B. bei einer Ausschreibung für das Recht auf Abschluss einer Konzessionsvereinbarung ein Bieter, der mit den Ergebnissen einer Ausschreibung nicht einverstanden ist, sowohl das Protokoll der Prüfung bzw. der Bewertung der Vergabeangebote als auch das Protokoll über die Ergebnisse der Ausschreibung anfechten. Dabei stellt das erste Protokoll eine Entscheidung eines Organs oder einer Organisation dar, die durch föderales Gesetz mit einzelnen staatlichen oder sonstigen öffentlichen Befugnissen ausgestattet wurde (Kapitel 24 der Arbitrageprozessordnung der Russischen Föderation), während es sich bei dem zweiten Protokoll um eine Modifikation des in Art. 448 Pkt. 5 ZGB vorgesehenen Protokolls über die Ergebnisse eines Bieterwettbewerbs handelt.

V. Stabilisierung von Konzessionsvereinbarungen durch internationale Investitionsabkommen

Die internationalen Investitionsabkommen stellen ein einzigartiges Instrument des internationalen Rechts dar, das den Investoren die Möglichkeit gewährt, die Handlungen des Gaststaates von Investitionen vor internationalen Schiedsgerichten anzufechten, wenn diese Handlungen ihrer Meinung nach gegen die dem Investor in dem internationalen Investitionsabkommen gewährten Garantien verstoßen. Weltweit wurden bisher nach den Schätzungen von UNCTAD über 6.092 internationale Investitionsabkommen abgeschlossen,[40] von denen viele eine Schiedsklausel zugunsten des Investors enthalten. Die meisten IIAs sehen den Schutz vor Enteignung, den Grundsatz der fairen und gleichen Behandlung, den Grundsatz des vollständigen Schutzes und der Sicherheit sowie das Prinzip der Meistbegünstigung und der Inländerbehandlung vor. Einige IIAs enthalten auch eine sog. Schirmklausel[41] und sogar eine „Versteinerungsklausel".[42]

Ungeachtet dessen, dass das erste internationale Investitionsabkommen schon im Jahr 1959 abgeschlossen wurde,[43] begannen die Investoren erst Mitte der 1990er Jahre, die Möglichkeit der Anfechtung von staatlichen Handlungen,

40 ЮНКТАД, Доклад о мировых инвестициях (UNCTAD, Bericht über weltweite Investitionen) 2011, S. 18, verfügbar unter: http://www.unctad-docs.org/files/UNCTAD-WIR2011-Overview-ru.pdf.

41 Eine typische Formulierung der „Schirmklausel" enthält Art. 2 Pkt. 4 IIA Russische Föderation – Dänemark: „Jede Vertragspartei wird jede Verpflichtung einhalten, die sie in Bezug auf Kapitalanlagen von Investoren der anderen Vertragspartei eingeht." (Abkommen zwischen der Regierung der Russischen Föderation und der Regierung des Königreichs Dänemark vom 4.11.1993 „Über die Förderung und den gegenseitigen Schutz von Kapitalanlagen", Bjulleten' meždunarodnych dogovorov [Bulletin der internationalen Verträge] 1997, Nr. 6).

42 Eine ähnliche Klausel enthält Art. 10 des Abkommens der GUS-Länder vom 24.12.1993 „Über die Zusammenarbeit im Bereich der Investitionstätigkeit", Bjulleten' meždunarodnych dogovorov (Bulletin der internationalen Verträge) 1995, Nr. 4. Dieses Abkommen wurde von Russland zwar unterzeichnet, aber nicht ratifiziert. Russland trat später aus diesem Abkommen durch Verfügung des Präsidenten der Russischen Föderation Nr. 84-rp vom 4.3.2002 „Über die Beendigung der vorübergehenden Anwendung des Abkommens über die Zusammenarbeit im Bereich der Investitionstätigkeit", SZ RF 2002, Nr. 10, Pos. 996, aus.

43 Abkommen über den Schutz und die Förderung von Investitionen zwischen der Bundesrepublik Deutschland und der Islamischen Republik Pakistan vom 25.11.1959, BGBl. 1961 II, S. 759. Pakistan und Deutschland haben im Jahr 2010 ein neues Abkommen abgeschlossen.

die sie als Verletzung der ihnen im Rahmen der internationalen Investitionsabkommen gewährten Garantien betrachteten, aktiv zu nutzen. Zum gegenwärtigen Zeitpunkt haben internationale Schiedsgerichte den vorliegenden Angaben zufolge über 400 solcher Streitigkeiten verhandelt.[44] Trotz der relativ geringen Anzahl der beigelegten Streitigkeiten stellt die Möglichkeit der Anrufung eines internationalen Schiedsgerichts zur Beilegung von Investitionsstreitigkeiten eine Aufwertung der Ansprüche der Investoren dar, die es ihnen ermöglicht, die zentralen Verwaltungsbehörden in die Beilegung von Streitigkeiten direkt einzubeziehen, da bei diesen Streitigkeiten immer ein Subjekt des Völkerrechts, d. h. ein Staat als Beklagter auftritt. Zum Beispiel kann ein Investor an das zuständige Ministerium (in der Regel das Wirtschafts- oder Justizministerium) eine Erklärung über die Absicht senden, sich an ein internationales Schiedsgericht mit einer Klage gegen den Staat aufgrund einer durch ein Organ der örtlichen Selbstverwaltung vorgenommenen Änderung einer Rechtsvorschrift zu wenden, welche nach Auffassung des Investors die im Rahmen des internationalen Investitionsabkommens gewährten Garantien verletzt.

Die Rechtsprechung der internationalen Schiedsgerichte zeigt, dass eine Änderung der Gesetzgebung, die faktisch den Interessenausgleich zwischen den Parteien des zwischen einem Staat (einem staatlichen Unternehmen) und einem Investor geschlossenen Vertrags ändert, einer der wichtigsten Gründe für die Anrufung der internationalen Schiedsgerichte zur Beilegung von Investitionsstreitigkeiten durch die Investoren ist.

Die erste große Welle von Investitionsstreitigkeiten wurde durch die von der argentinischen Regierung im Jahr 2002 vorgenommene Aufhebung der Bindung des argentinischen Pesos an den US-Dollar hervorgerufen. Diese Bindung wurde im Jahr 1992 zur Beschaffung ausländischer Investitionen eingeführt und war Grundlage für viele Investitionsverträge, insbesondere für Infrastrukturkonzessionen, welche Argentinien mit ausländischen Investoren abgeschlossen hatte. Argentinien musste diese Bindung aufheben, da die tatsächliche Inflation in Argentinien viel höher war als die Inflation in den USA und die starre Bindung an den US-Dollar die ohnehin schwierige wirtschaftliche Situation noch verschärfte. Die Investoren wiesen in ihren Klagen darauf hin, dass Argentinien durch diese Gesetzesänderung die ihnen zustehenden Erträge aus den Verträgen *de facto* enteignete. Darüber hinaus widersprach die Aufhebung der Bindung dem

44 ЮНКТАД, Доклад о мировых инвестициях (UNCTAD, Bericht über weltweite Investitionen) 2011, S. 19, verfügbar unter: http://www.unctad-docs.org/files/UNCTAD-WIR2011-Overview-ru.pdf.

in sämtlichen von Argentinien unterzeichneten internationalen Investitionsabkommen verankerten Grundsatz der fairen und gleichen Behandlung. Es wurden über 40 Klagen eingereicht, von denen die meisten noch nicht verhandelt wurden.[45] In einigen Entscheidungen haben die Gerichte Argentinien der Verletzung des Grundsatzes der fairen und gleichen Behandlung für verantwortlich erklärt.[46] Dabei haben die Gerichte darauf hingewiesen, dass Argentinien die „rechtmäßigen Erwartungen" der Investoren verletzt hat, indem es ihnen zunächst zugesichert hatte, diese Bindung für die Dauer der Verträge aufrecht zu erhalten.[47]

Diesem Beispiel folgten viele Investoren, die der Auffassung waren, dass Änderungen der nationalen Gesetzgebung oder der Rechtsanwendungspraxis des Gastlandes von Investitionen den Interessenausgleich stören, der in dem mit einem Staat oder einem staatlichen Unternehmen geschlossenen Vertrag verankert ist. Auch die Europäische Union war von diesen Problemen betroffen. Insbesondere die neuen Mitgliedstaaten der Europäischen Union waren nach ihrem Beitritt zur Europäischen Union mit Klagen bei den internationalen Schiedsgerichten zur Beilegung von Investitionsstreitigkeiten konfrontiert. Die meisten dieser Klagen standen im Zusammenhang mit der Implementierung des Wettbewerbsrechts der Europäischen Union, das in Bezug auf einzelne Subventionsarten sehr restriktiv ist und verschiedene Subventionen, die im Rahmen von Verträgen gewährt wurden, die mit den Investoren in den 1990er Jahren zur Heranziehung ausländischer Investoren für die Wiederherstellung und Entwicklung der Infrastruktur geschlossen wurden, faktisch aufhebt (z. B. die durch Gesetz erfolgte Aufhebung der vertraglichen Verpflichtung des Staates, eine bestimmte Menge an Strom über mehrere Jahrzehnte zu Festpreisen zu kaufen).[48] Diese Klagen haben vor allem die Frage nach der Natur des Rechts der Europäischen Union aufgeworfen.[49]

---

45 Siehe hierzu: http://goo.gl/570sDQ.

46 Azurix Corp v Argentina, Award, ICSID Case No ARB/01/12, IIC 24 (2006); LG&E Energy Corp and ors v Argentina, Decision on Liability, ICSID Case No ARB 02/1; IIC 152 (2006).

47 Solche Erklärungen wurden von der argentinischen Regierung sowohl in den Verträgen als auch in einzelnen Dokumenten abgegeben.

48 AES Summit Generation Limited and AES-Tisza Erömü Kft v Hungary, Award, ICSID Case No ARB/07/22, IIC 455 (2010).

49 Sofern das Recht der Europäischen Union nationales Recht darstellt, dürfen IIAs auf Streitigkeiten zwischen einem Investor eines der Mitgliedstaaten der Europäischen Union und einem anderen Mitgliedstaat der Europäischen Union nicht angewendet

Obwohl die Handlungen der Russischen Föderation immer wieder Gegenstand von Verfahren vor internationalen Schiedsgerichten zur Beilegung von Investitionsstreitigkeiten waren, hat sich die Frage nach einer Störung des Interessenausgleichs der Parteien eines zwischen einem Investor und der Russischen Föderation, den Subjekten der Russischen Föderation oder den Organen der örtlichen Selbstverwaltung geschlossenen Vertrags bisher noch nicht gestellt. Allerdings erscheint gerade dieses Szenario im Fall von Streitigkeiten über eine Störung des Interessenausgleichs der Parteien einer Konzessionsvereinbarung als das Wahrscheinlichste. Wie oben bereits erwähnt wurde, stellt eine Verletzung des Grundsatzes der fairen und gleichen Behandlung sowie des Grundsatzes der Nichtdiskriminierung den häufigsten Grund für die Anfechtung der den Interessenausgleich der Parteien störenden Änderungen der Gesetzgebung dar, und nur in Ausnahmefällen erkennen die Gerichte das Vorliegen einer sog. indirekten Enteignung an. Einen besonderen Fall stellt die sog. Schirmklausel dar, denn nach Ansicht einiger Fachleute lässt sie es zu, die auf der Grundlage des nationalen Rechts festgelegten Verpflichtungen in internationale Verpflichtungen des Gastlandes von Investitionen umzuwandeln. Dadurch werden sehr breite Möglichkeiten für die Anfechtung der Handlungen von Staaten eröffnet.

1. Grundsatz der fairen und gleichen Behandlung als Instrument der Stabilisierung von Konzessionsvereinbarungen

Der Grundsatz der fairen und gleichen Behandlung ist in den IIAs in der Regel sehr kurz formuliert. Infolgedessen präzisieren die Schiedsgerichte in ihren Entscheidungen den Umfang dieses Grundsatzes. Gegenwärtig wird in der wissenschaftlichen Literatur darauf hingewiesen, dass der Grundsatz der fairen und gleichen Behandlung von allgemeiner Natur sei und Lücken in konkreteren Grundsätzen fülle.[50] Als Ergebnis einer Zusammenfassung der Rechtsprechung der Schiedsgerichte werden folgende Elemente dieses Grundsatzes hervorgehoben:

- Pflicht zur Wahrung der rechtmäßigen Erwartungen des Investors;
- Transparenz;

---

werden. Diese Auffassung wird von der Europäischen Kommission aktiv unterstützt. Insbesondere nachdem die Europäische Union gemäß Art. 207 des Vertrags von Lissabon die ausschließliche Zuständigkeit im Bereich der auswärtigen Investitionspolitik erhalten hat, werden IIAs künftig von der Europäischen Union geschlossen.

50 *Schreuer/Dolzer*, Principles of International Investment Law, New York 2008, S. 122.

- Faires Verfahren;
- Stabilität;
- Vermeidung von Missbräuchen.[51]

Nach Ansicht der Schiedsgerichte stellt eine Änderung der Gesetzgebung, durch welche dem Investor in einem erheblichen Maße das vorenthalten wird, was er bei Abschluss eines Vertrags berechtigterweise erwarten konnte, einen Verstoß gegen den Grundsatz der fairen und gleichen Behandlung dar, wenn diese Änderung der Gesetzgebung nicht durch öffentliche Zwecke gerechtfertigt ist. Dabei werden die öffentlichen Zwecke zwar unterschiedlich ausgelegt.[52] Es ist jedoch anerkannt, dass der Grundsatz der fairen und gleichen Behandlung keine verdeckte Stabilisierungsklausel ist und den Staaten die Möglichkeit für einen politischen Gestaltungsspielraum erhalten bleibt.[53] In der Regel gehen die Schiedsgerichte bei Vorliegen eines mit dem Staat geschlossenen Vertrags davon aus, dass der Investor rechtmäßige Erwartungen hat, da der Staat dem Investor durch den Abschluss des Vertrags eine bestimmte Perspektive gewährt hat. Wenn nach der Änderung der Gesetzgebung der Investor seine Investitionen oder einen wesentlichen Teil der zu erwartenden Erträge verliert, wird der Staat verpflichtet, diesen Verlust zu entschädigen.[54] Dabei entbindet das Vorliegen eines öffentlichen Interesses, von dem der Staat bei Abschluss des Vertrags zwar gewusst, welches er aber nicht in Betracht gezogen hat, ihn nicht von der Verpflichtung, die Verluste des Investors zu entschädigen.[55]

Somit schützt der Grundsatz der fairen und gleichen Behandlung den Investor bis zu einem gewissen Grad vor einer Änderung des rechtlichen Rahmens,

---

51 *Paradell*, The BIT Experience of the Fair and Equitable Treatment Standard, in: Ortino/Liberti/Sheppard/Warner (eds.), Investment Treaty Law: current issues II, London 2007, S. 117; *Schreuer/Dolzer*, Principles of International Investment Law, New York 2008, S. 133–147.

52 *Яннака-Смолл К.*, Косвенная экспроприация и право на регулирование в международном инвестиционном праве (*Yannaca-Small C.*, Indirekte Enteignungen und das Recht zur Regulation im internationalen Investitionsrecht), Правовое положение иностранных инвестиций в странах с переходной экономикой (под ред. М.М. Богуславского, А. Трунка) (Rechtslage von Auslandsinvestitionen in Transformationsstaaten [Hrsg. M.M. Boguslawskij/A. Trunk]), Berlin 2006, S. 71–110.

53 *Schreuer/Dolzer*, Principles of International Investment Law, New York 2008, S. 148.

54 Mondev International Ltd v United States, Award, ICSID Case No ARB(AF)/99/2; IIC 173 (2002), Paragraph 134.

55 Methanex Corporation v United States, Final Award on Jurisdiction and Merits, Ad hoc-UNCITRAL Arbitration Rules, IIC 167 (2005), Paragraph 7.

die ihrerseits zu einer Änderung des Interessenausgleichs zwischen den Parteien eines mit dem Staat oder einem staatlichen Unternehmen geschlossenen Vertrags führt. Ein großes Hindernis für die Anwendung dieses Grundsatzes stellt jedoch die Notwendigkeit dar, das Fehlen einer regulierten staatlichen Tätigkeit im öffentlichen Interesse nachzuweisen. Der Investor hat dabei zu beweisen, dass die Handlung des staatlichen Organs nicht im öffentlichen Interesse erfolgte oder der dem Investor zugefügte Schaden wesentlich höher ist als der Nutzen, der für die Gesellschaft daraus gezogen werden kann.

2. Verstoß gegen den Grundsatz der Nichtdiskriminierung

Die überwiegende Mehrheit von IIAs enthält die Prinzipien der Meistbegünstigung und der Inländerbehandlung, welche diskriminierende Handlungen verbieten. Diese Prinzipien erstrecken sich in der Regel auf die sog. Post-Investment-Phase, d. h. die Staaten behalten sich das Recht vor, den Zugang zu ihren Märkten zu beschränken.[56] Die Definition des Grundsatzes der Nichtdiskriminierung ist nicht so problematisch, wie die Definition des Grundsatzes der fairen und gleichen Behandlung, denn der Grundsatz der Nichtdiskriminierung gilt als sog. relativer Grundsatz. Eine Verletzung dieses Grundsatzes wird durch einen Vergleich der Behandlung verschiedener Investoren ermittelt. Vor allem in großen Projekten ist es jedoch problematisch, einen Vergleich mit anderen Investoren vorzunehmen, da verschiedene Investoren durch ein und dieselbe Maßnahme mit unterschiedlicher Intensität betroffen sein können. Somit kann ein Konzessionär seine Rechte auf der Grundlage von IIAs schützen, wenn er beweisen kann, dass die Änderung von Rechtsvorschriften oder einzelne Handlungen des Staates ihm das vorenthalten, was er bei Abschluss einer Konzessionsvereinbarung berechtigterweise erwarten konnte, und diese Handlungen diskriminierend sind.

3. Schirmklausel als Instrument zum Schutz der Rechte der Investoren

Bereits in den ersten IIA-Projekten wurde eine sog. Schirmklausel erwähnt.[57] Demnach sind die Staaten verpflichtet, alle gegenüber dem ausländischen Investor

56 Von dieser Regel gibt es auch Ausnahmen. So gewährt der Vertrag über die Energiecharta zwar Garantien für die Investoren auch in der Phase des Marktzugangs. Allerdings kann die Verletzung dieser Garantien von den Investoren nicht bei den internationalen Schiedsgerichten zur Beilegung von Investitionsstreitigkeiten angefochten werden (vgl. Art. 26.1 des Vertrags über die Energiecharta).

57 In der IIA-Musterverordnung der Regierung der Russischen Föderation Nr. 456 vom 9.6.2001 „Über den Abschluss von Abkommen zwischen der Regierung der

übernommenen Verpflichtungen einzuhalten. Folglich ist der Staat, wenn er einen Vertrag, z. B. eine Konzessionsvereinbarung, mit einem Investor abschließt, verpflichtet, diese Verpflichtungen im Rahmen des IIA einzuhalten, d. h. eine Vertragsverletzung ist automatisch auch eine IIA-Verletzung. Folglich ist der Investor berechtigt, die Handlungen des Staates bei internationalen Schiedsgerichten zur Beilegung von Investitionsstreitigkeiten anzufechten. Dieser weiten Auslegung der Schirmklausel wird eine enge Auslegung entgegengehalten, deren Vertreter behaupten, dass ein einziger Satz keine derart weitreichenden Folgen für das gesamte IIA haben könne.[58] Zahlreiche Versuche, eine vermittelnde Auslegung zu finden,[59] haben nicht zur Bestätigung einer dieser Auffassungen geführt, sodass die Auslegung bis heute streitig ist.

Somit können durch die Schirmklausel im Gegensatz zu anderen Instrumenten des Investitionsrechts verletzte vertragliche Rechte[60] im Rahmen des internationalen Investitionsrechts geschützt werden, sodass der Investor bei einer weiten Auslegung der Schirmklausel die hypothetische Möglichkeit erhält, seine Rechte zu schützen, wenn die Bedingungen der Anpassungsklauseln eines Vertrags (einer Konzessionsvereinbarung) verletzt sind.

Russischen Föderation und den Regierungen ausländischer Staaten über die Förderung und den gegenseitigen Schutz von Kapitalanlagen" (in der Fassung vom 17.12.2010), SZ RF 2001, Nr. 25, Pos. 2578, ist eine „Schirmklausel" dagegen nicht enthalten ist. Sie kommt jedoch in einigen von der Russischen Föderation geschlossenen IIAs vor, siehe Fn. 41.

58 Zu einer Übersicht über die schiedsgerichtliche Praxis und Literatur siehe *Маммадов Ш.*, «Зонтиковая оговорка» в практике международного инвестиционного арбитража (*Mammadov Š.*, Die „Schirmklausel" in der Praxis der internationalen Investitionsschiedsgerichtsbarkeit), Правовые аспекты инвестиционных договоров (под ред. А.Ч. Алиева, С.И. Крупко, А. Трунка) (Rechtliche Aspekte von Investitionsverträgen [Hrsg. A.Č. Aliev, S.I. Krupko, A. Trunk]), Moskau 2012, S. 191–226.

59 So wurde z. B. vorgeschlagen, nur solche Handlungen in Betracht zu ziehen, welche der Staat als Souverän *„acta iure imperii"* als Grundlage für die Anwendung der Schirmklausel vornimmt, siehe *Waelde T.*, The 'Umbrella' (or Sanctity of Contract/ Pacta Sunt Servanda) Clause in Investment Arbitration: A Comment on Original Intentions and Recent Cases, Transnational Dispute Management, Volume 1.2004.

60 Dabei ist zu berücksichtigen, dass ein Vertragsbruch sehr oft auch eine Verletzung des Grundsatzes der fairen und gleichen Behandlung darstellt, insbesondere wenn es sich um Verletzungen von Vereinbarungen mit öffentlichem Charakter handelt. Dagegen stellt das einfache Nichtzahlen von Schulden nach herrschender Ansicht keine Verletzung eines IIA dar.

VI. Zusammenfassung

Die Möglichkeiten zur Änderung von Konzessionsvereinbarungen wurden nach der Änderung des KonzG im April 2012 im russischen Recht deutlich erweitert. Derzeit ist für die Änderung einer Vereinbarung nur die Zustimmung des entsprechenden Organs der Exekutive erforderlich, das auf kommunaler Ebene oft mit der Vertragspartei identisch ist. Somit wird es sehr schwierig, die faktische Änderung der Ausschreibungsergebnisse durch eine Änderung der Bedingungen der Vereinbarung zu kontrollieren. Allerdings gefährdete auch der bisherige Ansatz, der Änderungen von Konzessionsvereinbarungen faktisch untersagte, die tatsächliche Umsetzung von Konzessionsprojekten. In diesem Zusammenhang könnte die Erfahrung der Europäischen Union für Russland interessant sein, welche die Erheblichkeit einer Änderung als ein Kriterium für die Zulässigkeit einer Änderung der im Rahmen einer Ausschreibung geschlossenen Verträge ansieht.

Trotz des Fehlens einer gesetzlichen Regelung, nach der die Einbeziehung von Klauseln betreffend die Änderung von Konzessionsvereinbarungen zulässig ist, schafft die Rechtsprechung der russische Gerichte in Bezug auf die Zulässigkeit von Klauseln in Lieferverträgen für den staatlichen Bedarf die rechtliche Bestimmtheit, indem sie klar formulierte Klauseln zulässt, die an objektive Veränderungen der Umstände gebunden sind. Dabei ist zu berücksichtigen, dass in der Europäischen Union die Verankerung von Kriterien für die Zulässigkeit von Klauseln betreffend die Änderung staatlicher Beschaffungsverträge in das positive Recht vorbereitet wird.

Der Gesetzgeber gewährt dem Konzessionär in bestimmten Fällen das Recht, Änderungen von Vertragsbedingungen zu verlangen, was über den Umfang der bei einer wesentlichen Veränderung der Umstände entstehenden Rechte hinausgeht (Art. 451 ZGB). Es bleibt jedoch eine große Anzahl von Fragen betreffend die praktische Anwendung dieser Rechte, insbesondere in Bezug auf deren Umfang.

Somit versetzen das KonzG und die auf die Konzessionsvereinbarungen anwendbaren Vorschriften des ZGB die Parteien in die Lage, den Vertrag an die veränderten Bedingungen anzupassen. Einen anderen Ansatz sieht das Investitionsrecht vor, das die Gesetzgebung durch die Anwendung der „Versteinerungsklausel“ stabilisiert. Dieser Ansatz findet in Entwicklungsländern Anwendung, aber auch dort wird er mehr und mehr zugunsten derjenigen Instrumente verdrängt, die eine Anpassung der Verträge ermöglichen. Allerdings bedeutet die Anwendung verschiedener Ansätze in der Konzessions-, Zivil- und Investitionsgesetzgebung nicht deren direkte Konkurrenz; der Investor erhält vielmehr die Möglichkeit, das für ihn geeignete Instrument zum Schutz seiner Rechte zu wählen.

Eine Sonderstellung nehmen die Vorschriften des internationalen Investitionsrechts ein, die den Investoren, insbesondere den Konzessionären, das Recht gewähren, Schadensersatz im Fall einer Verletzung der internationalen Investitionsabkommen zu verlangen. Die Rechtsprechung der internationalen Schiedsgerichte zur Beilegung von Investitionsstreitigkeiten zeigt, dass von einer Verletzung der im Rahmen der Investitionsabkommen übernommenen Verpflichtungen auch in den Fällen ausgegangen wird, in denen der Investor als Folge der Handlungen des Staates das verliert, was er bei Abschluss der Konzessionsvereinbarung berechtigterweise erwarten konnte. Damit wird den Konzessionären ein zusätzliches Instrument zur Verfügung gestellt, um ihre Rechte im Fall einer durch die Handlungen des Staates verursachten faktischen Änderung des Interessenausgleichs zwischen den Parteien einer Konzessionsvereinbarung zu schützen. Die Rechtsprechung der Schiedsgerichte zeigt, dass solche Klagen gegen die Gastländer von Investitionen sich vorwiegend auf die Regelungen von IIAs stützen, die den Grundsatz einer fairen und gleichen Behandlung bzw. der Nichtdiskriminierung regeln. Ungeachtet der Tatsache, dass Russland im Gegensatz zu vielen anderen Ländern bisher noch nicht mit Streitigkeiten im Zusammenhang mit der Änderung von Vertragsbedingungen infolge staatlichen Handelns konfrontiert wurde, ist das Auftreten solcher Streitigkeiten in der Zukunft sehr wahrscheinlich. Ein anschauliches Beispiel hierfür ist die Erfahrung der Bundesrepublik Deutschland, die mit Klagen von Energieversorgern konfrontiert wurde, die der Auffassung waren, dass ihre sich aus den Verträgen zur Energiecharta ergebenden Rechte durch den deutschen Atomausstieg verletzt wurden. Eine größere rechtliche Unbestimmtheit bleibt bezüglich der „Schirmklausel“ bestehen, welche die Verletzung jeglicher durch den Staat übernommenen Verpflichtung der Verletzung von IIAs gleichsetzt. Allerdings fehlt diese Klausel in der Mehrheit der russischen IIAs, sodass es kaum wahrscheinlich ist, dass die ihre Anwendung betreffenden Fragen in Streitigkeiten gegen Russland erörtert werden.

Vladimir Sivickij

§ 7. Interkommunale Zusammenarbeit in der Russischen Föderation im Kontext der Entwicklung der Public-private-Partnership

I. Einführung

Ein Großteil der Projekte der Public-private-Partnership unter Beteiligung von Kommunen ist seinem Wesen nach derart gestaltet, dass erst die Erfassung von mehr als einer Kommune durch das jeweilige Projekt als optimal anzusehen ist. Dadurch gewinnt die Kombination von Aspekten der Public-private-Partnership und der interkommunalen Zusammenarbeit an besonderer Aktualität.

Darüber hinaus setzt die Implementierung von Instrumenten der Public-private-Partnership in das Bewusstsein der kommunalen und staatlichen Verwaltung und die Formierung einer Unterstützung für eine derartige Partnerschaft als Phänomen, einschließlich der Schaffung der dafür notwendigen rechtlichen Grundlagen, bestimmte Anstrengungen der kommunalen Gemeinschaft voraus. Angesichts der Tatsache, dass der entsprechende Bereich in Russland das erforderliche Entwicklungstempo erst noch aufnimmt, ist die Frage nach der Förderung von Ideologie und Praxis der Public-private-Partnership äußerst aktuell. Dabei ist offensichtlich, dass die Anwendung der bestehenden rechtlichen Mechanismen einer interkommunalen Zusammenarbeit für die oben genannten Zwecke notwendig ist.

Unter interkommunaler Zusammenarbeit wird in der Russischen Föderation die Zusammenarbeit zwischen den Organen der örtlichen Selbstverwaltung verschiedener Kommunen verstanden, die dem Schutz der Interessen der Kommunen und der Optimierung der Angelegenheiten von örtlicher Bedeutung dient.[1] Das Gesetz vom 6. Oktober 2003 „Über die allgemeinen Prinzipien der

---

1 Näher zur Rechtnatur, den Zwecken, Prinzipien, Zielrichtungen und Formen der interkommunalen Zusammenarbeit in der Russischen Föderation siehe *Гриценко Е.В.*, Межмуниципальное сотрудничество как средство обеспечения эффективности решения задач местного самоуправления (*Gricenko E.V.*, Interkommunale Zusammenarbeit als Mittel der Sicherung einer effektiven Erfüllung von Aufgaben der örtlichen Selbstverwaltung in der Russischen Föderation), Актуальные проблемы развития федеративных отношений в Российской Федерации: Сб. материалов проекта «Институциональный, правовой и экономический федерализм в Российской Федерации (Aktuelle Probleme der Entwicklung der föderalen Beziehungen in der

Organisation der örtlichen Selbstverwaltung in der Russischen Föderation"[2] (im Folgenden: „ÖrtlSelbstVwG") erbringt dabei den überzeugenden Beweis dafür, dass die Formen der interkommunalen Zusammenarbeit verschiedenartig sind. Grundsätzlich können sie mit einem gewissen Grad an Formalität in „politische" und „wirtschaftliche" Formen der interkommunalen Zusammenarbeit unterteilt werden.

Als „politisch" sind die in Art. 8 Pkt. 1–3 ÖrtlSelbstVwG vorgesehenen Arten von Vereinigungen von Kommunen gemeint (Räte der Kommunen der Subjekte der Russischen Föderation, die Gesamtrussische Einheitliche Vereinigung der Kommunen, sonstige Vereinigungen von Kommunen). Diese Formen der interkommunalen Zusammenarbeit können in organisatorischer und methodischer Hinsicht den Stand der Dinge im Bereich der Public-private-Partnership vor Ort maßgeblich beeinflussen.

Als „wirtschaftlich" können die in Art. 8 Pkt. 4 ÖrtlSelbstVwG verankerten Formen verstanden werden. Nach dieser Bestimmung können für die Bündelung von Geldmitteln sowie materieller und sonstiger Ressourcen zur Entscheidung von Angelegenheiten von örtlicher Bedeutung interkommunale Interessenvereinigungen gebildet sowie Wirtschaftsgesellschaften und andere interkommunale Einrichtungen gegründet werden. Darüber hinaus kann auch der Abschluss von Verträgen und Vereinbarungen zwischen den Kommunen als eine Form der Bündelung von Geldmitteln sowie materieller und sonstiger Ressourcen zur Entscheidung von Angelegenheiten von örtlicher Bedeutung genutzt werden. Zu diesen können u. a. Verträge und Vereinbarungen gehören, welche gemeinsame Handlungen im Rahmen einer Public-private-Partnership vorsehen.

Gemäß Art. 35 Pkt. 10 Nr. 7 ÖrtlSelbstVwG obliegt dem Vertretungsorgan einer Kommune die ausschließliche Zuständigkeit, das Verfahren der Beteiligung dieser Kommune an den Einrichtungen der interkommunalen Zusammenarbeit festzulegen. Nach Art. 8 Pkt. 4 ÖrtlSelbstVwG können interkommunale Interessenvereinigungen sowie Wirtschaftsgesellschaften und andere interkommunale Einrichtungen entsprechend den föderalen Gesetzen und den Rechtsvorschriften der Vertretungsorgane der Kommunen gebildet bzw. gegründet werden. Gemäß Art. 68 Pkt. 1 ÖrtlSelbstVwG sind die Vertretungsorgane der Kommunen

Russischen Föderation: Sammlung von Materialien des Projekts „Institutioneller, rechtlicher und wirtschaftlicher Föderalismus in der Russischen Föderation", Moskau 2006, S. 198–207.

2 Föderales Gesetz Nr. 131-FZ vom 6.10.2003 „Über die allgemeinen Prinzipien der Organisation der örtlichen Selbstverwaltung in der Russischen Föderation", SZ RF 2003, Nr. 40, Pos. 3822 (mit späteren Änderungen).

berechtigt, Beschlüsse über die Gründung interkommunaler Wirtschaftsgesellschaften zu fassen. Mit anderen Worten bedarf die Teilnahme an – wenn man es so bezeichnen darf – „institutionellen" Formen der interkommunalen Zusammenarbeit (unabhängig davon, ob sie „wirtschaftlicher" oder „politischer" Art sind) in erster Linie eines durch das Vertretungsorgan ordnungsgemäß gefassten Beschlusses in dieser Angelegenheit. In solchen Beschlüssen sollten auch Fragen betreffend die Public-private-Partnership auf interkommunaler Ebene, insbesondere ihre normativ-rechtliche bzw. individualrechtliche Verankerung, behandelt werden.

Was jedoch die in Art. 8 Pkt. 4 ÖrtlSelbstVwG vorgesehenen Verträge und Vereinbarungen betrifft, gibt es im Unterschied zur Bildung von interkommunalen Einrichtungen keinen direkten Hinweis darauf, dass für deren Abschluss ein entsprechender Beschluss des Vertretungsorgans der örtlichen Selbstverwaltung erforderlich ist. Da jedoch die Nutzung der wichtigsten (finanziellen) Ressourcen in jedem Fall vom Vertretungsorgan abhängt, ist auch für eine „vertragliche" interkommunale Zusammenarbeit das Einholen der Zustimmung des Vertretungsorgans in der Sache erforderlich. Allerdings verbleiben konkrete Fragen bezüglich der Anwendung dieser Form der interkommunalen Zusammenarbeit im Hinblick auf den Bereich der Public-private-Partnership eher in der Zuständigkeit der Organe der Exekutive der örtlichen Selbstverwaltung.

Wenn von „vertraglichen" Formen der interkommunalen Zusammenarbeit gesprochen wird, sind die Vereinbarungen über die Übertragung von Befugnissen in der „Vertikale" zwischen einem kommunalen Kreis und einer Siedlung (Art. 15 Pkt. 4 ÖrtlSelbstVwG) und die durch die Bündelung von Ressourcen geschlossenen interkommunalen Vereinbarungen klar voneinander zu trennen. Letztere dürfen erstens keine Übertragung von Befugnissen vorsehen und können zweitens in der „Horizontale" geschlossen werden, d. h. zwischen den Organen der örtlichen Selbstverwaltung einer Siedlung, eines kommunalen Kreises, eines Stadtkreises (*gorodskoj okrug*) und dergleichen. Obwohl eine Vereinbarung über die Übertragung von Befugnissen *de facto* auch eine Form der interkommunalen Zusammenarbeit ist, wird sie von der föderalen Gesetzgebung über die örtliche Selbstverwaltung dennoch nicht diesen Formen zugeordnet.

II. „Institutionelle" und „politische" Formen der interkommunalen Zusammenarbeit

Im Folgenden werden die im ÖrtlSelbstVwG verankerten grundlegenden Formen der interkommunalen Zusammenarbeit ausführlich betrachtet. Begonnen werden soll mit den „institutionellen" und „politischen" Formen.

1. Räte der Kommunen der Subjekte der Russischen Föderation

Gemäß Art. 66 Pkt. 1 ÖrtlSelbstVwG wird in jedem Subjekt der Russischen Föderation ein Rat der Kommunen gebildet. Diese Bestimmung ist so formuliert, dass die Bildung eines Rates der Kommunen eines Subjekts der Russischen Föderation verbindlich ist. Davon geht auch die in Art. 85 Pkt. 1 Nr. 5 ÖrtlSelbstVwG vorgesehene Verpflichtung der Subjekte der Russischen Föderation aus, bei der Bildung der Räte der Kommunen der Subjekte der Russischen Föderation mitzuwirken. Die Formen dieser Mitwirkung sind zwar nicht festgelegt, die Subjekte der Russischen Föderation haben jedoch in der Praxis die organisatorische Arbeit bei der Bildung der Räte der Kommunen der Subjekte der Russischen Föderation übernommen.

Interessant ist die Frage, wann ein Rat der Kommunen eines Subjekts der Russischen Föderation als gebildet gilt. Ein direkter Hinweis hierauf ist im ÖrtlSelbstVwG nicht enthalten. In der Praxis ist jedoch davon auszugehen, dass ein Rat der Kommunen als gebildet gilt, wenn diesem mindestens zwei Drittel der Kommunen eines Subjekts der Russischen Föderation beigetreten sind (vgl. Art. 35 Pkt. 1 ÖrtlSelbstVwG analog).

In Art. 66 Pkt. 1 ÖrtlSelbstVwG wird darauf hingewiesen, dass die Organisation und die Tätigkeit der Räte der Kommunen der Subjekte der Russischen Föderation im Einklang mit den auf Assoziationen anzuwendenden Anforderungen des Gesetzes vom 12. Januar 1996 „Über nichtkommerzielle Organisationen"[3] (im Folgenden: „NKO-Gesetz") erfolgen. Dabei ist eine zweifache Auslegung dieser Vorschrift möglich. Auf der einen Seite kann sie als vorgeschriebene Bildung von Räten der Kommunen in Form von Assoziationen mit der Bezeichnung „Rat der Kommunen …" betrachtet werden. Auf der anderen Seite können Letztere nach Art. 2 Pkt. 3 NKO-Gesetz neben den in diesem föderalen Gesetz vorgesehenen Formen auch in anderen durch die föderalen Gesetze vorgesehenen Formen gebildet werden. Folglich können die Räte der Kommunen der Subjekte der Russischen Föderation bei einer exakten Wiedergabe der Bestimmungen des NKO-Gesetzes betreffend die Assoziationen (Verbände) als eine besondere Form der nichtkommerziellen Organisationen betrachtet werden. In der Praxis kamen die

---

3 Föderales Gesetz Nr. 7-FZ vom 12.1.1996 „Über nichtkommerzielle Organisationen", SZ RF 1996, Nr. 3, Pos. 145 (mit späteren Änderungen). Deutsche Übersetzung von *Aukhatov*, in: Deutsch-Russisches Forum e. V. in Zusammenarbeit mit Petersburger Dialog e. V. (Hrsg.), Gesetze der Russischen Föderation zu Gesellschaftlichen Organisationen und Vereinigungen (Russische „NGO-Gesetze"), Berlin 2013, S. 9 ff. (*Anm. der Herausgeber*).

beiden hier beschriebenen Varianten bei der Bildung der Räte der Kommunen in den verschiedenen Subjekten der Russischen Föderation zur Anwendung.

Gemäß den Bestimmungen des NKO-Gesetzes können Organisationen sich freiwillig in Assoziationen (Verbänden) vereinigen. Die Mitglieder einer Assoziation (eines Verbands) behalten ihre Selbstständigkeit und ihre Rechte als juristische Person. Darüber hinaus ist jedes Mitglied einer Assoziation (eines Verbands) berechtigt, nach eigenem Ermessen aus einer Assoziation (einem Verband) zum Ende eines Finanzjahres auszutreten. In diesem Fall ist das Mitglied einer Assoziation (eines Verbands) für deren (dessen) Verpflichtungen proportional zu seinem Beitrag innerhalb von zwei Jahren seit seinem Austritt subsidiär verantwortlich. Ein Mitglied einer Assoziation (eines Verbands) kann durch einen Beschluss der übrigen Mitglieder in den Fällen und nach dem Verfahren ausgeschlossen werden, welche durch die Gründungsdokumente der Assoziation (des Verbands) festgelegt sind. Bezüglich der Verantwortlichkeit des ausgeschlossenen Mitglieds einer Assoziation (eines Verbands) finden die Regeln Anwendung, welche sich auf den Austritt aus einer Assoziation (einem Verband) beziehen.

Gleichzeitig wird jedoch die berechtigte Auffassung vertreten, dass eine vollständige Erstreckung der Regeln über den Austritt bzw. den Ausschluss aus einer Assoziation wegen der obligatorischen Bildung der Räte der Kommunen der Subjekte der Russischen Föderation problematisch ist. Unter Beachtung dieser Umstände ist auch die Vorschrift zu verstehen, dass „mit Zustimmung der Mitglieder einer Assoziation (eines Verbands) dieser (diesem) ein neues Mitglied beitreten kann“, d. h. einer Kommune dürfte die Mitgliedschaft in einem Rat der Kommunen nicht versagt werden.

Gründungsdokument eines Rates der Kommunen ist neben der Satzung auch der Gründungsvertrag, der von seinen Mitgliedern unterzeichnet wird. Die Gründungsdokumente haben die im NKO-Gesetz vorgesehenen Positionen zu enthalten. Dabei besteht bei der Regelung des Systems der Verwaltungsorgane eines Rates eine gewisse Variabilität in den durch das NKO-Gesetz und Art. 66 Pkt. 2 ÖrtlSelbstVwG vorgesehenen Grenzen. Gleichzeitig ist jedoch eine direkte Vertretung der Kommunen im Rat der Kommunen eines Subjekts der Russischen Föderation sicherzustellen. Deren Zugehörigkeit zum Rat über intermediäre Strukturen wie die Räte oder Konferenzen der Kommunen eines kommunalen Kreises ist unzulässig, da sie mit der Rechtsnatur eines solchen Rates und den Anforderungen an eine Assoziation, welche auf die Räte der Kommunen der Subjekte der Russischen Föderation anzuwenden sind, im Widerspruch steht. Darüber hinaus widerspricht auch eine ungleiche Anzahl von Stimmen der Kommunen, die Mitglieder eines Rates sind, in dessen Vollversammlung den Anforderungen der Gesetzgebung an nichtkommerzielle Organisationen.

In der Praxis stellte sich immer wieder die Frage, wer als Gründer (Mitglied) eines Rates der Kommunen auftritt. Da es sich um einen Rat der Kommunen handelt, sollten auf den ersten Blick ebenjene Kommunen dessen Gründer sein. Allerdings war dieser Ansatz mit gewissen Schwierigkeiten verbunden, da nach dem Föderalem Gesetz vom 8. August 2001 „Über die staatliche Registrierung juristischer Personen und Einzelunternehmer"[4] und den auf dessen Grundlage erlassenen Rechtsvorschriften nur natürliche oder juristische Personen Gründer sein können. Daher schlug die Praxis bei der Gründung von Räten der Kommunen zu Recht den Weg ein, dass hier ein als juristische Person ausgestattetes Organ der örtlichen Selbstverwaltung als Gründer auftritt, das vom Leiter der Kommune (einem Vertretungsorgan der örtlichen Selbstverwaltung oder der Administration der Kommune) geleitet wird. Zu beachten ist jedoch, dass gemäß Art. 35 Pkt. 10 Nr. 7 ÖrtlSelbstVwG die Festlegung des Verfahrens für die Beteiligung einer Kommune an den Einrichtungen der interkommunalen Zusammenarbeit in jedem Fall in die ausschließliche Zuständigkeit eines Vertretungsorgans der örtlichen Selbstverwaltung fällt. Dies bedeutet, dass entweder ein als Rechtsvorschrift ergehender Beschluss zu fassen ist, der das Verfahren für die Beteiligung von Kommunen oder sonstigen Einrichtungen der interkommunalen Zusammenarbeit an beliebigen Vereinigungen regelt, oder dass anderenfalls das Vertretungsorgan jedes Mal einen gesonderten Beschluss fassen muss.

Eine weitere interessante Frage stellt sich hinsichtlich der Möglichkeit des Beitritts von anderen Organisationen als den Kommunen zum Rat der Kommunen eines Subjekts der Russischen Föderation. Da die Räte der Kommunen der Subjekte der Russischen Föderation im ÖrtlSelbstVwG eine spezifische Regelung erhalten haben, erstrecken sich die allgemeinen Bestimmungen über Assoziationen auf diese nur unter Berücksichtigung dieser Besonderheiten. Nach Art. 8 Pkt. 1 ÖrtlSelbstVwG wird ein Rat der Kommunen eines Subjekts der Russischen Föderation zum Zweck der Organisation der Zusammenarbeit der Organe der örtlichen Selbstverwaltung sowie zur Äußerung und zum Schutz gemeinsamer Interessen der Kommunen in jedem Subjekt der Russischen Föderation gebildet. Ausgehend von diesen Bestimmungen sowie der Bezeichnung dieser Räte selbst als Räte der Kommunen kann davon ausgegangen werden,

4 Föderales Gesetz Nr. 129-FZ vom 8.8.2001 „Über die staatliche Registrierung juristischer Personen und Einzelunternehmer", SZ RF 2001, Nr. 33, Pos. 3431 (mit späteren Änderungen).

dass die subjektive Zusammensetzung ihrer Mitglieder beschränkt ist und der Beitritt sonstiger Organisationen zu diesen Räten unzulässig ist.

Wie erwähnt, wird ein Rat der Kommunen eines Subjekts der Russischen Föderation gemäß Art. 8 Pkt. 1 ÖrtlSelbstVwG zum Zweck der Organisation der Zusammenarbeit der Organe der örtlichen Selbstverwaltung sowie zur Äußerung und zum Schutz gemeinsamer Interessen der Kommunen gebildet. Dieser allgemeine Zweck der Bildung eines Rates findet seinen Ausdruck in den konkreten Zielen und Aufgaben, die in den Satzungen und Gründungsverträgen der Räte der Kommunen der Subjekte der Russischen Föderation enthalten sind. Danach gehören üblicherweise zu den Zielen des Rates die Sicherung des Schutzes der Rechte der Kommunen als Ratsmitglieder und die Vertretung ihrer gemeinsamen Interessen, die Sicherung der Koordination der Tätigkeit der Ratsmitglieder zur Entwicklung der rechtlichen, organisatorischen, finanziellen, wirtschaftlichen und territorialen Grundlagen der örtlichen Selbstverwaltung in einem Subjekt der Russischen Föderation sowie die Organisation der Zusammenarbeit der Organe der örtlichen Selbstverwaltung der Kommunen, die Ratsmitglieder sind, zur Lösung sozialer, wirtschaftlicher und sonstiger Probleme im Zusammenhang mit der Ausübung der örtlichen Selbstverwaltung in einem Subjekt der Russischen Föderation in den Beziehungen untereinander und mit den Organen der staatlichen Gewalt.

Zur Erreichung dieser Ziele nehmen die Räte folgende Aufgaben wahr:

- Sammlung, Studium und Analyse von Informationen zu Fragen der Organisation und der Ausübung der örtlichen Selbstverwaltung;
- Leistung methodischer Unterstützung für die Kommunen zu Fragen der Ausübung der örtlichen Selbstverwaltung und der Organisation der interkommunalen Zusammenarbeit;
- Mitwirkung bei der Aus- und Fortbildung von kommunalen Angestellten, Abgeordneten und gewählten Amtsträgern der örtlichen Selbstverwaltung;
- Unterstützung der wechselseitigen Beziehungen zu den territorialen Organen der föderalen Organe der Exekutive der Russischen Föderation und den Organen der Staatsgewalt eines Subjekts der Russischen Föderation sowie zu den Kommunen, juristischen und natürlichen Personen im Interesse der Entwicklung der örtlichen Selbstverwaltung;
- Durchführung von Monitorings bei der Umsetzung von Programmen der Organe der Staatsgewalt auf dem Gebiet eines Subjekts der Russischen Föderation in dem Teil, der die Interessen der Kommunen betrifft, sowie bei der normsetzenden Tätigkeit der Organe der Staatsgewalt eines Subjekts der Russischen Föderation, welche die Interessen der Kommunen betrifft,

einschließlich der Begutachtung von Entwürfen entsprechender Rechtsvorschriften;
- Vorbereitung eines jährlichen Berichts über die Situation im Bereich der Organisation und Ausübung der örtlichen Selbstverwaltung in dem Subjekt der Russischen Föderation und dessen Vorlage beim höchsten Amtsträger des Subjekts der Russischen Föderation;
- Zusammenarbeit mit gesellschaftlichen Organisationen (Vereinigungen) der Russischen Föderation und Unterhaltung von internationalen Kontakten und Beziehungen in Bezug auf Angelegenheiten der örtlichen Selbstverwaltung;
- Sicherstellung der Zusammenarbeit der Kommunen in Bezug auf Fragen der Umsetzung von Projekten, welche eine effektive Wahrnehmung ihrer Befugnisse durch die Organe der örtlichen Selbstverwaltung sicherstellen;
- Beteiligung an der Organisation und Tätigkeit der Gesamtrussischen Einheitlichen Vereinigung der Kommunen.

Anzumerken ist, dass sich die Arbeit der Räte der Kommunen in der Praxis ziemlich unterschiedlich gestaltet. Unter ihnen gibt es sowohl recht aktive als auch solche, die ihre Funktionen eher formell wahrnehmen, und auch solche, die praktisch untätig sind. In der Praxis hängt alles von zwei Faktoren ab: von der Einstellung der regionalen Verwaltung zum Rat im Einzelnen und zur örtlichen Selbstverwaltung im Ganzen sowie von der Bereitschaft der Leitung des Rates, mit gewissem Nachdruck auf der Notwendigkeit seiner Unterstützung zu beharren.

Das gilt natürlich sowohl für die Tätigkeiten der Räte im Ganzen als auch für den konkreten Bereich der Public-private-Partnership. Bemerkenswert ist, dass die Räte in diesem letzteren Bereich nicht nur aktiv organisatorische und methodische Unterstützung zur Entwicklung dieses Prozesses in den Kommunen der jeweiligen Subjekte der Russischen Föderation leisten, sondern auch bei der Ausfüllung entsprechender Lücken der normativen Regelung auf regionaler und kommunaler Ebene sehr aktiv mitwirken können. Da diese Lücken häufig mit einem Mangel an Fachkräften im Zusammenhang stehen, welche in der Lage sind, Rechtsvorschriften vorzubereiten, könnte die Anwendung der in Betracht kommenden Form der interkommunalen Zusammenarbeit im Bereich der Public-private-Partnership u. a. durch die Ausarbeitung von Entwürfen der entsprechenden Rechtsvorschriften im Rahmen der Tätigkeit eines Rates der Kommunen erfolgen.

2. Gesamtrussische Einheitliche Vereinigung der Kommunen

Gemäß Art. 8 Pkt. 2 ÖrtlSelbstVwG wird die Gesamtrussische Einheitliche Vereinigung der Kommunen zum Zweck der Organisation der Zusammenarbeit der Kommunen und der Räte der Kommunen der Subjekte der Russischen Föderation sowie zur Äußerung und zum Schutz gemeinsamer Interessen der Kommunen der Russischen Föderation, einschließlich der Vertretung der genannten Interessen bei den föderalen Organen der Staatsgewalt und den Einrichtungen der Zusammenarbeit der Kommunen der Russischen Föderation mit internationalen Organisationen und ausländischen juristischen Personen, gebildet. Gleichzeitig ergibt sich aus Art. 67 Pkt. 2 ÖrtlSelbstVwG, dass die Tätigkeit dieser Organisation für die Räte der Kommunen sowie für die Kommunen selbst keinen verbindlichen Charakter hat.

Das ÖrtlSelbstVwG enthält keine Verpflichtung, eine Gesamtrussische Einheitliche Vereinigung der Kommunen zu bilden. Die Räte der Kommunen der Subjekte der Russischen Föderation sind hierzu vielmehr berechtigt. Darin liegt einer der wesentlichen Unterschiede dieser Vereinigung zu den Räten der Kommunen, deren Bildung obligatorisch ist. Dennoch wurde am 7. Juli 2006 durch die Räte (Assoziationen) der Kommunen der Subjekte der Russischen Föderation eine Gesamtrussische Einheitliche Vereinigung der Kommunen (Kongress) gegründet, deren Gründungsvertrag unterzeichnet und die Satzung verabschiedet. Die vollständige offizielle Bezeichnung der Vereinigung lautet „Edinoe obščerossijskoe ob"edinenie municipal'nych obrazovanij (Kongress)" („Gesamtrussische Einheitliche Vereinigung der Kommunen [Kongress]"); kurz: „Obščerossijskij Kongress municipal'nych obrazovanij" („Gesamtrussischer Kongress der Kommunen"). Faktisch ist diese Organisation keiner rechtlichen Organisationsform der nichtkommerziellen Organisationen zuzuordnen und stellt eine selbstständige rechtliche Organisationsform dar.

Die Mitgliedschaft im Kongress ist freiwillig. Mitglieder des Kongresses können die Räte der Kommunen der Subjekte der Russischen Föderation sowie sonstige Vereinigungen von Kommunen sein, welche die Satzung anerkennen und befolgen. Mitglieder des Kongresses sind die Gründer, d. h. die Räte (Assoziationen) der Kommunen der Subjekte der Russischen Föderation, welche den Gründungsvertrag des Kongresses unterzeichnet haben, sowie die Vereinigungen von Kommunen, die dem Kongress später beigetreten sind.

Die Aufnahme als Mitglied des Kongresses erfolgt durch die Vollversammlung der Kongressmitglieder unter Berücksichtigung der Stellungnahme des Präsidiums des Kongresses. Der Präsident des Kongresses stellt den Antragsteller in der nach der Antragstellung nächstfolgenden Vollversammlung der

Kongressmitglieder vor. Einem Rat der Kommunen eines Subjekts der Russischen Föderation, der den Anforderungen des ÖrtlSelbstVwG und des NKO-Gesetzes entspricht, kann die Aufnahme als Mitglied des Kongresses nicht verweigert werden. Auf diese Weise wird die Vorschrift umgesetzt, der zufolge der Gesamtrussischen Einheitlichen Vereinigung der Kommunen neben den Räten der Kommunen der Subjekte der Russischen Föderation auch sonstige Vereinigungen von Kommunen beitreten können.

Zu den Zielen des Kongresses gehören nach dessen Satzung und Gründungsvertrag die:

- Organisation der Zusammenarbeit zwischen den Kommunen, den Räten der Kommunen der Subjekte der Russischen Föderation sowie sonstigen Vereinigungen von Kommunen;
- Äußerung und Schutz gemeinsamer Interessen der Kommunen der Russischen Föderation;
- Vertretung der genannten Interessen bei den föderalen Organen der Staatsgewalt, beratenden Gremien und sonstigen Institutionen, die zum Zweck der Mitwirkung bei der Entscheidung solcher Fragen der staatlichen Politik gebildet worden sind, welche die Interessen der örtlichen Selbstverwaltung berühren, gesamtrussischen und interregionalen gesellschaftlichen Vereinigungen sowie Organisationen, die in den Bereichen wirtschaftlich tätig sind, welche die Interessen der örtlichen Selbstverwaltung betreffen;
- Versorgung der Kommunen der Russischen Föderation mit umfassenden und glaubwürdigen Informationen über die Tätigkeit der Organe und Organisationen, die in den Bereichen wirtschaftlich tätig sind, welche die Interessen der örtlichen Selbstverwaltung betreffen;
- Organisation der Zusammenarbeit der Kommunen der Russischen Föderation mit internationalen Organisationen und ausländischen juristischen Personen.

Zur Erreichung seiner Ziele nimmt der Kongress folgende Aufgaben war:

- Aufnahme von wechselseitigen Beziehungen zu den föderalen Organen der Staatsgewalt der Russischen Föderation, den Organen der Staatsgewalt der Subjekte der Russischen Föderation, den Organen der örtlichen Selbstverwaltung, internationalen Organisationen sowie juristischen und natürlichen Personen, darunter auch ausländischen, im Interesse der Entwicklung der örtlichen Selbstverwaltung;

- Beteiligung an der Gestaltung von föderalen und regionalen Zielprogrammen zur Entwicklung der örtlichen Selbstverwaltung und zur Ausübung der öffentlichen Kontrolle über deren Umsetzung;
- Beteiligung an der Gestaltung der Gesetzgebung, welche die Tätigkeit der Kommunen beeinflusst oder beeinflussen kann, einschließlich der Vorbereitung von Änderungen in Rechtsvorschriften und deren Entwürfen sowie der Vorbereitung der Entwürfe von Rechtsvorschriften;
- Sammlung, Studium und Analyse von Informationen zu Fragen der Organisation und Ausübung der örtlichen Selbstverwaltung in der Russischen Föderation;
- Sammlung, Studium und Verbreitung von Best-Practice-Beispielen zur Entscheidung von Angelegenheiten von örtlicher Bedeutung;
- Mitwirkung bei der Einführung fortschrittlicher Verwaltungstechniken und -methoden in die Tätigkeit der Organe der örtlichen Selbstverwaltung;
- Leistung sonstiger methodischer Unterstützung für die Kommunen in Fragen der Organisation und der Tätigkeit der örtlichen Selbstverwaltung;
- Mitwirkung bei der Entwicklung der interkommunalen Zusammenarbeit, einschließlich der Organisation der methodischen Unterstützung und der Unterstützung durch Sachverständige für die Räte der Kommunen der Subjekte der Russischen Föderation;
- Durchführung wissenschaftlicher und methodischer Arbeiten zur Untersuchung aktueller Fragen der Entwicklung der örtlichen Selbstverwaltung sowie kommunaler Wirtschaftszweige, darunter auch unter Beteiligung von Wissenschaftlern und Fachkräften;
- Mitwirkung bei der Entwicklung eines Aus- und Fortbildungssystems für kommunale Angestellte und gewählte Amtsträger der örtlichen Selbstverwaltung der Kommunen sowie bei der realistischen Erfassung der Bedürfnisse der Kommunen im Rahmen dieser Aus- und Fortbildung;
- Vorbereitung des Jahresberichts über den Zustand und die Entwicklung der örtlichen Selbstverwaltung in der Russischen Föderation sowie dessen Vorlage bei den höchsten Organen der Staatsgewalt der Russischen Föderation (dem Präsidenten der Russischen Föderation, der Regierung der Russischen Föderation, der Staatsduma und dem Föderationsrat);
- Unterhaltung internationaler Beziehungen in Bezug auf Angelegenheiten der örtlichen Selbstverwaltung, u. a. mit der Kammer der Gemeinden des Kongresses der Gemeinden und Regionen des Europarates, gemäß den föderalen Gesetzen und den Erlässen des Präsidenten der Russischen Föderation;

- Unterbreitung von Vorschlägen betreffend die Kandidaten für die Vertreter der Russischen Föderation in der Kammer der Gemeinden des Kongresses der Gemeinden und Regionen des Europarates sowie die Kandidaten für die Mitglieder der Delegation der Russischen Föderation zur Teilnahme am Kongress der Gemeinden und Regionen des Europarates;
- Ausübung sonstiger Tätigkeiten, welche den Zielen des Kongresses und der geltenden Gesetzgebung der Russischen Föderation nicht widersprechen.

Oberstes Verwaltungsorgan des Kongresses ist die Vollversammlung der Kongressmitglieder (im Folgenden: „Versammlung"). Bei der Abstimmung hat jedes Mitglied des Kongresses eine Stimme. Die Versammlung ist berechtigt, zu sämtlichen Angelegenheiten des Kongresses Beschlüsse zu fassen. Die Beschlüsse der Versammlung werden mit einfacher Mehrheit der Stimmen der in der Sitzung des Kongresses vertretenen Mitglieder gefasst. Davon ausgenommen sind Beschlüsse, die einer qualifizierten Mehrheit von zwei Dritteln der Stimmen bedürfen. Ferner wurde festgelegt, dass die Beschlüsse der Versammlung über die Reorganisation des Kongresses nur einstimmig von sämtlichen Kongressmitgliedern gefasst werden können, die den Gründungsvertrag geschlossen haben.

Die Versammlung wird nach Bedarf, aber mindestens einmal im Jahr durch den Präsidenten des Kongresses auf eigene Initiative oder auf Antrag von mindestens einem Drittel der Mitglieder, zwei Dritteln des Präsidiums des Kongresses oder der Revisionskommission einberufen.

Die Versammlung findet innerhalb von dreißig Tagen ab dem Tag des Beschlusses des Präsidenten des Kongresses über die Einberufung der Versammlung oder der Einreichung des Antrags auf deren Einberufung beim Präsidenten des Kongresses statt. Die Versammlung erörtert Fragen, erarbeitet Standpunkte und fasst Beschlüsse unter Berücksichtigung der vom Präsidium des Kongresses vorgelegten Berichte und Empfehlungen.

Die Versammlung arbeitet in Sitzungen. Den Vorsitz einer Sitzung führt der Präsident des Kongresses und in seiner Abwesenheit eines der Mitglieder des Präsidiums aufgrund eines Beschlusses der Versammlung. Die Versammlung ist beschlussfähig, wenn in der Sitzung die Vertreter von mehr als der Hälfte der Kongressmitglieder anwesend sind.

Die Gesamtleitung der Tätigkeit des Kongresses in der Zeit zwischen den Sitzungen der Versammlung übt das Präsidium des Kongresses aus. In die Zuständigkeit des Präsidiums des Kongresses gehören die Ausarbeitung von Tätigkeitsplänen des Kongresses, der Erlass sonstiger Beschlüsse über das Verfahren und die Fristen für die Umsetzung der vorrangigen Zielrichtungen der Tätigkeit des Kongresses, die Bestätigung des Verzeichnisses der Fragen, die der

Versammlung vorzulegen sind, und deren vorläufige Erörterung, die Kontrolle der Tätigkeit des Präsidenten des Kongresses sowie die Wahrnehmung anderer durch die Satzung und den Gründungsvertrag vorgesehener Funktionen.

Das Präsidium des Kongresses setzt sich aus höchstens 15 Personen zusammen, einschließlich des Präsidenten des Kongresses. Die genaue Anzahl der Mitglieder des Präsidiums des Kongresses wird bei der Formierung seiner Zusammensetzung bestimmt. Die personelle Zusammensetzung des Präsidiums des Kongresses wird auf Vorschlag des Präsidenten des Kongresses von der Versammlung aus dem Kreis der Vertreter der Kongressmitglieder bestimmt und wechselt gemäß dem Rotationsprinzip einmal im Jahr. In der Praxis ist man darauf bedacht, eine gleichmäßige Repräsentation der Vertreter der verschiedenen Typen der Kommunen und föderalen Bezirke sicherzustellen.

Der Präsident des Kongresses wird durch die Versammlung für drei Jahre gewählt. Bei ihm darf es sich weder um einen staatlichen oder kommunalen Angestellten handeln noch darf er staatliche Ämter im System der staatlichen Organe der Exekutive oder der Judikative ausüben. Die Befugnisse des Präsidenten des Kongresses enden nach der Wahl des neuen Präsidenten des Kongresses. Mindestens einmal jährlich erstattet der Präsident des Kongresses der Versammlung Bericht über die Ergebnisse der Tätigkeit des Kongresses.

Der Präsident des Kongresses ist dessen alleiniges Exekutivorgan. Er vertritt den Kongress in den wechselseitigen Beziehungen zu den Organen der Staatsgewalt der Russischen Föderation, den Organen der Staatsgewalt eines Subjekts der Russischen Föderation, den Organen der örtlichen Selbstverwaltung, den politischen Parteien und anderen gesellschaftlichen Vereinigungen sowie den internationalen Organisationen. Darüber hinaus ist er berechtigt, sämtliche Fragen im Zusammenhang mit der Ausübung der laufenden Tätigkeit des Kongresses zu entscheiden. Hiervon ausgenommen sind jedoch Fragen, die in die Zuständigkeit der Versammlung und des Präsidiums des Kongresses fallen.

Auf Vorschlag des Präsidenten des Kongresses können darüber hinaus folgende Organe gebildet werden:

- Kammern des Kongresses zur Durchführung von Studien und Monitorings zu Angelegenheiten der örtlichen Selbstverwaltung, welche die gemeinsamen Interessen der jeweiligen Typen von Kommunen betreffen;
- Ausschüsse des Kongresses zur Durchführung von Studien zu Angelegenheiten der örtlichen Selbstverwaltung bezüglich der grundlegenden Zielrichtungen der Tätigkeit der Kommunen und der kommunalen Wirtschaftszweige;

- Kommissionen des Kongresses zur Durchführung von Studien zu Angelegenheiten der örtlichen Selbstverwaltung in Bezug auf Kommunen, bei denen Besonderheiten bei der Ausübung der örtlichen Selbstverwaltung bestehen;
- sonstige Sachverständigen- und Beratungsstrukturen.

Ein wichtiger Tätigkeitsbereich des Kongresses ist die Sicherstellung der vernünftigsten Regelung der in ihre Zuständigkeit übertragenen Angelegenheiten von örtlicher Bedeutung durch die Organe der örtlichen Selbstverwaltung. In der Praxis wird diese Aufgabe durch die mit den jeweils zuständigen föderalen Organen der Exekutive gemeinsame Vorbereitung methodischer Empfehlungen zur Entscheidung von Angelegenheiten von örtlicher Bedeutung, einschließlich einer Technologie kommunaler Tätigkeit nach einzelnen Schwerpunkten im Rahmen der Angelegenheiten von örtlicher Bedeutung, sowie das Sammeln und die Zusammenfassung von dafür erforderlichen Informationen, die Mitwirkung bei der Ausbildung von Personal und die Sicherstellung der Einführung fortschrittlicher Instrumente in die Praxis kommunaler Aktivitäten gelöst. Sämtliche der genannten Wege sind wichtig, um in Russland den Bereich der Public-private-Partnership auf örtlicher Ebene zu entwickeln.

3. Sonstige Vereinigungen von Kommunen

Art. 8 Pkt. 3 ÖrtlSelbstVwG sieht vor, dass unter Berücksichtigung der Besonderheiten der territorialen und organisatorischen Grundlagen der Kommunen neben den Räten der Kommunen der Subjekte der Russischen Föderation und der Gesamtrussischen Einheitlichen Vereinigung der Kommunen auch sonstige Vereinigungen von Kommunen auf freiwilliger Basis gebildet werden können.

Was den Hinweis betrifft, dass sonstige Vereinigungen von Kommunen „unter Berücksichtigung der Besonderheiten der territorialen und organisatorischen Grundlagen“ gebildet werden, sorgt diese Bestimmung natürlich für eine gewisse Unsicherheit hinsichtlich des tatsächlichen Umfangs und des Inhalts des Rechts auf Bildung solcher Vereinigungen. Streng genommen kann sich der Unterschied nur auf Vereinigungen verschiedener Typen von Kommunen in Bezug auf die territorialen Grundlagen sowie auf Vereinigungen von Kommunen mit verschiedenen Besonderheiten bei der Organisationsstruktur der Organe der örtlichen Selbstverwaltung (z. B. mit einem gewählten oder einem nach den Ergebnissen einer Ausschreibung ernannten Leiter der Verwaltung) beziehen. Zweifelsohne kann die ganze Vielfalt der Interessen und Merkmale, nach denen Kommunen sich zusammenschließen können, nicht von dem Genannten erfasst werden. Darüber hinaus bestehen jedenfalls keine Hindernisse für die Bildung von Organisationen von Kommunen anhand verschiedener Merkmale gemäß dem NKO-Gesetz. Daher hat der Vorbehalt der territorialen und organisatorischen Grundlagen keine wirklich einschränkende Wirkung.

Um die Rechte einer juristischen Person zu erwerben, müssen die Vereinigungen von Kommunen gemäß dem NKO-Gesetz gegründet und staatlich eingetragen werden. Auf sie finden die für Assoziationen geltenden Regeln Anwendung. Obwohl sich in diesen Vereinigungen Kommunen und nicht die Organe der örtlichen Selbstverwaltung zusammenschließen, ist es erforderlich, dass gerade die Organe der örtlichen Selbstverwaltung als Gründer auftreten, wie dies auch bei der Gründung der Räte der Kommunen der Fall ist.

Zu den grundlegenden Zielen der Vereinigungen von Kommunen gehören die Folgenden:

- Unterstützung bei der Geltendmachung des Rechts der Bürger auf örtliche Selbstverwaltung;
- Unterstützung bei der Entwicklung der wirtschaftlichen, rechtlichen, organisatorischen und territorialen Grundlagen der örtlichen Selbstverwaltung;
- Koordination der Tätigkeit der Kommunen zur effektiveren Ausübung ihrer Rechte und Interessen sowie zur sozialen und wirtschaftlichen Entwicklung ihrer Territorien;
- Durchsetzung der gesetzlich garantierten Rechte der Kommunen in den wechselseitigen Beziehungen zu den Organen der Staatsgewalt.

Folgende freiwillige Vereinigungen von Kommunen können unterschieden werden:

a) Gesamtrussische Vereinigungen von Kommunen: Die bekannteste unter den noch tätigen Vereinigungen ist die Union der russischen Städte.
b) Interregionale Vereinigungen: Die Aufgabe der interregionalen Vereinigungen von Kommunen besteht darin, Kommunen, welche zu einem bestimmten Teil des russischen Territoriums gehören, zum Schutz ihrer Interessen zu vereinigen. Unter diesen Vereinigungen können beispielhaft die Assoziation der sibirischen und fernöstlichen Städte, der Städteverband Zentral- und Nordwest-Russlands und der Städteverband der Polargebiete und des Hohen Nordens genannt werden.
c) Regionale Vereinigungen: Obwohl alle Kommunen eines Subjekts der Russischen Föderation (auch wenn dies nicht explizit vorgeschrieben ist) im Rat der Kommunen eines Subjekts der Russischen Föderation vereinigt sein sollten, bestehen keine Hindernisse für die Gründung regionaler Vereinigungen von Kommunen eines bestimmten Typs (z. B. von Städten oder Dorfsiedlungen). Allerdings können die regionalen Vereinigungen von Kommunen den Rat der Kommunen nicht ersetzen;

d) Spezialisierte Vereinigungen: Darunter sind spezialisierte Vereinigungen von Kommunen zu verstehen, z. B. nach einem bestimmten Profil der Tätigkeit (etwa die Assoziation der Bergarbeiterstädte).

Sämtliche der oben beschriebenen Arten sonstiger interkommunaler Vereinigungen verfügen über ein erhebliches Potenzial für deren Anwendung im Bereich der Public-private-Partnership. Dies ist dadurch bedingt, dass gerade im Rahmen ihrer Tätigkeit „artspezifische" und „artenübergreifende" Probleme dieser oder jener Kategorie von Kommunen besonders auffallend auftreten. Folglich können in ihrem Rahmen Forschungs-, wissenschaftliche Beratungs-, prognostische Experten- und Versuchs- bzw. experimentelle Maßnahmen zur Erarbeitung und Einführung adäquater, den Besonderheiten entsprechende Mechanismen der Public-private-Partnership am effektivsten durchgeführt werden.

III. „Wirtschaftliche" Formen der interkommunalen Zusammenarbeit

Im Folgenden sollen die grundlegenden „wirtschaftlichen" Formen der interkommunalen Zusammenarbeit betrachtet werden.

1. Interkommunale Vereinigungen

Bezogen auf die „interkommunalen Vereinigungen", welche zur Bündelung der Ressourcen bei der Entscheidung von Angelegenheiten von örtlicher Bedeutung gebildet werden, ist anzumerken, dass sie zweifelsohne eine Form sowohl der „institutionellen" als auch der „wirtschaftlichen" interkommunalen Zusammenarbeit darstellen. Ungeachtet der Tatsache, dass der Begriff „interkommunale Vereinigung" in der geltenden Gesetzgebung nicht definiert ist, kann auf der Grundlage der bestehenden Praxis davon ausgegangen werden, dass hier faktisch von „nachbarschaftlichen" Vereinigungen von Kommunen die Rede ist. Gerade zur Entscheidung von Angelegenheiten von örtlicher Bedeutung können diese Zusammenschlüsse sowohl im Rahmen des Territoriums eines Subjekts der Russischen Föderation (vergleichbar mit den deutschen Gemeindeverbänden) als auch als Vereinigung von benachbarten, zu verschiedenen Subjekten der Russischen Föderation gehörenden Kommunen gebildet werden und tätig sein. Dabei dürfen die Befugnisse der Organe der örtlichen Selbstverwaltung in Russland nicht an die interkommunalen Vereinigungen von Kommunen (wie auch an beliebige andere Zusammenschlüsse von Kommunen) übertragen werden. Darauf wird in Art. 8 Pkt. 4 ÖrtlSelbstVwG ausdrücklich hingewiesen. Allerdings können gerade in ihrem Rahmen auf der Basis des Meinungsaustauschs und des gegenseitigen Einvernehmens effektive Wege zur Lösung vieler, für die konkreten Territorien charakteristischer örtlicher Probleme gefunden werden, darunter auch solcher im Bereich der Public-private-Partnership.

2. Interkommunale Wirtschaftsgesellschaften

Gemäß Art. 51 Pkt. 4 Abs. 1 ÖrtlSelbstVwG können die Organe der örtlichen Selbstverwaltung eigene kommunale Unternehmen und Einrichtungen gründen und sich an der Gründung von Wirtschaftsgesellschaften beteiligen, darunter auch von interkommunalen, wenn dies zur Wahrnehmung der Befugnisse zur Entscheidung von Angelegenheiten von örtlicher Bedeutung erforderlich ist. Somit ist der Hinweis auf die Möglichkeit der Gründung von Wirtschaftsgesellschaften als interkommunale Gesellschaften Teil der gegenwärtig durch föderales Gesetz vorgesehenen Gründung von Wirtschaftsgesellschaften durch die Organe der örtlichen Selbstverwaltung.

Der Status einer „interkommunalen" Wirtschaftsgesellschaft bedeutet keine besondere rechtliche Organisationsform. Dies bedeutet, dass Gründer einer Wirtschaftsgesellschaft nur Organe der örtlichen Selbstverwaltung verschiedener Kommunen sein dürfen. Allerdings ist es wünschenswert, dass der interkommunale Charakter der Gesellschaft in ihrer Bezeichnung zum Ausdruck kommt. Wie bei allen Wirtschaftsgesellschaften, an deren Gründung Organe der örtlichen Selbstverwaltung beteiligt sind, können interkommunale Wirtschaftsgesellschaften nur dann gegründet werden, wenn dies zur Wahrnehmung der Befugnisse zur Entscheidung von Angelegenheiten von örtlicher Bedeutung erforderlich ist.

Die Tätigkeit dieser Wirtschaftsgesellschaften wird, wie auch die von beliebigen anderen, durch das Zivilgesetzbuch der Russischen Föderation „im Folgenden: „ZGB"), das Föderale Gesetz „Über Aktiengesellschaften"[5] bzw. „Über Gesellschaften mit beschränkter Haftung"[6] und ihre staatliche Registrierung durch das Föderale Gesetz „Über die staatliche Registrierung juristischer Personen und Einzelunternehmer"[7] geregelt.

5 Föderales Gesetz Nr. 208-FZ vom 26.12.1995 „Über Aktiengesellschaften", SZ RF 1996, Nr. 1, Pos. 1 (mit späteren Änderungen).

6 Föderales Gesetz Nr. 14-FZ vom 8.2.1998 „Über Gesellschaften mit beschränkter Haftung", SZ RF 1998, Nr. 7, Pos. 785 (mit späteren Änderungen).

7 Siehe oben Fn. 4.

Der Umstand, dass die Entscheidung über die Gründung interkommunaler Wirtschaftsgesellschaften durch die Vertretungsorgane der örtlichen Selbstverwaltung getroffen wird, bedeutet nicht, dass diese deren Gründer sind. Ausgehend vom Charakter ihrer Aufgaben müssen vielmehr die Organe der Exekutive der Kommunen als Gründer auftreten.

Angesichts der den örtlichen Administrationen übertragenen Aufgabe, interkommunale Wirtschaftsgesellschaften zu gründen, sowie ausgehend von einem wesentlich höheren Grad an Freiheit zur wirtschaftlichen Betätigung der genannten Gesellschaften im Vergleich zu den kommunalen Unternehmen, scheinen sie fast die vielversprechendste Form zu sein, auf deren Grundlage eine erfolgreiche Entscheidung von Fragen zur praktischen Entwicklung der Public-private-Partnership auf örtlicher Ebene möglich ist. Bereits bestehende Erfahrungen im Zusammenhang mit der Gründung interkommunaler Wirtschaftsgesellschaften, Korporationen und anderer kommerzieller Organisationen zur Lösung gemeinsamer, für ganze Gruppen von Kommunen bestehender Probleme geben Grund zum Optimismus. Für Russland wäre es in diesem Fall zweckmäßig, sowohl entsprechende Problemlösungen aus den Ländern des Common Law (insbesondere den USA und Großbritannien) als auch die positiven Erfahrungen der zum kontinentalen Rechtssystem gehörenden Länder (u. a. der städtischen Ballungsgebiete Italiens und Frankreichs, deutscher Gemeinden und der Kommunen nordischer Länder) zu übernehmen.

Besonders wichtig ist der gestalterische Ansatz in Bezug auf die Nutzung des kommerziellen Potentials interkommunaler Wirtschaftsgesellschaften im Bereich der örtlichen Wirtschaft und der Daseinsvorsorge. Wie die Erfahrungen einer ganzen Reihe von Ländern (Großbritannien, Dänemark, Finnland, Südafrika) zeigen, werden verschiedene Formen von PPP (gemeinsame Verwaltung, gemeinsamer Betrieb, Konzession, Pacht, Leasing u. s. w.) für private Investoren gerade dann besonders attraktiv, wenn in dem oben genannten Bereich solche rechtlichen Organisationsformen zur Anwendung kommen wie etwa die öffentliche Gesellschaft, die Wirtschaftsgesellschaft mit Beteiligung der öffentlichen Hand sowie andere Formen, welche ihrem Wesen nach der Form einer interkommunalen Wirtschaftsgesellschaft am nächsten stehen.

3. Interkommunale Massenmedien

Eine Unterart der interkommunalen Einrichtungen sind interkommunale Massenprintmedien (Art. 68 Pkt. 3 ÖrtlSelbstVwG). Gemäß dem Gesetz der

Russischen Föderation „Über Massenmedien“[8] (im Folgenden: „MedienG“) sind unter periodischen Massenprintmedien Zeitungen, Zeitschriften, Jahrbücher und Newsletter sowie sonstige Ausgaben zu verstehen, die einen ständigen Titel und laufende Nummern haben und mindestens einmal pro Jahr erscheinen. In der Praxis ist eine Zeitung die auf interkommunaler Ebene am häufigsten genutzte Form der periodischen Massenprintmedien.

Die Bestimmungen über das Recht der Organe der örtlichen Selbstverwaltung, als Mitbegründer eines interkommunalen Massenprintmediums aufzutreten, sind im systemischen Zusammenhang mit den Bestimmungen in Art. 17 Pkt. 1 Nr. 7 ÖrtlSelbstVwG zu sehen, wonach zu den Befugnissen der Organe der örtlichen Selbstverwaltung u. a. die Gründung von Massenprintmedien zur Veröffentlichung von kommunalen Rechtsvorschriften, zur Erörterung der Entwürfe kommunaler Rechtsvorschriften zu Angelegenheiten von örtlicher Bedeutung, zur Bekanntgabe von amtlichen Mitteilungen an die Einwohner einer Kommune über die soziale, wirtschaftliche und kulturelle Entwicklung dieser Kommune und die Entwicklung ihrer öffentlichen Infrastruktur sowie sonstiger amtlicher Mitteilungen gehört. Somit ist die Zweckbestimmung dieses Massenmediums zu einem großen Teil durch die genannten Bestimmungen der föderalen Gesetzgebung vorgegeben.

In der Regel wird die Redaktion eines Massenmediums nach ihrer Registrierung beim Föderalen Dienst für die Aufsicht über die Einhaltung der Gesetzgebung im Bereich der Massenmedien und für den Schutz des kulturellen Erbes oder dessen territorialem Organ tätig. Art. 12 MedienG setzt zwar keine Registrierung solcher Massenmedien voraus, welche von den Organen der Staatsgewalt bzw. den Organen der örtlichen Selbstverwaltung ausschließlich zur Veröffentlichung von amtlichen Mitteilungen und Materialien sowie von Rechtsvorschriften und sonstigen Akten gegründet werden. Allerdings sind in der Praxis die von den Kommunen gegründeten Massenmedien nahezu niemals ausschließlich für derartige Veröffentlichungen bestimmt und unterliegen daher in den allermeisten Fällen einer staatlichen Registrierung gemäß dem MedienG.

Das MedienG sieht vor, dass die Organe der örtlichen Selbstverwaltung, welche Gründer eines interkommunalen Massenmediums sind, als Gründer gemeinsam aufzutreten haben. Ihre Rechte und Pflichten sowie andere Aspekte der wechselseitigen Beziehungen zwischen den Mitbegründern und den

---

8 Gesetz der Russischen Föderation Nr. 2124-1 vom 27.12.1991 „Über Massenmedien“, VSND i VS RF 1992, Nr. 7, Pos. 300 (mit späteren Änderungen).

Redaktionen, Belegschaften, Herausgebern und Vertriebsorganisationen interkommunaler Massenprintmedien werden durch die Satzungen der Redaktionen und die Verträge bestimmt, welche von den Gründern der interkommunalen Massenmedien mit den Redaktionen, Herausgebern und Vertriebsorganisationen der interkommunalen Massenmedien sowie anderen am Produktions- und Vertriebsprozess der genannten Massenmedien Beteiligten geschlossen werden.

Man kann sich fragen, über welches Potential interkommunale Massenmedien in Bezug auf den Bereich der Public-private-Partnership verfügen könnten. Dieses Potential scheint jedoch ausgesprochen beträchtlich zu sein! Natürlich bezieht sich dieses Potenzial in erster Linie auf die Informationskomponente des oben genannten Prozesses. Die informationelle Unterstützung der verschiedenen Projekte, welche auf örtlicher Ebene auf paritätischer Grundlage von öffentlichen Hoheitsträgern und privaten Wirtschaftssubjekten umgesetzt werden, ist jedoch besonders dann eine überaus wichtige Ressource, wenn sie das Territorium mehrerer Kommunen erfasst.

4. Nichtkommerzielle Organisationen der Kommunen

Gemäß Art. 69 ÖrtlSelbstVwG dürfen die Vertretungsorgane der Kommunen nichtkommerzielle Organisationen in Form von autonomen nichtkommerziellen Organisationen und Stiftungen gründen. Diese nichtkommerziellen Organisationen der Kommunen üben ihre Tätigkeit gemäß dem ZGB sowie dem NKO-Gesetz und anderen föderalen Gesetzes aus.

Zunächst einmal ist festzuhalten, dass angesichts des Umstands, dass sich Art. 69 ÖrtlSelbstVwG im Kapitel über die interkommunale Zusammenarbeit befindet, die Vorschrift vor allem die Gründung von „interkommunalen" nichtkommerziellen Organisationen betrifft. In diesem Sinne setzt dies die Bestimmungen des Art. 8 Pkt. 4 ÖrtlSelbstVwG fort.

Darüber hinaus können gemäß Art. 15 Nr. 1 NKO-Gesetz je nach der rechtlichen Organisationsform einer nichtkommerziellen Organisation auch geschäftsfähige natürliche und (oder) juristische Personen als deren Gründer auftreten. Auf das Recht der Organe der öffentlichen Gewalt als Gründer aufzutreten, wird in der Vorschrift nicht hingewiesen. Obwohl die Organe der öffentlichen Gewalt im Sinne der Art. 124 und 125 ZGB mangels direkter Verbote den juristischen Personen gleichgestellt sind, ist es für die Organe der örtlichen Selbstverwaltung vorzugswürdig, abgesehen von interkommunalen Stiftungen und interkommunalen autonomen nichtkommerziellen Organisationen, von der Gründung nichtkommerzieller Organisationen Abstand zu nehmen, zumindest solange sich noch keine klare Rechtsanwendungspraxis zu dieser Frage herausgebildet hat. Darüber hinaus wird die Gründung von Stiftungen und autonomen nichtkommerziellen Organisationen durch die Organe der örtlichen Selbstverwaltung für Zwecke, die nicht im Zusammenhang mit der Entscheidung von Angelegenheiten von örtlicher Bedeutung stehen, ebenfalls mit hoher Wahrscheinlichkeit als nicht zweckentsprechende Mittelverwendung qualifiziert werden.

Art. 31 NKO-Gesetz sieht die Möglichkeit der wirtschaftlichen Unterstützung von nichtkommerziellen Organisationen durch die Organe der Staatsgewalt bzw. die Organe der örtlichen Selbstverwaltung unmittelbar vor. Sie können nichtkommerziellen Organisationen in verschiedenen Formen wirtschaftliche Unterstützung leisten, einschließlich:

- der Gewährung von im Einklang mit der Gesetzgebung stehenden Vergünstigungen auf Steuern, Zölle und andere Abgaben und Leistungen für nichtkommerzielle Organisationen, welche für gemeinnützige, Bildungs-, Kultur- und wissenschaftliche Zwecke, zum Schutz der öffentlichen Gesundheit, zur Entwicklung von Körperkultur und Sport und für andere gesetzlich festgelegte Zwecke unter Berücksichtigung der rechtlichen Organisationsformen der nichtkommerziellen Organisationen gegründet wurden;
- der Gewährung sonstiger Vergünstigungen für nichtkommerzielle Organisationen, einschließlich einer vollständigen oder teilweisen Befreiung von der Zahlung des Entgelts für die Nutzung staatlichen bzw. kommunalen Vermögens;
- der Vergabe von staatlichen bzw. kommunalen sozialen Aufträgen an nichtkommerzielle Organisationen gemäß dem durch die Gesetzgebung über die Vergabe von Aufträgen für den staatlichen und kommunalen Bedarf vorgesehenen Verfahren;
- der Gewährung von gesetzlich vorgesehenen Steuervergünstigungen für natürliche und juristische Personen, die nichtkommerziellen Organisationen materielle Unterstützung leisten.

Die Verwendung interkommunaler nichtkommerzieller Organisationen als eine Form der Einführung von Mechanismen der Public-private-Partnership auf örtlicher Ebene kann von einer bestimmten wirtschaftlichen Bedeutung sein. Es hat jedoch den Anschein, dass in diesem Fall die methodische und ideologische sowie die konkrete organisatorische Bedeutung dieser Form der interkommunalen Zusammenarbeit noch größer ist. Dies bezieht sich auf eine komplexe Beteiligung interkommunaler nichtkommerzieller Organisationen im Rahmen einer Public-private-Partnership zur Entscheidung von für die Bevölkerung einer bestimmten Gruppe von Kommunen besonders

„kritischen“ (aktuellen) Angelegenheiten von örtlicher Bedeutung. In diesem Fall könnten interkommunale Stiftungen und autonome nichtkommerzielle Organisationen nicht nur zu einer „Plattform“ für die Ausarbeitung und Umsetzung konkreter Partnerschaftsprojekte werden, sondern – was wohl am wichtigsten ist – zu einem „Motor des Aufstiegs“ moderner, innovativer, transparenter und für die Verwaltung, Wirtschaft und Bevölkerung attraktiver Formen der partnerschaftlichen Zusammenarbeit von Unternehmern und örtlicher Verwaltung.

Oleg Gorodov

§ 8. Public-private Partnership im Bereich innovativer Tätigkeit

Der Übergang zu einem modernen innovativen Modell der nationalen Wirtschaft, der gegenwärtig zur Hauptrichtung der wirtschaftlichen Entwicklung Russlands erklärt wurde, ist ohne eine Verbesserung der rechtlichen Formen und Instrumente für die Zusammenarbeit zwischen der öffentlichen Hand und der Wirtschaft unmöglich. Die wichtigste Form dieser Zusammenarbeit ist die Public-private-Partnership. In der durch Verfügung der Regierung der Russischen Föderation Nr. 2227-r vom 8. Dezember 2011[1] bestätigten Strategie der innovativen Entwicklung der Russischen Föderation für den Zeitraum bis zum Jahr 2020 wurde u. a. darauf hingewiesen, dass in der ersten Phase der Umsetzung dieser Strategie (2011–2013) die Gestaltung von Mechanismen der Public-private-Partnership vorgesehen ist, die das Zusammenwirken von Staat und Wirtschaft bei der Entwicklung von Prioritäten und der Finanzierung von Forschung und Entwicklung sicherstellen sollen. Diese Mechanismen sind bereits teilweise in einer Reihe von föderalen Gesetzen verankert, u. a. im Gesetz „Über die Sonderwirtschaftszonen in der Russischen Föderation"[2] (im Folgenden: „SWZ-Gesetz"), das die Regeln für die Errichtung und Funktionsweise von Technik- und Innovations-Sonderwirtschaftszonen auf dem Gebiet der Russischen Föderation festlegt. Im Folgenden sollen einige Besonderheiten der Errichtung und Funktionsweise der genannten Sonderwirtschaftszonen im Hinblick auf die Zusammenarbeit zwischen ihnen und der öffentlichen Hand aufgezeigt werden.

Technik- und Innovations-Sonderwirtschaftszonen sind eine der vier Arten von Sonderwirtschaftszonen, die in Russland zur Entwicklung von Fertigungs- und High-Tech-Branchen der Wirtschaft, des Tourismus, der Kurbranche, der Hafen- und Verkehrsinfrastruktur, der Erarbeitung von Technologien und der

---

1 SZ RF 2012, Nr. 1, Pos. 216.

2 Föderales Gesetz Nr. 116-FZ vom 22.7.2005, SZ RF 2005, Nr. 30 (Teilband 2), Pos. 3127. Zu einer Einführung und auszugsweisen deutschen Übersetzung des SWZ-Gesetzes siehe *Himmelreich/Kommissarov*, Russische Föderation: Gesetz über die Sonderwirtschaftszonen in der Russischen Föderation, WiRO 2010, S. 18–24, 45–52 (*Anm. der Herausgeber*).

Vermarktung ihrer Ergebnisse sowie der Herstellung neuer Produktarten errichtet werden.

Gattungsmerkmal einer Sonderwirtschaftszone ist das Bestehen eines Sonderregimes zur Ausübung einer unternehmerischen Tätigkeit auf einem bestimmten Territorium, das dazu bestimmt ist, aufgrund der Erfahrungen aus einigen Ländern, u. a. aus China und Singapur, das Niveau der Wirtschaftsentwicklung in einigen strukturschwachen Regionen des Landes zu heben. Das Territorium, auf dem sich eine Sonderwirtschaftszone befindet, muss den vom Gesetzgeber festgelegten Anforderungen genügen.[3] So werden die Technik- und Innovations-Sonderwirtschaftszonen auf nicht mehr als drei Grundstücken eines Territoriums errichtet, deren Gesamtfläche nicht mehr als vier Quadratkilometer beträgt. Eine Vergrößerung der Fläche von Sonderwirtschaftszonen erfolgt durch Verordnung der Regierung der Russischen Föderation.

Eine Sonderwirtschaftszone kann sich auf dem Gebiet einer Kommune bzw. auf den Gebieten mehrerer Kommunen in den territorialen Grenzen eines Subjekts der Russischen Föderation oder mehrerer Subjekte der Russischen Föderation befinden. Die Errichtung einer Sonderwirtschaftszone auf dem Gebiet einer Kommune, auf dem eine Zone der territorialen Entwicklung geschaffen wurde, ist unzulässig.[4]

Die Entscheidung über die Errichtung einer Technik- und Innovations-Sonderwirtschaftszone auf dem Gebiet eines Subjekts der Russischen Föderation

---

3 Besondere Anforderungen an das Territorium werden an die Sonderwirtschaftszone im Gebiet Kaliningrad und die Sonderwirtschaftszone im Gebiet Magadan gestellt. Die Verhältnisse im Zusammenhang mit deren Errichtung werden durch spezielle föderale Gesetze geregelt, siehe das Föderale Gesetz Nr. 104-FZ vom 31.5.1999 „Über die Sonderwirtschaftszone im Gebiet Magadan", SZ RF 2006, Nr. 3, Pos. 280, und das Föderale Gesetz Nr. 16-FZ vom 10.1.2006 „Über die Sonderwirtschaftszone im Gebiet Kaliningrad", SZ RF 1999, Nr. 23, Pos. 2807.

4 Eine Zone der territorialen Entwicklung stellt einen Teil des Gebiets eines Subjekts der Russischen Föderation dar, auf dem zur Beschleunigung der sozialen und wirtschaftlichen Entwicklung des genannten Subjekts durch die Gestaltung von günstigen Bedingungen für die Beschaffung von Investitionen in seine Wirtschaft den Residenten der Zone der territorialen Entwicklung staatliche Fördermaßnahmen gewährt werden. Die mit der Errichtung und Funktionsweise von Zonen der territorialen Entwicklung verbundenen Verhältnisse werden durch das Föderale Gesetz Nr. 392 vom 3.12.2011 „Über Zonen der territorialen Entwicklung der Russischen Föderation und über die Änderung einiger Gesetze der Russischen Föderation", SZ RF 2011, Nr. 49 (Teilband 5), Pos. 7070, geregelt.

bzw. einer Kommune wird von der Regierung der Russischen Föderation getroffen und durch eine spezielle von ihr erlassene Verordnung ausgestaltet.

Dieser Entscheidung müssen die Antragsverfahren für die Errichtung einer Technik- und Innovations-Sonderwirtschaftszone sowie die Auswahlverfahren der Gebote vorausgehen. Diese Verfahren sehen wie folgt aus.

Das oberste Exekutivorgan der Staatsgewalt der Russischen Föderation oder die obersten Exekutivorgane der Staatsgewalt der Subjekte der Russischen Föderation stellen gemeinsam mit dem Exekutiv- und Verwaltungsorgan einer Kommune oder den Exekutiv- und Verwaltungsorganen mehrerer Kommunen an ein von der Regierung der Russischen Föderation bevollmächtigtes Organ der föderalen Exekutive (im Folgenden: „bevollmächtigtes Organ") einen Antrag bezüglich der Errichtung einer Sonderwirtschaftszone verbunden mit einer entsprechenden Begründung der Zweckmäßigkeit und Effektivität ihrer Errichtung zur Erfüllung von Aufgaben von föderaler, regionaler oder örtlicher Bedeutung. Das Verfahren der Ausgestaltung und Einreichung eines Antrags auf Errichtung einer Sonderwirtschaftszone, einschließlich des Verzeichnisses der dem Antrag beizufügenden Unterlagen, werden durch das bevollmächtigte Organ festgelegt. Derzeit wird das Verfahren der Ausgestaltung und Einreichung eines Antrags auf Errichtung einer Technik- und Innovations-Sonderwirtschaftszone durch die Verordnung der Regierung der Russischen Föderation Nr. 564 vom 13. September 2005 „Über die Bestätigung der Regeln zur Ausgestaltung und Einreichung eines Antrags auf Errichtung einer Sonderwirtschaftszone"[5] festgelegt.

Die Regierung der Russischen Föderation, die obersten Exekutivorgane der Staatsgewalt der Subjekte der Russischen Föderation und die Exekutiv- und Verwaltungsorgane der Kommunen, auf deren Gebieten eine Sonderwirtschaftszone errichtet wird, schließen innerhalb von 30 Tagen nach der Entscheidung der Regierung der Russischen Föderation über die Errichtung der Sonderwirtschaftszone eine Vereinbarung ab, die Folgendes festlegt:

- einen Komplex von Maßnahmen zur Erarbeitung eines Perspektivplans für die Entwicklung der Sonderwirtschaftszone und das Verfahren ihrer Finanzierung;
- die Verpflichtungen des Exekutivorgans der Staatsgewalt eines Subjekts der Russischen Föderation (der Exekutivorgane der Staatsgewalt der Subjekte der Russischen Föderation) oder entsprechend der Exekutiv- und Verwaltungsorgane der Kommunen zur Übertragung der Befugnisse zur Verwaltung bzw.

5 SZ RF 2005, Nr. 38, Pos. 3822.

Verfügung über Grundstücke und andere Immobilien innerhalb der Sonderwirtschaftszone für die Dauer ihres Bestehens an das bevollmächtigte Organ;
- das Verfahren der Bildung des Aufsichtsrates der Sonderwirtschaftszone.

Außerdem legt die Vereinbarung Folgendes fest:

- den Umfang und die Fristen der Finanzierung der Errichtung von Objekten der Versorgungs-, Verkehrs-, Sozial-, Innovations- und sonstigen Infrastruktur der Sonderwirtschaftszone mit Mitteln des föderalen Haushalts, der Haushalte der Subjekte der Russischen Föderation, der örtlichen Haushalte und der außerbudgetären Finanzierungsquellen;
- die Grenzen der Sonderwirtschaftszone und ein Verzeichnis der Grundstücke, aus denen sie sich zusammensetzt;
- das an die Sonderwirtschaftszone angrenzende Gebiet, dessen Gesamtfläche die gesetzlich festgelegte Größe nicht überschreiten darf;
- den Plan für die Erschließung und die entsprechende materielle und technische Ausstattung der Sonderwirtschaftszone und des an sie angrenzenden Gebiets;
- sonstige gesetzlich vorgesehene Bedingungen.

Eine Sonderwirtschaftszone wird für einen Zeitraum von neun Jahren errichtet, der nicht verlängert werden kann.

Die vorzeitige Beendigung einer Sonderwirtschaftszone ist nur zulässig, wenn:

- dies zum Schutz von menschlichem Leben und der Gesundheit, zum Umweltschutz und zum Schutz kultureller Werte sowie zur Sicherung der nationalen Verteidigungsfähigkeit und der nationalen Sicherheit erforderlich ist;
- innerhalb von drei Jahren seit dem Zeitpunkt der Errichtung der Sonderwirtschaftszone keine einzige Vereinbarung über die Ausübung einer technisch-innovativen Tätigkeit geschlossen wurde oder alle früher geschlossenen Vereinbarungen aufgehoben wurden;
- innerhalb von drei aufeinander folgenden Jahren in der Sonderwirtschaftszone durch deren Residenten keine technisch-innovative Tätigkeit ausgeübt wurde.

Die Entscheidung über die vorzeitige Beendigung einer Sonderwirtschaftszone wird von der Regierung der Russischen Föderation getroffen.

Die geltende Gesetzgebung, welche die mit den Sonderwirtschaftszonen, einschließlich der Technik- und Innovations-Sonderwirtschaftszonen, im Zusammenhang stehenden Verhältnisse regelt, sieht mehrere Organe für deren Verwaltung vor.

Die Gesamtleitung der Technik- und Innovations-Sonderwirtschaftszonen obliegt einem zur Wahrnehmung der Verwaltungsfunktionen von Sonderwirtschaftszonen bevollmächtigten föderalen Organ der Exekutive und dessen territorialen Organen. Seinerzeit wurde die Föderale Agentur für die Verwaltung von Sonderwirtschaftszonen mit der Wahrnehmung dieser Funktionen beauftragt. Gegenwärtig werden diese Funktionen vom Ministerium für wirtschaftliche Entwicklung der Russischen Föderation wahrgenommen.

Durch Beschluss des Leiters des genannten Ministeriums können bestimmte Befugnisse zur Verwaltung von Sonderwirtschaftszonen auf der Grundlage einer Vereinbarung einem Exekutivorgan eines Subjekts der Russischen Föderation oder einer Verwaltungsgesellschaft unter Berücksichtigung der durch föderales Gesetz vorgesehenen Besonderheiten übertragen werden. Das Musterformular einer Vereinbarung über die Übertragung von Befugnissen zur Verwaltung von Sonderwirtschaftszonen wurde durch die Anordnung des Ministeriums für wirtschaftliche Entwicklung der Russischen Föderation Nr. 20 vom 21. Januar 2010 „Über die Bestätigung des Musterformulars einer Vereinbarung mit einem Subjekt der Russischen Föderation über die Delegation einzelner Befugnisse zur Verwaltung einer Sonderwirtschaftszone“[6] festgelegt.

Das bevollmächtigte Organ, die Exekutivorgane der Subjekte der Russischen Föderation und die Verwaltungsgesellschaften bilden ein einheitliches zentrales System zur Verwaltung von Sonderwirtschaftszonen.

Um die Tätigkeit der föderalen Exekutivorgane, der Exekutivorgane der Staatsgewalt eines Subjekts der Russischen Föderation, des Exekutiv- und Verwaltungsorgans einer Kommune oder der Exekutiv- und Verwaltungsorgane der Kommunen sowie der Wirtschaftssubjekte zur Entwicklung einer Sonderwirtschaftszone, zur Ausübung der Kontrolle über die Umsetzung einer Vereinbarung über die Errichtung einer Sonderwirtschaftszone, zur Mitwirkung bei der Umsetzung der Projekte der Residenten der Sonderwirtschaftszone sowie der Projekte sonstiger Investoren, zur Prüfung und Bestätigung von Perspektivplänen für die Entwicklung einer Sonderwirtschaftszone sowie zur Ausübung der Kontrolle über die Umsetzung dieser Pläne zu koordinieren, wird der Aufsichtsrat einer Sonderwirtschaftszone gebildet. Die Ordnung über den Aufsichtsrat einer Sonderwirtschaftszone wurde durch die Verordnung der Regierung der Russischen Föderation Nr. 758 vom 13. Dezember 2005[7] bestätigt.

---

6 Rossijskaja gazeta vom 17.3.2010.

7 SZ RF 2005, Nr. 51, Pos. 5544.

Der Aufsichtsrat einer Sonderwirtschaftszone setzt sich in der Regel aus Vertretern des bevollmächtigten Organs, Vertretern des Exekutivorgans der Staatsgewalt eines Subjekts der Russischen Föderation oder Vertretern der Exekutivorgane der Staatsgewalt der Subjekte der Russischen Föderation, Vertretern des Exekutiv- und Verwaltungsorgans einer Kommune oder Vertretern der Exekutiv- und Verwaltungsorgane der Kommunen, Vertretern der Verwaltungsgesellschaft, Vertretern der Residenten der Sonderwirtschaftszone und Vertretern sonstiger Organisationen, einschließlich der Vertreter von Bildungs- und Forschungseinrichtungen, zusammen, die ihre Tätigkeit innerhalb der Grenzen einer Kommune oder der Kommunen, auf deren Gebiet sich die Sonderwirtschaftszone befindet, ausüben. Die Zusammensetzung des Aufsichtsrates einer Sonderwirtschaftszone wird durch das bevollmächtigte Organ bestätigt.

Die Befugnisse der Verwaltungsorgane einer Sonderwirtschaftszone sind in Art. 8 SWZ-Gesetz festgelegt, zu denen die Folgenden gehören:

- Registrierung von juristischen Personen und Einzelunternehmern als Residenten der Sonderwirtschaftszone;
- Führung eines Registers der Residenten der Sonderwirtschaftszone;
- Ausstellung von Registerauszügen auf Verlangen der Residenten der Sonderwirtschaftszone oder auf Anfrage von Interessenten;
- jährliche Evaluierung der Effektivität der Funktionsweise der Sonderwirtschaftszonen;
- Zusammenfassung von Informationen über die Ergebnisse der Funktionsweise der Sonderwirtschaftszonen und Vorlage eines Jahresberichts über die Ergebnisse der Funktionsweise der Sonderwirtschaftszonen bei der Regierung der Russischen Föderation;
- Durchführung der Kontrolle bezüglich der Erfüllung der Vereinbarung über die Ausübung einer technisch-innovativen Tätigkeit durch einen Residenten in der Sonderwirtschaftszone gemäß dem Verfahren, das durch das von der Regierung der Russischen Föderation bevollmächtigte föderale Exekutivorgan festgelegt wurde;
- Veröffentlichung von Informationen über die Verfügbarkeit von Grundstücken, von staatlichem und (oder) kommunalem Vermögen, das sich innerhalb der Sonderwirtschaftszone befindet und nicht verpachtet wurde, mindestens einmal im Quartal in den durch das bevollmächtigte föderale Exekutivorgan bestimmten Print- bzw. elektronischen Medien;
- Wahrnehmung der Funktionen eines staatlichen Auftraggebers zur Erstellung der Unterlagen zur Gebietsplanung innerhalb der Sonderwirtschaftszone und zur Errichtung der Ingenieur-, Verkehrs-, Sozial-, Innovations- und sonstigen

Infrastruktur in dieser Zone mit Mitteln des föderalen Haushalts, des Haushalts eines Subjekts der Russischen Föderation und des örtlichen Haushalts, sofern nichts anderes durch die Gesetzgebung der Russischen Föderation festgelegt ist;
- Verwaltung und Verfügung über Grundstücke und andere Immobilien, welche sich innerhalb der Sonderwirtschaftszone und im staatlichen oder kommunalen Eigentum befinden;
- Sicherstellung der Begutachtung der Projektunterlagen sowie der Begutachtung der Ergebnisse der ingenieurtechnischen Untersuchungen;
- Einholung der technischen Bedingungen für die Anschlüsse an die ingenieurtechnischen Versorgungsnetze und Übergabe dieser Bedingungen sowie der Baugenehmigungen an Einzelunternehmer oder juristische Personen, die den Bau oder die Sanierung vornehmen;
- Wahrnehmung sonstiger durch die föderalen Gesetze vorgesehener Befugnisse.

Das bevollmächtigte Organ ist berechtigt, zur Wahrnehmung seiner Funktionen in Bezug auf die Errichtung von Immobilien innerhalb der Sonderwirtschaftszone und auf dem an sie angrenzenden Gebiet mit Mitteln des föderalen Haushalts, des Haushalts eines Subjekts der Russischen Föderation, des örtlichen Haushalts und außerbudgetären Finanzierungsquellen sowie in Bezug auf die Verwaltung dieser und früher errichteter Immobilien eine Verwaltungsgesellschaft heranzuziehen.

Eine *Verwaltungsgesellschaft* nimmt folgende Funktionen wahr:

- Gewährleistung der Errichtung von Infrastrukturobjekten einer Sonderwirtschaftszone und von sonstigen zur Sicherstellung der Funktionsweise einer Sonderwirtschaftszone bestimmten Objekten gemäß der Vereinbarung über die Errichtung einer Sonderwirtschaftszone;
- Gewährleistung des Betriebs von Infrastrukturobjekten einer Sonderwirtschaftszone und von sonstigen zur Sicherstellung der Funktionsweise einer Sonderwirtschaftszone bestimmten Objekten;
- Heranziehung von Residenten und sonstigen Investoren in die Sonderwirtschaftszone, darunter auch zur Ausübung einer Tätigkeit zur Errichtung von Infrastrukturobjekten einer Sonderwirtschaftszone;
- Erarbeitung eines Bebauungsplans (*proekt planirovki*) der Sonderwirtschaftszone sowie dessen Vorlage zur Genehmigung beim bevollmächtigten Organ gemäß der Gesetzgebung der Russischen Föderation;
- Wahrnehmung sonstiger durch föderales Gesetz und die Vereinbarung über die Verwaltung der Sonderwirtschaftszone vorgesehener Funktionen.

Eine wichtige Form des Zusammenwirkens zwischen den Organen der öffentlichen Gewalt und der Privatwirtschaft im Rahmen der Funktionsweise einer Technik- und Innovations-Sonderwirtschaftszone stellt die Vereinbarung über die Ausübung einer *technisch-innovativen Tätigkeit* dar, die ein Schlüsselelement der Public-private-Partnership im Bereich der Innovationstätigkeit ist.

Gemäß Art. 12 SWZ-Gesetz wird eine Vereinbarung über die Ausübung einer technisch-innovativen Tätigkeit zwischen einem Residenten der Sonderwirtschaftszone, dem bevollmächtigten Organ und der Verwaltungsgesellschaft geschlossen. Dem Abschluss der genannten Vereinbarung geht das Verfahren der Antragstellung beim bevollmächtigten Organ bezüglich des Abschlusses einer Vereinbarung über die Ausübung einer Tätigkeit voraus. Ein solcher Antrag muss die Angaben enthalten, die in Art. 13 SWZ-Gesetz festgelegt sind.

Das bevollmächtigte Organ erarbeitet eine Vereinbarung über die Ausübung einer Tätigkeit innerhalb von zehn Arbeitstagen ab dem Zeitpunkt der Entscheidung über deren Abschluss mit dem Antragsteller und leitet diese an den Antragsteller und die Verwaltungsgesellschaft weiter.

Eine Vereinbarung über die Ausübung einer technisch-innovativen Tätigkeit stellt einen Vertrag dar, in dem sich ein Resident der Sonderwirtschaftszone verpflichtet, eine bestimmte vereinbarte Tätigkeit auszuüben und Investitionen, einschließlich von Kapitalanlagen, im vereinbarten Umfang und innerhalb der vereinbarten Fristen vorzunehmen. Das bevollmächtigte Organ verpflichtet sich, die ihm durch föderales Gesetz übertragenen Befugnisse wahrzunehmen, einschließlich der Verpachtung eines Grundstücks an den Residenten der Sonderwirtschaftszone, wenn er dessen bedarf.

Ihrem rechtlichen Charakter nach tendiert die Vereinbarung über die Ausübung einer technisch-innovativen Tätigkeit zu den öffentlich-rechtlichen Verträgen, da ein einseitiger hoheitlicher Akt eines Organs der öffentlichen Gewalt notwendige Grundlage für die Entstehung vertraglicher technisch-innovativer Verhältnisse ist. Darüber hinaus erfolgt die Ausübung der Tätigkeit unter der Kontrolle der Verwaltung mit den dieser Kontrolle eigenen Methoden ihrer Durchführung.

Zu den Elementen einer Vereinbarung über die Ausübung einer technisch-innovativen Tätigkeit gehören deren Parteien, Gegenstand, Laufzeit sowie Form und Inhalt.

Parteien einer Vereinbarung über die Ausübung einer technisch-innovativen Tätigkeit sind ein Resident der Sonderwirtschaftszone, das bevollmächtigte Organ und die Verwaltungsgesellschaft.

Als Residenten einer Technik- und Innovations-Sonderwirtschaftszone werden Einzelunternehmer oder kommerzielle Organisationen mit Ausnahme eines Einheitsunternehmens anerkannt, die gemäß der Gesetzgebung der Russischen Föderation auf dem Gebiet einer Kommune registriert sind, in deren Grenzen sich die Sonderwirtschaftszone befindet, und die mit den Verwaltungsorganen der Sonderwirtschaftszone eine Vereinbarung über die Ausübung einer technisch-innovativen Tätigkeit in dem Verfahren und zu den Bedingungen geschlossen haben, die durch das SWZ-Gesetz vorgesehen sind.

Die Verwaltungsgesellschaft ist entweder eine offene Aktiengesellschaft, die zur Umsetzung von Vereinbarungen über die Errichtung von Sonderwirtschaftszonen gegründet wurde und deren Aktien zu 100 % der Russischen Föderation gehören, eine Wirtschaftsgesellschaft, die unter der Beteiligung dieser offenen Aktiengesellschaft für die genannten Zwecke gegründet wurde, oder eine sonstige Wirtschaftsgesellschaft, die mit dem bevollmächtigten Organ eine Vereinbarung über die Verwaltung einer Sonderwirtschaftszone geschlossen hat.

Gegenstand einer Vereinbarung über die Ausübung einer technisch-innovativen Tätigkeit ist die Ausübung der genannten Tätigkeit durch einen Residenten der Sonderwirtschaftszone entsprechend dem Business-Plan.

Eine Vereinbarung über die Ausübung einer Tätigkeit wird *schriftlich* für einen *Zeitraum* geschlossen, der die bis zur Beendigung des Bestehens der Sonderwirtschaftszone verbleibende Zeit nicht überschreitet. Das Musterformular einer solchen Vereinbarung über die Ausübung einer technisch-innovativen Tätigkeit wird durch das bevollmächtigte Organ bestätigt.

Die Hauptpflicht eines Residenten ist die Ausübung der durch die Vereinbarung vorgesehenen Tätigkeit auf dem Territorium einer Technik- und Innovations-Sonderwirtschaftszone.

Im Zuge der Umsetzung der durch den Business-Plan vorgesehenen Maßnahmen ist der Resident verpflichtet, zur Umsetzung der entsprechenden Projekte Investitionen in dem vereinbarten Umfang und innerhalb der vereinbarten Fristen vorzunehmen.

Der Resident trägt auch die im Zusammenhang mit der Begutachtung der Projektunterlagen und der Ergebnisse der ingenieurtechnischen Untersuchungen sowie die mit der Erschließung und staatlichen Katastererfassung der innerhalb der Sonderwirtschaftszone liegenden Grundstücke anfallenden Kosten.

Der Resident ist u. a. berechtigt:

- Auszüge aus dem Register der Residenten der Sonderwirtschaftszone zu erhalten;

- einen Nachweis über die Registrierung als Resident der Sonderwirtschaftszone zu erhalten;
- über das ihm gehörende bewegliche und unbewegliche Vermögen zu verfügen, welches sich auf dem Territorium einer Technik- und Innovations-Sonderwirtschaftszone befindet.

Der Resident einer Sonderwirtschaftszone ist nicht berechtigt, seine Rechte und Pflichten aus der Vereinbarung über die Ausübung einer Tätigkeit auf eine andere Person zu übertragen.

Das bevollmächtigte Organ ist verpflichtet:

- mit dem Residenten zur Ausübung der durch die Vereinbarung vorgesehenen Tätigkeit einen Vertrag über die Pacht staatlichen oder kommunalen Vermögens zu schließen, das sich auf den Grundstücken innerhalb der Technik- und Innovations-Sonderwirtschaftszone befindet;
- mit dem Residenten einen Vertrag über die Pacht eines innerhalb der Sonderwirtschaftszone liegenden Grundstücks zu schließen;
- den Residenten in das Register der Residenten der Sonderwirtschaftszone einzutragen;
- die staatliche Begutachtung der Projektunterlagen und der Ergebnisse der ingenieurtechnischen Untersuchungen sicherzustellen, die zur Ausübung der im Business-Plan vorgesehenen Maßnahmen erforderlich sind;
- den Residenten über die Übertragung einzelner Befugnisse zur Verwaltung der Technik- und Innovations-Sonderwirtschaftszone an Dritte zu informieren;
- die Erfüllung der Bedingungen der Vereinbarung über die Ausübung einer technisch-innovativen Tätigkeit durch den Residenten zu kontrollieren.

Das bevollmächtigte Organ ist berechtigt:

- die notwendigen Informationen und Dokumente vom Residenten auf schriftliche Anfrage zu erhalten;
- einzelne Befugnisse zur Verwaltung der Technik- und Innovations-Sonderwirtschaftszone an Dritte zu übertragen, z. B. an das Exekutivorgan eines Subjekts der Russischen Föderation.

Die Verwaltungsgesellschaft ist verpflichtet, die notwendigen Handlungen gemäß dem Verfahren und in dem Rahmen vorzunehmen, die durch die Vereinbarung über die Verwaltung der Sonderwirtschaftszone festgelegt sind, einschließlich der Bereitstellung von Infrastrukturobjekten der Sonderwirtschaftszone.

Sofern der Resident einer Sonderwirtschaftszone beabsichtigt, solche Bedingungen einer Vereinbarung über die Ausübung einer Tätigkeit zu ändern, die mit der Änderung des Business-Plans im Zusammenhang stehen, stellt er beim bevollmächtigten föderalen Exekutivorgan einen entsprechenden Antrag und legt ihm den Business-Plan vor, dessen Form durch das genannte Organ festgelegt wird.

Spätestens fünf Werktage nach Eingang der entsprechenden Unterlagen leitet das bevollmächtigte Organ den Business-Plan an den Sachverständigenrat für Sonderwirtschaftszonen weiter.

Spätestens 30 Werktage ab Eingang der Unterlagen fasst der Sachverständigenrat für die Technik- und Innovations-Sonderwirtschaftszonen einen der nachfolgenden Beschlüsse und leitet ihn an das bevollmächtigte Organ weiter:

- Beschluss über die Unterstützung des Business-Plans;
- Beschluss über die Versagung der Unterstützung des Business-Plans.

Der Beschluss des Sachverständigenrates kann auch eine oder mehrere Verpflichtungen zur Vornahme von Änderungen am Business-Plan enthalten, die dem Antragsteller auferlegt werden und vom bevollmächtigten Organ beim Abschluss einer Zusatzvereinbarung zur Vereinbarung über die Ausübung einer Tätigkeit berücksichtigt werden.

Innerhalb von fünf Tagen ab Eingang des Beschlusses des Sachverständigenrates übersendet das bevollmächtigte Organ eine schriftliche Mitteilung an den Residenten der Sonderwirtschaftszone:

- über die Änderung der Bedingungen der Vereinbarung über die Ausübung einer Tätigkeit im Fall eines Beschlusses über die Unterstützung des Business-Plans;
- über die Versagung der Änderung der Bedingungen der Vereinbarung über die Ausübung einer Tätigkeit im Fall eines Beschlusses über die Versagung der Unterstützung des Business-Plans;
- über die Änderung der Bedingungen der Vereinbarung über die Ausübung einer Tätigkeit unter der Voraussetzung, dass der Antragsteller die Verpflichtungen zur Vornahme von Änderungen am Business-Plan erfüllt.

Änderungen, die in die Vereinbarung über die Ausübung einer Tätigkeit aufzunehmen sind und nicht mit der Änderung von wesentlichen Bedingungen im Zusammenhang stehen, werden durch eine Zusatzvereinbarung aufgenommen, wobei der Resident der Sonderwirtschaftszone Dokumente zur Verfügung zu stellen hat, welche die Begründetheit der Aufnahme von Änderungen in die

Vereinbarung über die Ausübung einer Tätigkeit ohne Prüfung durch den Sachverständigenrat der entsprechenden Sonderwirtschaftszone belegen.

Innerhalb von zehn Werktagen ab der Beschlussfassung über den Abschluss einer Zusatzvereinbarung durch den Sachverständigenrat wird die Vereinbarung schriftlich geschlossen, indem ein von den Parteien unterzeichnetes Dokument ausgefertigt wird.

Gemäß Art. 19 SWG-Gesetz verliert eine Vereinbarung über die Ausübung einer Tätigkeit aus folgenden Gründen ihre Wirksamkeit:

- mit dem Ablauf der Frist, für die sie geschlossen wurde;
- im Fall ihrer Aufhebung;
- im Fall der vorzeitigen Beendigung des Bestehens einer Sonderwirtschaftszone;
- im Fall der Beendigung der Tätigkeit einer juristischen Person oder der Tätigkeit einer natürlichen Person als Einzelunternehmer.

Die Aufhebung einer Vereinbarung über die Ausübung einer technisch-innovativen Tätigkeit wird nach den allgemeinen Regeln im Einvernehmen der Parteien zugelassen.

Eine Vereinbarung über die Ausübung einer Tätigkeit kann durch ein Gericht auf Antrag einer der Parteien bei einer wesentlichen Verletzung ihrer Bedingungen durch die andere Partei, bei einer wesentlichen Veränderung der Umstände oder aus sonstigen durch das SWZ-Gesetz vorgesehenen Gründen aufgehoben werden.

Als eine durch den Residenten einer Sonderwirtschaftszone begangene wesentliche Verletzung einer Vereinbarung über die Ausübung einer Tätigkeit gilt Folgendes:

- Ausübung einer in der Vereinbarung über die Ausübung einer Tätigkeit nicht vorgesehenen wirtschaftlichen Tätigkeit in der Sonderwirtschaftszone;
- Nichtausübung der vereinbarten Tätigkeit innerhalb von 24 aufeinanderfolgenden Monaten ab dem Zeitpunkt der Feststellung der Tatsache ihrer Nichtausübung durch das bevollmächtigte föderale Exekutivorgan;
- Nichtvorlage innerhalb der vereinbarten Frist der für die Umsetzung der durch den Business-Plan vorgesehenen Maßnahmen erforderlichen Projektunterlagen und der Ergebnisse der ingenieurtechnischen Untersuchungen beim bevollmächtigten Organ zwecks Durchführung ihrer staatlichen Begutachtung sowie ihrer Abstimmung für den Fall, dass deren Vorlage durch die Vereinbarung über die Ausübung einer Tätigkeit vorgesehen ist;
- Nichtvornahme von Investitionen, einschließlich von Kapitalanlagen, in dem Umfang und innerhalb der Frist, die durch die genannte Vereinbarung

vorgesehen sind, wenn deren Vornahme durch die Vereinbarung über die Ausübung einer Tätigkeit vorgesehen war.

In einer Vereinbarung über die Ausübung einer Tätigkeit können auch andere Handlungen des Residenten einer Sonderwirtschaftszone und (oder) der Verwaltungsorgane der Sonderwirtschaftszone genannt werden, welche von den Parteien als wesentliche Verletzungen der Bedingungen über die Ausübung einer Tätigkeit anerkannt werden.

Wenn die Verwaltungsorgane der Sonderwirtschaftszone es ablehnen, einen Pachtvertrag über ein Grundstück und (oder) einen Pachtvertrag über staatliches und (oder) kommunales Vermögen abzuschließen, ist der Resident der Sonderwirtschaftszone berechtigt, sich an ein Gericht mit dem Antrag auf Aufhebung der Vereinbarung über die Ausübung einer Tätigkeit oder auf Abschluss eines Pachtvertrags über das Grundstück und (oder) eines Pachtvertrags über das staatliche und (oder) kommunale Vermögen zu wenden.

Eine Vereinbarung über die Ausübung einer Tätigkeit kann durch ein Gericht auf Antrag des hierzu bevollmächtigten Organs bei Vorliegen eines ablehnenden staatlichen Gutachtens über die Planungsunterlagen aufgehoben werden, wenn die Planungsunterlagen innerhalb einer angemessenen Frist unter Berücksichtigung der in diesem Gutachten dargelegten Einwände und Vorschläge nicht überarbeitet wurden.

Im Fall der Beendigung einer Vereinbarung über die Ausübung einer Tätigkeit werden die Ausgaben, die dem Residenten der Sonderwirtschaftszone im Zusammenhang mit der Erfüllung der Vereinbarung entstanden sind, nicht erstattet.

Die Rechtsfolgen der Beendigung einer Vereinbarung über die Ausübung einer technisch-innovativen Tätigkeit sind in Art. 21 SWZ-Gesetz geregelt. Demnach verliert eine Person im Fall der Beendigung einer Vereinbarung über die Ausübung einer Tätigkeit den Status eines Residenten der Sonderwirtschaftszone.

Eine Person, die den Status eines Residenten einer Technik- und Innovations-Sonderwirtschaftszone verloren hat, u. a. auch im Zusammenhang mit der vorzeitigen Beendigung einer Vereinbarung über die Ausübung einer Tätigkeit, ist berechtigt, in der Sonderwirtschaftszone zu den allgemeinen Bedingungen unternehmerisch tätig zu sein.

Im Fall der Beendigung einer Vereinbarung über die Ausübung einer Tätigkeit verlieren die zu den in der Vereinbarung vorgesehenen Bedingungen geschlossenen Pachtverträge über staatliches und (oder) kommunales Vermögen bzw. über ein Grundstück gemäß der Gesetzgebung der Russischen Föderation ihre Gültigkeit.

Sofern durch das SWZ-Gesetz nichts anderes vorgesehen ist, ist die Person, die den Status eines Residenten einer Sonderwirtschaftszone u. a. auch im Zusammenhang mit der vorzeitigen Beendigung einer Vereinbarung über die Ausübung einer Tätigkeit verloren hat, berechtigt, über das ihr gehörende bewegliche und unbewegliche Vermögen, das sich auf dem Territorium der Sonderwirtschaftszone befindet, nach eigenem Ermessen gemäß der Zivilgesetzgebung zu verfügen.

Die Verantwortlichkeit für die Verletzung von Verpflichtungen aus einer Vereinbarung beruht auf den allgemeinen Regeln über die Verantwortlichkeit für die Verletzung von Verpflichtungen (Kapitel 25 des Zivilgesetzbuchs der Russischen Föderation, im Folgenden: „ZGB") unter Berücksichtigung ihrer Besonderheiten. Eine Sonderregelung der Verantwortlichkeit für Verpflichtungen aus der genannten Vereinbarung enthält Art. 21 Pkt. 5 SWZ-Gesetz. Danach ist die Person, die den Status eines Residenten einer Sonderwirtschaftszone verloren hat, bei einer vorzeitigen Beendigung einer Vereinbarung über die Ausübung einer Tätigkeit im Zusammenhang mit einer von ihr begangenen wesentlichen Verletzung der Bedingungen der Vereinbarung verpflichtet, ein Bußgeld in der durch die genannte Vereinbarung vorgesehenen Höhe zu zahlen.

Das SWZ-Gesetz sieht Garantien für den Residenten einer Technik- und Innovations-Sonderwirtschaftszone vor ungünstigen Änderungen der Gesetzgebung der Russischen Föderation über Steuern und Abgaben vor. Gemäß Art. 38 SWG-Gesetz finden die föderalen Gesetze über Steuern und Abgaben, die Gesetze der Subjekte der Russischen Föderation über Steuern und Abgaben und die Rechtsvorschriften der Organe der örtlichen Selbstverwaltung über Steuern und Abgaben, die zu einer Verschlechterung der Situation von Steuerpflichtigen führen, die Residenten einer Sonderwirtschaftszone sind, mit Ausnahme der Gesetzgebung der Russischen Föderation über Steuern und Abgaben betreffend die Besteuerung verbrauchsteuerpflichtiger Waren auf die Residenten der Sonderwirtschaftszone innerhalb der Laufzeit einer Vereinbarung über die Ausübung einer technisch-innovativen Tätigkeit keine Anwendung. Dabei ist anzumerken, dass der Umfang der durch den Gesetzgeber dem Residenten einer Sonderwirtschaftszone gewährten Garantien eindeutig unzureichend und im Vergleich z. B. mit dem Umfang der für den Konzessionär gemäß einer Konzessionsvereinbarung festgelegten Garantien deutlich zu gering ist. So wird dem Konzessionär gemäß Art. 18–20 des Gesetzes „Über Konzessionsvereinbarungen"[8] bei der

8 Föderales Gesetz Nr. 115-FZ vom 21.7.2005, SZ RF 2005, Nr. 30 (Teilband 2), Pos. 3126.

Ausübung einer durch eine Konzessionsvereinbarung vorgesehenen Tätigkeit der Schutz seiner Rechte und gesetzlichen Interessen gemäß der Verfassung der Russischen Föderation, den internationalen Verträgen der Russischen Föderation, den föderalen Gesetzen sowie sonstigen Rechtsvorschriften der Russischen Föderation garantiert.

Der Konzessionär hat gemäß dem ZGB einen Anspruch auf Ersatz der Schäden, die ihm durch rechtswidrige Handlungen bzw. die Untätigkeit der staatlichen Organe, der Organe der örtlichen Selbstverwaltung oder der Funktionsträger dieser Organe zugefügt wurden.

Im Fall des Verkaufs der hergestellten Waren bzw. der Erbringung von Werk- oder Dienstleistungen durch den Konzessionär zu regulierten Preisen (Tarifen) oder unter Berücksichtigung von festgelegten Zuschlägen auf die Preise (Tarife) legen die für den Bereich der Regulierung der Preise (Tarife) zuständigen Behörden die Preise (Tarife) und die Zuschläge auf die Preise (Tarife) auf die durch den Konzessionär herzustellenden und zu verkaufenden Waren bzw. zu erbringenden Werk- oder Dienstleistungen fest. Dabei haben sie von den durch die Konzessionsvereinbarung bestimmten Fristen und dem Umfang der Investitionen für die Errichtung und (oder) Sanierung des Objekts der Konzessionsvereinbarung sowie für die Modernisierung bzw. den Ersatz eines sonstigen durch den Konzedenten nach der Konzessionsvereinbarung an den Konzessionär zu übergebenden Vermögensgegenstands und für die Verbesserung seiner Leistungsparameter und Betriebseigenschaften auszugehen. Der Übergang des Eigentums am Objekt einer Konzessionsvereinbarung stellt keinen Grund für eine Änderung oder Beendigung der Konzessionsvereinbarung dar.

Den Konzessionären, darunter auch ausländischen juristischen Personen, werden die gleichen durch die Gesetzgebung der Russischen Föderation vorgesehenen Rechte und eine rechtliche Regelung der Tätigkeit garantiert, die eine Anwendung diskriminierender und sonstiger Maßnahmen ausschließt, welche die Konzessionäre daran hindern, über Investitionen sowie über Produkte und Erträge, die im Ergebnis der Ausübung der durch die Konzessionsvereinbarung vorgesehenen Tätigkeit erhalten werden, frei zu verfügen.

Wenn während der Laufzeit einer Konzessionsvereinbarung durch die Gesetzgebung der Russischen Föderation, die Gesetzgebung der Subjekte der Russischen Föderation oder die Rechtsvorschriften der Organe der örtlichen Selbstverwaltung Regelungen festgelegt werden, welche die Lage des Konzessionärs derart beeinträchtigen, dass ihm weitgehend das entzogen wird, was er bei Abschluss der Konzessionsvereinbarung berechtigterweise erwarten konnte, ändern die Parteien der Konzessionsvereinbarung die Bedingungen der

Konzessionsvereinbarung, um die Vermögensinteressen des Konzessionärs, die zum Zeitpunkt der Unterzeichnung der Konzessionsvereinbarung bestanden haben, zu sichern.

Zu den sonstigen Umständen, welche die aktive Entwicklung einer technisch-innovativen Tätigkeit verhindern, zählen eine faktische Dominanz der föderalen Strukturen (des bevollmächtigten Organs) und der Ausschluss kommunaler und regionaler Verwaltungsorgane von den Prozessen der Zusammenarbeit mit der Privatwirtschaft auf den Territorien der Technik- und Innovations-Sonderwirtschaftszonen sowie ein übermäßig kompliziert gestaltetes Verfahren zur Erlangung des Status eines Residenten.

Diese Situation könnte durch eine Annäherung der geltenden Gesetzgebung, welche die im Innovationsbereich und insbesondere in dessen Infrastruktursektor entstehenden Verhältnisse regelt, an die Gesetzgebung über Konzessionsvereinbarungen verbessert werden, in welcher die rechtlichen Mechanismen der Zusammenarbeit zwischen Verwaltung und Privatwirtschaft am produktivsten eingesetzt werden.

Christian Graf

§ 9. Business-Improvement-Districts (BIDs) – Maßgeschneiderter PPP-Rahmen für den urbanen Einzelhandel

I. Grunddefinition

Business-Improvement-Districts (im Folgenden: BID) sind räumlich begrenzte Geschäftsgebiete („business districts"), in denen Grundeigentümer und Gewerbetreibende die Standortqualität in einem bestimmten, rechtlich verbindlichen Rahmen verbessern („improvement"). Ein BID nach deutschem Recht entsteht durch eine Rechtsverordnung auf landesgesetzlicher Grundlage. Auf dieser Basis wird eine zeitlich befristete Abgabe erhoben, die von allen Grundeigentümern aufgebracht und zu gemeinsamen Zwecken verwendet wird. Zur Koordination wird ein privater „Aufgabenträger" eingeschaltet, der unter öffentlich-rechtlicher Aufsicht steht.

II. Ausgangslage

Seit den 1970er Jahren gibt es in Deutschland eine spürbare Konkurrenz von Einkaufszentren gegenüber den gewachsenen Einzelhandelsstandorten in den Städten. Einkaufszentren haben neue Maßstäbe gesetzt, insbesondere im Hinblick auf die Gestaltung und Pflege der Verkehrsflächen, des einheitlichen Marketings und des Branchenmixes. Der grundsätzliche Vorteil eines Einkaufszentrums ist die Leitung durch einen Betreiber, die eine Gestaltung des Umfelds aus einer Hand möglich macht. Hier liegt ein Wettbewerbsnachteil für die normalen Einzelhandelslagen in den Städten. Zwar gibt es auch dort Korrekturansätze. So wird seitens der Kommunen versucht, den öffentlichen Raum in den Einkaufsstraßen gezielt zu gestalten. Die ansässigen Händler schließen sich häufig zu Interessengemeinschaften zusammen. Gleichwohl ist all dies nicht mit einem einheitlichen Management im Rahmen eines Einkaufszentrums zu vergleichen. Ein wesentliches Problem ist insbesondere der oft recht geringe Teilnahmegrad an Interessengemeinschaften in Einkaufsstraßen, die dann an mangelnden finanziellen Mitteln leiden. Außerdem werden viele Aktivisten der Interessengemeinschaften durch „Trittbrettfahrer" frustriert, also durch Einzelhändler, die von den Aktivitäten der lokalen Interessengemeinschaft profitieren, selbst aber von einer Mitgliedschaft und Beitragszahlung in dem Trägerverein absehen.

Auch die Kommunen stoßen regelmäßig an enge Grenzen bei der Gestaltung des öffentlichen Raums, da die verfügbaren Mittel begrenzt sind.

Diese Problematik war in den Vereinigten Staaten und Kanada bereits Ende der 1960er Jahre erkennbar. 1970 wurde in Toronto mit dem „Bloor West Village" der erste Business-Improvement-District eingerichtet. Der Grundgedanke dabei ist es, mit einer verbindlichen Rechtsform alle Grundstückseigentümer eines Geschäftsgebietes zu gemeinsamen Maßnahmen heranzuziehen, um den Trittbrettfahrer-Effekt auszuschalten. Diese, später auch in Nordamerika vielfach zu beobachtende Organisationsform war Ausgangspunkt und Vorbild für die Handelskammer Hamburg, um nach der Jahrtausendwende eine auf das deutsche Umfeld abgestimmte Regelung zu initiieren.

III. Das Hamburger Gesetz zur Stärkung der Einzelhandels-, Dienstleistungs- und Gewerbezentren (GSED)

Das Hamburger GSED vom 28. Dezember 2004 war das erste BID-Landesgesetz[1]. Danach gelten für BIDs folgende Regeln:

1. Einrichtung eines BID

Ein BID entsteht gemäß § 3 Abs. 1 GSED durch Rechtsverordnung des Senats (der Hamburger Landesregierung) auf Antrag eines sog. „Aufgabenträgers". Da der BID gemäß § 4 Abs. 1 GSED keine eigene Rechtspersönlichkeit hat, werden alle seine Aufgaben durch den Aufgabenträger wahrgenommen. Dazu gehört auch die Stellung des Antrags auf Einrichtung des BID, ohne den der Senat nicht tätig werden darf.

Aufgabenträger kann nach § 4 Abs. 1 GSED jede natürliche oder juristische Person sein, die Mitglied der Handelskammer Hamburg ist oder sich freiwillig der Aufsicht durch die Handelskammer Hamburg unterwirft. Gemäß § 4 Abs. 2 GSED muss der Aufgabenträger finanziell leistungsfähig und steuerlich zuverlässig sein.

Der Antrag des Aufgabenstellers an den Senat gemäß § 5 Abs. 1 GSED setzt voraus, dass der Aufgabenträger ein BID-Konzept erstellt, für das er die Zustimmung von mindestens 15 % der Grundeigentümer finden muss, deren vom

1 HmbGVBl 2004, 525; zuletzt geändert durch das Gesetz zur Änderung des Gesetzes zur Stärkung der Einzelhandels-, Dienstleistungs- und Gewerbezentren vom 15.2.2011, HmbGVBl 2011, 76.

BID-Bereich erfasste Fläche zugleich mindestens 15 % der Gesamtgrundstücksfläche im geplanten BID repräsentieren muss.

Wesentlicher Inhalt des Antrags ist gemäß § 2 Abs. 3 GSED ein Maßnahmen- und Finanzierungskonzept. Maßnahmen, die ein BID gemäß § 2 Abs. 2 GSED ergreifen kann, sind insbesondere Baumaßnahmen, gemeinsame Werbemaßnahmen und sonstige Dienstleistungen für den Standort wie etwa ein gemeinsamer Ordnungsdienst. Dieses Konzept, das ferner eine räumliche Beschreibung des BID enthalten muss, muss der Aufgabenträger in einem zuvor ortsüblich bekannt gemachten Informationstermin vorstellen, um allen Grundstückseigentümern die Möglichkeit zu geben, sich Kenntnis von den Planungen zu verschaffen.[2]

Erreicht der Antragsteller die notwendige Zustimmungsquote, reicht er den Antrag bei der zuständigen Behörde ein. Gleichzeitig muss er die Antragsunterlagen im Internet allgemein zugänglich machen. Zuständige Behörde ist nach derzeitiger Geschäftsverteilung die Behörde für Stadtentwicklung und Umwelt. Die Behörde prüft gemäß § 5 Abs. 5 GSED, ob das Maßnahmen- und Finanzierungskonzept geeignet ist, die Attraktivität des Standortes zu steigern, ob öffentliche Belange oder Rechte Dritter beeinträchtigt sind oder ob eine unverhältnismäßige Abgabenbelastung für die vom BID betroffenen Grundeigentümer entstehen würde. Akzeptiert die Behörde den Antrag, legt sie die vollständigen Antragsunterlagen für die Dauer eines Monats öffentlich aus.

Während dieser Auslegungsfrist haben die Grundeigentümer eine Widerspruchsmöglichkeit. Widersprechen mehr als ein Drittel der Grundeigentümer oder aber Grundeigentümer, die mehr als ein Drittel der im BID-Bereich gelegenen Grundstückflächen repräsentieren, so ist der Antrag gescheitert. Die Behörde lehnt den Antrag in diesem Fall förmlich ab.

Hat der BID-Antrag Erfolg, wird der BID durch Rechtsverordnung des Senats eingerichtet. Der Aufgabenträger verpflichtet sich zuvor gemäß § 4 Abs. 2 GSED in einem öffentlich-rechtlichen Vertrag, die sich aus dem GSED und dem Maßnahmen- und Finanzierungskonzept ergebenden Verpflichtungen, Ziele und Aufgaben umzusetzen. Dabei kann er auch Subunternehmer einschalten (§ 4 Abs. 3 GSED).

2 Die Verpflichtung, einen Informationstermin durchzuführen, gilt gemäß § 5 Abs. 1 GSED bei BID-Bereichen, die mehr als 1.000 Einwohner haben. Dies ist regelmäßig der Fall.

2. BID-Betrieb

Die praktische Umsetzung erfolgt auf der Grundlage von jährlichen Wirtschaftsplänen, die der Aufgabenträger erstellt, der zuständigen Behörde vorlegt und im Internet bekannt macht. Die Grundstückseigentümer, Freiberufler und Gewerbetreibenden im BID-Bereich sind gemäß § 6 Abs. 1 GSED „in geeigneter Weise" zu beteiligen. Die unmittelbare Überwachung der Geschäftsführung des Aufgabenträgers erfolgt durch die Handelskammer Hamburg. Diese hat ein Beanstandungsrecht. Hilft der Aufgabenträger begründeten Beanstandungen nicht ab, kann die Handelskammer bei der zuständigen Behörde gemäß § 6 Abs. 3 GSED die Abberufung des Aufgabenträgers und die Kündigung des öffentlichrechtlichen Vertrags beantragen. Dieser, bisher in der Praxis noch nicht vorgekommene Fall würde dazu führen, dass die Handelskammer die Funktionen des Aufgabenträgers übergangsweise wahrnehmen würde, bis ein neuer Aufgabenträger eingesetzt ist.

Für alle BIDs ist gemäß § 9 GSED zwingend vorgeschrieben, dass ihre Laufzeit spätestens fünf Jahre nach dem Inkrafttreten endet. Wird von den Betroffenen eine Fortsetzung über die Laufzeit hinaus gewünscht, kann für dasselbe Gebiet ein Folge-BID eingerichtet werden. Hierfür gibt es in Hamburg bereits praktische Beispiele (siehe unten).

3. Finanzierung

Im BID leisten alle Grundstückseigentümer eine Abgabe, die auf Grundlage des sog. „Einheitswerts" ermittelt wird. Der Einheitswert ist der allgemein übliche Messwert für die Grundsteuer. Seine Feststellung und Ermittlung ist in §§ 19 ff. des Bewertungsgesetzes geregelt. Die Weitergabe der finanziellen Belastung an die Einzelhändler und sonstigen Gewerbetreibenden im BID-Gebiet erfolgt individuell über die Gewerbemieten durch die Eigentümer.

Die Abgabe deckt den entstehenden Aufwand einschließlich eines angemessenen Gewinns für den Aufgabenträger ab. Sie wird durch die Stadt eingezogen und dem Aufgabenträger zur plangemäßen Verwendung überwiesen. Die Stadt erhält einen Pauschalbetrag für ihren Verwaltungsaufwand.

Die Rechtsnatur dieser Abgabe war längere Zeit strittig. Das Oberverwaltungsgericht Hamburg hat 2010 entschieden, dass es sich um eine beitragsähnliche Sonderabgabe eigener Art handele. Die Abgabe sei keine Steuer, da sie nicht voraussetzungslos erhoben wird, sondern zum Ausgleich eines konkreten Vorteils dient. Sie sei auch kein „klassischer" Beitrag, da sie nicht nur für die

Inanspruchnahme von durch den BID erstellten Infrastrukturverbesserungen erhoben wird.[3]

IV. BIDs in Hamburg

Auf der Grundlage des GSED wurde im August 2005 der erste deutsche BID in der Einkaufsstraße „Sachsentor" in Bergedorf, einem der östlichen Stadtteile Hamburgs, eingerichtet. Maßnahmen dieses BIDs waren u. a. die Verbesserung des öffentlichen Raums, Werbemaßnahmen und ein eigener Ordnungsdienst. Dieser erste BID wurde allseits als Erfolg wahrgenommen und war Vorbild für eine Reihe anderer BID-Initiativen mit zum Teil deutlich höherem Finanzierungsaufwand. Das größte Budget wurde bisher für eine der 1A-Einkaufslagen Hamburgs beschlossen, der Einkaufsstraße „Neuer Wall". Dort wurde im Rahmen eines ersten BID von 2005–2010 ein Volumen von rund sechs Mio. Euro investiert, u. a. für eine repräsentative Neugestaltung der Bürgersteige und Plätze sowie für eine hochwertige Weihnachtsbeleuchtungsanlage. Kleinere BIDs wie im bereits genannten Bergedorfer „Sachsentor" hatten ein Finanzierungsvolumen von deutlich unter einer Mio. Euro. Die Belastungen für die einzelnen Grundstücke bewegen sich von rund 1.000 Euro pro Jahr bis hin zu rund 22.000 Euro pro Jahr in der 1A-Lage am „Neuen Wall". Aber auch bei derartigen, auf den ersten Blick hoch erscheinenden Aufwendungen kommt man bei einer Umrechnung auf den Quadratmeter Verkaufsfläche in den Einzelhandelsgeschäften für den „Neuen Wall" auf rund 46 Euro pro Quadratmeter und Jahr, was einer vergleichbaren Abgabe in einem Einkaufszentrum entspricht. Im November 2011 gab es in Hamburg zehn laufende BIDs[4] und fünf weitere BIDs in Vorbereitung[5]. Am „Neuen Wall" und am „Sachsentor" wurden aufgrund des Erfolgs des ersten BIDs jeweils ein zweites BID zur Fortsetzung der Initiative eingerichtet. Ein Maßstab für die Akzeptanz der BID-Maßnahmen mag eine Umfrage unter den Einzelhändlern im BID „Neuer Wall" sein. Hier wurden bestimmte Parameter sowohl 2004 vor Einrichtung des BID und 2007 nach Durchführung

---

3 Urteil des Hamburgischen Oberverwaltungsgerichts, 1. Senat, vom 27.8.2010, Aktenzeichen 1BF149/09 (rechtskräftig), zur Rechtsnatur der Abgabe ausführlich Entscheidungsgründe I, B.

4 Laufende BIDs in HH: Alte Holstenstraße, Hohe Bleichen, Lüneburger Straße, Neuer Wall BID 2, Ochsenzoll, Opernboulevard, Passagenviertel, Sachsentor BID 2, Tibarg, Wandsbek-Markt, weitere Details siehe Annex.

5 BIDs in Vorbereitung in HH: Mönckebergstraße, Nikolai-Quartier, Rissen, Sand/Höhlertwiete, St. Pauli/Reeperbahn.

eines Großteils der Maßnahmen abgefragt. Nach Schulnoten wurde vor Einrichtung des BIDs etwa das Platzangebot im öffentlichen Raum mit „4" bewertet, nach Durchführung der Maßnahmen mit „1,8". Die Sauberkeit hatte sich von Schulnote „3,8" auf „1,8" verbessert, das Gefühl der Sicherheit von Note „3,2" auf Note „2".[6]

V. Andere Bundesländer und Bundesrecht

Aufgrund des großen Erfolgs der BID-Initiative in Hamburg wurden in anderen Bundesländern entsprechende Gesetze erlassen. Von Ende 2005 datiert das hessische BID-Gesetz[7]. 2006 ergingen BID-Gesetze in Schleswig-Holstein[8] und in Bremen[9], 2007 folgte das Saarland[10] und zuletzt 2008 Nordrhein-Westfalen[11]. Auch in Berlin, Niedersachen, Sachsen und Sachsen-Anhalt gab es entsprechende Bestrebungen, die bisher allerdings noch nicht zu einem BID-Gesetz geführt haben. Im November 2011 gab es aufgrund der genannten Gesetze vier BIDs in Schleswig-Holstein, zwei in Bremen, sechs in Hessen und eines im Saarland. Eine detaillierte Aufstellung findet sich im Annex.

Die einschlägige Rechtssetzungskompetenz der Länder ist durch §§ 171 f. und § 246 Abs. 3 des Baugesetzbuchs normiert.[12]

---

6 Erhebung der Helmut-Schmidt-Universität Hamburg, durchgeführt von Sebastian Binger.

7 Gesetz zur Stärkung von innerstädtischen Geschäftsquartieren (INGE) vom 21.12.2005, HessGVBl. I S. 867.

8 Gesetz über die Einrichtung von Partnerschaften zur Attraktivierung von City-, Dienstleistungs- und Tourismusbereichen (PACT-Gesetz) vom 13.7.2006, GVOBl. Schl.-H. S. 158.

9 Bremisches Gesetz zur Stärkung von Einzelhandels- und Dienstleistungszentren vom 18.7.2006, Brem. GBl. S. 350.

10 Gesetz Nr. 1630 zur Schaffung von Bündnissen für Investition und Dienstleistung vom 26.9.2007, Amtsblatt S. 2242.

11 Gesetz über Immobilien- und Standortgemeinschaften (ISGG NRW) vom 10.6.2008, GVBl. NRW 2008, S. 474.

12 Eingefügt in das BauGB durch Gesetz vom 21.12.2006, BGBl. I S. 3316, mit ausdrücklicher Rückwirkung auf Landesgesetze, die auch vor dem 1.1.2007 in Kraft getreten sind. Ausführlich zur hamburgischen Rechtssetzungskompetenz Hamburgisches OVG vom 27.8.2010, a. a. O., Entscheidungsgründe I, C.

VI. BIDs als Public-private-Partnerships

BIDs sind eine innovative Sonderform der Public-private-Partnership.[13] Es handelt sich dabei nicht um die üblicherweise im Rahmen von Public-private-Partnership diskutierten Modelle zur Errichtung von Immobilien oder Infrastruktur-Einrichtungen durch private Betreiber. Vielmehr geht es hier, insbesondere im Hamburger Modell, um ein Zusammenwirken zwischen Staat, funktionaler Selbstverwaltung (der Handelskammer) und Privaten zur Förderung der Wirtschaft und zur Verbesserung der Versorgung der Bevölkerung mit Waren und Dienstleistungen. Die Einbindung der funktionalen Selbstverwaltung ist auch in Bremen vorgesehen. Dort haben die Handelskammer Bremen und die Industrie- und Handelskammer Bremerhaven eine vergleichbare Stellung wie die Handelskammer Hamburg. In den übrigen BID-Landesgesetzen erfolgt die unmittelbare Überwachung des Aufgabenträgers durch die örtliche Gemeinde.

Annex

I. Laufende BIDs in Deutschland

BID	**Budget** (in Euro; nur private Mittel)	**Laufzeit**	**In Kraft seit**	**Aufgabenträger**
Bremen				
Ansgarikirchhof	150.000	3 Jahre	2.10.2009	CS City-Service GmbH
Ostertorsteinweg/ Vor dem Steintor	1.100.00	5 Jahre	6.10.2009	Interessengemeinschaft „Das Viertel“ e. V.
Hamburg				
Alte Holstenstraße	330.000	3 Jahre	18.4.2009	WSB Wirtschaft und Stadtmarketing für die Region Bergedorf e. V.
Hohe Bleichen/ Heuberg	1.947.500	5 Jahre	20.5.2009	Zum Felde GmbH, Hamburg
Lüneburger Straße	548.000	3 Jahre	1.4.2009	Konsalt Gesellschaft für Stadt- und Regionalanalysen und Projektentwicklung mbH

13 Vgl. z. B. *Stober*, in: Graf/Paschke/Stober (Hrsg.), Rechtsrahmen der Business Improvement Districts, Kovač 2007, S. 5 m. w. N.

BID	**Budget** (in Euro; nur private Mittel)	**Laufzeit**	**In Kraft seit**	**Aufgabenträger**
Neuer Wall (II)	3.184.100	5 Jahre	1.10.2010	Otto Wulff Bauunternehmung GmbH & Co KG, Hamburg
Ochsenzoll	172.653	3 Jahre	13.4.2010	Cima Beratung und Management GmbH
Opernboulevard	2.250.000	3 Jahre	9.4.2011	Otto Wulff BID-Gesellschaft mbH
Passagenviertel	5.056.951	5 Jahre	6.8.2011	Zum Felde GmbH, Hamburg
Sachsentor (II)	600.000	5 Jahre	24.6.2009	WSB Wirtschaft und Stadtmarketing für die Region Bergedorf e. V.
Tibarg	1.750.572	5 Jahre	30.11.2010	Arbeitsgemeinschaft Tibarg e. V.
Wandsbek Markt	3.990.000	5 Jahre	16.7.2008	Otto Wulff Bauunternehmung GmbH & Co KG, Hamburg
Hessen				
Baunatal-Mitte	40.000	2 Jahre	1.4.2009	CMB City Management Baunatal e. V.
Gießen, Katharinenviertel	303.000	5 Jahre	1.1.2007	BID Katharinenviertel e. V.
Gießen, Marktquartier	624.500	5 Jahre	1.1.2007	BID Marktquartier e. V.
Gießen, Seltersweg	1.101.000	5 Jahre	1.10.2006	BID Seltersweg e. V.
Gießen, Theaterpark	158.000	5 Jahre	1.1.2007	BID Theaterpark e. V.
Offenbach Innenstadt	950.000	5 Jahre	1.1.2011	Gewerbeverein Treffpunkt Offenbach e. V.
Saarland				
Saarbrücken-Burbach	572.885	5 Jahre	2.2.2010	BID Burbach e. V.
Schleswig-Holstein				
Elmshorn (Königstraße, Alter Markt, Marktstraße)	330.000	5 Jahre	27.9.2007	Stadtmarketing Elmshorn e. V.
Flensburg (Holm, Große Straße, Norderstraße)	3.135.000	5 Jahre	1.6.2007	Bauplan Nord GmbH & Co KG, Flensburg

BID	Budget (in Euro; nur private Mittel)	Laufzeit	In Kraft seit	Aufgabenträger
Norderstedt, Schmuggelstieg	122.480	2 Jahre	1.8.2009	CIMA Beratung + Management GmbH, Lübeck
Pinneberg (Dingstätte)	294.031	5 Jahre	1.7.2010	Wirtschaftsgemeinschaft Pinneberg e. V.

II. Bereits abgeschlossene BIDs

BID	Budget (in Euro; nur private Mittel)	Laufzeit	In Kraft seit	Aufgabenträger
Hamburg				
Neuer Wall (I)	5.966.000	5 Jahre	1.10.2005	Otto Wulff Bauunternehmung GmbH & Co KG, Hamburg
Sachsentor (I)	150.000	3 Jahre	24.8.2005	WSB Wirtschaft und Stadtmarketing für die Region Bergedorf e. V.
Schleswig-Holstein				
Rendsburg (Holsteiner Straße)	3.500	1 Jahr	13.10.2008	Interessengemeinschaft Holsteiner Straße

Zusammenstellung: Handelskammer Hamburg, Heiner Schote

Quellen: Deutscher Industrie- und Handelskammertag, Internetseiten der BID-Initiativen sowie der Länder und Kommunen

4. Kapitel: Vergaberecht und Transparenz bei Public-private-Partnership

Sonja Lehmberg

§ 1. Ausschreibung von PPP-Projekten: Gemeinschaftsrechtliche Vorgaben und deutsches Vergaberecht*

I. Einleitung

Die Public-private-Partnership im kommunalen Bereich stellt ohne Zweifel und ungeachtet der in den letzten Jahren lauter werdenden Kritik vor allem in Bezug auf fehlende Transparenz und Effizienz[1] ein Erfolgsmodell zur Bewältigung öffentlicher Aufgaben dar. Die Flut an wissenschaftlichen Publikationen sowie die Frequenz, mit der sich nationale sowie supranationale Rechtsprechungsinstanzen in den letzten Jahren mit Rechtsfragen im Bereich der Public-private-Partnership zu befassen hatten, zeigt eines sehr deutlich: Die Public-private-Partnership ist in ihren sämtlichen Stadien von der Vorbereitung und Konzeption über die Auswahl des privaten Kooperationspartners bis hin zur eigentlichen, durch Vertragsmanagement und Leistungsüberwachung geprägten Projektdurchführung ein komplexes rechtliches Konstrukt, das eine kooperationswillige Kommune vor die verschiedensten Herausforderungen stellt.[2]

Eine der in diesem Zusammenhang zu nennenden primären Herausforderungen ist die rechtssichere Anwendung des Vergaberechts bei der im Vorfeld zu beantwortenden Frage, ob das avisierte PPP-Realisierungskonzept einer Ausschreibungspflicht unterliegt und welche Vorgaben bejahendenfalls hinsichtlich der Durchführung des sich anschließenden Vergabeverfahrens zu beachten sind.[3]

---

* Der vorliegende Beitrag befindet sich auf dem Rechtsstand vom 30.8.2012 und gibt ausschließlich die persönliche Auffassung der Autorin wieder.

1 Vgl. die verschiedenen Argumente für und gegen eine Erfüllung öffentlicher Aufgaben durch Public-private-Partnerships gegenüberstellend den Argumentationskatalog „Pro und Contra ÖPP" des Bundesverbands Public Private Partnership (BPPP), Fassung: September 2009, abrufbar unter: http://www.bppp.de/media/file/207.BPPP_111109final.pdf (zuletzt aufgerufen am 19.3.2012).

2 Die vielfältigen rechtlichen Implikationen von Public-private-Partnerships zusammenfassend *Kühling/Schreiner*, ZJS 2011, 112 ff.

3 Vgl. hierzu grundlegend *Hausmann/Mutschler-Siebert*, in: Weber/Schäfer/Hausmann (Hrsg.), Praxishandbuch Public Private Partnership, 2006, § 6; *Pape*, in: Blanke/Fedder (Hrsg.), Privatisierung, 2. Aufl., 2010, Teil 3.

„Vergaberecht und Public-private-Partnership – wie hängen diese beiden Materien zusammen?", so mag sich manch ein Leser fragen, der das Vergaberecht bislang nur unter seinem herkömmlichen Aspekt der staatlichen Nachfrage bestimmter Leistungen am Markt unter möglichst wirtschaftlicher Verwendung öffentlicher Mittel[4] betrachtet hat. Eine Kooperation, wie sie die Eingehung einer Public-private-Partnership erfordert, findet hier doch allenfalls in Form der durch den vergebenen Auftrag begründeten einmaligen und durch die konkrete Nachfrage definierten vertraglichen Leistungsbeziehung zwischen Auftragnehmer und öffentlichem Auftraggeber statt. Diese ist jedoch in der Regel mit Erbringung der in Auftrag gegebenen Leistung beendet. Die Public-private-Partnership stellt demgegenüber eine auf längere Dauer und ein breiteres Leistungsspektrum angelegte Zusammenarbeit zwischen einem privaten Partner und der öffentlichen Hand in einer bestimmten Kooperationsform dar.[5]

Der Bezug des Vergaberechts zu den Realisierungskonzepten im Rahmen von Public-private-Partnerships liegt nach dem soeben beschriebenen Begriffsverständnis zugegebenermaßen nicht ohne Weiteres auf der Hand.[6] Gleichwohl existieren hier verschiedene Schnittstellen vor allem im vorgelagerten Bereich der Konzeption einer Public-private-Partnership sowie auch bei der anschließenden Verfolgung der mit dieser beabsichtigten Zwecke auf der Ebene der Vertragsdurchführung, an denen vergaberechtliche Fragestellungen aufgeworfen werden.

Zu denken ist in diesem Zusammenhang insbesondere bei Kooperationen in institutionalisierter Form zunächst an die Ebene der Suche und Auswahl eines geeigneten privaten Projektpartners durch die Kommune.[7] Bereits in diesem Stadium kann sich der Verdacht aufdrängen, dass alleine mit dem Wunsch nach Einbeziehung eines Privaten und der damit verbundenen Nutzbarmachung dessen Ressourcen und Know-how schon eine vergaberechtsrelevante Beschaffungsabsicht vorliegt.[8] Aber auch hinsichtlich der Begründung der einzelnen Auftrags- und Leistungsbeziehungen zwischen öffentlichem Auftraggeber und

---

4 Zu den verschiedenen Zielsetzungen des Vergaberechts *Kühling/Lehmberg*, Jura 2009, 835 m. w. N.

5 *Jennert*, in: Müller-Wrede (Hrsg.), Kompendium des Vergaberechts, 2008, Kapitel 6, Rn. 1.

6 So auch *el-Barudi*, Die Anwendbarkeit des GWB-Vergaberechts auf Öffentlich-Private Partnerschaften, 2008, S. 24.

7 Vgl. zu diesem Stadium eingehend *Ziekow/Windoffer*, Public Private Partnership, 2008, S. 113 ff.

8 *el-Barudi* (Fn. 6), S. 24.

der bereits etablierten Public-private-Partnership stellt sich die Frage, ob für diese gegebenenfalls zusätzlich ein erneutes Vergabeverfahren durchzuführen ist.[9] Dies gilt erst recht, wenn eine Kooperationsvariante auf austauschvertraglicher Basis angestrebt wird, da hier die vorgelagerte Ebene der Errichtung einer gemeinsamen Gesellschaft entfällt. Schließlich zeigt sich ein weiterer Berührungspunkt zum Vergaberecht, wenn es um Auftragsvergaben durch eine institutionalisierte Public-private-Partnership an Dritte geht.[10] Hier ist zu prüfen, ob diese selbst als öffentliche Auftraggeberin dem Vergaberegime unterliegt.

Der vorliegende Beitrag befasst sich mit dem Thema „Ausschreibung von PPP-Projekten". Der Fokus soll dementsprechend auf eine vergaberechtliche Betrachtung des Projekts Public-private-Partnership, also auf das unmittelbar zwischen der kooperationswilligen Kommune und ihrem privaten Partner begründete rechtliche Beziehungsgeflecht in seiner Gesamtheit gerichtet sein. Im Mittelpunkt der Überlegungen wird dabei die Frage stehen, welche der zwischen diesen beiden Kooperationspartnern begründeten Auftrags- und Leistungsbeziehungen einer vergaberechtlichen Ausschreibungspflicht unterliegen und wie die Kommune diese im konkreten Fall rechtsfehlerfrei in einem vergaberechtlichen Verfahren umzusetzen hat.

Zunächst sollen jedoch der besseren Verständlichkeit halber in einem kurzen Überblick die einschlägigen Vorgaben des deutschen sowie unionsrechtlichen Vergaberechts umrissen werden (vgl. hierzu II.), um sodann die Frage aufzugreifen, auf welche der im Rahmen entsprechender Partnerschaftsverhältnisse denkbaren Kooperationsvarianten und in welchen rechtlichen Stadien ihrer Projektdurchführung das Vergaberecht Anwendung findet (vgl. hierzu III.). Schließlich werden die durch das Vergaberecht eröffneten Verfahrensvarianten zur Etablierung und Durchführung eines PPP-Projekts dargelegt und überblicksartig deren Ablauf skizziert (dazu IV.), bevor der Beitrag mit einem Fazit schließt, welches noch einmal eindringlich die Bedeutung eines rechtsfehlerfreien Durchlaufens des vorgeschriebenen Vergabeverfahrens für den Erfolg eines jeden PPP-Projekts anmahnt.

---

9 Dazu *Stemmer/Aschl*, VergabeR 2005, 287 ff.

10 Zur Frage des Bestehens von Ausschreibungspflichten auf dieser sog. „3. Stufe" *Hausmann/Mutschler-Siebert* (Fn. 3), § 6, 4.2.

II. Die Grundzüge des deutschen und europäischen Vergaberechts

Das Recht der öffentlichen Auftragsvergabe in Deutschland unterliegt einer vor allem durch die europarechtliche Überformung dieses Rechtsgebietes bedingten Zweiteilung.[11] Danach bemisst sich die Entscheidung, ob der zu vergebende Auftrag mit Rücksicht auf die Grundsätze der Sparsamkeit und Wirtschaftlichkeit an den Vorgaben des nationalen Haushaltsrechts in Verbindung mit speziell hierauf abgestimmten Verfahrensvorgaben auszurichten oder vielmehr ein europaweiter Wettbewerb unter strikter Befolgung der supranational geprägten vergaberechtlichen Vorschriften durchzuführen ist, alleine nach dem ohne Verstoß gegen das vergaberechtliche Umgehungsverbot zu prognostizierenden Auftragsvolumen. Die Europäische Kommission gibt als Anhaltspunkt im regelmäßigen Abstand von zwei Jahren für die verschiedenen Auftragsarten europaweit einheitliche Richtwerte, die sog. Schwellenwerte, vor, ab deren Erreichen ein öffentlicher Auftrag einem europaweiten Wettbewerb unterliegt. Für die vom Vergaberecht erfassten öffentlichen Bauaufträge liegt dieser derzeit bei fünf Mio. Euro. Liefer- und Dienstleistungsaufträge im vorliegend einschlägigen Kontext der Vergabe durch einen kommunalen Auftraggeber sind hingegen bereits ab einem Wert von 200.000 Euro europaweit ausschreibungspflichtig.[12]

Werden, was nach dem hier zugrunde gelegten Verständnis und Projektvolumen von Public-private-Partnership im kommunalen Bereich in aller Regel unterstellt werden kann, die genannten Schwellenwerte überschritten, so sind als einschlägige Vorschriften, nach denen sich im deutschen Recht die Vergaberechtsrelevanz eines PPP-Vorhabens beurteilt, die §§ 97 ff. des Gesetzes gegen Wettbewerbsbeschränkungen (GWB) heranzuziehen. Die Vorschriften, nach denen sich hieran anschließend die konkrete Ausgestaltung des jeweils anzuwendenden Vergabeverfahrens beurteilt, sind den jeweils einschlägigen sog. Vergabe- und Vertrags- bzw. Verdingungsordnungen für Bauleistungen, Leistungen und freiberufliche Leistungen zu entnehmen.[13] Bindeglied zwischen den Vorschriften des GWB und den Vergabe- und Vertragsordnungen bzw. der Verdingungsordnung für freiberufliche Leistungen ist die Vergabeverordnung

---

11 *Kühling/Lehmberg* (Fn. 4), 835 (835).

12 Vgl. § 2 Nr. 2 und 3 VgV. Für Aufträge im Sektorenbereich werden dieselben Schwellenwerte durch § 1 Abs. 2 SektVO in Form einer dynamischen Verweisung auf die jeweils gültige EU-Verordnung festgelegt. Seit dem 1.1.2012 ist dies die Verordnung (EU) Nr. 1251/2011, veröffentlicht im Amtsblatt der EU L 319/43 vom 2.12.2011.

13 *Kühling/Lehmberg* (Fn. 4), 835 (836).

(VgV), die insbesondere regelt, welche Abschnitte der jeweiligen Vergabe- und Vertrags- bzw. Verdingungsordnungen und damit welche Verfahrensvorgaben im konkreten Fall einzuhalten sind.[14] Das soeben beschriebene Normengeflecht ist Resultat der deutschen Umsetzung der auf EU-Ebene erlassenen Vergaberichtlinien. Die hier statuierten Vorschriften sind daher grundsätzlich richtlinienkonform auszulegen, was mit Blick auf eine Gewährleistung des europäischen Leitgedankens des „effet utile" auch eine Berücksichtigung der Rechtsprechung des Europäischen Gerichtshofs sowie der Praxis der Europäischen Kommission gebietet.[15]

Ausgehend von den im GWB normierten grundlegenden Vorschriften betreffend die Eröffnung des Anwendungsbereichs des Vergaberechts ist die zu qualifizierende Public-private-Partnership auf das Vorliegen der folgenden Voraussetzungen hin zu untersuchen: Es muss 1. ein öffentlicher Auftraggeber nach Maßgabe des § 98 GWB 2. einen öffentlichen Auftrag nach § 99 GWB vergeben. Dieser muss 3. die in §§ 100 Abs. 1, 127 GWB in Verbindung mit § 2 der Vergabeverordnung vorgeschriebenen und soeben angesprochenen Schwellenwerte überschreiten, und es darf 4. keine der gesetzlichen Bereichsausnahmen nach § 100 Abs. 2 GWB i. V. m. §§ 100 Abs. 3 bis 8 sowie 100a bis 100c GWB vorliegen. Vom Überschreiten der Schwellenwerte ist, wie soeben dargelegt, für die vorliegend in den Blick genommenen Konstellationen auszugehen. Nähere Ausführungen zu den Einzelheiten der Schwellenwertberechnung seien daher an dieser Stelle ausgeklammert. Die Vergabe durch einen öffentlichen Auftraggeber, nämlich eine Gebietskörperschaft als öffentlicher Auftraggeber im klassischen Sinn gemäß § 98 Nr. 1 GWB, als welche eine Kommune ohne jeden Zweifel anzusehen ist, liegt ebenfalls vor. Hiervon unabhängig zu beurteilen ist indes die sich bei institutionalisierten Kooperationsformen auf nachgelagerter Ebene stellende Frage, ob diese ihrerseits öffentliche Auftraggeber und damit an das Vergaberecht gebunden sind. Hier können im Einzelfall durchaus Abgrenzungsschwierigkeiten entstehen, auf die jedoch im vorliegenden Zusammenhang – da hiermit oftmals tiefer gehende komplexe rechtliche Fragestellungen aufgeworfen werden – nicht näher eingegangen werden kann.

Als erstes und im Wesentlichen maßgebliches Kriterium für die Vergaberechtspflichtigkeit eines PPP-Vorhabens muss damit das Vorliegen eines öffentlichen Auftrags identifiziert werden, der nach § 99 Abs. 1 GWB einen entgeltlichen

---

14 *Hertwig*, Praxis der öffentlichen Auftragsvergabe, 4. Aufl., 2009, Rn. 31.

15 Vgl. hierzu auch *Egger*, Europäisches Vergaberecht, 2008, Rn. 424 ff.; *Prieß*, Handbuch des europäischen Vergaberechts, 3. Aufl., 2005, S. 74 f.

Vertrag eines öffentlichen Auftraggebers mit einem Unternehmen über die Beschaffung von Leistungen darstellt, die Liefer-, Bau- oder Dienstleistungen zum Gegenstand haben. Auch Baukonzessionen zählen angesichts ihrer nunmehr ausdrücklichen Erwähnung in § 99 Abs. 1 GWB und einer entsprechenden Definition in § 99 Abs. 6 GWB als Unterart der vergaberechtlich erfassten Bauaufträge zu den öffentlichen Aufträgen. Nicht in den vergaberechtlichen Anwendungsbereich hingegen fallen mangels einer ausdrücklichen Erwähnung in § 99 GWB und ausweislich der auf europäischer Ebene durch Art. 17 der Vergabekoordinierungsrichtlinie (VKR)[16] erfolgten expliziten Ausklammerung aus dem Anwendungsbereich des Vergaberechts Dienstleistungskonzessionen. Ihre Vergabe folgt – da kein vergaberechtspflichtiger öffentlicher Auftrag vorliegt – nicht den strengen Verfahrensvorgaben des Vergaberechts, wenngleich auch hier aufgrund der Verpflichtung des Auftraggebers zur Wahrung der im europäischen Primärrecht statuierten Mindestanforderungen an Transparenz und Gleichbehandlung eine Direktvergabe ohne jegliche Publizität ausgeschlossen ist.[17] Zusammenfassend ist also bei der Beurteilung, ob ein PPP-Projekt als öffentlicher Auftrag dem Vergaberecht unterliegt, danach zu fragen, ob die Kommune hiermit die Beschaffung einer vergaberechtlich relevanten Leistung anstrebt. Hier kann – wie im Folgenden noch darzulegen sein wird – vor allem bei institutionalisierten Public-private-Partnerships eine funktionale wirtschaftliche Gesamtbetrachtung bei der Frage geboten sein, ob im Ergebnis ein privates Unternehmen durch Erbringung vergaberechtsrelevanter Leistungen wirtschaftlich an der Erfüllung einer öffentlichen Aufgabe beteiligt wird.[18]

Schließlich ist für die Frage der Anwendbarkeit des Vergaberechts auf ein PPP-Projekt noch zu prüfen, ob nicht ausnahmsweise eine der in § 100 Abs. 2 i. V. m. §§ 100 Abs. 3 bis 8 sowie 100a bis 100c GWB statuierten Bereichsausnahmen in Betracht kommt.[19] Im Rahmen der vergaberechtlichen Bewertung

---

16 Richtlinie 2004/18/EG vom 31.3.2004 über die Koordinierung der Verfahren zur Vergabe öffentlicher Bauaufträge, Lieferaufträge und Dienstleistungsaufträge, veröffentlicht im Amtsblatt der EU L 134/114.

17 Vgl. zu den bei der Vergabe von Dienstleistungskonzessionen zu beachtenden Anforderungen aus dem EU-Primärrecht *Kühling/Huerkamp*, NVwZ 2009, 557 ff.; *Siegel*, EWS 2008, 66 ff.

18 Vgl. etwa EuGH, Rs. C-29/04, *Mödling*, Urteil vom 10.11.2005, Slg. 2005, I-9705, Rn. 41; dazu *Kühling*, ZfBR 2006, 661 ff.; vgl. insgesamt auch *Hausmann/Mutschler-Siebert* (Fn. 3), § 6, 3.3; *Eschenbruch*, in: Kulartz/Kus/Portz (Hrsg.), Kommentar zum GWB-Vergaberecht, 2. Aufl., 2009, § 99, Rn. 41 ff.

19 *el-Barudi* (Fn. 6), S. 118 f.

von PPP-Projekten sind vor allem die in § 100b GWB geregelten Ausnahmetatbestände für bestimmte Auftragsvergaben durch die häufig in der Form gemischtwirtschaftlicher Gesellschaften organisierten sog. Sektorenauftraggeber in den Bereichen der Trinkwasser- und Energieversorgung sowie des Verkehrs einschlägig. Bei Projekten im Hochbau ist an die Bereichsausnahme für Immobilienbedarfsgeschäfte der öffentlichen Hand nach § 100 Abs. 5 GWB zu denken.[20] Auch die Ausnahmen für eine Bereitstellung oder den Betrieb öffentlicher Telekommunikationsnetze und -dienste nach § 100a Abs. 4 GWB sowie für kapitalmarktbezogene Finanzdienstleistungen nach § 100a Abs. 2 Nr. 2 GWB sind gegebenenfalls in Betracht zu ziehen.

Sind alle soeben dargelegten Punkte betreffend eine generelle Eröffnung des vergaberechtlichen Anwendungsbereichs bejahend beantwortet, hat anschließend eine Festlegung auf das für das jeweilige PPP-Projekt passende und rechtlich zulässige Vergabeverfahren zu erfolgen. Die Vorgaben hierfür leiten sich im deutschen Vergaberecht aus der Vorschrift des § 101 GWB sowie den die unterschiedlichen Verfahrensabläufe regelnden Vergabe- und Vertrags- bzw. Verdingungsordnungen ab. Ohne hierauf bereits im Einzelnen eingehen zu wollen, soll in aller Kürze vorweggeschickt sein, dass die deutsche Vergaberechtsordnung – den Vorgaben des EU-Rechts folgend – grundsätzlich drei verschiedene Verfahrensarten kennt:

Zum einen und vorrangig besteht die Möglichkeit der Durchführung eines offenen Verfahrens, bei dem der Auftrag in einem streng formalisierten Verfahrensablauf nach öffentlicher Aufforderung einer unbeschränkten Zahl von Unternehmen zur Angebotsabgabe vergeben wird.[21] Dieses gewährleistet ein Höchstmaß der europarechtlich vorgeschriebenen Transparenz und Diskriminierungsfreiheit und stellt daher das für die öffentliche Auftragsvergabe vorgeschriebene Regelverfahren dar.[22] Nachrangig kommt bei Vorliegen gesetzlich genau definierter Rechtfertigungsgründe das nicht offene Verfahren in Betracht, bei dem eine Reduzierung des Teilnehmerkreises dadurch erzielt wird, dass nur eine beschränkte Anzahl von Unternehmen, die sich nach öffentlicher Teilnahmeaufforderung beworben haben, zur Angebotsabgabe aufgefordert wird.[23] Das Verhandlungsverfahren schließlich stellt eine flexible, weitgehend formlose Verfahrensvariante dar, die mit oder ohne vorherige öffentliche

---

20 Vgl. hierzu eingehend *Hausmann/Mutschler-Siebert* (Fn. 3), § 6, 3.2.

21 Zum Ablauf eines offenen Verfahrens im Einzelnen vgl. *Hertwig* (Fn. 14), Rn. 153 ff.

22 *Boesen*, Vergaberecht, 2000, § 101, Rn. 55; *Egger* (Fn. 15), Rn. 1017; *Kühling/Lehmberg* (Fn. 4), 835 (843).

23 Vgl. auch *Kulartz*, in: Kulartz/Kus/Portz (Fn. 18), § 101, Rn. 7 ff.

Vergabebekanntmachung bzw. Teilnahmewettbewerb durchgeführt werden kann. Der Auftraggeber spricht hier gezielt – im Rahmen des Verfahrens nach öffentlicher Vergabebekanntmachung mindestens drei – von ihm ausgewählte potentielle Projektpartner an und verhandelt die Auftragsbedingungen mit diesen unmittelbar. Das Verhandlungsverfahren ist nur in eng begrenzten, gesetzlich abschließend festgelegten Ausnahmefällen zulässig.[24]

Eine besondere, außerhalb dieser für reguläre Auftragsvergaben gültigen „Verfahrenstrias" stehende Verfahrensart stellt der sog. wettbewerbliche Dialog dar, der in Deutschland infolge des ÖPP-Beschleunigungsgesetzes aus dem Jahr 2005 entsprechend der Ermächtigung in Art. 29 der unionsrechtlichen VKR neu durch § 101 Abs. 4 GWB eingeführt wurde.[25] Hiermit steht für besonders komplexe Auftragsvergaben, wie sie im Rahmen von PPP-Projekten häufig anzutreffen sind, eine zusätzliche Verfahrensform zur Verfügung, die für den Auftraggeber gleichzeitig einerseits ein gewisses Maß an Flexibilität durch die Möglichkeit der Verhandlung gewährleistet, andererseits jedoch auch den Wettbewerb zwischen den Wirtschaftsteilnehmern aufrecht erhält.[26]

III. Die Anwendbarkeit des Vergaberechts auf PPP-Projekte

Nachdem nun mit den für die folgenden Ausführungen vorauszusetzenden vergaberechtlichen Rahmenbedingungen der Grundstein für eine Beantwortung der Frage nach den Vorgaben für eine Ausschreibung von PPP-Projekten gelegt wurde, soll im Folgenden eine Auseinandersetzung mit den Prämissen erfolgen, die hier zu einer Anwendbarkeit des Vergaberegimes führen.

Um jedoch noch einmal die Relevanz des Vergaberechts für sämtliche Varianten kommunaler Kooperationsvorhaben zu betonen, sei vorweggeschickt, dass für den weit überwiegenden Teil entsprechender PPP-Projekte von einer

---

24 So sind etwa in § 3 EG Abs. 4 und 5 VOB/A bzw. § 3 EG Abs. 3 und 4 VOL/A abschließend diejenigen Konstellationen normiert, die den Auftraggeber bei der Vergabe von Bau-, Liefer- und Dienstleistungen im Oberschwellenbereich zum Rückgriff auf diese weitgehend formlose Verfahrensart berechtigen. Bei der Vergabe freiberuflicher Dienstleistungen oberhalb der Schwellenwerte stellt das Verhandlungsverfahren mit Teilnahmewettbewerb gemäß § 3 Abs. 1 VOF demgegenüber das vorgeschriebene Regelverfahren dar. Ein Verhandlungsverfahren ohne Teilnahmewettbewerb darf nur in den in § 3 Abs. 4 VOF normierten Ausnahmefällen durchgeführt werden.

25 Vgl. hierzu eingehend *Drömann*, NZBau 2007, 751 ff.; *Müller/Veil*, VergabeR 2007, 298 ff.; *Pünder/Franzius*, ZfBR 2006, 20 ff.; *Schröder*, NZBau 2007, 216 ff.

26 31. Erwägungsgrund zur Richtlinie 2004/18/EG (VKR).

Vergaberechtspflichtigkeit auszugehen ist.[27] Die Gründe hierfür sollen sogleich aufgezeigt werden. Sie sind thematisch eng verknüpft mit der bereits mehrfach im Rahmen der diesem Sammelband zugrunde liegenden Konferenz angeklungenen Thematik der verschiedenen möglichen Rechtsformen zur Ausgestaltung von PPP-Projekten.[28] Als Ausgangspunkt für die sich anschließenden Überlegungen kann dementsprechend zusammengefasst werden, dass bezogen auf die Rechtsform des Zusammenwirkens und die Intensität seiner Institutionalisierung[29] zwei vergaberechtlich relevante Kategorien von Kooperationsverhältnissen zu unterscheiden sind: die austauschvertraglichen Kooperationen und die Kooperationen in Form einer gemischtwirtschaftlichen Gesellschaft.[30] Bei der ersten Variante der austauschvertraglichen Kooperation wird die Zusammenarbeit in Form eines typisierten Vertragsmodells individualvertraglich vereinbart. Hierzu zählen etwa Betreiber- und Betriebsführungs- sowie Konzessionsmodelle und Kooperationen im Gewand öffentlich-rechtlicher Verträge.[31] Gemischtwirtschaftliche Gesellschaften weisen demgegenüber einen nochmals erhöhten Grad an institutioneller Verfestigung auf.[32] Die öffentliche Hand ist hier selbst – meist mehrheitlich – an der Kooperation beteiligt und diese ist in einem gemeinsamen öffentlich-privaten Rechtsträger verfasst.[33]

Von diesen Prämissen ausgehend sind nun die Beurteilungsgrundlagen für die Anwendbarkeit des Vergaberechts zu entwickeln.

Begonnen werden soll zunächst mit den in vergaberechtlicher Hinsicht einfacher zu beurteilenden austauschvertraglichen Kooperationsmodellen. Die Beantwortung der Frage nach dem grundsätzlichen Bestehen einer vergaberechtlichen Ausschreibungspflichtigkeit des jeweiligen Projekts auf austauschvertraglicher Basis richtet sich hier im Wesentlichen danach, ob eine Subsumtion unter die Tatbestandsmerkmale des § 99 GWB gelingt.[34] Verdeutlichend gesagt muss diesbezüglich geprüft werden, ob zwischen der Kommune als öffentlicher

---

27 So auch *Jennert*, in: Müller-Wrede (Fn. 5), Kapitel 6, Rn. 8.

28 Siehe hierzu den Beitrag von *Levin* in diesem Band (Kap. 2, § 3).

29 Diese Differenzierungskriterien aufstellend *Ziekow/Windoffer* (Fn. 7), S. 20.

30 Die dritte denkbare Kooperationsvariante der rein informellen Zusammenarbeit sei im vorliegenden Zusammenhang ausgeklammert, da ihr aufgrund der fehlenden rechtlichen Ausgestaltung und Bindungswirkung jegliche vergaberechtliche Relevanz abzusprechen ist. Vgl. hierzu näher *Kühling/Schreiner* (Fn. 2), 112 (114) m. w. N.

31 *el-Barudi* (Fn. 6), S. 126.

32 *Ziekow/Windoffer* (Fn. 7), S. 23.

33 *Ziekow/Windoffer* (Fn. 7), S. 23.

34 Ähnlich *el-Barudi* (Fn. 6), S. 126.

Auftraggeberin und dem privaten Kooperationspartner ein entgeltlicher Vertrag vereinbart werden soll, der die Beschaffung von Liefer-, Bau- oder Dienstleistungen bzw. eine Baukonzession zum Gegenstand hat. Bei den Betreiber- und Betriebsführungsmodellen, die den austauschvertraglichen Kooperationen zuzurechnen sind, bei denen Private gegen ein festes Entgelt im Auftrag der öffentlichen Hand eine öffentliche Anlage planen, finanzieren, errichten und betreiben bzw. – im Fall des Betriebsführungsmodells – diese im Namen des öffentlichen Auftraggebers führen, ohne dabei selbst nach außen aufzutreten, gelten gegenüber dem vorangehend Gesagten keine Besonderheiten.[35] Hier wird in der Regel, ohne dabei näher auf die im Einzelfall schwierige Abgrenzung bei gemischten Verträgen eingehen zu wollen, ein öffentlicher Bau- bzw. Dienstleistungsauftrag vorliegen. Die in § 99 Abs. 6 GWB normierte Baukonzession, die eine spezielle Form des öffentlichen Bauauftrags darstellt, bei der dem privaten Vertragspartner als Gegenleistung anstatt eines Entgelts ein befristetes Recht auf Nutzung der baulichen Anlage – gegebenenfalls zuzüglich einer Entgeltzahlung – eingeräumt wird, ist ohnehin qua Gesetz vom Anwendungsbereich des Vergaberechts erfasst. Auch hier bedarf es also nicht der Berücksichtigung weiterer Besonderheiten. Gleiches gilt, wenn auch im entgegengesetzten Sinn, für die Dienstleistungskonzession, die anders als die Baukonzession vom Vergaberecht nicht erfasst ist. Eine unmittelbare Anwendung der vergaberechtlichen Vorschriften ist bei entsprechenden PPP-Projekten folglich ausgeschlossen. Dies bedeutet jedoch nicht, dass eine austauschvertragliche Kooperation in Form der Vereinbarung einer Dienstleistungskonzession ohne die Einhaltung jeglicher Verfahrensvorgaben unmittelbar an einen der Kommune opportunen Projektpartner vergeben werden könnte. Die Vorgaben des EU-Primärrechts im Hinblick auf Transparenz, Nichtdiskriminierung und Gleichbehandlung erfordern es hier vielmehr bei Vorliegen eines grenzüberschreitenden Bezugs des betreffenden Vorhabens, dieses unter Herstellung eines – wie der EuGH mehrfach betont hat[36] – angemessenen Grades an Öffentlichkeit zu vergeben, der den betreffenden Auftrag gegenüber einem möglichst breiten Wettbewerb öffnet. Im Ergebnis wird bei der Beauftragung von Dienstleistungskonzessionen, wenn auch die Einzelheiten bislang ungeklärt sind, ein Vergabeverfahren durchzuführen sein, das

35 Vgl. zu diesen Modellen umfassend *Hausmann/Mutschler-Siebert* (Fn. 3), § 6, 4.1.

36 Vgl. etwa EuGH, Rs. C-324/98, *Telaustria und Telefonadress*, Urteil vom 7.12.2000, Slg. 2000, I-10745, Rn. 62; EuGH, Rs. C-458/03, *Parking Brixen*, Urteil vom 13.10.2005, Slg. 2005, I-8585, Rn. 49; EuGH, Rs. C-410/04, *ANAV*, Urteil vom 6.4.2006, Slg. 2006, I-3303, Rn. 21; EuGH, Rs. C-260/04, *Kommission/Italien*, Urteil vom 13.9.2007, Slg. 2007, I-7083, Rn. 24.

diese primärrechtlich determinierten Mindestanforderungen gewährleistet.[37] Öffentlich-rechtliche Verträge schließlich eröffnen den Anwendungsbereich des Vergaberechts, wenn sie funktional betrachtet eine Beschaffung zum Gegenstand haben.[38] Dass es letztlich nicht auf die Rechtsform der vertraglichen Ausgestaltung einer Auftragsvergabe ankommen kann, folgt unabhängig von einer Umsetzung im nationalen Recht aus der gebotenen richtlinienkonformen Auslegung.[39] Denn um eine einheitliche Rechtsanwendung in den Mitgliedstaaten zu gewährleisten, die nicht durchgängig die Differenzierung in öffentlich-rechtliche und privatrechtliche Verträge kennen, sind Beschaffungen in sämtlichen denkbaren vertraglichen Formen dem Vergaberecht zu unterwerfen.

Eine etwas komplexere Thematik stellt demgegenüber die Anwendbarkeit des Vergaberechts auf gemischtwirtschaftliche Gesellschaften dar. In vergaberechtlicher Hinsicht sind hier grundsätzlich zwei Ebenen voneinander zu unterscheiden: die Gründungsebene und die nachfolgende Beauftragungsebene, wo es darum geht, der bereits bestehenden gemischtwirtschaftlichen Gesellschaft die einzelnen von ihr zu erledigenden Aufgaben zu übertragen.[40] Zäumen wir das Pferd nun einmal von hinten auf und betrachten zunächst die Anwendbarkeit des Vergaberechts auf Beauftragungsebene. Hier gelten im Grundsatz keinerlei Besonderheiten gegenüber der Vergabe „regulärer" Aufträge. Soll ein entgeltlicher Vertrag über die Beschaffung von Leistungen geschlossen werden, so ist der vergaberechtliche Anwendungsbereich eröffnet. Ein anderes Ergebnis rechtfertigt sich keinesfalls, wenn man in Erwägung zieht, dass durch die Beteiligung der öffentlichen Hand an der gemischtwirtschaftlichen Gesellschaft die das Vergaberegime auslösende Personenverschiedenheit zwischen Auftraggeber und Auftragnehmer – es muss ja ein Vertrag zwischen einem öffentlichen Auftraggeber und einem rechtlich von diesem verschiedenen Unternehmen vorliegen – nicht mehr gewährleistet wäre. Denn diesen Fall des sog. In-House-Geschäfts, bei dem eine ausschreibungsfreie Direktvergabe ohne Berücksichtigung des Vergaberechts erfolgen kann, schließt der EuGH in ständiger Rechtsprechung bereits bei jeder auch noch so geringen Beteiligung eines Privaten an der zu beauftragenden Gesellschaft aus.[41] Diese aber ist dem Wesen einer gemischtwirtschaftlichen

37 So auch *Huerkamp/Kühling*, NVwZ 2011, 1409.

38 *Eschenbruch*, in: Kulartz/Kus/Portz (Fn. 18), § 99, Rn. 82; *Pünder*, in: Müller-Wrede (Fn. 5), Kapitel 3, Rn. 40.

39 *el-Barudi* (Fn. 6), S. 171.

40 Vgl. hierzu auch *Frenz*, NZBau 2008, 673 (676 f.).

41 EuGH, Rs. C-26/03, *Stadt Halle*, Urteil vom 11.1.2005, Slg. 2005, I-1, Rn. 49; EuGH, Rs. C-196/08, *Acoset*, Urteil vom 15.10.2009, Slg. 2009, I-9913, Rn. 53.

Gesellschaft gerade eigen, sodass auf Beauftragungsebene regelmäßig Vergaberecht anzuwenden ist.[42]

Warum aber ist nun die Gründung einer gemeinsamen, von einer Kommune und einem privaten Partner gehaltenen Gesellschaft sinnvoll, wenn doch ohnehin jeder an diese zu vergebende Einzelauftrag dem Vergaberecht unterfällt und somit die Gefahr besteht, dass infolge des damit grundsätzlich durchzuführenden Vergabeverfahrens ein anderes Unternehmen aufgrund eines wirtschaftlicheren Angebots den Zuschlag erhält? Kein Privater könnte dann mangels der mit einer sicheren Auftragserteilung verbundenen Gewinnaussichten mehr motiviert werden, eine entsprechende Kooperation mit einer Kommune einzugehen, und auch für die Kommune entfiele jeglicher, vor allem in einem geringeren Verwaltungsaufwand bestehende Anreiz für eine Gesellschaftsgründung, wenn für jeden Einzelauftrag ein erneutes Verfahren durchzuführen wäre. Die Lösung dieses Zielkonflikts kann hier nur darin liegen, bereits die Bildung der Gesellschaft unter Einschluss der zu beauftragenden Einzelleistungen einem Vergabeverfahren zu unterwerfen, um schon auf dieser Ebene den geeigneten Projektpartner zu ermitteln und von vorneherein zu gewährleisten, dass tatsächlich die gemeinsame gemischtwirtschaftliche Gesellschaft den Auftrag erhält.[43]

Wann aber besteht tatsächlich auch eine Pflicht des öffentlichen Auftraggebers, bereits die Suche nach einem geeigneten Projektpartner zur Gründung einer gemeinsamen Gesellschaft einem förmlichen Vergabeverfahren zu unterwerfen? Eine Antwort auf diese Frage kann nur gefunden werden, wenn man sich den ursprünglichen Telos[44] des Vergaberechts, die Gewährleistung der Befriedigung eines auftraggeberseitigen Beschaffungsbedarfs, in Erinnerung ruft. Denn sowohl die gemeinsame Neugründung einer Public-private-Partnership als auch die spätere Beteiligung des privaten Partners an einer bereits bestehenden Eigengesellschaft der Kommune etwa in Form eines Anteilskaufs stellen für sich genommen keine vergaberechtsrelevanten Vorgänge dar. Im ersteren Fall des konstitutiven Abschlusses eines Gesellschaftsvertrags lässt sich dies damit begründen, dass gesellschaftsrechtliche Vorgänge als solche nicht die Beschaffung von Leistungen zum Gegenstand haben und somit nicht der durch das Vergaberecht zu gewährleistenden Bedarfsdeckung des öffentlichen Auftraggebers dienen.[45] Die Veräußerung von Gesellschaftsanteilen an einen privaten Dritten

42 Hierzu eingehend *el-Barudi* (Fn. 6), S. 64 ff.

43 *Hausmann/Mutschler-Siebert* (Fn. 3), § 6, 3.4 m. w. N.

44 Zu den Zielen und Zwecken des Vergaberechts *Prieß* (Fn. 15), S. 24 ff.

45 Ähnlich *Ziekow*, in: Ziekow/Völlink (Hrsg.), Vergaberecht Kommentar, 2011, § 99 GWB, Rn. 55 f.

kann als Verkaufsvorgang keine Beschaffung darstellen und ist damit ebenfalls per se vergabefrei.[46]

Die Zielsetzungen des Vergaberechts sind indes in problematischer Weise berührt, wenn mittels der Bildung einer gemischtwirtschaftlichen Gesellschaft private Unternehmen ohne Ausschreibung gleichsam durch die Hintertür an der Erfüllung öffentlicher Aufgaben beteiligt werden sollen, ohne dass ein diesbezüglich zwingend vorgeschriebenes Vergabeverfahren durchgeführt worden wäre.[47] Werden beispielsweise Anteile einer kommunalen Eigengesellschaft, die bislang in städtischer Eigenleistung Abfallentsorgungsaufgaben wahrgenommen hat, an einen Privaten veräußert, der damit mittelbar an der Wahrnehmung der Entsorgungsaufgabe beteiligt wird, so ist diese Vorgehensweise unter Umgehungsgesichtspunkten durchaus kritisch zu bewerten. Hätte der Private nämlich die entsprechenden Aufgaben auf herkömmlichem Wege wahrnehmen wollen, wäre der Auftrag durch die Kommune als öffentlicher Dienstleistungsauftrag auszuschreiben gewesen. Anhand dieses Beispiels wird deutlich, dass die Beteiligung Privater an einer gemischtwirtschaftlichen Gesellschaft nicht unerhebliches vergaberechtliches Umgehungspotential aufweist.[48] In der vergaberechtlichen Rechtsprechung auf nationaler sowie supranationaler Ebene hat sich dementsprechend im Laufe der Zeit in Bezug auf die Beurteilung des Vorliegens eines öffentlichen Auftrags und die damit einhergehende Eröffnung des vergaberechtlichen Anwendungsbereichs eine funktionale Sichtweise dahingehend entwickelt, dass immer dann, wenn wirtschaftlich gesehen im Rahmen einer Gesamtbetrachtung der verschiedenen zu bewertenden Einzelvorgänge von einer Beschaffung ausgegangen werden kann, bereits der erste maßgebliche Vorgang auf Gründungsebene dem Vergaberecht zu unterstellen ist.[49] Die Einzelheiten dieser Rechtsprechung sind vielfältig und würden den Rahmen des vorliegenden Beitrags sprengen. Festzuhalten bleibt indes, dass in den Fällen, in denen mit der Gründung einer gemischtwirtschaftlichen Gesellschaft bzw. der Veräußerung

46 EuGH, Rs. C-215/09, *Mehiläinen Oy u. a./Oulun kaupunki*, Urteil vom 22.12.2010, Slg. 2010, I–13749; OLG Naumburg, Beschluss vom 29.4.2010, 1 Verg 3/10.

47 Vgl. auch *Hausmann/Mutschler-Siebert* (Fn. 3), § 6, 3.3.

48 *Willenbruch*, in: Willenbruch/Wieddekind (Hrsg.), Vergaberecht Kompaktkommentar, 2. Aufl., 2011, § 99 GWB, Rn. 14.

49 EuGH, Rs. C-29/04, *Mödling*, Urteil vom 10.11.2005, Slg. 2005, I-9705; OLG Düsseldorf, Beschluss vom 21.11.2007, Verg 32/07; OLG Brandenburg, Beschluss vom 3.8.2001, Az.: Verg 3/01; VK Münster, Beschluss vom 8.6.2012, VK 6/12; 1. VK Sachsen, Beschluss vom 29.12.2004, 1/SVK/123–04; VK Lüneburg, Beschluss vom 5.11.2004, 203-VgK-48/2004; VK Brandenburg, Beschluss vom 30.8.2004, VK 34/04.

von Gesellschaftsanteilen an einen privaten Unternehmer gleichzeitig dessen wirtschaftliche Beteiligung an der Erfüllung öffentlicher Aufgaben beabsichtigt ist, bereits auf der Gründungsebene das Vergaberecht zu beachten ist.[50] Die anschließende Einzelbeauftragung kann dann vergabefrei erfolgen.

IV. Die Ausschreibung von PPP-Projekten

Steht nach dem vorangehend Gesagten fest, dass ein PPP-Projekt dem Vergaberecht unterliegt, so fragt sich, welchem verfahrensmäßigen Ablauf dessen Vergabe unterliegt.

Interessant sind in diesem Zusammenhang vor allem die bereits für die Gründungsebene durchzuführenden Vergabeverfahren, da diese im Gegensatz zur Vergabe auf Beauftragungsebene um ein Vielfaches komplexer sind und dementsprechend die Kommune hier nicht unerheblichen Anforderungen ausgesetzt ist. Hinsichtlich der Möglichkeiten, die der öffentlichen Hand zur Verfahrensgestaltung offen stehen, gelten gegenüber einer regulären Auftragserteilung auf Beauftragungsebene keine Besonderheiten. Es stehen grundsätzlich die Verfahrensvarianten des offenen Verfahrens, des nicht offenen Verfahrens, des Verhandlungsverfahrens mit und ohne vorherigen europaweiten Teilnahmewettbewerb sowie des wettbewerblichen Dialogs zur Verfügung. Die genannten Verfahrensarten stehen dahingehend in einem Stufenverhältnis, dass ohne Bestehen besonderer Rechtfertigungsgründe grundsätzlich von dem Verfahren mit der größtmöglichen Transparenz und Wettbewerbsoffenheit Gebrauch zu machen ist, in der Regel also vom offenen Verfahren.[51]

Für die Ausschreibung eines PPP-Projekts auf Gründungsebene kann regelmäßig auf ein Verhandlungsverfahren bzw. einen wettbewerblichen Dialog zurückgegriffen werden, da sich dies aufgrund der Komplexität der meisten derartigen Vorhaben bzw. der im Vorhinein noch nicht eindeutig und erschöpfend beschreibbaren Leistung mit den entsprechenden gesetzlich normierten Ausnahmetatbeständen rechtfertigen lässt.[52] Die Kommune hat hier also die Möglichkeit, sich unmittelbar an von ihr ausgewählte Unternehmen zu wenden und mit diesen direkt zu verhandeln.

Das offene Verfahren hingegen, das demgegenüber aufgrund des hiermit verbundenen Maximums an Wettbewerb, Transparenz und Gleichbehandlung das Regelverfahren darstellt, ist wegen der bereits angesprochenen Komplexität

50 *Dreher*, NZBau 2002, 245 (247 f.).
51 § 101 Abs. 7 GWB. Vgl. hierzu auch *Boesen* (Fn. 22), § 101 GWB, Rn. 53 ff.
52 *Hausmann/Mutschler-Siebert* (Fn. 3), § 6, 3.1.

vieler PPP-Vorhaben vielfach ungeeignet, den speziellen Bedürfnissen der an dem geplanten Projekt beteiligten Partner gerecht zu werden, da hier die Spielräume für kreative Lösungen äußerst begrenzt sind.[53] Gleiches gilt aufgrund der weitgehenden Identität im Verfahrensablauf auch für das nicht offene Verfahren.

Das in § 101 Abs. 5 GWB normierte Verhandlungsverfahren stellt demgegenüber im unmittelbaren Vergleich ein weniger formalisiertes und damit auch weniger wettbewerbsintensives Verfahren dar. Der Auftraggeber wird hier in seiner Verfahrensgestaltung nur von wenigen Verfahrensvorschriften und den allgemeinen Vergabegrundsätzen wie etwa des Wettbewerbs, der Transparenz und des Gleichbehandlungsgebotes beschränkt. Bei der Ausschreibung von PPP-Projekten erlauben oftmals der Tatbestand des § 3 EG Abs. 4 Nr. 3 VOB/A sowie der ähnlich lautende § 3 EG Abs. 3 lit. c) VOL/A den Rückgriff auf das Verhandlungsverfahren mit vorherigem Teilnahmewettbewerb aufgrund der ex ante fehlenden eindeutigen Beschreibbarkeit der Leistung.[54] Das Verfahren wird hier durch eine Bekanntmachung des zu vergebenden Auftrags im Supplement des Amtsblattes der EU eingeleitet, in der interessierte Unternehmen aufgefordert werden, am Wettbewerb teilzunehmen.[55] Die Bekanntmachung muss Mindestangaben wie etwa zur Art der Vergabe, zu Art und Umfang der Leistung, zu Ausführungs-, Bindungs- und Angebotsfristen und zu den mit dem Angebot vorzulegenden Unterlagen enthalten.[56] Damit soll die öffentliche Bekanntmachung die ausreichende und vor allem gleichmäßige Information aller Bieter sichern, die Ausdruck des vergaberechtlichen Gleichbehandlungsgebotes ist.

Die Leistungsbeschreibung bildet das zentrale Element jeder Ausschreibung, da der Auftraggeber hierin den Vergabegegenstand festlegt, an den die Bieter bei ihrer Angebotserstellung gebunden sind.[57] Gegenüber der herkömmlichen Leistungsbeschreibung, bei der bereits ein detailliertes Leistungsverzeichnis aufgestellt wird, das abschließend und umfassend die einzelnen Bedarfspositionen aufzählt, wird im Rahmen der Ausschreibung von PPP-Projekten häufig auf eine sog. funktionale Leistungsbeschreibung zurückgegriffen.[58] Diese beinhaltet

---

53 *Ziekow/Windoffer* (Fn. 7), S. 114.

54 *Hausmann/Mutschler-Siebert* (Fn. 3), § 6, 5.2.

55 Vgl. zum Ablauf eines Verhandlungsverfahrens *Boesen* (Fn. 22), § 101 GWB, Rn. 42 ff.; *Werner*, in: Byok/Jaeger (Hrsg.), Kommentar zum Vergaberecht, § 101 GWB, Rn. 94 ff.

56 Vgl. § 12 EG Abs. 2 Nr. 2 VOB/A bzw. § 15 EG Abs. 1 VOL/A unter Verweis auf Anhang II der Verordnung (EG) Nummer 842/2011.

57 *Bernhardt*, in: Ziekow/Völlink (Fn. 45), § 7 VOB/A, Rn. 1.

58 *Hausmann/Mutschler-Siebert* (Fn. 3), § 6, 8.5.2.

lediglich ein Leistungsprogramm, das heißt eine grobe Beschreibung der durch das PPP-Vorhaben zu bewältigenden Aufgabe, des hiermit verfolgten Zwecks und der elementaren Anforderungen an den Auftrag.[59] Der Rückgriff auf ein derartiges Vorgehen bedarf jedoch im Einzelfall einer ausreichenden Rechtfertigung, bedeutet er doch, dass die Konkretisierung des Auftragsinhalts weitgehend den Bietern überlassen wird.[60]

Hiervon zu unterscheiden ist die Festlegung von sog. Eignungskriterien, die dem Auftraggeber helfen sollen, die generelle Fachkunde, Leistungsfähigkeit und Zuverlässigkeit der bietenden Unternehmen zu überprüfen. Die Feststellung der Eignung erfolgt im Rahmen des Verhandlungsverfahrens abschließend mittels der Durchführung eines Teilnahmewettbewerbs.[61] Dieser ist den eigentlichen Verhandlungen über die konkreten Auftragsbedingungen vorgeschaltet und ermöglicht es der Vergabestelle, nicht geeignete Unternehmen bereits in diesem Stadium vom weiteren Verfahren auszuschließen und durch den Ausschluss von Teilnehmern mit einem Weniger an Eignung den Bieterkreis zu reduzieren. Der Ausschluss hat anhand von in der Vergabebekanntmachung bereits angekündigten objektiven Kriterien zu erfolgen, sodass er für jeden Wettbewerber nachvollziehbar ist.

Die sich an diese Phase anschließende Prüfung der Angebote gestaltet sich in mehreren Stufen.[62] Entscheidend für die Zulassung eines Angebots zu den anschließenden Verhandlungen ist, dass das Angebot den formalen Anforderungen genügt, die Vergabeunterlagen weder ergänzt noch verändert, keinen unangemessen hohen Preis verlangt und die veröffentlichten Zuschlagskriterien erfüllt.[63]

Sind diese Voraussetzungen erfüllt, so bezieht der Auftraggeber den jeweiligen Unternehmer in das eigentliche Verhandlungsverfahren ein. Dieses ist ein dynamischer Prozess, dessen konkreter Ablauf zwar weitgehend flexibel gestaltet werden kann, die Kommune aber nicht von der Einhaltung der vergaberechtlichen Grundsätze entbindet.[64] Durch die bilateralen Verhandlungen zwischen Auftraggeber und Unternehmen wird der Leistungsgegenstand am Ende derart konkretisiert, dass alle Konditionen für den zu vergebenden Auftrag feststehen.[65]

---

59 *Raufeisen*, in: Willenbruch/Wieddekind (Fn. 48), § 7 VOB/A, Rn. 105 f.
60 OLG Naumburg, Beschluss vom 16.9.2002, 1 Verg 2/02.
61 *Hausmann/Mutschler-Siebert* (Fn. 3), § 6, 8.5.3.
62 Vgl. die in § 16 EG VOB/A bzw. § 19 EG VOL/A statuierten Prüfprogramme.
63 Vgl. zu den Ausschlussgründen im Überblick *Stolz*, in: Willenbruch/Wieddekind (Fn. 48), § 16 VOB/A, Rn. 8 ff.
64 *Kühling/Lehmberg* (Fn. 4), 835 (840).
65 *Ziekow/Windoffer* (Fn. 7), S. 129 f.

Der Auftraggeber wählt sodann das wirtschaftlichste Angebot aus und gibt den unterlegenen Verhandlungsteilnehmern gemäß den Vorgaben des § 101a Abs. 1 GWB seine Entscheidung bekannt. Vom Tag nach der Absendung dieser Information an läuft eine 15-tägige sog. Vorabinformationsfrist, in welcher der Zuschlag nicht erteilt werden darf. Diese Stillhaltefrist soll es den unterlegenen Bietern ermöglichen, Primärrechtsschutz gegen die Vergabeentscheidung in Anspruch zu nehmen, um diese noch zu verhindern, da ein einmal geschlossener Vertrag grundsätzlich nicht mehr ohne Weiteres aufgehoben werden kann.[66]

Der wettbewerbliche Dialog schließlich stellt ein relativ neues, für besonders komplexe Auftragsvergaben zulässiges Verfahren dar, welches der Auftraggeber durchführen kann, wenn er objektiv nicht in der Lage ist, die technischen Mittel anzugeben, mit denen seine Bedürfnisse und Ziele erfüllt werden können, oder wenn er die rechtlichen oder finanziellen Bedingungen des Vorhabens noch nicht einschätzen kann.[67] Der Ablauf des Verfahrens gliedert sich in drei Phasen.[68] Ebenso wie beim Verhandlungsverfahren mit öffentlicher Vergabebekanntmachung findet zur Auswahl geeigneter Bewerber ein Teilnahmewettbewerb statt. Die EU-weite Bekanntmachung muss dabei jedoch keine eindeutige und erschöpfende Leistungsbeschreibung enthalten, sondern kann sich auf die Darstellung der Bedürfnisse und Anforderungen des öffentlichen Auftraggebers beschränken.[69] Die an den Teilnahmewettbewerb anknüpfende Dialogphase mit den präqualifizierten Unternehmen bietet den Raum für die Konkretisierung des Leistungsgegenstands.[70] Die in dieser Phase erzielten Ergebnisse sind für Auftraggeber und Bieter verbindlich und dienen als Grundlage für die Angebotsphase, in der die Bieter ihre finalen Angebote einreichen können.

V. Fazit

PPP stellen nach wie vor für die oft stark verschuldeten öffentlichen Haushalte eine attraktive Alternative zur Eigenerbringung von Leistungen dar, vor allem, da hierdurch die öffentlichen Haushalte entlastet werden können.

Festzustellen ist aber auch, dass sowohl auf Auftraggeber- als auch Auftragnehmerseite, insbesondere veranlasst durch die mit vielen avisierten Vorhaben

---

66 *Braun*, in: Ziekow/Völlink (Fn. 45), § 101a GWB, Rn. 66.

67 Vgl. hierzu eingehend *Hausmann/Mutschler-Siebert* (Fn. 3), § 6, 5.3.

68 *Opitz*, NZBau 2003, 182 (191).

69 *Hausmann/Mutschler-Siebert* (Fn. 3), § 6, 5.3.

70 *Haak/Preißinger*, in: Willenbruch/Wieddekind (Fn. 48), § 101 GWB, Rn. 14; *Werner*, in: Byok/Jaeger (Fn. 55), § 101 GWB, Rn. 63 ff.

einhergehende Komplexität, noch große Unsicherheit und Unerfahrenheit bezüglich einer rechtssicheren Projektdurchführung besteht. Dies birgt gerade im Bereich des Vergaberechts Gefahren für die öffentliche Hand, da ein Verstoß gegen vergaberechtliche Vorschriften nicht nur die Neuausschreibung, also die zeitaufwendige Wiederholung des Vergabeverfahrens, sondern auch Schadensersatzansprüche der Bieter nach sich ziehen kann. Die Bedeutung der vergaberechtlichen Regelungen darf vor diesem Hintergrund nicht unterschätzt werden. Eine sorgfältige Planung und Durchführung von PPP-Vorhaben ist daher unerlässlich.

Stephan Wagner

§ 2. Rechtsfolgen von Vergabeverstößen bei PPP-Projekten nach deutschem Recht

Die Vergabe von PPP-Projekten, d. h. die Suche der öffentlichen Hand nach privaten Partnern, unterliegt den allgemeinen Regeln des Vergaberechts. Diese gelten somit auch für Vergabeverstöße bei PPP-Projekten. Was den Begriff des Vergabeverstoßes angeht, lassen sich dabei je nach seiner Schwere folgende Kategorien bilden: Als schwerster Verstoß gilt die sog. *De-facto-Vergabe* (unzulässige Direktvergabe), bei der ein öffentlicher Auftraggeber den öffentlichen Auftrag einfach einem Unternehmen erteilt, ohne das vorgeschriebene förmliche Vergabeverfahren durchzuführen;[1] sodann die *Verletzung der Informations- und Wartepflicht* des öffentlichen Auftraggebers gegenüber den Bietern, deren Angebot nicht berücksichtigt werden soll (§ 100a GWB). Weiterhin gibt es *schwere Vergabeverstöße im Sinne des Zuwendungsrechts* und schließlich – als Auffangkategorie – *sonstige Vergabeverstöße*.

Zuerst wird der Frage nachgegangen, welche Rechtsschutzmöglichkeiten bestehen, also wer überhaupt wie gegen Vergabeverstöße vorgehen kann (I.). Nach einer abstrakten Darstellung der dabei drohenden zivilrechtlichen Folgen (II.) werden konkrete prominente Beispiele aus der Rechtsprechung betrachtet (III.). Abschließend wird aufgezeigt, welche zuwendungsrechtlichen Konsequenzen Vergabeverstöße haben können (IV.).

I. Rechtsschutzmöglichkeiten

1. Nationale Verfahren

Im deutschen Vergaberecht wird nach dem Rechtschutzziel zwischen dem sog. *Primärrechtsschutz* und dem sog. *Sekundärrechtsschutz* unterschieden. Beim Primärrechtsschutz besteht das Rechtsschutzziel darin, den Zuschlag an einen Konkurrenten zu verhindern; wird der Zuschlag erteilt, ist folglich kein Primärrechtsschutz mehr möglich. Beim Sekundärrechtsschutz hingegen geht es darum, vom Auftraggeber den Schaden ersetzt zu bekommen, der aus der

1 *Stockmann*, in: Dreher/Stockmann, Kartellvergaberecht (2008), § 102 GWB, Rn. 14.

Nichteinhaltung von Vergabebestimmungen resultiert. Die folgenden Ausführungen beschränken sich auf den Primärrechtsschutz.[2]

a) *Primärrechtsschutz ab Erreichen der Schwellenwerte, §§ 102 ff. GWB*

Erreicht oder überschreitet der betreffende Auftrag den einschlägigen EU-Schwellenwert (§ 100 Abs. 1 GWB),[3] steht den Unternehmen ein spezifischer Primärrechtsschutz zur Verfügung, wie er im Vierten Teil des Gesetzes gegen Wettbewerbsbeschränkungen, dem sog. Kartellvergaberecht, geregelt ist. Danach haben Unternehmen einen Anspruch darauf, dass der Auftraggeber die Bestimmungen über das Vergabeverfahren einhält (§ 97 Abs. 7 GWB). Ihr entsprechendes subjektives Recht können Unternehmen in erster Instanz mit dem Nachprüfungsverfahren vor der *Vergabekammer* (§§ 107 ff. GWB) und in zweiter Instanz mit der sofortigen Beschwerde zum *Oberlandesgericht* (§§ 116 ff. GWB) durchsetzen.

Zur materiell-rechtlichen Absicherung des Primärrechtsschutzes verpflichtet § 101a Abs. 1 GWB den Auftraggeber dazu, die Unternehmen, deren Angebot nicht berücksichtigt werden soll, über die Gründe für die Nichtberücksichtigung sowie über den Namen des ausgewählten Bieters zu informieren. Den Zuschlag darf der Auftraggeber erst 15 Kalendertage nach Absendung dieser Information erteilen. Auf diese Weise soll verhindert werden, dass der Auftraggeber durch die Erteilung des Zuschlags vollendete Tatsachen schafft und den unterlegenen Bietern den Primärrechtsschutz abschneidet. Zugleich sollen die unterlegenen Bieter in die Lage versetzt werden, rechtzeitig und substantiiert ein Nachprüfungsverfahren vor der Vergabekammer einleiten zu können. Verstößt ein Auftraggeber gegen seine Informations- und Wartepflicht aus § 101a GWB, ist der betreffende Vertrag nach § 101b Abs. 2 GWB „von Anfang an unwirksam“ (s. u., II. 2).

---

2 Zum Sekundärrechtsschutz vgl. etwa *Hertwig*, Praxis der öffentlichen Auftragsvergabe, 4. Aufl. (2009), Rn. 407 ff.

3 Die Schwellenwerte betragen seit 1.1.2012: fünf Mio. Euro für Bauaufträge (§ 2 Nr. 3 VgV), 130.000 Euro für Liefer- und Dienstleistungsaufträge von obersten oder oberen Bundesbehörden (§ 2 Nr. 1 VgV) und 200.000 Euro für sonstige Liefer- und Dienstleistungsaufträge (§ 2 Nr. 2 VgV). Zu den einschlägigen Schwellenwerten im sog. Sektorenbereich (Trinkwasser-, Energieversorgung und Verkehr) vgl. § 1 Abs. 2 SektVO.

b) Primärrechtsschutz unterhalb der Schwellenwerte

Erreicht der Auftrag nicht den einschlägigen Schwellenwert, gibt es in Deutschland keinen unmittelbar geregelten Primärrechtsschutz.[4] Die „traditionelle" Ansicht hatte daher lange Zeit keine Möglichkeit für Bieter gesehen, überhaupt Primärrechtsschutz zu erlangen. Seit 2005 gingen jedoch Teile der Rechtsprechung dazu über, insoweit den Verwaltungsrechtsweg zu bejahen, während andere Teile der Rechtsprechung den ordentlichen Rechtsweg für eröffnet hielten.[5] Das Bundesverfassungsgericht beschränkte sich Mitte 2006 auf die Feststellung, dass der Gesetzgeber verfassungsrechtlich jedenfalls nicht gezwungen sei, eine Regelung des Primärrechtsschutzes im Unterschwellenbereich zu schaffen.[6] Für Klarheit sorgte somit letztlich erst ein knappes Jahr später die Grundsatzentscheidung des Bundesverwaltungsgerichts, wonach im Unterschwellenbereich der Rechtsweg zu den ordentlichen Gerichten eröffnet ist.[7] Zwar hat die Bundesregierung im Oktober 2009 angekündigt, dass zur „Reform des Vergaberechts [...] ein wirksamer Rechtsschutz bei Unterschwellenaufträgen gehören" soll;[8] jedoch dürfte bis zum Ende dieser Legislaturperiode keine konkrete Regelung mehr zu erwarten sein.[9]

2. Vertragsverletzungsverfahren

Auf europäischer Ebene können vergaberechtswidrige Verträge Gegenstand eines sog. Vertragsverletzungsverfahrens sein, dessen typischer Ablauf kurz skizziert werden soll.[10] Nach Art. 258 AEUV (ex Art. 226 EGV) kann die Kommission als

---

4 Anders in Österreich, wo sowohl für den Oberschwellenbereich als auch für den Unterschwellenbereich derselbe Primärrechtsschutz gewährt wird, vgl. §§ 320 ff. öBVergG.

5 Vgl. hierzu *Krohn*, NZBau 2007, 493 m. w. N.; *Kus*, in: Kulartz/Kus/Portz, GWB, 2. Aufl. (2009), § 102 Rn. 15 ff.

6 *BVerfG*, Beschluss vom 13.6.2006, BVerfGE 116, 135 = NJW 2006, 3701 = NZBau 2006, 791 = VergabeR 2006, 871.

7 *BVerwG*, Beschluss vom 2.5.2007, BVerwGE 129, 9 = NJW 2007, 2275 = NZBau 2007, 389 = VergabeR 2007, 337.

8 Kabinett Merkel II, Koalitionsvertrag zwischen CDU, CSU und FDP vom 26.10.2009, S. 17.

9 Zu den europarechtlichen Vorgaben und dem dadurch induzierten Reformbedarf zuletzt *Kühling/Huerkamp*, NVwZ 2011, 1409.

10 Vgl. hierzu *Frenz*, Handbuch Europarecht, Bd. 5: Wirkungen und Rechtsschutz (2010), S. 739 ff.; *Cremer*, in: Calliess/Ruffert (Hrsg.), EUV/AEUV, 4. Aufl. (2011), Art. 258 AEUV, Rn. 1 ff.; *Ehricke*, in: Streinz (Hrsg.), EUV/AEUV, 2. Aufl. (2012), Art. 258 AEUV, Rn. 1 ff.

„Hüterin der Verträge" den Europäischen Gerichtshof anrufen,[11] wenn sie der Überzeugung ist, dass ein Mitgliedstaat gegen seine Verpflichtungen aus dem primären oder sekundären Unionsrecht verstoßen hat, etwa durch die Verletzung der Grundfreiheiten oder der EU-Vergaberichtlinien.

Zuvor hat die Kommission dem betreffenden Mitgliedstaat im Rahmen eines Vorverfahrens „Gelegenheit zur Äußerung" zu geben. Hierzu richtet sie zunächst ein sog. erstes Mahnschreiben an den betreffenden Mitgliedstaat und gibt diesem die Gelegenheit, sich innerhalb einer bestimmten Frist zu den erhobenen Vorwürfen zu äußern (Art. 258 Abs. 1 HS 2 AEUV). Ist die Kommission auch nach der Äußerung des Mitgliedstaates weiterhin vom Vorliegen einer Vertragsverletzung überzeugt, gibt sie eine begründete Stellungnahme ab und fordert den Mitgliedstaat auf, die Vertragsverletzung innerhalb einer bestimmten Frist zu beseitigen (Art. 258 Abs. 1 HS 1 AEUV). Kommt der Mitgliedstaat dem nicht nach, kann die Kommission den Europäischen Gerichtshof anrufen (Art. 258 Abs. 2 AEUV).

Das anschließende Verfahren vor dem Europäischen Gerichtshof geht nur der Frage nach, ob die von der Kommission geltend gemachte Vertragsverletzung tatsächlich besteht. Auf ein Verschulden des Mitgliedstaates kommt es insoweit nicht an. Stellt der Europäische Gerichtshof in seinem Urteil fest, dass der Mitgliedstaat gegen seine europarechtlichen Verpflichtungen verstoßen hat, so hat der Mitgliedstaat die entsprechenden Maßnahmen zu ergreifen, um diesen Verstoß abzustellen (Art. 260 Abs. 1 AEUV).

Bleibt der Mitgliedstaat allerdings untätig, kann die Kommission wiederum eine mit Gründen versehene Stellungnahme abgeben und ihm darin eine bestimmte Frist für das Ergreifen der erforderlichen Maßnahmen setzen (Art. 260 Abs. 2 AEUV). Nach Fristablauf kann die Kommission erneut den Europäischen Gerichtshof anrufen und die Verhängung von Zwangsgeld oder eines Pauschalbetrags gegen den Mitgliedstaat beantragen. Wird vom Europäischen Gerichtshof ein solches Zwangsgeld gegen die Bundesrepublik Deutschland ausgesprochen, sind die Lasten der Verletzung von supranationalen Verpflichtungen nach Maßgabe von Art. 104a Abs. 6 S. 1 GG von Bund und Ländern zu tragen.

11 Nach Art. 259 AEUV (ex Art. 227 EGV) kann der *EuGH* daneben auch von einem anderen Mitgliedstaat angerufen werden.

II. Zivilrechtliche Folgen

Im Folgenden sollen nun die möglichen zivilrechtlichen Folgen für vergaberechtswidrig geschlossene Verträge dargestellt werden.[12]

1. Nichtigkeit

Nach deutschem Recht ist der betreffende Vertrag von Anfang an (*ex tunc*) nichtig, sodass bereits erbrachte Leistungen nach Bereicherungsrecht rückabzuwickeln sind. Hat etwa der private Partner auf der Grundlage eines nichtigen PPP-Vertrags für eine Gemeinde auf einem kommunalem Grundstück eine Mehrzweckhalle errichtet und über mehrere Jahre betrieben, ergeben sich folgende Ansprüche. Da die Gemeinde nach §§ 946, 93, 94 Abs. 1 S. 1 BGB das Eigentum an der auf ihrem Grundstück errichteten Mehrzweckhalle erwirbt, hat sie dem privaten Partner hinsichtlich der erbrachten Bauleistungen nach §§ 951 Abs. 1 S. 1, 812 Abs. 1 S. 1 Alt. 2 BGB[13] die erlangte Bereicherung in Geld auszugleichen.[14] Hinsichtlich der erbrachten Dienstleistungen folgt der Anspruch des privaten Partners unmittelbar aus § 812 Abs. 1 S. 1 Alt. 1 BGB; insoweit ist eine Herausgabe des Erlangten nach § 818 Abs. 1 BGB nicht möglich, sodass die Gemeinde nach § 818 Abs. 2 BGB den entsprechenden Wert zu erstatten hat. Die Gemeinde wird sich sowohl hinsichtlich der Bauleistungen als auch hinsichtlich der Dienstleistungen in aller Regel nicht auf einen Wegfall der Bereicherung nach § 818 Abs. 3 BGB berufen können. Zudem kommt eine verschärfte Haftung der Gemeinde nach §§ 819 Abs. 1, 818 Abs. 4 BGB in Betracht, wenn sie den Grund für die Nichtigkeit des Vertrags kannte. Umgekehrt kann die Gemeinde grundsätzlich das von ihr an den privaten Partner entrichtete Entgelt nach §§ 812 Abs. 1 S. 1 Alt. 1, 818 Abs. 1 BGB zurückverlangen. Da die

---

12 Instruktiv *Vavra*, Folgen vergaberechtswidrig geschlossener Verträge, in: Elfte Badenweiler Gespräche, Schriftenreihe des forum vergabe e. V. (2006), S. 103–107. Ferner *Kaiser*, NZBau 2005, 311; *v. Gehlen*, NZBau 2005, 311; *Bitterich*, EWS 2005, 162; *ders.*, NJW 2006, 1845; *Dreher/Hoffmann*, NZBau 2009, 216; *dies.*, NZBau 2010, 201; *Peters*, NZBau 2011, 7.

13 Ob der Verweis in § 951 Abs. 1 S. 1 BGB daneben auch die Leistungskondiktion nach § 812 Abs. 1 S. 1 Alt. 1 BGB einschließt, ist umstritten, vgl. *Palandt/Bassenge*, BGB, 71. Aufl. (2012), § 951 Rn. 2; *Staudinger/Gursky* (2011), § 951 Rn. 2.

14 § 951 Abs. 1 S. 1 BGB ersetzt § 818 Abs. 1 BGB, sodass der Anspruch inhaltlich § 818 Abs. 2 BGB entspricht, vgl. *Palandt/Bassenge*, BGB, 71. Aufl. (2012), § 951 Rn. 2 m. w. N.

Rückerstattungsansprüche des privaten Partners und der Kommune sich somit jeweils auf eine Geldzahlung richten, werden sie insgesamt miteinander saldiert.

a) Gesetzliches Verbot, § 134 BGB

Wird ein öffentlicher Auftrag unzulässiger Weise direkt vergeben, obwohl er nach Maßgabe des Kartellvergaberechts eigentlich europaweit ausgeschrieben werden müsste, so verstößt dies gegen die gesetzliche Pflicht aus §§ 97 Abs. 1, 100 Abs. 1 und 101 Abs. 1 GWB. Allerdings zieht nicht jeder Verstoß gegen eine gesetzliche Pflicht die Nichtigkeit des Vertrags nach § 134 BGB nach sich. Der Bundesgerichtshof differenziert in ständiger Rechtsprechung folgendermaßen: Richtet sich das Verbot an beide Seiten, ist in der Regel anzunehmen, dass das betreffende Rechtsgeschäft nichtig sein soll; richtet sich das Verbot hingegen nur an eine Seite, ist das Rechtsgeschäft in der Regel gültig.[15] Die bislang herrschende Meinung sieht in § 97 Abs. 1 GWB eine einseitige Pflicht, die nur den öffentlichen Auftraggeber trifft, und verneint hier daher – eher schematisch – ein gesetzliches Verbot im Sinne des § 134 BGB.[16]

Zu beachten ist allerdings, dass ein direkt vergebener öffentlicher Auftrag eine Beihilfe zugunsten des Auftragnehmers darstellen kann, wenn dieser infolge des fehlenden Wettbewerbs eine marktunüblich hohe Vergütung und somit eine Begünstigung erhält.[17] Das Verbot wettbewerbsverfälschender Beihilfen nach Art. 107 Abs. 1, 108 Abs. 3 S. 3 AEUV (ex Art. 87 Abs. 1, 88 Abs. 3 S. 3 EGV) fällt aber, obwohl es ebenfalls eine einseitige Verbotsnorm darstellt, nach der Rechtsprechung des Bundesgerichtshof sehr wohl unter § 134 BGB.[18] Folglich dürfte wohl bei näherer Betrachtung einiges für die Mindermeinung sprechen, die mit Blick auf das Kartellvergaberecht ebenfalls ein Verbotsgesetz nach § 134 BGB bejaht.[19]

---

15 Vgl. *Palandt/Ellenberger*, BGB, 71. Aufl. (2012), § 134 Rn. 8 f.; *Staudinger/Sack/Seibl* (2011), § 134 Rn. 71 ff. jeweils m. w. N.

16 Vgl. *OLG Düsseldorf*, Beschluss vom 3. 12. 2003, NZBau 2004, 113 (114); *OLG Celle*, Beschluss vom 25.8.2005, VergabeR 2005, 809 (811).

17 Vgl. *Greb/Kaelble*, WuW 2006, 1011.

18 Vgl. *BGH*, Urteil vom 4.4.2003, EuZW 2003, 444 (445); Urteil vom 24.10.2003, EuZW 2004, 254 (255); Urteil vom 20.1.2004, EuZW 2004, 252 (253).

19 Dezidiert für ein gesetzliches Verbot i. S. d. § 134 BGB etwa *Kaiser*, NZBau 2005, 311 (312 ff.). – „Durchaus erwägenswert", wenngleich im Ergebnis offen gelassen, erscheint § 134 BGB ferner dem *KG*, Beschluss vom 11.11.2004, NZBau 2005, 538 (542 f.).

b) Sittenwidriges Rechtgeschäft, § 138 Abs. 1 BGB

Die Nichtigkeit eines vergaberechtswidrig geschlossenen Vertrags kann sich weiterhin aus § 138 Abs. 1 BGB ergeben. Ein sittenwidriges Rechtsgeschäft setzt nach ständiger Rechtsprechung einen Verstoß gegen das Anstandsgefühl aller billig und gerecht Denkenden voraus.[20] Im Hinblick auf das Kartellvergaberecht wird bei dessen bewusster Missachtung durch den öffentlichen Auftraggeber Sittenwidrigkeit angenommen, insbesondere bei einem kollusiven Vertragsschluss, d. h., bei einem bewussten und gewollten Zusammenwirken des öffentlichen Auftraggebers mit dem Unternehmer zum Nachteil anderer potenzieller Bieter.[21]

Anhaltspunkte sind dabei etwa Verhandlungen mit nur einem Bieter oder die Festlegung einer sachlich nicht gerechtfertigten, überlangen Laufzeit. Die bloße Nichtbeachtung der Ausschreibungspflicht wird dagegen nicht als sittenwidrig betrachtet, da hier die verwerfliche Gesinnung und damit der sittliche Makel fehlen.[22]

c) Bis 24. April 2009: Verstoß gegen die Informations- und Wartepflicht, § 13 S. 6 VgV a. F.

Das Kartellvergaberecht selbst wies mit § 13 S. 6 VgV a. F. bis zum Inkrafttreten des sog. Vergaberechtsmodernisierungsgesetzes am 24. April 2009 einen eigenen Nichtigkeitstatbestand auf. Danach führte ein Verstoß des öffentlichen Auftraggebers gegen seine Informations- und Wartepflicht gegenüber den Bietern, deren Angebot nicht berücksichtigt werden soll, zur Nichtigkeit des betreffenden Vertrags. Unmittelbare Anwendung fand § 13 S. 6 VgV a. F. nach seinem Wortlaut nur innerhalb eines förmlichen Vergabeverfahrens. Eine analoge Anwendung außerhalb eines förmlichen Vergabeverfahrens wurde von der Rechtsprechung für den Fall bejaht, dass der Auftraggeber mit mehreren Unternehmen, d. h. mit mehr als nur einem Unternehmen, über die zu beschaffende Leistung verhandelt hatte.[23] Für den Fall, dass unzulässigerweise nur Verhandlungen mit einem Unternehmen stattgefunden hatten und kein anderes Unternehmen sein Interesse am Erhalt des Auftrags bekundet hatte, wurde eine analoge Anwendung mit der Begründung abgelehnt, dass

---

20 Vgl. *Palandt/Ellenberger*, BGB, 71. Aufl. (2012), § 138 Rn. 2; *Staudinger/Sack/Fischinger* (2011), § 138 Rn. 14 ff. jeweils m. w. N.

21 *OLG Düsseldorf*, Beschluss vom 3.12.2003, NZBau 2004, 113 (116); Beschluss vom 14.4.2005, NZBau 2005, 532 (534 f.); *OLG Celle*, Beschluss vom 25.8.2005, VergabeR 2005, 809 (811); *KG*, Beschluss vom 11.11.2004, NZBau 2005, 538 (543 f.).

22 *Vavra*, Folgen vergaberechtswidrig geschlossener Verträge, in: Elfte Badenweiler Gespräche, Schriftenreihe des forum vergabe e. V. (2006), S. 103 (104).

23 Vgl. *BGH*, Beschluss vom 1.2.2005, BGHZ 162, 116 (131 ff., 133).

hier nicht einmal ein Vergabeverfahren im materiellen Sinne (mit mehreren Bietern) vorliege.[24] Die De-facto-Vergabe als schärfster Verstoß gegen das Kartellvergaberecht wurde von § 13 S. 6 VgV a. F. also weder direkt noch analog erfasst.

2. Unwirksamkeit, § 101b GWB

Der bereits angesprochene § 13 S. 6 VgV a. F. wurde mit dem Vergaberechtsmodernisierungsgesetz durch § 101b GWB ersetzt. Anstelle der Nichtigkeit nach § 13 S. 6 VgV a. F. sieht die neue Vorschrift des § 101b Abs. 1 GWB als Sanktion die anfängliche „Unwirksamkeit" des betreffenden Vertrags vor.[25] Die neue Regelung erfasst dabei nicht nur den Verstoß des öffentlichen Auftraggebers gegen die (nun in § 101a GWB) geregelte Informations- und Wartepflicht (§ 101b Abs. 1 Nr. 1 GWB), sondern – anders als bislang § 13 S. 6 VgV a. F. – auch die unzulässige De-facto-Vergabe durch den öffentlichen Auftraggeber (§ 101b Abs. 1 Nr. 2 GWB). Hinsichtlich beider Verstöße verlangt § 101b Abs. 2 GWB allerdings darüber hinaus, dass die Unwirksamkeit in einem Nachprüfungsverfahren (nach §§ 102 ff. GWB) innerhalb von 30 Kalendertagen ab Kenntnis des Verstoßes, jedoch nicht später als sechs Monate nach Vertragsschluss geltend gemacht worden ist. Angesichts der Tatsache, dass ein vergaberechtswidriger Vertrag aber auch noch später Gegenstand eines Vertragsverletzungsverfahrens vor dem Europäischen Gerichtshof sein kann (s. u., III.3), erscheint die Sachgerechtigkeit dieser Neuregelung durchaus zweifelhaft.

3. Ordentliche Kündigung

Ist der vergaberechtswidrige Vertrag nicht nichtig bzw. unwirksam, aber im Vertrag ein entsprechendes Kündigungsrecht vereinbart, besteht für den öffentlichen Auftraggeber die Möglichkeit, sich durch eine ordentliche Kündigung vom bestehenden Vertrag zu lösen. Erklärt der Auftraggeber die Kündigung, endet der Vertrag mit Ablauf der Kündigungsfrist.

---

24 *OLG Düsseldorf*, Beschluss vom 3.12.2003, NZBau 2004, 113 (115 f.); Beschluss vom 23.2.2005, NZBau 2005, 537 (537 f.); Beschluss vom 23.2.2005, NZBau 2005, 536 (536 f.); Beschluss vom 24.2.2005, NZBau 2005, 535 (535); *KG*, Beschluss vom 11.11.2004, NZBau 2005, 538 (542); *OLG Celle*, Beschluss vom 25.8.2005, VergabeR 2005, 809 (810).

25 Während die Begründung des Gesetzentwurfs in BT-Drs. 16/10117, S. 21, insoweit von der „schwebenden Unwirksamkeit" des Vertrags spricht, geht die wohl h. M. von dessen „schwebender Wirksamkeit" aus, vgl. *Dreher/Hoffmann*, NZBau 2009, 216 (219); *dies.*, NZBau 2010, 201; *König*, in: Kulartz/Kus/Portz, GWB, 2. Aufl. (2009), § 101b Rn. 4; *Kriener*, in: Müller-Wrede, GWB, 2009, § 101b Rn. 3; *Braun*, in: Ziekow/Völlink, Vergaberecht (2011), § 101b GWB, Rn. 73 ff.

4. Außerordentliche Kündigung

a) Aus wichtigem Grund, § 314 Abs. 1 BGB

Bei einem schon teilweise vollzogenen Dauerschuldverhältnis,[26] wie es in aller Regel bei angelaufenen PPP-Projekten anzunehmen ist, besteht darüber hinaus die Möglichkeit einer Kündigung aus wichtigem Grund nach § 314 Abs. 1 BGB.[27] Danach liegt ein wichtiger Grund vor, „wenn dem kündigenden Teil unter Berücksichtigung aller Umstände des Einzelfalls und unter Abwägung der beiderseitigen Interessen die Fortsetzung des Vertragsverhältnisses bis zum vereinbarten Ende oder bis zum Ablauf einer Kündigungsfrist nicht zugemutet werden kann". Indessen steht einem Vertragspartner grundsätzlich kein Kündigungsrecht nach § 314 Abs. 1 BGB zu, wenn er den Kündigungsgrund zu vertreten hat bzw. wenn die Störung aus seinem eigenen Risikobereich herrührt.[28] Ist die Vergaberechtswidrigkeit des Vertrags dem öffentlichen Auftraggeber zuzurechnen, hat er also kein Kündigungsrecht nach § 314 Abs. 1 BGB.[29]

b) Störung der Geschäftsgrundlage, § 313 Abs. 3 BGB

Schließlich kann bei einem Dauerschuldverhältnis auch eine außerordentliche Kündigung nach § 313 Abs. 3 BGB wegen Störung bzw. Wegfall der Geschäftsgrundlage in Betracht kommen. Geschäftsgrundlage sind nach § 313 Abs. 1 BGB „Umstände, die zur Grundlage des Vertrags geworden sind". Dies sind nach ständiger Rechtsprechung die bei Abschluss des Vertrags zutage getretenen, dem anderen Teil erkennbar gewordenen und von ihm nicht beanstandeten Vorstellungen der einen Partei oder die gemeinsamen Vorstellungen beider Parteien von dem Vorhandensein oder dem künftigen Eintritt bestimmter Umstände, sofern der Geschäftswille der Parteien auf diesen Vorstellungen aufbaut (sog. subjektive Geschäftsgrundlage); – sowie diejenigen Umstände und allgemeinen

---

26 Zum Begriff des Dauerschuldverhältnisses vgl. *Palandt/Grüneberg*, BGB, 71. Aufl. (2012), § 314 Rn. 2; *Gaier*, in: Münchener Kommentar zum BGB, Bd. II, 6. Aufl. (2012), § 314 Rn. 5 ff.

27 Dieses Kündigungsrecht tritt bei bereits in Vollzug gesetzten Dauerschuldverhältnissen an die Stelle des Rücktrittsrechts, vgl. *Palandt/Grüneberg*, BGB, 71. Aufl. (2012), § 314 Rn. 12, und vor § 346 Rn. 12; *Gaier*, in: Münchener Kommentar zum BGB, Bd. II, 6. Aufl. (2012), § 314 Rn. 3.

28 *Palandt/Grüneberg*, BGB, 71. Aufl. (2012), § 314 Rn. 7 bzw. Rn. 9; *Gaier*, in: Münchener Kommentar zum BGB, Bd. II, 6. Aufl. (2012), § 314 Rn. 10.

29 *Vavra*, Folgen vergaberechtswidrig geschlossener Verträge, in: Elfte Badenweiler Gespräche, Schriftenreihe des forum vergabe e. V. (2006), S. 103 (105).

Verhältnisse, deren Vorhandensein oder Fortdauer objektiv erforderlich ist, damit der Vertrag im Sinne der Intentionen beider Vertragspartner noch als sinnvolle Regelung bestehen kann (sog. objektive Geschäftsgrundlage).[30] Die Störung bzw. der Wegfall der Geschäftsgrundlage setzt eine schwerwiegende Veränderung voraus. Dem ist nach § 313 Abs. 2 BGB das anfängliche Fehlen der Geschäftsgrundlage gleichgestellt. Zu diesem realen Element muss ein hypothetisches Element hinzutreten: Hätten die Parteien diese Veränderung vorausgesehen, so hätten sie den Vertrag überhaupt nicht oder mit anderem Inhalt abgeschlossen. Als normatives Element muss schließlich ein Festhalten am Vertrag für eine Partei unter Berücksichtigung aller Umstände des Einzelfalls, insbesondere der vertraglichen oder gesetzlichen Risikoverteilung, unzumutbar sein. Fällt die Prüfung, ob der Vertrag auszuschreiben ist, und damit das Risiko einer fehlerhaft unterbliebenen Ausschreibung vornehmlich in die Sphäre des öffentlichen Auftraggebers, ist für eine Kündigung nach § 313 Abs. 3 BGB kein Raum.[31]

III. Beispiele

Die bislang abstrakt erörterte Rechtslage soll nun anhand von drei prominenten Beispielen aus der Rechtsprechung konkretisiert werden: „Donauwald", „Bockhorn/Braunschweig I & II" und „Datenzentrale Baden-Württemberg – Kfz-Zulassungssoftware".

1. „Donauwald": Recht zur außerordentlichen Kündigung eines vergaberechtswidrigen Vertrags?

Die Abfallwirtschaftsgesellschaft Donauwald schreibt 1998 Entsorgungsdienstleistungen (über die thermische Behandlung von Abfällen) aus. Bei dieser Ausschreibung gibt auch die Landeshauptstadt München ein Angebot ab. Für den Fall, dass sie den Zuschlag erhalten sollte, schließt sie ohne vorherige Ausschreibung mit einem Entsorgungsunternehmen einen Transportvertrag über 25 Jahre. Wegen der unterbliebenen Ausschreibung des Transportvertrags durch die Landeshauptstadt München strengt die Kommission ein Vertragsverletzungsverfahren gegen die Bundesrepublik Deutschland an.[32]

---

30 *Palandt/Grüneberg*, BGB, 71. Aufl. (2012), § 313 Rn. 3 f. m. w. N.; kritisch gegenüber dieser Unterscheidung *Finkenauer*, in: Münchener Kommentar zum BGB, Bd. II, 6. Aufl. (2012), § 313 Rn. 12 ff.

31 *Vavra*, Folgen vergaberechtswidrig geschlossener Verträge, in: Elfte Badenweiler Gespräche, Schriftenreihe des forum vergabe e. V. (2006), S. 103 (106).

32 *EuGH*, Urteil vom 18.11.2004, C-126/03, „Donauwald", Slg. I-11197 = NZBau 2005, 49 = VergabeR 2005, 57.

Der Europäische Gerichtshof stellt wegen der nicht ordnungsgemäßen Auftragsvergabe der Stadt einen Verstoß der Bundesrepublik Deutschland gegen die Richtlinie 92/50/EG fest. Nach Art. 228 Abs. 1 EGV (jetzt Art. 260 Abs. 1 AEUV) hat die Bundesrepublik Deutschland die erforderlichen Maßnahmen zu ergreifen, um den anhaltenden Verstoß gegen europäisches Sekundärrecht zu beseitigen. Die Landeshauptstadt München nimmt daraufhin Verhandlungen mit dem Entsorgungsunternehmen über eine einvernehmliche Aufhebung des Transportvertrags auf. Da diese jedoch ergebnislos verlaufen, erklärt die Stadt die außerordentliche, hilfsweise ordentliche Kündigung.

Gegen diese Kündigung erhebt das Unternehmen eine zivilrechtliche Klage zum Landgericht München I.[33] Dieses geht in seiner Entscheidung von einem wirksam geschlossenen Transportvertrag aus: Mangels eines kollusiven Zusammenwirkens der Parteien sei keine Sittenwidrigkeit nach § 138 Abs. 1 BGB anzunehmen. Auch folge weder aus § 134 BGB i. V. m. §§ 97 Abs. 1, 101 Abs. 1 GWB noch aus § 13 S. 6 VgV analog eine Nichtigkeit des Vertrags.[34] Die außerordentliche Kündigung des Transportvertrags sei jedoch wirksam, da sie auf eine im Vertrag enthaltene Loyalitätsklausel und den Rechtsgedanken aus § 313 Abs. 3 BGB analog gestützt werden könne. Der Landeshauptstadt sei ein Festhalten am europarechtswidrigen Transportvertrag nicht zuzumuten.[35] Auf die Berufung des Unternehmens hin kommt es vor dem Oberlandesgericht München schließlich zu einem Vergleich über die Auflösung des Transportvertrags.

2. „Bockhorn/Braunschweig I & II“: Kein Bestandsschutz für vergaberechtswidrige Verträge

Mitte der 1990er Jahre vergeben die Gemeinde Bockhorn bzw. die Stadt Braunschweig ohne vorherige Ausschreibung einen Abwasservertrag bzw. einen Müllentsorgungsvertrag über jeweils 30 Jahre. Wegen der unterbliebenen Ausschreibung des Abwasservertrags bzw. des Müllentsorgungsvertrags strengt die Kommission ein Vertragsverletzungsverfahren gegen die Bundesrepublik Deutschland an.[36]

Auch in diesem Fall stellt der Europäische Gerichtshof wegen der nicht ordnungsgemäßen Auftragsvergaben der niedersächsischen Kommunen einen Verstoß der

---

33 Es handelt sich also um kein Nachprüfungsverfahren vor der *Vergabekammer* und dem *Oberlandesgericht*.

34 *LG München I*, Urteil vom 20.12.2005 (nicht rechtskräftig), NZBau 2006, 269 (270).

35 *LG München I*, Urteil vom 20.12.2005 (nicht rechtskräftig), NZBau 2006, 269 (270 ff.).

36 *EuGH*, Urteil vom 10.4.2003, C-20/01 und C-21/01, „Bockhorn/Braunschweig I“, Slg. I-3609 = NZBau 2003, 393.

Bundesrepublik Deutschland gegen die Richtlinie 92/50/EG fest. Die Bundesrepublik Deutschland ergreift jedoch keine Maßnahmen nach Art. 228 Abs. 1 EGV (jetzt Art. 260 Abs. 1 AEUV) zur Beseitigung dieses Verstoßes gegen europäisches Sekundärrecht, sondern trifft nur Vorkehrungen, um künftig vergleichbare Verstöße zu vermeiden. Mit Blick auf die Grundsätze der Rechtssicherheit und des Vertrauensschutzes sowie den Grundsatz *pacta sunt servanda* werden die betreffenden Verträge nicht beendet.

Daraufhin leitet die Kommission vor dem Europäischen Gerichtshof ein weiteres Verfahren nach Art. 228 Abs. 2 EGV (= Art. 260 Abs. 2 AEUV) gegen die Bundesrepublik Deutschland ein und beantragt die Verhängung eines Zwangsgeldes in Höhe von 31.680 Euro täglich im Fall Bockhorn bzw. von 126.720 Euro im Fall Braunschweig. Die Gemeinde Bockhorn beendet ihren Vertrag am 3. Januar 2005, woraufhin die Kommission ihre Klage insoweit zurücknimmt. Auch die Stadt Braunschweig beendet zwar später ihren Vertrag, die Kommission hält die Klage diesbezüglich aber trotzdem aufrecht, beantragt jedoch kein Zwangsgeld mehr.

Der Europäische Gerichtshof stellt mit Urteil vom 18. Juli 2007 einen Verstoß der Bundesrepublik Deutschland gegen ihre Verpflichtung aus Art. 228 Abs. 1 EGV (jetzt Art. 260 Abs. 1 AEUV) fest, da sie nicht die erforderlichen Maßnahmen ergriffen hat, die sich aus dem ersten Urteil ergeben.[37] Der damals festgestellte Verstoß gegen europäisches Sekundärrecht dauert solange an, wie die vergaberechtswidrigen Verträge weiterlaufen.[38] Etwas anderes ergibt sich auch nicht aus den Grundsätzen von Rechtssicherheit, Vertrauensschutz und *pacta sunt servanda*.[39] Ein Mitgliedstaat kann sich somit nicht auf seine interne Zivilrechtsordnung berufen, sondern muss für die Beendigung der vergaberechtswidrigen Verträge sorgen.[40]

3. „Datenzentrale Baden-Württemberg – Kfz-Zulassungssoftware": Verhältnis von nationalem Nachprüfungsverfahren und Vertragsverletzungsverfahren

Die Datenzentrale Baden-Württemberg, eine Anstalt des öffentlichen Rechts, vergibt im Dezember 2005 ohne vorherige Ausschreibung einen Vertrag über die Lieferung von Kfz-Zulassungssoftware an die Anstalt für Kommunale Datenverarbeitung in Bayern.

---

37 *EuGH*, Urteil vom 18.7.2007, C-503/04, „Bockhorn/Braunschweig II", Slg. I–6153 = NZBau 2007, 594 = VergabeR 2007, 597.

38 *EuGH*, Urteil vom 18.7.2007, C-503/04, „Bockhorn/Braunschweig II", Rn. 29.

39 *EuGH*, Urteil vom 18.7.2007, C-503/04, „Bockhorn/Braunschweig II", Rn. 31 ff., 36.

40 *EuGH*, Urteil vom 18.7.2007, C-503/04, „Bockhorn/Braunschweig II", Rn. 38.

Der Vertrag ist Gegenstand eines nationalen Nachprüfungsverfahrens, das mit Beschluss des Oberlandesgerichts Karlsruhe vom 6. Februar 2007 rechtskräftig abgeschlossen wird, ohne die Vergabe zu beanstanden.[41] Gleichwohl strengt die Kommission wegen der unterbliebenen Ausschreibung dieses Vertrags ein Vertragsverletzungsverfahren gegen die Bundesrepublik Deutschland an.[42]

Der Europäische Gerichtshof bejaht auch hier eine nicht ordnungsgemäße Vergabe durch die Datenzentrale Baden-Württemberg und damit einen Verstoß gegen die einschlägige Richtlinie 93/36/EG. Von besonderer Bedeutung sind aber vor allem die Ausführungen zum Verhältnis von nationalem Nachprüfungsverfahren und Vertragsverletzungsverfahren.

Danach weichen das nationale Nachprüfungsverfahren und das Vertragsverletzungsverfahren sowohl hinsichtlich der *Parteien* als auch hinsichtlich ihrer *Zielsetzung* voneinander ab. Parteien sind beim Nachprüfungsverfahren die Bieter und der öffentliche Auftraggeber, beim Vertragsverletzungsverfahren hingegen die Kommission und der Mitgliedstaat. Ziel des Nachprüfungsverfahrens ist der Schutz der unberücksichtigten Bieter, während das Vertragsverletzungsverfahren im allgemeinen Interesse die Einhaltung des Gemeinschaftsrechts sicherstellen soll.[43] Das etwaige Risiko, dass ein unberücksichtigter Bieter die im nationalen Nachprüfungsverfahren vorgesehenen Fristen nicht einhält bzw. umgeht und später die Kommission mit der Angelegenheit befasst, ist hinzunehmen.[44] Etwas anderes ergibt sich auch nicht aus den Grundsätzen der Rechtssicherheit, des Vertrauensschutzes und der Rechtskraftwirkung.[45]

Diese Grundsätze wurden seitdem vom Europäischen Gerichtshof bestätigt:[46] Auch wenn ein (vergaberechtswidriger) Vertrag somit schon seit längerem läuft und ein nationales Nachprüfungsverfahren bereits verfristet ist, kann die Kommission, wenn sie damit befasst wird, den Fall aufgreifen und ein erfolgreiches Nachprüfungsverfahren gegen den betreffenden Mitgliedstaat führen. Die Hoffnung des deutschen Gesetzgebers, derartige Fälle durch die 2009 eingeführte Fristenregelung des § 101b Abs. 2 GWB auffangen zu können, dürfte somit hinfällig sein. Die Kommission hat aber insoweit keine falschen Erwartungen geweckt. So

41 *OLG Karlsruhe*, Beschluss vom 6.2.2007, NZBau 2007, 395 = VergabeR 2007, 385.

42 *EuGH*, Urteil vom 15.10.2009, C-275/08, „DZBW – Kfz-Zulassungssoftware", NZBau 2010, 63 = VergabeR 2010, 57.

43 *EuGH*, Urteil vom 15.10.2009, C-275/08, „DZBW – Kfz-Zulassungssoftware", Rn. 36.

44 *EuGH*, Urteil vom 15.10.2009, C-275/08, „DZBW – Kfz-Zulassungssoftware", Rn. 38.

45 *EuGH*, Urteil vom 15.10.2009, C-275/08, „DZBW – Kfz-Zulassungssoftware", Rn. 40.

46 Vgl. *EuGH*, Urteil vom 21.1.2010, C-17/09, „Müllverwertungsanlage Bonn GmbH", NZBau 2010, 326 = VergabeR 2010, 465, Rn. 23 ff., 28.

haben etwa Vertreter der Kommission schon bei den Badenweiler Gesprächen 2006 ausdrücklich klargestellt, dass die Kommission als „Hüterin der Verträge“ vor Verstößen gegen EU-Recht nicht die Augen verschließen könne und sich daher die Einleitung eines Nachprüfungsverfahrens selbst nach der Verfristung nationaler Nachprüfungsverfahren vorbehalten müsse.[47]

IV. Zuwendungsrechtliche Folgen

Da kommunale PPP-Projekte häufig nur mit staatlichen Zuwendungen realisiert werden können, sind für deren Gelingen nicht zuletzt auch die zuwendungsrechtlichen Folgen von Vergabeverstößen entscheidend.[48]

Erhält eine bayerische Kommune für ein Projekt Fördermittel vom Freistaat Bayern,[49] so wird ihr grundsätzlich nach Nr. 3.1 der Allgemeinen Nebenbestimmungen für Zuwendungen zur Projektförderung an kommunale Körperschaften (ANBest-K) die Einhaltung der nach § 31 Abs. 2 KommHV-Kameralistik (bzw. § 30 Abs. 2 KommHV-Doppik) eingeführten Vergabegrundsätze zur Auflage gemacht: Danach ist im Unterschwellenbereich bei der Vergabe von Bauaufträgen die Anwendung von Abschnitt 1 VOB/A verpflichtend vorgeschrieben, während die Anwendung von Abschnitt 1 VOL/A bei der Vergabe von Liefer- und Dienstleistungen nur empfohlen wird.[50] Weitergehende kartellvergaberechtliche Verpflichtungen im Oberschwellenbereich bleiben hiervon unberührt (Nr. 3.1 Satz 2 ANBest-K).

Hält ein Zuwendungsempfänger in Bayern seine vergaberechtlichen Pflichten nicht ein, bestimmen sich die zuwendungsrechtlichen Konsequenzen nach den Richtlinien zur Rückforderung von Zuwendungen bei schweren Vergabeverstößen, die insoweit zwischen schweren und sonstigen Vergabeverstößen

---

47 *Stoll*, Revision der EU-Rechtsmittelrichtlinien, in: Elfte Badenweiler Gespräche, Schriftenreihe des forum vergabe e. V. (2006), S. 161 (169). Vgl. *S. Wagner*, NZBau 2006, 701 (702 f.).

48 Vgl. hierzu *Antweiler*, NVwZ 2005, 168; *Kulartz/Schilder*, NZBau 2005, 552; *Attendorn*, NVwZ 2006, 991; *Mayen*, NZBau 2009, 98; *Schilder*, NZBau 2009, 155; *Greb*, VergabeR 2010, 387; *Kautz*, BayVBl. 2010, 264.

49 Die Pflicht, eine derartige Auflage zu stellen, folgt für staatliche Förderstellen aus Art. 44 BayHO i. V. m. VV Nr. 5 zu Art. 44 BayHO.

50 Vgl. Nr. 1.1 bzw. Nr. 3 der Bekanntmachung des Bayerischen Staatsministeriums des Innern vom 14.10.2005, AllMBl. S. 424, zuletzt geändert durch Bekanntmachung vom 20.12.2011, AllMBl. 2012 S. 33.

unterscheiden.[51] Ein schwerer Vergabeverstoß ist nach der nicht abschließenden Aufzählung „insbesondere" anzunehmen (Nr. 4 gegebenenfalls i. V. m. Nr. 5 der Richtlinien), bei

- der Durchführung einer Freihändigen Vergabe bzw. eines Verhandlungsverfahrens ohne die dafür notwendigen Voraussetzungen,
- der ungerechtfertigten Einschränkung des Wettbewerbs (etwa der lokalen Begrenzung des Bieterkreises) oder
- dem vorsätzlichen oder fahrlässigen Unterlassen einer erforderlichen europaweiten Bekanntmachung.

Handelt es sich um einen derartigen schweren Vergabeverstoß, kommt grundsätzlich die vollständige Rückforderung der Zuwendung in Betracht, da die Förderstellen bei der Ausübung ihres Ermessens davon ausgehen, dass „im Rahmen der vorzunehmenden Interessenabwägung das öffentliche Interesse an einer Rückforderung überwiegt" (Nr. 3.2 der Richtlinien).[52] Bei sonstigen Vergabeverstößen sind hingegen nur die „feststellbaren vermeidbaren Mehrausgaben" zurückzufordern (Nr. 3.3 i. V. m. Nr. 3.1 der Richtlinien).

Während die Rechtsprechung die vollständige Rückforderung bei schweren Vergabeverstößen bislang durchweg akzeptiert hat,[53] wird dies in der Literatur zum Teil heftig kritisiert: Auch bei schweren Vergabeverstößen sollen demnach nur die feststellbaren Mehrausgaben zurückgefordert werden können, da die zugrunde liegende Auflage (in Nr. 3.1 ANBest-K) nur der sparsamen und wirtschaftlichen Verwendung der Fördermittel diene, aber nicht etwa dem Wettbewerb und der Transparenz im Interesse der Bieter.[54] Dieser Kritik ist jedoch entgegenzuhalten, dass die Auskehrung von Fördermitteln in aller Regel stets mit einem Eingriff in den Wettbewerb verbunden ist. Könnte der Zuwendungsempfänger mit den Fördermitteln bei der Vergabe von Aufträgen an Dritte nach

---

51 Vgl. Nr. 3 der Bekanntmachung des Bayerischen Staatsministeriums der Finanzen vom 23.11.2006, AllMBl. S. 709. Ähnlich der Runderlass des Finanzministeriums Nordrhein-Westfalen vom 18.12.2003, MBl. 2005 S. 1310, geändert durch Runderlass vom 16.8.2006, MBl. S. 432.

52 Zum intendierten Ermessen bei der vollständigen Zweckverfehlung einer Zuwendung grundlegend *BVerwG*, Urteil vom 16.6.1997, BVerwGE 105, 55 = NJW 1998, 2233.

53 Vgl. zuletzt *BGH*, Urteil vom 17.11.2011, „Software-Factory", NZBau 2012, 131 (133 f.).

54 Vgl. *Antweiler*, NVwZ 2005, 168 (170 ff.); *Kulartz/Schilder*, NZBau 2005, 552 (554 f.); *Mayen*, NZBau 2009, 98 (101 f.); *Schilder*, NZBau 2009, 155 (156 f.); *Greb*, VergabeR 2010, 387 (392 ff.); *Kautz*, BayVBl. 2010, 264 (266 ff.).

freiem Belieben schalten und walten, würde dieser Eingriff in den Wettbewerb gleichsam perpetuiert. Die Auflage in Nr. 3.1 ANBest-K dient also nicht nur dem haushaltsrechtlichen Grundsatz einer sparsamen und wirtschaftlichen Mittelverwendung, sondern auch der Kompensation des Eingriffs in den Wettbewerb.[55] Mit Blick auf die Art. 107 ff. AEUV verlangt die EU-Kommission bei nahezu jedem nationalen Förderprogramm, dass der Zuwendungsempfänger bei der Fremdvergabe von Aufträgen die vergaberechtlichen Bestimmungen anwendet.

Gleiches gilt schließlich auch für den Fall, dass die Zuwendung nicht aus einem nationalen, sondern aus einem EU-Förderprogramm stammt. Auch hier gibt es wiederum Leitlinien für die Festsetzung der Finanzkorrekturen bei Verstößen gegen die Vorschriften für die öffentliche Auftragsvergabe auf durch die Strukturfonds und den Kohäsionsfonds kofinanzierte Ausgaben vom 29. November 2007.[56] Diese sehen eine prozentuale Staffelung der Rückforderung nach der Schwere des Verstoßes vor, etwa im Anwendungsbereich des Kartellvergaberechts angefangen von einer vollständigen Rückforderung bei einem Verstoß gegen Bekanntmachungsvorschriften bis hin zu 2 bis 10 % bei einer unsachgemäßen Anwendung einzelner Hilfselemente. Wie der Europäische Gerichtshof vor kurzem festgestellt hat, rechtfertigt die Missachtung des Kartellvergaberechts durch einen öffentlichen Auftraggeber grundsätzlich eine vollständige Rückforderung der ihm gewährten EU-Fördermittel.[57]

All dies führt deutlich vor Augen, dass bei kommunalen PPP-Projekten auf die Einhaltung des Vergaberechts besonders genau zu achten ist, um nicht im Nachhinein bereits bewilligte Fördermittel wieder zu verlieren.

---

55 Ähnlich *Attendorn*, NVwZ 2006, 991 (994). Soweit das *OVG Münster*, Urteil vom 2.9.2008, DVBl 2008, 1450 (1451), ein Interesse potentieller Auftragnehmer an einem gleichmäßigen Zugang zu öffentlichen Aufträgen nur für den im GWB geregelten Oberschwellenbereich anerkennt, übersieht es, dass nach ständiger Rechtsprechung des *EuGH* auch im Unterschwellenbereich ein angemessener Grad an Öffentlichkeit sicherzustellen ist, sobald der betreffende Auftrag Binnenmarktrelevanz besitzt. Vgl. hierzu die Mitteilung der Kommission vom 23.6.2006 zu Auslegungsfragen in Bezug auf das Gemeinschaftsrecht, das für die Vergabe öffentlicher Aufträge gilt, die nicht oder nur teilweise unter die Vergaberichtlinien fallen, ABlEU Nr. C 179, S. 2, sowie das *EuG*, Urteil vom 20.5.2010, T- 258/06, „Bundesrepublik Deutschland/Kommission", NZBau 2010, 510 = VergabeR 2010, 593.

56 *Europäische Kommission*, COCOF 07/0037/03-DE, NZBau 2010, 297. Vgl. hierzu *Braun*, NZBau 2010, 279.

57 *EuGH*, Urteil vom 21.12.2011, C-465/10, „EFRE-Zuschuss", NZBau 2012, 125.

V. Fazit

Vergabeverstöße können gravierende Folgen für ein PPP-Projekt haben. So kann etwa eine De-facto-Vergabe nicht nur bis zu sechs Monate nach Vertragsschluss durch Konkurrenten mit dem Nachprüfungsverfahren angegriffen werden, sondern auch noch Jahre später durch die Kommission mit dem Vertragsverletzungsverfahren.

Auch das zivilrechtliche Schicksal des vergaberechtswidrigen Vertrags hängt am seidenen Faden. Ist er im Einzelfall nichtig, folgt eine komplexe Rückabwicklung der bereits erbrachten Leistungen über das Bereicherungsrecht. Ist er hingegen zwar nach deutschem Zivilrecht wirksam geschlossen, verstößt er aber nach den Feststellungen des Europäischen Gerichtshofs gegen Europarecht, muss die Kommune als öffentlicher Auftraggeber einen Weg finden, sich vom Vertrag zu lösen. Wie dargestellt, gelingt dies oft nur unter erheblichen Schwierigkeiten und mit finanziellen Zugeständnissen gegenüber dem privaten Partner.

Bei kommunalen PPP-Projekten, die vielfach nur mit Zuwendungen aus nationalen oder europäischen Förderprogrammen durchgeführt werden können, droht bei schweren Vergabeverstößen schließlich auch noch der finanziell schmerzhafte Verlust dieser Fördermittel.

Alles in allem stellt die Vergabe von PPP-Projekten somit eine Herausforderung dar, mit der die Kommune verantwortungsbewusst und professionell umzugehen hat.

Andreas Bäuml*

§ 3. Transparenz bei PPP-Projekten aus der Sicht des deutschen Rechts

I. Einführung

Der vorliegende Beitrag behandelt die Frage der Transparenz bei der Verwirklichung von PPP-Projekten. Für den Begriff der Public-private-Partnership existiert keine allgemeingültige Definition, sodass die Reichweite des Begriffs unterschiedlich verstanden wird.[1]Eine mögliche Differenzierung setzt bei der Ausgestaltung an und unterscheidet institutionelle und vertragliche PPPs. Eine institutionelle PPP liegt vor, wenn ein gemischtwirtschaftliches Unternehmen betrieben wird, wie z. B. die Berliner Wasserbetriebe. Die zweite Gruppe bilden sodann die vertraglichen PPPs. Hierunter fallen z. B. der Bau und der Betrieb von Infrastruktureinrichtungen, wie z. B. von Verwaltungsgebäuden, auf vertraglicher Basis.[2] Für diesen Beitrag soll der Begriff der PPP grundsätzlich in einem umfassenden Sinn verstanden werden, also sowohl vertragliche als auch institutionelle PPPs einbeziehen.

Bei der Frage der Transparenz handelt es sich nicht nur um eine „akademische" Diskussion, sondern insbesondere auch um eine sehr praxisrelevante Frage. Allein im Entwurf des Haushaltsgesetzes des Bundes für das Jahr 2012 wurden 3,8 Mrd. Euro für die Umsetzung von neuen Public-private-Partnerships veranschlagt.[3] Nach Schätzungen des Hauptverbandes der deutschen Bauindustrie befinden sich derzeit Projekte mit einem Volumen von knapp 1,2 Mrd. Euro auf kommunaler Ebene in der Ausschreibungsphase und weitere PPPs mit einem Finanzvolumen von knapp 1,9 Mrd. Euro werden von den Kommunen im Sektor des staatlichen Hochbaus derzeit vorbereitet.[4] Es handelt sich also um ein

---

* Der Autor dankt dem Lehrstuhlinhaber Prof. Dr. Jürgen Kühling, LL.M., für wertvolle Anregungen bei der Erarbeitung des Beitrags. Er dankt Prof. Thorsten Beckers und Andrej Ryndin von der TU Berlin für die Bereitstellung hilfreicher Materialien. Teile dieses Beitrags sind bereits in IR 2012, S. 314–316, erschienen.

1 Vgl. Kühling/Schreiner, ZJS 2011, S. 112 (112 ff.); Hodge/Greve, Public Administration Review (PAR), 2007, S. 545 (545 ff.).

2 Vgl. Beckers/Klatt, Potenziale und Erfolgsfaktoren des PPP-Ansatzes, 2008, S. 3 f., abrufbar.

3 BT-Drs. 17/6600, S. 109.

4 http://www.oepp-plattform.de/projektdatenbank/projekte-zahlen (zuletzt abgerufen am 10.4.2012).

beträchtliches staatliches Auftragsvolumen, das in den privaten Wettbewerbsmarkt fließt. Aufgrund des erklärten Ziels der Bundesregierung, die Anzahl an PPP-Projekten zu erhöhen,[5] ist in den nächsten Jahren noch mit einer weiteren Steigerung der in den PPP-Markt fließenden Mittel zu rechnen. Alleine dies zeigt die immense wirtschaftliche Bedeutung von PPP-Projekten in der Bundesrepublik Deutschland. Wie der Internetseite des Bundesfinanzministeriums zu entnehmen ist, soll mittels der PPP-Projektrealisierung eine effizientere, kostengünstigere und schnellere Bereitstellung der öffentlichen Leistungen erfolgen. Entscheidender Maßstab dabei ist, ob sich beim Vergleich der PPP-Realisierung mit der konventionellen Beschaffung die Alternative Public-private-Partnership als wirtschaftlichere Alternative darstellt.[6] Dieser Wirtschaftlichkeitsvergleich wird in sog. Wirtschaftlichkeitsuntersuchungen[7] umgesetzt. Inwiefern bei der Entscheidung pro PPP noch andere Gründe eine Rolle spielen – wie z. B. die neue „Schuldenbremse" im Grundgesetz – soll vorliegend nicht untersucht werden.[8] Faktisch aber ist nicht jedes mittels einer PPP realisierte Vorhaben so wirtschaftlich wie von Seiten des staatlichen Auftraggebers errechnet oder – vielleicht zutreffender – „schön gerechnet" wird. Im September 2011 wurde von den Präsidentinnen und Präsidenten der Rechnungshöfe des Bundes und der Länder ein „Gemeinsamer Erfahrungsbericht zur Wirtschaftlichkeit von ÖPP[9]-Projekten"[10] herausgegeben. Im extremsten Fall dieses Berichts – dem in Rheinland-Pfalz errichteten Südbad Trier – verweist die Darstellung auf eine um 25,5 %-Punkte geringere Effizienzrendite als diese von der Beratungsfirma im Vorfeld errechnet wurde.[11] Während die Beraterfirma für die Realisierung des Südbads Trier in Form einer Public-private-Partnership eine positive Effizienzrendite errechnete, kam der Landesrechnungshof zu einem negativen Wert. Das Projekt wäre also nach Auffassung des Rechnungshofs besser konventionell realisiert worden. Dies bestätigt den Eindruck eines Teils der neueren ökonomischen Forschung, die zu dem Ergebnis gelangt, dass ein PPP-Projekt nur dann die Möglichkeit einer Kosteneinsparung eröffnet, wenn sehr spezielle

5 http://goo.gl/Tiym3g (zuletzt abgerufen am 3.4.2012).
6 http://goo.gl/rDUSl6 (zuletzt abgerufen am 3.4.2012).
7 Hierzu z. B. *Beckers/Klatt*, IR 2008, S. 296 ff.
8 Ausführlich zu PPP und Verschuldensregeln *Gatzke*, Public Private Partnerships und öffentliche Verschuldung, 2010, S. 186 ff.
9 ÖPP ist das deutsche Begriffsäquivalent zu PPP.
10 Abrufbar u. a. unter: http://goo.gl/lbMyuh (zuletzt abgerufen am 3.4.2012).
11 Gemeinsamer Erfahrungsbericht zur Wirtschaftlichkeit von ÖPP-Projekten (Fn. 10), S. 17, 36.

Projekt- und Marktcharakteristika gegeben sind und eine ganz bestimmte Gestaltung, Vergabe und Begleitung der Verträge erfolgt.[12]

Für eine Divergenz zwischen errechneter und tatsächlicher Effizienzrendite lassen sich auch Gründe identifizieren. So gibt es verzerrende Fehlanreize für eine PPP-Realisierung. Schlaglichtartig sei hier nur die Möglichkeit einer Vorfinanzierung der staatlichen Leistung für die an der Realisierung interessierten öffentlichen Akteure angeführt; d. h. also, die Verwirklichung eines Projekts ist mit einer geringeren Bindung im Hinblick auf Budgetrestriktionen möglich. Ergänzend sei auf das Interesse der Berater an der Generierung von Folgeaufträgen verwiesen.[13]

Es kann also durchaus gute Gründe geben, die staatliche Leistungsbeschaffung mittels einer Public-private-Partnership umzusetzen; umgekehrt kann für andere Projekte eine konventionelle Realisierung sinnvoller sein, d. h. gerade nicht gemeinsam mit einem Privaten oder unter „klassischer" Einbeziehung Privater für die Realisierung von Teilleistungen im Rahmen von Auftragsvergaben. Eine Meinungsbildung der Öffentlichkeit und seriöse Beurteilung durch Dritte, also insbesondere eine neutrale Meinungsbildung außerhalb der Sphäre der am PPP-Projekt beteiligten öffentlichen Hand, der potenziellen privaten Partner und der vermittelnden Berater, ist daher wünschenswert. Dies ist aber nur möglich, wenn die Entscheidung über die Erstellungsvariante (PPP oder konventionell), die Auswahl etwaiger PPP-Partner und die anschließende Umsetzung und Bewertung von PPP-Projekten in ausreichend transparenter Weise erfolgen. So könnte tendenziösen Wirtschaftlichkeitsuntersuchungen dadurch begegnet werden, dass diese schon im Vorfeld für jedermann oder zumindest für unabhängige Experten einsehbar wären. Auf der anderen Seite ist aber zu beachten, dass gerade die am Wirtschaftsverkehr beteiligten Akteure ein Interesse daran haben, nicht all ihr Wissen offen zu legen. Gerade Wissen, das nicht jedermann zur Verfügung steht, macht u. a. den Wert eines Unternehmens aus[14] – und zu Recht besteht daher ein Schutz von Betriebs- und Geschäftsgeheimnissen. Es existiert also ein Spannungsfeld mit gegenläufigen Positionen. Dabei werden zwei Fragen aufgeworfen. Einerseits ist die Frage zu stellen, wie viel Transparenz nötig ist, um eine objektive Projektbeurteilung durch neutrale Dritte zu ermöglichen. Andererseits aber ist zu untersuchen, wie viel Transparenz sinnvoll möglich ist, ohne negative Auswirkungen auf die Wettbewerbssituation hervorzurufen.

---

12 *Beckers/Klatt*, Potenziale und Erfolgsfaktoren des PPP-Ansatzes, 2008, S. 16 ff.

13 *Beckers/Klatt*, Potenziale und Erfolgsfaktoren des PPP-Ansatzes, 2008, S. 26.

14 Vgl. *Kiethe/Groeschke*, WRP 2006, S. 303 (304).

Dabei ist es nicht sinnvoll, die Transparenzthematik als einheitliche Frage aufzuwerfen und diese einer uniformen Lösung zuführen zu wollen. Einerseits ist die Transparenzfrage getrennt nach den verschiedenen Stadien der PPP-Umsetzung zu diskutieren.[15] Während der Vorbereitung einer Public-private-Partnership, also namentlich beim vorläufigen Wirtschaftlichkeitsvergleich, während der Betriebsphase und in der Zeit nach vollständiger Vertragsabwicklung sind die Elemente in diesem Spannungsfeld unterschiedlich zu gewichten. Andererseits muss auch immer der Adressatenkreis der Information bedacht werden. Zum Beispiel ist der Zugriff auf die Informationen durch die Wissenschaft sicherlich anders zu bewerten als ein Informationszugriff der Wettbewerber, sofern sich dieser sinnvoll trennen lässt.

Diese primär ökonomisch geprägten Fragen des eben aufgezeigten Spannungsfelds können aber nicht ohne Berücksichtigung der rechtlichen Rahmenbedingungen beurteilt werden. Und für diese erforderliche rechtliche Analyse gilt: Bevor man die Frage nach einer Veränderung der gegenwärtigen Rahmenbedingungen diskutieren kann, insbesondere ob eine gesetzliche Regelung erforderlich ist, muss man den status quo untersuchen. Zunächst wird daher die Ausgangslage hinsichtlich der Transparenz der Verwaltung dargestellt (dazu II.). Daran anschließen wird sich eine Analyse des Grundgesetzes (dazu III.). In einem weiteren Punkt werden die einfachgesetzlichen Informationszugangsmöglichkeiten aufgezeigt (dazu IV.). Hierbei wird der Schwerpunkt auf dem Informationsfreiheitsgesetz liegen, wobei insbesondere diejenigen Tatbestände untersucht werden, die einem Informationsbegehren entgegenstehen. Diese sind: der Schutz personenbezogener Daten, der Schutz fiskalischer Interessen des Bundes und der Schutz von Geschäfts- und Betriebsgeheimnissen.

II. Ausgangslage: Arkantradition

Ausgangspunkt des bisherigen Umgangs mit Information ist der Grundsatz der Vertraulichkeit der Verwaltung, geprägt durch die sog. Arkantradition.[16] Das heißt also, solange keine Norm existiert, die ausdrücklich ein Informationsrecht begründet, besteht kein Anspruch auf eine Auskunft. Solche Normen, die dem

---

15 Zu einer Trennung nach verschiedenen Stadien hinsichtlich der Anwendbarkeit des IFG in Konkurrenz zum Vergaberecht vgl. *Rossi/Vogt*, Transparenz von Vergabeverfahren – Zum Verhältnis zwischen Informationszugangsfreiheit und Vergaberecht, in: Informationsfreiheit und Informationsrecht, 2011, S. 61 (74).

16 *Wendt*, AnwBl. 2005, S. 702 (702); ausführlich *Wegener*, Der geheime Staat – Arkantradition und Informationsfreiheitsrecht, 2006.

Einzelnen Informationsrechte zugestehen, gibt es zwar schon seit längerer Zeit, jedoch war der Informationszugang immer von einem berechtigten Interesse abhängig.[17] Als Paradebeispiel hierfür sei § 29 VwVfG genannt: „Die Behörde hat den Beteiligten" – und es ist zu ergänzen eben nur diesen – „Einsicht in die das Verfahren betreffenden Akten zu gestatten, soweit deren Kenntnis zur Geltendmachung oder Verteidigung ihrer rechtlichen Interessen erforderlich ist". Also selbst das Einsichtsrecht der Beteiligten steht unter der eingrenzenden Voraussetzung eines rechtlichen Interesses und einer darauf bezogenen Erforderlichkeit.

Um jedoch einen Einblick in die Planung und Realisierung zu erhalten und damit eine Bewertungsmöglichkeit von Public-private-Partnerships zu schaffen, bedarf es – dies liegt nach dem eben Gesagten auf der Hand – eines weiterreichenden Informationsrechts. Zunächst stellt sich daher die Frage, ob aus dem Verfassungsrecht, insbesondere den Grundrechten, ein derartiger Anspruch auf Informationszugang abzuleiten ist.[18]

III. Verfassungsrechtliche Grundlagen der Transparenz

In Betracht kommt ein aus der Informationsfreiheit abgeleiteter Anspruch. Die Informationsfreiheit ist in Art. 5 Abs. 1 S. 1 Hs. 2 GG verankert und zählt zu den sog. Kommunikationsgrundrechten. Die Bestimmung lautet: „Jeder hat das Recht [...] sich aus allgemein zugänglichen Quellen ungehindert zu unterrichten". Jenes Informationsrecht wird jedoch maßgeblich geprägt durch die Einschränkung auf einen Informationsanspruch aus nur „allgemein zugänglichen Quellen".[19] Das Bundesverfassungsgericht hat hierzu ausgeführt: „Allgemein zugänglich ist eine Informationsquelle, wenn sie geeignet und bestimmt ist, der Allgemeinheit, also einem individuell nicht bestimmbaren Personenkreis, Informationen zu verschaffen. Diese Eignung richtet sich allein nach den tatsächlichen Gegebenheiten."[20] An der objektiven Geeignetheit der vorliegend relevanten Unterlagen bestehen keine ernsthaften Zweifel. Der Inhalt von Akten, Schriftsätzen und auch von digitalen Datenträgern etwa über die

17 *Kloepfer/Lewinski*, DVBl. 2005, S. 1277 (1277).

18 Vgl. hierzu *Kloepfer/Schärdel*, JZ 2009, S. 453 (459) m. w. N.; *Scherzberg*, ThürVBl. 2003, S. 193 (200 f.).

19 *Starck*, in: v. Mangoldt/Klein/Starck, Kommentar zum Grundgesetz – Band 1, 6. Aufl., 2010, Art. 5 Rn. 44.

20 BVerfG, Beschluss vom 2.9.1994 („Parabolantenne I"), Az. 1 BvR 1687/92, BVerfGE 90, 27 ff., Rn. 13 (juris).

Wirtschaftlichkeitsuntersuchungen oder den Betreibervertrag kann ohne ernsthafte Schwierigkeiten der Allgemeinheit zugänglich gemacht werden. Entscheidend ist jedoch die grundsätzliche Interpretation der Informationsfreiheit aus Art. 5 Abs. 1 S. 1 Hs. 2 GG. Nach der überwiegenden Ansicht genießt der Bürger nur dann den Schutz der Informationsfreiheit, wenn eine allgemeinzugängliche Quelle bereits existiert und ihm der Zugang hierzu verweigert wird.[21] Auf den Punkt gebracht: Der Anwendungsbereich der Informationsfreiheit ist grundsätzlich „erst nach der Herstellung der allgemeinen Zugänglichkeit“[22] eröffnet. Der einfache Gesetzgeber bzw. die Verwaltung bestimmt die Reichweite des Schutzbereichs. Doch ganz ohne rechtliche Schranken ist die Bestimmung des Schutzbereichs nicht. Das Bundesverfassungsgericht hat diesbezüglich ausgeführt: „Folgt aber aus [dem] Verfassungsrecht, dass der Zugang als solcher weiter oder gar unbeschränkt hätte eröffnet werden müssen, kann dies vom Träger des Grundrechts der Informationsfreiheit [...] geltend gemacht werden.“[23] Und so gibt es Stimmen in der Literatur, die insbesondere unter Rückgriff auf die verfassungsrechtlichen Gebote der Demokratie und des Rechtsstaats, den Schutzbereich informationszugangsfreundlicher bestimmen und damit zu dem Ergebnis gelangen, dass für diejenigen Daten, die der staatlichen Verfügung unterfallen, ein subjektives, grundrechtlich geschütztes Informationsrecht besteht.[24] Gedanklicher Ausgangspunkt dieser Auffassung ist der Umstand, dass das Volk durch die Ausübung seines Wahlrechts an der Willensbildung des Staates mitwirken soll. Eine fundierte Willensbildung des Staatsvolks setzt aber voraus, dass den Bürgerinnen und Bürgern die dafür notwendigen Informationen zur Verfügung stehen.[25] Dieser Zusammenhang hat auch in der Verfassung des Landes Brandenburg unter der Überschrift „Politische Gestaltungsrechte“ Niederschlag gefunden, indem in Art. 21 Abs. 4 dieser Landesverfassung grundsätzlich ein Recht auf Akteneinsicht verankert ist. Eine informationszugangsfreundlichere Auslegung des Art. 5 Abs. 1 S. 1 Hs. 2 GG ist grundsätzlich zu begrüßen. Auf diese Weise würde die bisher nur einfachgesetzliche Abkehr von der Arkantradition (dazu sogleich IV.) auch eine verfassungsrechtliche Basis finden und damit zumindest im Umfang eines „Mindeststandards“ die Informationszugangsansprüche gewährleisten. Infolgedessen würde die einfachgesetzliche

21 *Kloepfer/Schärdel*, JZ 2009, S. 453 (459).
22 *Bröhmer*, Transparenz als Verfassungsprinzip, 2004, S. 224 f.
23 BVerfG, Urteil vom 24.1.2001, Az. 1 BvR 2623/95, 1 BvR 622/99, BVerfGE 103, 44 ff., Rn. 59 (juris).
24 Vgl. hierzu *Scherzberg*, ThürVBl. 2003, S. 193 (200 f.).
25 Vgl. *Bull*, ZG 2003, S. 201 (208).

Ausgestaltung des Informationszugangs nicht mehr alleine der Beliebigkeit des „einfachen" Gesetzgebers überlassen.

Zusammenfassend ist festzuhalten, dass die Reichweite eines Informationszugangsanspruchs aus Art. 5 Abs. 1 S. 1 Hs. 2 GG stark umstritten ist. Inwiefern das Grundgesetz in der Rechtswirklichkeit Abschied von der Arkantradition nehmen wird, ist derzeit nicht genau abzusehen. Vor den Gerichten ist eine Berufung auf die verfassungsrechtliche Informationsfreiheit als Informationszugangsrecht nach wie vor nur sehr eingeschränkt erfolgsversprechend. Allerdings hat sich das Grundgesetz auch schon an anderer Stelle als eine lebendige Verfassung erwiesen, sodass eine entsprechende Öffnung gegenüber informationsfreiheitsrechtlichen Überlegungen denkbar ist.

Aber auch wenn man zu dem Ergebnis gelangt, dass sich aus der in Art. 5 Abs. 1 S. 1 Hs. 2 GG verankerten Informationsfreiheit ein Anspruch gegen den Staat auf Zugang zu Informationen ergibt, so ist dieser keinesfalls unbeschränkt. Das Verfassungsrecht schützt u. a. auch die Berufsfreiheit, Art. 12 GG, und in Art. 14 GG ist die Eigentumsgarantie verankert. Daher sind auch Betriebs- und Geschäftsgeheimnisse durch das Grundgesetz geschützt.[26] Weiter unterfallen personenbezogene Daten dem Schutzbereich des Art. 2 Abs. 1 GG.[27] Es besteht also eine Kollisionssituation verschiedener Verfassungsgüter, die im Wege der praktischen Konkordanz[28] aufzulösen ist. Diese Kollision spiegelt sich auch im einfachen Gesetzesrecht (dazu sogleich IV.) wider.[29] Die Untersuchung des Grundgesetzes ist gerade deshalb von Bedeutung, da nur so die Frage geklärt werden kann, ob das Gesetzesrecht dem Verfassungsrecht nicht widerspricht. Da dem Gesetzgeber bei der Abwägung der unterschiedlichen Verfassungsgüter ein Spielraum zukommt, steht, zumindest soweit ein einfachgesetzliches Informationsfreiheitsrecht existiert, dieses wohl nicht im Widerspruch zum Grundgesetz.

IV. Einfachgesetzliche Informationszugangsansprüche nach Informationsfreiheitsgesetzen

Eine nähere Betrachtung der Informationsfreiheitsgesetze bietet sich gerade aufgrund ihrer gesetzgeberischen Intention an. Ausweislich der Begründung in den

26 Vgl. *Manssen*, in: v. Mangoldt/Klein/Starck, Kommentar zum Grundgesetz – Band 1, 6. Aufl., 2010, Art. 12 Rn. 291.

27 *Ekardt/Exner/Beckmann*, VR 2007, S. 404 (405).

28 Vgl. hierzu *Maurer*, Staatsrecht I, 6. Aufl., 2010, § 1 Rn. 62.

29 *Ekardt/Exner/Beckmann*, VR 2007, S. 404 (505).

Bundestagsdrucksachen soll das Informationsfreiheitsgesetz des Bundes u. a. gerade auch der Verbesserung der Kontrolle staatlichen Handelns dienen.[30]

Zunächst sei darauf hingewiesen, dass durch die föderale Struktur der Bundesrepublik Deutschland auch die Materie des Informationsfreiheitsrechts jeweils unterschiedlich ausgestaltet ist. Den kommunalen Bereich betreffend ist das Gesetz des jeweiligen Bundeslandes einschlägig. Besonders hervorzuheben ist aber, dass bisher nicht von jedem Bundesland ein Informationsfreiheitsgesetz erlassen wurde. So haben bisher fünf der sechzehn Bundesländer, u. a. auch Bayern, noch keine entsprechenden Landesgesetze erlassen.[31] Betrachtet man hierbei das Verhältnis der Einwohnerzahlen der Bundesländer ohne Informationsfreiheitsgesetz zur Gesamtbevölkerung der Bundesrepublik Deutschland, so besitzt in etwa die Hälfte der Bürger keinen Informationszugangsanspruch nach Landesrecht.[32] Diese Bürger haben demnach auch keine Möglichkeit, sich auf diesem Wege Informationen über die Ausgestaltung kommunaler öffentlich-privater Partnerschaften zu beschaffen. Insofern gibt es keine Möglichkeit Licht in das Dunkel der Public-private-Partnerships zu bringen. Aber auch wenn sich die in Deutschland geltenden Gesetze im Einzelnen unterscheiden, so lassen sie sich doch auf eine grobe gemeinsame Grundstruktur zurückführen, sodass im Folgenden auf das Informationsfreiheitsgesetz des Bundes abgestellt wird und – soweit von Relevanz – an den betreffenden Punkten ein exemplarischer Vergleich mit einem Landes-Informationsfreiheitsgesetz vorgenommen wird.

1. Anwendungsbereich des Informationsfreiheitsgesetzes (IFG)

Zunächst ist der Anwendungsbereich des Informationsfreiheitsgesetzes (IFG) aufzuzeigen. Zum einen besteht ein Anspruch auf Information gegenüber den Behörden. Dem liegt ein funktionaler Behördenbegriff zugrunde, d. h., dass jede

---

30 Vgl. BT-Drs. 15/4493, S. 6.

31 Weiter haben Baden-Württemberg, Niedersachsen, Sachsen und Hessen noch kein Informationsfreiheitsgesetz erlassen (vgl. Der Bundesbeauftrage für den Datenschutz und die Informationsfreiheit, Tätigkeitsbericht zur Informationsfreiheit für die Jahre 2010 und 2011 – 3. Tätigkeitsbericht, S. 10, abrufbar unter: http://goo.gl/cyJc0d (zuletzt abgerufen am 27.6.2012). Im Koalitionsvertrag zwischen BÜNDNIS 90/DIE GRÜNEN und der SPD Baden-Württemberg für Baden-Württemberg aus dem Jahr 2011 wurde die Absicht zur Schaffung eines Informationsfreiheitsgesetzes bekundet (vgl. S. 78 des Koalitionsvertrags, abrufbar unter: http://goo.gl/JsbCUy (zuletzt abgerufen am 27.6.2012)).

32 Die Bevölkerungszahlen der Bundesrepublik Deutschland sind abrufbar unter: http://goo.gl/8NmrQg (zuletzt abgerufen am 27.6.2012).

Stelle erfasst wird, die Aufgaben der öffentlichen Verwaltung wahrnimmt.[33] Sofern die Partnerschaft zwischen dem Staat und dem Privaten auf einer vertraglichen Grundlage erfolgt, ist die vertragsschließende Behörde Adressat eines Informationsanspruchs. Als Beispiel für solche vertraglichen Partnerschaften kann der Ausbau der Bundesfernstraßen nach dem sog. A-Modell genannt oder auf kommunaler Ebene auf den Bau von Schulen verwiesen werden.[34] Aber auch die sog. institutionellen Public-private-Partnerships sind vom Anwendungsbereich des Informationsfreiheitsgesetzes erfasst. Nach § 1 Abs. 1 S. 3 IFG werden auch diejenigen juristischen Personen des Privatrechts in den Anwendungsbereich einbezogen, derer sich eine Behörde zur Erfüllung ihrer öffentlich-rechtlichen Aufgaben bedient. Damit sind gerade auch gemischtwirtschaftliche Unternehmen vom Anwendungsbereich des Informationsfreiheitsgesetzes erfasst.[35] Zusammenfassend ist daher festzuhalten, dass unabhängig von der Qualifizierung einer Partnerschaft als vertragliche oder institutionelle PPP das Informationsfreiheitsgesetz anwendbar ist.

2. Grenzen des Informationszugangsanspruchs

Die – vor allem auch für die Praxis – viel bedeutendere Frage als jene nach dem „ob" der Anwendbarkeit des Informationsfreiheitsgesetzes ist die Frage der Reichweite der Auskunftsansprüche. Denn das Informationsfreiheitsgesetz enthält eine Reihe von Ausnahmetatbeständen, die den Anspruch auf Information entfallen lassen bzw. einschränken. Die für Public-private-Partnerships einschlägigen Normen sind hierbei insbesondere § 5 IFG (Schutz personenbezogener Daten, dazu a)), § 3 Nr. 6 Alt. 1 IFG (Schutz fiskalischer Interessen des Bundes, dazu b)) und § 6 S. 2 IFG (Schutz von Betriebs- und Geschäftsgeheimnissen, dazu c)).

a) Schutz personenbezogener Daten

Der Ausschlusstatbestand des § 5 IFG (Schutz personenbezogener Daten) wird faktisch jedes Informationsbegehren betreffen. Unter personenbezogenen Daten werden nämlich „alle Einzelangaben über persönliche oder sachliche Verhältnisse einer bestimmten oder bestimmbaren Person" verstanden.[36] Erfasst sind

---

33 *Schoch*, IFG, 2009, § 1 Rn. 78.

34 Zu einem Beispiel vgl. unter: http://goo.gl/Cs0Tyd (zuletzt abgerufen am 27.6.2012).

35 *Schoch*, IFG, 2009, § 1 Rn. 119.

36 *Schoch*, IFG, 2009, § 5 Rn. 16.

insbesondere Daten wie Name, Telefonnummer oder die Anschrift.[37] Diese Informationen dürften aber in der Regel zur Beurteilung der Ausgestaltung einer öffentlich-privaten Partnerschaft nur von untergeordneter Bedeutung sein. Durch eine Schwärzung bei der Herausgabe der relevanten Behördendokumente lässt sich der Schutz personenbezogener Daten umsetzen, ohne dass hierunter der Informationsgehalt spürbar leiden würde.

b) Schutz fiskalischer Interessen des Bundes

Deutlich komplexer ist die Beurteilung des Ausschlusstatbestandes zum Schutz fiskalischer Interessen, § 3 Nr. 6 Alt. 1 IFG. Diese Norm verfolgt u. a. den Zweck, Schutz vor der Ausforschung durch Anbieter von Beschaffungsmaßnahmen zu gewährleisten.[38] Das Bundesministerium für Verkehr, Bau und Stadtentwicklung vertritt daher den Standpunkt, dass die Einsichtnahme in Wirtschaftlichkeitsuntersuchungen durch diesen Ausschlusstatbestand beschränkt wird. Denn durch diese Informationen wäre es den Anbietern – also denjenigen, die sich im Vergabeverfahren um einen Auftrag bemühen – möglich, die Annahmen und Einschätzungen des Staates in Bezug auf den Vergleichsmaßstab – PPP oder konventionelle Beschaffung – herauszulesen. Dadurch würde die Gefahr bestehen, dass sich die Angebote der Privaten an der vom Staat errechneten Wirtschaftlichkeitsschwelle einpendeln und somit die Chance vertan wird, auf Seiten des Staates weitere Potenziale der Kosteneinsparung zu nutzen. Mit anderen Worten trägt die staatliche Seite vor, dass die vollständige Offenlegung der Wirtschaftlichkeitsuntersuchungen dauerhaft zu ungünstigeren Ergebnissen im Ausschreibungsverfahren führen würde.[39] Das Anreizsystem des Vergaberechts wäre – sofern die Begründung zutrifft – konterkariert. Die Begründung erscheint auch zunächst einleuchtend. Jedoch lässt sich dies weniger mit juristischen Maßstäben beurteilen. Ob dem tatsächlich so ist, wird vor allem die ökonomische Forschung zeigen müssen. Gegen den Ansatz des Bundes könnte aber sprechen, dass diese Gefahr in einem gut ausgestalteten Vergaberecht zumindest nicht in dieser Brisanz gegeben ist, jedenfalls dann nicht, wenn die Wirtschaftlichkeitsuntersuchungen nach Abschluss der Vergabe öffentlich zugänglich werden. Zwar ist bei einer Veröffentlichung nach erfolgter Vergabe keine Beeinflussung des bereits umgesetzten PPP-Projekts mehr zu erwarten, jedoch wird dadurch die Kontrolle insgesamt erhöht mit der wahrscheinlichen Folge, dass Erkenntnisse

---

37 *Schoch*, IFG, 2009, § 5 Rn. 18.

38 BT-Drs. 15/5606, S. 5.

39 Vgl. Schriftsatz im Verfahren Hofreiter ./. BRD (nicht veröffentlicht).

aus vergangenen Projekten in zukünftigen PPPs berücksichtigt werden und sich der Rechtfertigungsdruck auf den staatlichen Auftraggeber erhöht. An diesem Punkt ist wohl der bereits angesprochene zeitliche Faktor von Bedeutung. Denn sobald zumindest zwei Bieter voneinander unabhängig versuchen müssen, das geringste Gebot abzugeben, tritt die obere mögliche Grenze des Angebots wohl in den Hintergrund. An dieser Stelle wird besonders deutlich, dass sich die Frage einer sinnvollen Transparenz nur durch interdisziplinäre Forschung beantworten lässt und an dieser Schnittstelle ersichtlich auch noch Forschungsbedarf besteht. Ein gemeinsames, interdisziplinäres Forschungsprojekt, das u. a. diese Forschungsfrage zum Gegenstand hat, wurde am 1. April 2012 gestartet. Hierbei arbeiten Ökonomen der Technischen Universität Berlin und Juristen der Universität Regensburg eng zusammen.[40] Jedenfalls aber steht schon jetzt fest, dass der Tatbestand der „Gefährdung fiskalischer Interessen" klarer Konturen bedarf. Andernfalls würde damit der Verwaltung ein Instrument an die Hand gegeben, das ihr eine informationsfeindliche Politik in unberechtigtem Umfang gestattet.

c) Schutz von Betriebs- und Geschäftsgeheimnissen

Schließlich kommt als Ausschlusstatbestand das Vorliegen von Betriebs- und Geschäftsgeheimnissen in Betracht. Hier kann auf die allgemein anerkannte Definition des Bundesverfassungsgerichts zurückgegriffen werden. Betriebs- und Geschäftsgeheimnisse sind demnach „alle auf ein Unternehmen bezogenen Tatsachen, Umstände und Vorgänge […], die nicht offenkundig, sondern nur einem begrenzten Personenkreis zugänglich sind und an deren Nichtverbreitung der Rechtsträger ein berechtigtes Interesse hat"[41]. Dabei unterfallen dem Begriff des Betriebsgeheimnisses die technischen Informationen, wohingegen den Geschäftsgeheimnissen die Informationen aus dem kaufmännischen Bereich unterfallen.[42] Da jedoch das Schutzniveau von Betriebs- und Geschäftsgeheimnissen identisch ist, kommt es auf eine trennscharfe Unterscheidung nicht an.[43] Als Beispiele für Geschäftsgeheimnisse seien genannt: Informationen zu Umsätzen, Ertragslagen, Konditionen, Marktstrategien und Kalkulationen.[44] Gerade aber die in vertraglichen PPP-Konstellationen enthaltenen Betreiberverträge können

---

40 Informationen hierzu unter: http://www.boeckler.de/11145.htm?projekt=S-2011-507-1%20B (zuletzt abgerufen am 28.6.2012).

41 BVerfGE 115, 205 (230); vgl. *Schoch*, NJW 2009, S. 2987 (2991).

42 *Kiethe/Groeschke*, WRP 2006, S. 303 (305).

43 *Ekardt/Exner/Beckmann*, VR 2007, S. 404 (406).

44 *Schoch*, IFG, 2009, § 6 Rn. 60 f.

derartige Geschäftsgeheimnisse enthalten.[45] Wichtig ist hierbei, dass nach dem Bundes-Informationsfreiheitsgesetz das Vorliegen von Betriebs- und Geschäftsgeheimnissen ein absoluter Ausschlusstatbestand ist. An dieser Stelle lohnt ein Vergleich mit dem Informationsfreiheitsgesetz des Landes Berlin. Auch dieses enthält einen Ausschlusstatbestand für Betriebs- und Geschäftsgeheimnisse (vgl. §§ 7 f. IFG-Berlin). Allerdings ist nach dem Berliner Recht eine Offenlegung der begehrten Information – unabhängig von einer Einwilligung und anders als nach Bundesrecht – auch dann möglich, wenn das Informationsinteresse das Geheimhaltungsinteresse überwiegt (§ 7 S. 1 Hs. 2 IFG-Berlin). Mit anderen Worten lässt das Berliner IFG eine Abwägungsentscheidung zu und ist somit transparenzfreundlicher als das Bundesrecht.

V. Fazit

Die Transparenzdiskussion in Deutschland befindet sich derzeit in einer sehr aktiven Phase und ist vielfach Gegenstand wissenschaftlicher Untersuchungen.[46] Bei der enormen Praxisrelevanz des Themas kann dies auch nicht wirklich verwundern. Wie aufgezeigt, gibt es noch viele diskussionswürdige Aspekte. Zunächst einmal wäre es zu begrüßen, wenn die Informationsfreiheit des Art. 5 Abs. 1 S. 1 Hs. 2 GG informationsfreundlicher interpretiert werden würde. Die verfassungsrechtliche Spannungslage der einzelnen Grundrechte findet sich auch in der Ausgestaltung des einfachen Gesetzesrechts wieder. Diese lässt den Behörden derzeit aber zum Teil einen großen Spielraum, den diese zu einer informationsunfreundlichen Interpretation nutzen. Hier wäre eine Konkretisierung der Ausschlusstatbestände wichtig. Diese lässt sich aber nur unter Rückgriff auf ökonomisches Know-how sinnvoll erarbeiten, sodass ein interdisziplinärer Ansatz erforderlich ist.

VI. Ausblick

Zum einen klagt derzeit ein Bundestagsabgeordneter der Grünen vor dem Verwaltungsgericht Berlin auf Akteneinsicht in die Wirtschaftlichkeitsuntersuchungen zum Ausbau der Bundesautobahn A 8. In diesem Verfahren wird neben den in diesem Beitrag dargestellten rechtlichen Aspekten über die Reichweite von Auskunftsansprüchen nach dem Umweltinformationsgesetz gestritten. Die

45 Vgl. *Schoch*, IFG, 2009, § 6 Rn. 64.

46 Vgl. z. B. Forschungsprojekt „Transparenz bei PPP“ (Fn. 40).

Kernfrage lautet: Sind Wirtschaftlichkeitsuntersuchungen auch Umweltinformationen?[47]

Zum anderen gab es im Land Berlin 2011 einen erfolgreichen Volksentscheid zur Offenlegung der Teilprivatisierungsverträge der Berliner Wasserbetriebe.[48] Hier wurde Transparenz nicht aufgrund bestehender Gesetze erzielt, sondern eine neue rechtliche Grundlage für Transparenz auf Initiative von Bürgern geschaffen. Ein Vergleich dieses „Offenlegungsgesetzes“[49] mit den unter IV. aufgezeigten rechtlichen Regelungen zeigt u. a., dass das „Offenlegungsgesetz“ zum Beispiel in § 4 über einen Sanktionsmechanismus verfügt. Folge des Sanktionsmechanismus ist insbesondere, dass diejenigen Verträge und Nebenabreden, die entgegen der Pflicht zur Offenlegung nicht offengelegt werden, unwirksam sind. Die Existenzberechtigung, wenn nicht sogar Existenznotwendigkeit, eines solchen Sanktionsmechanismus im Informationszugangsfreiheitsrecht folgt daraus, dass hierdurch ein Anreiz der Behörde und sogar des privaten Partners geschaffen wird, die tatsächlich vorhandenen Informationen offenzulegen, da die Unwirksamkeit des Vertrags für beide Seiten in aller Regel nachteilig ist. *De lege lata* aber können die Behörden Informationen zurückhalten in der Hoffnung, dass keiner erkennt, dass sie überhaupt existieren, und dies ohne jegliches Risiko.

47 Vgl. Schriftsatz im Verfahren Hofreiter ./. BRD (nicht veröffentlicht).

48 http://goo.gl/psXs7v (zuletzt abgerufen am 12.6.2012).

49 Gesetz für die vollständige Offenlegung von Geheimverträgen zur Teilprivatisierung der Berliner Wasserbetriebe, GVBl. (BE) 2011, S. 82.

5. Kapitel:
Haushaltsrechtliche Aspekte von Public-private-Partnership

Margarita Kustova

§ 1. Probleme der rechtlichen Regulierung von Zuwendungen als Instrumente der finanziellen Sicherung der Public-private-Partnership*

Derzeit kann ein wachsendes Bestreben der öffentlichen Hand beobachtet werden, die Erfüllung von Aufgaben von öffentlicher Bedeutung durch die Zusammenarbeit mit Privaten sicherzustellen, welche in dem entsprechenden Bereich ein eigenes Interesse haben. Die Existenz stabiler Wechselbeziehungen zwischen privatem und öffentlichem Interesse lässt es zu, dass verschiedene Formen der Zusammenarbeit zwischen öffentlichen und privaten Subjekten genutzt werden können, um die Voraussetzungen für die effektivste Umsetzung von öffentlich bedeutsamen Projekten zu schaffen. Ausgehend von einem breiten Verständnis, welches die gegenwärtige russischen Rechtswissenschaft vertritt, wird die staatlich-private bzw. kommunal-private Partnerschaft überwiegend dahingehend verstanden, dass die verschiedensten Formen der Zusammenarbeit zwischen der öffentlichen Hand und privaten Personen umfasst werden, einschließlich solcher Formen, die keine strenge rechtliche Gestaltung voraussetzen. Gemeint sind neben der vertraglichen Form der staatlich-privaten Partnerschaft auch andere Formen, zu denen einige Autoren neben der gesellschaftlichen Form auch die Bildung staatlicher Beratungsbeiräte unter Beteiligung von Vertretern des privaten Kapitals, die Durchführung von Meetings, in denen die künftige Politik bestimmt wird, sowie die Prüfung von Vorschlägen, einschließlich von Vorschlägen zur Änderung von Gesetzen, rechnen.[1]

---

* Im Beitrag wurden die wissenschaftliche Ergebnisse von Untersuchungen verwendet, die im Rahmen der wissenschaftlichen Forschungsarbeit der Staatlichen Universität Sankt Petersburg erfolgten und aus Mitteln des föderalen Haushalts der Russischen Föderation finanziert wurden (Forschungsthemen: „Spezielle Territorien der innovativen Entwicklung: ausländische Erfahrungen und Perspektiven der Einführung in Russland [Chiffre NIR: 14.38.173.2011, 2011–2013] und „Erarbeitung eines Konzepts der rechtlichen Regelung der Public-private-Partnership für Russland und die Mitgliedstaaten der Gemeinschaft Unabhängiger Staaten“ [Chiffre NIR: 14.38.678.2013, 2013–2014]). Siehe auch: *Кустова М.* Проблемы правового регулирования субсидий как инструмента финансового обеспечения публично-частного партнерства (*Kustova M.*, Probleme

Aus finanzrechtlicher Sicht ist die kommunal-private (wie auch die staatlich-private) Partnerschaft als ein Phänomen von Interesse, das mit dem Aufbau eines besonderen Systems von Verhältnissen im Zusammenhang steht, welches eines speziellen rechtlichen Instrumentariums bedarf, das die für die Natur dieser Verhältnisse geeignetste Regelung sichert. In diesem Sinn schafft eine mechanische Vereinigung beliebiger traditioneller Formen der Wechselbeziehungen zwischen Kommunen und privaten Subjekten unter dem Begriff der kommunal-privaten Partnerschaft keinen qualitativ neuen Gegenstand für eine finanzrechtliche Regelung und damit für die Untersuchungen im Rahmen der Finanzrechtswissenschaft. Dies hängt mit der Anwendung der ihren ursprünglichen Inhalt beibehaltenden Formen der Haushaltsausgaben zusammen.

Als Beispiel hierfür kann die Beschaffung von Waren, Werk- und Dienstleistungen für den staatlichen und kommunalen Bedarf, deren rechtliche Regelung zweifelsohne verbesserungsbedürftig ist, genannt werden, die in finanzieller Hinsicht durch die Bereitstellung von Zuwendungen aus dem Haushalt an die Empfänger von Haushaltsmitteln zur Bezahlung von staatlichen und kommunalen Verträgen sichergestellt wird (Art. 69 Abs. 2 des Haushaltsgesetzbuchs der Russischen Föderation[2], im Folgenden: „HaushaltsGB"). Diese Bereitstellung erfolgt im Rahmen der durch die Haushaltsgesetzgebung geregelten Verhältnisse, welche mit der Ausführung der Haushaltsausgaben verbunden sind. Die durch zivilrechtliche Vertragsverhältnisse mit kommunalen oder staatlichen Auftraggebern verbundenen Lieferanten (Auftragnehmer) können ihrerseits im Fall einer Verletzung ihres Anspruchs auf Bezahlung der gelieferten Waren bzw. der erbrachten Werk- oder Dienstleistungen diesen mit zivilrechtlichen Rechtsschutzmitteln durchsetzen. Im Gegenzug ist die Beteiligung der öffentlichen Hand am Satzungskapital von Organisationen mit der Vornahme von Haushaltsausgaben in Form von öffentlichen Investitionen für juristische Personen verbunden, die keine staatlichen bzw. kommunalen Unternehmen (Einrichtungen) sind (Art. 80 HaushaltsGB). In diesem Fall ist der Abschluss eines Vertrags über die Beteiligung eines öffentlich-rechtlichen Subjekts am Eigentum

---

der rechtlichen Regulierung von Zuwendungen als Instrumente der finanziellen Sicherung der Public-private-Partnership), Закон (Zakon) 2013, Nr. 3, S. 119–125.

1 Siehe *Белицкая А.В.*, Правовые формы государственно-частного партнерства в России и зарубежных странах (*Belickaja A.V.*, Rechtsformen der Public-private-Partnership in Russland und im Ausland), Предпринимательское право (Unternehmensrecht) 2009, Nr. 2, S. 6–11.

2 Föderales Gesetz Nr. 145-FZ vom 31.7.1998, SZ RF 1998, Nr. 31, Pos. 3823 (mit späteren Änderungen).

des Empfängers der Investitionen gemäß der Zivilgesetzgebung Grundlage für die Gewährung der öffentlichen Investitionen.

Zugleich setzt die Entwicklung von Partnerschaften zwischen der öffentlichen Hand und privaten Subjekten gerade die zum gegenseitigen Nutzen erfolgende Bündelung der Kräfte voraus, um so öffentlich bedeutsame Aufgaben zu erfüllen und als Folge daraus einen positiven sozialen und wirtschaftlichen Effekt zu erzielen. Dies setzt wiederum voraus, die geeignetste Form der finanziellen Beteiligung der öffentlichen Hand an solchen Partnerschaften zu finden und ihre angemessene rechtliche Regelung zu gewährleisten.

In diesem Zusammenhang wird versucht, die Entstehung finanzrechtlicher Probleme im Fall der Anwendung zivilrechtlicher Instrumente durch ein öffentliches Subjekt für den Aufbau seiner Verhältnisse mit privaten Partnern zu vermeiden, was dort von Bedeutung ist, wo solche Verhältnisse in einem großen Maße einen äquivalent-wertbezogenen Charakter erhalten. Insbesondere gilt dies für die Konzessionsvereinbarungen, die als eines der wichtigsten Instrumente der staatlich-privaten Partnerschaft im heutigen Russland anerkannt sind. Gemäß Art. 3 Pkt. 1 des Gesetzes „Über Konzessionsvereinbarungen"[3] handelt es sich dabei um eine Vereinbarung, aufgrund derer sich eine Partei (der Konzessionär) verpflichtet, durch die Vereinbarung bestimmte Vermögensgegenstände (Objekt der Konzessionsvereinbarung), die im Eigentum der anderen Partei (des Konzedenten) stehen oder stehen werden, auf eigene Kosten zu errichten und (oder) zu sanieren sowie ihre Tätigkeit durch die Nutzung (den Betrieb) des Objekts der Konzessionsvereinbarung auszuüben. Der Konzedent verpflichtet sich, dem Konzessionär für den durch die Vereinbarung festgelegten Zeitraum das Recht zum Besitz und zur Nutzung des Objekts der Konzessionsvereinbarung zum Zweck der Ausübung der genannten Tätigkeit zu gewähren.

Zu betonen ist jedoch, dass von öffentlicher Seite zunehmend die Strategie verfolgt wird, durch eine finanzielle Beteiligung für interessierte private Subjekte Anreize zu schaffen bzw. aufrecht zu erhalten, sich an der Erfüllung öffentlich bedeutsamer Aufgaben zu beteiligen. Dieser Ansatz entspricht den Vorgaben des haushaltsrechtlichen Konzepts, das derzeit in Russland umzusetzen ist.[4] Während

---

3 Föderales Gesetz Nr. 115-FZ vom 21.7.2005, SZ RF 2005, Nr. 30 (Teilband 2), Pos. 3126.

4 Siehe die Verordnung der Regierung der Russischen Föderation Nr. 249 vom 22.5.2004 „Über Maßnahmen zur Erhöhung der Ergebnisorientiertheit der Haushaltsausgaben", SZ RF 2004, Nr. 22, Pos. 2180, sowie das Programm der Regierung der Russischen Föderation zur Erhöhung der Effektivität der Haushaltsausgaben für den Zeitraum bis

das Konzept auf die Erhöhung der Effektivität und Ergebnisorientiertheit der Haushaltsausgaben ausgerichtet ist, setzt es im Rahmen des Haushaltsprozesses eine tatsächliche Stärkung der Selbstständigkeit und Verantwortlichkeit der für die jeweiligen Branchen zuständigen Organe der staatlichen Exekutive bzw. der Organe der örtlichen Verwaltungen voraus, welche als Hauptverfügungsberechtigte über die Haushaltsmittel auftreten. Bei Vorliegen der erforderlichen Voraussetzungen kann die Erfüllung der ihnen übertragenen Aufgaben und Funktionen nicht nur durch die ihnen untergeordneten staatlichen bzw. kommunalen Einrichtungen, sondern auch durch die Heranziehung des Potentials nichtstaatlicher Organisationen sichergestellt werden.

In diesem Zusammenhang erhöht sich die Bedeutung von Zuwendungen als Instrument der finanziellen Sicherung der den Organen der Exekutive übertragenen Aufgaben und Funktionen. Das Rechtsregime der Zuwendungen wird auf gesetzlicher Ebene einer wesentlichen Präzisierung unterzogen, wodurch neue Möglichkeiten für deren Verwendung im Rahmen einer Public-private-Partnership eröffnet werden. Darüber hinaus erhöht sich die Rolle von Zuwendungen als mögliches Instrument der finanziellen Beteiligung der öffentlichen Hand im Rahmen einer kommunal-privaten bzw. staatlich-privaten Partnerschaft auch angesichts der durch das HaushaltsGB vorgesehenen starren Beschränkung des Verzeichnisses jener Formen, bei denen die Vornahme von Haushaltsausgaben auf jeder Ebene des Haushaltssystems der Russischen Föderation zulässig ist (Art. 69 HaushaltsGB).

Das HaushaltsGB enthielt in seiner ursprünglichen Fassung im Wesentlichen eine klassische Definition der Zuwendungen, indem es darunter die Gewährung von Haushaltsmitteln auf rückzahlbarer und entgeltlicher Grundlage zu den Bedingungen einer anteiligen Finanzierung der Haushaltsausgaben versteht und voraussetzt, dass der Zuwendungsempfänger auch Eigenmittel zur Deckung der entsprechenden Ausgaben einsetzt (Art. 6 HaushaltsGB). In dieser Periode wurden gemäß Art. 78 HaushaltsGB nur föderale und regionale Zielprogramme sowie Gesetze und entsprechende Rechtsvorschriften der Vertretungsorgane der örtlichen Selbstverwaltung als Grundlage für die Gewährung von Zuwendungen anerkannt. Der gleiche Artikel legte ausdrücklich fest, dass die Zuwendungen innerhalb der festgelegten Fristen zu verwenden und im Fall der Nichtinanspruchnahme innerhalb dieser Fristen sowie im Fall der zweckentfremdeten Verwendung an den Haushalt zurückzuzahlen sind.

2012, bestätigt durch Verfügung der Regierung der Russischen Föderation Nr. 1101-r vom 30.6.2010, SZ RF 2010, Nr. 28, Pos. 3720.

Dieser Ansatz war durch eine überaus strenge Festlegung der konkreten Verwendung der Ausgaben, für welche die Zuwendung gewährt wurde, durch das öffentliche Subjekt bedingt. Hiernach galt die Zuwendung dann als zweckgebunden verwendet, wenn die durch das öffentliche Subjekt einseitig festgelegten Kriterien für die Verwendung der Ausgaben genau erfüllt wurden.

Im Verlauf der weiteren Reform der Haushaltsverhältnisse begann die Tendenz einer Abkehr vom klassischen Verständnis der Zuwendungen und einer deutlichen Differenzierung der Gründe und Voraussetzungen für deren Gewährung an Organisationen. Letztendlich verzichtete das Föderale Gesetz Nr. 63-FZ vom 26. April 2007[5] auf eine allgemeine Definition des Begriffs der Zuwendung als eine Form der Haushaltsausgaben und nahm den Weg einer selbstständigen Regelung einzelner Arten von Zuwendungen. Ungeachtet wesentlicher Unterschiede weisen die Zuwendungen jedoch auch allgemeine Tendenzen in der Entwicklung ihrer Regelung auf.

In erster Linie ist davon auszugehen, dass trotz der Einführung neuer Ansätze zur rechtlichen Regelung der Bezuschussung von Organisationen sich deren Zuordnung zu den zweckgebundenen Ausgaben nicht verändert hat, sodass das öffentliche Subjekt vertreten durch die bevollmächtigten Behörden verpflichtet ist, deren zweckgebundene Verwendung durch den Empfänger zu kontrollieren. Allerdings erfolgt die Beurteilung der Zweckerreichung unter den neuen Bedingungen nicht mehr so sehr anhand der Einhaltung der konkreten Verwendung der Haushaltsmittel, sondern vielmehr anhand der Erreichung des im Verlauf ihrer Verwendung zu erwartenden öffentlich bedeutsamen Ergebnisses.

Dabei können sich abhängig von der Art und Weise der Umsetzung der durch die Zuwendungen sichergestellten Aufgaben und Funktionen durch das Organ der staatlichen Exekutive bzw. das Organ der Exekutive der örtlichen Selbstverwaltung die qualitativen Eigenschaften der Zuwendungen als eine Form der Ausgaben auch wesentlich voneinander unterscheiden. So erfolgt die Bezuschussung von Haushalts- und autonomen Einrichtungen, die durch ein öffentliches Subjekt zur Sicherstellung der Erfüllung seiner Aufgaben und Funktionen gebildet wurden, auf der Grundlage von für diese Einrichtungen im einseitigen hoheitlichen Verfahren konzipierten staatlichen bzw. kommunalen Aufgaben, wobei davon ausgegangen wird, dass die mit der Erbringung von staatlichen bzw. kommunalen Dienstleistungen im Zusammenhang stehenden Ausgaben mithilfe von Zuwendungen auf normativer Ebene gedeckt werden (Art. 78.1 Pkt. 1 Abs. 1 HaushaltsGB). Dies erlaubt es, die Verhältnisse, welche mit der

5 SZ RF 2007, Nr. 18, Pos. 2117.

durch den Eigentümer geleisteten Bezuschussung der seine Aufgaben erfüllenden Einrichtungen im Zusammenhang stehen, als öffentlich anzusehen.

Gleichzeitig können Zuwendungen als eine Form der finanziellen Sicherstellung staatlicher bzw. kommunaler Dienstleistungen auch nichtkommerziellen Organisationen, die keine staatlichen bzw. kommunalen Einrichtungen sind, gewährt werden. In diesem Fall werden die Zuwendungen gemäß den Verträgen (Vereinbarungen) zur Erbringung der entsprechenden Dienstleistungen durch diese Organisationen für natürliche und (oder) juristische Personen gewährt (Art. 69.1 Abs. 4 HaushaltsGB). Ungeachtet des Hinweises auf die Verwendung der vertraglichen Form durch ein öffentliches Subjekt im Verhältnis zu den entsprechenden nichtkommerziellen Organisationen geht der Gesetzgeber vom staatlichen bzw. kommunalen Charakter der durch diese Organisationen zu erbringenden Dienstleistungen aus, sodass die zwischen ihnen entstehenden Verhältnisse nicht als sozialer Auftrag, der ausschließlich auf der Anwendung zivilrechtlicher Konstruktionen beruht, qualifiziert werden können.

Von diesem Standpunkt aus gesehen offenbart sich das Bestreben des Gesetzgebers, die Erbringung der entsprechenden Dienstleistung als staatlich bzw. kommunal hervorzuheben, was im Fall der Sicherstellung eines dauerhaften staatlichen bzw. kommunalen Monitorings während der Erbringung der Dienstleistung sowie einer optimalen und notwendigen Zusammenarbeit zwischen der nichtkommerziellen Organisation und dem öffentlichen Subjekt gerechtfertigt ist. Bei diesem Verständnis wird die Verwendung einer Zuwendung in diesem Fall als eine Form der finanziellen Sicherstellung der Dienstleistung deutlich, weil sie nicht nur zu einer einfachen Form der Bezahlung einer für Dritte erbrachten Dienstleistung wird, sondern vielmehr zu einer Form der Finanzierung einer öffentlich bedeutsamen Tätigkeit, welche von einer Organisation auf der Grundlage der Zusammenarbeit mit einem öffentlichen Subjekt im Rahmen einer zu diesem Zweck geschlossenen Vereinbarung ausgeübt wird.

Somit gibt es ungeachtet der Anwendung einer vertraglichen Form Gründe, bei den zuvor betrachteten Verhältnissen eine Dominanz von öffentlichen Elementen zu erkennen, welche nicht nur durch die Ausrichtung auf die Erreichung eines öffentlich bedeutsamen Ergebnisses, sondern auch durch die Verwendung eines überwiegend öffentlich-rechtlichen Instrumentariums zur Regelung der Verhältnisse zwischen den Parteien bedingt sind. Gewichtige Gründe für diese Auffassung ergeben sich daneben aus der russischen Haushaltsgesetzgebung, der es in dieser Hinsicht an der erforderlichen Bestimmtheit mangelt, weil sie nicht nur keine einigermaßen entwickelten, die jeweiligen Verhältnisse regelnden Bestimmungen enthält, sondern auch die zulässigen Grenzen für eine (möglicherweise subsidiäre) Anwendung zivilrechtlicher Vorschriften auf diese Verhältnisse nicht bestimmt.

Die angedeuteten Probleme beschränken sich nicht nur auf den Bereich der Bezuschussung nichtkommerzieller Organisationen, die keine staatlichen bzw. kommunalen Einrichtungen sind, gemäß den Verträgen (Vereinbarungen) zur Erbringung von staatlichen bzw. kommunalen Dienstleistungen durch diese Organisationen. Ähnliche Schwierigkeiten bei der Auslegung der Haushaltsgesetzgebung ergeben sich auch bei der Regelung von Zuwendungen aus dem Haushalt für die Hersteller von Waren bzw. die Anbieter von Werk- oder Dienstleistungen (Art. 78 HaushaltsGB). Obwohl der Gesetzgeber dieser Art der Bezuschussung etwas mehr Aufmerksamkeit widmet, wirft die Rechtsnatur der Verhältnisse zwischen dem öffentlichen Subjekt und dem Empfänger dieser Zuwendungen ebenfalls Fragen auf.

Die grundlegenden Anforderungen des Gesetzes beziehen sich insoweit auf das Erfordernis, in den Rechtsvorschriften bzw. kommunalen Vorschriften, welche die Gewährung von Zuwendungen regeln, die Kategorien und (oder) Kriterien für die Auswahl der zum Empfang der Zuwendungen berechtigten Hersteller zu bestimmen. Dasselbe gilt auch für die Festlegung der Zwecke, der Bedingungen und des Verfahrens der Gewährung von Zuwendungen sowie des Verfahrens ihrer Rückzahlung im Fall einer Verletzung der für deren Gewährung festgelegten Bedingungen (Art. 78 Pkt. 3 HaushaltsGB). Dabei nennt Art. 78 Pkt. 1 HaushaltsGB als allgemeinen Zweck der Bezuschussung von Herstellern die Erstattung von Ausgaben oder entgangenen Einnahmen im Zusammenhang mit der Herstellung bzw. dem Verkauf von Waren oder der Erbringung von Werk- oder Dienstleistungen.

Das HaushaltsGB selbst enthält keine rechtlichen Grundlagen für die Bestimmung von Organisationen, welche die Erstattung ihrer Ausgaben aus den Haushalten des Haushaltssystems der Russischen Föderation beanspruchen können. Dies erweitert einerseits die möglichen Grenzen für die Anwendung von Zuwendungen als einer Form der Finanzierung von Ausgaben, indem die formale Zulässigkeit ihrer Anwendung nicht nur im Zusammenhang mit der Entwicklung partnerschaftlicher Beziehungen zwischen einem öffentlichen und einem privaten Subjekt sichergestellt wird. In der Praxis werden z. B. durch die Bereitstellung von Zuwendungen die Ausgaben (entgangenen Einnahmen) von Organisationen erstattet, welche unmittelbar aufgrund der gesetzlichen Anforderungen verpflichtet sind, gegenüber näher bestimmten Personen Dienstleistungen zu vergünstigten Bedingungen zu erbringen und in der Folge ihre Ausgaben aus den Mitteln des entsprechenden Haushalts erstattet bekommen.[6]

Darüber hinaus führt die vom Gesetzgeber vorgesehene Rahmenregelung der Gewährung von Bezuschussungen aus dem Haushalt für die Hersteller nicht selten zu Situationen, bei denen sich die Anwendung des Bezuschussungsmechanismus durch den Rechtsanwender angesichts der wirtschaftlichen Natur der zwischen dem öffentlichen Subjekt und dem Hersteller der Waren (dem Anbieter von Werk- oder Dienstleistungen) entstandenen Verhältnisse als unangemessen erweist. So hat das Oberste Gericht der Russischen Föderation im Beschluss Nr. 15-G09–13 vom 28. Oktober 2009 die Auffassung der Gerichte der Vorinstanzen bestätigt, die Art. 18 Pkt. 4 des Gesetzes der Republik Mordwinien Nr. 122–3 vom 2. Dezember 2008 „Über den Haushalt der Republik Mordwinien für das Jahr 2009 und für den Planungszeitraum der Jahre 2010 und 2011“ für unwirksam erklärt haben. Die umstrittene Regelung sah die Gewährung von Zuwendungen aus dem Haushalt der Republik an Kraftverkehrsbetriebe zur Erstattung von Ausgaben vor, die im Zusammenhang mit der Erbringung von Beförderungsdienstleistungen für staatliche Organe der Republik Mordwinien entstanden sind.

Bei der Entscheidung der Rechtssache ging das Gericht zu Recht von der Tatsache aus, dass die Bezahlung der für die staatlichen Organe erbrachten Beförderungsdienstleistungen ausschließlich als Sicherstellung der Funktionen dieser Organe zu betrachten ist. Daher können die genannten Dienstleistungen durch die staatlichen Organe im Wege der Vergabe von Aufträgen zur Erbringung von Dienstleistungen, nicht jedoch durch die Gewährung von Zuwendungen gemäß dem in Art. 78 HaushaltsGB vorgesehenen Verfahren zur Erstattung von

---

6 Zum Beispiel hat die Regierung des Leningrader Gebiets im Zusammenhang mit dem Erlass der Verordnung Nr. 203 vom 5.7.2011 „Über die Festlegung von Vergünstigen auf die Tarife für das Jahr 2011 in Form einer 50 % Ermäßigung des geltenden Tarifs für Bahnfahrten im Rahmen des öffentlichen Vorortverkehrs für Lernende und Schüler allgemeinbildender Einrichtungen sowie für in Vollzeitausbildung stehende Auszubildende der Grund- und Mittelstufe von Berufsbildungseinrichtungen und für Studierende von Einrichtungen der höheren Fachausbildung“ durch Verordnung Nr. 241 vom 4.8.2011 auch die Ordnung für die Gewährung von Zuwendungen aus dem Haushalt des Leningrader Gebiets zur Erstattung eines Teils der im Zusammenhang mit der Gewährung der entsprechenden Vergünstigungen verbundenen entgangenen Einnahmen für die Einrichtungen des Eisenbahnverkehrs für das Jahr 2011 bestätigt.

Ausgaben (entgangenen Einnahmen) im Zusammenhang mit der Erbringung von Dienstleistungen gewährt werden.

Allerdings ist es vorstellbar, dass im Rahmen der Reform der Haushaltsverhältnisse in Russland eine Erweiterung der Anwendung der Bezuschussung der Hersteller von Waren bzw. der Anbieter von Werk- oder Dienstleistungen als eines der wichtigsten Instrumente für die Entwicklung der Public-private-Partnership zu erwarten ist. Symptomatisch in dieser Hinsicht ist auch die Tatsache, dass in der geltenden Gesetzgebung, z. B. auf regionaler Ebene, Bestimmungen gefunden werden können, welche die Bezuschussung als eine Maßnahme der staatlichen Unterstützung definieren, die gerade zum Zweck der sich im Rahmen einer staatlich-privaten Partnerschaft entwickelnden Zusammenarbeit zwischen einem öffentlichen und einem privaten Subjekt Anwendung findet.[7]

Von diesem Standpunkt aus gesehen soll durch Zuwendungen vor allem die finanzielle Unterstützung solcher Organisationen gewährleistet werden, welche sich verpflichtet haben, bestimmte öffentlich bedeutsame Aufgabe angemessen zu erfüllen sowie mit ihrer Tätigkeit eine konkrete öffentliche Wirkung zu erreichen. Wichtig ist, dass diese Unterstützung nicht so konzipiert sein darf, dass einer Organisation, die eine entsprechende Aufgabe erfüllt, die tatsächlichen Ausgaben in jedem Fall vollständig gedeckt werden. Dadurch unterscheidet sie sich von den Fällen der Bezahlung der durch die Organisation hergestellten Waren bzw. der von ihr erbrachten Werk- oder Dienstleistungen im Rahmen von äquivalent-wertbezogenen Verhältnissen, welche auf der Grundlage eines mit den Organen des öffentlichen Subjekts geschlossenen zivilrechtlichen Vertrags (eines kommunalen oder staatlichen Vertrags) entstehen.

Es könnte sich z. B. um die Gewährung von Zuwendungen für die Erstattung einzelner Ausgaben handeln, welche im Zusammenhang mit der Erbringung von Werk- oder Dienstleistungen im Rahmen von Investitionsprojekten im Bereich der Verkehrsinfrastruktur entstehen, die auf der Grundlage der Prinzipien der staatlich-privaten Partnerschaft umgesetzt werden. Dabei werden das Verzeichnis der erstattungsfähigen Ausgaben sowie die Richtlinien für deren Finanzierung einseitig durch das Organ festgelegt, das Hauptverfügungsberechtigter über die Haushaltsmittel ist.[8]

---

7 Siehe z. B. Art. 10 Pkt. 1 des Gesetzes der Region Stawropol Nr. 67-kz vom 12.10.2009 „Über die staatlich-private Partnerschaft in der Region Stawropol".

8 Siehe Punkt 3 der Ordnung für die Gewährung von Zuwendungen für das Jahr 2011 zur Erstattung von Ausgaben juristischer Personen im Zusammenhang mit der Erbringung von Werk- und Dienstleistungen im Rahmen von Investitionsprojekten im Bereich der Verkehrsinfrastruktur, welche auf den Prinzipien der staatlich-privaten

Die Leistung staatlicher Unterstützung in solchen Fällen steht zwar im Zusammenhang mit der öffentlichen Bedeutung der durch die Organisation ausgeübten Tätigkeit, ist aber aus rechtlicher Sicht keine Form der Bezahlung dieser Tätigkeit oder des erzielten Ergebnisses. Darüber hinaus kann die Bezuschussung in dieser Eigenschaft nicht nur die Funktion einer einmaligen Förderung der entsprechenden Organisationen, sondern vielmehr einer zeitlich andauernden, an einen bestimmten haushaltsmäßigen Planungszeitraum gebundenen Unterstützung zur Stimulation der Umsetzung der einen oder anderen Tätigkeit erfüllen. Weil der zu erwartende soziale und wirtschaftliche Effekt unter der Voraussetzung erreicht wird, dass der Empfänger der Zuwendungen die quantitativen und qualitativen Parameter der durch das öffentliche Subjekt unterstützten Tätigkeit sicherstellt, wird dadurch die Möglichkeit der Festlegung einer Art Wechselbeziehung zwischen diesen Parametern und der Ebene der Haushaltsbezuschussung vorausbestimmt.

Eigentlich handelt es sich um ein abgestimmtes Zusammenwirken zwischen einem öffentlichen und einem privaten Subjekt, die an der Erfüllung einer bestimmten Aufgabe gegenseitig interessiert sind. Im Rahmen dieses Zusammenwirkens erhält eine Organisation die Möglichkeit, mit der finanziellen Unterstützung seitens der öffentlichen Hand zu rechnen, die ihrerseits für den Zeitraum der Bezuschussung in die Lage versetzt wird, ein Monitoring über die Einhaltung solcher Parameter durch die Organisation durchzuführen, welche die Erzielung eines zu erwartenden öffentlich bedeutsamen Ergebnisses belegen. Symptomatisch in diesem Zusammenhang ist die Aufnahme von Bestimmungen in die Regeln über die Gewährung von Haushaltszuwendungen, welche die Festlegung von Kriterien zur Bewertung der durch den Zuwendungsempfänger erfüllten Aufgabe (Funktion), für welche die Zuwendung gewährt wurde, und zur Bestimmung der Form und der Fristen für die Berichterstattung über die Erfüllung der entsprechenden Aufgabe (Funktion) durch den Zuwendungsempfänger[9]

Partnerschaft umgesetzt werden, bestätigt durch Verordnung der Regierung von Sankt Petersburg Nr. 1173 vom 15.8.2011.

9 Siehe z. B. Punkt 6 der Regeln für die Gewährung von Zuwendungen für das Jahr 2007 aus Mitteln des föderalen Haushalts für Organisationen, welche für den Such- und Rettungsdienst für die Flugverkehrssicherung zuständig sind, bestätigt durch die Anordnung des Föderalen Dienstes für Aeronautik Nr. 47 vom 23.5.2007; Punkt 6 der Regeln für die Gewährung von Zuwendungen aus Mitteln des föderalen Haushalts für Organisationen der Hochsee- und Binnenschifffahrt, bestätigt durch die Anordnung der Föderalen Agentur für Hochsee- und Binnenschifffahrt Nr. 9 vom 2.2.2011.

sowie von Kriterien zur Bewertung der Effektivität der Verwendung der Zuwendungen als notwendig ansehen.[10]

Das Bestreben des öffentlichen und des privaten Subjekts nach einer angemessenen Bestimmtheit in diesen Verhältnissen bestimmt oft den Abschluss einer entsprechenden Vereinbarung (eines Vertrags) vorher, die jedoch aufgrund der Besonderheit der durch sie geregelten Verhältnisse nicht vollständig in den Rahmen einer zivilrechtlichen Form passt. Bei dem Versuch, die zivilrechtliche Natur der betrachteten Verhältnisse zu begründen, kamen einige Wissenschaftler zu der Auffassung, die Zuwendungsverträge den durch das Zivilgesetzbuch der Russischen Föderation geregelten Spendenverträgen zuzuordnen.[11] Nach hier vertretener Ansicht erlaubt diese Qualifikation es allerdings nicht, den komplexen Charakter des Zusammenwirkens der Subjekte im Rahmen einer kommunal-privaten bzw. staatlich-privaten Partnerschaft zu berücksichtigen.

Dieses Zusammenwirken findet auf der Basis einer Vereinbarung statt, die Verhältnisse regelt, denen zwar die äquivalent-wertbezogene Grundlage entzogen wurde, die jedoch die Pflicht des öffentlichen Subjekts voraussetzen, bei der Verteilung der Haushaltsmittel die mit dem privaten Subjekt vereinbarte Beteiligung des privaten Subjekts an der Sicherstellung der Erfüllung von Aufgaben bzw. der Wahrnehmung von Funktionen, welche von öffentlicher Bedeutung sind, zu berücksichtigen. Besondere Bedeutung wird der Einhaltung der in der Vereinbarung festgelegten Parameter für die Erreichung eines angemessenen öffentlichen Ergebnisses (Effekts) durch das private Subjekt im Rahmen der durch das öffentliche Subjekt kofinanzierten Tätigkeit beigemessen. Dies zeugt von einer gewissen Prävalenz öffentlicher Grundlagen in den entsprechenden Verhältnissen, die auf einer mit dem privaten Subjekt vereinbarten Einbindung seiner Interessen in die Wahrnehmung der Interessen des öffentlichen Subjekts beruhen, und bedingt das Erfordernis einer angemessenen öffentlich-rechtlichen Regelung.

Unter den Bedingungen der Entwicklung vertraglicher Grundlagen zur Regelung von Bezuschussungen aus dem Haushalt schließt dies natürlich nicht die

---

10 Siehe z. B. Punkt 9.1 der Regeln für die Gewährung von Zuwendungen aus Mitteln des föderalen Haushalts für Organisationen im Bereich der elektronischen Massenmedien, bestätigt durch die Anordnung der Föderalen Agentur für Pressewesen und Massenkommunikation Nr. 99 vom 20.4.2011.

11 Siehe *Ильин А.В.*, Разрешение судами споров, возникающих по поводу распределения бюджетных средств (*Il'in A.V.*, Entscheidung von Streitigkeiten durch die Gerichte, die anlässlich der Verteilung von Haushaltsmitteln entstehen), Moskau-Berlin 2011, S. 86.

Frage nach der Möglichkeit einer subsidiären Anwendung der Zivilgesetzgebung auf diese Verhältnisse in den durch öffentliche Vorschriften umrissenen Grenzen aus. Zugleich darf jedoch das Bedürfnis an der Sicherstellung einer angemessenen grundlegenden öffentlich-rechtlichen Regelung dieser Verhältnisse nicht ignoriert werden, u. a. auch, um die Verwendung des Bezuschussungsmechanismus in den Fällen auszuschließen, in denen die Rechtsnatur des zwischen einem öffentlichen und einem privaten Subjekt bestehenden Rechtsverhältnisses die Anwendung anderer Formen der Finanzierung erfordert.

Darüber hinaus sollte zur Stärkung der rechtlichen Bestimmtheit eine gewisse Universalisierung der Ansätze zur Verwendung von Zuwendungen als Finanzinstrument einer Public-private-Partnership sichergestellt werden. Insbesondere scheint es erforderlich zu sein, die Folgen einer nach dem Abschluss des Vertrags über die Bezuschussung erfolgten Reduzierung der haushaltsmäßigen Zweckbestimmungen, die dem Hauptverfügungsberechtigten über die Haushaltsmittel für die Gewährung von Zuwendungen vorgegeben sind, klar zu bestimmen. Auch präzisierungsbedürftig ist das Verständnis des Verhältnisses zwischen den Zielen und den Bedingungen für die Gewährung von Haushaltszuwendungen sowie die Bestimmung der vermögensrechtlichen Folgen im Fall ihrer Verletzung für den Zuwendungsempfänger, einschließlich der Entscheidung von Fragen betreffend die Zulässigkeit einer Verkürzung des Umfangs der Bezuschussung oder einer Einstellung der Bezuschussung unter bestimmten Voraussetzungen bzw. betreffend die Gründe für die vollständige Rückzahlung der dem Empfänger gewährten Zuwendungen durch diesen an den Haushalt.

Die haushaltsrechtliche Regelung der entsprechenden Fragen scheint dazu bestimmt zu sein, das Niveau der Garantien für die Sicherheit der vermögensrechtlichen Interessen sowohl der öffentlichen Hand als auch der privaten Subjekte zu erhöhen und damit neue Möglichkeiten für die weitere Entwicklung der Public-private-Partnership zu eröffnen.

Svetlana Kurbatova

§ 2. Rechtlicher Schutz der Vermögensinteressen der Parteien von Haushaltszuwendungen (anhand von Entscheidungen der Arbitragegerichte)

Die Zusammenarbeit von öffentlichen und privaten Subjekten zur Erfüllung von öffentlich bedeutsamen Aufgaben kann in völlig verschiedenen Formen erfolgen, zu denen unter Berücksichtigung des in der russischen Gesetzgebung begründeten breiten Verständnisses der staatlich-privaten bzw. kommunal-privaten Partnerschaft auch die Finanzierung juristischer Personen durch staatliche bzw. kommunale Subjekte mittels der Gewährung von Haushaltsmitteln in Form von Zuwendungen gezählt werden kann.

Das Problem der Finanzierung privater Personen durch ein öffentliches Subjekt in Form von Zuwendungen zur Erzielung von vorgegebenen Ergebnissen wird zunehmend wichtiger, wovon die zunehmende Anzahl von Streitigkeiten bei den Arbitragegerichten der Russischen Föderation zeugt. Bei der Prüfung solcher Streitigkeiten stoßen die Gerichte auf die Schwierigkeit, die Rechtsnatur der zwischen dem öffentlichen und dem privaten Subjekt entstandenen Beziehungen und die anzuwendenden Rechtsvorschriften zu bestimmen. Es handelt sich hierbei um Streitigkeiten, welche sowohl dem Schutz privater Interessen (Fragen im Zusammenhang mit der Gewährung bzw. dem Empfang von Haushaltsmitteln durch Organisationen) als auch dem Schutz öffentlicher Interessen (Fragen im Zusammenhang mit der Rückzahlung von Geldern an den Haushalt im Fall einer Verletzung der Bedingungen und der Zwecke, denen entsprechend und für welche die Zuwendungen gewährt wurden) dienen.

Die Organisationen wenden sich zum Schutz der Vermögensrechte, die auf den Empfang von Zuwendungen aus dem Haushalt gerichtet sind, mit verschiedenen Ansprüchen an die Arbitragegerichte. Dabei kann es sich um Klagen zur Geltendmachung von Verbindlichkeiten aufgrund einer Vereinbarung über die Gewährung von Zuwendungen aus dem Haushalt,[1] Klagen

1 Urteil des Föderalen Arbitragegerichts des Westsibirischen Bezirks Nr. A46-21363/2009 vom 28.4.2010.

zur Geltendmachung von Ausgaben (Verlusten) als Ausgleich für entgangene Gewinne,[2] Anträge auf Feststellung der Unwirksamkeit der Weigerung, eine Vereinbarung über die Gewährung von Zuwendungen abzuschließen, und auf Verpflichtung zur Unterzeichnung einer solchen Vereinbarung[3] sowie Klagen zur Beilegung von Streitigkeiten aus einem Vertrag über die Gewährung von Zuwendungen aus dem Haushalt[4] handeln.

Eine rechtliche Regelung der Gewährung von Haushaltsmitteln an juristische Personen (mit Ausnahme von Zuwendungen für staatliche bzw. kommunale Einrichtungen), Einzelunternehmer und natürliche Personen, die Waren herstellen bzw. Werk- oder Dienstleistungen erbringen, ist in Art. 78 des Haushaltsgesetzbuchs der Russischen Föderation[5] (im Folgenden: HaushaltsGB") enthalten. Demnach werden Zuwendungen *unentgeltlich und nicht rückzahlungspflichtig zur Erstattung von Ausgaben oder entgangenen Gewinnen* im Zusammenhang mit der Herstellung (dem Verkauf) von Waren bzw. der Erbringung von Werk- oder Dienstleistungen gewährt.

Aus Art. 78 Pkt. 2 HaushaltsGB folgt, dass die genannten Zuwendungen in den Fällen und gemäß dem Verfahren gewährt werden, die durch Gesetz bzw. Beschluss über den jeweiligen Haushalt und die auf dessen Grundlage erlassenen Rechtsvorschriften des höchsten Organs der Exekutive der jeweiligen staatlichen Ebene bzw. durch Vorschriften der örtlichen Administration auf der Ebene der örtlichen Selbstverwaltung vorgesehen sind.

Die Rechtsvorschriften sowie die kommunalen Vorschriften über die Gewährung von Zuwendungen an juristische Personen (mit Ausnahme von Zuwendungen für staatliche bzw. kommunale Einrichtungen), Einzelunternehmer und natürliche Personen, die Waren herstellen bzw. Werk- oder Dienstleistungen erbringen, haben Folgendes zu bestimmen: die Kategorien und (oder) Kriterien für die Auswahl der zum Empfang von Zuwendungen berechtigten juristischen Personen; die Ziele, die Bedingungen und das Verfahren für die Gewährung von Zuwendungen; das Verfahren für die Rückzahlung von Zuwendungen im Fall

---

2 Urteil des Föderalen Arbitragegerichts des Nordwestlichen Bezirks Nr. A05-1707/2009 vom 14.10.2009.

3 Urteile des Föderalen Arbitragegerichts des Nordwestlichen Bezirks Nr. A05-5942/2009 vom 14.12.2009 und Nr. A26-6050/2009 vom 13.5.2010.

4 Urteil des Föderalen Arbitragegerichts des Westsibirischen Bezirks Nr. A27-6051/2009 vom 12.11.2009.

5 Föderales Gesetz Nr. 145-FZ vom 31.7.1998, SZ RF 1998, Nr. 31, Pos. 3823 (mit späteren Änderungen).

einer Verletzung der bei ihrer Gewährung festgelegten Bedingungen (Art. 78 Pkt. 3 HaushaltsGB).

Aus den genannten Vorschriften kann der Schluss gezogen werden, dass die geltende Haushaltsgesetzgebung keine speziellen Vorschriften enthält, anhand derer man erkennen könnte, dass sich das Verfahren der Bezuschussung auf kommunaler Ebene von dem Verfahren der Bezuschussung auf staatlicher Ebene (der Föderation oder der Regionen) unterscheidet.

Allerdings enthält Art. 78 HaushaltsGB in der Fassung des Föderalen Gesetzes Nr. 63-FZ vom 26. April 2007[6] nur eine *Rahmenregelung der Zuwendungen und des Verfahrens ihrer Gewährung*. Deren weitere Regelung erfolgt durch Rechtsvorschriften der Organe der Exekutive der staatlichen Gewalt bzw. kommunale Vorschriften. Anhand der Rechtsvorschriften der Organe der Exekutive, die das Verfahren der Gewährung von Zuwendungen an juristische Personen regeln, kann darauf geschlossen werden, dass die Zusammenarbeit zwischen einem öffentlichen und einem privaten Subjekt im Rahmen der Gewährung von Zuwendungen in den meisten Fällen unter Verwendung der vertraglichen Form erfolgt.

So sieht z. B. Punkt 8 der Verordnung der Regierung von Sankt Petersburg Nr. 1173 vom 15. August 2011 „Über das Verfahren der Gewährung von Zuwendungen zur Erstattung von Ausgaben juristischer Personen im Zusammenhang mit der Erbringung von Werk- oder Dienstleistungen im Rahmen von Investitionsprojekten im Bereich der Verkehrsinfrastruktur, welche auf der Grundlage der Prinzipien einer staatlich-privaten Partnerschaft umgesetzt werden" vor, dass zur Gewährung von Zuwendungen zwischen dem Komitee und den Organisationen ein Vertrag über die Gewährung von Zuwendungen zu schließen ist.

Allerdings wird dabei vom Gesetzgeber die Rechtsnatur der Verträge über die Bezuschussung nicht definiert, sodass verschiedene Ansätze für die Entscheidung von Streitigkeiten im Zusammenhang mit dem Vertragsabschluss und der Vertragserfüllung bestehen. Die Entscheidung dieser Frage wird zudem dadurch erschwert, dass sich die Haushaltsgesetzgebung gegenwärtig in einer Reformphase befindet und es in der Rechtslehre an einer angemessenen Behandlung dieser Frage fehlt. Dies führt dazu, dass sich die Gerichte bei der Entscheidung derartiger Streitigkeiten in einem Fall nach den Vorschriften der Zivilgesetzgebung richten und in einem anderen Fall der Auffassung sind, dass die genannten Verträge im Rahmen eines öffentlich-rechtlichen Verhältnisses geschlossen werden.

---

6 SZ RF 2007, Nr. 18, Pos. 2117.

Die Entscheidung dieser Frage scheint zwar nicht so offensichtlich zu sein, dennoch hat sie eine wichtige Bedeutung, da von ihr die Bestimmung der Rechtsgrundlagen für die Entscheidung solcher Streitigkeiten, welche die vermögensrechtlichen Interessen sowohl des öffentlichen als auch des privaten Subjekts betreffen, sowie die Wahl des für den Schutz ihrer Vermögensrechte geeignetsten Rechtsmittels durch die Parteien des Rechtsverhältnisses abhängen.

In der juristischen Literatur wird teilweise die Auffassung vertreten, dass Zuwendungen für juristische und natürliche Personen, die Waren herstellen bzw. Werk- oder Dienstleistungen erbringen, auf der Grundlage zivilrechtlicher Verträge gewährt werden und daher das zwischen dem öffentlichen Subjekt und den juristischen bzw. natürlichen Personen, die Waren herstellen bzw. Werk- oder Dienstleistungen erbringen, entstehende Rechtsverhältnis als zivilrechtlich zu qualifizieren sei.[7] So stützt sich *A.V. Il'in* bei der Bestimmung der Rechtsnatur dieses Verhältnisses als ein zivilrechtliches auf die Methodik der rechtlichen Regulierung, indem er darauf hinweist, dass es sich in diesem Fall um den Ausdruck des freien Willens des Empfängers der Zuwendung handelt, diese anzunehmen oder abzulehnen, und dass zwischen den Subjekten ein Leistungsverhältnis entsteht. Er schlägt vor, die Verträge über die Bezuschussung als Spendenverträge zu betrachten[8] (Art. 582 des Zivilgesetzbuchs der Russischen Föderation, im Folgenden: „ZGB").

Allerdings wird in der russischen juristischen Literatur auch eine andere Auffassung vertreten. So schlägt *M.V. Kustova* vor, Verträge über die Gewährung von Zuwendungen als besondere öffentlich-rechtliche Verträge zu betrachten.[9]

---

7 *Ильин А.В.*, Предмет судебной деятельности и защита прав участников бюджетных правоотношений: автореф. дисс. канд. юрид. наук (*Il'in A.V.*, Gegenstand der gerichtlichen Tätigkeit und Schutz der Rechte der Beteiligten von haushaltsrechtlichen Verhältnissen: Autoreferat der Dissertation zur Erlangung eines Dr. jur.), 2010, S. 16.

8 *Ильин А.В.*, Разрешение судами споров, возникающих по поводу распределения бюджетных средств (*Il'in A.V.*, Entscheidung von Streitigkeiten durch die Gerichte, die anlässlich der Verteilung von Haushaltsmitteln entstehen), Moskau-Berlin 2011, S. 86.

9 *Кустова М.В.*, Договоры о предоставлении средств бюджета: проблемы природы и правового регулирования (*Kustova M.V.*, Verträge über die Gewährung von Haushaltsmitteln: Probleme der Rechtsnatur und der rechtlichen Regulierung), Договор в публичном праве: сборник науч. ст. (под ред. Е.В. Гриценко, Е.Г. Бабелюк) (Der Vertrag im öffentlichen Recht: Sammelband [Hrsg. E.V. Gricenko/ E.G. Babeljuk]), Moskau 2009, S. 246.

Im Rahmen dieser Fragestellung kann man sich auf die Rechtspositionen des Verfassungsgerichts der Russischen Föderation beziehen, das darauf hinweist, dass durch den öffentlichen Charakter der haushaltsrechtlichen Regelung die gleichzeitige Anwendung von Bestimmungen des Zivilrechts auf die haushaltsrechtlichen Beziehungen in den Fällen nicht ausgeschlossen werde, in denen dies durch die föderalen Gesetze ausdrücklich vorgesehen ist. Das ZGB gehe vom Bestehen eines vermögensrechtlichen Grundsatzes in den haushaltsrechtlichen Beziehungen und gleichzeitig vom hoheitlichen Charakter der gesetzlichen Regelung in diesem Bereich aus. In Art. 2 Pkt. 3 ZGB ist verankert, dass die Zivilgesetzgebung auf diejenigen vermögensrechtlichen Beziehungen keine Anwendung findet, welche auf einer administrativen oder sonstigen Unterordnung einer Partei gegenüber der anderen beruhen, darunter steuerrechtliche und andere finanz- und verwaltungsrechtliche Beziehungen, soweit durch die Gesetzgebung nichts anderes vorgesehen ist.[10]

Als Beispiel kann Art. 76 HaushaltsGB in der Fassung des Föderalen Gesetzes Nr. 116-FZ vom 5. August 2000[11] angeführt werden, welcher ausdrücklich vorsieht, dass ein Haushaltskredit auf der Grundlage eines Vertrags gewährt wird, der gemäß der Zivilgesetzgebung der Russischen Föderation unter Berücksichtigung der Bestimmungen des HaushaltsGB und sonstiger Rechtsvorschriften geschlossen wird. Somit sieht das HaushaltsGB ausdrücklich die Anwendung von Vorschriften der Zivilgesetzgebung auf die im Zusammenhang mit der Gewährung eines Haushaltskredits stehenden Verhältnisse vor.

Allerdings gibt es gegenwärtig in der geltenden Gesetzgebung keine Vorschrift, wonach ein Vertrag über die Gewährung von Zuwendungen als zivilrechtlich eingestuft werden kann. Dabei kann die Zuordnung dieses Vertrags zu den öffentlich-rechtlichen Verträgen zu Schwierigkeiten bei der Wahrnehmung der Rechte durch eine Organisation führen, welche z. B. durch die Unterfinanzierung bzw. die Nichtgewährung von Haushaltsmitteln oder die Aussetzung der Finanzierung in Form der Bezuschussung hervorgerufen werden können. Im HaushaltsGB fehlen ausgearbeitete Mechanismen, die auf den Schutz der privaten Interessen im Rahmen der entstehenden Verhältnisse gerichtet sind.

---

10 Punkt 2.2 des Urteils des Verfassungsgerichts der Russischen Föderation Nr. 12-P vom 17.6.2004 in der Rechtssache zur Überprüfung der Verfassungsmäßigkeit von Art. 155 Pkt. 2, Art. 156 Pkt. 2, 3 und Art. 283 Abs. 22 HaushaltsGB im Zusammenhang mit den Anfragen der Administration von Sankt Petersburg, der Gesetzgebenden Versammlung der Krasnojarsker Region, des Krasnojarsker Regionsgerichts und des Arbitragegerichts der Republik Chakassien, SZ RF 2004, Nr. 24, Pos. 2803.

11 SZ RF 2000, Nr. 32, Pos. 3339.

All das wird noch komplizierter, wenn man den Status der bezuschussten Organisationen feststellen möchte, welche der Gesetzgeber weder den Beteiligten haushaltsrechtlicher Verhältnisse zuordnet noch ihnen den Status von Empfängern von Haushaltsmitteln gewährt. Im HaushaltsGB fehlen rechtliche Grundlagen für die Bestimmung des Status der Zuwendungsempfänger.

Somit lässt die gegenwärtig geltende Gesetzgebung keinen eindeutigen Schluss zu, dass die genannten Rechtsverhältnisse zivilrechtlicher Natur sind. Der Gesetzgeber hat die Anwendung zivilrechtlicher Vorschriften auf diese Rechtsverhältnisse nicht im Sinne von Art. 2 Pkt. 3 ZGB vorgesehen. Gleichzeitig fehlen im HaushaltsGB Vorschriften, welche die Anwendung einer öffentlichen Vertragsform durch ein öffentliches Subjekt bei der Gewährung von Haushaltsmitteln ohne Rückzahlungspflicht regeln.

Allerdings gibt es bereits jetzt Streitigkeiten bei den Arbitragegerichten, sodass das Fehlen einer geeigneten gesetzlichen Regelung dazu führt, das Streitigkeiten im Zusammenhang mit dem Schutz von privaten und öffentlichen Interessen im Fall von Verletzungen der Bestimmungen eines Vertrags über die Bezuschussung nicht einheitlich entschieden werden.

Weiterhin ist der Umstand zu berücksichtigen, dass unter den Voraussetzungen der derzeit geltenden Regelung der Entstehung von Rechtsverhältnissen aufgrund der Gewährung von Haushaltsmitteln in Form von Zuwendungen unterschiedliche rechtliche Faktoren zugrunde liegen können. In einem Fall kann Grundlage für die Gewährung von Zuwendungen ein Vertrag sein,[12] in einem anderen Fall ein Vertrag und eine Verfügung,[13] und in einigen Fällen ist der Abschluss eines Vertrags vom Gesetzgeber überhaupt nicht vorgesehen.[14] Dabei

12 Anordnung der Verwaltung des Präsidenten der Russischen Föderation Nr. 91 vom 10.2.2011 „Über die Bestätigung der Regeln zur Gewährung von Zuwendungen aus dem föderalen Haushalt in den Jahren 2011–2013 für das föderale staatliche Einheitsunternehmen ‚Gesundheitsförderungskomplex ‚Dagomys“ der Verwaltung des Präsidenten der Russischen Föderation für die Unterhaltung des föderalen Vermögens während der Sanierung des Vermögenskomplexes“.

13 Punkt 7 und 8 des Verfahrens zur Gewährung von Zuwendungen zur Erstattung von Ausgaben juristischer Personen im Zusammenhang mit der Erbringung von Werk- und Dienstleistungen im Rahmen von Investitionsprojekten im Bereich der Verkehrsinfrastruktur im Jahr 2011, welche auf der Grundlage der Prinzipien einer staatlich-privaten Partnerschaft umgesetzt werden, bestätigt durch Verordnung der Regierung von Sankt Petersburg Nr. 1173 vom 15.8.2011.

14 Verordnung der Regierung des Leningrader Gebiets Nr. 53 vom 25.3.2008 „Über die Bestätigung des Verfahrens zur Gewährung und Verausgabung von Zuwendungen, welche zur Erstattung eines Teils des Zinssatzes für Kredite gewährt werden, die von

sieht der Gesetzgeber ein spezielles Verfahren vor, das dem Abschluss eines Vertrags über die Gewährung von Zuwendungen aus dem Haushalt vorausgeht. Das Verfahren beinhaltet die Antragstellung durch die um Zuwendungen ersuchende Person, die Prüfung des Antrags sowie den Erlass einer entsprechenden Verfügung bzw. eine entsprechende Beschlussfassung über die Aufnahme der Organisation in das Verzeichnis der Organisationen, mit denen ein Vertrag über die Gewährung von Zuwendungen abgeschlossen werden kann. Somit ist der Vertrag in den meisten Fällen nicht die einzige Grundlage für den Empfang einer Zuwendung. Vielmehr sind auch solche rechtlichen Faktoren zu berücksichtigen, welche dem Abschluss des Vertrags (der Erlass einer entsprechenden Verfügung bzw. eine entsprechende Beschlussfassung) vorausgehen.

Angesichts der Tatsache, dass der Gesetzgeber unterschiedliche Ansätze hinsichtlich des Verfahrens der Gewährung von Haushaltsmitteln in Form von Zuwendungen vorgesehen hat, stellt sich die Frage, ob der Empfänger die Auszahlung von Zuwendungen verlangen kann, wenn sein Antrag zwar die vorgeschriebenen Kriterien erfüllt, aber das öffentliche Subjekt entweder dem Empfänger den genannten Anspruch nicht zugesteht und ihm die Mittel deshalb nicht auszahlt oder es ihm einen solchen Anspruch zwar zugesteht, die Zuwendungen aber nicht auszahlt und sich weigert, einen entsprechenden Vertrag zu schließen. Das HaushaltsGB gibt leider keine Antwort auf diese Frage.

So hat z. B. eine Gesellschaft im Rahmen einer Streitigkeit gegen die Verwaltung der Stadt Kemerovo Klage auf Entscheidung von Streitigkeiten aus einem Vertrag über die Gewährung von Zuwendungen zur Erstattung von Ausgaben für kommunale Dienstleistungen und Dienstleistungen zur Wartung und Instandsetzung des gemeinschaftlichen Vermögens an Mehrfamilienhäusern nach Tarifen erhoben, die den Ersatz von Aufwendungen nicht abdecken. Im Rahmen der erhobenen Klage hat die Organisation darüber hinaus beantragt, die Verwaltung zum Abschluss des genannten Vertrags zu verpflichten.

Aus den Prozessakten geht hervor, dass durch eine Verfügung der Verwaltung das „Verfahren für die Gewährung von Zuwendungen zur Erstattung von Ausgaben an solche Organisationen, welche für die Bevölkerung Dienstleistungen zur Wartung und Instandsetzung des gemeinschaftlichen Vermögens an Mehrfamilienhäusern und kommunale Dienstleistungen nach Tarifen erbringen, die den Ersatz von Aufwendungen nicht abdecken“ bestätigt wurde. Dieses Dokument

---

den auf dem Gebiet des Leningrader Gebiets tätigen Textil- und Konfektionsbetrieben, Lederverarbeitungsbetrieben sowie Betrieben zur Herstellung von Leder- und Schuhwaren in Anspruch genommen werden“.

legt die Regeln für die Gewährung von Zuwendungen und die Bereitstellung von Haushaltsmitteln fest und bestimmt die Empfänger der Zuwendungen, das Verfahren der Festlegung ihres Verzeichnisses, den Zweck der Zuwendungen sowie die Person, welche die Zuwendungen gewährt, die Fristen für die Gewährung der Zuwendungen, das Verzeichnis der für die Gewährung der Zuwendungen erforderlichen Dokumente und Angaben sowie das Verfahren und die Fälle der Rückzahlung der Zuwendungen bei deren zweckentfremdeter Verwendung, d. h. es legt die Kriterien für die Personen fest, denen die Zuwendungen gewährt werden sollen, sowie die Fristen für deren Gewährung.

Die Gesellschaft ging von ihrem auf Anspruch auf den Empfang von Zuwendungen gemäß dem durch die Verwaltung festgelegten Verfahren aus und wandte sich an das Arbitragegericht mit der Forderung, die Beklagte zur Unterzeichnung des Vertrags zu verpflichten. Das erstinstanzliche Gericht kam zu dem Schluss, dass den geltend gemachten Ansprüchen nicht stattzugeben sei, weil die Klägerin keine Nachweise und Begründungen dafür vorgelegt habe, dass es sich bei dem genannten Vertrag um einen öffentlichen Vertrag handele (Art. 426 ZGB) bzw. dass die Beklagte zum Abschluss des genannten Vertrags verpflichtet sei (Art. 445, 446 ZGB). Allerdings war das erstinstanzliche Gericht auch der Auffassung, dass juristische Personen, wenn sie die Kriterien für den Empfang von Zuwendungen aus dem kommunalen Haushalt erfüllen, berechtigt sind, deren Gewährung auch ohne Vertrag zu fordern.

Gleichwohl schloss das Gericht der Kassationsinstanz bei der Prüfung der Rechtmäßigkeit der erlassenen Entscheidung aus den Entscheidungsgründen die Auffassung aus, dass „bei Vorliegen der Kriterien (gemeint sind die Kriterien, die zum Empfang von Zuwendungen berechtigen, *Anm. der Autorin*) die den Anspruch auf Erstattung ihrer Aufwendungen erhebende Person berechtigt ist, die Gewährung von Zuwendungen im Rahmen der bewilligten Höchstgrenzen ungeachtet dessen zu verlangen, ob ein Vertrag vorliegt oder fehlt". Dabei wies das Gericht der Kassationsinstanz darauf hin, dass Art. 78 HaushaltsGB die Bereitstellung von Zuwendungen an juristische Personen in den festgelegten Fällen, gemäß einem bestimmten Verfahren und innerhalb bestimmter Fristen sowie unter bestimmten Bedingungen vorsieht. Aus dem Inhalt dieser Vorschrift gehe hervor, dass die Erfüllung aller Kriterien und der notwendigen Bedingungen für die Gewährung von Zuwendungen *nur auf vertraglicher Basis möglich sei.*[15]

15 Urteil des Föderalen Arbitragegerichts des Westsibirischen Bezirks Nr. A27-6051/2009 vom 12.11.2009.

Damit vertritt das Gericht der Kassationsinstanz die Auffassung, dass Grundlage für die Gewährung von Zuwendungen ein Vertrag ist, dessen Abschluss für den Empfang von Zuwendungen obligatorisch ist. Wird dieser Gedanke weiterentwickelt, kann daraus gefolgert werden, dass der Schutz vermögensrechtlicher Verhältnisse nur auf der Grundlage eines Vertrags möglich ist. Die genannte Auffassung steht zwar nicht im Widerspruch zur geltenden Gesetzgebung, löst aber nicht das Problem, welches z. B. im Fall des rechtsmissbräuchlichen Verhaltens eines öffentlichen Subjekts entsteht, insbesondere wenn eine Organisation nach den festgelegten Kriterien zum Empfang von Zuwendungen berechtigt ist, das öffentliche Subjekt sich aber weigert, mit ihr einen Vertrag zu unterzeichnen.

Die Auffassung des erstinstanzlichen Gerichts, das einen Versuch unternommen hat, diese Verhältnisse unter Anwendung zivilrechtlicher Konstruktionen (Art. 426, 445, 446 ZGB) zu qualifizieren und diese für die Begründung der Klageabweisung nutzte, ruft unter Berücksichtigung der Besonderheiten dieser Verhältnisse gewisse Zweifel hervor. Es ist offensichtlich, dass diese zivilrechtlichen Konstruktionen unzureichend sind, um die Streitigkeit im Rahmen der entstandenen Verhältnisse zwischen den Parteien zu entscheiden. Dabei beruft sich auch das erstinstanzliche Gericht auf die Vorschriften der Haushaltsgesetzgebung und kommt scheinbar zu der begründeten Auffassung, dass eine Organisation, welche die gesetzlich festgelegten Kriterien für den Empfang von Zuwendungen erfüllt, berechtigt ist, ihre vermögensrechtlichen Interessen auch bei Fehlen eines Vertrags durchzusetzen. Dies sei z. B. dann der Fall, wenn das öffentliche Subjekt sich ohne Begründung weigere, den Vertrag zu unterzeichnen.

Zu einer ähnlichen Auffassung kam auch das Föderale Arbitragegericht des Nordwestlichen Bezirks in seinem Urteil Nr. A05–5942/2009 vom 14. Dezember 2009. Eine Organisation hatte beim Arbitragegericht gegen das Department des Agrar-Industrie-Komplexes des Archangelsker Gebiets und die Kommune „Kommunaler Kreis Primorskij", vertreten durch ihre Verwaltungen, eine Klage eingereicht mit dem Antrag auf Feststellung der Nichtigkeit der in einem Brief enthaltenen Weigerung des Departments, eine Vereinbarung über die staatliche Unterstützung bei der Gewährung von Zuwendungen zu schließen, und das Department zu verpflichten, die genannte Vereinbarung für das Jahr 2009 zu unterzeichnen.

Die Gerichte der ersten und der Appellationsinstanz wiesen die Klage unter Berufung auf zivilrechtliche Konstruktionen in Bezug auf die Nichteinhaltung des vorgerichtlichen Verfahrens zur Beilegung von Streitigkeiten durch die Organisation ab (Art. 435, 445 ZGB). Das Gericht der Kassationsinstanz war jedoch der Auffassung, dass die mit der Gewährung von Zuwendungen im Zusammenhang stehenden Verhältnisse zu den öffentlich-rechtlichen Verhältnissen gehören und durch die Vorschriften der Haushaltsgesetzgebung geregelt werden. Es hob die untergerichtlichen Entscheidungen auf und verwies die Rechtssache zur Neuverhandlung an das erstinstanzliche Gericht zurück. Die Kassationsinstanz wies darauf hin, dass die Gerichte die Bedingungen für die Gewährung von Zuwendungen, die in den entsprechenden Regeln festgelegt sind, nicht untersucht und auch nicht festgestellt haben, ob die Organisation zu jenen Organisationen gehört, die einen Anspruch auf Zuwendungen aus dem Haushalt für die Tierproduktion haben. Das Gericht stellte jedoch auch nicht klar, ob das Department sich rechtmäßig geweigert hatte, eine Vereinbarung über die staatliche Unterstützung *unter Berücksichtigung der geltenden Gesetzgebung, welche die Bedingungen festlegt, denen entsprechend eine Organisation einen Anspruch auf die Bereitstellung von Zuwendungen hat*, zu unterzeichnen.

Diese Auffassung scheint richtig zu sein und dient dem Schutz der vermögensrechtlichen Verhältnisse des privaten Subjekts, da anderenfalls einer Organisation, welche die für die Bezuschussung festgelegten Auswahlkriterien erfüllt, die Möglichkeit zum Schutz ihrer Rechte entzogen würde.

In der Rechtsprechung entstehen Fragen, die nicht nur mit dem Schutz der Interessen privater Subjekte im Rahmen von Rechtsverhältnissen bei der Gewährung von Zuwendungen aus dem Haushalt, sondern auch damit im Zusammenhang stehen, auf welche Weise ein öffentliches Subjekt seine Rechte bei der Entstehung von Streitigkeiten im Zusammenhang mit der Rückzahlung von Haushaltsmitteln (Zuwendungen) schützen kann. Insbesondere geht es um Forderungen zur Rückzahlung von Zuwendungen, welche entweder unter Verletzung der geltenden Gesetzgebung oder unter Verletzung der Zwecke und Bedingungen gewährt wurden, für deren Erfüllung sie gedacht waren.

In einem Fall erhob z. B. ein Staatsanwalt Klage gegen die Verwaltung einer Kommune und eine Organisation auf Feststellung der Nichtigkeit des zwischen ihnen geschlossenen Vertrags über die Gewährung von Zuwendungen und auf Anwendung der Folgen der Unwirksamkeit auf dieses Rechtsgeschäft. Als Rechtsgrundlage für die Klage wurden Art. 168 und 167 ZGB sowie Art. 78 HaushaltsGB genannt.

Der Staatsanwalt war der Auffassung, dass der Vertrag nichtig ist, weil er auf der Grundlage einer Entscheidung der Duma der Kommune über die Bestätigung des Haushalts der Kommune für das Jahr 2008 und eines Beschlusses des Oberhaupts der Kommune über die Bereitstellung von Haushaltsmitteln geschlossen wurde, die den Bestimmungen des Art. 78 HaushaltsGB widersprechen.

Das Gericht der Kassationsinstanz kam bei der Überprüfung der Rechtmäßigkeit der Entscheidungen der Gerichte der ersten und der Appellationsinstanz zu der Auffassung, dass weder die Entscheidung der Duma noch der Beschluss des Oberhaupts der Kommune den Bestimmungen des Art. 78 HaushaltsGB entspricht. Der umstrittene Vertrag enthalte weder die Zwecke noch die Bedingungen für die Gewährung von Zuwendungen aus dem kommunalen Haushalt an die Organisation. Auch das Verfahren für die Rückzahlung von Zuwendungen durch die Organisation im Fall einer Verletzung der bei deren Gewährung festgelegten Bedingungen fehle. Auf der Grundlage von Art. 168 ZGB ging das Gericht von der Unwirksamkeit des kommunalen Vertrags infolge seiner Nichtigkeit aus.

Dabei ist jedoch zu beachten, dass weder die Entscheidung der Duma noch der Beschluss des Oberhaupts der Kommune, nach denen die Zuwendungen bereitgestellt worden sind, angefochten wurde. In diesem Zusammenhang ist es notwendig daran zu erinnern, dass Zuwendungen aufgrund der gesetzlichen Anforderungen in den Fällen und nach dem Verfahren gewährt werden, welche durch den jeweiligen Haushaltsbeschluss und die in Übereinstimmung mit ihm erlassenen Vorschriften der örtlichen Verwaltung auf der Ebene der örtlichen Selbstverwaltung vorgesehen sind (Art. 78 Pkt. 2 HaushaltsGB). Insoweit stellt sich zu Recht die Frage, ob ein Vertrag über die Gewährung von Zuwendungen für nichtig erklärt werden kann, ohne den Beschluss des Oberhaupts der Kommune anzufechten, nach dem der Organisation die genannten Mittel gewährt worden sind.[16]

Das Gericht der Kassationsinstanz des Nordwestlichen Bezirks wies bei der Verhandlung einer ähnlichen Rechtssache im Zusammenhang mit der Anfechtung eines Vertrags über die Gewährung von Zuwendungen durch die Verwaltung darauf hin, dass dadurch, dass die Entscheidung des Vertretungsorgans der Kommune, nach der die Zuwendungen gewährt worden sind, erst mit Eintritt der Rechtskraft der Entscheidung des Stadtgerichts für unwirksam erklärt wurde und somit zum Zeitpunkt des Abschlusses des Vertrags zwischen dem öffentlichen und dem privaten Subjekt über die Gewährung von Zuwendungen noch gültig war, der Vertrag über die Gewährung von Zuwendungen unter Einhaltung der Vorschriften der geltenden Gesetzgebung geschlossen wurde. Somit

16 Urteil des Föderalen Arbitragegerichts des Ostsibirischen Bezirks Nr. A19–17853/08 vom 5.8.2009.

würden die Gründe dafür fehlen, den Vertrag gemäß Art. 168 ZGB für unwirksam (nichtig) zu erklären.[17]

Natürlich ruft dieser Ansatz gewisse Zweifel hervor, da auch unter Berücksichtigung der gerichtlichen Feststellung der Unwirksamkeit der Entscheidung des entsprechenden Organs über die Gewährung von Zuwendungen deren Bestimmungen nicht auf solche Verhältnisse Anwendung finden, die nach Eintritt der Rechtskraft der gerichtlichen Entscheidung über die Feststellung der Nichtigkeit des entsprechenden Akts entstehen. Allerdings erstreckt sich die Wirkung der Entscheidung über die Feststellung der Nichtigkeit einer Vorschrift nicht auf solche Verhältnisse, welche vor der Feststellung ihrer Nichtigkeit entstanden sind. Durch diesen Ansatz verliert die Anfechtung der entsprechenden Vorschrift in Bezug auf den Schutz der vermögensrechtlichen Interessen eines öffentlichen Subjekts, die mit der Rückzahlung von Mitteln, welche zum Zeitpunkt ihrer Gültigkeit gewährt wurden, an den Haushalt im Zusammenhang stehen, bis zu einem gewissen Grad an Bedeutung.

Zugleich ist der genannte Ansatz durch die Wirkung von Art. 198 Pkt. 5 der Arbitrageprozessordnung der Russischen Föderation bedingt, demzufolge eine Rechtsvorschrift bzw. einzelne ihrer Bestimmungen, welche durch ein Arbitragegericht für unwirksam erklärt wurden, erst ab dem Zeitpunkt des Eintritts der Rechtskraft der gerichtlichen Entscheidung keine Anwendung mehr finden.

In diesem Zusammenhang ist auch Art. 253 Pkt. 2 der Zivilprozessordnung der Russischen Föderation zu erwähnen, wonach ein ordentliches Gericht, nachdem es festgestellt hat, dass die angefochtene Rechtsvorschrift oder ein Teil von ihr einem föderalen Gesetz oder einer anderen höherrangigen Rechtsvorschrift widerspricht, diese Rechtsvorschrift entweder vollständig oder teilweise ab dem Tag ihres Erlasses oder einem anderen vom Gericht genannten Zeitpunkt für unwirksam erklärt.

Somit ist klar, dass die Unterschiede zwischen den gesetzlichen Vorschriften, welche die Bestimmung des Zeitpunkts regeln, ab dem eine Rechtsvorschrift als unwirksam anzusehen ist, zu einer rechtlichen Ungleichbehandlung der Subjekte in Bezug auf den Umfang der Wiederherstellung ihrer verletzten Rechte während der Gültigkeit rechtswidriger Rechtsvorschriften führt. Diese Rechtsfrage wurde durch das Oberste Arbitragegericht der Russischen Föderation untersucht, das darauf hinwies, dass die Feststellung der Unwirksamkeit einer Rechtsvorschrift ab dem Zeitpunkt des Eintritts der Rechtskraft der gerichtlichen Entscheidung

---

17 Urteil des Föderalen Arbitragegerichts des Nordwestlichen Bezirks Nr. A05-14447/2009 vom 23.6.2010.

die durch eine rechtswidrige Rechtsvorschrift zur Leistung von Zahlungen verpflichtete Person nicht daran hindern dürfe, ihr durch diese Rechtsvorschrift verletztes subjektives Recht vollständig wiederherzustellen. Zudem dürfe sie einer Person, die auf der Grundlage dieser Rechtsvorschrift zum Zahlungsempfänger wurde, keine Möglichkeit bieten, diese Zahlungen für den Zeitraum bis zum Eintritt der Rechtskraft der Entscheidung des Arbitragegerichts über die Feststellung der Unwirksamkeit der Rechtsvorschrift zu empfangen.

Das Oberste Arbitragegericht der Russischen Föderation wies auch darauf hin, dass es sich in allen diesen Fällen um eine Verletzung von Rechten durch eine Rechtsvorschrift handelt, was auch vor der gerichtlichen Erklärung der Rechtsvorschrift als rechtswidrig von Bedeutung ist. Der Auffassung des Obersten Arbitragegerichts der Russischen Föderation ist insoweit zuzustimmen, als dass die Anfechtung der Rechtsvorschrift in derartigen Fällen keinen Sinn machen würde, wenn das Ergebnis dieser Anfechtung nicht die Wiederherstellung oder der Schutz der verletzten Rechte ist.[18]

Demnach kann in dem Fall, in dem die Rechtsvorschrift, auf deren Grundlage die Zuwendungen gewährt wurden, für unwirksam erklärt wurde, das öffentliche Subjekt seine Rechte durch die Erhebung einer Klage auf Rückzahlung der rechtswidrig in Form von Zuwendungen gewährten Haushaltsmittel an den Haushalt durchsetzen.

Somit besteht nach der geltenden Gesetzgebung eine Unsicherheit hinsichtlich der rechtlichen Regelung von Rechtsverhältnissen, welche mit dem Abschluss von Verträgen über die Gewährung von Zuwendungen und dem Schutz der vermögensrechtlichen Interessen der Beteiligten dieser Verhältnisse im Zusammenhang stehen. Allerdings müssen sich die Arbitragegerichte wegen der fehlenden angemessenen rechtlichen Regelung bereits jetzt mit diesen Streitigkeiten auseinandersetzen, was in der Praxis zu unterschiedlichen Ansätzen bei der Entscheidung dieser Streitigkeiten führt.

Die genannten Rechtsverhältnisse scheinen daher nicht immer zu den zivilrechtlichen Konstruktionen im Zusammenhang mit dem Vertragsabschluss und der Vertragserfüllung zu passen. Zugleich sind aber auch im öffentlichen Recht die Elemente des öffentlichen Schutzes der Interessen der Beteiligten dieser Verhältnisse nicht bestimmt. Eine rechtliche Regelung öffentlicher Verträge fehlt. Gerade aus diesem Grund sind die Gerichte bei der Entscheidung von Streitigkeiten gezwungen, sich auf das ZGB zu berufen. Die Praxis zeigt jedoch, dass

18 Urteil des Präsidiums des Obersten Arbitragegerichts der Russischen Föderation Nr. 6171/10 vom 29.9.2010, Vestnik VAS RF 2011, Nr. 1, S. 172–175.

dieses rechtliche Instrumentarium nicht ausreicht, um die Eigenart und die Besonderheiten der Rechtsverhältnisse, die im Zusammenhang mit dem Abschluss von Verträgen über die Bezuschussung entstehen, zu berücksichtigen. In diesem Zusammenhang hat die partnerschaftliche Zusammenarbeit von staatlichen und privaten Strukturen zur Sicherung des Ausgleichs ihrer Interessen im Rahmen einer angemessenen rechtlichen Regelung zu erfolgen. Die Grundlagen dieser Regelung sollten durch das öffentliche Recht bestimmt werden, einschließlich der möglichen Grenzen für die Anwendung eines zivilrechtlichen Instrumentariums auf diese Rechtsverhältnisse.

Mathias Oberndörfer und Susanne Held

§ 3. Vorteile kommunaler öffentlich-privater Partnerschaften am Beispiel eines Schulhaus-Neubaus

I. Alternative Kooperationsmöglichkeiten im Schulbau

Bereits seit Jahren wächst der finanzielle Leistungsdruck der Kommunen stetig an. Bund und Länder übertragen ihnen immer mehr Aufgaben, jedoch oft ohne den notwendigen finanziellen Ausgleich für die eigentliche Wahrnehmung dieser Aufgaben zu schaffen. Vor diesem Hintergrund hat sich in der Vergangenheit die Ausführung von Projekten im Wege sog. öffentlich-privater Partnerschaften (ÖPP) als Alternative zur klassischen Eigenrealisierung etabliert. Bei dieser Form der Umsetzung eines Vorhabens muss die Kommune nicht ausschließlich eigene Ressourcen zur Erfüllung ihrer Aufgaben verwenden, sondern kann das Potenzial eines privatwirtschaftlichen Partners in den gesamten Verwirklichungsprozess einbeziehen. Damit geht in der Regel auch eine Vorfinanzierung durch den privaten Partner einher. Dennoch handelt es nicht nur um den Rückgriff auf das Kapital des Privaten und somit um eine reine Finanzierungsalternative. Vielmehr verbirgt sich hinter dem Begriff der öffentlich-privaten Partnerschaft eine alternative Form intelligenter Zusammenarbeit. Diese bringt nicht nur organisatorisch zahlreiche Vorteile, sondern öffnet das Potenzial neuer, innovativer Verwirklichungsmöglichkeiten. Gerade im Hinblick auf den Neubau, aber auch bei der Sanierung von Schulgebäuden im Bereich kleinerer oder mittlerer Investitionsvolumina (bis ca. 15 Mio. Euro)[1] können öffentlich-private Partnerschaften auch weniger leistungsstarken Kommunen die Chance bieten, innovative und zukunftsfähige Konzepte umzusetzen.

II. Öffentlich-private Partnerschaften im Schulneubau

Bei der Durchführung eines Schulbauprojekts im Wege einer öffentlich-privaten Partnerschaft werden, nachdem die Eignung zur Verwirklichung im Rahmen einer solchen Kooperationsform festgestellt ist, die vertraglichen Pflichten nach

---

1 Siehe dazu ÖPP Deutschland AG (Hrsg.), ÖPP und Mittelstand, Praxisbeispiele und Handlungsempfehlungen für die Umsetzung von kleineren und mittleren ÖPP-Projekten, Bd. 6, 2011.

Risikosphären aufgeteilt. Dabei nimmt der jeweilige Partner diejenigen Aufgaben wahr, die er organisatorisch, zeitlich und finanziell am effizientesten erfüllen kann. Im Bereich „Errichtung von Gebäuden" werden dem privaten Partner in der Regel die Projektierung, Finanzierung und Bauausführung, jedoch auch der laufende Betrieb der Immobilie übertragen. Ebenfalls kann die Verwertung der Liegenschaft nach der üblichen Vertragslaufzeit von 20 bis 25 Jahren in den Pflichtenkatalog des Privaten aufgenommen werden. Das Vergabeverfahren wird dabei als Verhandlungsverfahren oder als wettbewerblicher Dialog nach § 101 Abs. 5 und 4 GWB geführt, sodass zunächst nur indikative Angebote von ausgewählten Bietern verhandelt werden, bevor diese ein finales Angebot abgeben und es zum Zuschlag kommt.

1. Vorteile

a) Kostenersparnis

Durch das Zusammentreffen zahlreicher günstiger Faktoren können öffentlich-private Partnerschaften bei Schulneubauten je nach Investitionsvolumen regelmäßig zu einer Kostenersparnis von bis zu 20 % oder mehr im Vergleich zur konventionellen Beschaffung führen.[2] Dies resultiert einerseits aus der sog. Lebenszyklusbetrachtung, bei der das gesamte Investitionsvolumen auf die gesamte Vertragslaufzeit verteilt wird. Damit kann die besonders teure Phase der Immobiliennutzung, also die des Betriebs, die je nach Gebäudetypus etwa 60 bis 80 % der Lebenszykluskosten beträgt,[3] bereits im Planungs-, Bau- und Budgetierungsprozess berücksichtigt werden. Andererseits ergeben sich Haushaltsvorteile daraus, dass sämtliche Leistungen aus der Hand eines privaten Partners stammen und Reibungsverluste durch Schnittstellenreduktion vermieden werden. Durch die Vorbereitung des Verfahrens unter besonderer Beachtung und Allokation von Risiken und der Fixierung von Kostenstellschrauben bereits zu Projektbeginn können weitere Einsparmöglichkeiten genutzt werden.

Die funktionale Leistungsbeschreibung ermöglicht es zudem, dass im Bieterwettbewerb umfassende und betriebswirtschaftlich sinnvolle Realisierungskonzepte entwickelt werden können, wodurch Nachträge, die ihrerseits Kosten verursachen können, deutlich reduziert werden können. Die Bewerber besitzen

---

2 Vgl. ÖPP Deutschland AG (Hrsg.), Öffentlich-Private Partnerschaften in Deutschland, 1. Halbjahr 2011, 2011, S. 19 f. m. w. N.

3 Vgl. *Riemenschneider/Nitzsche/Bernold*, Kapitel „FM-gerechte PPP-Ausschreibungen", in: Meyer-Hofmann/Riemenschneider/Weihrauch (Hrsg.), Public Private Partnership, 2005, Rn. 99.

in ihrem geschäftlichen Umfeld meist auch eine entsprechende Marktmacht, die eine kostengünstigere Besorgung von Einzelleistungen und Ressourcen ermöglicht, als sie der Kommune möglich wäre.

Während des gesamten Beschaffungsprozesses wird eine Wirtschaftlichkeitsuntersuchung durchgeführt, bei der die Durchführung des Projekts im Wege einer öffentlich-privaten Partnerschaft mit der der Eigenrealisierung durch den Träger der Schulbaulast verglichen wird. Stellt sich in einer Phase des Verfahrens heraus, dass durch die Vergabe der Gesamtleistung an einen privaten Bieter keine Kostenvorteile zu erwarten sind, kann der Vergabeprozess abgebrochen und die konventionelle Realisierungsvariante eingeschlagen werden.

b) Kostensicherheit

Das Bedürfnis der öffentlichen Hand nach Sicherheit in der Kostenkalkulation wird bei ÖPP-Projekten besser befriedigt als bei der Eigenrealisierung. Bereits beim Abschluss des Vertrags stehen die jeweiligen Gegenleistungen für die gesamte Vertragslaufzeit fest; Veränderungen der Marktsituation mit der Gefahr von Preiserhöhungen oder die Entstehung unerwarteter Kosten bei der Durchführung des Schulbauprojekts fallen in der Regel in die Risikosphäre des privaten Partners.

c) Effizienzsteigerung

Der organisatorisch-finanzielle Aufwand für die öffentliche Hand wird durch einen Schulbau mit anschließendem Betrieb im Rahmen einer öffentlich-privaten Partnerschaft erheblich reduziert. Zur Auftragsvergabe wird nur ein Vergabeverfahren für das Gesamtprojekt durchgeführt, die zahlreichen Einzelvergaben mit dem damit verbundenen Organisationsaufwand werden überflüssig. Weiterhin bietet der private Partner regelmäßig Gewähr für eine effiziente und schnelle Umsetzung, da er die entsprechenden Management- und Marktkenntnisse bereits mitbringt. Die Durchführung des Projekts wird ökonomisch optimiert, da der private Partner gewinnorientiert wirtschaftet und unnötigen Aufwand durch Straffung der Prozesse zu vermeiden sucht.

Während der Laufzeit der Partnerschaft kann sich die öffentliche Verwaltung bei entsprechender Ausgestaltung des Leistungskatalogs und Übertragung auch des Betriebs der Immobilie im Wesentlichen auf das Vertrags-Controlling beschränken.

d) Qualitätssicherung und Minderung des Verwertungsrisikos

Durch die vertragliche Festlegung von Wartungsintervallen und Instandhaltungspflichten ist ein gleichbleibendes Qualitätsniveau gesichert und die Kommune als Eigentümerin vor einem übermäßigen Wertverlust geschützt. Dieser Effekt kann – soweit umsetzbar und erwünscht – zusätzlich durch die Vereinbarung leistungsabhängiger Vergütungsmechanismen verstärkt werden. Der Standard der Immobilie bleibt beim Betrieb des Schulgebäudes durch ein Privatunternehmen mithin auch dann bestehen, wenn zeitweise Engpässe in der kommunalen Finanzausstattung bei einer Eigenrealisierung zu einer Zurückstellung der Instandhaltungsmaßnahmen führen würden. Das Verwertungsrisiko am Ende der Nutzungsdauer der Immobilie für die öffentliche Verwaltung wird – sofern es nicht auf den privaten Partner übertragen wird – reduziert, wenn das Schulgebäude zu diesem Zeitpunkt nicht aufgrund von Reparaturstau stark sanierungsbedürftig ist.

e) Innovation

Um im Vergabeverfahren den Zuschlag zu erhalten, müssen die Bewerber ein kostengünstiges und dennoch den Qualitätsanforderungen entsprechendes, nutzerfreundliches Konzept anbieten, das nicht nur die Ausschreibungskriterien erfüllt, sondern eine möglichst optimale Umsetzung der durch die funktionale Leistungsbeschreibung gestellten Anforderungen darstellt. Dabei stehen sie vor der Herausforderung, ihre Konkurrenten zu übertreffen, was nicht nur durch einen günstigen Preis, sondern auch durch ein ausgewogenes Konzept im Hinblick auf Architektur, Städtebau, Funktionalität, Nachhaltigkeit und Gebäudemanagement Erfolg verspricht. Begünstigt wird der gestalterische Schaffensprozess durch die Art der Leistungsbeschreibung im Vergabeverfahren. Sie erfolgt funktional und output-spezifisch und nicht wie im Regelfall tätigkeitsbezogen. Es wird den Bietern überlassen, den besten Weg zur Verwirklichung der in der Leistungsbeschreibung mitgeteilten Anforderungen zu finden, und eröffnet damit Freiräume zur Verwirklichung nutzerfreundlicher und innovativer Konzepte zur Realisierung eines Schulbaus.

Zudem bietet sich durch die Einbindung der zukünftigen Nutzer, namentlich der Lehrer, Schüler und Eltern der neuen Schule in den Beschaffungsprozess die Chance weiterer Optimierungsmöglichkeiten. Diese sind mit den praktischen Anforderungen des Schulalltags selbst am besten vertraut und können durch Verbesserungsvorschläge im Dialog mit den Bietern weitere Einsparungen ermöglichen und zur Verhinderung von Reibungsverlusten im täglichen Gebrauch der Immobilie beitragen. Im konventionellen Vergabeverfahren ist eine Einbeziehung Dritter in den Prozess der Ausgestaltung des Projekts nur schwer möglich.

2. Herausforderungen

a) Begrenzte Kostensicherheit

Auch wenn die vertragliche Festlegung der Kosten und eine weitgehende Risikoübertragung auf den privaten Partner ein hohes Maß an Kalkulationssicherheit gewährleisten, kann die öffentliche Verwaltung dennoch unvorhergesehen finanziell gefordert sein. Ein solcher Fall tritt ein, wenn sich während der Vertragslaufzeit eine Gefahr realisiert, die dem privaten Partner nicht überantwortet werden kann, weil es diesen in unzumutbarer Weise belasten würde und daher nicht in seine Kalkulation einbezogen werden kann (sog. Prinzip der Angemessenheit der Risikoverlagerung). In einer solchen Situation müssen Nachträge zur Problembehebung erstellt werden, die mit einer Kostenlast für die öffentliche Hand einhergehen und nicht vorhersehbar sind, mithin nicht frühzeitig in den Haushalt eingestellt werden können. Dieses Risiko trifft den öffentlichen Auftraggeber aber auch bei konventioneller Eigenrealisierung.

b) Komplexität und Öffentlichkeitserwartung

Problematisch kann sich die Durchführung eines Schulbauvorhabens als öffentlich-private Partnerschaft aufgrund der Komplexität darstellen. Statt jeweils mit einem geringeren Aufwand verbundener Einzelvergaben wird das Projekt mit einer Vielzahl von Einzelleistungen als Gesamtes vergeben, was der Übersichtlichkeit schaden kann. Dabei sind teilweise bereits einzelne Fragestellungen so vielschichtig und erfordern eine umfassende Fachkompetenz, dass es notwendig ist, externe Berater aus dem rechtlichen und technischen Bereich einzubeziehen. Die auf Seiten der öffentlichen Hand Beteiligten stehen gleichzeitig vor der Herausforderung, die wirtschaftlichen Ziele der Partnerschaft nicht mit solchen politischer Natur zu vermengen und das Projekt dadurch zu gefährden.

Die Komplexität des Vergabeverfahrens erschwert aber auch die Information der Allgemeinheit über den Verlauf des Beschaffungsprozesses und die Herstellung der für eine Akzeptanz erforderlichen Transparenz. Hinzu kommt, dass Veröffentlichungen über gescheiterte öffentlich-private Partnerschaften und die Kritik der Rechnungshöfe am Wirtschaftlichkeitsvergleich[4] die Erwartungen von Öffentlichkeit und Politik negativ beeinflussen und eine zu starke Fokussierung auf Risikoaspekte auslösen können.

---

4 Vgl. den Gemeinsamen Erfahrungsbericht der Rechnungshöfe des Bundes und der Länder zur Wirtschaftlichkeit von ÖPP-Projekten, 2011, S. 12 ff., abrufbar unter: http://goo.gl/okBvQt (Stand: 16.7.2012).

c) Unsicherheiten bei der Zukunftsprognose

Die Vereinbarung einer Vertragslaufzeit von in der Regel 20 bis 25 Jahren bei Schulbauprojekten birgt gewisse Unsicherheiten in sich. Die demografische Entwicklung und damit die zukünftigen Schülerzahlen können über einen solch langen Zeitraum kaum sicher vorhergesagt werden. Ebenso sind eine Prognose des Ansehens und der Akzeptanz der Schule und damit eine sichere Berechnung der zukünftigen Auslastung der Schule auch in den ersten Jahren nach Inbetriebnahme kaum möglich.

III. Nachhaltigkeit im Schulbau und öffentlich-private Partnerschaften

Der verantwortungsvolle Umgang mit Ressourcen ist ständiges Thema bei der Errichtung und Sanierung öffentlicher Gebäude. Wie private Bauherren ist auch die öffentliche Verwaltung an die diesbezüglichen gesetzlichen Vorgaben gebunden. Sie sieht es jedoch immer häufiger als ihre Aufgabe an, eine Vorbildfunktion zu erfüllen und neuen, innovativen Konzepten zur Energieeinsparung zu folgen.[5] So wurde beispielsweise Anfang des Jahres 2012 im Landkreis Ostallgäu einem Bieter der Zuschlag für den Bau einer Schule erteilt, die unter Einhaltung des „Passivhausstandards" gebaut werden soll und damit die gesetzlichen Mindestanforderungen der EnEV 2009 deutlich übertrifft. Nicht zuletzt die output-spezifische Leistungsbeschreibung ermöglichte es dem Bieter, ein energieeffizientes Konzept vorzustellen.

3. Energieeinsparpotenzial

a) Energieeffizienzsteigerung durch Wettbewerb

Besonders in Bezug auf die Energieeffizienz kann ein funktionales Leistungsverzeichnis sein besonderes Potenzial entfalten. Dabei gibt die öffentliche Verwaltung lediglich output-spezifisch vor, welche Verbrauchswerte der fertige Bau einhalten muss. Den Bietern bleibt es überlassen, auf welche Art und Weise diese Anforderungen erfüllt werden sollen. Als zumeist im Immobiliengewerbe tätige privatwirtschaftliche Unternehmen haben sie Überblick über neue Technologien

5 In Bezug auf Vorhaben des Bundes vgl. Bundesministerium für Verkehr, Bau und Stadtentwicklung (Hrsg.), Leitfaden Nachhaltiges Bauen, 2011, abrufbar unter: http://goo.gl/sKobV6 (Stand: 16.7.2012).

und die notwendigen Branchenkenntnisse, um innovative Konzepte zur Nachhaltigkeit vorzustellen und umzusetzen.

b) Schaffung von Anreizen

Um im Beschaffungsprozess dem Thema Nachhaltigkeit mehr Nachdruck zu verleihen, bieten sich besondere Anreizstrukturen an. So kann die öffentliche Verwaltung dem Kriterium der Nachhaltigkeit bei den Zuschlagskriterien im Bieterwettbewerb beispielsweise eine höhere Bedeutung einräumen. Im oben genannten Beispiel des Landkreises Ostallgäu wurde die besondere Bedeutung des Energiestandards stark bei den Wertungskriterien berücksichtigt.

Um einen möglichst günstigen Energiestandard auch während der Vertragslaufzeit beizubehalten oder dem Betreiber gar einen Anreiz zur Verbesserung der Werte durch Erneuerung der bestehenden Anlagen bei technischen Neuerungen zu schaffen, bietet sich die Vereinbarung eines Bonus-/Malussystems an. Hierbei werden zusätzliche Vergütungen für den Fall vereinbart, dass die Verbrauchsmengen in gewissem festgelegtem Maß hinter den vertraglich garantierten zurückbleiben, oder umgekehrt werden Strafzahlungen für den Fall des Überschreitens der vereinbarten Werte fällig. Der Betreiber wird dadurch nicht nur gehalten, die Wartungs- und Instandhaltungsintervalle einzuhalten, sondern erforderlichenfalls auch die Versorgungseinrichtungen laufend dem jeweiligen Stand der Technik anzupassen.

4. Verbrauchskostensicherheit

Der öffentlichen Verwaltung bietet die Vereinbarung von Verbrauchsmengen über die gesamte Vertragslaufzeit ein sehr hohes Maß an Kalkulations- und damit Rechtssicherheit. Die jeweiligen Kosten der öffentlichen Verwaltung für ein bestimmtes Leistungsintervall werden vertraglich festgelegt und bereits zu Beginn des Projekts fixiert. Erfüllt der Betreiber die gestellten Anforderungen an die Energieeffizienz nicht, so trägt der private Partner den dadurch entstehenden Mehraufwand, denn er hat durch die Zusicherung bestimmter Verbrauchswerte das Risiko, diese auch einhalten zu können, übernommen.

Einzig im Fall unvorhergesehener Entwicklungen, die das synallagmatische Gleichgewicht zwischen den Partnern erheblich stören und mangels Angemessenheit nicht in das Risiko des privaten Partners fallen, wie beispielsweise bei einer nicht vorhersehbaren Entwicklung der Schülerzahlen, können neben den durch die Partnerschaft bedingten, planmäßigen Kosten zusätzliche finanzielle Belastungen auf die öffentliche Hand zukommen, die nicht prognostizierbar sind. Dieses Risiko relativiert sich aber durch die Tatsache, dass solche Kosten ebenso bei einer Eigenrealisierung durch den Schulaufwandsträger anfallen würden.

5. Organisatorische Entlastung der Verwaltung

Die öffentliche Hand muss sich während der Vertragslaufzeit in Bezug auf die Nachhaltigkeit lediglich der Qualitätssicherung durch Verbrauchsmengencontrolling widmen. Wartung, Instandhaltung und Betrieb der Immobilie mitsamt ihrer technischen Anlagen fallen in das Pflichtenprogramm des Privaten, der dafür sein Know-how und geschultes Personal zur Verfügung stellt. Der Schulaufwandsträger wird vom Abschluss separater Wartungsverträge mit dem damit verbundenen organisatorischen Aufwand entlastet und kann sich dem Kernbereich seiner Aufgabenwahrnehmung widmen.

IV. Inklusion und öffentlich-private Partnerschaften

Neben der steigenden Bedeutung der Nachhaltigkeit wird insbesondere das Thema der inklusiven Schule die deutschen Kommunen in den nächsten Jahren zunehmend beschäftigen und neue Parameter im Neubau, aber auch bei der Sanierung und bei Umbauten von Bestandsimmobilien setzen. Die Implementierung eines inklusiven Schulsystems und die damit verbundene Umgestaltung der alltäglichen Abläufe der Bildungseinrichtung ist eine Herausforderung, die mancher weniger leistungsstarken Gemeinde aufgrund der Vielschichtigkeit organisatorisch und finanziell nur schwer durchführbar erscheint. Sie kann aber im Rahmen einer Kooperation zwischen der öffentlichen Verwaltung und einem privaten Partner kosteneffizient und innovativ verwirklicht werden. Gerade hier vermag sich das wahre Kreativitätspotenzial, das in einem solchen alternativen Realisierungsprozess steckt, zu entfalten.

1. Inklusive Schule als Zukunftsmodell

Inklusion ist ein pädagogischer Ansatz, der die Verschiedenartigkeit der Menschen in unserer Gesellschaft anerkennt und auf der Wertschätzung dieser Diversität aufbaut. Inklusiver Unterricht bedeutet, dass – soweit möglich – sämtliche Schüler unterschiedlicher körperlicher und geistiger Fähigkeiten gemeinsam unterrichtet werden, ohne die sonderpädagogischen Fachrichtungen abzuschaffen. Vielmehr kooperieren in einem solchen System die Pädagogen unterschiedlicher Fachrichtungen miteinander, um jedem Schüler die bestmögliche, seinem persönlichen Bedarf entsprechende Betreuung zukommen zu lassen. Eine Unterteilung der Schüler in homogene Untergruppen und die Zuweisung zu verschiedenen Schularten findet nicht statt, sodass einer durch dieses Vorgehen begünstigten Entwicklung einer geteilten Gesellschaft entgegengewirkt wird.

Auch wenn das Konzept politisch fortwährend umstritten ist, haben sich inzwischen alle Bundesländer durch eine Normierung des inklusiven Schulkonzepts in ihren Schulgesetzen zu ihrer Verpflichtung aus Art. 3 Abs. 3 S. 2 des Grundgesetzes und Art. 24 der Behindertenrechtskonvention der Vereinten Nationen (VN-BRK) bekannt,[6] wobei sie den grundsätzlichen Vorrang der inklusiven Schule vorsehen.[7] Nicht zuletzt hat die Diskussion Aufschwung erfahren, als im Frühjahr 2006 der Sonderberichterstatter für das Menschenrecht auf Bildung der Vereinten Nationen, *Vernor Muñoz*, im Bericht zu seinem Deutschlandbesuch das deutsche Bildungssystem stark kritisierte.[8] Besonders Kinder armer Familien und solche mit Migrationshintergrund oder Behinderung seien durch die deutschen Einordnungssysteme benachteiligt.[9] In Bayern ist derzeit etwa ein Viertel der Schülerinnen und Schüler mit sonderpädagogischem Förderbedarf an den allgemeinbildenden Schulen im Unterricht integriert.[10] Es gibt zwar keinen verbindlichen Zeithorizont, bis wann ein inklusives Schulkonzept umfassend implementiert sein muss, die Umsetzung steht jedoch ständig auf der Agenda der Kultusministerkonferenz[11] (KMK) und wird beispielsweise auch durch die Bayerische Staatsregierung forciert.[12] Die KMK formuliert die

---

6 Vgl. *Poscher/Langer/Rux*, Gutachten zu den völkerrechtlichen und innerstaatlichen Verpflichtungen aus dem Recht auf Bildung nach Art. 24 des UN-Abkommens über die Rechte von Menschen mit Behinderungen und zur Vereinbarkeit des deutschen Schulrechts mit den Vorgaben des Übereinkommens, 2008, S. 61 ff.

7 Vgl. Art. 30b BayEUG, § 20 Abs. 1 NRW-SchG, § 36 BerlSchG, § 29 Abs. 3 BbgSchG, § 35 Abs. 4 S. 1 BremSchG, § 3 Abs. 1 HambSchG, § 35 Abs. 1 MV-SchG, § 51 HessSchG, § 4 NdsSchulG, § 3 Abs. 5 S. 1 RP-SchG, § 6 Abs. 1 SaarlSchulPflG, § 1 Abs. 3 S. 3, § 8 Abs. 2 LSA-SchG, § 5 Abs. 2 SH-SchG, § 53 Abs. 2 ThürSchG, § 35a Abs. 1 SächsSchG, weniger deutlich § 15 BW-SchG.

8 Vgl. den Bericht des Sonderberichterstatters für das Recht auf Bildung vom 9.3.2007, Az. A/HRC/4/29/Add. 3, abrufbar unter: http://goo.gl/CZeWle (Stand: 16.7.2012).

9 Vgl. Ziff. 55 des oben genannten Berichts (siehe Fn. 8).

10 Vgl. den Entwurf eines Aktionsplans der Bayerischen Staatsregierung „Schwerpunkte der bayerischen Politik für Menschen mit Behinderung im Lichte der UN-Behindertenrechtskonvention" vom 3.5.2011, S. 16, abrufbar unter: http://goo.gl/itKMq8 und http://goo.gl/C7zpcJ (Stand: 16.7.2012).

11 Vgl. zuletzt den Beschluss vom 20.10.2011 zum Thema „Inklusive Bildung von Kindern und Jugendlichen mit Behinderungen in Schulen".

12 Vgl. den Entwurf eines Aktionsplans der Bayerischen Staatsregierung „Schwerpunkte der bayerischen Politik für Menschen mit Behinderung im Lichte der UN-Behindertenrechtskonvention" vom 3.5.2011 (Fn. 10) sowie instruktiv zur Umsetzung in

Verwirklichung der gemeinsamen Bildung und Erziehung für Kinder und Jugendliche und die Sicherung und Weiterentwicklung der erreichten Standards sonderpädagogischer Bildungs-, Beratungs- und Unterstützungsangebote als Ziel ihrer Empfehlungen und fordert die Länder auf, daraus Impulse für die Entwicklung inklusiver Bildungsangebote abzuleiten.[13]

Art. 4 der VN-BRK sieht jedoch nicht vor, dass die Vertragsstaaten finanzielle Mittel für die Verwirklichung der inklusiven Schule bereitstellen.[14] Tatsächlich werden bislang weder vom Bund noch von den Ländern Haushaltsmittel speziell für Neu- oder Umbaumaßnahmen für die inklusive Schule zur Verfügung gestellt,[15] sodass die Schulaufwandsträger mit den Kosten der baulichen Umsetzung belastet bleiben. Auch wenn derzeit die Umsetzung schon im Hinblick auf barrierefreies Bauen bei Neubauten und großen Um- und Erweiterungsbauten[16] nicht stets konsequent durchgeführt wird, ist zu erwarten, dass das Thema „Inklusion im Schulwesen" in den kommenden Jahren weiterhin an Bedeutung gewinnen und der Druck auf die Kommunen, das inklusive Schulsystem zu implementieren, steigen wird. Es ist der öffentlichen Verwaltung nahezulegen, bei Investitionen im Bereich Schulneubau und -sanierung bereits heute die zukünftigen Anforderungen an die Immobilie zu bedenken und schon jetzt die Infrastruktur der inklusiven Schule vorzubereiten, um später unabwendbare, wiederum kostenintensive Umbaumaßnahmen zu vermeiden. Öffentlich-private Partnerschaften bieten dabei die Chance, den erhöhten Planungsbedarf des Schulaufwandsträgers abzumildern und weitere Vorteile zu realisieren.

Bayern *Dirnaicher*, Der bayerische Weg der „Inklusion durch Kooperation", in: PdK Bayern, Bayerisches Gesetz über das Erziehungs- und Unterrichtswesen, Stand: April 2012, S. 15 ff.

13 Vgl. S. 3 des oben genannten Beschlusses (siehe Fn. 11).

14 Daher die vielfache Forderung nach der Bereitstellung finanzieller Mittel, siehe beispielsweise die Stellungnahme der GEW BERLIN vom 26.3.2012 zum Senatskonzept „Inklusive Schule" vom 25.1.2011, abrufbar unter: http://goo.gl/xmVZ5z (Stand: 16.7.2012).

15 Zwar konnten die Kommunen Mittel aus den Konjukturpaketen I (2008) und II (2009) auch für Schulprojekte mit Inklusionsprofil verwenden. Eine zielgerichtete, nachhaltige Förderung ist darin mangels verbindlicher Vorgaben jedoch nicht zu sehen.

16 Diese normiert beispielsweise Art. 10 des Bayerischen Behindertengleichstellungsgesetzes.

2. Veränderung der Anforderungen an den Schulbau

Die Anforderungen an die Infrastruktur einer inklusiven Schule gehen mit denen an das barrierefreie Bauen zur Verbesserung der Akustik der Unterrichtsräume, der Rollstuhlgeeignetheit und der Orientierung im Gebäude einher. Sie erschöpfen sich aber nicht darin, sondern gehen noch darüber hinaus. Sie können von Räumlichkeiten für das Lernen und für den medizinischen bzw. psychologischen Dienst über Ruhebereiche, Medienräume und Werkstätten bis hin zu Einrichtungen für pflegerische Aufgaben reichen. Die optimale Umsetzung und Gestaltung obliegt dem privaten Partner, der die Immobilie nach den Anforderungen der funktionalen Leistungsbeschreibung entwirft. Die ihm übertragbaren Aufgaben können über den Bau und den Betrieb (Facility Management) der Immobilie hinausgehen und auch die Anstellung von Verwaltungspersonal, aber insbesondere auch von fachlichem Personal wie Pädagogen, Psychologen, Ergotherapeuten, Logopäden und Pflegekräften umfassen. Gerade in letzterem Bereich kann sich wiederum eine Kooperation des Vertragspartners mit Gesundheitsunternehmen zur Realisierung weiterer Synergieeffekte anbieten.

a) Kosteneffizienz durch Reduktion von Schnittstellenverlusten

Auch bei der Umsetzung der Inklusion im Schulneubau und dem anschließenden Gebäudemanagement entfaltet der Lebenszyklusansatz sein Kosteneinsparpotenzial. Dieses wird beim Betrieb einer Schule zusätzlich durch ein privatwirtschaftlich organisiertes Versorgungsmanagement (Verpflegung, medizinische bzw. psychologische Versorgung) verbessert. Durch die Vereinigung bisher getrennter Schularten unter einem Dach wird die gemeinsame Nutzung von Ressourcen ermöglicht und durch Synergieeffekte der finanzielle Aufwand gesenkt. Zudem bewirkt die betriebswirtschaftliche Strukturierung der Abläufe im Schulalltag, dass Reibungsverluste bestmöglich vermieden werden, was wiederum Zeit und Kosten einspart.

Der Bieterwettbewerb einerseits, aber auch die Kooperation zwischen der öffentlichen Verwaltung und dem zukünftigen Betreiber im Verhandlungsverfahren oder im wettbewerblichen Dialog andererseits führen durch den stattfindenden Ideenaustausch zur Entwicklung neuer Ideen und innovativer, kosteneinsparender Modelle. Denkbar ist es beispielsweise, Räumlichkeiten im Schulgebäude an medizinische oder pädagogische Einrichtungen zu vermieten und damit der öffentlichen Verwaltung eine separate Einnahmequelle zu eröffnen.

b) Organisatorische und planerische Entlastung

Die öffentliche Verwaltung kann durch die Realisierung des Schulneubaus und des anschließenden Betriebs der Schule organisatorisch in erheblichem Umfang entlastet werden. Denn die Planung und Ausgestaltung der vielschichtigen räumlichen sowie auch personellen Infrastruktur der zukünftigen Schule wird durch den Bieter ausgeführt und der öffentlichen Hand als Gesamtkonzept vorgestellt. Diese muss sich nicht um die Konzeptionierung der einzelnen Räume oder aber um die Suche und Verwaltung von Personal kümmern.

c) Ausschöpfung von Innovationspotenzial

Auch bei der Realisierung inklusiver Schulprojekte kommen die Vorteile der funktionalen Leistungsbeschreibung zur Geltung. Die Bewerber müssen ihr volles Potenzial entfalten, um im Bieterwettbewerb bestehen zu können und den Zuschlag erteilt zu bekommen. Dabei sind der Kreativität keine Grenzen gesetzt. Denkbar ist zum Beispiel ein Konzept, das die inklusive Schule mit einem Begegnungszentrum verbindet, wodurch die genannte Drittverwendungsfähigkeit der Immobilie im Fall eines temporären Leerstands bereits während der Vertragslaufzeit gewährleistet wird oder sonstige Nutzungsmöglichkeiten der neuartigen Strukturen geschaffen werden, die über den Schulbetrieb in seinem Kern hinaus Vorzüge bieten.

Die Einbindung der zukünftigen Nutzer der Schule bietet gerade auch bei der Umsetzung der inklusiven Schule mit ihrer Komplexität die Chance, dass durch eine Erweiterung der Perspektive und des Ideenpools Innovationen Eingang in die Projektplanung finden und Einzelaspekte nicht vergessen werden.

d) Gefahr von Zielkonflikten

Während die öffentliche Verwaltung auf dem Gebiet der Daseinsvorsorge dem Gemeinwohl dient und ihr Handeln nur mittelbar bzw. nachrangig nach wirtschaftlichen Gesichtspunkten ausrichtet, wird der Unternehmer auf dem freien Markt eigennützig tätig. Er strebt in erster Linie nach Maximierung seiner Gewinne und orientiert sein Handeln an betriebswirtschaftlichen Grundsätzen aus. Ihm kommt es in erster Linie auf die Senkung der Betriebskosten an, während die öffentliche Verwaltung an der bestmöglichen Verwirklichung der Ziele der Daseinsvorsorge interessiert ist, sodass sich in einer solchen Konstellation Zielkonflikte ergeben können. Bei der Aufsetzung des Projekts ist es daher notwendig, die Entstehung möglicher Konflikte vorherzusehen und durch vertragliche Regelungen zu vermeiden oder bestmöglich abzumildern.

V. Zusammenfassung

Öffentlich-private Partnerschaften im Bereich des Schulbaus bzw. der -sanierung können besonders beim Thema Nachhaltigkeit, aber auch bei der Implementierung der inklusiven Schule Einsparpotenziale entfalten und Kostensicherheit bringen. Nicht nur bei umfangreichen, sondern auch bei Projekten kleinerer und mittlerer Investitionsvolumina bietet sich der öffentlichen Verwaltung die Chance, durch eine Kooperation mit einem privaten Partner Effizienzsteigerungen zu realisieren und über den Lebenszyklus der Immobilie Kosten einzusparen. Aufgrund der umfangreichen Übertragung von Aufgaben wird die öffentliche Hand in erheblichem Maß vom Verwaltungs- und Organisationsaufwand entlastet und kann sich auf ihre Kernaufgaben konzentrieren. Das besondere Potenzial entfaltet diese alternative Realisierungsform jedoch dadurch, dass sie einen Kreativitätswettbewerb freisetzt, der ungeahnte Innovationen hervorbringen kann. Allein schon die funktionale Leistungsbeschreibung eröffnet den Bietern einen gestalterischen Freiraum, der eine Vielzahl unterschiedlicher Lösungskonzepte hervorbringt und neuen Ideen Vorschub leisten kann. Ergänzt wird dies durch die Möglichkeit, die zukünftigen Nutzer des neuen Schulbaus frühzeitig in die Planung einzubeziehen und so die Entwicklung des Konzepts um eine praxisnahe Perspektive zu erweitern. Aufgrund der vielzähligen Vorteile, die öffentlich-private Partnerschaften bieten, wundert es nicht, dass die Zahl der im Rahmen solcher Kooperationen realisierten Schulbauprojekte in Deutschland steigt. Es ist abzusehen, dass auch in der Zukunft die Bedeutung dieses Beschaffungsverfahrens erhalten bleibt.

Dieter Daminger und Robert Grasser

§ 4. Lohnen sich PPP-Projekte für Kommunen? – Die Sichtweise der Stadt Regensburg*

I. Wirtschaftliche Lage der Stadt Regensburg

Die derzeitige wirtschaftliche und finanzielle Lage der Stadt Regensburg war noch vor wenigen Jahren undenkbar. Kurz vor der Verabschiedung des Haushalts für das Jahr 2012 erreichte uns die höchst erfreuliche Mitteilung, dass die in Regensburg ansässige BMW AG 51 Mio. Euro mehr an Gewerbesteuervorauszahlung für 2011 an uns abführt. Für das Jahr 2012 erwarten wir die noch nie da gewesene Summe von 240 Mio. Euro an gesamter Gewerbesteuer.

Diese Zahl darf aber über eines nicht hinwegtäuschen: Die Gewerbesteuer ist die wichtigste Einnahmequelle der Kommunen in ganz Deutschland. Aufgrund dieser Tatsache ergibt sich aber auch eine gewisse Abhängigkeit von dieser Einnahmequelle. Mit der Gewerbesteuer steht und fällt der Haushalt. Und in Zeiten sprudelnder Einnahmen wäre es absolut falsch, das Geld mit vollen Händen auszugeben. Wir tun das nicht. Wir bereiten uns vor allem durch zwei Maßnahmen auf die Zeiten vor, in denen die Wirtschaft nicht so brummt wie gerade im Augenblick – auf Zeiten also, in denen man seine Hausaufgaben gemacht haben muss.

Zum einen wird der Schuldenabbau konsequent weitergeführt. Nach der Konstanz der Ist-Verschuldung in den Jahren 2008 und 2009 auf 270 Mio. Euro werden wir Ende dieses Jahres einen Schuldenstand von 182 Mio. Euro haben, der sich Jahr für Jahr entsprechend der auslaufenden Zinsbindungen der Darlehen reduzieren wird. Wir bauen also Schulden ab, um noch handlungsfähiger und flexibler in der Planung unseres Haushalts werden zu können. Denn jeder Euro, den wir nicht für den Schuldendienst ausgeben müssen, gibt uns Handlungsspielraum in der Gestaltung der Zukunft unserer Stadt.

Damit in Verbindung steht auch die zweite Maßnahme: Die Mehreinnahmen werden zur Finanzierung des deutlich erhöhten Investitionsprogramms eingesetzt, d. h. die Eigenfinanzierung steigt an. Das Investitionsprogramm der Stadt Regensburg weist für die Jahre 2011–2015 ein Volumen von 438 Mio. Euro auf,

* Die Vortragsform wurde im Wesentlichen beibehalten.

das sind stolze 91 Mio. Euro mehr als die Investitionsfortschreibung für die Jahre 2010–2014 vorsah.

Die Stadt Regensburg schafft also die Rahmenbedingungen für ein stetiges Wachstum in allen Bereichen des Lebens, um so für künftige Herausforderungen der unterschiedlichsten Art und Weise gewappnet zu sein.

II. Wie werden Investitionen umgesetzt – Klassische Methode vs. Public-private-Partnership

Ich habe gerade das Investitionsvolumen unserer Stadt beschrieben. Nun stellt sich natürlich die Frage, in welcher Art und Weise diese Investitionen umgesetzt werden – welche Möglichkeiten eine Kommune also hat, die geplanten Projekte zu realisieren. Neben der klassischen Methode der Verwirklichung von Bauprojekten gibt es seit einigen Jahren eine zweite Option für die öffentlichen Haushalte, um geplante Investitionen in die Tat umzusetzen. Dies ist die sog. Public-private-Partnership, kurz: PPP.

Lohnen sich PPP-Projekte für die Kommunen? Sie verstehen sicher, dass ich an dieser Stelle nicht für alle öffentlichen Stellen im Freistaat Bayern sprechen kann. Ich stelle die These auf, dass die Frage, ob man sich für eine Eigeninvestition oder für PPP entscheidet, von den individuellen Rahmenbedingungen der jeweiligen Kommune abhängt. Deshalb möchte ich die herkömmliche Art der Finanzierung und Umsetzung von Investitionsmaßnahmen und die „neue" Möglichkeit zur Realisierung von Projekten an einem praktischen Beispiel gegenüberstellen, damit die Unterschiede zwischen diesen beiden Modellen deutlich werden.

III. Theoretische Vorzüge von PPP-Modellen

Lassen Sie mich aber zuerst die Vorteile von PPP nennen, die sich in der Literatur finden lassen:

1. Marktübliche Finanzierungskonditionen, bei zusätzlichem Einredeverzicht annähernde Erreichung von Kommunalkreditkonditionen
2. Effizienzgewinne durch Einsparpotenziale in Höhe von nachgewiesenen 5 bis 15 % im Barwertvergleich
3. Möglichkeit der Einbeziehung von Fördermitteln
4. Günstige Risikostruktur (z. B. Zahlungsbeginn nach Übergabe)
5. Frühzeitige Kosten- und Terminsicherheit durch vertragliche Vereinbarung

IV. Erfahrung aus einem konkreten Beispiel „Bürgerheim Kumpfmühl“

Nun, wie sehen diese theoretischen Vorteile in der Praxis aus? Ich möchte Ihnen dies an unserem „Bürgerheim Kumpfmühl“ verdeutlichen: Das Betreiben eines Alten- und Pflegeheims ist keine Pflichtaufgabe, sondern eine freiwillige Aufgabe einer Kommune. Dies ergibt sich aus der Gemeindeordnung. Das Bürgerheim Kumpfmühl war ursprünglich als Regiebetrieb im städtischen Haushalt integriert. Aufgrund einer Gesetzesänderung wurde es ab dem 1. Januar 1997 als Sondervermögen der Stadt Regensburg geführt. Da sich aber in den folgenden Jahren die finanzielle Situation der kommunalen Pflegeeinrichtungen und damit auch des Alten- und Pflegeheims Kumpfmühl verschlechterte, wurde es notwendig, dessen Wettbewerbsfähigkeit zu verbessern. Dies geschah u. a. durch die Wahl einer privatrechtlichen Rechtsform. Ein ausschlaggebender Punkt war damals schon die Höhe des Pflegesatzes – welcher ja eine wesentliche Einnahmequelle bedeutet. Bei der Festsetzung von Pflegesätzen sind „Marktpreise“ und damit das Verhältnis zu „vergleichbaren“ Einrichtungen für den Abschluss eines Pflegesatzes maßgeblich – man steht also in Konkurrenz zu ähnlichen Einrichtungen.

So wurde das Alten- und Pflegeheim Kumpfmühl ab dem 1. Januar 2006 in die Trägerschaft der Regensburg Senioren Stift gemeinnützige GmbH überführt, da diese Rechtsform – gerade in Bezug auf steuerliche Aspekte – die beste Alternative war. Die Stadt Regensburg ist alleinige Gesellschafterin dieser gGmbH.

Im gleichen Zeitraum entschied man sich auch, dass eine Sanierung des bestehenden Alten- und Pflegeheims unwirtschaftlicher als ein Neubau sei. Als Investitionsvolumen wurden ca. 18 Mio. Euro kalkuliert. Nun stellte sich die zentrale Frage: *Welche Variante zur Realisierung des Bauvorhabens soll gewählt werden?*

Gegen die „konventionelle“ Methode sprachen eindeutig die Belastung des Vermögenshaushalts der Stadt und eine erhöhte Arbeitsbelastung des Hochbauamts. Zudem gab es auf städtischer Seite keine spezifischen Erfahrungswerte, was den Pflegeheimbau betraf. Als weitere Variante stand die Realisierung als reines PPP-Modell zur Option, in der ein privater Investor die vier Lebenszyklusphasen Planung, Bau, Baubetrieb und die Finanzierung übernehmen sollte.

So wurde die Verwaltung im Februar 2007 damit beauftragt, zunächst eine PPP-Variante zu priorisieren. Diese sah einen Investorenwettbewerb vor, um die wirtschaftlichste Lösung für die Zukunft des Bürgerheims Kumpfmühl zu finden. Die daraus gewonnenen Erkenntnisse sollten als Anhaltspunkt für die weitere Vorgehensweise dienen. Im Oktober 2007 wurde ein EU-weites Vergabeverfahren auf den Weg gebracht, an dessen Ende zwei Investoren in die engere

Auswahl kamen. Mittlerweile wurde dieses angedachte Realisierungsverfahren sowohl im internen als auch im externen Sprachgebrauch als PPP-Projekt bezeichnet.

Bei der genauen Auswertung der abgegebenen Angebote – die mindestens genauso wirtschaftlich sein mussten wie eine klassische Realisierung – stellte sich gerade in Bezug auf die Lebenszyklusphasen Betrieb und Finanzierung heraus, dass die Investoren nur weniger wirtschaftliche Modelle präsentieren konnten. Lassen Sie mich an dieser Stelle anmerken, dass das wirtschaftliche Handeln gemäß unserer Gemeindeordnung für eine Kommune gesetzlich verpflichtend ist und diese Unwirtschaftlichkeit ein K.o.-Kriterium darstellen muss.

Selbst die Stellschrauben Forfaitierung und Bürgschaftsübernahme vermochten es nicht, die geplante *Finanzierung der Investoren wirtschaftlicher zu gestalten* als unser eigenes Finanzierungsmodell. Die Forfaitierung mit Einredeverzicht ermöglichte es einem Investor überhaupt erst, an einen Kredit bei einer Bank zu gelangen, der ihm kommunalkreditähnliche Darlehenskonditionen gewährte. Aber gerade eine solche Forfaitierung birgt erhebliche Risiken für eine Kommune. Sie verzichtet für den gesamten Vertragszeitraum auf ihre Rechte bei eventuellen Nicht- oder Schlechtleistungen und es muss selbst bei einer möglichen Insolvenz des Investors weiter an die Bank geleistet werden. Im Klartext heißt das, die Kommune muss dem Investor in einem für sie fast schon nicht mehr tragbaren Ausmaß entgegenkommen, damit dieser sich Geld leihen kann, an das die Kommune ohne ihre Rechte preiszugeben, sowieso gekommen wäre. Auch bei den Betriebskosten des Alten- und Pflegeheims Kumpfmühl konnten die privaten Investoren nicht mit den von der Stadt Regensburg errechneten Kosten mithalten. Hier waren die Unterschiede allerdings nicht so gravierend wie im Bereich der Finanzierung des Projekts.

Somit haben sich die zwei zuerst genannten Argumente, die für PPP sprechen, in Bezug auf das Bürgerheim Kumpfmühl nicht bewahrheitet. Es konnten *keine Effizienzgewinne in Höhe von 5 bis 15 % im Barwertvergleich erreicht werden, die Finanzierungskonditionen wären denkbar negativ für die Stadt Regensburg ausgefallen.*

Auch das dritte Argument für die Umsetzung des Neubaus Bürgerheim Kumpfmühl als PPP-Projekt greift im vorliegenden Fall nicht. Es mag verschwindend geringe Bereiche geben, in denen ein privater Investor – wenn überhaupt – mehr *Fördermittel* der öffentlichen Hand bekommt als eine Kommune. Für das Bürgerheim waren keine Fördermittel seitens des Freistaates oder des Bundes zu erwarten. Man kann es überspitzt so ausdrücken: Wenn wir als öffentliche Hand schon keine Fördermittel zugeteilt bekommen, dann ein privater Investor erst recht nicht.

Lohnen sich PPP-Projekte für Kommunen? Das war die Frage an die Stadt Regensburg. Nach unseren bisherigen Erfahrungen kann man vielleicht die Antwort „Eigentlich nicht, aber…" geben. Für das Bürgerheim Kumpfmühl kam eine Realisierung mittels PPP aus den vorher genannten Gründen nicht in Betracht, aber: Im konkreten Fall brachte uns die ursprüngliche Idee von der Verwirklichung des Projekts durch eine öffentlich-private Partnerschaft eines privaten Investors an eine Firma, deren Know-how uns im Bereich der Planung eines Alten- und Pflegeheims absolut überzeugte. Und so übernahm die Stadt Regensburg die Planungsleistung und die weitere Projektbearbeitung von einer der Bieterfirmen.

Mittlerweile wird das Alten- und Pflegeheim Kumpfmühl durch die Regensburger Senioren Stift gGmbH gebaut und bereits 2013 wurde mit der Inbetriebnahme eines ersten Abschnitts begonnen. Der komplette Neubau wird voraussichtlich 2015 fertiggestellt sein.

Zusammenfassend kann man sagen, dass die Realisierung eines Projekts durch PPP ein sehr komplexes Verfahren ist. Gerade die Vertragsgestaltung bis ins kleinste Detail ist ohne Hinzuziehung von Experten aus dem technischen, wirtschaftlichen und juristischen Bereich nicht zu stemmen. Diese Transaktionskosten müssen natürlich in ein PPP-Verfahren mit eingerechnet werden.

Ein weiterer wichtiger Punkt ist die lange Laufzeit der Verträge. Es soll bis zu 40 Jahre in die Zukunft an alle Eventualitäten gedacht werden. Wer ist dazu in der Lage? Wer dachte vor 40 Jahren an heute so selbstverständliche Dinge wie W-LAN-Access-Points oder Photovoltaik auf den Dächern? Welches müde Lächeln hätte man vor 40 Jahren geerntet, wenn man bei Bauprojekten auf Energieeinsparmaßnahmen gedrängt hätte? Oder auf einen „Energiepass" – der heute übrigens per Gesetz verpflichtend für Neubauten ist. Wie werden sich die Löhne entwickeln?

Hier sind wir also im Bereich der Risikoübernahme angekommen. Je mehr Risiko seitens der Kommune übernommen wird, desto günstiger kann seitens eines Investors angeboten werden. Anders ausgedrückt: Je mehr wir den Investor durch das aufzusetzende Vertragswerk in seiner Handlungsfreiheit beschränken, desto teurer wird es für die Kommune. Natürlich kann man eventuelle Lohnsteigerungen einberechnen oder sich in diesem Punkt bestimmte Neuverhandlungen vorbehalten – aber alles auf Kosten der monatlichen Miete. In meinen Augen sehen *günstige Risikostrukturen* anders aus.

Eventuelle Vertragsstrafen bei Nichteinhaltung in Bezug auf *Kosten und Terminsicherheit* waren im vorliegenden Projekt jedenfalls schwer durchsetzbar und hätten – wie oben bereits bei der Risikoverteilung angesprochen – bezahlt werden müssen. Auch hier kann ich nicht von einem Argument *für* PPP sprechen.

V. Ausblick: Public-private-Partnership – eine alternative Finanzierungsmöglichkeit für Investitionen in Zeiten knapper Kassen

Wenn Sie nun die vorher genannten theoretischen Vorteile von PPP auf die Realität umlegen, werden Sie erkennen, dass nicht viele davon übrig bleiben. Es mag sicher Bereiche geben, in denen PPP einer herkömmlichen Realisierung vorzuziehen ist, aber im Gebiet der Stadt Regensburg wurde noch kein „reines" PPP-Projekt (erfolgreich) umgesetzt.

Der einzige Vorteil für PPP aus meiner Sicht ist derzeit, dass notwendige Projekte – für die eine Kommune für die Kreditaufnahme definitiv keine Genehmigung bekommen würde – trotzdem umgesetzt werden können, da die Kosten nicht unmittelbar den Vermögenshaushalt mit einem großen Betrag belasten, sondern die Belastung über viele Jahre hinweg im Verwaltungshaushalt verteilt wird. Aber selbst hier müsste man bei der Rechtsaufsichtsbehörde sehr geschickt argumentieren, dass die monatliche Miete die dauernde Leistungsfähigkeit der Kommune nicht gefährdet. Und ob dieses „verstecken" einer solchen Maßnahme gegenüber dem Bürger und auch den künftigen Generationen zu vertreten ist, halte ich für fragwürdig.

Egal welche Finanzierung man zur Verwirklichung seiner Investitionen vorsieht – sei es die klassische oder die „moderne" Methode – es bleibt gerade auch der öffentlichen Hand nicht erspart, sparsam und wirtschaftlich zu agieren. Nur so bietet man Gewähr dafür, auch in Zukunft handlungsfähig und flexibel auf die kommenden Herausforderungen reagieren zu können.

Stefan Friedrich

§ 5. Der Bürgerkredit als neues Instrument der Finanzierung von Gemeindeaufgaben

I. Einführung

Am 20. März 2012 titelte die Wirtschaftstageszeitung „Financial Times Deutschland“ (FTD): *„Banken spielen Städtepleiten durch – Stadt, Land, Schluss – Geld an Kommunen zu verleihen galt lange als Geschäft ohne jedes Risiko. Nun fürchten die Institute den Schuldenschnitt in der Provinz. Ein Bericht von der neuen deutschen Finanzkrisenfront“*, sowie im Innenartikel: *„Der Dorf-Downgrade“*.

Dabei handelt es sich für Fachkreise um keine neue Erkenntnis. Bereits seit Jahren hadern Banken damit, ob und wie sie künftig Kommunen finanzieren wollen. Nun haben nach dem Bericht der FTD einige große Institute, u. a. die Deutsche Bank, damit begonnen, Kommunen zu raten, bevor sie ein Darlehen an sie ausgeben.

Was aber bedeutet das bei einem Schuldner, der der bisherigen Marktmeinung nach die bestmögliche Bonität besaß? Zwar wurden Kommunen schon bislang für bankaufsichtsrechtliche Zwecke von den Instituten intern geratet, allerdings hatte das keine Auswirkung auf die Kreditkonditionen. Das soll sich nun ändern. Erst im Zuge der Eurokrise ist den Banken klar geworden, dass staatliche Schuldner keine absolute Ausfallsicherheit (mehr) bieten. Insbesondere gibt es in Deutschland keinen kodifizierten oder gewohnheitsrechtlich anerkannten Haftungsverbund zwischen Bund, Ländern und Kommunen.[1] Künftig sollen daher die Kreditkonditionen von Kommunen anhand ihres Ratings angepasst werden.

In einem Positionspapier von Anfang März 2012[2] nimmt der Bundesverband deutscher Banken dazu wie folgt Stellung:

> *„Als Ergebnis kann sich die Praxis der Kreditvergabe verändern. Banken werden ihre Geschäftsmodelle überprüfen und Kredit- und Liquiditätsrisiken neu bewerten. Kritischere Bonitätsanalysen, eine Bepreisung, die sich an der veränderten Risikoeinschätzung und den gestiegenen Eigenkapital- und Liquiditätsbeschaffungskosten ausrichtet, eine Konzentration auf besonders attraktive Kundengruppen sowie grundsätzlich erhöhte Transparenzanforderungen auch an den kommunalen Kunden werden die Folge sein.*

---

1 *von Lewinski*, Öffentlichrechtliche Insolvenz und Staatsbankrott, 2011, S. 102 ff.

2 Positionspapier des Bankenverbandes zu den Perspektiven der Kommunalfinanzierung vom 5.3.2012, aktualisiert am 4.4.2012.

Die gemeinsame Aufgabe von Kommunen und Banken in dieser schwierigen Situation wird darin bestehen, die Finanzkommunikation zu verbessern. Die Finanzsituation und das Finanzmanagement einer Kommune müssen noch genauer analysiert und die Anforderungen der Banken an Letzteres ausführlicher erläutert werden. Gemeinsam muss nach Verbesserungsmöglichkeiten gesucht werden, die sich positiv auf das Rating und letztlich die Kreditvergabe sowie das Hereinnehmen von Kreditgebern des Kapitalmarktes auswirken."

Rechtlicher Hintergrund dieses Richtungswechsels ist interessanterweise die durch die Regierungen selbst in Gang gebrachte stärkere Bankenregulierung. Verschärfte Instrumente wie z. B. Basel III (bzw. deren europäische Umsetzung, das „*Capital Requirements Directive Package IV*"), enthalten so gewichtige, aber in der öffentlichen Wahrnehmung nicht existente, Elemente wie die sog. „leverage ratio".

Durch diese Vorschriften sind Banken künftig gezwungen, sämtliche Kredite unabhängig von der Risikoklassifizierung, also auch Kredite an staatliche Stellen, mit Eigenkapital zu hinterlegen. Dadurch werden die §§ 26 ff. der Solvabilitätsverordnung, die für Kredite an die öffentliche Hand zunächst ein „0-Risiko" ermöglichen, ausgehebelt.

Als Ergebnis dieser Regulierung bleibt dem Bankensektor weniger freies Kapital für die Kreditvergabe zur Verfügung. Am Ende aber werden die Eigentümer der Banken nicht davon ablassen, dass sie die gern zitierte Eigenkapitalrendite von 25 % erreichen möchten. Das kann bedeuten, dass die Kreditinstitute künftig bis zu 40 % weniger Kreditvolumen zu vergeben haben. Um damit dieselbe Eigenkapitalrendite zu erreichen wie vorher, müsste eine Bank pro vergebenem Euro Kreditvolumen künftig ungefähr doppelt so viel Gewinn einfahren wie bislang.

Im Ergebnis wird sich diese Veränderung hauptsächlich in zwei Richtungen niederschlagen: Entweder die Banken schränken ihr Engagement in ertragsschwache Kredite, dazu gehören Kredite an die öffentliche Hand, ein. Oder sie erhöhen die Kreditzinsen, um aus weniger Kreditvolumen in absoluter Hinsicht denselben Ertrag zu erzielen wie früher.

In informierten Kreisen spricht man hinter vorgehaltener Hand über eine Kombination aus verknapptem Kreditvolumen und 20 bis 30 % Zinsaufschlag im Vergleich zum derzeit vorherrschenden Zinsniveau einer Gemeinde.

Festzuhalten ist somit, dass es zukünftig Kommunalratings geben wird, die zusammen mit der Umsetzung der Basel III Richtlinien voraussichtlich zu höheren Kreditzinsen führen werden. Zugleich erwarten die Banken mehr Informationen über den Finanzzustand von Kommunen.

In einem Beitrag der KGSt,[3] einer kommunal getragenen Forschungseinrichtung, resümiert dazu der Geschäftsführer des rheinland-pfälzischen Städtetages im November 2011:

> *„Die mittelfristig zu erwartende Limitierung der Kreditengagements von Banken in Bezug auf Kommunen und die sinkende Anzahl von konkurrenzfähigen und am Kommunalgeschäft interessierten Banken zwingt zu einer breiteren Diversifizierung im Bankenportfolio.*
>
> *Der Aufbau von neuen Geschäftsbeziehungen zu bisher nicht berücksichtigten Banken, auch unter Inkaufnahme von höheren Zinsen, bringt langfristig höhere Sicherheiten bei der Geldbeschaffung. Dies gilt auch für Kommunen mit Sparkassen, die ebenso von Basel III betroffen sein werden."*

II. Public-Private-Finance und der Bürgerkredit 3.0

1. Begriff und Ursprung des Bürgerkredits

An diesem Punkt stellte sich die Frage, welche alternativen Finanzierungsformen sich für Kommunen anbieten. Das dazugehörige Forschungsgebiet lässt sich mit dem Begriff „Public-Private-Finance" beschreiben.

Analysiert wurden von uns mehrere Modelle, aus denen im Folgenden die Idee des Bürgerkredits vorgestellt werden soll.

Beim Bürgerkredit handelt es sich der Grundidee nach um einen schlichten Darlehensvertrag, mit dessen Hilfe Bürger ihrer Kommune eine Finanzierung ermöglichen können. Das klingt zunächst sehr einfach, birgt aber einige bankaufsichtsrechtliche Tücken in sich.

Zunächst sei jedoch zum besseren Verständnis ein Blick auf den Ursprung des Bürgerkredits geworfen: Der Bürgerkredit „1.0" war ein Projekt der Stadt Quickborn. Im Jahr 2009 kam man dort im Rahmen einer Bürgerversammlung auf die Idee, ein kommunales Projekt direkt durch die Bürger finanzieren zu lassen. Dazu schloss man einfache Darlehensverträge mit den Bürgern. Die Mindestanlagesumme betrug 5.000 Euro, die Verzinsung lag bei 3 %, was damals um ca. 1 % unter dem Bankenzinssatz für Kommunalkredite lag. Innerhalb weniger Tage hatten 80 Bürger der Stadt auf diesem Wege vier Mio. Euro geliehen. Die durchschnittliche Anlagesumme betrug damals also 50.000 Euro.

Jedoch hatte die Kommune die Rechnung ohne die kommunale Rechtsaufsicht und ohne die Bundesanstalt für Finanzdienstleistungsaufsicht (BaFin) gemacht. Diese beiden Behörden untersuchten das Modell aus Quickborn und

---

3 *Schwarting/Baier*, Basel III – wie können sich Kommunen darauf vorbereiten?, KGSt Journal Nr. 11/2011, 56. Jahrgang, November 2011, S. 1 ff.

haben es nachträglich verboten.[4] Die Kommune hatte mit den Darlehensverträgen gegen das Kreditwesengesetz (KWG) verstoßen. Sie hätte zur Abwicklung eine Banklizenz benötigt, welche eine Kommune aus kommunalrechtlichen Gründen, für Bayern ist dies in Art. 87 Abs. 4 BayGO geregelt, nicht erwerben darf. Zwar durfte Quickborn damals bereits bestehende Darlehensverträge weiterlaufen lassen (die Entscheidung über Fortbestand oder Abwicklung solcher Geschäfte steht nach § 37 KWG im Ermessen der BaFin), für die Zukunft war das Modell jedoch gestoppt.

2. Bankaufsichtsrechtliche Anforderungen an Bürgerkredite

Die kommunale Kreditaufnahme unterliegt insofern einigen bankaufsichtsrechtlichen Herausforderungen.

Beim Bürgerkredit handelt es sich zivilrechtlich um einen Darlehensvertrag gemäß § 488 BGB. Kommunalrechtlich handelt es sich (in Bayern), je nach Ausgestaltung im Einzelfall, auf Seiten der Kommune entweder um eine fundierte Schuld, also einen Kredit i. S. d. Art. 71 BayGO, oder um einen Kassenkredit i. S. d. Art. 73 Abs. 1 BayGO.

Spannend wird es, wenn man einen Blick in das KWG wirft. Hier stellt sich die Frage, ob es sich auf Seiten der Kommune um ein sog. Einlagengeschäft i. S. d. § 1 Abs. 1 S. 2 Nr. 1 KWG handelt, während es sich auf Seiten der Anleger um ein sog. Kreditgeschäft i. S. d. § 1 Abs. 1 S. 2 Nr. 2 KWG handeln könnte.

Liegt ein solches Geschäft vor und wird es i. S. d. § 32 Abs. 1 S. 1 KWG *„im Inland gewerbsmäßig oder in einem Umfang, der einen in kaufmännischer Weise eingerichteten Geschäftsbetrieb erfordert“* betrieben, muss dies durch die BaFin schriftlich erlaubt werden. Diese Erlaubnis unterliegt diversen Bedingungen. Umgangssprachlich formuliert, bedeutet das, dass für diese Geschäfte eine „Banklizenz“ benötigt wird.

Interessant ist dabei, dass sowohl Kommunen, also öffentliche Gebietskörperschaften, als auch Bürger, also Privatpersonen, dem Unternehmensbegriff in § 1 Abs. 1 S. 1 KWG unterfallen. Dieser ist rein funktional zu betrachten.[5]

Andererseits sind Bund und Länder, sowie teilweise auch deren nachgeordnete Behörden und Sondervermögen, von dieser Einordnung nach einem

---

4 *Fuchs*, Ministerium stoppt das Quickborner Bürgerdarlehen, Hamburger Abendblatt vom 1.10.2009.

5 *Erting*, Bankaufsichtsrechtliche Grenzen kommunaler Darlehensgeschäfte, NVwZ 2009, S. 1340.

„ungeschriebenen Grundsatz" der Bankaufsichtspraxis generell ausgenommen. Der Schutzzweck des KWG gebiete hier keine Einbeziehung.[6]

Unklar bleibt jedoch, weshalb hier zwischen Bund, Ländern und Kommunen unterschieden wird. Es stellt sich die Frage, ob das vom Gesetzgeber gewollt ist. Denn Sinn und Zweck des KWG bestehen darin, die allgemeine Ordnung im Kredit- und Finanzdienstleistungswesen zu gewährleisten, die Funktionsfähigkeit des Finanzapparats zu erhalten und die Institutsgläubiger vor dem Verlust ihrer Gelder zu schützen. Wieso Bund und Länder diese Ziele ohne Aufsicht erreichen können sollen, Kommunen aber nicht, bleibt unbeantwortet. Das Bundesverwaltungsgericht beispielshalber nimmt eine solche Kompetenzunterscheidung zwischen staatlichen Ebenen im Zuge seiner ständigen Rechtsprechung zur Subsidiarität der Feststellungsklage, § 43 Abs. 2 S. 1 VwGO, nicht vor.[7] Vor allen Dingen darf man nicht vergessen, dass Kommunen ohnehin durch die Rechtsaufsicht im Besonderen kontrolliert werden können, sodass man auch ohne die Mittel des KWG problematische Vorgänge in den meisten Fällen stoppen könnte. Diese Eingriffsmöglichkeiten bestehen auf Bundes- und Länderebene nicht. Umso unverständlicher erscheint es, dass bei Kommunen eine Aufsichtsdoppelung vorgenommen wird. Dennoch ist dies gängige Verwaltungspraxis.

Entscheidend für die Erlaubnisfreiheit eines Bürgerkredit-Vorhabens ist mithin der Tatbestand des Bankgeschäfts: Das Einlagengeschäft i. S. d. § 1 Abs. 1 S. 2 Nr. 1 KWG betreibt, wer unbedingt rückzahlbare Gelder des Publikums annimmt.

Von diesem Grundsatz gibt es jedoch mehrere Ausnahmen, wovon zwei im Rahmen eines Bürgerkredits denkbar sind: Zum einen die Besicherung des Kredits und zum anderen die Vereinbarung von Nachrangklauseln.

Hier befinden wir uns erneut an einer Stelle, an der das KWG aus unklaren Motiven ungewöhnliche Wege geht: Besichert der Kreditnehmer die Ansprüche des Kreditgebers mit banküblichen Sicherheiten, handelt es sich nicht um ein Bankgeschäft. Daraus könnte man den Schluss ziehen, dass man dadurch die Kreditgeber vor einem Verlust ihrer Anlage bewahren möchte. Gemäß Art. 71 Abs. 6 BayGO ist jedoch die Besicherung von Krediten einer Kommune grundsätzlich verboten. Die Besicherung scheidet also aus.

---

6 *Erting*, Bankaufsichtsrechtliche Grenzen kommunaler Darlehensgeschäfte, NVwZ 2009, S. 1340.

7 BVerwG NVwZ 2002, S. 1506 m. w. N.

Ebenso liegt kein Bankgeschäft vor, wenn der Kreditvertrag eine qualifizierte Nachrangklausel vorsieht. Das bedeutet, dass der Kreditgeber mit seinen Forderungen im Falle der Insolvenz des Kreditnehmers erst nachrangig, also erst auf einer Ebene mit Einlagerückgewähransprüchen von Gesellschaftern, ausbezahlt wird und darüber hinaus mit seiner Forderung nicht den Grund für die Insolvenz darstellen darf. Das hat allerdings mit Anlegersicherheit in vielen Fällen nichts zu tun. Der Kreditgeber nimmt vielmehr unternehmerisches Risiko auf sich. Unter Wertungsgesichtspunkten erlaubt das KWG hier eine Konstruktion, die Risiko schafft, anstatt es zu vermeiden.

Jedoch ist die Aufnahme eines Insolvenzverfahrens über das Vermögen einer Gemeinde in Bayern gemäß Art. 77 BayGO i. V. m. § 12 Abs. 1 Nr. 2 InsO nicht statthaft. Mangels Insolvenzverfahrens würde daher die Vereinbarung einer Nachrangklausel ins Leere laufen. Bei Verträgen gegenüber einer Gebietskörperschaft ist daher die tatbestandsausschließende Wirkung der Nachrangklausel nicht gegeben.[8] Die Nachrangklausel scheidet somit als Gestaltungsmöglichkeit ebenfalls aus. Was also ist zu tun?

Ein Jahr nach dem Bürgerkredit 1.0 entschied man sich in Quickborn dafür, in Zusammenarbeit mit einer Bank ein ähnliches Modell aufzulegen. Dabei sollten die Bürger Geld bei einer Bank einzahlen, die anschließend den Kredit an die Kommune vergibt und dann ihre Darlehensforderungen an die Bürger weiterverkauft. Der Bürgerkredit 2.0 war geboren.

Dabei sollten die Hürden des KWG dadurch überwunden werden, dass bei Bankgeschäften, bei denen auf einer Seite eine lizenzierte Bank steht, dem Schutzzweck des KWG durch die Aufsicht über diese Bank genügt ist. Dem bei diesem, im Fach-Jargon „Fronting-Bank Modell" getauften Konstrukt erfolgenden Forderungsverkauf durch die Bank, also der Herstellung des wirtschaftlichen Ziels des Bürgerkredits 1.0 auf anderem Wege, stehen ebenfalls keine rechtlichen Bedenken entgegen. Denn das „Betreiben eines Bankgeschäfts" nach dem KWG bezieht sich immer auf die Tätigkeit, also die *Annahme* von Einlagen bzw. die *Gewährung* von Krediten. Das „*Halten*" eines Kreditvertrags ist im KWG jedoch nicht beschrieben. Demnach stellt es kein Problem dar, über den Umweg einer Bank ein Kreditverhältnis zwischen Kommune und Bürger herzustellen. Bankaufsichtsrechtlich wäre diese Variante also erlaubt. Gleichwohl ist eine genauere Befassung mit der Sicherheit der Anlagen der Bürger, insbesondere in den denkbaren Variationen einer Insolvenz der beteiligten Bank, bei Fronting-Bank

8 *Erting*, Bankaufsichtsrechtliche Grenzen kommunaler Darlehensgeschäfte, NVwZ 2009, S. 1341 f.

Modellen dringend erforderlich. Der Teufel steckt hier im Detail, sodass sich unter Umständen enorme Ausfallrisiken für die investierenden Bürger bieten können, ohne dass diese für den Laien erkennbar wären. Dies ist jedoch nicht Thema dieses Beitrags.

Gemäß einem Presseartikel in der Zeitschrift „Der neue Kämmerer" 4/2011,[9] hat der Bürgermeister der Stadt Quickborn aus seinen Erfahrungen mit diesem Modell das Fazit gezogen, dass diese Variante „aufwändiger und unflexibler als normale Kommunalkredite" ist. Wenn man sich das Modell vor Augen führt, ist das auch verständlich. Hier musste eine Bank ganz erheblichen Arbeitsaufwand leisten, um die Forderungskaufverträge abzuwickeln. Dafür hat die Bank von der Stadt Quickborn 0,15 % der Darlehenssumme als Gebühr verlangt. Die Bürger mussten für die Abwicklung extra ein Konto bei dieser Bank eröffnen und eine jährliche Kontoführungsgebühr bezahlen. Außerdem ging das Projekt, soweit die Unterlagen zugänglich sind, ausschließlich online vonstatten. Dies dürften wohl (zu) hohe Hürden für viele Bürger gewesen sein. Das Projekt ging sehr schleppend voran.

Die Stadt Pforzheim hatte sich ebenfalls seit Anfang 2010 überlegt, ob sie ein Bürgerkreditmodell über dieselbe Bank abwickeln möchte, die dies für Quickborn realisiert hat. Ende des Jahres 2011 kam jedoch das Aus für diese Idee. Die Stadtverwaltung zog das Fazit *„Die Aufnahme von Bürgerkrediten ist ohne die Einschaltung eines Kreditinstitutes unzulässig. Die Kreditabwicklung ist mit zusätzlichen Kosten verbunden und lässt sich nur in einem zeitlich aufwändigen Verfahren darstellen. […]"*[10]

Zuletzt gab es nach einem Artikel des Hamburger Abendblatts fünfzehn konkrete Anfragen bei der Bank, die den zweiten Quickborner Anlauf abgewickelt hatte.[11] Zu einem Projekt auf Grundlage des Bürgerkredits 2.0 kam es dennoch nicht mehr.

Am Ende konnten sich weder Bürgerkredit 1.0 noch 2.0, jedenfalls bis dato, in der Praxis breiter durchsetzen.

9 *Kolb/Elbers*, Graswurzelfinanzierung, Der Neue Kämmerer, Ausgabe 04, September 2011, S. 4.

10 *Stark*, Vorlage P 0994 des Stadtrates der Stadt Pforzheim, 19.10.2011.

11 *Fuchs*, Bürgerkredit: Lokale Banken ausgebootet?, Hamburger Abendblatt vom 13.3.2010.

3. Wirtschaftliche, politische und rechtliche Anforderungen an einen Bürgerkredit 3.0

Dabei wäre ein funktionierender Bürgerkredit ein sehr hilfreiches Instrument für Kommunen.

Mit einem Bürgerkredit kann eine Kommune sich Geld direkt bei ihren Bürgern beschaffen, ohne dabei den regulären Bankenmarkt ansprechen zu müssen.

Die Finanzmittel können dabei einerseits entweder zur Refinanzierung fälliger fundierter Schulden oder zur Umschuldung von Kassenkrediten verwendet werden. Andererseits kann man, und vielleicht ist das der Hauptanwendungsfall des Bürgerkredits, damit ein konkretes kommunales Projekt finanzieren. Dabei ist z. B. an einen neuen Kindergarten, die Anschaffung eines neuen Feuerwehrautos, die Renovierung eines Stadttheaters oder den Neubau einer Sportanlage zu denken. Entscheidend ist lediglich, dass die Bürger hinter dem Projekt stehen, denn je stärker sie dies tun, desto eher sind sie bereit, es günstig zu finanzieren.

Dabei lassen sich für die Kommune womöglich günstigere Konditionen erreichen, als auf dem Bankenmarkt. So kostet ein fünfjähriger Kommunalkredit z. B. derzeit ca. 2,0 %. Wenn ein Privatanleger zu einer normalen Bank geht, bekommt er für ein fünf Jahre laufendes Festgeld bzw. Termingeld jedoch nur etwa 1,4 % (z. B. bei der Sparda-Bank München, die meist relativ gute Konditionen anbietet).

Es existiert hier also ein gewisser Zins-Spread, im Beispiel von 0,6 %. Dieser Zins-Spread lässt sich gut zwischen Kommune und Bürgern aufteilen. So könnte die Kommune ihren Bürgern beispielshalber zur Finanzierung eines Feuerwehrautos einen Bürgerkredit mit einer Rendite von 1,55 % anbieten. Dazu kommen für die Kommune Kosten für die Abwicklung des Bürgerkredits (also Beratung, Verträge, et cetera) in Höhe von z. B. 0,15 % (das wird letztlich immer vom konkreten Projekt abhängen). Für die Kommune würde dies also am Ende Kosten in Höhe von 1,70 % bedeuten. Das sind 0,30 % weniger als bei einem regulären Kommunalkredit.

Damit hätte die Kommune eine „Gewinn-hoch-fünf"-Situation geschaffen. Die Bürger erhalten mehr Zins als bei der Bank. Die Kommune zahlt ca. 15 % weniger Zins als bei der Bank. Die Bank musste keinen margenschwachen Kommunalkredit vergeben, sondern kann das Kreditvolumen für die rentablere Wirtschaftsfinanzierung verwenden. Es gibt in der Kommune ein neues Feuerwehrauto. Außerdem konnte der Fahrzeughersteller ein Produkt absetzen. Diese Liste ließe sich beinahe ewig weiterführen: Arbeitsplätze, Umsatzsteuer, Lohnsteuer, Sozialbeiträge, u. s. w.

Wissenschaftlich könnte man das einen sog. „pareto-effizienteren Wohlfahrtsgewinnstatus“ nennen. Alle profitieren mehr als bislang, niemand verliert. Man kann damit sehr viel mehr Wohlfahrtsgewinn aus einem Anschaffungs- oder Bauprojekt holen als bislang.

Aus demselben Grund ist es womöglich auch nicht so wichtig, ob die Finanzierung für die Kommune günstiger, nur gleich teuer oder sogar etwas teurer ist als bei einem Bankkredit. Die Zinsen, die die Kommune an ihre Bürger zahlt, bleiben im regionalen Wirtschaftskreislauf erhalten. Womöglich kommen auch die Auftragnehmer oder Mitarbeiter für das Projekt aus der Region. Es handelt sich also bei Bürgerkredit-Projekten immer auch schnell um eine Maßnahme der regionalen Kaufkraftstärkung. Dies sollte eine Kommune in ihre notwendigen Wirtschaftlichkeitsüberlegungen einbeziehen.

Diese möglichen Vorteile waren der Anlass, zu überlegen, wie man einen „Bürgerkredit 3.0“ realisieren könnte. Dabei sind folgende Merkmale wichtig: Zulässigkeit nach dem KWG, einfache Realisierbarkeit ohne Bank, günstige Kostenstruktur ohne dritten Abwicklungspartner, möglichst hohe Ertragschancen für Anleger, hohe Anlage-Sicherheit durch direkte Verbindung zur kommunalen Seite, maximale Flexibilität.

Am Ziel sollte ein Modell stehen, bei dem zwischen kommunaler Seite und Bürger trotz aller Hemmnisse durch das KWG lediglich der Abschluss eines überschaubaren Darlehensvertrags notwendig wird. Es geht also darum, den Bürgerkredit 1.0 mit einem neuen Gesicht aufleben zu lassen.

Beim Abschluss eines Kreditvertrags ist jedoch nicht nur seitens der Kommune, sondern auch seitens des Bürgers sicherzustellen, dass kein erlaubnisbedürftiges Bankgeschäft betrieben wird. Wie bereits erwähnt, unterliegen auch Privatpersonen grundsätzlich dem KWG. Es handelt sich bei der Vergabe von Krediten an Kommunen auch i. d. R. um ein Bankgeschäft i. S. d. § 1 Abs. 1 S. 2 Nr. 2 KWG. Ob die Vergabe von Krediten jedoch einer Banklizenz i. S. d. § 32 KWG bedarf, hängt letzten Endes (neben der Gestaltung der Verträge) entscheidend davon ab, ob die Vergabe gewerbsmäßig oder in einem Umfang betrieben wird, der einen in kaufmännischer Weise eingerichteten Geschäftsbetrieb erfordert. Selbst wenn der Umfang der Geschäfte objektiv keinen in kaufmännischer Weise eingerichteten Geschäftsbetrieb erfordert, wird gewerbsmäßig betrieben, wenn der Betrieb auf eine gewisse Dauer angelegt ist und der Betreiber ihn mit der Absicht der Gewinnerzielung verfolgt.

An dieser Stelle ergeben sich eine Reihe unbestimmter Rechtsbegriffe, die erst einer Auslegung bedürfen. Diese Auslegung hat die BaFin anhand eines

Merkblattes vorgenommen:[12] Demnach ist ein erlaubnispflichtiges Bankgeschäft beim Kreditgeber dann anzunehmen, wenn entweder mehr als 100 Einzelkredite vergeben werden oder bei einem Gesamtvolumen von über 500.000 Euro mehr als 20 Einzelkredite vergeben werden. Es ist also durchaus denkbar, dass ein besonders engagierter Bürger mit seinen Investitionen diese Grenze überschreitet, der Regelfall wird dies aber nicht sein. Normalerweise werden Bürger bei ihrer Anlage keine erlaubnispflichtigen Bankgeschäfte betreiben.

Ist das Bürgerkreditprojekt so ausgestaltet, dass es sowohl für die Kommunen als auch für die Bürger letztendlich erlaubnisfrei nach dem KWG sowie ausfallsicher gestaltet ist, agieren nur noch die Kommune und die Anleger – ohne Zwischenpersonen. Der Bürgerkredit 3.0 ist geboren.

Wenn ein solches optimales Modell auf keiner Seite ein erlaubnispflichtiges Bankgeschäft darstellt, hat die ausführende Kommune dem Grunde nach auch nichts mit der BaFin zu tun. Es gibt keinen Erlaubnisvorbehalt, die Kommune benötigt also keine Genehmigung. Allerdings möchte die BaFin in Einzelfällen wissen, ob die Verträge so ausgestaltet sind, dass tatsächlich kein erlaubnispflichtiges Bankgeschäft vorliegt, sodass trotz Erlaubnisfreiheit letzten Endes eine Prüfung durch die BaFin stattfinden wird. Kommunen sollten sich daher vor Aufnahme ihres Kreditprojekts vorausschauend mit der BaFin in Verbindung setzen.

Bislang durch die BaFin unbeantwortet ist die Frage, inwiefern, losgelöst vom konkreten Einzelfall, eine generelle Freigabe für ein Bürgerkreditmodell erteilt werden kann, ohne dass jede Kommune ihre Vertragsunterlagen erneut für ein Negativtestat vorlegen muss. Damit würden sich Zeitersparnisse auf Seiten der Kommunen ergeben. Es ist jedoch fraglich, ob die BaFin sich auf diesen Weg einlässt. Entsprechende Anfragen bei der BaFin blieben bis dato unbeantwortet. Die entsprechenden Fragen stellen sich im Rahmen der Prüfung durch die Rechtsaufsicht sowie durch die Finanzbehörden.

Klar ist, dass sich ein Bürgerkredit-Modell nur dann erfolgreich realisieren lässt, wenn sowohl Kommune als auch Bürger bei der Abwicklung möglichst wenig Aufwand haben. Dieser sollte sich möglichst beschränken auf: den Beschluss für ein Bürgerkredit-Projekt, die Schaffung einer Anlaufstelle für Interessenten, den Abschluss von Verträgen sowie die Bestimmung des Einzahlungszeitraums und das Verbuchen der Zahlungseingänge. Am Ende der Kreditlaufzeit fällt sodann lediglich noch die Rücküberweisung der Kreditsumme zuzüglich aufgelaufener endfälliger Zinsen an die Anleger an.

---

12 Bundesanstalt für Finanzdienstleistungsaufsicht, Hinweise zum Tatbestand des Kreditgeschäfts, 8.1.2009.

Auch der Beratungsaufwand stellt an ein solches Projekt bereits im Vorfeld hohe Anforderungen. Kommunen sind von Cross-Border-Leasing, Zinswetten & Co stark verunsichert. Es bestehen teils große Vorbehalte gegen „innovative" Lösungen. Dennoch ist das Interesse an der Verbesserung der Haushaltssituation groß.

Man kann das an den damals 15 konkret interessierten Kommunen beim Bürgerkredit 2.0 ablesen. Vor dem Hintergrund des Haushaltsgrundsatzes der Sparsamkeit sind die Kämmerer meiner Meinung nach sogar gezwungen, sich über Projekte zu informieren, die womöglich die Kreditneuaufnahme verbilligen können.

Das Problem aus Beratersicht liegt jedoch darin, dass die erzielbaren Margen für ein Bürgerkreditprojekt äußerst gering sind. Nachdem das Projekt mit den derzeit sehr guten Konditionen des Bank-Kommunalkredits konkurrieren muss, ergibt sich nur ein sehr geringer Spielraum für Beraterhonorare. Demgegenüber stehen allerdings der genannte relativ hohe Aufwand im Vorfeld eines Projekts sowie die fortlaufende Betreuung während der Laufzeit des Projekts.

Damit werden diese Vorhaben für große Berater oder Kanzleien schnell uninteressant. Das ist zunächst ein Hemmschuh für den Bürgerkredit. Allerdings geben solche Projekte auch jungen Beratungsunternehmen die Chance, sich zu etablieren. Wie auf allen Gebieten gibt es für jedes Beratungsunternehmen auch die passenden Projekte.

Insofern sei zum Schluss noch auf eine Gefahr hingewiesen: wenn das Beratungsunternehmen einer Kommune ein zulässiges und durch die BaFin vorab für gut befundenes Bürgerkredit-Modell zur Verfügung stellt, die Kommune dies aber selbst an ihre Vorstellungen anpasst, kann dies womöglich zum Problem für die Berater werden. Gemäß § 54 KWG wird das Betreiben von Bankgeschäften ohne Erlaubnis mit Geldstrafe oder bis zu fünf Jahren Freiheitsstrafe geahndet, bei Fahrlässigkeit mit bis zu drei Jahren. Diese Sonderstrafrechts-Delikte sind teilnahmefähig. Das bedeutet, dass der Berater hier ungewollt in eine strafrechtliche Verfolgung hineinrutschen könnte. Der Berater muss hier also sehr gut aufpassen und das spätere Projekt entweder überwachen oder sonst Möglichkeiten finden, seine Verantwortlichkeit auszuschließen.

III. Ergebnis

Der Bürgerkredit (3.0) wird am Ende nicht die große Lösung für die Probleme der kommunalen Haushalte sein. Aber er könnte bei richtigem Einsatz in vielen Fällen ein sehr hilfreicher Teil dieser Lösung sein. Die finanzielle Beteiligung von Bürgern an kommunalen Projekten könnte sich als Katalysator für die kommunale Politik erweisen.

Public-private-Partnership bietet daher auch heute noch eine Reihe ungenutzter Potenziale. Man kann weiterhin neue Sektoren öffnen und dort für die öffentliche Hand sowie private Beteiligte durch gute Modelle größere Wertschöpfung betreiben.

Herausgeber- und Autorenverzeichnis

Aliyev Azar
LL.M. (Universität Heidelberg), wissenschaftlicher Mitarbeiter am Institut für Osteuropäisches Recht der Christian-Albrechts-Universität zu Kiel, Projektkoordinator

Baller Oesten
Prof. Dr., Direktor des Instituts für Verwaltungsmodernisierung und Polizeireform in Mittel- und Osteuropa, Hochschule für Wirtschaft und Recht, Berlin

Bäuml Andreas
Dr., Wissenschaftlicher Mitarbeiter am Lehrstuhl für Öffentliches Recht, Immobilienrecht, Infrastrukturrecht und Informationsrecht (Prof. Dr. Jürgen Kühling), Universität Regensburg, seit 2013 Regierungsrat beim Landratsamt Schwandorf

Daminger Dieter
Wirtschafts- und Finanzreferent der Stadt Regensburg

Derbin Oleg
Mitarbeiter der Filiale „Einheitliches Rechenzentrum“ des Staatlichen Einheitsunternehmens „Vodokanal Sankt Petersburg“, Doktorand am Lehrstuhl für Staats- und Verwaltungsrecht der Staatlichen Universität Sankt Petersburg

Friedrich Stefan
Doktorand an der Fakultät für Rechtswissenschaft der Universität Regensburg, Geschäftsführer der Kandler Gruppe GmbH

Gorodov Oleg
Prof. Dr. jur., Professor am Lehrstuhl für Handelsrecht der Staatlichen Universität Sankt Petersburg

Graf Christian
Leiter des Geschäftsbereichs Recht & Fair Play der Handelskammer Hamburg

Grasser Robert
Stellvertretender Leiter der Stadtkämmerei der Stadt Regensburg

Greim Jeanine
Dr., Akademische Rätin am Lehrstuhl für Öffentliches Recht, insbesondere deutsches und europäisches Verwaltungsrecht (Prof. Dr. Gerrit Manssen), Universität Regensburg, seit 2013 Richterin am Verwaltungsgericht Würzburg

Gricenko Elena
Prof. Dr. jur., Professorin am Lehrstuhl für Staats- und Verwaltungsrecht der Staatlichen Universität Sankt Petersburg

Held Susanne
Dr., Rechtsanwältin bei der KPMG Rechtsanwaltsgesellschaft mbH, Nürnberg

Himmelreich Antje
Wissenschaftliche Referentin für Russland, die Ukraine und die sonstigen GUS-Staaten am Institut für Ostrecht München/Regensburg

Kirsanov Sergej
Dr. oec., Präsident der Autonomen Nichtkommerziellen Organisation „Institut für kommunale Entwicklung", Inhaber des Lehrstuhls für staatliche und kommunale Verwaltung des Instituts für humanistische Bildung Sankt Petersburg

Kramer Urs
Prof. Dr., Lehrprofessur für Öffentliches Recht, Universität Passau

Kurbatova Svetlana
Stellvertretende Leiterin des Sekretariats des Präsidenten des Föderalen Arbitragegerichts des Nordwestlichen Bezirks, Doktorandin am Lehrstuhl für Staats- und Verwaltungsrecht der Staatlichen Universität Sankt Petersburg

Kustova Margarita
Dr. jur., Dozentin am Lehrstuhl für Staats- und Verwaltungsrecht der Staatlichen Universität Sankt Petersburg

Lehmberg Sonja
Wissenschaftliche Mitarbeiterin am Lehrstuhl für Öffentliches Recht, Immobilienrecht, Infrastrukturrecht und Informationsrecht (Prof. Dr. Jürgen Kühling), Universität Regensburg, seit 2012 Rechtsanwältin in der Kanzlei Boesen Rechtsanwälte, Bonn

Levin Ilja
Dr., Wissenschaftlicher Mitarbeiter am Lehrstuhl für Öffentliches Recht, Russisches Recht und Rechtsvergleichung (Prof. Dr. Alexander Blankenagel), Humboldt-Universität zu Berlin

Manssen Gerrit
Prof. Dr., Lehrstuhl für Öffentliches Recht, insbesondere deutsches und europäisches Verwaltungsrecht, Universität Regensburg

Oberndörfer Mathias
Rechtsanwalt, Partner und Leiter der Praxisgruppe öffentlicher Sektor der KPMG Rechtsanwaltsgesellschaft mbH, Nürnberg

Papsthart Stefan
Leiter des Sachgebiets Kommunale Angelegenheiten bei der Regierung von Schwaben in Augsburg

Popondopulo Vladimir
Prof. Dr. jur., Inhaber des Lehrstuhls für Handelsrecht der Staatlichen Universität Sankt Petersburg

Scheel Philipp-Christian
Rechtsanwalt bei CMS Hasche Sigle (Stuttgart), seit 2013 Rechtsanwalt in der Wirtschaftskanzlei Graf von Westphalen (Brüssel)

Sivickij Vladimir
Dr. jur., Professor am Lehrstuhl für Verfassungs- und Verwaltungsrecht der Juristischen Fakultät der Sankt Petersburger Filiale der wissenschaftlichen Forschungsuniversität Hochschule für Wirtschaft, Stellvertretender Leiter des Sekretariats des Verfassungsgerichts der Russischen Föderation

Steiner Udo
Prof. Dr., Universität Regensburg, Bundesverfassungsrichter a. D.

Vasilieva Anna
Dr. jur., Dozentin am Lehrstuhl für Verfassungs-, Verwaltungs- und Kommunalrecht am Juristischen Institut der Sibirischen Föderalen Universität, Krasnojarsk

Wagner Stephan
Dr., M. Jur. (Oxford), M. A., Lehrbeauftragter an der Universität Regensburg

Regensburger Beiträge zum Staats- und Verwaltungsrecht

Herausgegeben von Gerrit Manssen

Band 1 Simone Maria Koitek: Windenergieanlagen in der Raumordnung. 2005.

Band 2 Barbara Reil: Reformüberlegungen zur Richtervorlage. Beitrag zur Funktionenverteilung zwischen Bundesverfassungsgericht und Fachgerichtsbarkeiten bei der Kontrolle des parlamentarischen Gesetzgebers. 2005.

Band 3 André Zorger: Der Beirat für Stadtgestaltung der Stadt Regensburg. Eine Untersuchung zur baurechtlichen und kommunalrechtlichen Zulässigkeit. 2005.

Band 4 Gerrit Manssen / Boguslaw Banaszak (Hrsg.): Religionsfreiheit in Mittel- und Osteuropa zwischen Tradition und Europäisierung. 2006.

Band 5 Markus Tändler: Umweltprüfung und Umweltkontrolle in der Bauleitplanung. Eine Bewertung aus juristischer und kommunalpraktischer Sicht. 2006.

Band 6 Christian Bartsch: Vorbeugender Hochwasserschutz im Recht der Raumordnung und Landesplanung. 2007.

Band 7 Anja Rösch: Das A-Modell im Bundesautobahnbau. Bau, Erhaltung, Betrieb und Finanzierung von Bundesautobahnabschnitten durch Private und Refinanzierung auf Grundlage der Autobahnmaut. 2008.

Band 8 Tanja Böhm: Nicht gemeldete erlaubnispflichtige Schusswaffen in Bayern. Eine empirische Untersuchung unter Sportschützen und Jägern. 2007.

Band 9 Gerrit Manssen (Hrsg.): Die Finanzierung von politischen Parteien in Europa. Bestandsaufnahme und europäische Perspektive. 2008.

Band 10 Stefan Diemer: Die Verantwortlichkeit der Organe öffentlich-rechtlicher Wettbewerbsversicherungsanstalten. Eine Darstellung unter besonderer Berücksichtigung der Versicherungskammer Bayern Versicherungsanstalt des öffentlichen Rechts. 2008.

Band 11 Martin Denecke: Das Selbstgestaltungsrecht der Gemeinde im baulichen Bereich. 2009.

Band 12 Albert J. Schmid: Die Eignung als Zugangskriterium für ein öffentliches Amt unter besonderer Berücksichtigung des Fragerechts des Dienstherren. 2009.

Band 13 Gerrit Manssen (Hrsg.): Die verfassungsrechtlich garantierte Stellung der Abgeordneten in den Ländern Mittel- und Osteuropas. 2009.

Band 14 Benedikt Grünewald: Die Betonung des Verfahrensgedankens im deutschen Verwaltungsrecht durch das Gemeinschaftsrecht. 2010.

Band 15 Marion Robl: Das beschleunigte Verfahren für Bebauungspläne der Innenentwicklung. Ein Aspekt des Innenstadtentwicklungsgesetztes („BauGB 2007"). 2010.

Band 16 Ines Jahnes: Initiativermittlungen im Bereich der Organisierten Kriminalität. 2010.

Band 17 Astrid Kühne: Die Änderungen der Außenbereichsvorschrift des § 35 BauGB durch das Europarechtsanpassungsgesetz Bau. 2011.

Band 18 Franz Guttenberger: Ausgleichsansprüche nach § 24 Abs. 2 und § 25 BBodSchG. 2011.

Band 19 Andreas Alscher: Rechtliche Möglichkeiten einer integrierten kommunalen Verkehrsplanung. 2011.

Band 20 Florian P. Schrems: Ist das geltende Friedhofs- und Bestattungsrecht noch zeitgemäß? Das Friedhofs- und Bestattungsrecht im Lichte verfassungsrechtlicher Vorgaben. Unter besonderer Berücksichtigung gewandelter Ansichten in der Bevölkerung sowie integrationspolitischer Herausforderungen. 2012.

Band 21 Inkook Kay: Regulierung als Erscheinungsform der Gewährleistungsverwaltung. Eine rechtsdogmatische Untersuchung zur Einordnung der Regulierung in das Staats- und Verwaltungsrecht. 2013.

Band 22 Tina Voigt: Das Raumordnungsgesetz 2009 und das Bayerische Landesplanungsgesetz 2012. Eine Untersuchung zur Abweichungsgesetzgebung im Bereich der Raumordnung. 2013.

Band 23 Stefan Schick: Die energetische Nutzung von Biomasse im Sinne des § 35 Abs. 1 Nr. 6 BauGB – Gesetzliche Vorgaben und Verwaltungspraxis. 2014.

Band 24 Gerrit Manssen / Antje Himmelreich / Elena Gricenko (Hrsg.): Public-private-Partnership im kommunalen Bereich. 2015.

www.peterlang.com

www.ingramcontent.com/pod-product-compliance
Ingram Content Group UK Ltd.
Pitfield, Milton Keynes, MK11 3LW, UK
UKHW021828290926
8980IPUK00004B/317